Annette Harth · Gitta Scheller (Hrsg.)

Soziologie in der Stadt- und Freiraumplanung

Annette Harth · Gitta Scheller (Hrsg.)

Soziologie in der Stadt- und Freiraumplanung

Annette Harth
Gitta Scheller (Hrsg.)

Soziologie in der Stadt- und Freiraumplanung

Analysen, Bedeutung und Perspektiven

Bibliografische Information der Deutschen Nationalbibliothek
Die Deutsche Nationalbibliothek verzeichnet diese Publikation in der
Deutschen Nationalbibliografie; detaillierte bibliografische Daten sind im Internet über
http://dnb.d-nb.de abrufbar.

1. Auflage 2010

Alle Rechte vorbehalten
© VS Verlag für Sozialwissenschaften | GWV Fachverlage GmbH, Wiesbaden 2010

Lektorat: Frank Engelhardt

VS Verlag für Sozialwissenschaften ist Teil der Fachverlagsgruppe
Springer Science+Business Media.
www.vs-verlag.de

Das Werk einschließlich aller seiner Teile ist urheberrechtlich geschützt. Jede
Verwertung außerhalb der engen Grenzen des Urheberrechtsgesetzes ist
ohne Zustimmung des Verlags unzulässig und strafbar. Das gilt insbesondere
für Vervielfältigungen, Übersetzungen, Mikroverfilmungen und die Einspeicherung und Verarbeitung in elektronischen Systemen.

Die Wiedergabe von Gebrauchsnamen, Handelsnamen, Warenbezeichnungen usw. in diesem
Werk berechtigt auch ohne besondere Kennzeichnung nicht zu der Annahme, dass solche
Namen im Sinne der Warenzeichen- und Markenschutz-Gesetzgebung als frei zu betrachten
wären und daher von jedermann benutzt werden dürften.

Umschlaggestaltung: KünkelLopka Medienentwicklung, Heidelberg
Druck und buchbinderische Verarbeitung: Rosch-Buch, Scheßlitz
Gedruckt auf säurefreiem und chlorfrei gebleichtem Papier
Printed in Germany

ISBN 978-3-531-16580-6

Inhalt

Einführung 9

**I Soziologie in der Stadt- und Freiraumplanung:
Entwicklungen, Perspektiven, Plädoyers**

Annette Harth, Gitta Scheller
Stadtsoziologie und Planungsbezogene Soziologie:
Entwicklungen und Perspektiven 25

Walter Siebel
Stadtsoziologie und Planung – Notizen zu einem zunehmend engen
und ambivalenten Verhältnis 51

Ulla Terlinden
Soziologie und Räumliche Planung. Zur Notwendigkeit des Wissens über
die gesellschaftliche Raumproduktion und Geschlechterkonstruktionen 69

Klaus Selle
Die letzten Mohikaner? Eine zögerliche Polemik 87

II Beispiel Freiraumplanung und Landschaftsarchitektur: Die Integration sozialer Aspekte und soziologischer Inhalte

Joachim Wolschke-Bulmahn
Soziale und sozialwissenschaftliche Orientierungen
bei Vorläufern der Freiraumplanung 97

Gert Gröning
Anmerkungen zum Versuch, Sozialwissenschaften
in die Ausbildung von Landschaftsarchitekten zu integrieren 123

Jürgen Milchert
Wachsende sozialpolitische Herausforderungen
für die Landschaftsarchitektur 139

III Der ‚Gebrauchswert' von Soziologie aus Sicht der Planungs- und Entwurfspraxis

Klaus Selle, Heidi Sutter-Schurr, Lucyna Zalas
Theorie für die Praxis? Untersuchungen einer schwierigen Beziehung............ 151

Kaspar Klaffke
Das Spiel von Angebot und Nachfrage in der städtischen Freiraumplanung.... 169

Stefan Bochnig
Zum Stellenwert sozialwissenschaftlicher Analysen und Methoden
im Alltag von Freiraumplanungsbüros 179

Martin Prominski
Die Entwerfer und die Menschen 199

Hille von Seggern
Der soziologische Beitrag zum Entwerfen urbaner Landschaften. Ein Essay. . 215

IV Der Beitrag der Soziologie: Konzepte, Analysen und Befunde

Ulfert Herlyn
Der „lokale Lebenszusammenhang" als stadtsoziologische Kategorie 233

Doris Gstach
Jenseits der Werkästhetik – Wulf Tessins ‚Ästhetik des Angenehmen'
als Beitrag zu einem neuen Verständnis von Landschaftsarchitektur 249

Bettina Oppermann
Freiraumkulturmanagement – zum Reiz eines sperrigen Begriffs 265

Johann Jessen, Uwe-Jens Walther
Innovation in der Stadtplanung? 283

Harald Bodenschatz, Tilman Harlander
Stadtwohnen 297

Jürgen Friedrichs
Welche soziale Mischung in Wohngebieten? 319

Annette Harth, Gitta Scheller
Die Wolfsburg-Forschungen als Beispiel für Wandel und Kontinuität
der empirischen Stadtsoziologie 335

Maria Spitthöver
Zur Relevanz des Gebrauchswerts von Freiräumen 363

Christina von Haaren, Michael Rode
Potenziale und Grenzen multifunktionaler Landnutzung
am Beispiel Hannover-Kronsberg 381

Einführung

Dieses Buch ist Wulf Tessin anlässlich seiner Verabschiedung von der Fakultät Architektur und Landschaft der Leibniz Universität Hannover im Januar 2010 gewidmet. Es beschäftigt sich mit dem schwierigen Verhältnis von Soziologie und räumlicher Planung und der wechselnden Bedeutung soziologischer Theorien, Methoden und Befunde in den raumplanenden und -gestaltenden Disziplinen. Es versucht eine aktuelle Standortbestimmung der Soziologie in der Stadt- und Freiraumplanung vorzunehmen in einer Situation, die von einem ‚Generationenwechsel' wichtiger Protagonisten und damit verbunden einer gewissen Neubestimmung gekennzeichnet ist. Es lotet die widersprüchliche Entwicklung aus zwischen unbestreitbar steigenden sozialen Anforderungen an Planungsprozesse einerseits und einem institutionellen Abbau der Planungsbezogenen Soziologie andererseits – also des Themenfeldes, zu dessen Profilierung Wulf Tessin mit seiner langjährigen Lehr- und Forschungstätigkeit wichtige Beiträge geleistet hat.

Tessins Vita ist gewissermaßen ein Fallbeispiel für die Konjunkturen der Disziplin: Bereits drei Jahre nachdem im Zuge der Verankerung und des Ausbaus der Stadt- und Planungsbezogenen Soziologie an den Hochschulen 1974 auch in Hannover ein Lehrstuhl für Soziologische Grundlagen der Freiraumplanung/Planungsbezogene Soziologie (Ulfert Herlyn) eingerichtet worden war, kam Tessin als Akademischer Rat hinzu (1977). Gert Gröning, der damals einer der zentralen Befürworter und Initiatoren der festen Etablierung soziologischer Lehrangebote am damaligen Fachbereich ‚Landespflege' war, beschreibt in seinem Beitrag i. d. B. den Hintergrund anschaulich. Das Interesse an gesellschaftsbezogenen Lehrinhalten seitens der Studierenden sei Anfang der 70er Jahre sehr groß gewesen und der Druck habe in „ausgesprochen harte(n) politische(n) Auseinandersetzungen" letztlich die recht komfortable Stellenzuweisung bewirkt.

Nach seiner Habilitation (1985) zunächst zum „außerplanmäßigen Professor" (1990), dann zum akademischen Oberrat (1991), später zum Universitätsdozenten (1994) ernannt, übernahm Tessin nach der Verabschiedung von Herlyn (2000) die Verwaltung von dessen Stelle. Im Zuge von Sparauflagen des Präsidiums der Universität bzw. des Landes Niedersachsen und Umstrukturierungen – u. a. der Zusammenlegung der vormals selbständigen Fachbereiche ‚Architektur' und ‚Landschaftsarchitektur und Umweltentwicklung' – beschloss der Fachbereichsrat für Landschaftsarchitektur und Umweltentwicklung im Oktober 2003 dann das künftige Wegfallen der Planungsbezogenen Soziologie mit Tessins Pensionierung nach dem Wintersemester 2009/10. „Damit endet", so Herlyn (2004, 161), „die kurze, aber hoffnungsvolle Geschichte dieses Faches in der Ausbildung von Grün- und Landschaftsplanern". Bei dieser Entscheidung kamen sicherlich einige Gründe zusammen (z. B. eine fragwürdige Neubestimmung sogenannter Kernfächer, eine gewisse Abwendung von soziologischen hin zu ästhetischen-künstlerischen Orientierungen des Faches, vielleicht auch der Wunsch, das planerische und entwerferische Tun nicht im eigenen Hause kritisch hinterfragt zu sehen), eine Folge fehlender Erfolge der Lehr- und Forschungstätigkeit ist sie jedenfalls eindeutig nicht – ganz im Gegenteil! Breit im Grundstudium und als Wahlpflichtfach im Hauptstudium der Landschaftsarchitektur und Umweltentwicklung verankert, darüber hinaus über 30 Jahre eines der forschungsstärksten Fachgebiete am alten Fachbereich und an der neuen Fakultät, hat die Planungsbezogene Soziologie – wie in der internen und externen Evaluation auch deutlich zum Ausdruck kommt – zu einer besonderen und ziemlich einzigartigen (dies gibt es universitär nur noch in Kassel) Qualität der Ausbildung in Hannover beigetragen, welche durch die Integration von entwurfsbezogenen, planungsmethodischen, natur- und sozialwissenschaftlichen Inhalten entsteht.

Wulf Tessin hat – als Sozialwissenschaftler mit einem städtebaulichen Aufbaustudium – in seiner Forschung und Lehre eine ganz eigene Position entwickelt. Während Ulfert Herlyn die Lehr- und Forschungsinhalte des Fachgebiets Planungsbezogene Soziologie aus der (Stadt-)Soziologie heraus entwickelte und auch am soziologischen Fachbereich Mitglied und Lehrender war, stellte Wulf Tessin die Bezüge zur Landschaftsarchitektur und Planung her. Aus der (Stadt-) Soziologie kommend (Promotion bei Hans Paul Bahrdt über Umsetzungen bei der Stadterneuerung), ließ er sich – aber stets aus einer soziologischen Perspektive – weit auf den fachlichen Diskurs in der Freiraumentwicklung und Landschaftsarchitektur ein, verfolgte die einschlägigen Fachorgane, publizierte in großer Zahl selbst dort, war sogar über Jahre Mitglied im wissenschaftlichen Beirat des Bundesverbandes Deutscher Gartenfreunde (Synonym für Kleingärtner).

In der Lehre betonte er stets die planerischen Bezüge. In seinen Vorlesungen zu den gesellschaftlichen Grundlagen der Freiraumplanung lag ihm daran, die Nutzung und Planung städtischer Freiräume aus soziologischer Sicht zu beleuchten. Seine Anwendungsbeispiele für abstrakte Theorien stammten stets aus dem freiraumbezogenen Kontext, und seine Grundfrage lautete immer: Was bedeutet eine bestimmte soziologische oder sozialpsychologische Theorie für das Freiraumverhalten? Was sagt uns zum Beispiel Robert K. Mertons Theorie konformen und nonkonformen Verhaltens über den Wandel der Friedhofskultur oder Veränderungen der Nutzung städtischer Parks? Oder was lässt sich aus Gerhard Schulzes ‚Erlebnisgesellschaft' für Grünflächenplanung und -management ableiten? Und schließlich: Kann man aus Pierre Bourdieus ‚Feinen Unterschieden' etwas lernen über die Geisteshaltung von Landschaftsarchitekten? Auch die

Methoden der empirischen Sozialforschung vermittelte Tessin nie allgemein, sondern immer mit Blick auf die fachlichen Bezüge: Die Studierenden führten unter seiner Leitung kleinere, bisweilen im Rahmen von Forschungsprojekten auch größere Umfragen, Beobachtungen oder Inhaltsanalysen zu den unterschiedlichsten freiraumbezogenen Fragen durch: Wie nutzen Menschen Parks, wie beurteilen sie Führungen, welche Begriffe werden in Fachzeitschriften zur Charakterisierung von neuen Entwürfen verwendet etc.? Daraus entstand im Laufe der Jahre ein beachtlicher Fundus an empirischem Wissen über Nutzung und Bewertung unterschiedlicher städtischer Freiräume, den Tessin in seinen Arbeiten immer wieder heranzog.

Wie auch in der Lehre kooperierte Wulf Tessin in seiner umfangreichen Forschungstätigkeit in Teilen mit Ulfert Herlyn (so z. B. bei der Untersuchung von neuen Stadtvierteln aus den 1920er und 60er Jahren oder bei der Erforschung der Stadt Wolfsburg). Zunächst beschäftigte er sich vornehmlich mit Fragen der Stadtsanierung und Sozialplanung. Anfang der 1980er Jahre begann dann seine Analyse der Stadtentwicklung Wolfsburgs, die ihn sein weiteres wissenschaftliches Leben immer wieder beschäftigen sollte (vgl. dazu unseren Beitrag i. d. B.) – meistens als Forschungsgegenstand, bisweilen aber auch als Forschungsfeld zur Untersuchung anderer Fragen, z. B. der Stadt-Umland-Problematik, mit der sich Tessin ebenfalls ausführlich (auch in seiner Habilitationsschrift) befasste.

Neben diesen stadtsoziologischen Arbeiten entwickelte er ein eigenständiges breites Feld freiraumbezogener Forschungsprojekte aus sozialwissenschaftlicher Perspektive. Dabei lassen sich unterschiedliche Schwerpunkte ausmachen: Das Verhalten von Menschen im öffentlichen (Frei)Raum beschäftigte ihn langjährig, was sich in einer ganzen Reihe von Veröffentlichungen zeigt – z. B. zu Nutzungsschäden in historischen Gärten (Tessin u. a. 2000) oder zum Freiraumverhalten in einem multifunktional gestalteten suburbanen Erholungsbereich (vgl. dazu von Haaren/Rode i. d. B.) – und schließlich in einer im deutschen Sprachraum bislang einmaligen Einführung in die zentralen soziologischen Bestimmungsfaktoren des Freiraumverhaltens mündete (Tessin 2004). Ein weiterer Schwerpunkt ist der private Garten in der Großstadt. Neben diversen Gutachten und Publikationen zur Kleingartenthematik hat Tessin mit der Arbeit ‚Der Traum vom Garten – ein planerischer Alptraum?' (1994) einen neuartigen zusammenfassenden Überblick über die Geschichte, den aktuellen Stand und die Entwicklungsperspektiven unterschiedlicher städtischer Gartenformen vorgelegt und sich darüber hinaus ideologiekritisch mit der ‚Haus-mit-Garten-Feindlichkeit' vieler Stadt- und Freiraumplanender auseinander gesetzt. In den letzten Jahren beschäftigte er sich hauptsächlich mit dem Schwerpunkt Freiraum und Ästhetik. Dazu hat er nicht nur eine beachtliche Reihe von Einzelveröffentlichungen vorgelegt, sondern auch einen eigenen Ansatz entwickelt, den er jüngst im Buch ‚Ästhetik des Angenehmen' entfaltete (vgl. dazu Gstach i. d. B.). Aus der in Deutschland völlig unterentwickelten Perspektive der Rezeptionsforschung zeigt Tessin den angewachsenen Unterschied zwischen den ästhetischen Vorstellungen von Laien und professionellen Landschaftsarchitekten auf, vollzieht so den ‚cultural turn' nun auch in der Freiraumplanung und scheint damit einen Finger in die Wunde gelegt zu haben. Mehr als viele andere Publikationen der letzten Jahre (schon gar soziologischer Provenienz) hat dieses ideologiekritische Buch, das fast eher ein langer theorie- und empiriegesättigter Essay ist, im Bereich der Landschaftsarchitektur einen kontroversen Diskurs ausgelöst.

Wulf Tessin hat mit seiner Forschungs- und Lehrtätigkeit einen in Deutschland singulären Ansatz geschaffen, der die Nutzungs- und Gebrauchswertorientierung weiterentwickelt und insbesondere auf kulturell-ästhetische Aspekte zugespitzt hat. Dabei hat er eigene, höchst unkonventionelle, aber durchaus naheliegende Konzepte und Begriffe wie das „Freiraumkulturmanagement" (vgl. dazu Oppermann i. d. B.) oder die „Ästhetik des Angenehmen" geprägt. Diese sind weniger im wissenschaftsinternen soziologischen oder planungsbezogenen Diskurs oder der Auseinandersetzung mit der Praxis/Praktikern entstanden, sondern vielmehr aus einer soziologisch fundierten und literarisch-kulturell interessierten Grundhaltung, die ziemlich ‚freischwebend' ist. Bodenhaftung bekamen seine Arbeiten durch die dezidiert empirische Orientierung. Immer ging es ihm um ‚die Leute', deren Kleingartenästhetik, Freiraumansprüche oder Gartenwünsche er zunächst einmal ernst nahm, zumindest genau so ernst wie die der ‚Experten'. Mit manchmal spitzer Zunge und zuspitzenden Worten, die dann aber wieder soziologietypisch relativiert werden, sucht er die Auseinandersetzung primär im Duell mit der Feder, die öffentliche Präsentation, das Streitgespräch auf Tagungen ist nicht (ungern) sein Metier.

Für den vorliegenden Sammelband haben wir FachkollegInnen und (ehemalige) KollegInnen an der Universität Hannover um einen Beitrag gebeten, der sich analytisch oder programmatisch, theoretisch oder empirisch mit der Bedeutung, den Perspektiven und wichtigen Befunden der Soziologie in der Stadt- und Freiraumplanung auseinandersetzt. Entsprechend Wulf Tessins Tätigkeit im Schnittfeld von Planung und Soziologie ist dabei eine historisch basierte und aktuelle Standortbestimmung unter verschiedenen Perspektiven entstanden. Das Buch gliedert sich in vier thematische Schwerpunkte: 1. die Entwicklungen und Perspektiven der Stadt- und Planungsbezogenen Soziologie, 2. die Integration sozialer und sozialwissenschaftlicher Inhalte in die Freiraumplanung und Landschaftsarchitektur, 3. die Bedeutung von Soziologie in der Planungs- und Entwurfspraxis und 4. die Darstellung wichtiger stadt- und planungssoziologischer Konzepte, Analysen und Befunde.

ad 1: Im ersten thematischen Schwerpunkt stehen vier Beiträge, die sich mit dem Stellenwert der Soziologie in der Stadt- und Freiraumplanung auseinandersetzen. Dazu gehört zunächst ein Blick auf die wechselhafte Geschichte der Kooperation von Soziologie mit den raumplanenden und -gestaltendenden Disziplinen. Soziologie und Planung stehen seit jeher in einem ambivalenten Verhältnis, das aus dem Spannungsfeld zwischen analytisch-empirischer Orientierung der Soziologie und dem normativ-pragmatischen Anwendungsbezug der Planung resultiert. Darin liegen nicht zuletzt auch die Ursachen für die tendenzielle De-Institutionalisierung der Stadt- und Planungsbezogenen Soziologie an deutschen Hochschulen. Dennoch wird in allen Beiträgen die Bedeutung der Soziologie für die Planung herausgestrichen, die weit über eine bessere Art von Sozialverträglichkeitsprüfung hinausreicht, und für eine Beibehaltung, Korrektur oder Neuausrichtung des interdisziplinären Ansatzes in der Planerausbildung plädiert.

In unserem Beitrag (*Annette Harth* und *Gitta Scheller*) zeichnen wir die Veränderungen der Professuren mit stadtsoziologischer Ausrichtung an planungsbezogenen und soziologischen Fachbereichen/Fakultäten an deutschen Hochschulen in den vergangenen Jahren nach. Unsere Untersuchung zeigt eine insgesamt rückläufige universitäre Verankerung der Disziplin. Wir diskutieren die vielfältigen Gründe des institutionellen Abbaus und zeigen mögliche Konsequenzen der De-Institutionalisierung der Soziologie an den soziologischen und planungsbezogenen Fakultäten auf. Insbesondere gehen wir auf die stärkere Orientierung auf Verwertungszusammenhänge ein, die letztlich einem ‚defizienten Modus' von Soziologie in den Planungsdisziplinen in Forschung und Lehre Vorschub leistet.

Mit Blick auf die Entstehung der (Stadt-)Soziologie als Reaktion auf die grundlegenden gesellschaftlichen Umwälzungen im 19. Jahrhundert entfaltet *Walter Siebel* das im Zeitverlauf immer engere, aber auch grundsätzlich schwierige Verhältnis zwischen Soziologie und Planung. Von Anfang an kam der Stadtsoziologie zum einen die Aufgabe zu, die gesellschaftlichen und alltäglichen Auswirkungen des Urbanisierungsprozesses (als Verstädterung und Mentalitätswandel) zu beschreiben und zu erklären; zum anderen wurde sie Wissenslieferant für den steigenden Informationsbedarf der planenden Verwaltung. Siebel zeigt, dass die Planung im Zeitverlauf einem Prozess der Kulturalisierung, der Pädagogisierung und der Versozialwissenschaftlichung unterlag. Die Problemstellungen der Stadtpolitik hätten sich gewandelt und dabei immer mehr Nähe zu den Sozialwissenschaften gewonnen. Infolge der steigenden Integrations- und Partizipationsaufgaben würden an Stelle von ingenieurwissenschaftlichen und künstlerischen Kompetenzen von Planenden und Architekten mehr und mehr sozialwissenschaftliche Fähigkeiten verlangt. Deshalb müssten, so Siebel, nicht nur die Studiengänge durch eine vermehrte Einbeziehung sozialwissenschaftlicher Inhalte reformiert, sondern auch mehr Soziologen und Soziologinnen in den planenden Verwaltungen eingestellt werden. Dennoch bleibe das Verhältnis zwischen Sozialwissenschaften und politisch-administrativem System strukturell spannungsvoll, wie Siebel deutlich macht: Praktiker verlangen unter Legitimationsdruck nach konkreten ortsbezogenen Informationen, Stadtsoziologie dagegen will neue und gültige Erkenntnisse gewinnen. Ihre Aufgabe sei – bei allem notwendigen Praxisbezug – der kritische Blick auf die Gesellschaft. Schon die vorurteilsfreie Analyse und Beschreibung sei kritisch, und erst recht der der Soziologie inhärente ‚Möglichkeitssinn', d. h. die Vorstellung, dass alles, was gegenwärtig vorliegt, einmal anders war und zukünftig auch ganz anders sein kann.

Für Studierende der Architektur, der Stadt- und Landschaftsplanung ist auch nach *Ulla Terlinden* die Vermittlung eines umfassenden soziologischen Verständnisses von der Gesellschaft unbedingt notwendig, was sie am Beispiel des Zusammenhangs von Raumproduktion und Geschlechterkonstruktion deutlich macht. Planungsprofessoren und -professorinnen – auch wenn sie selbst sozialwissenschaftliche Anteile studiert hätten – seien dazu nicht in der Lage. Sie würden das soziologische Verständnis auf planungsrelevante Instrumente und Verfahren reduzieren und z. B. beim Gender Mainstreaming Chancengleichheit zwischen den Geschlechtern verkürzt als gleichwertige Berücksichtigung geschlechtsspezifisch unterschiedlicher Lebenslagen in der räumlichen Organisation umsetzen. Damit würden sie aber zugleich die gesellschaftliche Geschlechterordnung reproduzieren. Die zentrale Aufgabe der planungs- und raumbezogenen Soziologie sieht Terlinden aber genau darin, diese sozial-räumlichen Mechanismen (auch im Hinblick auf andere soziale Gruppen und deren Lebenswelten) zu analysieren und zu reflektieren und Planenden zu vermitteln, dass sie in ihrer ‚machtvollen Rolle' als Raumproduzenten immer auch die soziale Alltagswelt beeinflussen.

Klaus Selle zeichnet in seiner ‚zögerlichen Polemik' zunächst die wechselvollen Konjunkturen der interdisziplinären Zusammenarbeit zwischen Planenden und Soziologen nach. Waren anfangs das Planen und Entwickeln auf das Engste mit wissenschaftlicher Arbeit verbunden, was auch darin zum Ausdruck kam, dass die Sozialwissenschaften in den Fakultäten der Architektur, Landschaftsplanung etc. Eingang fanden, stellten sich schon bald Missverständnisse und Spannungen im Verhältnis der Sozialwissenschaften zu den entwerfenden und planenden Fachwelten ein. Die Gründe, warum die Sozialwissenschaften in den meisten Architekturfakultäten unbeliebt wurden und jeder frei werdende Lehrstuhl wieder in den ‚Kernbereich der Architektur' zurückgeholt wurde, sind – so Selle – vielfältig und reichen von einer ‚tief verwurzelten Theoriefeindlichkeit' bis hin zu einer mangelnden Bereitschaft der Architekten, sich von ‚kritischen Köpfen' (noch dazu im eigenen Hause) einen Spiegel vorhalten zu lassen und sich selbstkritisch mit dem eigenen beruflichen Tun und Selbstverständnis auseinanderzusetzen.

ad 2: Der zweite Schwerpunkt ist der Disziplin der Landespflege, Landschaftsarchitektur und Umweltplanung, Gartenarchitektur, Freiraumplanung (verschiedene Bezeichnungen für ein breites Aufgabenfeld) gewidmet, also dem Fach, in dessen Rahmen Wulf Tessin mehr als dreißig Jahre lang lehrte und forschte. Die Beiträge befassen sich mit der historischen Entwicklung und aktuellen Relevanz der Integration sozialwissenschaftlicher Inhalte in diese Planungsdisziplin. Die am Beispiel Landschafts- und Freiraumplanung entwickelten Beiträge lassen sich in vielen allgemeineren Aussagen auf das gesamte Feld der planenden und gestaltenden Disziplinen übertragen und sind in ihrer Tiefenschärfe höchst anschaulich zu lesen.

Joachim Wolschke-Bulmahn zeigt auf, dass noch bis in die 1970er Jahre in den unterschiedlichen Feldern der Landschaftsarchitektur eine große Distanz zu den Sozialwissenschaften die Regel war. Planung habe damals geglaubt zu wissen, was für die Menschen das ‚Richtige' ist und was ‚guten Geschmack' auszeichnet. Dies hat aus seiner Sicht historische Gründe. In der Zeit des Nationalsozialismus wurden sozial orientierte Planungsansätze, die sich in Ansätzen bereits in der Kaiserzeit, besonders aber während der Weimarer Republik entwickelt hatten, abgewürgt und ihre Vertreter brutal eliminiert. Anhand von Beispielen veranschaulicht Wolschke-Bulmahn die beachtliche Breite sozialer Planungsansätze vor der NS-Zeit: Volksparks wurden in vielen Großstädten errichtet, die Kleingartenbewegung wurde stark gefördert, man machte sich Gedanken um die Verbesserung der Wohnumfelder im Geschosswohnungsbau und bei Sanierungen, Bewohnerbeteiligung wurde diskutiert; auch innerhalb der Gartendenkmalpflege und des Naturschutzes wurde den Interessen unterschiedlicher sozialer Gruppen und ihren Erholungsbedürfnissen vermehrt Beachtung geschenkt; soziale Gesichtspunkte wurden gesetzlich abgesichert. Mit der Machtergreifung der Nationalsozialisten fand dies ein jähes Ende.

Gert Gröning nimmt diesen Gedankenfaden auf und führt ihn weiter, indem er die Integration sozialwissenschaftlicher Inhalte in die Ausbildung von Landschaftsarchitektinnen und -architekten bis heute nachzeichnet und anhand wissenschaftlicher Biografien belegt. Der erst 1929/1930 entstandene gartengestalterische Hochschul-Studiengang konnte sich bis zur Machtergreifung der Nationalsozialisten noch gar nicht richtig entfalten. In der NS-Zeit wurde der Schwerpunkt dann auf die Landschaftsgestaltung gelegt, um – wie Gröning eine einschlägige Schrift zitiert – „durch Gärten und Landschaften Menschen zu gestalten". Nach dem Ende der NS-Zeit lassen sich, wie Gröning zeigt, vielfältige Kontinuitäten inhaltlicher wie personeller Art erkennen. Zwar sei man (in Hannover) von einem umfassenden Landespflege-Verständnis (das auch die „Ansprüche der Gesellschaft" enthielt) ausgegangen, tatsächlich seien aber ausschließlich natur- und ingenieurwissenschaftliche Inhalte vermittelt worden. Erst mit der von Gröning anschaulich beschriebenen, mühsam erkämpften Integration sozialwissenschaftlicher Lehrinhalte in die Studienordnung und mit der Einstellung von Ulfert Herlyn als Professor und Wulf Tessin als akademischer Rat im neuen Fachgebiet ‚Soziologische Grundlagen der Freiraumplanung' Mitte der 1970er Jahre konnten sozialwissenschaftliche Inhalte fest verankert werden. Nach dem Ausscheiden Herlyns und nun auch Tessins endet die nach Grönings Auffassung sehr erfolgreiche Geschichte der Integration sozialwissenschaftlicher Lehrinhalte in die Ausbildung von LandschaftsarchitektInnen in Hannover.

Jürgen Milchert diskutiert in seinem programmatischen Beitrag die aktuelle widersprüchliche Entwicklung von steigenden sozialpolitischen Herausforderungen für die Landschaftsarchitektur einerseits und dem wachsenden Desinteresse an sozialwissenschaftlichen Fragestellungen in Lehre, Praxis und öffentlichem Diskurs andererseits. Das Fach habe seit gut 20 Jahren zunächst primär auf Ökologie, dann auf Ästhetik gesetzt und darüber die Zeichen der Zeit überhört. Wenn die Zunft die soziale Polarisierung, den demografischen Wandel oder den Individualisierungsprozess nicht zur Kenntnis nähme, so drohe sie – so Milchert – zu einer ‚Gründekoration' zu verkümmern. Doch das übliche ‚Soziologisieren' reiche bei weitem nicht aus, wichtig sei ein wissenschaftlich fundierter Diskurs, der dem Gebrauchs- und Nutzungswert von Parks und anderen Freiräumen wieder mehr Gewicht gebe. Die fehlende Orientierung an sozialwissenschaftlichen Analysen, aber auch an kulturwissenschaftlichen Debatten, berge für die Berufsgruppe der Landschaftsarchitekten ein wachsendes Risiko der Marginalisierung. Insofern plädiert Milchert dafür, die wachsenden sozialen Herausforderungen anzunehmen, sich dabei der sozialwissenschaftlichen Expertise zu versichern und sich auch der von dort kommenden Kritik freudig auszusetzen.

ad 3: Im dritten Teil sind Beiträge zusammengefasst, die sich mit der Bedeutung der Soziologie in der Planungs- und Entwurfspraxis auseinandersetzen. Auch wenn die dargestellten empirischen Befunde darauf hinweisen, dass sich ein Teil der Planungspraktiker durch Ignoranz und Abwehr gegenüber soziologischen Inhalten auszeichnet, so gilt das keinesfalls für die unter diesem thematischen Schwerpunkt subsumierten Autoren und Autorinnen (drei von ihnen waren am ehemaligen Institut für Freiraumentwicklung und Planungsbezogene Soziologie tätig, einer ist zurzeit am Institut für Freiraumentwicklung beschäftigt). Alle heben die Fruchtbarkeit soziologischer Bezüge als unverzichtbaren Bestandteil ihrer beruflichen Tätigkeit in Lehre, Forschung sowie in der Planungs- und Entwurfspraxis hervor und verdeutlichen den ‚Gebrauchswert' von Soziologie anhand von Beispielen aus der eigenen Berufspraxis.

Klaus Selle, Heidi Sutter Schurr und *Lucyna Zalas* stellen das Verhältnis von Theorie und Praxis in Städtebau und Landschaftsarchitektur in den Mittelpunkt ihrer Betrachtungen und fragen zunächst ganz allgemein nach der Bedeutung wissenschaftlicher Arbeit für praktisches Handeln. Die präsentierten Befunde eigener und fremder Untersuchungen, u. a. zum Wissensstand der Profis über Bewohnerinteressen, lassen erkennen, dass Wissenschaft und Praxis ‚Parallelgesellschaften' bilden. Die Gestaltungsfachleute seien in hohem Maße selbstreferenziell, bezögen sich zumeist auf die Maßstäbe des eigenen Berufsstandes und nutzten vor allem eigene Erfahrungen als Orientierung. An den Bedürfnissen und Präferenzen der Bevölkerung, also derjenigen, für die sie entwerfen, planen und bauen, seien sie weitgehend desinteressiert. Sozialwissenschaftliche Untersuchungen zu den Bewohnerbedürfnissen würden nicht zur Kenntnis genommen. Gleichzeitig zeigt aber eine Befragung von AbsolventInnen der Fakultät Architektur der RWTH Aachen, die überwiegend im städtebaulichen Bereich tätig sind, dass im Alltag der stadtplanerischen Arbeit gerade den im Studium als ‚lästig' und ‚vernachlässigbar' angesehenen sozialwissenschaftlichen Fächern mit ihrer Konzentration auf die ‚sozialen Belange der Nutzer' eine hohe Bedeutung zukommt. Der Beitrag endet mit Überlegungen, wie Wissenschaft und Praxis wieder stärker zueinander finden können, und macht klar, dass dabei auch die SoziologInnen gefordert sind. Sie müssten sich stärker auf die Planungspraktiker im Alltagsgeschäft, auf ihre tatsächlichen Erfordernisse zubewegen. Wichtig seien aber vor allem Dialoge, in denen Fachleute aus Wissenschaft und Praxis zusammenkommen könnten, um einander ihr Wissen unverblümt mitzuteilen.

Kaspar Klaffke sieht den Beitrag der Soziologie für die Freiraumplanung vor allem in ihrer kritischen Funktion, d. h. darin, immer wieder erneut auf die bisweilen erheblichen Diskrepanzen zwischen dem, was sich die ‚Professionellen' bei der Gestaltung der Freiräume ausdenken, und den Ansprüchen der Menschen hinzuweisen. Auch wenn die kommunale Freiraumplanung durchaus überzeugende Angebote im Interesse der Bürger geliefert hätte, kämen soziologische Studien immer wieder auch zu gegenteiligen Befunden. Dieses Missverhältnis zwischen Angebot und Nachfrage habe – so Klaffke – der Freiraumplanung besonders seit den 1970er Jahren den Vorwurf der Besserwisserei in der Bevölkerung eingebracht, und es habe sich besonders bei Jüngeren Widerstand geregt. In der Folgezeit sei dann zwar den Forderungen der Bürger und Bürgerinnen nach einer Beteiligung mehr Gewicht beigemessen worden, ohne aber die Angebotsorientierung der Freiraumplanung gänzlich aufzugeben. Aktuell diagnostiziert Klaffe zwei Trends: zum einen die Verlagerung der Angebotsentwicklung nach oben auf die regionale Ebene und zum anderen nach unten auf Vereine, Initiativen und Einzelpersonen. Besonders letzteres zeige eine Umkehrung eingefahrener Trends, indem BürgerInnen nicht mehr nur in der Rolle der Konsumenten der Angebote der Kommunalexperten aufträten, sondern motiviert würden, selbst als Anbieter für eine vermutete Nachfrage aktiv zu werden. Anhand der Aktionen ‚Offene Pforte' und ‚Gartenregion Hannover 2009' zeigt der Autor abschließend, dass es so gelingen kann, Angebot und Nachfrage enger zu verzahnen.

Stefan Bochnig setzt sich mit dem Stellenwert sozialwissenschaftlicher Analysen und Methoden im Alltag von Freiraumplanungsbüros auseinander. Seine Bilanz fällt durchweg positiv aus. Bochnig veranschaulicht das fruchtbare Zusammenspiel von Sozialwissenschaften und Planung/Landschaftsarchitektur anhand von drei Planungsfällen aus der eigenen Praxis: erstens anhand einer empirischen Bestandsaufnahme zur Entwicklung des Kleingartenwesens in Bremen, die als Basis für Planungsempfehlungen diente, zweitens der Entwicklung eines integrierten Planungskonzeptes, das sozialwissenschaftliche Sichtweisen und Methoden als integrale Bestandteile von Planung beinhaltete und schließlich drittens an der Mitwirkung des Planungsbüros an einem Beteiligungs- und Konsensbildungsverfahren zur Umgestaltung eines städtischen Marktplatzes. Bochnig zeigt, dass in allen Fällen soziologische Erkenntnisse für die Planungspraxis fruchtbar gemacht werden konnten, in vorbereitenden Analysen zu Planungsvorhaben ebenso wie in der Anwendung empirischer Methoden zur Gewinnung von Fachwissen oder zur Ermittlung von Bewohnerinteressen. Abschließend diskutiert Bochnig die Frage nach der Verankerung der planungsbezogenen Soziologie und verwandter Fächer in der Ausbildung der planenden Disziplinen wie der Landschaftsarchitektur. Er schildert seinen Eindruck, dass sich im Zuge der Umstrukturierungen (Bologna-Prozess) sozialwissenschaftliche Ausbildungsinhalte in den neuen Studienordnungen etablieren konnten, wenn auch auf niedrigem Niveau.

Martin Prominski befasst sich in seinem Beitrag mit der Beziehung von Entwurf und den Menschen vor Ort und setzt sich mit der weit verbreiteten Ansicht auseinander, dass Entwerfen ein individuell-künstlerischer Akt sei und die Entwerfenden gesellschaftliche Aspekte, wie beispielsweise die Wünsche aus Bürgerbeteiligungen, als lästiges Übel begriffen, weil sie lieber in künstlerischen Sphären schwebten. In den letzten Jahren gibt es seiner Beobachtung nach eine zunehmende Tendenz, Analysen über Ansprüche, Nutzungen sowie Lebensstile und Lebenslagen der Menschen in die klassische Architektendomäne Entwurf einzubeziehen, was er anhand von drei Projekten aus Forschung und Lehre im eigenen Umfeld aufzeigt. Prominiski sieht darin keine Verwässerung oder gar Behinderung, sondern im Gegenteil eine Chance zur Anregung und Verbesserung des künstlerischen und kreativen Tuns.

Hille von Seggern reflektiert in ihrem Essay – ebenfalls auf der Basis der eigenen beruflichen Praxis – den soziologischen Beitrag zum Entwerfen urbaner

Landschaften, wobei sie von einem weit gefassten Soziologie-Verständnis ausgeht. Für sie ist die Soziologie eine Schlüsselwissenschaft und kreativer Impulsgeber für das eigene entwerferische Handeln. Soziologisches Grundverständnis, eine soziologisch mitbestimmte Argumentationsweise und Methodenkenntnisse sind für von Seggern unabdingbare Voraussetzungen, um lebensweltlich und wissenschaftlich verantwortlich und zugleich phantasievoll räumlich entwerfen zu können. Zunächst schildert von Seggern aber, wie sie während ihres Studiums in den 68er Jahren soziologisch ‚infiziert' wurde und es bis heute blieb, was sich nicht zuletzt darin ausdrückt, dass sie Entwerfen als Verstehensprozess begreift. Anhand von fünf Beispielen – beginnend mit der Formulierung einer gesellschaftlich relevanten Aufgabenstellung, über das Verstehen der Frage, dem Arbeiten in verschiedenen Maßstäben bis hin zur Umsetzung durch Bauen und Pflanzen sowie der Evaluierung einer Umgestaltung – zeigt von Seggern auf, wie sich Entwerfen als Verstehensprozess entfaltet und was jeweils die sozialwissenschaftlichen Bezüge und deren Erträge sind.

ad 4: Im abschließenden Themenschwerpunkt werden unterschiedliche sozialwissenschaftliche Konzepte, Analysen und Befunde präsentiert, die aus verschiedenen Perspektiven deren thematische Breite und Fruchtbarkeit deutlich machen. Dabei wird zunächst deutlich, dass die in der Soziologie so wichtige ‚Anstrengung' von Begriffen, d. h. deren Definition und die Auseinandersetzung mit den dahinter stehenden Theoriekonzepten und empirischen Sachverhalten, zu wichtigen Einsichten und Schlussfolgerungen für die Planung führen kann. Dies wird im Folgenden für den ‚lokalen Lebenszusammenhang', die ‚Ästhetik des Angenehmen', das ‚Freiraumkulturmanagement' und die ‚Innovation' gezeigt. Die Soziologie liefert außerdem wichtige Analysen und Befunde (bzw. Beiträge dazu) als Planungsgrundlagen, wie nachfolgend anhand von Untersuchungen zum Wohnen, zur Segregation, zur Stadtentwicklung, zum Gebrauchswert und der Nutzung von Freiräumen dargestellt wird. Die exemplarisch vorgestellten Analysen zeigen die breite Palette stadtsoziologischer und planungsbezogener Forschung.

Zunächst entfaltet *Ulfert Herlyn*, der über drei Jahrzehnte in Forschung und Lehre eng mit Wulf Tessin zusammengearbeitet hat, in seinem Beitrag die für seine eigene berufliche Beschäftigung zentrale Kategorie des lokalen Lebenszusammenhangs. Damit meint er das ‚geheime Band' zwischen den unterschiedlichen Lebensbereichen einer oder mehrerer Personen am Wohnort, wo die Möglichkeit besteht, verschiedene Lebenssphären (wie Wohnen, Arbeit, Konsum, Erholung etc.) miteinander verklammert zu erleben. Auch wenn lokale Lebenszusammenhänge – zumal in größeren Städten – im Zeitverlauf an Bedeutung verloren haben, so steht für Herlyn außer Zweifel, dass sie nach wie vor die Chancen von Menschen erheblich beeinflussen und deswegen ihre Analyse von hoher Relevanz ist. Dies zeigt er zum einen anhand seiner Forschungsarbeiten in der neuen Stadt Wolfsburg, wo die Volkswagenabhängigkeit tief in alle Lebensbereiche der Bewohnerschaft einwirkt und ihre Lebenschancen in hohem Maße vorstrukturiert. Zum anderen macht Herlyn den besonderen Einfluss des lokalen Lebenszusammenhangs in ostdeutschen Städten und Wohnmilieus nach der Wende anhand seiner diversen diesbezüglichen Forschungsarbeiten deutlich. Perspektivisch weist Herlyn darauf hin, dass die empirische Analyse von Städten immer nach dem Kern des lokalen Lebenszusammenhangs suchen sollte (z. B. in Vergleichsstudien) und dass die Stadtplanung gleichermaßen auf die lokale Identität und das Image achten sollte wie auch auf eine Verringerung der räumlichen Separierungen sozialer Schichten, um den lokalen Lebenszusammenhang auch in seiner integrativen, unterschiedliche soziale Gruppen umschließenden Funktion zu erhalten.

Doris Gstach setzt sich in einem ausführlichen Besprechungsessay mit Wulf Tessins jüngst erschienenem Buch ‚Ästhetik des Angenehmen' auseinander. Aus Sicht einer Landschaftsarchitektin folgt sie den Argumenten und klopft sie kritisch, im Ganzen aber sehr wohlwollend ab. Sie arbeitet die Bedeutung der Rezeptionsästhetik heraus, die – anders als in den USA – hierzulande immer noch auf den Vorwurf des Populismus stößt. Das Wissen darum, wie Laien die Ergebnisse des professionellen Schaffens von Landschaftsarchitekten und Freiraumplanerinnen beurteilen, wird in der Disziplin offenbar als uninteressant oder gar als kontraproduktiv für den Künstler-Entwurf angesehen. Gstach dagegen verspricht sich (Tessin darin folgend) geradezu eine besondere Herausforderung für die Landschaftsarchitektur davon, künstlerische, naturbezogene und gebrauchswertorientierte Gesichtspunkte gleichermaßen im Entwurf zu berücksichtigen. Allerdings hält sie es darüber hinaus für notwendig, dass Freiraumgestaltungen auch mal (wenn auch erheblich seltener als heute) mit extremen, schrillen, ungewohnten Anmutungen ‚über die Stränge schlagen', insbesondere dann, wenn es um außeralltägliche Freiräume geht, die Menschen ja – anders als den Stadtteilpark – einfach meiden können. Gstach arbeitet heraus, dass es Tessin mit seiner Ästhetik des Angenehmen zentral darum geht, die ideologische Überfrachtung des Freiraums und die Verabsolutierung von bestimmten Konzepten (wie der Naturgartenästhetik oder des Künstler-Entwurfs) durch die Landschaftsarchitektur zu kritisieren.

Bettina Oppermann verdeutlicht die Fruchtbarkeit soziologischer Wissensbestände und Analysen für die Planung anhand des von Wulf Tessin entwickelten Begriffs des Freiraumkulturmanagements. In Ergänzung zur materiellen Freiraumplanung richtet ihr Blick sich dabei auf die Entwicklung der Freiraumkultur, also auf die Gesamtheit der auf den Freiraum bezogenen Vorstellungen, Fertigkeiten, Verhaltensweisen, Kenntnisse, Einrichtungen und Geräte einer

Gesellschaft bzw. einer sozialen Gruppe. Oppermann diskutiert in ihrem Beitrag den Bereich der Freiraumpolitik als einen zentralen Aspekt der Freiraumkultur. Anhand des aktuellen Planungsbeispiels ‚Stadtmitte am Fluss' in Saarbrücken entwickelt sie drei Dimensionen eines freiraumkulturbezogenen Planungsverständnisses. Zum einen versteht sie darunter die Ingenieurskunst zur Realisierung des anspruchsvoll Machbaren. Dabei werden – im Unterschied zum Künstlerarchitektentum oder der Abarbeitung von ‚Sachzwängen' – die Ansprüche und Forderungen aus unterschiedlichen Blickwinkeln abgewogen, weiterentwickelt und integriert. Zum zweiten betont die Autorin den hohen Stellenwert der Berücksichtigung der Möglichkeiten zur alltäglichen Aneignung und urbanen Selbstinszenierung einer Stadt. Das dritte wichtige Element eines freiraumkulturbezogenen Planungsverständnisses ist schließlich aus Oppermanns Sicht die Betrachtung und Förderung von bürgerschaftlichem Engagement und partizipativ fundierten Entscheidungen.

Johann Jessen und *Uwe-Jens Walther* diskutieren den in der anwendungsorientierten Stadtforschung häufig verwendeten und viel strapazierten Begriff der Innovation. Sie beziehen sich auf Beiträge der Wirtschafts- und insbesondere Techniksoziologie, wo man sich bereits seit Längerem mit dem Thema auseinandersetzt, und machen die dort gefundenen grundlegenden Dimensionen zur Verlaufslogik, Organisation und den symbolisch-kulturellen Aspekten von Innovationen für die Stadtplanung fruchtbar. Sie zeigen auf, dass die Stadtplanung – obwohl nach prinzipiell anderen Mechanismen funktionierend – vom Blick auf die Funktionslogik von Innovationen im Wirtschaftssystem profitieren kann. Es gelingt den Autoren dadurch nicht nur, die Entstehung von Innovationen begrifflich besser zu fassen, darüber hinaus werden auch Möglichkeiten sichtbar, Innovationen gezielt zu befördern. Ihr Beitrag ist ein Beispiel für das soziologietypische ‚Hinterfragen' von normativ aufgeladenen Begriffen, aber auch für die Fruchtbarkeit theoretischer Auseinandersetzungen, die – wie auch im vorgetragenen Fall – zu einer Erweiterung des Blickfeldes und der planerischen Eingriffschancen führen können.

Harald Bodenschatz und *Tilman Harlander* greifen das neuerdings wieder viel diskutierte Thema des Stadtwohnens jener sozialen Schichten auf, die es sich leisten können, ihren Wohnstandort frei zu wählen, und setzen es in einen historischen Kontext. Sie zeigen auf, dass die räumliche Öffnung der Städte im Laufe des 19. Jahrhunderts keineswegs immer und überall dazu führte, dass sozial privilegierte Schichten in suburbane Wohnviertel (Vorstadt, Villengebiete oder Gartenstadt) zogen. Vielmehr entstanden parallel und in Konkurrenz dazu auch neue verdichtete bürgerliche Wohnanlagen in den Städten. Zu Beginn des 20. Jahrhunderts gewannen in Deutschland aber großstadtfeindliche Ideologien mehr und mehr die Oberhand und – anders als im europäischen Ausland – kam die Produktion gehobener urbaner Wohnanlagen nahezu zum Erliegen (zumal die Teilung von Wohneigentum im Geschosswohnungsbau verboten war). Bodenschatz und Harlander machen deutlich, dass erst in den 1970er Jahren ein ‚Paradigmenwechsel' stattfand, der zu einer Wiederentdeckung der Qualitäten der historischen Stadt und zu einem Experimentieren mit der Entwicklung unterschiedlicher urbaner Gebäude- und Siedlungstypen führte. Sie warnen aber vor einer Überschätzung der aktuellen sogenannten ‚Renaissance der Städte' und zeigen, dass ihre Potenziale in hohem Maße von der Entwicklung der gesamten Stadtgesellschaft abhängen (z. B. der sozialräumlichen Segregation, der Entwicklung der öffentlichen Räume in puncto Verwahrlosung und Sicherheit). Der Beitrag ist ein Beispiel für die Fruchtbarkeit sozialhistorischer Betrachtungen. Dadurch wird ein ideologiekritischer Blick auf aktuelle ‚Moden' in Planung und Städtebau eröffnet.

Jürgen Friedrichs nimmt sich in seinem Beitrag eine allgemeine und als Planungsziel durchgängig anerkannte Überzeugung vor, nämlich dass die soziale Mischung von Wohngebieten viele positive Effekte habe, z. B. soziale Stabilität, geringere Kriminalität, und deswegen planerisch anzustreben sei. Auf der Basis einer Vielzahl von internationalen empirischen Untersuchungen zeigt er auf, dass viele Unterstellungen bei der Mischungsförderung zugrunde liegen, die entweder gar nicht stimmen oder die bislang unzureichend untersucht worden sind. Weder wisse man Genaueres über die Dimensionen, auf die sich soziale Mischung richten sollte (soll sie sich auf das Einkommen beziehen? die Stellung im Lebenszyklus? etc.) oder über die räumliche Ebene (auf den Stadtteil? den Wohnblock? etc.) – geschweige denn über das Mischungsverhältnis innerhalb und zwischen den unterschiedlichen Dimensionen. Wenig wisse man auch darüber, welche Folgen von bestimmten Mischungen auf spezifische soziale Gruppen ausgehen oder mit welchen planerischen Maßnahmen man überhaupt Mischung erreichen kann. Wir seien – so das ernüchternde Fazit – weit davon entfernt, eine sozialwissenschaftlich gesicherte empirische Grundlage für entsprechende Programme liefern zu können. Planer müssten auf einer empirisch kaum abgesicherten Wissensbasis agieren, was man ihnen nicht verdenken könne. Friedrichs Beitrag ist ein Beispiel einer (sekundär)empirischen Prüfung allgemein unterstellter Zusammenhänge. Er verweist letztlich in all seiner Informiertheit über deutsche und internationale Untersuchungen in einem der wohl am besten untersuchten stadtsoziologischen Gebiete auf den weiten Graben zwischen soziologischer Forschung und Planungspraxis, der mit jeder weiteren Untersuchung eher breiter zu werden scheint und die soziale Wirklichkeit komplexer, aber immer weniger planbar erscheinen lässt.

Die soziologische Analyse des Stadtwerdungs- und Stadtentwicklungsprozesses von Wolfsburg, die sich wie ein roter Faden nicht nur durch die Stadtsoziologie, sondern auch durch Wulf Tessins Berufsbiografie zieht, wird in unserem zweiten Beitrag vorgestellt und diskutiert (*Annette Harth* und *Gitta Scheller*). Die mittlerweile vier vorliegenden Stadtstudien stellen eine deutschland- und europaweit bislang einmalige Langzeitbeobachtung einer Stadt dar. Wir zeigen anhand der zentralen Befunde und der angewandten Methoden auf, dass sie einerseits immer ‚Kinder ihrer jeweiligen Zeit' waren (die erste Studie stand z. B. noch ganz im Zeichen der Gemeindesoziologie), dass sie andererseits aber auch unbeirrt von disziplinären Konjunkturen den Ansatz weiter verfolgten, den Zusammenhang zwischen räumlicher und sozialer Organisation der Gesellschaft auf einer konkret erfahrbaren lokalen Ebene aufzuzeigen. Ihr direkter Planungsbezug war immer gering, umso größer aber – so versuchen wir aufzuzeigen – ihr Beitrag zur Sensibilisierung für die Bedeutung der konkreten Stadt für die Entfaltung der Lebenschancen und -perspektiven der Einzelnen.

Maria Spitthöver stellt die Bedeutung des Gebrauchswerts von Freiräumen an unterschiedlichen Beispielen heraus. Ihrer Beobachtung nach spielen die wichtigen Aspekte der Tauglichkeit von Freiräumen für Nutzung, Aneignung und Wertschätzung in der aktuellen Landschaftsarchitektur nicht die Rolle, die ihnen eigentlich gebührt. In ihrem Beitrag betrachtet sie exemplarisch unterschiedliche Freiräume unter dem Aspekt des Gebrauchswerts. Für die zeitgenössischen ‚robusten' Parkanlagen beobachtet Spitthöver – trotz der Alterung der Gesellschaft – einen Gestaltungstrend, der dazu führt, dass ältere Menschen die Parks kaum aufsuchen. Auch begünstigten diese Parks eine ‚typische' Geschlechterverteilung, bei der sich Frauen in den Kinderspielbereichen massieren und ansonsten unterrepräsentiert sind. Für die wohnungsnahen Freiräume diagnostiziert die Autorin, dass trotz mittlerweile bestehendem weitgehenden Konsens über die Anforderungen diese kaum in größerem Maßstab umgesetzt werden und sieht eine Perspektive in einer vermehrten Beteiligung der späteren Bewohnerschaft, z. B. in Wohngruppenprojekten. Schließlich benennt Spitthöver neue Garteninitiativen (internationale oder interkulturelle Gärten, Gemeinschaftsgärten, Selbsterntegärten), die ‚von unten' entstanden sind, als Ausdruck gesellschaftlichen Wandels und einer Veränderung der freiraumbezogenen Nutzungsansprüche. Ihre Beispiele weisen allesamt darauf hin, dass eine auf Entwurf und Fertigstellung konzentrierte Freiraumplanung zu kurz greift und dem Gebrauchswert von Freiräumen aus Sicht der Nutzenden wieder ein stärkeres Gewicht verliehen werden sollte.

Christina von Haaren und *Michael Rode* streichen die Bedeutung soziologischer Analysen für die Landschafts- und Umweltplanung an einem Projektbeispiel heraus. Sie berichten zentrale Ergebnisse aus einem interdisziplinär zwischen Umweltplanung und Planungsbezogener Soziologie angelegten Forschungsprojekt. Es ging dabei um die Möglichkeiten einer multifunktionalen

Landschaftsnutzung im suburbanen Raum zwischen Landwirtschaft, Naturschutz und Naherholung. Basierend auf einer Fülle mit unterschiedlichen Methoden erhobener Daten (von der Besucherbefragung bis hin zur Heuschreckenzählung) kam das Forschungsteam zu eindeutigen Befunden: Einer ‚mosaikartigen Multifunktionalität', bei der auf dem Gesamtareal Teilräume mit je einer dominierenden Funktion angeordnet werden, ist deutlich der Vorzug zu geben vor einer Mischung aller Funktionen im Gesamtgebiet.

Abschließend möchten wir allen Beteiligten (dazu gehören auch Helen Mädler, Rena Meyer und Franziska Schmeiser, die bei Korrektur- und Layout-Arbeiten behilflich waren) herzlich dafür danken, dass dieses Buch zu Stande gekommen ist.

Literatur:

Herlyn, Ulfert 2004: Soziologische Grundlagen der Freiraumplanung. Eine Retrospektive auf 30 Jahre Lehre und Forschung am Fachbereich Landschaftsarchitektur und Umweltentwicklung der Universität Hannover. In: Schneider, Uwe/Wolschke-Bulmahn, Joachim (Hg.): Gegen den Strom. Gert Gröning zum 60. Geburtstag. Beiträge zur räumlichen Planung, Bd. 76. Schriftenreihe des Fachbereichs Landschaftsarchitektur und Umweltentwicklung der Universität Hannover/Institut für Grünplanung und Gartenarchitektur, Hannover, S. 161-174.
Tessin, Wulf 1994: Der Traum vom Garten – ein planerischer Alptraum? Frankfurt am Main.
Tessin, Wulf 2004: Freiraum und Verhalten. Soziologische Aspekte der Nutzung und Planung städtischer Freiräume. Eine Einführung, Wiesbaden.
Tessin, Wulf/Knorr, Thomas/Pust, Carola/Birlem, Torsten 1983: Umsetzung und Umsetzungsfolgen in der Stadtsanierung, Basel/Boston/Stuttgart.
Tessin, Wulf/Widmer, Petra/Wolschke-Bulmahn, Joachim 2000: Nutzungsschäden in historischen Gärten – eine sozialwissenschaftliche Untersuchung. Beiträge zur räumlichen Planung, Bd. 59. Schriftenreihe des Fachbereichs Landschaftsarchitektur und Umweltentwicklung der Universität Hannover/Institut für Grünplanung und Gartenarchitektur, Hannover.

Annette Harth und Gitta Scheller
Hannover, im November 2009

I   Soziologie in der Stadt- und Freiraumplanung: Entwicklungen, Perspektiven, Plädoyers

Stadtsoziologie und Planungsbezogene Soziologie: Entwicklungen und Perspektiven

Annette Harth und Gitta Scheller

Stadtsoziologie und Planungsbezogene Soziologie befinden sich derzeit in einer widersprüchlichen Situation zwischen steigenden sozialen Anforderungen an Planungsprozesse einerseits und einem institutionellen Abbau der Disziplin andererseits. In den vergangenen Jahren wurde immer deutlicher, dass der lange Zeit verfolgte Wachstumskurs in Städtebau und Stadtplanung (Flächenausweisung, Planung, Bau, Bespielung) vor dem Hintergrund sinkender Finanzmittel und Personalausstattung in den Planungsbehörden, geringer werdender Flächenressourcen, vor allem aber den an vielen Orten sinkenden Bevölkerungszahlen so nicht mehr weiter verfolgt werden kann. Zudem stellen sich qualitativ neuartige Planungsanforderungen in Stadtgesellschaften mit einem wachsenden Anteil Älterer, Alleinlebender, Ärmerer und Migranten. Soziale Differenzierungs- und Polarisierungsprozesse und lebenskultureller Wandel, wie der Wunsch nach neuen Formen des Zusammenlebens und Zusammenwohnens, nach individuellen Entfaltungsmöglichkeiten, nach Erlebnissen, erzeugen neue Ansprüche an die Planung. Zudem haben die Betroffenen stärkere Erwartungen an partizipative Möglichkeiten und lassen sich immer weniger mit fertig geplanten Maßnahmenkatalogen zufrieden stellen. Schließlich haben in verstärktem Maße solvente private Akteure die Stadtentwicklung als Handlungsfeld entdeckt, auch damit müssen Wege des Umgangs gefunden werden. Die klassischen, primär (städte-)baulich orientierten Planungsansätze greifen in dieser Situation immer weniger, weil die Probleme sozialer Art sind und soziale Lösungen erfordern. Kurzum: Planung muss mit weniger Ressourcen komplexere Probleme lösen.

In dieser Situation liegt es nahe, dass sich der Blick verstärkt auf die Stadtsoziologie und Planungsbezogene Soziologie richtet, sei es um Orientierungen zu bekommen, sei es um getroffene (teure) Maßnahmen wie die ‚Soziale Stadt' zu evaluieren, sei es um ganz andere Vorhaben wie die im Bau befindlichen

Stadtteile für Bessergestellte (HafenCity in Hamburg, Überseestadt oder Stadtwerder in Bremen; vgl. dazu auch Bodenschatz/Harlander i. d. B.) in ihren Folgewirkungen abzuschätzen oder sei es, um eine (ideologie)kritische Analyse bislang fraglos verfolgter Konzepte vorzunehmen. Anfang der 1970er Jahre jedenfalls wurde die Erweiterung des bis dahin ausschließlich auf Städteplanung gerichteten Blicks (auf Sanierung) um die Sozialplanung zu einem wesentlichen Anstoß der nachfolgenden steilen Karriere der stadtsoziologischen Disziplinen (Korte 1986, 16ff). Heute ist dies aber nicht so. Im Gegenteil ist die universitäre Stadt- und Planungsbezogene Soziologie im Großen und Ganzen in einer Rückbausituation.

Im Folgenden werden zunächst die Veränderungen der institutionellen Verankerung der Stadtsoziologie an deutschen Hochschulen analysiert (1). Danach werden verschiedene Ursachen dafür diskutiert (2). Abschließend werden mögliche Konsequenzen der De-Institutionalisierung diskutiert (3).

1 Zur institutionellen Verankerung der Stadtsoziologie an deutschen Hochschulen

Im Mai 2005 stand bei der Frühjahrssitzung der Sektion Stadt- und Regionalsoziologie die Zukunft der eigenen Disziplin im Mittelpunkt. Bestandsaufnahmen wie Prognosen fielen damals weitgehend düster aus. Ganz überwiegend wurde ein Bedeutungsverlust der Stadtsoziologie im Universitäts- und Wissenschaftsbetrieb diagnostiziert, der sich auch in Zukunft fortsetzen würde. „Die Stadtsoziologie ist zwar eine der ältesten Teildisziplinen der Soziologie, allerdings scheint dies keine perspektivische Wirkmächtigkeit mehr zu begründen (…). Zurzeit scheinen insbesondere im Hochschulbereich die schon erfolgten und in den nächsten Jahren anstehenden Emeritierungen tendenziell zum Wegfall der Stadt- und Regionalsoziologie zu führen", so hieß es im Programm (Nachrichtenblatt zur Stadt- und Regionalsoziologie 2005, 4). Jürgen Friedrichs hob hervor, dass in Deutschland die Zahl der soziologischen Lehrstühle insgesamt rückläufig sei, wovon die Stadtsoziologie aber in besonderem Maße betroffen sei (ebd. S. 9). Außerdem werde die universitäre Einbindung schwächer, „und an den meisten Universitäten sitzen die StadtsoziologInnen vereinzelt", so Carsten Keller und Rainer Neef im Protokoll der Diskussion (ebd. S. 25). Monika Alisch und Thomas Wüst legten damals eine Zusammenstellung vor, in der die Professuren mit Denomination ‚Stadt- und Regionalsoziologie' oder ähnlich in der deutschen Universitätslandschaft in Rückblick und Ausblick verortet wurden (ebd. S. 49). „Die Zahl dieser Professuren nimmt tendenziell ab. Die Wiederbesetzung jener

Stellen, die in den kommenden Jahren frei werden müssten, schien uns zumindest fraglich", so lautete 2005 ihr wenig ermutigendes Fazit (ebd. S. 40).

Fünf Jahre später ist es an der Zeit zu prüfen, wie sich aktuell die institutionelle Verankerung der Stadtsoziologie an deutschen Hochschulen darstellt, ob der diagnostizierte Rückbau der Stadtsoziologie tatsächlich eingetreten ist und ob er soziologische und planungsbezogene Fakultäten gleichermaßen betrifft. Wir haben dazu anknüpfend an die o. g. ‚Vorstudie' von Alisch und Wüst verschiedene kleinere Analysen durchgeführt, die trotz ihrer Unschärfen[1] zumindest ausschnitthaft ein Schlaglicht auf die akademische Verfasstheit der Stadt- und Regionalsoziologie werfen: Eine Internetrecherche und eine ergänzende persönliche telefonische bzw. E-Mail-Befragung von Professoren und Professorinnen mit Denomination ‚Stadtsoziologie' oder einer ähnlichen Ausrichtung informieren über die aktuelle und (soweit bekannt) zukünftige Besetzung von Lehrstühlen mit stadtsoziologischer Ausrichtung an soziologischen und an planungsbezogenen Fakultäten an deutschen Universitäten. Ergänzend wurde eine Analyse der Vorlesungsverzeichnisse per Internet vorgenommen, die zeigt, welche Lehrveranstaltungen (WS 2008/2009 und SS 2009) aktuell mit stadtsoziologischer Thematik an sozialwissenschaftlichen und an planungsbezogenen Fakultäten angeboten werden.

Die Übersicht über Professuren mit stadtsoziologischer Ausrichtung sowohl an soziologischen wie auch an planungsbezogenen Fachbereichen/Fakultäten (Tab. 1) bestätigt generell die rückläufige universitäre Verankerung der Stadtsoziologie – wenn auch die Entwicklung in den letzten fünf Jahren etwas differenzierter verlaufen ist als auf der Sektionssitzung 2005 prognostiziert.

---

[1] Es gibt zum Beispiel Denominationen, die zwar nicht nach Stadt- und Regionalsoziologie klingen, diese aber zum Inhalt haben, oder auch stadtsoziologische Lehrangebote unterhalb der Professorenebene. So existiert am Lehrstuhl für Soziologie und empirische Sozialforschung der Uni Augsburg (Helmut Giegler; Jürgen Cromm; Alexander Jungmann) ein recht umfangreiches Lehrangebot in Stadtsoziologie und Stadtforschung, ebenso am Institut für Soziologie der Ruprecht-Karls-Universität Heidelberg (Michael Hölscher) und am Fachbereich Gesellschaftswissenschaften der Universität Kassel (Renate Ruhne: Lehrkraft für besondere Aufgaben).

Tabelle 1: Professuren mit stadtsoziologischer Ausrichtung an deutschen Universitäten

Konstanz	vor ca. 15 Jahren	2005	heute: 2009/2010	zukünftig
Berlin HU (Sozialwissenschaften)	Hartmut Häußermann (seit 1993)	Hartmut Häußermann (2008 em.), Susanne Frank als Jun.Prof. (2002-2007), Christine Hannemann als PD	Talja Blokland (Stadt- u. Regionalsoziologie) Christine Hannemann als PD	Talja Blokland
Berlin TU (Planen Bauen Umwelt)	Rainer Mackensen (1992 em.), Erich Konter (apl. Prof., pens.)	Uwe-Jens Walther (seit 2000) Harald Bodenschatz (seit 1995)	Uwe-Jens Walther (Stadt- u. Regionalsoziologie) Harald Bodenschatz (Planungs- u. Architektursoz.)	bis 2013, evtl. Ausbau durch Jun.Prof. bis 2011, Stelle wird voraussichtlich wiederbesetzt
Bochum U (Sozialwissenschaften)	Herman Korte (bis 1994), dann Klaus Peter Strohmeier (Höherdotierung der Stelle)	Klaus Peter Strohmeier (zudem: Professur f. Stadt- u. Regionalpolitik Jörg Bogumil)	Klaus Peter Strohmeier (Stadt u. Region, Familie)	bis 2014, Fortsetzung ist sicher
Bremen U (Soziologie)	Hartmut Häußermann (bis 1993), dann Thomas Krämer-Badoni	Thomas Krämer-Badoni (2008 pens.)	Michael Windzio erst Jun.Prof., dann Professor (Migration u. Stadtforschung)	Michael Windzio
Frankfurt/Main U (Soziologie)	Helmut Brede, seit 1988, Marianne Rodenstein	Marianne Rodenstein (Soziologie u. Sozialpolitik mit dem Schwerpunkt Stadt-, Regionalforschung u. lokale Politikforschung) bis 2007 (em.)	Probleme mit Wiederbesetzung, Lehrstuhlvertretung, Stelle wird aber voraussichtlich neu besetzt	?
Hamburg Harburg TU, seit 2006: HafenCity Universität (Stadtplanung)	Ingrid Breckner	Ingrid Breckner	Ingrid Breckner (Stadt- und Regionalsoziologie)	Ingrid Breckner
Stuttgart U (Architektur und Stadtplanung)	Tilman Harlander (seit 1997)	Tilman Harlander (Sozialwissenschaftliche Grundlagen)	Tilman Harlander (Anfang 2009 Umbenennung in ‚Architektur- u. Wohnsoziologie')	bis 2011, die Stelle wird voraussichtlich wiederbesetzt
Weimar, Bauhaus-U (Architektur, Stadtplanung)	Dieter Hassenpflug	Dieter Hassenpflug (Soziologie u. Sozialgeschichte der Stadt) Frank Eckardt (Jun.Prof. Soziologie u. Globalisierung)	Dieter Hassenpflug (bis 2010) Frank Eckardt, jetzt Professur (Sozialwissenschaftliche Stadtforschung)	Frank Eckardt

	vor ca. 15 Jahren	2005	heute: 2009/2010	zukünftig
Aufbau/Ausbau				
Darmstadt TU (Gesellschafts- u. Geschichtswissenschaften)	Manfred Teschner (bis 1994)	Martina Löw (seit 2002) Helmuth Berking (seit 2002)	Martina Löw (Soziologie, vertritt bes. Stadt- u. Raumsoziologie) Helmuth Berking (Soziologie, vertritt auch Urban Anthropology)	Martina Löw Helmuth Berking
Kaiserslautern TU (Architektur, Bauingenieurswesen, Umweltplanung)	-	Annette Spellerberg Jun.Prof. (2002-2008)	Annette Spellerberg, seit 2008 Professur (Stadtsoziologie)	Annette Spellerberg
Abbau/Rückbau				
Dortmund U (Raumplanung)	1968-78 Erika Spiegel; Klaus M. Schmals	Klaus M. Schmals (2006 pens.) Ruth Becker (Frauenforschung u. Wohnungswesen)	Susanne Frank (Stadt- u. Regionalsoziologie) Ruth Becker (bis Ende 2009)	Susanne Frank für Genderthematik unbefr. WiMi-Stelle am Lehrstuhl Frank
Göttingen U (Soziologie)	Rainer Neef (bis 1983: Hans Paul Bahrdt)	Rainer Neef	Rainer Neef (Stadt- und Regionalsoziologie; AOR); bis Ende 2009	bis Anfang 2013: wiss. Ang.-Stelle für Stadt- u. Regionalsoziologie; dann wohl Wegfall
Hamburg U (Sozialwissenschaften)	1981-93 Erika Spiegel, bis 1991 Jürgen Friedrichs, Hermann Korte bis 2000, Jens Dangschat bis 1998	-	-	-
Hamburg HfbK (Architektur)	Barbara Martwich	Barbara Martwich (Planungs- u. Gesellschaftstheorie)	-	-
Hannover U (Architektur u. Landschaft)	Ulfert Herlyn (1974-2000) (auch Mitglied in der Sozialwissenschaftlichen Fakultät)	Wulf Tessin (seit 1977, seit 2000 Verwaltung der Herlyn-Professur) Barbara Zibell	Wulf Tessin (Planungsbezogene Soziologie), bis Anfang 2010 Barbara Zibell (Planungs- u. Architektursoziologie, vertritt auch Genderforschung)	Wegfall künftig Wegfall
(Sozialwissenschaften)	Peter Gleichmann (Soziologie, auch Architekursoziologie 1978-97)	-	-	-
Karlsruhe U (Soziologie, Architektur)	Bernhard Schäfers	Bernhard Schäfers (Soziologie, vertrat auch Architektur- u. Stadtsoziologie, auch Mitglied der Architekturfak.)	2008 em., Umstrukturierung der Soziologie; Nachfolge: keine Stadtsoziologie	-

	vor ca. 15 Jahren	2005	heute: 2009/2010	zukünftig
Kassel U (Architektur, Stadtplanung, Landschaftsplanung)	(1976-78: Hartmut Häußermann) Detlev Ipsen, Ulla Terlinden	Detlev Ipsen (Stadt- u. Regionalsoziologie), Ulla Terlinden (Sozio-ökonomische Grundlagen urbaner Systeme, vertritt auch Genderforschung)	Stellen von Ipsen und Terlinden wurden zu einer zusammengefasst	Stelle wird derzeit neu besetzt
Köln U (Wirtschafts- u. Sozialwissenschaften)	Jürgen Friedrichs	Jürgen Friedrichs (Lehrstuhl für Soziologie; vertritt bes. Stadtsoziol.)	2007 em., noch aktiv; Nachfolge: keine Stadtsoziologie	-
Marburg U (Soziologie)	Hartmut Lüdtke (Empirische Soziologie, 2005 em.), Ralf Zoll (Soziologie, vertrat auch räumliche Soziol., 2004 em.)	‚räumliche Stadtsoziologie' fiel „aus Kapazitätsgründen" weg	-	-
Oldenburg U (Sozialwissenschaften)	Walter Siebel (Soziologie mit Schwerpunkt Stadt- u. Regionalforschung, 2004 pens.), Norbert Gestring als WiMi seit 1992	fiel aus Umstrukturierungsgründen weg Norbert Gestring	- Norbert Gestring (Stadt- u. Regionalsoziologie, unbefristet WiMi) u. Lehraufträge	- fällt danach weg
Trier U (Soziologie)	Bernd Hamm (seit 1977)	Bernd Hamm (Siedlungs-, Umwelt- u. Planungssoziologie)	bis Ende 2009	wird Wirtschaftssoziologie (mit möglichem regionalem Schwerpunkt
Ungewiss				
Bamberg U (Sozial- u. Wirtschaftswissenschaften)	Richard Pieper	Richard Pieper	Richard Pieper (Urbanistik u. Sozialplanung), bis 2010	?
Chemnitz TU (Soziologie)	Christine Weiske	Christine Weiske (Regionalforschung u. Sozialplanung)	Christine Weiske (seit 2005 Umbenennung in ‚Soziologie des Raumes')	bis etwa 2014, danach ungewiss, wohl eher negativ
Freiburg U (Soziologie)	Baldo Blinkert	Baldo Blinkert	Baldo Blinkert (AOR) (Lehr- u. Forschungsschwerpunkt Stadt, Region u. soz. Sicherheit) bis 2010	Stadtplaner wird den Forschungsschwerpunkt übernehmen
FU Hagen (Soziologie, Kulturwissenschaften)	Lothar Bertels (apl. Prof.)	Lothar Bertels	Lothar Bertels (Stadt- u. Regionalsoziologie	bis 2014, danach ungewiss, wohl eher Wegfall

Quelle: Alisch/Wüst 2005, 49; eigene Recherchen

Einige der damals mit einem Fragezeichen versehenen Lehrstühle konnten in der Zwischenzeit wiederbesetzt werden bzw. erscheinen nach heutigem Ermessen als zukünftig gesichert. An acht Universitäten (ca. einem Drittel) kann man insoweit von einer Konstanz sprechen. Dies gilt gleichermaßen für sozialwissenschaftliche Fakultäten (HU Berlin, Bochum, Bremen und Frankfurt/M.) wie für Architektur- und Stadtplanungsdisziplinen (TU Berlin, HCU Hamburg, Stuttgart und Weimar). An den entsprechenden Fakultäten hat es zwar zum Teil Wechsel durch die Emeritierung oder Pensionierung der vormaligen StelleninhaberInnen gegeben. Die Professuren wurden oder werden aber aller Voraussicht nach neu besetzt, und das Fach Stadtsoziologie ist weiterhin vertreten. Inwieweit sich allerdings bei Neubesetzungen auch inhaltliche Umstrukturierungen, die ein wenig von der Stadtsoziologie weg führen, ergeben (z. B. in Bremen sichtbar, in Frankfurt nicht ausgeschlossen), sei zunächst dahingestellt.

An zwei Universitäten hat ein Ausbau der Stadtsoziologie stattgefunden. An der TU Kaiserslautern wollte man sogar einen Sonderforschungsbereich Stadtsoziologie einrichten. Das Vorhaben scheiterte zwar; 2002 wurde aber eine stadtsoziologische Professur neu eingerichtet, zunächst als Junior-Professur. 2008 erfolgte dann die Umwandlung in eine ordentliche Professur. An der TU Darmstadt hat sich an der soziologischen Fakultät mit dem Lehr- und Forschungsschwerpunkt ‚Stadt, Raum, Ort' (Martina Löw, Helmuth Berking) ebenfalls eine deutliche Verstärkung etabliert.

Im Unterschied dazu hat an elf Universitäten (in Hannover an zwei Fakultäten), also fast der Hälfte, ein Rückbau oder – was häufiger der Fall ist – ein völliger Abbau der Stadtsoziologie stattgefunden bzw. ist in Zukunft geplant. An vier weiteren Universitäten ist die Zukunft höchst ungewiss: Wie es mit der Stadtsoziologie in Bamberg und Chemnitz, Freiburg und an der Fern-Universität Hagen weiter gehen wird, ist bislang noch unklar; man ahnt aber nichts Gutes.

An den sozialwissenschaftlichen/soziologischen Fakultäten der Universitäten Hannover, Karlsruhe, Köln, Oldenburg, Marburg und Trier liegt der Abbau der Stadtsoziologie darin begründet, dass die gesamte Soziologie umstrukturiert wurde. Die dortigen Professoren mit der Denomination ‚Allgemeine Soziologie' bzw. ‚Soziologie' hatten zugleich das Fach Stadt- und Regional- oder auch Architektursoziologie vertreten. Nach deren Pensionierung/Emeritierung wurde die Stelle entweder nicht wieder oder mit einer Nachfolge besetzt, die andere inhaltliche Schwerpunkte vertritt. Letzteres trifft z. B. auf den Lehrstuhl von Bernhard Schäfers zu. Er verstand das Institut für Soziologie als empirisch arbeitende und interdisziplinär orientierte Einrichtung und war auch Mitglied der Fakultät für Architektur, wo er regelmäßig Veranstaltungen zur Stadtentwicklung und Architektursoziologie anbot. Nach seiner Emeritierung 2008 wurde der Lehrstuhl für Allgemeine Soziologie durch Gerd Nollmann neu besetzt, dessen Schwerpunkt die international vergleichende Sozialstrukturanalyse ist. Ähnliches gilt auch für die Friedrichs-Nachfolge in Köln und die Hamm-Nachfolge in Trier (Wirtschaftssoziologie). In Oldenburg läuft die Stadtsoziologie nach der Pensionierung von Walter Siebel zunächst zwar weiter (mit einer festen WiMi-Stelle und Lehraufträgen), ist aber mittelfristig (wie im Übrigen auch die dortige Familiensoziologie) einer generellen Umstrukturierung des sozialwissenschaftlichen Lehr- und Forschungsangebots zum Opfer gefallen; ebenso an der Universität Marburg. Hier lief – wie im Internet nachzulesen ist – das Studiengebiet ‚räumliche Stadtsoziologie' „laut Beschluss des Direktoriums (…) aus Kapazitätsgründen leider aus!" (www.uni-marburg.de).

An der Universität Hamburg gibt es die Stadtsoziologie in den Sozialwissenschaften schon länger nicht mehr, nachdem die 1982 gegründete Forschungsstelle Vergleichende Stadtforschung nach Jens Dangschats Wechsel nach Wien und Hermann Kortes Pensionierung geschlossen wurde. Und in Göttingen schließlich, wo nach einem so renommierten Professor wie Hans Paul Bahrdt die Stadtsoziologie seit vielen Jahren nur auf einer Akademischen Oberratsstelle betrieben wird, ist deren Ende ebenfalls absehbar.

An manchen Planungs- und Architektur-Fakultäten sieht es nicht viel besser aus. An der Universität Kassel werden z. B. zwei Professuren (Detlev Ipsen und Ulla Terlinden) künftig zu einer zusammengefasst. An der Hochschule für Bildende Künste in Hamburg existiert auch kein soziologisches Lehrgebiet mehr. In Hannover wird man sich in der Landschaftsarchitektur und Umweltplanung wie auch in der Architektur von der Planungsbezogenen Soziologie (Ulfert Herlyn, Wulf Tessin) wie auch der Architektursoziologie (Barbara Zibell) verabschieden; nach Zusammenlegung und ‚Optimierung' (sprich: Stellenkürzung) meinte man, sich stärker auf die vermeintlichen Kernfächer und Kernkompetenzen spezialisieren zu müssen und suchte entsprechend nach Outsourcing-Optionen, um die soziologischen Lehrangebote durch ‚hausinterne' Lehrimporte der Philosophischen Fakultät zu gewährleisten (wobei es aber dort gar keine Stadtsoziologie mehr gibt). Externe wie interne sehr positive Evaluationen und die Betonung von exzellenten Alleinstellungsmerkmalen änderten nichts an dieser Haltung. In der Raumplanungsfakultät in Dortmund wurde die Schmals-Stelle zwar wiederbesetzt (Susanne Frank), der Becker-Lehrstuhl (Frauenforschung und Wohnungswesen) wird hingegen aufgelöst. Die Genderthematik wird auf einer (immerhin unbefristeten) wissenschaftlichen Mitarbeiterstelle weiter verfolgt, die am Frank-Lehrgebiet verankert wurde.

Die Gründe für eine Fortführung oder Abschaffung der Stadtsoziologie in einem Studiengang mögen im Einzelfall sehr unterschiedlich und auch von personellen Konstellationen und der Durchsetzungskraft Einzelner abhängig sein. Der Trend ist aber – trotz einzelner gegenläufiger Entwicklungen – klar: Im

Ganzen kann man für die letzten Jahre von einer eindeutigen Tendenz zum Abbau ‚hochwertiger Stellen' mit stadtsoziologischer Ausrichtung sprechen, auch wenn die Lage nicht ganz so düster ist wie die Prognosen von 2005. Deutlich wird dies an den Universitäten Göttingen, Hamburg (Uni und HfbK), Hannover (Architektur/Landschaft und Sozialwissenschaften), Karlsruhe, Köln, Marburg, Oldenburg und Trier. Zum Teil zwar reduziert, aber immerhin langfristig gesichert scheint dagegen die Stadtsoziologie an den Universitäten Berlin (HU und TU), Bochum, Bremen, Darmstadt, Dortmund, Frankfurt am Main, Hamburg (HCU), Kaiserslautern, Kassel, Stuttgart und Weimar.

2 Ursachen für den Rückgang

Wenn jetzt versucht wird, einige Gründe für den tendenziellen Rückbau der akademischen Stadtforschung zu diskutieren, so wird etwas weiter ausgeholt und zunächst die recht wechselvolle Disziplingeschichte der Stadtsoziologie als älteste Teildisziplin der Soziologie mit ihren ‚Aufs' und ‚Abs' von den Anfängen bis zur Gegenwart nachgezeichnet. Es wird gezeigt, dass die Stadtsoziologie als eine auf den konkreten Gegenstandsbereich bezogene ‚Bindestrich-Soziologie' und noch dazu mit ihrem inhärenten Anwendungsbezug schon immer gehörig unter Begründungszwang stand und ihre Berechtigung als eigenständige Disziplin gerade auch intern von den Stadtsoziologen selbst immer wieder erneut in Frage gestellt wurde (a). Anschließend wird die Integration der Stadtsoziologie in die Stadt- und Freiraumplanung behandelt, die sehr verheißungsvoll mit hohen Erwartungen an ein Mehr an menschengerechter und demokratischer Planung begann. Den hohen Erwartungen folgte aber schon bald die Ernüchterung, vor allem weil sich wegen der Unterschiede in den Arbeitsweisen die Zusammenarbeit von Architekten und Planenden auf der einen Seite, SoziologInnen auf der anderen als schwierig erwies, bis hin zu unüberbrückbaren Differenzen (b).

zu a) Stadtsoziologie im Kontext des soziologischen Diskurses
Die vorstehende Analyse hatte ja gezeigt, dass der Abbau der Stadtsoziologie an den sozialwissenschaftlichen Fachbereichen etwas stärker ausfällt als an den Planungsfakultäten, allerdings von einem höheren Ausgangsniveau.

Der Abbau der Stadtsoziologie hängt nicht unwesentlich mit dem Ab- und Umbau der akademischen Soziologie insgesamt zusammen. Zum einen scheint die Umstrukturierung an den westdeutschen Universitäten in die gleiche Richtung zu gehen wie sie bei der ‚Abwicklung' und Neustrukturierung der ostdeutschen Soziologie nach der Wende vorgegeben wurde (Lepsius in Hepp/Löw Hg. 2008, 134): Man nehme für einen soziologischen Studiengang als Kernfächer

Theorie und Theoriegeschichte, vergleichende Sozialstrukturanalyse moderner Gesellschaften (Makrosoziologie), Interaktions- und Sozialisationsprozesse (Mikrosoziologie), Methoden der empirischen Sozialforschung und füge dann eine Bindestrich-Soziologie als Schwerpunktsetzung und Profilierung hinzu. Und hierbei werden andere inhaltliche Schwerpunkte (wie Globalisierung, Wirtschaft, Konfliktforschung etc.) gesetzt. Zum anderen strebt man bei der Neubesetzung von Stellen in vielen Universitäten derzeit ‚Exzellenz' gemäß der Hochschulförderkriterien an (Internationalität, Beiträge in peer-reviewed Zeitschriften, ‚impact-Faktoren' etc.). Die Stadtsoziologie mit ihrer gewissen Bodenhaftung und ihrem potenziellen Anwendungsbezug gerät da schnell in den Verdacht des Provinziellen und Hausbackenen und kann da, wie auch andere Bindestrich-Soziologien (z. B. die Familiensoziologie), anscheinend nicht so recht mithalten.

Dies war nicht immer so, im Gegenteil: Wie in den USA markierte auch in der Bundesrepublik Deutschland nach dem II. Weltkrieg die ‚Gemeindesoziologie' oder ‚Großstadtforschung' den Beginn der modernen empirischen Sozialforschung. René Königs (1958) Bezeichnung der Gemeinde als „globale Gesellschaft auf lokaler Basis" drückt aus, dass man in der Stadt das Typische der Gesellschaft schlechthin zu finden hoffte, was sich in den diversen, einem Totalitätsanspruch verpflichteten Gemeindestudien auch ausdrückte. Dies wurde relativ schnell und zu Recht in Zweifel gezogen, und die Soziologie der Gemeinde wandelte sich in den 1960er Jahren zur „Soziologie des Städtebaus" (Korte 1972, 23). Mit Hans Paul Bahrdts ‚moderner Großstadt' (1961) begann eine Phase der stärker theoretisch fundierten Auseinandersetzung mit der Stadt und ihrer Planung: Die Soziologie fing an – auch motiviert von verunsicherten Planern, „die sich von der Hilfswissenschaft Soziologie Aufklärung und Zielsetzung versprachen" (Korte 1986, 9) – , sich vermehrt für Bau- und Planungsfragen zu interessieren und eine Brücke von der Theorie zur Planungspraxis zu schlagen (vgl. z. B. auch Bahrdt 1968). In diesen Zusammenhang fallen auch Publikationen wie die von Hans Oswald (1966), der die Stadt im Rahmen der Gesellschaftsentwicklung für überschätzt hielt und ihr lediglich eine gewisse Filterwirkung zubilligte. Ähnlich wie Norbert Schmidt-Relenberg (1968) war er der Auffassung, dass Städte hauptsächlich funktionieren müssten. Man sah in dieser Hinsicht durchaus erhebliche Mängel – auch inspiriert durch Jane Jacobs (1963), Alexander Mitscherlich (1965) oder Heide Berndt (1968) – und wollte dem Städtebau Anregungen und Leitbilder für Verbesserungen liefern.

Im Zuge der Reformbewegung seit Ende der 1960er Jahre wurde die Kritik der Stadtsoziologie aber grundsätzlicher (vgl. Harth/Scheller/Tessin 2000). Gerade die Funktionalisierung der Städte für die kapitalistische Wirtschaft, augenfällig geworden vor allem in der sog. Flächensanierung, wurde nun heftig kritisiert – zumal stadtsoziologische Untersuchungen auf die soziale Problematik von

Sanierung und Umsetzung aufmerksam machten (z. B. Zapf 1969; Heil 1971; Herlyn/Krämer/Tessin/Wendt 1976; Tessin 1977). Inspiriert von der marxistischen Gesellschaftskritik wurden Bodenordnung sowie Städtebau- und Wohnungspolitik als Ausdruck und Motor der kapitalistischen Produktionsverhältnisse gesehen und zum Widerstand dagegen aufgerufen (z. B. Brake Hg. 1973). Aus dem handfesten Protest („Häuserkampf") und der kritischen Auseinandersetzung entstanden vielfältige Inspirationen für die Stadtsoziologie: Zum einen die verstärkte historisch-gesellschaftliche Analyse der Stadtplanung und Stadtentwicklung – in polit-ökonomischen Ansätzen (wie Brede u. a. 1976; dann die Rezeption von Lefèbvre 1972, Castells 1977) oder der feministischen Stadtanalyse (dazu zusammenfassend Dörhöfer/Terlinden 1998, 10ff). Zum anderen die zunehmende Auseinandersetzung mit Fragen der Öffentlichkeit und Demokratisierung der Stadtentwicklung, die in der Partizipationsdebatte mündete.

Die 1970er Jahre wurden nicht nur zu einer Phase der Politisierung, sondern auch der Professionalisierung der Stadtsoziologie (Herlyn 2006, 217f; Rodenstein 2008, 193f), d. h. des institutionellen Aufbaus der Stadt- und Regionalsoziologie in Lehre, Forschung und in unterschiedlichen Praxisfeldern. Gegenüber anderen ebenfalls ausgebauten ‚speziellen Soziologien' gab es sogar eine überproportionale Ausweitung stadtsoziologischer Schwerpunkte an den Hochschulen und einen deutlichen Anstieg der in Planungsfeldern (z. B. in Planungsstäben zur Stadtentwicklung oder in Ministerien) beschäftigten SoziologInnen. Rufe besonders an die damals neu gegründeten Universitäten wurden umfänglich erteilt, Mittel für Auftrags- und Grundlagenforschung standen breit zur Verfügung.

Mit dieser Institutionalisierung ging eine wachsende Zersplitterung und Unübersichtlichkeit der theoretischen Ansätze und methodologischen Orientierungen einher. Die starke Integration der Stadtsoziologie in Planungsstudiengänge erweiterte einerseits das Feld der Disziplin und schuf neue Berufsperspektiven für Sozialwissenschaftler, andererseits wurde die Anbindung an die Herkunftsdisziplin schwächer. Das Spannungsfeld zwischen wissenschaftlich-theoretischem Anspruch und praxisorientierter Forschung und Beratung ist in dieser anwendungsorientierten Wissenschaft besonders ausgeprägt und konnte auch in der erst Anfang der 1970er Jahre gegründeten Sektion für Stadt- und Regionalsoziologie innerhalb der Deutschen Gesellschaft für Soziologie nicht immer hinreichend überbrückt werden. Erst jüngst wieder diagnostizierte eine Gruppe von Nachwuchs-StadtsoziologInnen ihrem Fach „Unübersichtlichkeit, geringe fachliche Bindung und uneinheitliches Forschungsfeld" ohne Berufsperspektiven und forderte eine stärkere „Rückbesinnung auf soziologische Theorie und Methoden" (Call for Theses 2008).

Die Rolle der Stadtsoziologie als eigenständige Disziplin im gesamten soziologischen Diskurs ist immer wieder Thema der disziplininternen Auseinandersetzung gewesen. Frank Eckardt bezweifelt gar, dass sie eine einheitliche Fachdisziplin sei und auf eine eigene Tradition zurückblicken könne (2004, 6). Besonders in den 1980er Jahren wurden – ausgerechnet in einem Sonderband der Kölner Zeitschrift für Soziologie und Sozialpsychologie – Anzeichen einer Krise der Stadtsoziologie thematisiert. Es gebe einen Bedeutungsverlust, der, so der Herausgeber Jürgen Friedrichs, maßgeblich aus einer fehlenden Anbindung an soziologische Theorien resultiere (1988, 8). Auch wenn Ulfert Herlyn (1989) dieser Auffassung widersprochen hat (trotz eines gewissen Theoriedefizits habe man durchaus die maßgeblichen Theorieentwicklungen reflektiert), so ist nicht von der Hand zu weisen, dass Versuche, deduktiv-nomologische Erklärungen für raumbezogene Problematiken zu finden und empirisch zu belegen, in der Stadtsoziologie eher die Ausnahme sind. Dagegen gibt es durchaus eine nicht unbeträchtliche Zahl von gegenstandsbezogenen Theorien (z. B. zur Segregation, zu den Folgen sozialen Wandels für die Städte, zu den Konsequenzen der Globalisierung u. v. a. m.) und theoriebasierten Untersuchungen (z. B. zur Prüfung allgemeiner Aussagen zum sozialen Wandel in unterschiedlichen lokalen Lebenszusammenhängen, der Gentrification von Stadtvierteln oder den Folgen des Geschlechtsrollenwandels für die Wohnverhältnisse; vgl. dazu Harth 2006).

Dennoch bleiben stadtsoziologische empirische Untersuchungen meistens fast zwangsläufig einem bestimmten lokalen Kontext verhaftet und ringen mit der Frage des paradigmatischen Gehalts ihrer Befunde. Gilt das, was für Köln herausgefunden wurde, auch in Hannover oder München – oder gar in Grevenbroich? Daraus ergeben sich erst recht gewisse Grenzen der Internationalisierung. Anders als die planenden Disziplinen, deren VertreterInnen ‚einfach' nach China fahren und dort eine neue Siedlung oder eine Landschaftsgestaltung entwerfen, planen und bauen, muss sich die Stadtsoziologie in ihren Untersuchungen stets intensiv mit dem kulturellen Kontext auseinandersetzen und dann oft genug ihre Vorannahmen revidieren, wenn sie nicht bei allgemeinen sozialen Zusammenhängen stehen bleiben will. Die Übertragbarkeit der zumeist unter Rückbezug auf westliche Industrienationen entwickelten ‚großen' Gesellschaftstheorien auf andere kulturelle Kontexte ist mehr als fragwürdig, eine Erfahrung die man gerade erst im Hinblick auf den ostdeutschen Transformationsprozess machen durfte, und zwar sowohl in Bezug auf gesellschaftstheoretische Entwürfe (Scheller 2005, 2006), wie auch in Bezug auf die stärker raumbezogenen Ansätze in der Stadtforschung (zu Segregation und Gentrification in ostdeutschen Städten vgl. z. B. Harth 1997; Harth u. a. 1998). Auf Grund der spezifischen gesellschaftlichen Rahmenbedingungen, der Bindung an gesetzliche Grundlagen, geografische Einflüsse etc. ist die Generalisierbarkeit nicht validiert.

Darüber hinaus befindet sich die Stadtsoziologie in Bezug auf ihren Gegenstand in einem ständigen Klärungsprozess. Infolge wachsender Mobilität, ubiquitärer Urbanisierung und einer ‚Entlokalisierung' der Gesellschaft wurde die (Groß-)Stadt als das ursprüngliche Forschungsobjekt im Zeitverlauf vermehrt in Zweifel gezogen. Doch wenn die Stadt kein Forschungsobjekt eigener Art ist, dann kann mit Fug und Recht die Existenzberechtigung der Stadtsoziologie negiert werden. Hartmut Häußermann und Walter Siebel (1978) stellten in einem programmatischen Aufsatz Ende der 1970er Jahren die Stadt als eigenständigen Forschungsgegenstand in Frage und betrachteten sie lediglich als ein Forschungsfeld, in dem soziale Probleme allgemeinerer Art zu analysieren sind (ähnlich Krämer-Badoni 1991). In jüngerer Zeit mehren sich aber die Versuche, die Stadt wieder in den Mittelpunkt der Forschungsbemühungen zu stellen. So wollen Martina Löw und Helmuth Berking die Eigenlogik von Städten (die sie im Kern als Handlungsdispositionen begreifen) analysieren. Ulfert Herlyn legt eine Weiterentwicklung seines Konzeptes von Städten als lokalen Lebenszusammenhängen vor, wobei es ihm darum geht, die komplexen Verschränkungen unterschiedlicher Lebensbezüge und -bereiche in einer bestimmten Lokalität in den Blick zu nehmen, um den sozialen, kulturellen, ökonomischen und politischen Einfluss der örtlichen Verhältnisse auf die in ihnen lebenden Menschen herauszuarbeiten und gleichzeitig zu ermitteln, wie diese die lokalen Verhältnisse in je besonderer Weise prägen (vgl. seinen Beitrag i. d. B.).

Ein weiteres Problem der Rolle der Stadtsoziologie innerhalb der soziologischen Disziplin ist ihr potenzieller oder tatsächlicher Anwendungsbezug, der ihr aus Sicht soziologischer Kernfächer womöglich eine gewisse Nachrangigkeit gibt und aus Sicht der Disziplin selbst das Risiko der Vereinnahmung und fehlender kritischer Reflektion birgt. So wurde auf der Sektionssitzung 2005 in Berlin selbstkritisch darauf hingewiesen, dass die Nähe zur Politik und zur praktischen Relevanz zu wenig reflektiert werde und man sich aufgrund der Nachfrage nach kleineren Beratungs- und Forschungsaufträgen zu sehr auf nachgeordnete Fragen konzentriert habe: „Die Praxis kontaminiert die Wissenschaft", so heißt es im Protokoll (Keller/Neef 2005, 24). Jürgen Friedrichs formuliert es noch ein wenig drastischer: „Das Urteil von Planern und Dezernenten ist für den wissenschaftlichen Fortschritt irrelevant. Weder sie noch die Gebietsbewohner sind die Bezugsgruppe der Stadtsoziologen. Will man das nicht erkennen, so sollte man auch auf den Anspruch verzichten, wissenschaftliche Reputation zu erlangen. Das bedeutet allerdings nicht, man solle diese Gruppen nicht beraten oder keine Studien und Gutachten für Kommunen anfertigen. Es bedeutet nur, dass solche Arbeiten auch nicht zugleich wissenschaftliche sind" (Friedrichs 2005, 15).

Wenn es also möglicherweise in den vergangenen Jahren eine zu starke Bezugnahme auf wechselnde Praxisprobleme und eine zu geringe Profilierung innerhalb des soziologischen Diskurses gab – was gar nicht einmal ausgemacht ist, wenn man z. B. an die wichtigen stadtsoziologischen Beiträge zum Thema Migration und Integration oder zum Transformationsprozess oder zur ‚Raumkategorie' denkt – liegt dann die Zukunft der akademischen Stadtsoziologie also primär in der Ausbildung von PlanerInnen und ArchitektInnen?

zu b) Stadtsoziologie im Kontext der Stadt- und Freiraumplanung
Die Verankerung der Stadtsoziologie an Planungs- und Architekturfakultäten erweist sich jedenfalls zunächst einmal als etwas stärker als diejenige an sozialwissenschaftlichen Studiengängen. Die Mehrzahl der langfristig gesichert scheinenden stadtsoziologischen Professuren ist an Planungsstudiengängen verortet. Insofern bestätigt sich, was Christine Hannemann 2005 vermutete: „Stadt- und Regionalsoziologie scheint vor allem als Aspekt der Planungsausbildung eine Perspektive zu haben" (S. 19). Auch die von uns befragten Professoren und Professorinnen nahmen überwiegend eine Erodierung der Soziologie im Allgemeinen und der Teildisziplin Stadtsoziologie im Speziellen wahr. Die Entwicklung der Stadtsoziologie im Rahmen der Planungsdisziplinen schätzten sie schon etwas positiver ein. Dieser Eindruck wird auch dadurch unterstützt, dass zusätzlich mit dem Ausbau der Fachhochschulen und der ‚Entdeckung' des Sozialraums in der Sozialpädagogik (vgl. dazu z. B. Deinet Hg. 2009) vermehrt stadtsoziologisch orientierte Professuren dort mit einem entsprechend stärkeren Praxisbezug entstanden sind. An der FH Fulda sind mittlerweile drei Stadtsoziologen (Monika Alisch, Thomas Wüst und Susanne Weber) im Fachgebiet Sozialwesen beschäftigt. An der Universität Duisburg-Essen wird im Studiengang ‚Soziale Arbeit' Stadtsoziologie unterrichtet, ebenso werden an der FH Düsseldorf ebenfalls Stadtforschungsthemen gelehrt. An der FH Köln (Herbert Schubert) gibt es einen Forschungsschwerpunkt ‚Sozialmanagement und Soziologie' mit stadtsoziologischen Einschlägen. Weitere Professuren mit stadtsoziologischer Ausrichtung finden sich an der FH Esslingen (Andrea Jantzen) sowie der FH Darmstadt (Detlef Braun, Rolf Keim). Dazu kommt eine doch recht breite Verankerung in der Planung und anwendungsbezogenen Forschung, von der Bundesforschungsanstalt über Landesbehörden bis hin zu den Stadtplanungs- und Stadtentwicklungsämtern der Kommunen, den Planungsbüros oder Instituten – wobei es aber interessant wäre zu prüfen, welche Entwicklungen sich hier zeigen (unsere Beobachtungen und Vermutungen gehen hier auch in Richtung eines Abbaus). Mit dem Städtebauförderungsprogramm ‚Soziale Stadt' bot sich Ende der 1990er Jahre ein weiteres Betätigungsfeld für Stadtsoziologen (Marquardt 2009). Soziologische Gutachten, vorbereitende Untersuchungen sind

mittlerweile ebenso eine Selbstverständlichkeit wie Bestandsanalysen, Befragungen und Entwicklung von Kriterienkatalogen.

Dennoch ist nicht von der Hand zu weisen, dass es auch in den universitären Planungsdisziplinen – ebenso wie in den sozialwissenschaftlichen – unter dem Strich einen Abbau gegeben hat bzw. dieser bevorsteht. Und dies wiegt umso schwerer, als die entsprechenden Professuren oftmals hart erkämpft wurden (vgl. dazu Gröning i. d. B.) und ihr Wegfall das Selbstverständnis der Fakultät im Kern betrifft (vgl. dazu Terlinden und Selle i. d. B.).

Man hatte sich ursprünglich durch die Einbeziehung der Soziologie nicht weniger erhofft als eine menschengerechtere und demokratischere Planung. Ausgehend von Protesten gegen die ‚Kahlschlagsanierung' hatte sich in den Städten eine Bürgerinitiativbewegung formiert, die in verschiedensten lokalen Konfliktfeldern versuchte, anstelle der Ideologie vom ungehemmten Wirtschaftswachstum das Verlangen nach mehr Lebensqualität zu setzen. Der Vorsatz in Willy Brandts Regierungserklärung von 1969 „mehr Demokratie wagen" war nicht zuletzt auch ein Signal für die Stadterneuerung, die 1971 mit dem Städtebauförderungsgesetz neu geregelt wurde. Hans Paul Bahrdt war es, der bei einer Anhörung im letzten Moment erreichte, dass neben dem üblichen Bebauungsplan bei Sanierungsvorhaben ein Sozialplan obligatorisch wurde. Die dann eingeführten ‚vorbereitenden Untersuchungen' und die ‚Erörterung mit den Betroffenen' wurden zum Auftakt einer Fülle sozialwissenschaftlicher Bestands- und Entwicklungsanalysen und der sich entwickelnden Beteiligungskultur.

Man wollte mittels ‚Sozialtechnologie' die Städte und Wohnungen besser planen und gestalten, und das hieß damals: nutzergerecht und gebrauchswertorientiert. Im Konzept des sozialwissenschaftlichen Ansatzes in der Freiraumplanung schreiben Gert Gröning, Ulfert Herlyn und Wulf Tessin beispielsweise, dass der „erlebnis- und handlungsrelevante Gebrauchswert der Freiflächen" im Zentrum des Interesses stehe. „Freiflächen, insbesondere Grünflächen (Gärten, Parks, Sportanlagen, Wälder etc.) werden in ihrer Funktion betrachtet, den Menschen spezifische Erlebnis- und Handlungschancen zu eröffnen" (1984, 41). In der Stadt-, Infrastruktur- und Wohnungsplanung fanden gebrauchswertorientierte Ansätze noch größere Verbreitung.

In Folge der wachsenden Nachfrage auf Seiten der verunsicherten Planung, auf Grund der umfänglich zur Verfügung gestellten Forschungsmittel, der gesetzlichen Vorschriften und nicht zuletzt der wachsenden Zahl stadtsoziologisch ausgebildeter Menschen explodierte die Menge der schier unüberschaubaren Untersuchungen zu konkreten Planungsfragen und -fällen. Diese „Stadtplanungssoziologie" (Häußermann/Siebel 1978, 486) war in der Regel insoweit untheoretisch und unkritisch, als weder soziologische Konzepte noch eine gegenstandsadäquate empirische Umsetzung vorlagen; es wurden gleichförmige Bestandsanalysen, ‚vorbereitende Untersuchungen' und Gutachten aneinandergereiht, Bürgerbeteiligung wurde ‚abgehakt' und Datenfriedhöfe wurden produziert. Die vereinfachten Möglichkeiten der Datenauswertungen (Lochkarte ade!) erlaubten es, jede auch nur denkbare Kombination ‚durchzunudeln', was sich in dickleibigen Konvoluten mit umfangreichen Datenanhängen niederschlug. Für Planende nahezu unverdaulich, landeten sie – neben der ebenfalls rasch wachsenden Menge an schwergewichtigen theoretischen Abhandlungen über die Stadt – im Bücherregal und mehrten ihre Skepsis gegenüber ‚der Soziologie'. Die Planenden waren in der Zwischenzeit ernüchtert (vgl. dazu Selle i. d. B.): Von der Soziologie hatte man sich mehr versprochen. Weder die dicken Theoriebände noch die erbsenzählerischen Gutachten konnten die Planungsunsicherheiten lösen, die sich zudem mit dem Strukturwandel der Städte verstärkten – und konkrete Entwurfsberatung, nein, das ging schon gar nicht.

Die Distanzierung mancher Planungs- und Entwurfsfakultät von ihrer Soziologie hängt eng mit einem grundsätzlichen Dilemma der Beziehung von Soziologie als einer empirisch-analytischen Tatsachenwissenschaft und der Planung als einer normativ-pragmatischen Disziplin zusammen. Wulf Tessin (2004, 16ff) nennt verschiedene Knackpunkte der Zusammenarbeit: Architekten und Planerinnen sind primär Gestaltende und ‚Macher', wollen Probleme lösen, vornehmliche Aufgabe und Betätigungsfeld der Soziologie ist bei aller Problemnähe dagegen die Analyse. Planende müssen Entscheidungen treffen und suchen Orientierung bei der Frage, wie etwas sein soll. Soziologie dagegen versucht (meistens) möglichst neutral einen Gegenstand zu untersuchen und enthält sich auch wertender Aussagen. Allenfalls werden unterschiedliche Planungsvarianten in ihren Auswirkungen einander gegenübergestellt. Planende suchen in der Regel für einen konkreten Einzelfall eine Lösung, Soziologie dagegen zielt auf Verallgemeinerung. Gern würden Planende auch Auskunft über zukünftige Entwicklungen haben, wogegen sich die Soziologie nur höchst ungern an sehr voraussetzungsvolle Prognosen wagt. Sie bleibt eher in der Gegenwart und sucht in der Vergangenheit gewisse Entwicklungslinien. Dazu kommen unterschiedliche Denk- und Herangehensweisen an Probleme: Planende und Gestaltende denken stark räumlich und visuell; ihr Medium ist die zeichnerische Darstellung und ihr Ziel (in der Regel) eine Veränderung der konkreten räumlichen Umgebung. Das Mittel der Soziologen ist der verbale Diskurs und sie sehen primär gesellschaftliche Ursachenzusammenhänge – selbst Stadtsoziologinnen billigen der konkreten räumlichen Umgebung im Allgemeinen nur eine sehr geringe Wirkung auf das Handeln zu. Soziologie sieht entsprechend sehr komplexe Zusammenhänge und zeigt immer wieder neue Facetten – ja, die Aufgabe der Soziologie besteht geradezu in der Ideologiekritik und der Relativierung vermeintlicher Gewissheiten.

Dies liegt aber konträr zur Notwendigkeit von Planenden, mit ihrem Entwurf oder ihrer Planung zu einer Reduktion von Komplexität zu kommen.

Aufgrund dieser unterschiedlichen, ja in mancher Hinsicht gegensätzlichen Herangehensweisen, Problemauffassungen und Methoden konnte die Soziologie die mit ihrer Etablierung in den Planungsdisziplinen verbundenen hochgesteckten Erwartungen nicht (oder nur zum Teil) erfüllen. Nicht nur konnten die Sozialwissenschaftler keine umsetzbaren Ratschläge und Handlungsmaximen geben, sie legten zudem immer wieder ideologiekritische Abhandlungen und Untersuchungen vor zum Selbstverständnis der Planer, zur gesellschaftlichen Rolle der Planung oder zur Relativierung von Planungsideologien wie Urbanität, Mischung oder ‚guter' Ästhetik.

Auch weil man selbst sich für ausreichend soziologisch ‚sensibilisiert' hält und meinte, die Soziologen entfalten ein Wissen, das Planer ohnehin schon durch ‚gesunden Menschenverstand', Erfahrung oder Zeitungslektüre haben (Trivialisierungsvorwurf, vgl. Schmidt 1999, 8), trennte man sich mehr oder weniger leichten Herzens in manchen Planungsfakultäten von architektur- und stadtsoziologischen Ausbildungsinhalten.

3 Diskussion: Mögliche Konsequenzen der De-Institutionalisierung

Stadtsoziologie und Planungsbezogene Soziologie haben sich von Anfang an in einem besonderen Spannungsfeld zwischen wissenschaftlicher Gesellschaftsanalyse raumbezogener Probleme einerseits und dem Informationsbedarf der planenden Verwaltung andererseits entwickelt. Je nach theoretischer und methodologischer Ausrichtung der Forschenden, ihrer wissenschaftstheoretischen Grundüberzeugung, ihrer institutionellen Anbindung oder ihrer Forschungsförderer neigten sich die Arbeitsschwerpunkte mehr in die eine oder mehr in die andere Richtung. Aus diesem Spagat entstanden viele der oben angerissenen Schwierigkeiten, die Disziplin eindeutig und nach außen sichtbar abzugrenzen. Dennoch liegen genau in dieser Breite und Unterschiedlichkeit, bisweilen auch Widersprüchlichkeit der Anforderungen auch vielfältige Chancen: anwendungsbezogene Grundlagenforschung zu betreiben, gegenstandsbezogene Theorien mit empirischem Gehalt zu entwickeln, gesellschaftliche Entwicklungen auf einer anschaulichen und erfahrbaren Alltagsebene zu konkretisieren, theoretische Vorstellungen über Ursache-Wirkungs-Zusammenhänge in der Realität durch planerische Eingriffe zu testen und dann gegebenenfalls zu modifizieren, Planende und Gestaltende für die Wirkung ihres Tuns zu sensibilisieren, unbeabsichtigte Nebenfolgen von Planungen aufzuzeigen und vieles andere mehr, das genau von diesem Spannungsfeld zwischen Wissenschaft und Praxisbezug lebt. In der Vergangenheit hat nach unserer Auffassung die Disziplin ganz überwiegend letztlich von diesem Spannungsfeld profitiert und eine breite Fülle von Ergebnissen zu Tage gefördert, die von theoretischen Grundlagenwerken über empirische Untersuchungen bis hin zu planungsbezogenen Gutachten reicht (vgl. als Überblick Herlyn 2006).

Als Folge des Prozesses der De-Institutionalisierung der universitären Stadtsoziologie und Planungsbezogenen Soziologie steht aber nun zu befürchten, dass die Breite der Stadtsoziologie in Richtung auf primär anwendungsbezogene Fragestellungen verengt wird und in Planungszusammenhängen sozialwissenschaftliche Inhalte nur noch rudimentär oder defizitär auftauchen (vgl. auch Terlinden i. d. B.). Trotz der breiten und wohl irreversiblen Verankerung sozialwissenschaftlicher Ansätze in der Planung befürchten wir, dass es durch Abbau und Einschränkung der Stadtsoziologie an soziologischen und planenden/gestaltenden Fakultäten bei einem gleichzeitig steigenden sozialwissenschaftlichen Expertise-Bedarf mehr und mehr zu einem defizienten Modus von raum- und planungsbezogener Soziologie kommt, den Ulfert Herlyn vor nunmehr dreißig Jahren (also zu einer Zeit, in der man die Soziologie in der Planung noch mehr zu schätzen wusste als heute) so beschrieben hat: „Die ungenügende sozialwissenschaftliche Auseinandersetzung führt zur selektiven Übernahme von Methoden und noch häufiger zur isolierten Verwendung von Partialbefunden sozialwissenschaftlicher Analyse. (...) Wenn sich sozialwissenschaftliche Argumentation u. a. durch die Fähigkeit des Relativierenkönnens auszeichnet, dann wird die planerische Wendung häufig unsoziologisch, weil im allgemeinen auf qualifizierende Einschränkungen und Darstellung der Voraussetzungen von Befunden verzichtet wird" (1979, 35).

Dieser defiziente Modus von Soziologie wird durch die abnehmende Einbindung der Stadtsoziologie in die soziologische Mutter-Disziplin begünstigt. Die Stadtsoziologie als spezielle Soziologie wird durch die erfolgte Streichung und Umwidmung von Professuren innerhalb der soziologischen bzw. sozialwissenschaftlichen Fakultäten noch stärker in eine marginale Position abgedrängt, wodurch ihre Leistungsfähigkeit sinken wird. Vor allem besteht die Gefahr einer vermehrten Abkoppelung der Stadtsoziologie von der soziologischen Theorienentwicklung, die aber für jede Art von Soziologie unverzichtbar ist. Die „ernst zu nehmende soziologische Stadtforschung (sollte) immer von gesamtgesellschaftlichen Theorien ausgehen, ohne die sie verkümmern würde" (Herlyn 1993, 258). Nicht minder wichtig sind breit angelegte stadtsoziologische Grundlagenforschung und Gesellschaftsdiagnosen zu relevanten soziologischen Kernthemen, wie z. B. dazu, wie sich soziale Ungleichheit räumlich niederschlägt und bedingt wird (Segregation), wie sozialer Wandel sich im alltäglichen Zusammenleben räumlich konkretisiert, wie und wo sich gesellschaftliche Integrationsprozesse vollziehen (vgl. Harth/Scheller/Tessin Hg. 2000). Schließlich besteht mit einer vermehrten Ausrichtung auf Verwertungsbezüge auch das Risiko einer methodischen Simplifizierung. Wird jetzt schon eine stärkere Übernahme elaborierter Datenanalyseverfahren im Rahmen stadtsoziologischer Forschungen eingefordert (Friedrichs 2005), so wird der Trend einer Verwendung einfachster Methoden (Kreuztabelle) und Darstellungsverfahren (Tortendiagramm) weiter begünstigt, weil man gezwungenermaßen adressatengerecht sein muss. Ein Verfolgen und Erproben methodischer Weiterentwicklungen in quantitativer und qualitativer Hinsicht ist unter diesen Umständen schon gar nicht mehr möglich.

Die planungsbezogenen Fakultäten sind für die methodische und theoretische Weiterentwicklung nur bedingt geeignet, geht es doch dort primär um die Herstellung von Bezügen zwischen soziologischen Theorieansätzen und Planungsfragen. Gerade wegen der stärkeren Praxisanbindung kann soziologische Forschung an den Planungsfakultäten in der Regel nicht so breit und auf Wissenserweiterung (Grundlagenforschung) hin angelegt sein wie an den soziologischen Fakultäten. Hier finden sich ein Niveau und eine Breite des soziologischen Diskurses, die zu einer gegenseitigen Befruchtung von Allgemeiner Soziologie und Stadtsoziologie, vor allem aber zu der immer wieder erneut eingeklagten stärkeren methodologischen und theoretischen Fundierung der Stadtsoziologie beitragen. Die Praxisanbindung der Stadtsoziologie, ihre Beteiligung an der Planerausbildung impliziert dagegen die Gefahr der Reduktion auf „ingenieurwissenschaftliche ‚Wissenswünsche' bis hin zu notwendigen semantischen Vereinfachungen und eine noch stärkere Abkopplung von geisteswissenschaftlichen Kernbezügen" (Hannemann 2005, 19).

Die autonome und von oft recht schnelllebigen planerischen Konjunkturen unabhängige Entwicklung und Verfolgung von Forschungsthemen ohne offensichtlichen Anwendungsbezug ist ebenso bei einer forcierten Ausrichtung auf den Verwertungszusammenhang gefährdet (vgl. auch Siebel i. d. B.). Wenn aber stetig weiter stadtsoziologische Stellen abgebaut werden, ist „eine kumulative Forschung, die von theoretischen Problemen und nicht politischer Nachfrage angetrieben wird" (Friedrichs 2005, 10) weniger möglich. Auch die Herstellung von wichtigen Bezügen zu benachbarten speziellen Soziologien, wie der Genderforschung oder der Familiensoziologie, wird schwieriger. Wenn Stellen und Forschungsmittel gekürzt werden oder ganz wegfallen, sind Forschende stattdessen gezwungen, sich mehr in Richtung von Auftragsforschung zu begeben (sei es in Form von Ressortforschung z. B. für Ministerien, sei es in Form von Gutachten) mit den bekannten damit verbundenen Einschränkungen der wissenschaftlichen Differenziertheit und womöglich auch der kritischen Analyse (denn man will ja vielleicht noch einen weiteren Gutachtenauftrag bekommen). Eine stärkere Betonung verwertungsbezogener Forschung birgt die Gefahr in sich, dass sozialkritische Themen und Fragestellungen – wie z. B. die Analyse sozialer Macht- und Entscheidungsstrukturen – zunehmend ausgeblendet werden. „Eine der wichtigsten Aufgaben der akademisch organisierten Soziologie (liegt aber, d. V.) darin, entgegen der Konjunktur politischer Issues über eine Stabilisierung von Forschungsperspektiven zu objektiv wichtigen gesellschaftlichen Bereichen an der Vermittlung von kritischem Wissen über soziale Probleme festzuhalten" (Häußermann u. a. 1977, 25).

Für den soziologischen Diskurs insgesamt bedeutet die Marginalisierung der Stadtsoziologie womöglich auch eine schleichende De-Thematisierung raumbezogener Fragestellungen. Die immer wieder beklagte, aber doch – nicht zuletzt durch stadtsoziologische Einwürfe – in Teilen überwundene ‚Raumblindheit' der Soziologie könnte wieder zunehmen. Dies aber wäre in einer durch urbane Problemlagen gekennzeichneten und stets räumlich geprägten Gesellschaft fatal, denn „das Bild der Gesellschaft ist auf den Boden geschrieben" (Chombart de Lauwe 1977). Raum als eine Grundkategorie und permanente Begleiterscheinung menschlichen Handelns theoretisch zu elaborieren und seine situative Handlungsrelevanz zu bestimmen, stellt sich als Daueraufgabe der Stadtsoziologie dar (Terlinden i. d. B.). Ohne die analytische Durchdringung der immer auch raumbezogenen Konstruktion der gesellschaftlichen Wirklichkeit kann weder Gesellschaft, noch menschliches Handeln in den Grundzügen vollständig verstanden werden. Vom Rückbau der Stadtsoziologie sind auch Soziologie-Studierende mit anderen Schwerpunkten betroffen, die aus Interesse einfach mal das eine oder andere stadtsoziologische Seminar besuchen. Mit der abnehmenden Vermittlung stadtsoziologischer Inhalte erfährt – so unsere Vermutung – langfristig die ‚Breitenwirkung' der Stadtsoziologie eine Einschränkung, weil immer weniger ‚raumsensibilisierte' Soziologen und Soziologinnen auf den Arbeitsmarkt entlassen werden und die so wichtige „Raumbezogenheit sozialer Probleme" (Herlyn 1993, 251) im Rahmen der beruflichen Praxis von Soziologen und Soziologinnen immer seltener mit reflektiert wird.

Dass der Abbau der Stadtsoziologie an den soziologischen Fakultäten stärker ins Gewicht fällt als an den planungsbezogenen, muss vor diesem Hintergrund besonders nachdenklich stimmen. Obgleich die Soziologie als analytische Wissenschaft prinzipiell nur von begrenzter Planungsrelevanz ist, so wird die tendenzielle De-Institutionalisierung auch für die Planungsbezogene Soziologie an den raumgestaltenden und -planenden Disziplinen vermutlich negative Konsequenzen haben und Einschränkungen der soziologischen Analysefähigkeit in der Stadt- und Landschaftsplanung bedeuten. Wenn im universitären Bereich stadt- und planungssoziologische Stellen weiter abgebaut werden, wenn nicht mehr genügend fundiert geforscht und nachgedacht wird und der Abbau der Stadtsoziologie an soziologischen Fakultäten die Anbindung an die theoretische und methodologische Entwicklung der Soziologie erschwert, wird es von all dem, was Wulf Tessin (2004, 15f) als soziologische Aufgabenfelder innerhalb der Stadt- und Landschaftsplanung benannt hat, quantitativ weniger und wahrscheinlich qualitativ Schlechteres geben:

- *Bestands- und Problemanalysen:* Man wird dann nicht mehr so viel darüber erfahren, wie bestimmte Situationen, Phänomene und Verhaltensweisen entstehen, die aus Sicht der Planung Probleme darstellen (z. B. Vandalismus, Segregation), was die gesellschaftlichen Ursachen und Hintergründe sind und welche sozialen Gruppen diese Prozesse forcieren. Fragen nach Ursachen oder komplexeren sozialen Zusammenhängen werden weniger gestellt. Die wichtige Entwicklung und empirische Umsetzung von Analyse- und Begriffskonzepten, wie z. B. Innovation (vgl. Jessen/Walther i. d. B.) ebenso wie systematische Aufbereitungen und deskriptive Analysen planungsrelevanter Sachverhalte werden ebenso abnehmen.

- *Zufriedenheits- und Anspruchsanalysen:* Auch darüber, wie zufrieden die Menschen mit dem sind, was die Planenden und Gestaltenden gemacht haben, was sie stört und was sie gerne wollen, wird es zukünftig weniger empirisch abgesicherte Informationen geben. Ohne soziologische Analysen steht zu befürchten, dass sich Planung immer mehr zum trial-and-error-Verfahren entwickelt, dessen Erfolg nicht zuletzt davon abhängt, ob und inwieweit es den Planenden gelingt, die Interessen der Bewohner und Bewohnerinnen zu antizipieren. Dass sie mit ihrem ‚Gespür' für das, was Menschen in ihrer Rolle als Bewohner oder Nutzer wollen, gelegentlich gehörig daneben liegen, darauf haben soziologische Analysen hinlänglich hingewiesen. Die z. B. von Wulf Tessin (2008) nachgewiesene Diskrepanz zwischen dem, was Entwerfer über die Ansprüche der Nutzer denken und den Ansprüchen der Nutzenden selbst, ist dafür ein beredtes Beispiel (vgl. auch Klaffke i. d. B.). Es steht zu befürchten, dass es (noch dazu in Zeiten leerer Haushaltskassen) zukünftig mehr Einrichtungen und Angebote geben wird, mit denen die Nutzer nichts anfangen können.

- *Ideologiekritik:* Aufgabe der Soziologie ist es, die im Planungsgeschehen vorherrschenden Ideologien, Sichtweisen, Erklärungsmuster und Zielvorstellungen auf ihre Tragfähigkeit zu untersuchen. Wenn die so wichtigen ideologiekritischen Analysen der im Planungsgeschehen fraglos verfolgten und bisweilen realitätsfernen Konzepte (wie z. B. Urbanität oder soziale Mischung) ausbleiben, sind nachteilige Wirkungen zu erwarten. Wie tragfähig die in der Planung selbstverständlich verfolgten Zielvorstellungen, Sichtweisen und Erklärungsmuster tatsächlich sind, ob sie überhaupt noch zeitgemäß oder vielleicht zu einseitig sind, wem sie besonders nützen und wem nicht, wird immer weniger Gegenstandsbereich soziologisch-empirischer Auseinandersetzung sein. Für die Planung könnte das fatale Folgen haben, denn ohne ideologiekritische Analysen der eigenen Grundlagen besteht die Gefahr, dass sie mehr und mehr auf unzeitgemäßen Zielvorgaben, Konzepten und Argumentationsweisen basiert.

- *Entscheidungsprozess-Analysen:* Ein Abbau der Soziologie an den Planungsfakultäten birgt zudem die Gefahr, dass kritische und aufklärerische Aspekte stärker in den Hintergrund gedrängt werden. Wenn kaum noch empirisch untersucht wird, „wer eigentlich im Planungs- und Entscheidungsprozess das Sagen hat" (Tessin 2004, 15), wessen Interessen thematisiert werden und sich durchsetzen und wessen Interessen buchstäblich unter den Tisch fallen, bleiben nicht nur Entscheidungsprozesse intransparent. Undemokratisch organisierte Planungsprozesse werden dann nicht mehr aufgedeckt und es gibt auch weniger Anlass zur Empörung und Grund, darüber nachzudenken, wie man Beteiligungsprozesse demokratischer gestalten kann.

- *Implementations- und Evaluationsforschung:* Auch die so wichtigen und immer schon raren soziologischen Evaluationen von Planungsmaßnahmen, denen eine wichtige Korrektivfunktion zukommt (Planung gilt bekanntlich so lange als hinreichend erfolgreich, wie man nichts Gegenteiliges hört; ebd. S. 16), wird es zukünftig nicht nur noch in geringerer Zahl, sondern auch – so befürchten wir – in schlechterer Qualität geben. Letzteres deshalb, weil wegen der fehlenden Anbindung an die soziologische Methodenlehre und Theoriebildung vermutlich nicht immer die adäquaten Kriterien und Bewertungstechniken zur Anwendung kommen. Eine Erfolgskontrolle von (teuren) Planungsmaßnahmen unterbleibt und Ursachen für mangelnde Zielgenauigkeit von Förderprogrammen bleiben im Dunklen.

Ein ‚Weniger' an sozialwissenschaftlicher Auseinandersetzung mit dem eigenen Tun, weniger Berücksichtigung von Bewohner- und Nutzerinteressen und ganz generell weniger empirisch abgesichertes Hintergrundwissen und weniger soziologische Erklärung von Phänomenen bedeutet aber, dass Planungsprozesse noch stärker als das bisher schon der Fall ist (Selle/Sutter-Schurr/Zalas i. d. B.) auf alltagsfundierten Plausibilitätsüberlegungen, persönlichen Erfahrungen und Vorurteilen basieren werden. Gerade Planende, die ständig normative Entscheidungen treffen müssen, unterliegen ja ohnehin stets der Gefahr, objektive Tatsachen und subjektive Wertungen zu vermischen und Einzelbeobachtungen unzulässig zu verallgemeinern.

Damit ist auch die Gefahr verbunden, dass die soziale Orientierung in der Planung (Wolschke-Bulmahn i. d. B.) sukzessive in den Hintergrund tritt, die ja immer auch bedeutet, alle Interessen zu sehen, auch diejenigen von Benachteiligten, die sich nicht selbst Gehör verschaffen können. Dazu gehört auch eine vermutliche abnehmende Differenzierung unterschiedlicher Interessen und Belange, wie z. B. der Genderthematik (Terlinden i. d. B.). Und dies wäre dann auch für die mit wachsenden sozialen Anforderungen konfrontierte Stadt- und Freiraumplanung höchst kontraproduktiv. Viele der jetzt aktiven Planenden haben sozialwissenschaftliche Lehrinhalte in ihrer Ausbildung vermittelt und so eine Art soziologisches Grundverständnis bekommen. Wenn soziologische Lehrinhalte nicht mehr curricular verankert sind bzw. nur defizitär vermittelt werden, dann können nicht nur soziologische Einsichten über Zusammenhänge zwischen räumlichem und sozialen Verhalten schnell in Vergessenheit geraten, sondern auch Fragen sozialer Ungleichheit und Ausgrenzung.

Je weniger institutionell selbstverständliche Vernetzungsmöglichkeiten es mit der Soziologie als einer von jeher unbequemen, tradierte Denkmuster in Frage stellenden Wissenschaft und ‚institutionalisierten Dauerkritik an der Gesellschaft' (Helmuth Plessner) gibt, desto mehr werden Planende auch von Außenbetrachtungen des eigenen Tuns und Denkens abgekoppelt. Je weniger Planung sozialwissenschaftlich reflektiert wird, desto weniger wird man wissen, ob Planungsmaßnahmen die erhofften Erfolge gebracht haben oder nicht. Die reflexive Auseinandersetzung mit dem eigenen Tun, den eigenen Erfolgen, vor allem aber den Misserfolgen ebenso wie die Erkenntnis, dass Planung nicht ausschließlich Quelle für Problemlösungen ist, sondern auch (unintendierte) Probleme verursachen kann, wird in den Hintergrund treten. Dabei wird auch ein Stück Selbstreflexivität und kritischer Distanz gegenüber der eigenen Disziplin und dem eigenen Tun verloren gehen.

Zudem beraubt man sich auch Anregungen, die aus einer anderen Sicht auf die vermeintlich so gewissen Dinge entstehen. Die Soziologie als „Kunst des Misstrauens gegenüber der Selbstverständlichkeit, mit der wir unsere soziale Umwelt als Realität hinnehmen" (Bahrdt 1966, 222), schafft auch Möglichkeitsräume. Festzustellen, dass alles einmal anders war und auch anders sein könnte, erzeugt nicht nur eine kritische Distanz zum Vorhandenen, sondern enthält auch das Potenzial für Utopien und Kreativität (vgl. dazu z. B. auch die Beiträge von Prominski und von Seggern i. d. B.).

Angesichts der steigenden sozialen Anforderungen an Planungsprozesse, die aus einer immer komplexer werdenden gesellschaftlichen Wirklichkeit resultieren, ist zu fragen, ob nicht gerade das Gegenteil der zu beobachtenden Marginalisierung der Soziologie die richtige Strategie darstellt, nämlich das soziale Handeln, die Bedürfnisse und Ansprüche, die Wahrnehmung, Bewertungen und Aneignungsprozesse von Menschen in den Mittelpunkt der Planung- und Gestaltungsdisziplinen zu rücken.

Literatur:

Alisch, Monika/Wüst, Thomas 2005: Themenblock 2: Zur institutionellen und professionellen Verfasstheit der Stadtsoziologie. In: Nachrichtenblatt zur Stadt- und Regionalsoziologie: 3 Jahrzehnte Sektion – wie weiter?, letzte Ausgabe, hg. von Christine Hannemann im Auftrag der Sektion für Stadt- und Regionalsoziologie der Deutschen Gesellschaft für Soziologie, Berlin, S. 40-49.

Bahrdt, Hans Paul 1961: Die moderne Großstadt. Soziologische Überlegungen zum Städtebau, Reinbek.

Bahrdt, Hans Paul 1968: Humaner Städtebau. Überlegungen zur Wohnungspolitik und Stadtplanung für eine nahe Zukunft, Hamburg.

Berndt, Heide 1968: Das Gesellschaftsbild bei Stadtplanern, Stuttgart/Bern.

Brake, Klaus Hg. 1973: Architektur und Kapitalverwertung: Veränderungstendenzen in Beruf und Ausbildung von Architekten in der BRD, Frankfurt am Main.

Brede, Helmut/Dietrich, Barbara/Kohaupt, Bernhard 1976: Politische Ökonomie des Bodens und der Wohnungsfrage, Frankfurt am Main.

Call for Theses 2008: Nachwuchsnetzwerk Stadt-, Raum- und Architektursoziologie 2008: Ist die Stadtsoziologie eine fachliche „Heimat"? Thesen zur Gegenwart und Zukunft der Stadtsoziologie, Göttingen 14./15.11.2008.

Castells, Manuel 1977: Die kapitalistische Stadt: Ökonomie und Politik, Hamburg.

Chombart de Lauwe, Paul-Henry 1977: Aneignung, Eigentum, Enteignung. In: arch+, H. 34, S. 2-6.

Deinet, Ulrich Hg. 2009: Methodenbuch Sozialraum, Wiesbaden.

Dörhöfer, Kerstin/Terlinden, Ulla 1998: Verortungen. Geschlechterverhältnisse und Raumstrukturen, Basel/Boston/Berlin.

Eckardt, Frank 2004: Soziologie der Stadt, Bielefeld.

Friedrichs, Jürgen 1988: Stadtsoziologie – wohin? In: Friedrichs, Jürgen (Hg.): Soziologische Stadtforschung. Sonderheft 29 der Kölner Zeitschrift für Soziologie und Sozialpsychologie, Opladen, S. 7-17.

Friedrichs, Jürgen 2005: Thesen zur Stadtsoziologie. In: Nachrichtenblatt zur Stadt- und Regionalsoziologie: 3 Jahrzehnte Sektion – wie weiter?, letzte Ausgabe, hg. von Christine Hannemann im Auftrag der Sektion für Stadt- und Regionalsoziologie der Deutschen Gesellschaft für Soziologie, Berlin, S. 9-16.

Gröning, Gert/Herlyn, Ulfert/Tessin, Wulf 1984: Zum sozialwissenschaftlichen Ansatz in der Freiraumplanung. In: Zeitschrift der Universität Hannover 11/2, S. 39-45.

Hannemann, Christine 2005: Fragen und Überlegungen zum ersten Themenblock „Die Stadtsoziologie als Bindestrichdisziplin?". In: Nachrichtenblatt zur Stadt- und Regionalsoziologie: 3 Jahrzehnte Sektion – wie weiter?, letzte Ausgabe, hg. von Christine Hannemann im Auftrag der Sektion für Stadt- und Regionalsoziologie der Deutschen Gesellschaft für Soziologie, Berlin, S. 17-22.

Harth, Annette 1997: Soziale Ausdifferenzierung und räumliche Segregation in den Städten der neuen Bundesländer: Allgemeine Befunde und eine Fallstudie in Halle/Saale. In: Uta Schäfer (Hg.): Städtische Strukturen im Wandel, Opladen, S. 251-365.

Harth, Annette 2006: Frauen im Osten – Wohnen nach der Wende. Eine empirische Untersuchung der Wohnweise ostdeutscher Frauen in der Transformationsphase, Frankfurt am Main.

Harth, Annette/Herlyn, Ulfert/Scheller Gitta 1998: Segregation in ostdeutschen Städten. Eine empirische Studie, Opladen.

Harth, Annette/Scheller, Gitta/Tessin, Wulf Hg. 2000: Stadt und soziale Ungleichheit, Opladen.

Harth, Annette/Scheller, Gitta/Tessin, Wulf (2000): Soziale Ungleichheit als stadtsoziologisches Thema – ein Überblick. In: Harth, Annette/Scheller, Gitta/Tessin, Wulf (Hg.): Stadt und soziale Ungleichheit, Opladen, S. 16-38.

Häußermann, Hartmut/Hopf, Wulf/Siebel, Walter 1977: Ist der Soziologenmarkt gesättigt? In: Arche 1977, Nr. 32.

Häußermann, Hartmut/Siebel, Walter 1978: Thesen zur Soziologie der Stadt. In: Leviathan, H. 6, S. 484-500.

Heil, Karolus 1971: Kommunikation und Entfremdung, Stuttgart.

Hepp, Adalbert/Löw, Martina Hg. 2008: Rainer Lepsius. Soziologie als Profession, Frankfurt am Main.

Herlyn, Ulfert 1979: Erfahrungen in der Kooperation zwischen Sozialwissenschaft und Stadtplanung. In: Soziologie, H. 1, S. 27-39.

Herlyn, Ulfert 1989: Stadtsoziologie in der Krise? In: Die alte Stadt, H. 2-3, S. 186-195.

Herlyn, Ulfert 1993: Stadt- und Regionalsoziologie. In: Korte, Hermann/Schäfers, Bernhard (Hg).: Einführung in Spezielle Soziologien, Opladen, S. 245-263.

Herlyn, Ulfert 2004: Soziologische Grundlagen der Freiraumplanung. Eine Retrospektive auf 30 Jahre Lehre und Forschung am Fachbereich Landschaftsarchitektur und Umweltentwicklung der Universität Hannover. In: Schneider, Uwe/Wolschke-Bulmahn, Joachim (Hg.): Gegen den Strom. Gert Gröning zum 60. Geburtstag, Schriftenreihe des Fachbereichs Landschaftsarchitektur und Umweltentwicklung der Universität Hannover/Institut für Grünplanung und Gartenarchitektur, Hannover, S. 161-174.

Herlyn, Ulfert 2006: Stadtsoziologische Literatur der letzten 50 Jahre. In: Herlyn, Ulfert (Hg.): Hans-Paul Bahrdt. Die moderne Großstadt, 2. Aufl., Wiesbaden, S. 209-246.

Herlyn, Ulfert/Krämer, Jürgen/Tessin, Wulf/Wendt, Günter 1976: Sozialplanung und Stadterneuerung. Analyse der kommunalen Sozialplanungspraxis und konzeptionelle Alternativen, Stuttgart.

Jacobs, Jane 1963: Tod und Leben großer amerikanischer Städte, Frankfurt am Main.

Keller, Carsten/Neef, Rainer 2005: Protokoll zum Themenblock 1. In: Nachrichtenblatt zur Stadt- und Regionalsoziologie: 3 Jahrzehnte Sektion – wie weiter?, letzte Ausgabe, hg. von Christine Hannemann im Auftrag der Sektion für Stadt- und Regionalsoziologie der Deutschen Gesellschaft für Soziologie, Berlin, S. 23-26.

König, René 1958: Grundformen der Gesellschaft: Die Gemeinde, Hamburg.

Korte, Helmut 1972: Soziologie der Stadt – Entwicklungen und Perspektiven. In: Korte, Helmut/Bauer, Eckart/Riege, Marlo/Korfmacher, Jochen/Gude, Sigmar/Brake, Klaus/Gerlach, Ulla: Soziologie der Stadt, München, S. 9-37.

Korte, Helmut 1986: Stadtsoziologie. Forschungsprobleme und Forschungsergebnisse der 70er Jahre, Darmstadt.

Krämer-Badoni, Thomas 1991: Die Stadt als sozialwissenschaftlicher Gegenstand – ein Rekonstruktionsversuch stadtsoziologischer Theoriebildung. In: Häußermann, Hartmut/Ipsen, Detlev/Krämer-Badoni, Thomas (Hg.): Stadt und Raum: Soziologische Analyse, Pfaffenweiler, S. 1-29.
Lefèbvre, Henri 1972: Die Revolution der Städte, Frankfurt am Main.
Marquardt, Uwe 2009: Die Berufsfelder der Soziologen in der öffentlichen Verwaltung. Auszug, Stand 9.9.2009 (unv. Man.).
Mitscherlich, Alexander 1965: Die Unwirtlichkeit unserer Städte. Anstiftungen zum Unfrieden, Frankfurt am Main.
Nachrichtenblatt zur Stadt- und Regionalsoziologie 2005: 3 Jahrzehnte Sektion – wie weiter?, letzte Ausgabe, hg. von Christine Hannemann im Auftrag der Sektion für Stadt- und Regionalsoziologie der Deutschen Gesellschaft für Soziologie, Berlin.
Oswald, Hans 1966: Die überschätzte Stadt. Ein Beitrag der Gemeindesoziologie zum Städtebau, Olten/Freiburg im Breisgau.
Rodenstein, Marianne 2008: „Die Unwirtlichkeit unserer Städte": Kontext, Thesen und Konsequenzen. In: Neuauflage von Alexander Mitscherlich: Die Unwirtlichkeit unserer Städte, Frankfurt am Main (zuerst: 1965).
Scheller, Gitta 2005: Die Wende als Individualisierungsschub? Umfang, Richtung und Verlauf des Individualisierungsprozesses in Ostdeutschland, Wiesbaden.
Scheller, Gitta 2006: Die Transformation Ostdeutschlands: „Verwestlichung" oder Abgrenzung? In: Deutschland-Archiv 2006, S. 790-798.
Schmidt Gert 1999: Nachfrage und Angebot im Widerstreit – Anmerkungen zur anhaltenden Problematik des Anwendungsbezuges von Soziologie. In: Bosch, Aida/Fehr, Helmut/Kraetsch, Clemens/Schmidt, Gert (Hg.): Sozialwissenschaftliche Forschung und Praxis. Interdisziplinäre Sichtweisen, Wiesbaden, S. 5-12.
Schmidt-Relenberg, Norbert 1968: Soziologie und Städtebau, Stuttgart/Bern.
Tessin, Wulf 1977: Stadterneuerung und Umsetzung, Göttingen (Diss.).
Tessin, Wulf 2004: Freiraum und Verhalten. Soziologische Aspekte der Nutzung und Planung städtischer Freiräume. Eine Einführung, Wiesbaden.
Tessin, Wulf 2008: Ästhetik des Angenehmen. Städtische Freiräume zwischen professioneller Ästhetik und Laiengeschmack, Wiesbaden 2008.
www.uni-marburg.de/fb03/soziologie/studium, Stand 7.7.09.
Zapf, Katrin 1969: Rückständige Viertel. Eine soziologische Analyse der städtebaulichen Sanierung in der Bundesrepublik, Frankfurt am Main.

Stadtsoziologie und Planung – Notizen zu einem zunehmend engen und ambivalenten Verhältnis

Walter Siebel

1 Die Geschichte der Stadtsoziologie ist die Geschichte der Stadt

Wie alle Geschichte der Soziologie so muss auch die Geschichte der Soziologie der Stadt als Realgeschichte geschrieben werden, denn wie alle Soziologie ist auch die Entwicklung der Stadtsoziologie eng mit der Entwicklung ihres Gegenstandes verflochten. Aber wie wenige soziologische Teildisziplinen ist die Stadtsoziologie damit auf die Aktivitäten des Politisch-Administrativen-Systems verwiesen, denn der Gegenstand Stadt kann – jedenfalls in Europa – nicht verstanden werden ohne die vielfältigen Bemühungen politischer Steuerung. Die europäische Stadt ist alles andere als unvermittelter Niederschlag gesellschaftlicher Prozesse, sie ist immer auch geplante Stadt, vom Beginn der systematischen Stadtgründungen als Akte einer inneren Kolonisierung im 11. und 12. Jahrhundert über den Bau der großen Befestigungsanlagen, den ästhetisch-repräsentativ motivierten Umbauten und Neugründungen von Städten in Renaissance und Barock, den Anfängen moderner Stadtplanung in der zweiten Hälfte des 19. Jh., den umfangreichen Interventionen in Wirtschaft und Stadtentwicklung im sog. Munizipalsozialismus der Städte vor dem I. Weltkrieg, dem sozialen Wohnungsbau der Weimarer Republik bis zum Baugesetzbuch und dem Programm Soziale Stadt heute.

Stadtsoziologie ist entstanden als Reaktion auf die Krisen der Urbanisierung. Urbanisierung (lat. urban für „städtisch") beinhaltet zwei Prozesse: Verstädterung, d.h. eine Zunahme des Anteils der Stadtbewohner an der Gesamtbevölkerung, also der Wandel der Siedlungsstruktur eines Landes, und Urbanisierung i. e. S., d. h. ein Wandel der Mentalitäten und der Lebensweise, also ein Wandel der Kultur eines Landes. Beide Aspekte benennen zentrale Dimensionen eines tiefgreifenden gesellschaftlichen Modernisierungsprozesses im Europa des 19. Jahrhunderts.

Beginnend spätestens in der Mitte des Jahrhunderts vollzog sich in Deutschland ein gewaltiger Verstädterungsprozess (Reulecke 1985, 68ff). Während die deutsche Bevölkerung zwischen 1875 und 1900 um 25% zunahm, konnten die Großstädte im selben Zeitraum ihre Einwohnerzahlen mehr als verdoppeln. Sie

...orbierten den gesamten Zuwachs der Bevölkerung. Die Stadt Berlin hat zwischen 1860 und 1900 ihre Bevölkerung fast verfünffacht. Aus der provinziellen Residenz- und Garnisonsstadt Berlin wurde die größte Mietskasernenstadt der Welt. Und in derselben Zeit, in der Lebensspanne einer Generation, schuf die Industriegesellschaft aus einer sumpfigen, dünnbesiedelten Niederung eine riesige Maschine zur Produktion von Kohle und Stahl, die Stadtlandschaft des Ruhrgebiets, ein Gebilde, das in nichts den vertrauten Bürgerstädtchen zu Beginn des 19. Jh. ähnelte.

Im Zuge der industriellen Urbanisierung wandelten sich die alltäglichen Lebensverhältnisse (Häußermann/Siebel 1994, 22ff): Ein Teil der Arbeit wurde aus dem Haushalt herausgelöst und als berufliche Arbeit am gesonderten Ort, im Betrieb, organisiert. Berufliche Arbeit und Wohnen wurden räumlich und zeitlich getrennt. So entstanden erst Freizeit und Wohnung als Gegenüber von Arbeitszeit und Betrieb. Die Wohnung konnte kultiviert werden zum Ort der Intimität, der Körperlichkeit und einer emotional aufgeladenen privaten Sphäre. Gleichzeitig entwickelte sich der moderne Konsumentenhaushalt, der einen Großteil seines Bedarfs durch den Kauf von Gütern und Dienstleistungen auf Märkten deckt oder durch Inanspruchnahme der öffentlich bereitgestellten sozialen und technischen Infrastruktur. Der private Haushalt wurde von Arbeit und Verpflichtungen entlastet, aber auch unentrinnbar eingebunden in gesellschaftlich organisierte Versorgungsapparate, die oft nur über Geldzahlungen zugänglich sind, was wiederum die Einbindung in das System der beruflichen Arbeit und des Sozialstaats voraussetzt.

Mit der industriellen Großstadt war ein vorher nie gesehenes Phänomen auf den Plan getreten. Was war näherliegender als die Frage nach dessen gesellschaftlichen Auswirkungen? Die ersten Stadtsoziologen konstatierten einen Wandel der Mentalitäten. In einer konservativen Perspektive wie bei Louis Wirth (1974, zuerst 1938) wurde der Verlust von Sitte und Ordnung und bergender Gemeinschaftlichkeit beklagt. In der reaktionären Variante der Großstadtkritik empfahl man die Rückkehr in beschaulich kleinstädtische Verhältnisse als Heilmittel. In einer progressiven Perspektive wie bei Georg Simmel (1995, zuerst 1903) wurden die intellektualisierenden und emanzipatorischen Elemente der modernen Großstadt herausgestellt.

Daneben aber gibt es noch eine ganz pragmatische Traditionslinie sozialwissenschaftlicher Stadtforschung: Am Beginn der soziologischen Aufmerksamkeit für die Stadt steht auch der steigende Informationsbedarf der Kommunalverwaltungen. Cholera und andere Seuchen blieben nicht auf die Viertel der Armen beschränkt. Das machte ihre Bekämpfung umso dringlicher. In der Hygienebewegung des 19. Jh. wurde zum ersten Mal versucht, systematisch sozialwissenschaftliche Informationen über städtische Lebensbedingungen zu sammeln. Die empirische Stadtforschung begann als Gesundheitsforschung (Rodenstein 1988). Sie sollte die Ursachen von Krankheiten und hoher Sterblichkeit in den industriellen Großstädten aufklären, um Grundlagen für die Seuchenbekämpfung zu gewinnen. Hinzu kam das Interesse der Stadtregierungen an Informationen über Wanderungsbewegungen innerhalb und über die kommunalen Grenzen hinweg, um das zu erwartende Steueraufkommen, den Bedarf an Bauland und technischen Infrastrukturen abschätzen zu können. Und die Nachfrage nach Informationen über die Lebensverhältnisse in den großen Städten ging bald über rein technisch verwertbare Informationen hinaus. Das in den Städten allzu sichtbare Elend gefährdete nicht nur die Arbeits- und Wehrfähigkeit der Heranwachsenden, die „Lage der arbeitenden Klassen" ließ die Verhältnisse bedrohlich in jeglicher Hinsicht erscheinen: nicht nur hygienisch sondern auch politisch. So dienten die Berichte von Ärzten, Leichenbeschauern und Gesundheitsinspektoren der Krankenkassen sowohl der konservativen Großstadtkritik wie Friedrich Engels (1974, zuerst 1845) als Material, um die unhaltbaren Zustände in den Großstädten zu kritisieren.

Angesichts der Wohnungsnot nach dem ersten Weltkrieg und mit dem Einflussgewinn der Sozialdemokratie in der Weimarer Republik wurde der Staat zum aktiven Akteur in der Wohnungsversorgung. Die Schaffung eines marktfernen Segments von Wohnungen für einen anonymen Bewohner, dessen Wohnbedürfnisse sich nicht als zahlungsfähige Nachfrage auf dem Markt bemerkbar machten, setzte Kenntnisse über die Verhaltensweisen und Bedürfnisse der Bewohner voraus. Die Wohnsoziologie entstand als Antwort auf diese Informationsbedarfe einer in den Alltag der Menschen ausgreifenden Staatsintervention. Insbesondere die Großsiedlungen des sozialen Wohnungsbaus der 60er und 70er Jahre, also jene Stadtviertel, die heute so oft als soziale Brennpunkte gelten, waren und sind Gegenstand intensiver soziologischer Untersuchungen geworden (Herlyn/von Saldern/Tessin 1987).

Als Ende der 60er Jahre die Aufgabe der Sanierung der bereits gebauten Stadtstrukturen an Bedeutung gewann, gerieten auch die sozialen Verhältnisse in den Städten stärker in den Blick der Stadtforschung. Anders als bei den Stadterweiterungen auf der „grünen Wiese" greift die Stadtpolitik mittels Sanierung unmittelbar in die Lebensverhältnisse der Stadtbewohner ein. Deshalb wurden mit dem Städtebauförderungsgesetz zum ersten Mal sozialwissenschaftliche Untersuchungen zur Identifikation möglicher unbeabsichtigter sozialer Nebenfolgen gesetzlich vorgeschrieben. Allerdings wurde damit „Soziales" gleichsam nur als Klotz am Bein bautechnischer Eingriffe in die physische Struktur der Städte thematisiert. Heute, mit dem Programm Soziale Stadt, sind die sozialen Verhältnisse innerhalb der Städte direkt Gegenstand von Stadtpolitik geworden.

2 Die Kulturalisierung der Planung

Die entscheidende Veränderung liegt in der Verschiebung des Gegenstands der Planung weg von der physischen Planung, die Raum für die Kräfte des Wachstums schafft, hin zu einem anderen Management des Bestandes, zu weichen Standortfaktoren, institutionellen Regelungen und Organisationsformen, Mentalitäten und Verhaltensweisen (Siebel u. a. 2001). Die sogenannten harten Standortfaktoren wie Autobahnen, Flughäfen, Schienenwege und Gewerbeflächen sind mittlerweile in allen Großstadtregionen verfügbar. Daher gewinnen weiche, kulturelle und soziale Faktoren an Erklärungskraft für den ökonomischen Erfolg von Regionen und Städten: Denkweisen, Mentalitäten, Rollenbilder, Politikstile, Verhaltensweisen und Milieus. Das regionale Milieu gilt als eine zentrale Erklärung regionaler Entwicklungsunterschiede. Mit Milieu ist mehr gemeint als die bloße Summe aus harten Standortfaktoren, Humankapital und protestantischer Ethik, nämlich die dichte Vermittlung eines komplexen Sets von ökonomischen, sozialen, kulturellen und physischen Faktoren innerhalb einer räumlichen Einheit. Das regionale Milieu (Camagni 1991) ist ein Netzwerk, das Akteure, materielle und finanzielle Ressourcen umfasst und als wichtigstes Element eine soziokulturelle Qualität beinhaltet, ein Savoir Faire, eine Kultur der Kooperation und Kommunikation, d. h. Kompetenzen im Sinne des Verfügens über produktionsrelevantes Wissen, Regeln der Interaktion und gegenseitiges Vertrauen. Das kann Innovation hemmen, wenn es wie in Gestalt des berüchtigten Filzes im Ruhrgebiet sich nach außen, gegen Neues und Konkurrenz abschottet. Es kann Innovation bewirken, wenn es die prekäre Balance hält zwischen Konkurrenz und Kooperation, interner Verflechtung und Offenheit nach außen, Vertrauen und Fremdheit, Tradition und Neuem.

Milieu spielt auch in der Standorttheorie von Richard Florida (2004) die zentrale Rolle. Danach sind hochqualifizierte Arbeitskräfte die entscheidenden Produktivkräfte in der Wissensökonomie. Die Angehörigen der „kreativen Klasse", wie Florida sie nennt, haben hohe Ansprüche an ihre Lebensumwelt. In einem urbanen Milieus zu leben, ist ihnen wichtiger als ein höheres Gehalt. Weil moderne Betriebe auf diese innovativen Arbeitskräfte angewiesen sind, müssen sie sich dort ansiedeln, wo diese Arbeitskräfte leben wollen: jobs to people statt people to jobs. Damit werden urbane Milieus, also kulturelle Faktoren, zu entscheidenden Standortbedingungen.

3 Die Pädagogisierung der Planung

Mit dieser Kulturalisierung der Erklärung regionaler Entwicklungsunterschiede korrespondiert ein Wandel in Gegenstand, Mitteln und Zielen der Stadt- und Regionalpolitik. Statt neue Autobahnen und Gewerbeflächen anzulegen, bemühen sich Stadtpolitiker um urbanes Flair, um Jazzkeller und Toleranz gegenüber Homosexuellen, es werden spektakuläre Kunstaktionen in den ehemals verbotenen Zonen aufgelassener Zechengelände veranstaltet, Existenzgründer beraten, mittels Stadtteilmanagement die Bevölkerung in einem sozialen Brennpunkt aus ihrer Lethargie erweckt, und soweit überhaupt noch gebaut wird, ist das Gebaute nicht Selbstzweck sondern Vehikel zum eigentlichen Ziel, nämlich Engagement zu wecken und Verhaltensweisen zu ändern. Indem die Planung die Lebensqualität, die Kommunikationsnetze und Kooperationsstrukturen in einer Region fördert und normative Orientierungen und Verhaltensweisen zu ändern versucht, übernimmt sie pädagogische Aufgaben.

Architekten und Planer haben sich schon immer gerne als Erzieher verstanden. Schon die Wohnungsreformer des 19. Jh. hatten neben Armee, Schule und Fabrik die Wohnung zur vierten Erziehungsanstalt gemacht. Wohnungsbau war Erziehung zu Sittlichkeit und Familienleben, später dann im Neuen Bauen der zwanziger Jahre ging es um gesunde Lebensführung, Schönheitssinn und Askese. Später dann kleidete sich der pädagogische Eros von Architekten und Planern vornehmlich ökologisch. Die Stadt- und Regionalplanung heute aber geht noch einen Schritt weiter: Es sollen nicht nur z. B. bestimmte Standards des ökologischen Bauens durchgesetzt werden, sondern weit allgemeiner Engagement für die Zukunft einer Region, einer Stadt oder eines Stadtteils geweckt werden. Bei der IBA-Emscher-Park war die Rede davon, die entscheidenden Veränderungen seien nicht mehr physisch-räumlicher Art, sondern solche der Denk- und Verhaltensweisen, der Art, wie Probleme definiert werden und wie mit bestehenden Strukturen umgegangen wird. Baulich-physische Eingriffe erscheinen dann nicht mehr als Endzweck, sondern dienen mehr als eines der möglichen Mittel, um pädagogische Ziele zu erreichen. Der communicative turn in der Planung, die Betonung von Verhandlung, Moderation und Kooperation hat hier eine ihrer Ursachen. Lernprozesse lassen sich nicht hierarchisch organisieren. Man kann schließlich den Akteuren einer Stadtregion nicht befehlen, sich als endogene Potenziale zu definieren, ihr Verhalten und Denken zu ändern und umgehend innovativ zu werden. Dazu braucht es einerseits Projekte, die zum Mitmachen begeistern, und andererseits Verfahren, in denen die Akteure die Chance erhalten, ihre Interessen einzubringen, also Verhandlung, Beteiligung, Kooperation. Motive, Werthaltungen und Einstellungen sind damit zugleich Gegenstände wie Instrumente der Planung, und diese Planung will nicht nur die Bewohner, sondern weit mehr noch die wichtigen Akteure, also die Investoren, die Wohnungsbaugesellschaften, die Kommunalverwaltungen und die Politiker einer Region beeinflussen. Der Stadtplaner wird zum Pädagogen der Gesellschaft.

4 Die Versozialwissenschaftlichung der Planung

In einzelnen Regionen, insbesondere in den Neuen Bundesländern (NBL) und im Ruhrgebiet, aber auch in bestimmten Quartieren der großen Städte kumulieren negative Entwicklungen in einer Weise, die Teufelskreise auslösen kann. Für strukturschwache, ländliche Regionen in den NBL kann das heißen, dass das Verfassungsgebot gleichwertiger Lebensverhältnisse nicht mehr gewährleistet ist. Die Abwanderung führt zu einem Punkt, an dem der Betrieb von Infrastruktureinrichtungen wie Schulen, Kitas, Krankenhäusern etc. unwirtschaftlich wird, weil die dafür vorausgesetzte Mantelbevölkerung verschwunden ist. Aufgrund der „Kostenremanenz" von Infrastrukturen – man kann den Querschnitt eines Kanalsystems nicht parallel zum Rückgang des Abwasservolumens reduzieren – steigen die Kosten/Kopf für den Unterhalt entsprechender Einrichtungen. Noch problematischer als die Folgen des quantitativen Rückgangs der Bevölkerung können sich die sozialstrukturellen Veränderungen auswirken. Wanderungen sind immer sozial selektiv. Aus den NBL wandern vor allem die Jungen, die Qualifizierten und die Frauen fort. Das hat zur Folge, dass der regionale Arbeitsmarkt unattraktiv für Investoren wird, und dass die künftigen Mütter fehlen. Beides beschleunigt den ökonomischen und demographischen Niedergang der Region. Zurückbleiben Männer mit niedrigen Qualifikationen und ohne Frauen, also mit beschränkten Aussichten auf die Normalität von Beruf und Familie.

Ähnliche Teufelskreiseffekte können sich auf der Ebene städtischer Quartiere ergeben. Wenn, etwa durch Abwanderung von Mittelschichthaushalten, die Zahl der Menschen in einem städtischen Quartier zurückgeht, sinkt die Kaufkraft in diesem Raum. Daraufhin wird das privat organisierte Angebot an Gütern und Dienstleistungen eingeschränkt, die Banken werden zurückhaltend bei der Vergabe von Krediten, was Immobilieneigentümer veranlassen kann, nicht mehr ausreichend in Erhalt und Modernisierung ihrer Bestände zu investieren, das Gebiet verkommt auch äußerlich. Wenn dann noch in den Schulen der Anteil von Kindern aus sog. bildungsfernen Schichten steigt, so veranlasst das weitere Haushalte fortzuziehen. Zurück bleibt eine problembelastete Bevölkerung, die sich Mobilität nicht leisten kann. Durch eine Art passiver Segregation ist ein sozialer Brennpunkt entstanden. Solche Prozesse verlaufen unter Bedingungen entspannter Wohnungsmärkte, auf denen zahlungsfähige Haushalte die gewünschte Wohnung auch in der ihnen genehmen Nachbarschaft finden, sehr schnell und sie sind kaum steuerbar, da sie auf freiwilligen Entscheidungen privater Haushalte beruhen. Am Ende solcher Teufelskreise passiver Segregation lebt eine benachteiligte Bevölkerung in einem heruntergekommenen Gebiet, das weitere benachteiligende Effekte entwickelt. Solche benachteiligenden Effekte wirken in vier Dimensionen:

1. Materiell: Die Wohnungen sind schlechter, das private und öffentliche Angebot von Gütern und Dienstleistungen ist unzureichend, und es gibt kaum Arbeitsplätze.
2. Sozial: Die informellen Hilfsnetze sind schwach, denn Arme können einander selten mit Geld aushelfen, und Arbeitslose verfügen selten über Informationen zu Arbeitsmöglichkeiten, weil sie keinen Zugang zu Betrieben haben. Auch trügt die Hoffnung, an solchen Orten könne sich eine besondere Solidarität der Benachteiligten entfalten. Meist handelt es sich um Gruppen mit sehr unterschiedlichen Problemen in sehr unterschiedlichen Lebenssituationen und demzufolge wenig verallgemeinerbaren Interessen. Ihr dichtes Nebeneinander führt eher zu Konflikten und resigniertem Rückzug als zu politisch wirksamer, solidarischer Aktion.
3. Symbolisch: Die schlechte Adresse kann es erschweren, eine Lehrstelle oder einen Job zu finden. Auch lässt das negative Image des eigenen Stadtteils das Selbstbild auf Dauer nicht unberührt, man definiert sich nach einiger Zeit selber als am Rande der Gesellschaft.
4. Wer objektiv und subjektiv am Rand der Gesellschaft steht, ist von Ausgrenzung bedroht. Fatalerweise sind die Quartiere der Ausgrenzung häufig auch die Orte, an denen über die Integration der Zuwanderer entschieden wird. Die Filtermechanismen auf dem Wohnungsmarkt lenken die Zuwanderer in die Nachbarschaften der deutschen Verlierer des Strukturwandels. Verlierer sind selten in der Lage oder bereit, auf Fremde mit neugieriger Toleranz zuzugehen, im Gegenteil, sie brauchen Sündenböcke, eine Rolle, für die Fremde sich schon immer besonders geeignet haben. In solchermaßen erzwungenen Nachbarschaften von Deutschen und Zuwanderern kann Integration nicht gelingen. Die Quartiere der Ausgrenzung werden zu Arenen heftiger Konflikte und gegenseitiger aggressiver Abgrenzung.

Diese abgewerteten Quartiere der Armen, Arbeitslosen und Migranten entwickeln sich vornehmlich in Beständen des ehemaligen sozialen Wohnungsbaus an der städtischen Peripherie, an umweltbelasteten Standorten und in nicht modernisierten Altbauquartieren. Daneben entstehen Inseln der Aufwertung, in denen sich die Angehörigen von Floridas kreativer Klasse breitmachen. Diese teilweise neue Nachfrage nach Stadt betrifft innerstädtische Standorte mit hohen sozialen und physischen Umweltqualitäten, beispielsweise modernisierte, ehemals bürgerliche Wohnviertel der Gründerzeit. An die Stelle der großräumigen Segregation zwischen Kernstadt und Umland tritt eine kleinräumliche Verinselung von armen und wohlhabenden Quartieren. Und diese Verinselung wird noch befördert, wenn die Städte den Stadtumbau einsetzen, um sich für die Ansprüche der hochqualifizierten und einkommensstarken Arbeitskräfte herzurichten. Solche Verinselung aber ist doppelt gefährlich für die Integration der Stadtgesellschaft: Einmal wird in den Städten die zunehmend ungerechte Verteilung des gesellschaftlichen Reichtums auf provozierende Weise sichtbar. Zum andern werden in den Gebieten der Ausgrenzung die deutschen Verlierer und die Zuwanderer in eine hoch konfliktträchtige Nachbarschaft gezwungen. Stadtpolitik, die solchen Entwicklungen gegensteuern will, muss sich qualitativ verändern: weg von der klassischen physisch-technischen Planung hin zu direkt sozialpolitischen Eingriffen und zu einer umfassenden Gemeinwesenarbeit. Das Programm Soziale Stadt ist ein Schritt in diese Richtung.

Die gewohnte Erscheinungsform sozialer Ungleichheit war als Hierarchie von Oben und Unten zu beschreiben. Heute handelt es sich auch um eine Spaltung zwischen Drinnen und Draußen, die sich in der sozialräumlichen Struktur der Stadt als Verinselung niederschlägt. Damit haben sich die Aufgaben der Stadtpolitik grundlegend geändert. Die klassische soziale Frage drehte sich um ein Mehr oder Weniger: bessere Wohnungen, mehr Geld, zusätzliche Arbeitsplätze. Dazu genügten eine Politik der Umverteilung und bauliche Maßnahmen: Sozialer Wohnungsbau, technische Sanierung, Modernisierung, Transferzahlungen und im Übrigen konnte man abwarten, bis das ökonomische Wachstum die Probleme aus der Welt schafft.

Heute genügen Bauen und Transferzahlungen nicht mehr. Konflikte müssen moderiert, soziale Netze aufgebaut, Menschen aktiviert werden, die Art und Weise des Umgangs mit dem Vorhandenen, die Problemdefinitionen, die Mentalitäten und Verhaltensweisen der Akteure sollen geändert werden. Solche Ziele lassen sich mit Bauen und Geld allein nicht erreichen. Im Rahmen des Programms Soziale Stadt wird immer noch zu viel Geld für Bauen und Abriss, nämlich 90% der insgesamt verfügbaren Mittel, aufgewendet und zu wenig für Interventionen durch den Einsatz von Menschen. Das Programm Soziale Stadt gilt auch immer noch als ein Sonderprogramm. Es muss aber als Daueraufgabe begriffen werden. Die Aufgabe der sozialen Stadtpolitik in einer Stadt ist schließlich mit der Erneuerung eines gerade besonders problematischen Gebiets nicht beendet. Solange es soziale Ungleichheit, Zuwanderung und Ausgrenzung gibt, solange werden immer wieder sog. soziale Brennpunkte entstehen, solange also ist auch eine soziale Stadtpolitik vonnöten. Das Programm Soziale Stadt ist ein Vorgriff auf den Typus von Stadtpolitik, der in Zukunft unter Bedingungen des Schrumpfens, der Zuwanderung und einer sich verschärfenden sozialen Ungleichheit dominant sein sollte.

Der demographische Wandel, insbesondere die Alterung der Bevölkerung, wird zu ähnlichen Veränderungen einer sozial verantwortlichen Stadtpolitik beitragen. Alter ist in unserer Gesellschaft sozial definiert als die Zeit nach dem Ende der Berufstätigkeit. Diese Lebensphase ist immer länger geworden. Im Durchschnitt geht man heute in Deutschland mit 62,4 Jahren in Rente und hat dann noch 20-30 Jahre vor sich. Diese historisch einmalig lange Zeit des Alters wird zu ¾ der wachen Zeit in der Wohnung und dem näheren Wohnumfeld verbracht. Damit gewinnt das Wohnquartier allein aufgrund der demographischen Entwicklung enorm an Bedeutung (vgl. dazu auch Spitthöver i. d. B.). Das sozial definierte Alter unterteilt man in das autonome Alter (durchschnittlich bleibt man bis 72 ohne nennenswerte gesundheitliche Einschränkungen), das unterstützungsbedürftige Alter und schließlich das abhängige Alter. Mit diesen Phasen ändern sich die Ansprüche an die architektonischen, technischen und vor allem sozialen Qualitäten des Wohnens. Der demographische Wandel wird dazu zwingen, die Dimensionen zu erweitern, in denen Wohnqualität definiert ist: Räumlich über die Wohnung hinaus in das Wohnumfeld und inhaltlich über technisch-architektonische Qualitäten hinaus in einen weiten, differenzierten und mit fortschreitendem Alter sich wandelnden Bereich sozialer Dienstleistungen.

5 Das Veralten der Stadtplanung – neue Aufgaben für Sozialwissenschaftler

Menschen hilft man mit Menschen, nicht mit Backsteinen. Ähnliches gilt für den Wandel der Aufgaben von Stadtpolitik generell: Die Förderung urbaner Milieus ist nicht so sehr eine Frage der Architektur als der Kulturpolitik. Die Steuerung des Schrumpfens hat weniger mit Bauen und Abriss zu tun als mit der Stabilisierung gefährdeter Lebenssituationen. Die Integration von Zuwanderern erreicht man nicht mit Bebauungsplänen, ebenso wenig wie die soziale Spaltung der Stadtgesellschaft mit dem Flächennutzungsplan verhindert werden kann. Die Aufgaben der Stadtpolitik werden mehr und mehr zu kultur- und sozialpolitischen Aufgaben. Es sollen urbane Qualitäten geschaffen und Schrumpfen gesteuert werden, Zuwanderer und ausgegrenzte Deutsche sollen integriert und alten Menschen ein Leben in der gewohnten Umgebung ermöglicht werden. Und man versucht, die soziale Spaltung der Stadtgesellschaft zu verhindern. All das sind Aufgaben, die sich der traditionellen Wohnungspolitik wie dem Instrumentarium der Flächennutzungs- und Bebauungspläne entziehen. Angesichts der genannten Entwicklungen veralten die klassischen raumbezogenen Planungsinstrumente.

Die Problemstellungen der Stadtpolitik haben sich grundlegend gewandelt und dabei mehr Affinität zu den Sozialwissenschaften gewonnen. Damit hat sich der Informationsbedarf des Politisch-Administrativen Systems gegenüber der Soziologie erweitert und vertieft. Genügten den städtischen Gesundheitspolitikern noch grobe statistische Informationen, so ist den Unterschieden zwischen innovativen und sklerotischen Milieus mit objektiven Indikatoren allein nicht auf die Spur zu kommen. Rechtzeitig selektive Abwanderungsprozesse zu erkennen, die vieldimensionalen Prozesse der Ausgrenzung handlungsrelevant zu analysieren, die mobilisierbaren Akteure und die vorhandenen Ressourcen in benachteiligten Räumen zu identifizieren, die altengerechte Ausstattung eines Wohnquartiers, all das verlangt zeitnahe, differenzierte statistische Daten, Expertenwissen und qualitative Informationen. Pädagogisierung, Kulturalisierung, Versozialwissenschaftlichung einer Stadtpolitik, die gleichsam auf den Intimbereich der Gesellschaft zielt, können die objektiven Indikatoren der amtlichen Statistik nicht mehr genügen.

Aber es geht nicht nur darum, dass eine beratende Soziologie mehr und andere Informationen zur Verfügung stellt. Die Probleme, vor die Stadtpolitik sich heute und in Zukunft gestellt sieht, sind mit den klassischen Qualifikationen von Architektenplanern weder angemessen zu analysieren noch wirksam zu bearbeiten. Man kann auch von einem Veralten der traditionellen Qualifikationen von Stadtplanern und Architekteningenieuren sprechen. An Stelle ingenieurwissenschaftlicher und künstlerischer werden mehr sozialwissenschaftliche Fähigkeiten von Stadtplanern gefordert sein. Das kann über eine Reform der Planerausbildung geschehen, wie es bei den Raumplanerstudiengängen versucht worden ist, es kann auch dazu führen, dass mehr Sozialwissenschaftler in der planenden Verwaltung eingestellt werden. Soziologen, so ist anzunehmen, werden in Zukunft nicht nur als von außen kommende Analytiker und vorübergehend angeforderte Berater mit Planungsaufgaben befasst sein.

6 Soziologie und Planung – ein gespanntes Verhältnis

Aber das Verhältnis von Sozialwissenschaft und Politisch-Administrativem-System ist eine spannungsvolle Beziehung. Ob es auch eine für die Soziologie produktive Beziehung sein kann, wird vielfach bezweifelt. Systemtheoretisch wird auf die strukturellen Unterschiede zwischen Wissenschaftssystem und Anwendungssystemen verwiesen, die eine handlungsrelevante Beratung der Politik durch Wissenschaft ebenso unmöglich machten wie umgekehrt eine politische Lenkung des Wissenschaftssystems. Allenfalls könnten sich die beiden Systeme gegenseitig stören. Von Seiten marxistischer Kapitalismuskritik wiederum wird eingewandt, sozialwissenschaftliche Politikberatung diene der Stabilisierung eines Systems, das es gerade zu überwinden gelte.

Unterhalb solch grundsätzlicher Einwände begegnen sich Sozialwissenschaft und planende Verwaltung mit gut eingeübten Vorbehalten, die auf beiden Seiten mit einer Fülle trauriger Erfahrungen erhärtet sind. Praktiker – worunter hier pauschal die Adressaten wissenschaftlicher Untersuchungen innerhalb des Politisch-Administratives-System (PAS) verstanden seien – halten sozialwissenschaftliche Forschungsergebnisse entweder für kalten Kaffee, im günstigsten Fall werde nur bestätigt und damit wissenschaftlich legitimiert, was man eh schon seit Jahren mache, oder aber für akademischen Quatsch, höflicher gesagt: für Theorie, weil ohne Kenntnis der konkreten Bedingungen vor Ort oder ohne Berücksichtigung des politisch Machbaren formuliert. Umgekehrt halten Sozialwissenschaftler der Politik vor, sie stelle sich taub gegenüber den Erkenntnissen der Wissenschaft und ihr fehle das Verständnis für den Aufwand, der notwendig sei, um neue und gültige Aussagen erarbeiten zu können. Außerdem sei das politische System gar nicht an solchen interessiert, vielmehr an Legitimation. Was sich gegen solche Zumutungen sperre, werde unverdaut ausgeschieden bzw. entsprechend verdächtige Forscher würden gar nicht erst beauftragt.

Dass solche gegenseitigen Vorhaltungen immer wieder neue Nahrung finden, verweist auf strukturelle Probleme. In der Tat verengt und verschiebt die grundsätzliche Knappheit an Zeit, Geld und Legitimation den Handlungshorizont des PAS gegenüber dem Erklärungshorizont der Sozialwissenschaft. Um es an einem schlichten Beispiel zu erläutern: Die seit Beginn des sozialen Wohnungsbaus von Wohnungsplanern an die Soziologie herangetragene Frage danach, was denn eine bedürfnisgerechte Wohnung ausmache, ließe sich sehr einfach beantworten: doppelt so groß, halb so teuer und in infrastrukturell gut ausgestatteter, immissionsfreier Umgebung. Das wäre eine unzweifelhaft richtige, aber leider auch eine gänzlich unpraktische Antwort, denn keine Wohnungspolitik ist gegenwärtig denkbar, die eine solche Empfehlung umsetzen könnte. Es wäre allerdings auch eine Antwort, auf die zu kommen es keiner besonderen wissenschaftlichen Anstrengung bedarf.

Allerdings könnte man mit etwas Misanthropie ein gewisses Interesse der Forscher an einem derart eingeschränkt handlungsfähigem und obendrein begriffsstutzigem PAS behaupten. Die zahlungskräftige Nachfrage nach sozialwissenschaftlicher Expertise verdankt sich zum Teil gerade den Restriktionen, denen die Politik unterliegt, so dass man mehr als nur „einen intellektuellen Ehrgeiz beratender Sozialwissenschaftler vermuten (könnte), sozusagen auf kleinstem Raum zu tanzen, jedenfalls die Constraints zu respektieren, die ihre Probleme erst zu solchen machen" (Offe 1977, 325). Und wenn das PAS die Ergebnisse der Forschung nicht zur Kenntnis nimmt oder schnell wieder vergisst, so ist auch das potenziell finanziell segensreich, denn man kann nach gebührender Frist die alten Fragen als neuesten Forschungsbedarf wieder entdecken und als drittmittelträchtige Projekte neu beantragen. Schließlich kann nicht verkannt werden, dass die finanziellen Ressourcen, die die Ressortforschung zu verteilen hat, angesichts der miserablen Finanzausstattung der Universitäten an Bedeutung für akademische Karrieren gewinnen. Und dass für Professoren nur die Anerkennung ihrer Fachkollegen zähle, ist nicht erst seit der Einführung von Hochschulräten eine fromme Selbsttäuschung.

Die komplementären Gefahren einer allzu engen Anbindung sozialwissenschaftlicher Forschung an die Nachfrage des PAS für die Sozialwissenschaften sind schon oft beschrieben worden: damit werde die Thematisierungskompetenz an die Politik abgetreten, was sozialwissenschaftliche Forschung auf das einenge, was innerhalb des engen Handlungsrahmens der Politik überhaupt thematisierbar ist; sozialwissenschaftliche Forschungskapazität würde angesichts einer zunehmend inkrementalistischen Politik an kurzfristige Informationsbedarfe zu schnell wechselnden Themen gebunden, was die Stabilisierung von Forschungsfragen, die Kumulation von Wissen und die Qualifizierung von Wissenschaftlern erschwere. Vielmehr werde dadurch der Trend zur Gesellenstücksforschung an den Hochschulen verstärkt. Die anwendungsbezogene Forschung konzentriere sich bei einigen wenigen außeruniversitären Firmen, die aufgrund ihrer Angewiesenheit auf Anschlussaufträge und aus dem Interesse an optimaler Verwertung ihres Know-Hows dazu neigten, routinisierte Forschungsdesigns zu wiederholen und mit für den Auftraggeber kritischen Ergebnissen eher zurückhaltend umzugehen.

Eine kritische Soziologie hätte dagegen auch und gerade die Fragen, wie sie von der Politik gestellt werden, auf ihre Interessiertheit und mehr noch auf ihre zeitgebundene gesellschaftliche Bedingtheit zu untersuchen. Die Halbwertzeit mancher politischer Thematisierungen ist äußerst begrenzt. In den fünfziger Jahren hatte Mitscherlich, einem allgemeinen Verständnis folgend, Geburtenkontrolle als Gesellschaftspolitik auf der Höhe der Zeit bezeichnet, der Kongress „Rettet unsere Städte jetzt" im Jahre 1968 wollte Rettung vor dem Wachstum, heute will man vor dem Schrumpfen gerettet werden. Kritische Soziologie muss den Mut zur Unaktualität haben, vor allem aber darf sie sich von der Politik nicht die Thematisierungskompetenz aus der Hand nehmen lassen, denn die Politik verfolgt nicht nur sehr kurzatmig einen langen Atem erfordernde Themen, sondern sie thematisiert, aus durchaus verständlichem Interesse an der eigenen Glaubwürdigkeit auch nur das, was sie wenigstens mit einiger Aussicht auf Erfolg bearbeiten kann. Je enger der Handlungsspielraum der Politik, desto banaler wird dieser Ausschnitt und das träfe damit auch die Gegenstände und Ergebnisse einer Stadtsoziologie, die ihre Themen nicht auch aus ihrer eigenen Theorietradition gewinnt.

Aber die naheliegende Forderung nach mehr Distanz der Sozialwissenschaften zur Politik oder gar dem völligen „Verzicht auf Beratung" (Offe ebd.) im Interesse ihrer aufklärerischen Funktion bliebe auch jenseits der finanziellen Folgen nicht ohne negative Konsequenzen für sozialwissenschaftliche Forschung. Soziologie ist eine empirische Wissenschaft. Als solche ist sie in Teildisziplinen wie der Stadtforschung auf Informationen angewiesen, die vom PAS produziert und kontrolliert werden. Und selbst die kritische Aufklärung über die Grenzen dessen, was Politik unter gegebenen Bedingungen leisten kann und über die möglichen Nebenfolgen einer derart verengten politischen Intervention in städtische Verhältnisse, bedarf der empirischen Auseinandersetzung mit stadtpolitischen Interventionen, soll sie nicht als dann in der Tat uninformierte Beckmesserei von ihren Adressaten innerhalb und außerhalb des PAS abgetan werden können. Kurz: Die Grenzen der politischen Praxis dürfen nicht zu Grenzen der sozialwissenschaftlichen Forschung werden, aber ebenso sterilisierend für eine kritische Soziologie wäre der Rückzug auf eine rein dogmengeschichtlich abgestützte Theoriearbeit. Der Elfenbeinturm ist kein produktiver Ort für die Soziologie der Stadt. Ihr würde die kritisch-aufklärerische Funktion abhanden kommen, die durch die Forderung nach Distanz zur Politik doch gerade bewahrt werden soll.

Solche Forderungen lassen sich leicht hinschreiben, aber was bleibt denn als realitätstüchtige und zugleich kritische Funktion von Stadtsoziologie? Gegen eine vorschnelle Versöhnung von kritischer Theorie und politischer Praxis hat Horkheimer darauf hingewiesen, dass eine Soziologie, die „auf ... Emanzipation gerichtet, die Veränderung des Ganzen zum Ziel hat. ... des pragmatischen Charakters, der sich aus dem traditionellen Denken als einer gesellschaftlich nützlichen Berufsarbeit ergibt (entbehrt)" (Horkheimer 1968, 157). Aber auch eine sehr viel bescheidenere Soziologie kommt nicht umhin, die gesellschaftlichen Rahmenbedingungen zu thematisieren, unter denen soziale Probleme entstehen, aber politisch nicht gelöst werden können. Wenn Soziologie ihrem Gegenstand gerecht wird, dann muss sie auch solche Fragen ansprechen, die jenseits des Handlungsspielraums der Politik liegen, d. h sie wird unumgänglich mehr antworten, als sie von der Politik gefragt wurde (Bahrdt).

Kritische Sozialforschung ist ein Pleonasmus. Man muss dazu nicht mit Popper auf die Kritik als dem Bewegungsgesetz der Wissenschaft verweisen, zumal Popper die Kritik der Wissenschaft an ihren eigenen Erkenntnissen, nicht Kritik der Gesellschaft meint. Kritische Soziologie aber meint eben dieses: die Kritik an ihrem Gegenstand, den gesellschaftlichen Zuständen, nicht nur Selbstkritik der Wissenschaft. Und kann Soziologie solche Kritik überhaupt vermeiden?

Das bloße genaue Hinsehen, die empirische Sozialforschung, die die Verhältnisse versucht, jenseits aller Vorurteile so zu beschreiben, wie sie sind, ist bereits kritisch. Solange eine demokratische Gesellschaft von ihren eigenen Normen abweicht, wird jede methodisch kontrollierte Beschreibung Widersprüche zwischen Anspruch und Wirklichkeit zutage fördern. Wie brisant solche Untersuchungen wirken, wenn sie denn einmal die Arena der Fachdiskussion verlassen können, hat neuerlich die Aufregung über die „Entdeckung" einer Unterschicht in Deutschland gezeigt. Angesichts der Verräumlichung sozialer Ungleichheit, die sich zu Quartieren der Ausgrenzung verhärten kann, gerät schon die bloße Beschreibung städtischer Lebensbedingungen zur harten Kritik an der Wirklichkeit von Stadt und Stadtpolitik.

Neben der Beschreibung von Lebensverhältnissen in bestimmten Quartieren der Stadt wird sozialwissenschaftliche Stadtforschung häufig damit beauftragt, Informationen über Problemdefinitionen und Problemlösungen in verschiedenen Städten vergleichend zu erfassen. Auch solches schlichte Weitertragen von Informationen von Ort zu Ort, die „Minnesängerfunktion" (Siebel 1984) von Stadtforschung, ist nicht ohne kritisches Potenzial. Die kommunale Selbstverwaltung und lokal unterschiedliche politische Verhältnisse, regionale Differenzen und das föderale System der BRD, erst recht internationale Vergleiche können deutlich machen, wie wenig berechtigt Sachzwangargumente sind, und wie vielfältige Möglichkeiten zu sehr unterschiedlichen stadtpolitischen Regimen mit sehr unterschiedlichen Auswirkungen auf die Lebensverhältnisse und die sozialräumlichen Strukturen einer Stadt innerhalb kapitalistisch und demokratisch organisierter Gesellschaften bestehen. Empirische Untersuchungen zur Stadtpolitik werden auch nicht umhin können, die Tendenzen einer Entdemokratisierung kommunaler Politik zu benennen, die gegenwärtig beobachtbar sind: die Entlokalisierung von lokal wirksamer Macht, besonders deutlich an der Globalisierung der Wohnungsmärkte ablesbar; die Einengung des Handlungsspielraums kommunaler Politik angesichts rückläufiger Einwohnerzahlen aufgrund des gegenwärtigen Gemeindefinanzsystems; die Erosion der lokalen Öffentlichkeit einerseits durch die Regionalisierung und Internationalisierung der Lebensweise der wissenschaftlichen und ökonomischen Eliten, andererseits durch das Anwachsen einer politisch stimmlosen Stadtbewohnerschaft, die gerade besonders abhängig ist von den lokalen Lebensbedingungen: Migranten, die über keine Bürgerrechte verfügen, und Marginalisierte, die sich resigniert von einem politischen Engagement nichts mehr erhoffen.

Aber kritische Sozialforschung will mehr als die Verdoppelung der Gesellschaft in ihrer Beschreibung, auch wenn diese nicht ohne politische Sprengkraft ist, nämlich Veränderung zum Besseren. Kritische Soziologie „ist ... die vom Interesse an vernünftigen Zuständen durchherrschte kritische Theorie der bestehenden Gesellschaft" (Horkheimer 1968, 147). Die Frankfurter Schule hatte „vernünftige Zustände" nur jenseits des kapitalistischen Systems für möglich gehalten. Heute spricht manches dafür, dass zumindest etwas vernünftigere Zustände als Möglichkeit in den gegenwärtigen Verhältnissen angelegt sind. Aber um solche Fragen zu stellen, bedarf es nicht des fäusteschwingenden Bekenntnisses, sondern allein des Festhaltens an den Fragen, zu deren Beantwortung die Soziologie überhaupt entstanden ist. „Die Änderung wissenschaftlicher Strukturen (hängt) von der jeweiligen gesellschaftlichen Situation ab..." (Horkheimer 1968, 144). Was Horkheimer hier in Bezug auf die Naturwissenschaft behauptet, gilt umso unmittelbarer für die Entstehung einer Wissenschaft von der Gesellschaft. Gesellschaftliche Verhältnisse müssen fragwürdig und befragbar geworden sein, damit eine Wissenschaft der systematischen Reflexion auf Gesellschaft sich etablieren kann. Soziologie ist Krisenwissenschaft.

Gesellschaft war im 19. Jh. aufgrund von vier Umwälzungen in diesem Sinne fragwürdig geworden, so dass sie zum Gegenstand von Soziologie werden konnte, genauer, dass die Soziologie als Wissenschaft von der Gesellschaft sich entwickeln konnte: Die Entzauberung der Welt durch die Aufklärung, die die Sicherheiten des Glaubens fragwürdig machte, der Umsturz der politischen Ordnungen durch die französische Revolution, die Verschärfung der sozialen Gegensätze durch den sich entwickelnden Industriekapitalismus und die tiefgreifenden Veränderungen der alltäglichen Lebensbedingungen im Zuge der industriellen Urbanisierung. Diese Umwälzungen haben deutlich gemacht, dass die gesellschaftlichen Verhältnisse keine „...Gegebenheiten (sind), die bloß festzustellen und nach den Gesetzen der Wahrscheinlichkeit vorauszuberechnen wären" (Horkheimer 1968a, 192). Die Soziologie verdankt sich einer vierfachen Erfahrung krisenhafter Umbrüche. In diesen Umbrüchen wurde unabweisbar, dass buchstäblich nichts an Gesellschaft natur- oder gottgegeben und daher unwandelbar ist, weder die politischen noch die sozialen, noch die ökonomischen, noch die kulturellen, noch die alltäglichen Verhältnisse. Wenn das aber die Grunderfahrung der Soziologie ist, dann kann sie gar nicht anders, als sich, wie Comte es ihr vorgeschrieben hat, mit den Bedingungen von Statik und Dynamik auseinander zu setzen, also den Fragen, was Gesellschaft vorantreibt und was angesichts ihres ständigen Wandels den Zusammenhalt von Gesellschaft gewährleistet. Gleich, ob sie sich ablehnend oder affirmativ gegenüber dem sozialen Wandel verhält, Soziologie kann gar nicht anders als bei jedem ihrer Untersuchungsgegenstände, ob nun Stadt oder Familie oder Arbeit, von der prinzipiellen Möglichkeit auszugehen, dass alles, was gegenwärtig der Fall ist, früher anders war und in Zukunft sich wieder ändern wird. Deshalb sind soziologische Begriffe auch keine endgültigen, die ein für alle Mal ihren Gegenstand definitorisch festschreiben, sondern sie müssen, wenn sie gültige Begriffe sein sollen, auch etwas von der Geschichte und den möglichen Zukünften ihres Gegenstandes erzählen. Was anders aber ist Kritik als der Musil'sche „Möglichkeitssinn", der, „wenn man ihm von irgend etwas erklärt, dass es so sei, wie es sei, dann denkt..: Nun, es könnte wahrscheinlich auch anders sein" (1952, 16).

Eine Soziologie, die nachweist, dass andere gesellschaftliche Zustände möglich sind, macht sich damit nicht immer beliebt. Sie ähnelt, vor allem wenn sie dafür auch noch großzügige Alimentation von der Gesellschaft erwartet, doch sehr dem Automaten, an den F. W. Bernstein in seiner „Durchsage" erinnert hat:

„Zu Mannheim stand ein Automat
um die Jahrhundertwende,
der jeden an das Schienbein trat,
der dafür zahlte. Ende."

Literatur:

Camagni, Roberto (Hg.) 1991: Innovation networks: spatial perspectives, London/New York.
Engels, Friedrich 1974 (zuerst 1845): Die Lage der arbeitenden Klassen in England. In: Marx/Engels, Werke, Bd. 2, Berlin (Ost), S. 225-506.
Florida, Richard 2004: The rise of the creative class, New York.
Häußermann, Hartmut/Siebel, Walter 1994: Soziologie des Wohnens, Weinheim/München.
Herlyn, Ulfert/Saldern, Adelheid von/Tessin, Wulf (Hg.) 1987: Neubausiedlungen der 20er und 60er Jahre, Frankfurt am Main/New York.
Horkheimer, Max 1968: Traditionelle und kritische Theorie. In: Horkheimer, Max: Kritische Theorie Band II, Frankfurt am Main, S. 137-191.
Horkheimer, Max 1968a: Nachtrag (1937). In: Horkheimer, Max: Kritische Theorie Band II. Frankfurt am Main, S. 192-200.
Musil, Robert 1952: Der Mann ohne Eigenschaften, Hamburg.
Offe, Claus 1977: Die kritische Funktion der Sozialwissenschaften. In: Wissenschaftszentrum Berlin (Hg.): Interaktion von Wissenschaft und Politik, Frankfurt am Main/New York.
Reulecke, Jürgen 1985: Geschichte der Urbanisierung in Deutschland, Frankfurt am Main.
Rodenstein, Marianne 1988: „Mehr Licht, mehr Luft": Gesundheitskonzepte im Städtebau seit 1750, Frankfurt am Main/New York.
Schumann, Michael 2003: Metamorphosen von Industriearbeit und Arbeiterbewusstsein, Hamburg.

Siebel, Walter 1984: Minnesänger und Narren. Zu Funktion und Voraussetzungen sozialwissenschaftlicher Stadtforschung. In: Raumforschung und Raumordnung. 42. Jg., H. 6, S. 288-294.

Siebel, Walter/Ibert, Oliver/Mayer, Hans-Norbert 2001: Staatliche Organisation von Innovationen. In: Leviathan, 29. Jg., H. 4, S. 526-543.

Simmel, Georg 1995 (zuerst 1903): Die Großstädte und das Geistesleben. In: Rammstedt, Ottheim: Georg Simmel Gesamtausgabe Bd. 7: Aufsätze und Abhandlungen 1901-1908, Frankfurt am Main, S. 116-131.

Wirth, Louis 1974 (zuerst 1938): Urbanität als Lebensform. In: Herlyn, Ulfert (Hg.): Stadt und Sozialstruktur, München, S. 42-66.

Prof. Dr. Walter Siebel (i. R.)
Soziologie mit Schwerpunkt Stadt- und Regionalforschung
Arbeitsgruppe Stadtforschung
Institut für Sozialwissenschaften
Fakultät Bildungs- und Sozialwissenschaften
Carl von Ossietzky Universität Oldenburg

Soziologie und Räumliche Planung. Zur Notwendigkeit des Wissens über die gesellschaftliche Raumproduktion und Geschlechterkonstruktionen

Ulla Terlinden

In den siebziger Jahren, als sich die räumliche Planung als eigenständige Disziplin an den Universitäten etablierte, waren sich die Beteiligten einig, dass die gesellschaftswissenschaftlichen Anteile fester Bestandteile jeder Planerausbildung sein sollten. Neben den ingenieurswissenschaftlichen und künstlerischen Anteilen aus Architektur und Städtebau waren es Recht, Ökonomie und Soziologie, die die Curricula der Ausbildung ausmachten. Gerade die Soziologie mit ihrer nach dem Zweiten Weltkrieg vollzogenen Praxiorientierung auf soziale Probleme der städtischen Gesellschaft bot sich als wichtiger Wissensbestand für die städtische Planung an. In den klassischen empirischen Studien der Gemeindesoziologie der frühen Nachkriegszeit und später in der Großstadtforschung waren Arbeiten vorgelegt worden, die sich als Wissen für die Planung gut eigneten. Die 1948 begonnene Darmstadtstudie, von einem amerikanisch-deutschen Soziologenteam durchgeführt (Kölner Zeitschrift für Soziologie und Sozialpsychologie 1956), und die vielen folgenden Untersuchungen in anderen Gemeinden beschrieben die soziale Situation jener frühen Nachkriegszeit (Croon/Utermann 1958; Mackensen u. a. 1965; Schwonke/Herlyn 1967). Auch die Großstadtforschung, die theoretisch die Grundformen städtischen Lebens erforschte, hatte einen Praxisbezug (Bahrdt 1961; Pfeil 1950). Ging es doch darum, die Städte wieder aufzubauen und das Leben in ihnen moderner zu gestalten. Das wesentliche Instrument dazu bildeten die umfangreichen Stadterneuerungsprogramme der siebziger Jahre, die in ihren Zielsetzungen mit der Beseitigung baulicher Missstände auch soziale Missstände beseitigen wollten. Altbaubestand wurde zunächst abgerissen, später dann saniert. In jedem Fall aber waren die Bewohner von diesen Maßnahmen betroffen. Fragen der Segregation und sozialen Mischung wurden diskutiert und der Sanierungsprozess „sozialverträglich" organisiert (Terlinden 1994) – Aufgaben, die von der Planung an die Stadtsoziologie delegiert wurden.

Die Stadtsoziologie diskutierte in dieser Zeit ihr Selbstverständnis. War sie zur Stadtplanungssoziologie und damit zu einer Hilfswissenschaft für die Planung geworden?

Inzwischen und unbestritten wurden an den Ausbildungsstätten der Planung Professuren mit Soziologen und Soziologinnen besetzt, die integriert in den Studiengängen Projekte anboten und Vorlesungen hielten.

Dieser konsequente interdisziplinäre Ansatz in der Planerausbildung scheint auf dem Rückzug zu sein. Durch Stellenkürzungen und inzwischen teilweise realisierter Vorgaben der „Bolognavereinbarungen" erfolgt eine Konzentration auf die so genannten Kernfächer, zu denen im Selbstverständnis der Architektur und Planung die Soziologie nicht gehört. Das Verdrängen der Soziologie wird überdies auch damit begründet, dass die heutige Generation der Planungsprofessoren und -professorinnen in ihrem Studium bereits die sozialwissenschaftlichen Anteile studiert haben und sich somit in der Lage sehen, diese auch in der Lehre zu vertreten. Mit dieser Entwicklung besteht die Gefahr, dass Soziologie auf die Gewährleistung sozialer Verträglichkeit planerischer Maßnahmen reduziert wird. Beispiele sind verschiedene Konzepte der Betroffenenbeteiligung, wie das gegenwärtig praktizierte Quartiersmanagement oder auch das Gender Mainstreaming, welche sich bemühen, dass planerische Maßnahmen weder ein Geschlecht noch eine soziale Gruppe diskriminieren. Beide sind mehr oder weniger erfolglose Instrumente, denn mit noch mehr Checklisten, die Diskriminierungen aufspüren sollen, und mit noch mehr sozialem Engagement der wenigen Quartiersmanagerinnen und Quartiersmanager lassen sich die intendierten Ziele nicht erreichen.

Wenn man nur dies als soziologischen Beitrag in der Ausbildung sieht, dann ist es sicher richtig, dass dies die Planer und Planerinnen selbst lehren und praktizieren können.

Es geht jedoch um mehr und Grundsätzlicheres, es geht um die Vermittlung eines Verständnisses von der Gesellschaft, ihrer sozialen Klassen, Geschlechterkonstruktionen und Milieus, ihrer räumlichen Organisation und ihrer zukünftigen Perspektiven, denn Architektur und Planung greifen in die soziale Lebenswelt ein und verändern sie. Können Bauherr und Bauherrin noch sagen, welche Bedürfnisse und Bedingungen sie für ihr Wohnhaus haben, gilt dies nur noch indirekt und vermittelt über Gemeindepolitik oder besondere Mitspracherechte für Infrastruktur und Verkehrsplanung in ihrem Einfamilienhausgebiet, für die Räume des Einkaufs, für den öffentlichen Freiraum sowie für die Standorte ihrer Arbeitsplätze, es gilt nur vermittelt über den Wohnungsmarkt für den Mietwohnungsbau.

Der Beitrag der Soziologie im Studium kann nicht bloß die Vermittlung von Rezepten für die problemlose und „sozialverträgliche" Durchsetzung planerischer Maßnahmen sein, sondern es geht um Kenntnisse von grundsätzlichen gesellschaftlichen Veränderungen: beispielsweise die Differenzierung in den Lebensverläufen der Menschen, die meist erst durch die veränderte Nachfrage auf dem Wohnungsmarkt entdeckt wird, oder der lang schon prognostizierte Wandel von einer Industriestadt in eine Dienstleistungsstadt mit Konsequenzen für die Standortplanung, oder auch die weiter fortschreitenden Bevölkerungswanderungen mit Leerstand und Freifläche in bestimmten Räumen und Nachfrage und Verdichtung in anderen.

Und es ist nicht allein eine Frage der Legitimation sondern auch eine der Ethik, dass Planer und Planerinnen, Architektinnen und Architekten über Strukturen der sozialen Welt und ihres Wandels Bescheid wissen sollten, denn sie verändern diese soziale Alltagswelt manifest und nachhaltig mit ihren materiellen Eingriffen.

Hinzu kommt, dass es zwar in den Sozialwissenschaften einen „spatial turn" gibt, die räumlichen Disziplinen sich aber zu den Kunst- und Kulturwissenschaften hin orientieren.

Deshalb soll im Folgenden gezeigt werden, wie der Raum gesellschaftlich produziert wird und welche gesellschaftlichen Mechanismen diese Raumproduktion steuern. Es geht also um die materielle Welt und wie sich die Strukturen der sozialen Welt in ihr widerspiegeln und umgekehrt, wie Bauten, Straßen und Plätze das soziale Leben in seinen alltäglichen Abläufen beeinflussen. Da in der sozialen Welt Machtunterschiede und Hierarchien zwischen Ethnien, Klassen und Geschlechtern bestehen, manifestieren sich diese auch materiell in der räumlichen Umgebung. Dabei sind sowohl Laien wie auch Fachleute beteiligt, jedoch haben die Akteurinnen und Akteure der Planung und Architektur eine besondere Bedeutung und Verantwortung für die Gestaltung der räumlichen Welt.

Deshalb will ich mit ein paar kurz angerissenen Themen zeigen, wie notwendig ein umfassendes soziologisches Verständnis und wie kritikwürdig die zu konstatierende Reduktion auf Instrumente und Verfahren ist.

Raumproduktion und Geschlechterkonstruktionen

Der Raum steht im Mittelpunkt der anschließenden Betrachtungen. Es sind nicht mehr die Stadt, die Gemeinde, die Nachbarschaft, die in neueren Forschungen im Vordergrund stehen. Vielmehr rücken raumsoziologische Fragestellungen in das Zentrum der soziologischen Forschung (Läpple 1991; Löw 2001). Für die räumliche Planung ist es wichtig, auf der Basis eines Raumverständnisses zu agieren, das Raum auch gesellschaftlich begreift und nicht allein physisch und materiell, geografisch und territorial.

Der Soziologe Anthony Giddens betont in seinen Schriften den Bruch zwischen vormodernen und modernen Formen des ortsgebundenen Handelns. In traditionellen Gesellschaften war Handeln in Zonen und Grenzen eingebunden.

Körperliche Anwesenheit galt als Bedingung für die Aufnahme und Aufrechterhaltung sozialer Kommunikation. Soziale Nähe korrespondierte mit räumlicher Nähe. Der „organische Raum" war konkret und entstand durch seine körperzentrierte Wahrnehmung und Aneignung (Giddens 1995). In der Moderne löst sich die menschliche Wahrnehmung von konkreten Orten, es entsteht der abstrakte „leere" Raum. Angefangen mit seiner topografischen Erfassung und Kartierung konnte der Raum sich als etwas Abstraktes, vom spezifischen Ort Unabhängiges etablieren. Diese Entwicklung findet heute im weltweiten Netz ihren vorläufigen Höhepunkt. Die Entkopplung von Räumen und konkreten Orten führt dazu, dass der lokale Platz an Relevanz für soziale Prozesse zugunsten ferner Kontexte verliert. Diese Entwicklung hat Konsequenzen für das Verhältnis der Menschen zur gebauten Umwelt.

Falsch wäre es jedoch, von einer Unabhängigkeit der konkreten Orte von überlokalen Zusammenhängen oder von einer Kolonisierung durch globale Strukturen auszugehen. Nach Giddens erfolgt eine „Rückbettung" der entfernt gemachten Raumerfahrung in die Gemeinschaft vor Ort. Soziale Nähe und Vertrautheit sind jedoch immer weniger allein mit den konkreten Vor-Ort-Gegebenheiten verbunden.

Die in der heutigen Moderne übliche Entkopplung von Ort und Raum lässt Formen der Ortsanbindung entstehen, die gleichermaßen durch ortsgebundenes Handeln wie auch durch ferne Kontexte bestimmt sind.

Während Giddens 1984 für die Moderne ein neues überörtliches Raumkonzept entwickelte, hatte Lefèbvre bereits zehn Jahre zuvor die gesellschaftliche Bedingtheit des Raumes mit seiner Theorie der Raumproduktion bezeigt.

Er führt aus, wie der Raum gesellschaftlich produziert wird, dabei bezieht er auch die Akteure der räumlichen Planung in seine Theorie ein (Lefèbvre 1974). Seine Theorie erlebt bei Geographen und Architekten in den letzten Jahren eine Renaissance (Anarchitektur 2001; Schmidt 2003).

Für ihn ist der Raum keine feste gegebene Kategorie, sondern eine prozesshafte Kategorie. Räume werden in historischen Epochen verschieden produziert und verfallen wieder. Ergänzend ist hinzuzufügen, dass Räume sich permanent durch neue soziale Funktionen und neue materielle Objekte verändern, ob sie nun von Laien oder Fachleuten erzeugt werden. Auf jedem urbanen Stück der Erdoberfläche produzieren die Subjekte durch abstraktes Wissen, durch körperliche Arbeit und durch soziale und kulturelle Symbole immer neue Räume. Fast jeder Raum und jeder Ort ist gleichsam mehrfach sozial und materiell sedimentiert. Lefèbvre betont die besondere Dialektik zwischen Raum und Gesellschaft. Raum wird gesellschaftlich produziert und ist gleichzeitig Medium, das gesellschaftliche Prozesse durch konkrete materielle Strukturen ordnet und damit wieder reproduziert.

Dabei hat er drei Dimensionen des räumlichen Produktionsprozesses erkannt, die dialektisch miteinander verwoben sind:
- Die materielle Produktion, die von der räumlichen Praxis hervorgebracht wird. Dies ist der von den Menschen wahrgenommene Raum. Mit anderen Worten ist dies der physische Raum der Materialität und Natur.
- Die wissenschaftliche und künstlerische Produktion, die als Repräsentationen von Räumen in Form von gedachten und konzipierten Räumen erzeugt wird. Diese zweite Dimension ist demnach der mentale Raum der Mathematik und vor allem der Raum der planerischen Konzepte.
- Die Produktion von Bedeutungsräumen durch Symbole und Repräsentationen des alltäglichen Handelns. Dies ist der erlebte und gelebte Raum. Man könnte sagen, das ist der soziale Raum des Alltags.

Nach Lefèbvre greifen diese drei analytischen Dimensionen ineinander. Raum wird von Menschen zugleich wahrgenommen, konzipiert und gelebt.

Diese Arbeiten von Giddens und Lefèbvre mit ihrem inhaltlich direkten Bezug zur räumlichen Planung und Gestaltung unterstreichen die Relevanz des soziologischen Wissens für das Studium der Architektur, der Stadtplanung und Landschaftsplanung. Die vorherrschende Auffassung, das Gesellschaftliche an ihren Disziplinen sei – polemisch gesprochen – allein der Bauherr bzw. der Auftraggeber, Nutzer oder Bewohner, sollte einer größeren theoretischen Tiefe in der Argumentation weichen und über die bekannten Betroffenheits- und Beteiligungsinhalte hinausgehen.

Der von Planern und Architekten geschaffene und veränderte materielle Raum entsteht eigentlich erst mit und durch gesellschaftliche Akteure und Akteurinnen. Er entsteht eben nicht allein durch Fachleute, sondern auch wesentlich durch die alltäglichen Arrangements des Lebens.

Soziologisch bzw. handlungstheoretisch interpretiert sind die Akteure der mentalen Raumproduktion die Planer und Architekten. Diese Berufe konzipieren Räume auf der Ebene von Sprache, Karten und vor allem von Plänen und Entwürfen. Ihre Räume sind abstrakt und werden geleitet von der geometrischen Sprache. Mit der Realisierung ihrer Pläne und Entwürfe durch das Bauwesen werden die mentalen Räume zu konkreten physischen Räumen.

Die Akteurinnen und Akteure der Planung und Architektur sind machtvolle Raumproduzenten, die in einem hohen Maße die räumliche Welt bestimmen. Gemeinsam mit Investoren von Großprojekten und staatlichen Organen schaffen sie Räume, die einerseits die gesellschaftliche Ordnung widerspiegeln, andererseits auch diese Ordnung reproduzieren.

Neben den Akteuren und Akteurinnen der Fachwelt erzeugen auch Akteure und Akteurinnen des Alltags Räume, meist im privaten Bereich in Form von szenischen Kompositionen vorproduzierter Artefakte, wobei auch die Fachleute außerhalb ihrer beruflichen Positionen Alltagsräume produzieren.

Die abstrakte mentale Raumproduktion ist nach Lefèbvre ein Instrument des Staates, um eine staatlich-bürokratische Ordnung durchzusetzen. Die dazu benötigten Disziplinen Architektur und Planung unterwerfen die alltäglichen Räume dieser staatlich-bürokratischen Ordnung.

Dieses gesellschaftliche Machtgefüge im Studium anzusprechen und zu problematisieren, ist Aufgabe der Soziologie.

Ein gesellschaftlich tief greifendes Ordnungsprinzip ist das zwischen den Geschlechtern. Die Basis ist dabei die Arbeitsteilung zwischen Männern und Frauen. Anknüpfend an Lefèbvre und die drei Dimensionen der Raumproduktion sind die Akteure der mentalen Raumproduktion vorwiegend männlichen Geschlechts und die des symbolischen Alltagsraums vorwiegend weiblich. Denn seit der Herausbildung der Tauschwirtschaft und der damit einhergehenden Auflösung der Ökonomie des ganzen Hauses und der Verteilung der Arbeit für den Tausch an die Männer und der für den direkten Gebrauch an die Frauen ist diese differente Aufteilung der Arbeit ein elementarer Bestandteil unserer Ökonomie, welche auf Macht beruht, denn die Tauschwirtschaft war und ist die Wirtschaft des Gewinns und des Erfolgs (Terlinden 1990). Dieses Muster wird bis in die heutige Zeit von staatlicher Seite unterstützt. Erst in jüngster Zeit wird von der Regierung zaghaft versucht, einige Privilegien der Lebensform „Hausfrauenehe" abzubauen und die Benachteiligung anderer Lebensführungen auszugleichen.

Aufgrund der immer noch existierenden Arbeitsteilung ist von einer ungleichen Beteiligung der Geschlechter an der Raumproduktion auszugehen. Das ist ein wichtiger Punkt bezüglich der Frage nach den Akteuren der räumlichen Planung, ein anderer ist, wie sich die zunehmende Beteilung der Akteurinnen in der Raumplanung auswirkt. Sind Unterschiede zu erkennen, gibt es eine weibliche Planung und Architektur? Diese in den Anfängen der feministischen Bewegung oft diskutierte Frage ist schwer zu beantworten. Obwohl die Geschlechterkonstruktionen mit ihren Zuschreibungen geschlechtsspezifischen Verhaltens auch in diesen Berufsgruppen vorhanden sind, sind die etablierten Strukturen und Verfahren in diesem Berufsfeld so prägend, dass keine geschlechtsunterschiedlichen Planungen und Entwürfe zu erkennen sind. Ist in der professionellen mentalen Raumproduktion kein unterschiedliches Resultat zwischen den Geschlechtern zu beobachten, so gibt es doch Unterschiede im Produktionsprozess und in der Auswahl der Tätigkeitsfelder im Beruf.

Die gesellschaftlichen Geschlechterkonstruktionen bestehen aus einer Fülle von Merkmalen, die zwar nicht als geschlossenes Bild in der Realität auftauchen, sondern relativen Charakter haben, die aber, wie Bourdieu es beschrieben hat, als Strukturkategorien gesellschaftlich relevant sind (Bourdieu 2005).

Gender Mainstreaming

Wie sich das Verschwinden der Soziologie aus den Lehrinhalten auf die Thematisierung der Geschlechterfrage im Studium auswirkt, soll an einem Beispiel diskutiert werden, dem Gender Mainstreaming. Nun könnte man meinen, dass auch ohne soziologische Curricula die „Genderfrage" behandelt und in die Praxis einfließen kann. Schließlich gibt es das Gender Mainstreaming auf allen Handlungsebenen des Planungsprozesses. In allen von der öffentlichen Hand getätigten investiven Maßnahmen soll mit diesem Instrument Geschlechtergerechtigkeit angestrebt und erreicht werden. Es gibt dazu eine Fülle von Expertisen, Workshops und Umsetzungshilfen. Unter Geschlechtergerechtigkeit wird die Berücksichtigung und Einbeziehung der reproduktiven und produktiven Lebensbereiche in die Planung und Gestaltung der räumlichen Welt verstanden. Es gibt beispielsweise Arbeitshilfen zum Gender Mainstreaming in Planungswettbewerben, die mit Hilfe von Genderkompetenz, d. h. mit Wissen um potenziell unterschiedliche Interessen und Rahmenbedingungen von Frauen und Männern, Hilfe leisten sollen bei Auslobungen und der Beurteilung von Wettbewerbsbeiträgen. Dabei spielt die Nutzer- bzw. Nutzerinnen-Perspektive eine wichtige Rolle, und es wird empfohlen, die gewohnten Vorgehensweisen im Projektverlauf zu verlassen und die geplanten Räume bezüglich der Nutzungsunterschiede zwischen Frauen und Männern zu reflektieren. Bei der Ausschreibung eines Wettbewerbs sind ebenfalls die Unterschiede im Nutzungsverhalten der Geschlechter zu formulieren (Gender Mainstreaming für Planungswettbewerbe 2006). In den Veröffentlichungen des Bundesamtes für Bauwesen und Raumordnung verkümmert Gender Mainstreaming zu GM. Dort wird als Ziel des Gender Mainstreaming die Herstellung von Chancengleichheit und Geschlechtergerechtigkeit formuliert. Dies soll durch Förderung ökonomischer Eigenständigkeit von Frauen und Männern im geplanten Projekt und durch Berücksichtigung der Versorgungsarbeit analog zur Erwerbsarbeit erreicht werden und zu gleichwertigen Aneignungs- und Nutzungsmöglichkeiten öffentlicher Räume durch die Berücksichtigung unterschiedlicher Mobilitätsanforderungen führen (Bundesamt für Bauwesen und Raumordnung 2005). Dies sind nur einige Beispiele. Sie zeigen deutlich, dass einerseits die Versorgungsarbeit einen angemessenen Stellenwert in der Herstellung von Räumen durch Planung erhalten soll. Andererseits werden die vorhandenen Geschlechterkonstruktionen, nämlich der Zuordnung der Frauen auf diesen Arbeitsbereich, manifestiert. Mit den Gedanken Lefèbvres interpretiert, wird die Differenz zwischen den Geschlechtern, die gesellschaftlich vorhanden ist, im Raum physisch manifestiert. Die angestrebte Chancengleichheit meint ja nicht die Überwindung der gesellschaftlichen Geschlechterordnung, sondern nur ihre gleichwertige Berücksichtigung in der räumlichen Organisation. Dadurch strukturiert der Raum wiederum diese Geschlechterordnung, indem er sie physisch konkret werden lässt und sie dadurch wieder reproduziert. Diesen sozialräumlichen Mechanismus zu durchschauen, auch in Hinblick auf andere soziale Lebenswelten, ist Aufgabe der planungs- und raumbezogenen Soziologie.

Der Staat als machtvoller Akteur der Raumproduktion, der mit Hilfe der räumlichen Disziplinen der Architektur und der Planung Ordnungsräume schafft, wie Lefèbvre geschrieben hat, tut dies mit staatlich-bürokratischen Verfahren und Instrumenten. Gender Mainstreaming ist in seiner jetzigen Form mit Checklisten, Zielgruppenorientierung und Umsetzungsempfehlungen ein solches hoch bürokratisches Verfahren. Damit Geschlechtergerechtigkeit im Raum zu erreichen, ist angesichts des komplexen Prozesses der gesellschaftlichen Produktion von Raum und mit den in der Gesellschaft vorhandenen Machtstrukturen zu bezweifeln.

Dennoch stellt Gender Mainstreaming eine Möglichkeit dar, Defizite im Bewusstsein der Akteure und Akteurinnen offen zu legen, ihre Wahrnehmung zu schärfen und in der Praxis konkrete Verbesserungen zur Nutzung der Räume durchzusetzen. Aufgabe der Soziologie sollte es sein, dieses Instrument im gesellschaftlichen Zusammenhang zu sehen und seinen Stellenwert im gesellschaftlichen Produktionsprozess von Räumen zu beurteilen.

Öffentlichkeit und öffentliche Räume

Eine andere Art der Raumproduktion bilden Struktur und Wandel der Öffentlichkeit. An diesem Beispiel soll deutlich werden, wie sich die Produktion öffentlicher Räume durch soziale Bewegungen verändert.

Im Unterschied zur Geschlechterordnung in der Ökonomie, also der Arbeitsteilung, aber korrespondierend mit ihr, wird mit dem öffentlichen Raum ein kultureller Alltagsraum angesprochen, der einen für die urbanen Disziplinen wichtigen Wandel durchlaufen hat, insbesondere im Hinblick auf die räumliche Zuordnung von Männern und Frauen. Seit der Antike ist der öffentliche Raum, der Raum in dem gemeinschaftliche Anliegen der örtlichen Gemeinde verhandelt werden, ein Raum der Männer. In einer modernen, differenzierten und komplexen Gesellschaft ist der öffentlicher Raum jener, der prinzipiell allen Mitgliedern der Gesellschaft zugänglich ist und in dem sie einander begegnen und gegebenenfalls kommunizieren können. Es ist der Straßenraum, es sind Parks und Gärten, Museen und Universitäten, um nur einige dieser öffentlichen Räume zu nennen. Es sind freie und umbaute Räume, und es sind Räume der öffentlichen Institutionen.

Produziert wird er durch gewandelte Praktiken des Alltags und durch die mentale Raumproduktion der Planer und Architekten. Gerade in der Raumproduktion der Öffentlichkeit hat ein kultureller Bedeutungswandel stattgefunden, der von einem geänderten räumlichen Verhalten der Geschlechter ausgeht.

Ein prägnantes Beispiel für einen Bedeutungswandel des öffentlichen Raums in Bezug auf die Geschlechterordnung bilden die sozialen Emanzipationsbewegungen der Frauen zu Anfang des 20. Jahrhunderts und in den siebziger Jahren. Der öffentliche Straßenraum, der für die bürgerlichen Frauen vor und anfangs dieses Jahrhunderts nur in männlicher Begleitung zugänglich war (ansonsten wurde ihr Erscheinen missverstanden), wurde durch ihre demonstrative Präsenz in Form von Protestmärschen und Veranstaltungen, auf denen sie ihre Anliegen der Öffentlichkeit vortrugen, von ihnen genutzt und angeeignet. Gleichzeitig mit der hart erkämpften Zunahme der Erwerbsarbeit öffneten sich vor hundert Jahren die öffentlichen Räume auch für die Frauen (Terlinden/ Oertzen, von 2006). Es war ein langsamer und von Rückschlägen begleiteter Bedeutungswandel, der in den siebziger Jahren in einer anderen Form wieder massiv in Erscheinung trat. Die neue Frauenbewegung jener Zeit „eroberte sich die Nacht", wie eine Parole der nächtlichen Demonstrationen der damaligen Zeit hieß. Tagsüber waren inzwischen Straßen und Plätze Alltagsräume auch für Frauen geworden. Nachts jedoch veränderte sich die Symbolik dieser Räume. Sie wurden wieder zu Männerräumen (Terlinden 2003). Die geführten Debatten um Sexismus und Gewalt im öffentlichen Raum tauchen noch heute in den Kriterien der Gender Mainstreaming Checklisten auf.

Aber auch mit anderen Formen der Öffentlichkeit leiteten die Frauen einen Bedeutungswandel ein. Mit Ausstellungen und Kongressen versuchten sie vor hundert Jahren, Teil der allgemeinen Öffentlichkeit zu werden und damit die räumliche Geschlechterordnung, die sie in die Privatsphäre zurückdrängte, zu öffnen und einen für Männer und Frauen gleichermaßen verfügbaren Raum zu schaffen. Die Frauen der siebziger Jahre dagegen produzierten Räume ausschließlich für Frauenöffentlichkeiten, die so genannten autonomen Räume. Sie betonten damit ausdrücklich die Geschlechtsdifferenz.

Am Beispiel der Frauenbewegungen und ihrer öffentlichen Raumproduktionen zeigt sich der permanente Wandel der Raumorganisation durch gesellschaftliche Prozesse. Neue Alltagsräume überlagern alte räumliche Strukturen. Dass dieser Prozess die Aufmerksamkeit der planenden Disziplinen erfordert, liegt auf der Hand. Ansonsten ergeben sich zwischen der sozialen und räumlichen Welt tiefe strukturelle und nachhaltige Ungleichheiten. Die mentale und körperliche Raumproduktion der Architekten und Planer ist mit der Alltagsproduktion von Räumen dann nicht mehr kompatibel.

Lebensstile und demographischer Wandel

Der Wandel der Räume wird nicht allein durch soziale Bewegungen, sondern auch von langfristigen demografischen und kulturellen Veränderungen vorangetrieben. Diese langfristigen Prozesse sollen anhand eines Bedeutungswandels im privaten Bereich des Wohnens dargestellt werden und noch einmal die Wichtigkeit soziologischer Curricula in der Lehre betonen.

In der Soziologie wird seit Jahren ein fundamentaler Wandel der Gesellschaft in den hoch industrialisierten Ländern beschrieben. Beispiele sind Werke über die Wissensgesellschaft, die Welt-Risikogesellschaft und die Erlebnisgesellschaft. Traditionelle Formen der Vergesellschaftung in langfristig existierenden Familienverbänden und lebenslangen Erwerbsbiographien werden außer Kraft gesetzt. Die Lebensführung der gesellschaftlichen Akteure verändert sich von einer zweckrational ausgerichteten zu einer, die sich an vielfältigen alltagsästhetischen Stilen orientiert. Die soziologische Lebensstilforschung hat gezeigt, dass sich der unterschiedliche Alltag der Menschen nicht mehr ausschließlich und vorrangig aus ihrer sozialen Lage heraus erklären lässt, sondern durch die Kultivierung einer Alltagsästhetik in Form von Körperkultur und Stilen des Wohnens. Die Produktion und Rezeption sinnlicher Erfahrungen ist ins Zentrum der Lebenspraxis getreten (Schulze 2000; Sinus Sociovision 2007). Das „cocooning" spielt in der neuen Alltagsästhetik eine wichtige Rolle. Der Raum des Privaten wird zum Raum der sinnlichen Erfahrung, zum Raum der Projektionen und Repräsentationen.

Mit dieser Ästhetisierung des Sozialen korrespondiert ein ebenso fundamentaler kultureller Wandel in den Formen des privaten Lebens. Das Alleinleben ist keine Ausnahme mehr, sondern auf dem Weg, zur Norm zu werden. Statistisch nimmt die Zahl der Einpersonenhaushalte zu. Dies nicht allein durch die älter werdende Gesellschaft, es sind auch immer mehr Männer und Frauen, die aus dem traditionellen Lebensverlaufsmuster aussteigen.

Die Statistik der Bundesrepublik Deutschland führt inzwischen zehn verschiedene Haushaltsformen auf. Im Jahre 2008 waren in Deutschland 37% aller Haushalte Einpersonenhaushalte, davon waren 56% weibliche Einpersonenhaushalte, 44% männliche Einpersonenhaushalte. In Großstädten betrug der Anteil mehr als 50% (Bock 2008). Das heißt nicht prinzipiell, dass die Mitglieder dieser Einpersonenhaushalte ausschließlich alleine leben, vielmehr ist mit dieser Haushaltsform eine flexibel zu disponierende Lebensform möglich. Mal lebt man allein, mal zu zweit und in einem anderen Lebensabschnitt in einer Hausgemeinschaft. Mit dieser Entwicklung geht eine neue Produktion von Alltagsräumen einher. Auf der Architektur-Biennale 2008 in Venedig stellte eine holländische Gruppe ihre Vision neuer Räume vor. Sie nannte sie „Singletown" und unterteilte die darin lebenden Menschen in Gruppen, die sich teilweise überschneiden: die „global opportunists", damit sind mobile Manager gemeint; die Migranten, die auf Arbeitssuche in die Städte der Industrieländer wandern; die „Grey singles"; die zwischenzeitlich getrennt lebenden Männer und die bewusst Alleinlebenden, meist gebildete Frauen (Dörhöfer 2009).

Während die Statistik den gesellschaftlichen Wandel mit Zahlen belegt, verdeutlichen die phantasievollen Unterteilungskriterien der holländischen Gruppe auch solche Lebensstile, die auf neue Räume des Wohnens hinweisen, die sich zwischen einem modernen und kargen „Cabanon" a là Le Corbusier bzw. einer exklusiven Wohnzelle, die temporär genutzt wird, und einer den persönlichen Lebensstil repräsentierenden Wohnlichkeit bewegen. Dabei sind sowohl der umbaute Raum des Wohnhauses wie auch der freie Raum des Wohnumfeldes angesprochen. Als Beispiele für die „global opportunists" sollen hier die transnational agierenden Manager genannt werden, aber auch die Arbeitsimmigranten. Beide führen ein nomadisierendes Leben, die Wohnung bildet eher eine funktionale Reproduktionsstätte. Für beide Lebensstilgruppen gilt, was Giddens konstatiert, dass überörtliche Kontexte ihre Alltagsräume maßgeblich mitbestimmen. Auch die allein lebenden alten Menschen, die „grey singles", schaffen sich Räume, die ihren unterschiedlichsten Lebensführungen entsprechen. Wie auch bei den Jüngeren die Lebensstile und Bedürfnisse an Wohnung und Wohnumfeld differieren, tun sie es auch bei den Alten. Viele Planungsprojekte zu altengerechtem Wohnen und Mehrgenerationenhäusern reduzieren die alten Menschen auf ihre körperliche Gebrechlichkeit und vergessen ihre jeweils unterschiedliche soziale und kulturelle Vergangenheit. Auch unter ihnen gibt es Nomaden, die Wohnung eher als einen räumlichen Stützpunkt als einen Raum des „cocooning" sehen.

Die Alterung der Gesellschaft – verbunden mit dem Bevölkerungsrückgang – ist gegenwärtig ein großes Debattenthema. Die für die Bevölkerungsentwicklung in naher Zukunft bedeutsame Tatsache der geburtenstarken Jahrgänge der 1950er und 1960er Jahre, die heute zwischen 45 und 60 Jahre alt sind, und der ihnen folgenden geburtenschwachen Jahrgänge, haben in der Generationenfolge zu einer Diskrepanz geführt, so dass sich das generative Altern der Gesellschaft in den kommenden Jahrzehnten immer schneller vollziehen wird. Der Prozess beginnt 2015 und erreicht 2030/35 seinen Höhepunkt. Die gestiegene Lebenserwartung erhöht den Anteil der Hochbetagten, die 80 Jahre und älter sind. Gegenwärtig beträgt der Anteil dieser Hochbetagten an der Gesamtbevölkerung 4%, nach Prognosen werden es in 44 Jahren 12% sein, das sind 9,1 Millionen Menschen. Planung und Architektur werden also in Zukunft für mehr und ältere Menschen Häuser, Infrastrukturen und städtische Freiräume schaffen müssen.

Auch hier ergibt sich ein struktureller Gendereffekt. Unter den alten Menschen sind mehr Frauen als Männer, und dies wird auch zukünftig so sein. Meist haben die Menschen, die heute alt sind, in den traditionellen Rollenbildern von Mann und Frau gelebt. Und diese geschlechtsspezifischen Biographien erzeugen im Alter geschlechtsspezifische Räume.

Die uniformen und fast allgemein gültigen Geschlechterrollen haben sich in den jüngeren Generationen zwar nicht aufgelöst, so doch differenziert. Und so werden die zukünftigen alten Männer und alten Frauen ihre unterschiedlichen Lebensführungen mit ins Alter nehmen und dort ihre Bedarfe und Wünsche an Wohnung und Wohnumfeld realisieren und an die Planung anmelden (Terlinden 2006).

Beispielsweise ist vielleicht für einen ehemaligen Handwerkermeister ein Werkraum, für seine Frau eine moderne Küche wichtig, für einen Professor eine Bibliothek und wohnungsnahe Versorgungseinrichtungen, für eine allein stehende Akademikerin ein Garten und für eine Frau mit Migrationshintergrund ein Diwan in ihrer Wohnung. Wenn es die Räumlichkeiten zulassen, werden sie sich diese Räume schaffen.

Die in den vielen Untersuchungen übliche Herangehensweise, alte Menschen als geschlechtslose Wesen ohne sozial unterschiedliche Biografien zu sehen und allein körperliche Konstitution und finanziellen Hintergrund zu berücksichtigen, reduziert sie auf körperliche Funktionseinheiten mit finanziellen Ressourcen. In diesem Zusammenhang ist der in Architektur und Planung oft verfolgte Ansatz der „Altersgerechtigkeit", in dem die körperliche Konstitution im Vordergrund steht, zu hinterfragen. Ansonsten geht die Raumproduktion der Planungsdisziplinen an den Alltagsräumen vorbei.

Migration und „Transnationale Räume"

Ein weiterer für die Planungsdisziplinen wesentlicher Wissensbestand sind die Ergebnisse der soziologischen Migrationsforschung. Die Problemgebiete einer Stadt sind ein wichtiges Arbeitsfeld der Planung. Viele der dort lebenden Menschen haben einen Migrationshintergrund, deshalb sind Kenntnisse ihrer Lebenssituation und ihrer spezifischen Raumproduktion für die räumliche Planung wichtig.

In der Regel wird ihre Immigration wird als ein einmaliger, in eine Richtung verlaufender Ortswechsel verstanden. Doch bereits seit Mitte der neunziger Jahre hat sich in der Migrationsforschung ein neues Paradigma der multidirektionalen Wanderung bzw. transnationalen Migration durchgesetzt, das durchaus für die Raumproduktion relevant ist (Glick Schiller u. a. 1995). Diese Theorie geht von vielfältigen, ökonomischen, politischen und kulturellen Bindungen der Migranten und Migrantinnen zu ihren Herkunftsländern bzw. zu ihren ebenfalls ausgewanderten Verwandten aus. Die Bindungen sind unabhängig vom Grad der Integration in der Einwanderungsgesellschaft. Beides, die überlokale Orientierung und die Einbettung in lokale Milieus existieren nebeneinander. Zwischen Orten der Herkunft und der Ankunft gibt es zahlreiche räumliche Verflechtungen. So werden transnationale, netzwerkartig verbundene Räume hergestellt, die auch institutionelle Formen annehmen oder nur kurzfristig existieren. Mit den hoch entwickelten Verkehrs-und Kommunikationstechnologien hat die transnationale Raumproduktion eine neue Qualität erreicht (Hugger 2005).

Ludger Pries, der den Begriff geprägt hat, hat in seiner Studie über die Migrantenwanderungen zwischen Mexiko und den USA den Ansatz der „Transnationalen Räume" empirisch belegt (Pries 1998). Wichtigste Erkenntnis dabei ist, dass in Migrantenvierteln intensiv und permanent die örtliche Raumproduktion von Ereignissen und Werten aus den Herkunftsländern und anderen globalen Orten geprägt wird, oft modernisiert und vermischt mit den Gegebenheiten vor Ort. Robertson spricht von „Glokalisierung", und Nederveen Pieterse nennt dieses Phänomen „Melange-Effekt" (Robertson 1995; Nederveen Pieterse 1998).

Mit dem theoretischen Konzept der „Transnationalen Räume" lässt sich die Spezifik der ethnischen Raumproduktion erfassen. Mit ihm lassen sich neue Grundlagen für die Planung in Räumen schaffen, in denen viele Migranten und Migrantinnen leben.

Beispiele für „Transnationale Räume" sind die ökonomischen und politischen Verbindungen zwischen dem Herkunftsland und dem Einwanderungsland. Die Arbeitsmigranten investieren in ihrem Herkunftsland. Dazu brauchen sie hier und dort Beratungsfirmen. Und sie bilden eine wichtige Wählergruppe. Politische Parteien sowie Finanzdienste aus ihren Herkunftsländern sind auch in deutschen Städten präsent.

Ein weiteres Beispiel sind die in Migrantenvierteln besonders häufig anzutreffenden Einrichtungen für schnelle globale Kommunikation sowie die vielfältigen, ethnisch geprägten Geschäfte für die alltägliche Versorgung. Dort ist eine eigene kulturelle Infrastruktur mit Angeboten, die auf die Herkunftsländer verweisen, von den Akteuren geschaffen worden. Für die Migranten und Migrantinnen, aber auch für die weitere Bewohnerschaft ist ein Raum produziert worden, der sich von anderen Alltagsräumen in einer Stadt deutlich unterscheidet.

Ein prägnantes Beispiel für die Präsenz anderer Kulturen sind die Moscheen. Der für die Religionsausübung der Muslime so wichtige Raum steht in vielen deutschen Städten in Gewerbegebieten und Hinterhöfen. Sie sind meist Baracken und keine symbolträchtigen Bauten.

Die soziologische Migrantenforschung hat gezeigt, dass die traditionsverankerten Migranten-Milieus zahlreich sind. Jedoch haben sich auch andere Lebensstile entwickelt, die aber alle einen Bezug zu ihrer Herkunftskultur haben. Sie reichen von hedonistisch orientierten und subkulturellen Lebensstilen der vorwiegend jüngeren Migranten und Migrantinnen über Menschen mit einer bewussten bi- bzw. multikulturellen Orientierung bis zu sozial und kulturell entwurzelten Flüchtlingen aus den Krisengebieten der Welt. Auch hier gilt, dass die qualitativen Merkmale der Lebensstile geschlechtsspezifisch differieren. Alle diese Milieus schaffen sich ihre Räume des Alltags (Sinus Sociovision 2007a). Auch hier gilt, dass die planenden Disziplinen sich dieser vielfältigen, selbst geschaffenen Alltagsräume bewusst sein sollten.

Identität und Raumproduktion

Mit Recht wünschen sich Architekten und Architektinnen, Planerinnen und Planer, dass ihre mentalen Raumentwürfe in ihrer physischen Materialität von den Menschen gern genutzt und angeeignet werden. Häuser, Stadtplätze und Landschaftspanoramen sollen Identität stiftende Räume sein.

Wie entsteht Identität zu Räumen? Zunächst einmal kann davon ausgegangen werden, dass selbst produzierte Räume Identität stiften. Wenn also die Akteure der Alltagswelt sich ihre Räume durch Arrangements der Objekte oder durch Handlungsroutinen schaffen, entsteht eine emotionale Raumbezogenheit. Der Raum ist voller formaler Reizstrukturen und Bedeutungen. Dem Symbolgehalt kommt dabei ein besonderes Gewicht zu, denn er ist Darstellung des eigenen Selbst. Allerdings bildet sich Identität nicht isoliert auf eine Person bezogen, sondern immer im Kontext sozialer Milieus bzw. Lebensstilgruppen mit ihren Referenzmustern heraus.

Räumliche Identität geschieht durch räumliche Aneignung und durch Raumproduktion. Dabei bezeichnet der Begriff Produktion einen aktiven, durch eigene Handlung hergestellten Raum. In seiner Bedeutung geht er damit über die Aneignung hinaus und setzt dem von Architekten und Planern mentalen und gebauten Raum eine Gleichwertigkeit gegenüber.

Auch die transnationalen Räume haben in ihrer ethnischen Vielfältigkeit ihre eigenen multidimensionalen Referenzsysteme. Der Identität mit diesen Räumen steht oft die Abgrenzung zu anderen Räumen gegenüber (Salzbrunn 2001).

Der durch eigene soziale Praktiken geschaffene Raum ist Ort der symbolischen Selbstdarstellung, er ist voller Spuren des eigenen Lebens (Kirschbaum/Schuster 2008). Auch in den öffentlichen Räumen, in denen die alte Frauenbewegung auftrat und ihre Rechte forderte, entstanden Referenzsysteme, die sowohl den damals Beteiligten wie auch anderen Frauen symbolisch die vorher tabuisierten Räume öffneten. Auch die autonomen Räume der siebziger Jahre waren symbolkräftige Territorien der Frauenemanzipation.

Insgesamt spielen die Geschlechterkonstruktionen der Gesellschaft bei der räumlichen Identitätsbildung eine relevante Rolle. Dies gilt insbesondere, wenn sie, wie Bourdieu (2005) es ausführt, eine tief greifende strukturelle Basis haben. Das Instrument des Gender Mainstreaming ist als bürokratisches Verfahren nur in Zusammenhang mit soziologischem Wissen über die strukturell bedingten, doch in ihren Formen durchaus vielfältigen Verhältnisse der Geschlechter zu gebrauchen. Probleme entstehen, wenn die mentale Raumproduktion der Architekten und Planer und ihre bauliche Materialisierung durch die Bauindustrie den Alltagsräumen der Menschen im Wege stehen. Die Produktion der Alltagsräume, also die Identität stiftenden Aktivitäten der Nutzer zur Schaffung von Räumen, die voller Spuren des eigenen Lebens sind, wird behindert und führt letztendlich zu Anonymität und Gleichgültigkeit gegenüber den geplanten Räumen.

Zum Schluss ist zu fragen, ob nicht auch die lehrenden Soziologinnen und Soziologen ihren Anteil am Rückgang der Soziologie in den Planerstudiengängen haben. Wird das Wissen über die Gesellschaft bei den Studierenden nachgefragt? Ist es zu abstrakt? Wird es als irrelevant angesehen? Es ist schwer, die richtige Balance zwischen anwendungsbezogenen und grundsätzlichen Inhalten zu finden. Eindeutig ist es aber eine Frage der Wertigkeit, die der Soziologie entgegen gebracht wird. Stellt sie einen selbstverständlichen und wesentlichen Bestandteil des Curriculums dar, werden ihre Inhalte von den Studierenden akzeptiert und die Bedeutung der gesellschaftlichen Prozesse für die räumliche Planung erkannt.

Literatur:

Anarchitektur 2001: Material zu Henri Lefèbvre, Die Produktion des Raums, http://www.anarchitektur.com/aa01_lefebvre/aa01_lefebvre.pdf (Zugriff: 8.10.09).
Bahrdt, Hans-Paul 1961: Die moderne Großstadt, Hamburg.
Bock, Stephanie 2008: Von der Gendered City zur Stadt ohne Geschlechtergrenzen. Chancen des demografischen Wandels (unv. Man.).
Bourdieu, Pierre 2005: Die männliche Herrschaft. Frankfurt am Main.
Bundesamt für Bauwesen und Raumordnung (Hg.) 2005: ExWoSt-Informationen „Gender Mainstreaming im Städtebau", Bonn.
Croon, Helmuth/Utermann, Kurt 1958: Zeche und Gemeinde. Untersuchungen über den Strukturwandel einer Zechengemeinde im nördlichen Ruhrgebiet, Tübingen.
Dörhöfer, Kerstin 2009: Ein Dach über dem Kopf? Oder „Was ist das Wohnen?" In: Szypulski, Anja/Reuschke, Darja/Lien, Shihcheng (Hg.): Wohnen und Geschlecht, Wiesbaden (im Erscheinen).

Gender Mainstreaming für Planungswettbewerbe 2006. Arbeitshilfe für die Auslobung und Teilnahme. Hg. von Zentrum Frau in Beruf und Technik. Bearbeitet von Gisela Humpert, Castrop-Rauxel.
Giddens, Anthony 1995: Konsequenzen der Moderne, Frankfurt am Main.
Glick Schiller, Nina/Basch, Linda/Blanc Szanton, Cristina 1995: From immigrants to transmigrant. Theorizing Transnational Migration. In: Anthropological Quarterly, H. 68, S. 48-63.
Hugger, Kai-Uwe 2005: Transnationale Soziale Räume von deutsch-türkischen Jugendlichen im Internet. (www.medienpaed.com/05-2/hugger1.pdf; Zugriff: 8.10.09).
Kirschbaum, Marc/Schuster, Kai 2008: Architektur und Lebensstil. Dissertation, Kassel.
Kölner Zeitschrift für Soziologie und Sozialpsychologie 1956. König, René (Hg): Soziologie der Gemeinde, Köln/Opladen.
Läpple, Dieter 1991: Essay über den Raum. Für ein gesellschaftliches Raumkonzept. In: In: Häußermann, Hartmut/Ipsen, Detlev/Krämer-Badoni, Thomas (Hg.): Stadt und Raum: Soziologische Analyse, Pfaffenweiler, S. 157-207.
Lefèbvre, Henri 1974: The Production of Space, Oxford/Cambridge.
Löw, Martina 2001: Raumsoziologie, Frankfurt am Main.
Mackensen, Rainer/Paplekas, Johannes/Pfeil, Elisabeth/Schütte, Wolfgang/Burckhardt, Lucius 1959: Daseinsformen der Großstadt: Typische Formen sozialer Existenz in Stadtmitte, Vorstadt und Gürtel der industriellen Großstadt. Studien zur Soziologie und Ökologie industrieller Lebensform, Tübingen.
Nederveen Pieterse, Jan 1998: Der Melange-Effekt. Globalisierung im Plural. In: Beck, Ulrich (Hg.): Perspektiven der Weltgesellschaft, Frankfurt am Main, S. 87-124
Pfeil, Elisabeth 1959: Nachbarkreis und Verkehrkreis in der Großstadt. In: Mackensen, Rainer/Paplekas, Johannes/Pfeil, Elisabeth/Schütte, Wolfgang/Burckhardt, Lucius 1959: Daseinsformen der Großstadt: Typische Formen sozialer Existenz in Stadtmitte, Vorstadt und Gürtel der industriellen Großstadt. Studien zur Soziologie und Ökologie industrieller Lebensform, Tübingen, S. 159-225.
Pries, Ludger 1998: Transnationale Soziale Räume. Theoretisch-empirische Skizze am Beispiel der Arbeitswanderungen Mexiko – USA. In: Beck, Ulrich (Hg.): Perspektiven der Weltgesellschaft, Frankfurt am Main, S. 55-87.
Robertson, Roland 1995: Glocalization. Time-Space And Homogeneity-Heterogeneity. In: Robertson, Roland/Featherstone, Mike/Lash, Scott (eds.): Global Modernities, London, S. 15-30.
Salzbrunn, Monika 2001: Transnationale soziale Räume und multidimensionale Referenzsysteme westafrikanischer MigrantInnen in der Pariser Region. In: Horstmann, Alexander/Schlee, Günther (Hg.): Integration durch Verschiedenheit. Lokale und globale Formen interkultureller Kommunikation, Bielefeld, S. 95-112.
Schmid, Christian 2003: Stadt, Raum und Gesellschaft. Henri Levèbvre und die Theorie der Produktion des Raumes. Dissertation, Jena.
Schulze, Gerhard (2000): Die Erlebnisgesellschaft. Kultursoziologie der Gegenwart. Frankfurt am Main.
Schwonke, Martin/Herlyn, Ulfert 1967: Wolfsburg. Soziologische Analyse einer jungen Industriestadt, Stuttgart.

Sinus Sociovision GmbH 2007: Soziale Milieus, Heidelberg. (http://www.sinus-sociovision.de).

Sinus Sociovision GmbH 2007a: Die Milieus der Menschen mit Migrationshintergrund in Deutschland. Eine qualitative Untersuchung. Auszug aus dem Forschungsbericht, Heidelberg. (http://www.sinus-sociovision.de).

Terlinden, Ulla (ed.) 2003: City and Gender. International Discourse on Gender, Urbanism and Architecture. Schriften der Internationalen Frauenuniversität – Technik und Kultur, Opladen.

Terlinden, Ulla 1990: Gebrauchswirtschaft und Raumstruktur. Ein feministischer Ansatz in der soziologischen Stadtforschung, Stuttgart.

Terlinden, Ulla 1994: Gesellschaftliche Modernisierung durch Stadterneuerung. In: Meyer, Sibylle/Schulze, Eva (Hg.): Ein Puzzle, das nie aufgeht. Stadt, Region und Individuum in der Moderne, Berlin, S. 65-76.

Terlinden, Ulla 2006: Stadtsoziologische Aspekte zum Gender Mainstreaming in der Planung. In: Weinmann, Ute/Senatsverwaltung für Wirtschaft, Technologie und Frauen (Hg.): Verwaltung gendern – im Mainstream, Berlin.

Terlinden, Ulla/Oertzen, Susanne von 2006: Die Wohnungsfrage ist Frauensache! Frauenbewegung und Wohnreform 1870 bis 1933, Berlin.

Prof. Dr. Ulla Terlinden
Sozio-ökonomische Grundlagen urbaner Systeme
Fachbereich Architektur Stadtplanung Landschaftsplanung
Universität Kassel

Die letzten Mohikaner? Eine zögerliche Polemik

Klaus Selle

Chingachgook und Uncas sind die letzte ihrer Art. Sie sind Mohikaner und helfen heldenhaft ihren weißen Freunden bei dem Versuch, die schöne Cora und ihre Schwester aus den Händen des bösen Huronen Magua zu befreien. Dabei verliert Uncas (nebst Cora) das Leben und Chingachgook ist auf immer „der letzte Mohikaner".

Seitdem James Fenimore Cooper den zweiten Band seiner Lederstrumpf-Trilogie mit eben diesem Titel versah, gibt es eine Redewendung mehr. Sie bezeichnet – zumeist mit positivem, leicht wehmütigen Unterton – Menschen aus einer vergangenen Epoche, die mit ihnen unwiederbringlich zu Ende geht. So werden Bänker bezeichnet, die Mitten in der Krise noch ‚preußische Berufsauffassung haben', Feuilletonisten wie Joachim Kaiser, der als Mohikaner auf dem Magazin der Süddeutschen Zeitung abgebildet und als letzter universell gebildeter „Großkritiker" stilisiert wird, oder eben Stadtsoziologen, die noch im Umfeld von Architektur-, Landschaftsplanungs- oder Städtebaufakultäten tätig sind. Um eben letztere geht es hier: Anlass für das vorliegende Buch ebenso wie für diese kleine Polemik ist das Verschwinden der „Planungsbezogenen Soziologie" (für die über Jahrzehnte Namen wie Ulfert Herlyn, Wulf Tessin und andere standen) aus den Strukturplänen der zugehörigen Fakultät in Hannover.

Nun wird niemand dem Wandel von Strukturen und Institutionen per se Polemiken hinterherschicken wollen. Aber: Hier geht eine Epoche zu Ende. Und: Was in Hannover geschieht, geschah andernorts in Deutschland auch...:

Vorbei?
In den frühen 70er Jahren des letzen Jahrhunderts war an den traditionellen Ausbildungsstätten für Architektur, Freiraumplanung, Städtebau und Stadtplanung Unerhörtes zu beobachten: Sie öffneten sich den Sozialwissenschaften, boten der Architektur-, Freiraum-, Planungs- und Stadtsoziologie eine Heimstatt und luden sie zu interdisziplinären Brückenschlägen ein.

Damit scheint es nun vorbei zu sein: Frei werdende Stellen werden anders besetzt oder gleich ganz gestrichen. Wer heute ein Tableau aller deutschen Fakultäten mit entsprechenden Studiengängen erarbeitet, findet kaum noch Sozialwissenschaftlerinnen und Sozialwissenschaftler im Lehrpersonal (Ausnahme: Fakultäten, die a priori interdisziplinär angelegt waren wie die Raumplanung in

Dortmund). Und die letzten verbliebenen sind auch nicht mehr die Jüngsten und es ist zumindest offen, was aus ihren Lehrstühlen werden wird (vgl. hierzu den Einleitungsbeitrag der Herausgeberinnen). Zwar gibt es zahlreiche ‚Theorie'-Lehrstühle; sie sind aber zumeist der Architektur gewidmet und fast durchgängig mit Wissenschaftlerinnen und Wissenschaftlern aus Architektur, Städtebau oder Bau- und Kunstgeschichte besetzt.

Eine darüber hinaus gehende Interdisziplinarität im eigenen Hause scheint nicht mehr erwünscht zu sein. Und das, obwohl doch in jeder Exzellenzinitiative der Wert Disziplinen übergreifender Kooperation über alles zu gehen scheint. Aber in der Architektur scheint man vielerorts lieber unter sich bleiben zu wollen.

Muss man das bedauern, gar kritisieren?

Es war einmal...

...eine Zeit, in der sich Politik und Wissenschaft gleichermaßen dem Glauben hingaben, der Staat, gar die Gesellschaft als Ganze ließe sich zentral planen und steuern. Dies, so lautete eine weitere Grundwahrheit jener Jahre, setze „Verwissenschaftlichung" voraus. Die steuernden Zentren des Staates sollten bestmöglich beraten werden, um rational, effektiv und effizient steuern zu können. Aus allen Disziplinen rückten Wissenschaftler in die Planungsstäbe der Regierungen ein, umfänglichste Gutachten wurden erarbeitet und in allen Feldern der Politik versuchte man, mit quantitativen Modellen, Messgrößen, Prognosen, Szenarien und hochkomplexen Aufwands-/Ertrags- oder Kosten-/Nutzenrechnungen das Handeln der Politik auf neue Grundlagen zu stellen.

Diese ‚Globalsteuerung' von Gesellschaft und Umwelt stand, das soll nicht verschwiegen werden, durchaus auch in der Kritik. Sie kam von links (damals war das noch unterscheidbar) und lautete, auf ein Wort verkürzt: Technokratie! Mit Expertenwissen werde Herrschaft verschleiert, um sie umso nachhaltiger durchsetzen zu können.

Aber nicht die Steuerbarkeit an sich wurde in Zweifel gezogen, sondern die mit ihr verbundenen Ziele und Zwecke. Dass umfassende ‚Planung' notwendig sei, stellte die linke Kritik nicht in Frage, aber sie solle nicht der Aufrechterhaltung vorhandener Macht sondern der ‚Emanzipation der Beherrschten über die Herrschenden' dienen.

Solche Vorstellungen von der umfassenden Gestaltungskraft zentraler Planung – ob nun technokratisch oder revolutionär gesinnt – blieben nicht auf die allgemein-gesellschaftliche Debatte beschränkt. Auch und gerade in der Stadtentwicklungspolitik, in Stadt- und Freiraumplanung, herrschte eine grenzenlose Planungseuphorie. So konnten kiloschwere Stadtentwicklungspläne großer Städte entstehen, die als Oberziel die ‚Emanzipation des Individuums' vorsahen und dies bis in die letzten Details der öffentlichen Nahverkehrsplanung, der Siedlungsentwicklung oder der Finanzplanung zu konkretisieren trachteten.

Auch die politisierten Freiraumplaner sahen ihr Werk als Beitrag zur „Emanzipation" an. Wulf Tessin erwähnt zum Beispiel in seiner „Ästhetik des Angenehmen" Werner Nohl, der in einer Serie empirischer Untersuchungen zu Beginn der 70er Jahre akribisch versuchte, Gestaltung von Freiräumen und die Bedürfnisse der Bewohner in Einklang zu bringen. Nohl ist insofern paradigmatisch, als er akribische wissenschaftliche Arbeit mit weit reichenden Ansprüchen auf Veränderung verband. Denn damals war es – von links bis rechts – unstrittig, dass „Wissenschaftlichkeit" und „Rationalität" für erfolgreiche Planung unerlässlich seien. Das fand seinen Niederschlag in umfassenden Datenbergen und dem steten Bemühen, alles zähl- und messbar zu machen. Selbst ästhetische Fragen versuchte man „numerisch" anzugehen.

Verbunden mit diesem Verständnis einer rationalen Planung und Politik war auch eine hohe Präsenz von Wissenschaftlern in Entscheidungsprozessen und Verwaltungsstrukturen. Das reichte von den damals neu entstehenden Planungsstäben (für Stadtentwicklung) bis zu Gesetzgebungsverfahren: Geografen, Wirtschaftswissenschaftler, Soziologen und Politologen fanden damals Anstellungen in den ‚think-tanks' der planenden Verwaltungen. Und Wissenschaftler waren auch als Sachverständige an Gesetzgebungsverfahren unmittelbar beteiligt. So fanden damals etwa die Überlegungen des Göttinger Soziologen Hans-Paul Bahrdt unmittelbar Eingang in das Anfang der 70er Jahre entstehende „Städtebauförderungsgesetz", das mit den so genannten Vorbereitenden Untersuchungen dem Anspruch auf Verwissenschaftlichung ausdrücklich Rechnung trug.

Es gab also einmal Zeiten, in denen das Planen und Entwickeln aufs engste mit wissenschaftlicher Arbeit verbunden war – zumindest dem Anspruch nach – und in denen es daher auf der Hand lag, dass auch die universitären Strukturen dem Rechnung trugen: So kamen die Sozialwissenschaften in die Fakultäten der Architektur, Landschaftsplanung etc. und es entstanden – hier und dort, nicht überall – sozialwissenschaftliche Bezüge in Planungskonzepten ebenso wie planungsbezogene Soziologien.

Aber was dann geschah, kann nicht unbedingt als Erfolgsgeschichte gewertet werden. Das Verhältnis der Sozialwissenschaften zu den entwerfenden und planenden Fachwelten blieb nicht ohne Missverständnisse und Spannungen.

Missverständnisse und mehr
Die Zeiten der Planungseuphorie sind längst vorbei. Man muss wohl sagen: gut so. Denn die damaligen Vorstellungen waren weltenfern. Sie sahen, zumindest in ihren technokratischen Varianten, von den realen Machtverhältnissen in den Städten ab und überschätzten die autonome Gestaltungskraft öffentlicher Akteu-

re maßlos. Die theoretischen Konzepte jener Zeit sind denn auch nicht grundlos als ‚Gottvatermodell' verspottet worden.

Zur Weltenferne jener Zeit gehörte es auch, dass man den Rechen- und Argumentationsaufwand, der in den Planungsprozessen betrieben wurde, für bare Münze nahm und unterstellte, dass eben dies die Grundlagen der (politischen) Entscheidungen wären. Tatsächlich zeigten aber kritische Untersuchungen schon bald, dass dem nicht so war: Die Vorbereitenden Untersuchungen etwa, wenige Jahre zuvor noch als Meilensteine der Verwissenschaftlichung gefeiert, wurden vielerorts lediglich schematisch durchgeführt. Sie mussten angefertigt werden, weil das Gesetz es so vorsah. Ob aber ein Stadtteil Sanierungsgebiet wurde oder nicht, entschied sich nach ganz anderen Gesichtspunkten: Ökonomische und politische Interessen gingen zumeist Hand in Hand und die wissenschaftlichen Untersuchungen im Vorfeld mussten lediglich die Förderungsvoraussetzungen erfüllen. Worte wie „Feigenblatt" oder „Alibi" machten die Runde und einige wollten gar die an diesen und anderen Untersuchungen beteiligten Wissenschaftler als „Handlanger des Kapitals" sehen.

Das sind nun ideologische Grabenkämpfe längst vergangener Zeiten. Aber unstrittig dürfte sein, dass die Diskrepanzen zwischen hehrer Absicht und banaler Wirklichkeit ein Grund dafür waren, dass der Glaube an die wissenschaftliche Fundierung der Politik schnell verblasste.

Auch erwies sich, dass nicht alle Prognosen und Ratschläge, die man mit den Sozialwissenschaften verband, die erhofften Wirkungen hatten: Insbesondere die Praktiker in Planung und Politik zeigten sich nach einiger Zeit etwas strapaziert von den immer wieder ausgerufenen „Krisen der Stadt" und mochten nicht mehr hinhören, wenn ein erneuter Untergang ausgerufen wurde.

Und Kritiker aller Couleur schienen schon in den 70er Jahren Anlass für den Hinweis zu haben, dass soziologischer Rat doch in die Irre führe – wie man an den Betonwüsten der Großsiedlungen sehe. Tatsächlich wurde in der damaligen Literatur das städtebauliche Leitbild „Urbanität durch Dichte" mit einer Tagung des Städtetages von 1960 in Verbindung gebracht, die unter dem Titel „Gesellschaft durch Dichte" stand. Dort hatte der Basler Sozialwissenschaftler (eigentlich: Nationalökonom) Edgar Salin eine in der Folge viel zitierte (aber selten gelesene) Rede zum Thema ‚Urbanität' gehalten, auf die sich alle bezogen, die immer höhere Verdichtungen für die Neubauviertel am Stadtrand forderten. Das war ein grandioses Missverständnis, denn Salin hatte von einer ganz anderen Urbanität gesprochen („Wohlgebildetheit") und der Aachener Städtebauprofessor Kühn hatte bereits auf der 1960er Tagung vor einer „Überdosis" Dichte gewarnt. Einmal mehr wurden beim Bau der Großsiedlungen nackte ökonomische Interessen mit Fetzen aus der wissenschaftlichen Literatur ummäntelt. Und in einigen Fällen missbrauchte man die Wissenschaftler selbst als Alibilieferanten: So wirkte der berühmte Städtebaukritiker und Sozialpsychologe Alexander Mitscherlich beratend am Bau einer Großsiedlung mit – ohne natürlich auch nur das Geringste an den politisch-ökonomischen Mechanismen ändern zu können. Was dann auch im Ergebnis ablesbar war.

Das sind nur einige grelle Schlaglichter aus vergangenen Zeiten, die deutlich machen, dass sozialwissenschaftliche Argumentationen häufig sehr oberflächlich ge- und missbraucht wurden. Als Legitimations- und Begründungshilfe, die sie zumeist nicht sein sollten und konnten, waren sie willkommen – als kritische Auseinandersetzung mit der und Einmischung in die Praxis von Architektur und Städtebau nicht. Die „Verwissenschaftlichung" war Dekoration geblieben. Und auch das Verhältnis der Kernfächer von Architektur und Städtebau zu den sozialwissenschaftlichen Aktivitäten (im eigenen Hause) blieb – von Ausnahmen abgesehen – oberflächlich und zunehmend von wechselseitigem Desinteresse geprägt.

Neue Zeiten
Aber nicht nur von einem geringen Grad an Verständnis und dem Missbrauch wissenschaftlicher Arbeit für die Legitimation von Planungsvorhaben und Bauprojekten ist zu berichten, sondern auch von veränderten Rahmenbedingungen. Mit dem Rückzug des Staates aus zentralen Handlungsfedern der Raumentwicklung änderten sich auch der Bedarf an und die Adressaten von wissenschaftlicher Beratung. Nehmen wir den Wohnungsbau als Beispiel: Die „Wohnungsversorgung breiter Schichten der Bevölkerung" schien früher eine genuin staatliche Aufgabe zu sein. Entsprechend wurde in diesem Feld auch umfassend geforscht. Auch die Sozialwissenschaften leisteten hier zahlreiche Beiträge. Vom „Wohnen im Hochhaus" bis zu „Freiraum und Verhalten" wurden Ansprüche und Bedürfnisse verschiedener Gruppen untersucht und Erkenntnisse für Wohnungspolitik und -wirtschaft bereit gestellt.

Daran schien auch Bedarf zu bestehen: In den 70er und 80er Jahren wurden jährlich bis zu 700.000 Mietwohnungen mit öffentlicher Förderung von gemeinnützigen Wohnungsunternehmen neu gebaut. Das bot – im Prinzip – reichlich Anwendungsmöglichkeiten für das angebotene Wissen. Aber: In den 90er Jahren und nach der Jahrtausendwende sank die Produktion sozial gewidmeten Wohnraums auf fünfstellige Zahlen ab (2004 waren es gerade noch 36.800). Zugleich führte die Auflösung der gesetzlich verankerten Wohnungsgemeinnützigkeit seit Ende der 80er Jahre dazu, dass Wohnungsgesellschaften, deren Bestände früher einer „Sozialbindung" unterlagen, zunehmend mehr wie „normale" Wirtschaftsunternehmen agierten. Die großen Wohnungsbauunternehmen alten Stils (Neue Heimat etc.) zerfielen und Zug um Zug gerieten immer mehr Wohnungsbestände auf den „freien Markt". Die spektakulären Verkäufe an die als ‚Heuschrecken' titulierten Finanzinvestoren waren dann die vorläufig letzte Konsequenz aus dieser Entwicklung.

Damit hat sich nicht nur die wohnungs- und stadtentwicklungspolitische Landschaft verändert. Forderungen nach nutzerorientierter Freiraumplanung ist auch der damalige Adressat abhanden gekommen: Früher bestand zumindest die Hoffnung, dass Forschungsergebnisse „den Staat" etwa bei der Ausgestaltung von Förderrichtlinien oder „die Kommunen" bei der Planung von neuen Siedlungen beeinflussen könnten. Heute haben Staat wie Kommunen ihre Verantwortung weitgehend abgegeben und sich aus der „Objektförderung", also dem unmittelbaren Einfluss auf die Wohnungsproduktion zurück gezogen. Das Feld gehört weitgehend den Privaten, und sie bestimmen, was für wen wo gebaut wird – und was nicht.

Auch sie fragen Wissen nach: nicht mehr über Nutzerbedürfnisse, sondern über Nachfragerpräferenzen. An die Stelle einer sich kritisch verstehenden Sozialwissenschaft, die im Zweifel auch einmal Partei für die sozial Benachteiligten und Gefährdeten bezog, sind Marktforschungsinstitute getreten.

Und die öffentlichen Akteure? Auf staatlicher Seite findet Wohnungspolitik nicht mehr statt. Und die Kommunen haben, von ganz wenigen Ausnahmen abgesehen, andere Klientele im Auge: Wenn sie sich für Bedürfnisse interessieren, dann die der „creative class". Soziale Fragen überlässt man gern den Stadtteilmanagern in den benachteiligten Quartieren der Städte. Das für diese Stadtteile aufgelegte Förderprogramm „Soziale Stadt" wurde übrigens intensiv sozialwissenschaftlich begleitet und evaluiert – was mit Blick auf die Rolle der Sozialwissenschaften bei der Stadtentwicklung zu denken geben kann.

Wollen wir das denn wirklich wissen!
Tempi passati? Es ist schon richtig: Die Zeiten haben sich gewandelt. Einige dieser Veränderungen waren notwendige Korrekturen. Andere aber sind und bleiben kritikwürdig (auch wenn diese Kritik folgenlos ist).

Beides zusammen mag immerhin Hinweise darauf geben, warum die bau- und planungsbezogene Soziologie, wie sie einmal in den 70er Jahren angetreten war, heute unter gänzlich veränderten Bedingungen operiert. Damit ist, am Rande bemerkt, durchaus nicht gesagt, dass sie sich nicht auch neu erfinden kann – sei es innerhalb der sozialwissenschaftlichen Stammdisziplinen mit eigenen stadtbezogenen Themen (wie z. B. gerade in Darmstadt zu beobachten), sei es als Dienstleister für Marktakteure.

Aber noch fehlt es an der eigentlichen Erklärung für die (heute) ungeliebte Rolle der Sozialwissenschaften in den meisten Architekturfakultäten. Um hier fündig zu werden, muss man noch einmal in die 80er Jahre und die Fakultäten selbst zurück kehren: Die politischen Forderungen der nach-68er-Jahre („Hört auf zu bauen!") sowie die Versuche, Entwurfsprozesse rational zu durchdringen und auch Architektur und Städtebau zu „verwissenschaftlichen", führten dort zunächst zu einer kurzen Phase, die man als „Schock-" oder „Duldungsstarre" bezeichnen könnte. Der aber folgte eine heftige Abstoßungsreaktion verbunden mit einer rasanten Rückwärtsentwicklung hinein in die Sphären des Künstlerarchitektentums.

Dies ging einher mit einer tief verwurzelte ‚Theoriefeindlichkeit'. Die älteren Fachvertreter deuten dies gern auch als Reaktion auf die „Theorielastigkeit" der 70er Jahre. Aber das greift sicher zu kurz. Denn die Skepsis gegenüber jeder Art von „außerarchitektonischer" Argumentation (die man dann als „Theorie" bezeichnet, selbst wenn es sich um ganz praktische empirische Befunde handelt) dauert an und ist selbst bei heutigen Absolventinnen und Absolventen vorzufinden (Selle/Sutter-Schurr/Zalas i. d. B.).

Eine nachvollziehbare Herleitung und Begründung der eigenen Arbeit wird als nicht notwendig angesehen. Sätze wie „mein Entwurf spricht für sich" sind ja durchaus keine freien Erfindungen. Und auch die folgende Äußerung fiel in einer realen Sitzung an einer Architekturfakultät unserer Tage: Es ging um Strukturpläne und die Frage, ob man nicht doch auch immobilienwirtschaftliches Wissen an die Fakultät holen und sich überhaupt mehr mit den Bedingungen der Umsetzung von Architektur auseinandersetzen müsste. Darauf ein Kollege: „Wollen wir das denn wirklich wissen?" Zustimmendes Gemurmel. Ende der Diskussion zu diesem Punkt.

Der „Entwurf" wurde schon in den 80er Jahren zum Fetisch – und blieb es bis heute. Die „subjektive Selbstentäußerung" eines nur sich und der eigenen – konkurrierenden – Kollegenschaft verantwortlich scheinenden Subjekts gilt vielen als gemeinsames Rollenbild. Gegen die vermeintliche Zumutung rationaler Argumentation werden „Leidenschaft" und „Gestaltungswille" gesetzt. „Originalität" wurde zum oberstes Gebot.

Wulf Tessin hat im Schlusskapitel seiner „Ästhetik des Angenehmen" unter anderem diese Loslösung der (Landschafts-)Architektur vom „Begründungszwang" so beschrieben: „Sei es aus taktischen Gründen (angesichts einer als lästig erachteten Begründungsnot), sei es aus innerer Überzeugung, liegt es nahe, sich dem Begründungszwang dadurch entziehen zu wollen, dass man die Entwurfstätigkeit ganz oder in großen Teilen zur ‚Kunst' erklärt, also vom gesellschaftlichen Geltungsanspruch von Kunst zu profitieren trachtet, der ja nicht auf intersubjektiver Begründbarkeit basiert. Kunst muss sich nicht rechtfertigen vor der ‚Realität', der Wissenschaft, dem gesunden Menschenverstand, der Moral und schon gar nicht vor ‚Kunstbanausen'. Sie muss nicht einmal ‚gefallen'."

Es liegt nahe, dass Fakultäten, deren Mitglieder in deutlicher Mehrheit solche Rollenbilder im Kopf haben, Sozialwissenschaften – zumal dann, wenn sie sich auch noch kritisch mit eben diesem beruflichen Selbstverständnis auseinandersetzen – im eigenen Hause nicht als wünschenswert, geschweige denn als notwendig ansehen. Die Konsequenz: Man holt jeden frei werdenden Lehrstuhl wieder in den „Kernbereich der Architektur" zurück und verabschiedet sich von den vermeintlich nutzlosen, ganz sicher aber artfremden Geistern aus anderen Disziplinen ohne Bedauern. Mögen sie doch dahin gehen, wo sie herkommen. Gern pflegt man hernach mal diesen oder jenen „Diskurs" mit ihnen, den Philosophen, den Politologen, den Ökonomen oder auch den Soziologen – auf Tagungen, wo es nicht weh tut, sondern schmückt. Aber im eigenen Haus: Bitte nicht.

Diese Entwicklung kann und muss man kritisieren. Sie allein mit Stellenkürzungen und neuen Studienstrukturen zu erklären, greift eindeutig zu kurz. Denn es geht hier eben nicht nur um Stellenpläne an sich, sondern um eine spezifische Haltung, die hier zum Ausdruck kommt: Ein hochgradiges Desinteresse an der Betrachtung des eigenen Tuns und Denkens durch kritische Geister, die nicht den eigenen „Stallgeruch" haben. Die Architektur hat sich als Disziplin vielfach eingeigelt und versucht, inmitten der Zumutungen der modernen Welt mit der Rückbesinnung aufs „Baukünstlertum" zu überleben. Man mag das auch als Ausdruck der Verunsicherung verstehen: Die Gesellschaft mit all ihren erodierenden Gewissheiten meint man so draußen, vor den Türen der Fakultäten, halten zu können. Denn: Was ich nicht weiß, macht mich nicht heiß. Oder, um es mit Gunnar Myrdal („Objektivität in der Sozialforschung") wissenschaftlich angemessen zu formulieren: „Nichtwissen ist, wie Wissen, immer zielgerichtet...".

Das ist umso erstaunlicher, als in der Architektenschaft oft von der „gesellschaftlichen Verantwortung" die Rede ist. Da sollte man doch meinen, dass es ein nicht nachlassendes lebendiges Interesse gibt, zu erfahren, was denn in der Gesellschaft vorgeht und wie man sich ihr gegenüber also verantwortlich verhalten kann und soll. Diejenigen, die bei einer solchen Einsicht in das Innere der Gesellschaft und ihre Bewegung in die Zukunft helfen könnten – die Sozialwissenschaftlerinnen und Stadtforscher etwa – empfindet man aber anscheinend als entbehrlich und ersetzt deren Erkenntnisse gern durch Introspektion und eine „Erfahrung" die sich allein auf das eigene Bauen und das der Kollegenschaft bezieht. Und wenn „die Gesellschaft" dann kein Verständnis zeigt, betrachtet man sie gern als baukulturell unterentwickelt und fordert, dass schon in der Schule zu lernen sei, was (im Sinne der professionellen Gestalter) als ästhetisch befriedigend zu gelten hat. Könnte es möglicherweise sein, dass hier nicht an die Verantwortung der Architekten für die Gesellschaft, sondern eher an die Verantwortung der Gesellschaft für ihre Architektenschaft gedacht wird?

Man kann, wie einmal in der Süddeutschen Zeitung geschehen, eine solche Haltung als „autistisch" brandmarken. Aber ganz gleich welche Vokabeln man wählt und wie scharf die Polemik ausfällt: Es geht dabei nicht um Berufsstandsschelte. Und auch die aktuelle Besetzungspolitik an den Fakultäten rechtfertigt die Schärfe des Tones nicht. Entscheidend ist vielmehr, dass aus der kritisierten Haltung weit reichende Konsequenzen für die Berufschancen der noch immer in großer Zahl ausgebildeten Architektinnen und Architekten resultieren (können): Die Betätigungsfelder für den „Baukünstler-Typus" sind an den in Deutschland ohnehin übersättigten Architektur-Arbeitsmärkten sehr begrenzt. Darauf konzentriert sich aber die Ausbildung vielerorts. Zugleich erodieren zunehmend mehr vermeintliche „Randbereiche" des Faches und werden von anderen Disziplinen übernommen. Aber auch diese gesellschaftliche Wirklichkeit scheint die Vertreter der ‚ehernen Fundamente' wenig zu scheren.

Nicht dass die entwerfenden Baukünstler dann irgendwann selbst einmal zu den letzten Mohikanern gehören.

*Den Herausgeberinnen habe ich für freundliche und hilfreiche Anmerkungen zu diesem Text zu danken.

Prof. Dr. Klaus Selle
Planungstheorie und Stadtentwicklung
Fakultät für Architektur
Rheinisch-Westfälische Technische Hochschule Aachen

II Beispiel Freiraumplanung und Landschaftsarchitektur: Die Integration sozialer Aspekte und soziologischer Inhalte

Soziale und sozialwissenschaftliche Orientierungen bei Vorläufern der Freiraumplanung

Joachim Wolschke-Bulmahn

Gartenarchitektur, Landespflege und Landschaftsarchitektur sind einige der Bezeichnungen, die im 20. Jahrhundert für das weite Aufgabenfeld dessen Verwendung fanden, was in den 1970er Jahren mit einem explizit demokratischen – und damit auch sozialen und sozialwissenschaftlichen – Anspruch von Gert Gröning und Werner Nohl unter dem Begriff der Freiraumplanung in die fachliche Diskussion eingeführt wurde (vgl. dazu z. B. Gröning/Nohl 1972). Bis in die 1970er Jahre hatte die Landschaftsarchitektur, so die heute geläufige Berufsbezeichnung, die sich auch im Namen des Berufsverbandes Bund Deutscher Landschaftsarchitekten (BDLA) widerspiegelt, große Distanz zu den Sozialwissenschaften gehalten gehalten. Es galt nicht so sehr, die Freiraumansprüche unterschiedlicher sozialer Gruppen der Gesellschaft zu untersuchen und zu verstehen[1], vielmehr ‚wusste' Planung, was für die Menschen das ‚Richtige' war und hatte dementsprechend ihren ‚guten Geschmack' in Bezug auf Gestaltung, Ästhetik und Nutzung von Freiräumen unterschiedlichster Art umzusetzen.

Diese sozialwissenschaftliche, und auch soziale, Distanz trifft auch für landschaftsarchitektonische Aufgabenfelder wie die Gartendenkmalpflege und den Naturschutz zu. Über lange Zeit wurden die NutzerInnen historischer Gärten tendenziell eher als Störfaktoren und als die physische Substanz und die ‚Würde' des Gartens gefährdend angesehen denn als diejenigen, die einen legitimen Anspruch haben könnten, solche Anlagen zu besuchen und ihren Interessen entsprechend zu nutzen. Diesbezüglich scheinen durchaus Ähnlichkeiten zum Natur-

---

[1] In einem Gespräch „Gute Landschaftsarchitektur, das Ergebnis von Laiengeschmack oder Expertentum?" forderte Wulf Tessin kürzlich entsprechend die Entwerfer auf, „in ihrer Arbeit die ästhetische Erwartungshaltung der Bevölkerung mit zu berücksichtigen", ohne allerdings die Rolle der Soziologie im Entwurfsprozess überzubewerten (zit. nach Bernard 2009, 7).

schutz bestanden zu haben, wo ebenfalls die Nutzung von Natur und insbesondere von Naturschutzgebieten durch die ‚normale' Bevölkerung jahrzehntelang als problematisch, als eben diese Natur bedrohend angesehen wurde. Entsprechende Positionen spiegelten sich um 1910 z. B. in der Diskussion um die Erschließung des Naturschutzparks Lüneburger Heide wider. Eine Umfrage bei den Mitgliedern des schleswig-holsteinischen Provinzkomitees für Naturdenkmalschutz ergab seinerzeit recht widersprüchliche Stellungnahmen. So riet ein Befragter dringend ab von „der Anlegung von Wegen und Gasthäusern und war für die vollkommene Abschließung. Nur eigentlichen, sicher legitimierten Naturforschern (im weiteren Sinne des Wortes), aber nur solchen, die nicht sammeln oder in einzelnen Ausnahmefällen sich auf ein ihnen ausdrücklich zugestandenes Minimum beschränken, sollte das Betreten solch eines Naturschutzparkes, der zu seiner Sicherung eines mit Polizeibefugnis ausgestatteten Wächters bedarf, gestattet sein" (Rundfrage ... 1911, 34). Ein anderes Mitglied dagegen vertrat erfrischend kurz und knapp einen sozial bewussten Standpunkt: „Was nützt ein Naturschutzpark, wenn man ihn nicht genießen kann! Etwas Aufsicht muss sein, auf Untaten einiger Rohlinge soll man nicht gleich das ganze Publikum für boshaft halten" (ebd. S. 29).

Die Distanz zu sozialen Fragen, die in den verschiedenen landschaftsarchitektonischen Aufgabenfeldern bis in die 1970er Jahre anzutreffen war, hat historische Gründe, die vor allem in der Zeit der nationalsozialistischen Diktatur und der dort brutal durchgeführten Zerstörung wichtiger sozial orientierter Planungsansätze sowie der Eliminierung derjenigen Fachleute, die diese Ansätze entwickelt und vertreten hatten, aus der Zeit der Weimarer Demokratie zu suchen sind. Nachfolgend sollen in der im Rahmen eines Festschrift-Beitrags erforderlichen Kürze einige der historischen Facetten, die diese soziale Orientierung freiraumplanerischer Aufgabenfelder aus der Zeit der ersten Demokratie in Deutschland erkennen lassen, aufgezeigt werden[2].

Im Bereich der kommunalen Freiraumplanung hatte es schon zu Zeiten des Kaiserreichs fortschrittliche soziale Ansätze in den verschiedenen freiraumplanerischen Aufgabenbereichen gegeben, die sich nicht zuletzt auch im Entstehen der Volksparkbewegung ausdrückten. Diese Entwicklungen hin zu einer demokratischen Orientierung erhielten mit dem Beginn der Weimarer Demokratie beträchtlichen Aufschwung und führten zu teils beispielhaften Planungsansätzen, wenn auch die Republik auf keine gesamtgesellschaftlich gültige Tradition zurückgreifen konnte. Adel und weite Teile des Bürgertums sahen in der Republik nur eine Beschneidung eigener Rechte, eine Gefährdung ihrer Macht und einen

---

[2] Der Beitrag stützt sich u. a. auch auf einige der im Rahmen der langjährigen Zusammenarbeit mit Gert Gröning publizierten Beiträge (vgl. dazu Gröning/Wolschke 1985; Gröning/Wolschke-Bulmahn 1986).

Angriff auf traditionelle, ihre Interessen stützende Werte wie Monarchie, Nation und Gehorsam. Eine parlamentarische Demokratie verhieß ihnen keine Wiederherstellung der alten Machtverhältnisse. Solchermaßen gegensätzliche Haltungen zur Republik spiegeln sich auch in den Aktivitäten und Äußerungen von Repräsentanten freiraumplanerischer Aufgabenbereiche wider. So berief sich mit Leberecht Migge einer der damals führenden Gartenarchitekten auf die „revolutionären Errungenschaften, auf Freiheit, Recht und Gleichheit" (Migge 1919, 117)[3]. Martin Wagner, Stadtbaurat in Berlin und SPD-Mitglied, setzte sich für die Sozialisierung im Bau- und Wohnungswesen ein; 1919 empfahl er z. B. die „Sozialisierung des Hausbesitzes" als einen Weg zur Lösung der Sanierungsfrage (Wagner 1919, 130).

Die Mehrzahl des Berufsstandes der Gartenarchitekten dürfte sich vermutlich eher in einem Beitrag des langjährigen Geschäftsführers der Deutschen Gesellschaft für Gartenkunst wiedergefunden haben, der die Hilflosigkeit dieser Gruppe gegenüber der politischen Entwicklung offenbart: „ Mit atemberaubender Hast überstürzen sich die Ereignisse, und wer nicht als Handelnder in die Vorgänge unmittelbar verstrickt ist, verfolgt mit Beklemmung und Sorge ihren Gang, sich ängstlich die Frage vorlegend: wird der Wagen diese rasende Fahrt überstehen, oder an der nächsten Biegung zerschellt in Trümmern liegen bleiben?" (Heicke 1919, 1).

Zu sozialen Orientierungen in der kommunalen Freiraumplanung

Die Notwendigkeiten zur Planung der (groß-)städtischen Entwicklung war nach dem Ersten Weltkrieg noch gestiegen. Wohnungsnot und Freiraumdefizite waren beträchtlich. So sind sowohl auf Reichsebene wie auch in Preußen entsprechende Aktivitäten zu verzeichnen. Auf Reichsebene ging die Zuständigkeit für das Wohnungswesen 1919 auf das Reichsarbeitsministerium über, das „eine Unterabteilung für Wohnungs- und Siedlungswesen einschließlich der landwirtschaftlichen Siedlung und des Kleingartenwesens" (Fischer-Dieskau 1970, 12) bekam. In Preußen wurde im selben Jahr das Ministerium für Volkswohlfahrt geschaffen, dem Wohnungs- und Städtebau zugeordnet wurden. Diese Zuständigkeiten blieben bis 1931 unverändert. Wohnungswesen und Städtebau wurden als sozialpolitisch bedeutsame Bereiche den für Sozialpolitik zuständigen Ressorts zugeordnet (ebd. S. 122).

Eine herausragende Bedeutung hinsichtlich einer sozial orientierten kommunalen Freiraumplanung kam der Anlage von Volksparks zu. Vor allem in

---

[3] Zu den Biographien von Leberecht Migge und anderen in diesem Beitrag genannten LandschaftsarchitektInnen siehe Gröning/Wolschke-Bulmahn (1997).

Großstädten des Deutschen Reiches wie Berlin, Breslau, Frankfurt am Main, Köln und Hamburg wurden Volksparkanlagen mit einem beachtlichen Nutzungsangebot und entsprechenden Infrastruktureinrichtungen angelegt. Beteiligte Gartenarchitekten waren z. B. Erwin Barth, Max Bromme, Fritz Encke, Carl Heicke, Ludwig Lesser und Leberecht Migge. Viele der seinerzeit geschaffenen Anlagen können für heutige kommunale Freiraumplanung noch Vorbildfunktion haben, wenn auch die folgende Auflistung des Gartenarchitekten Alexander Boecking von Einrichtungen, die bei der Schaffung von Volksparks berücksichtigt werden sollten, in seinem Beitrag „Soziale Grünanlagen im Städtebau" (1931) sicherlich als eine Maximalforderung zu verstehen ist: „Für die Kinder: Spiel-, Turn- und Tummelwiesen, Sandkästen mit eingebauten Bänken und Spieltischen, Planschwiesen oder Planschbecken mit Brausevorrichtungen, Sandlagerstätten, windgeschützte Licht- und Luftbäder, hygienische Trinkbrunnenanlagen, geeignete Spiel- und Turngeräte. Für den Sportler: Übungsplätze für Fußball-, Hockey-, Hand- und Faustballspiel, Tennisplätze und Schießstände" (Boecking 1931, 135). Ferner wurden noch genannt: Wasserflächen zum Schwimmen, Eislaufen; große Liegewiesen, Spazierwege, Sitzplätze, Konzertplätze, Pflanzensondergärten, Freilichttheater, Wildgehege, Park- und Kafffeehäuser, Umkleideräume, Tribünen, Schutzhütten und Bedürfnisanstalten (ebd. S. 137).

Am Beispiel der Volksparks lässt sich ein im Wandel begriffenes Planungsverständnis erkennen, das nicht länger die Anlage repräsentativer Grünflächen in den Vordergrund stellte, sondern zunehmend die Bedürfnisse der FreiraumnutzerInnen zu erfassen suchte. Nutzbarkeit und die Berücksichtigung der Ansprüche der Bevölkerung wurden von verschiedenen Fachleuten hervorgehoben, so auch von Alfred Lichtwark, der vorausschauend forderte, eine Parkanlage nicht von vornherein „bis in alle Einzelheiten fertigzustellen" (1909, 76), da es noch zu wenig Kenntnisse über die Bedürfnisse der Parkbesucher gebe. Aus dieser Erkenntnis resultierte die Forderung nach einer systematischen Untersuchung über die Funktion bisher gebauter Parkanlagen in Europa (Lichtwark 1909, 76).

Die enorme Beförderung der Kleingartenbewegung, die systematische Ausweisung von Kleingartengebieten und die gesetzgeberischen Aktivitäten auf diesem Gebiet während der Weimarer Demokratie sind in diesem Zusammenhang ebenfalls hervorzuheben[4]. Auch die Deutsche Gesellschaft für Gartenkunst (DGfG), 1887 als professionelle Interessensvertretung unter dem Namen Verein deutscher Gartenkünstler gegründet[5], äußerte sich durchaus fortschrittlich. So verband sie die Forderung nach dem Achtstunden-Tag mit der Forderung nach der Anlage von Kleingärten (Anonym 1929, 165). Andere betonten in der Orga-

---

[4] Siehe dazu z. B. am Beispiel Frankfurts am Main Gröning/Wolschke-Bulmahn (1995).
[5] Siehe zur Geschichte der Deutschen Gesellschaft für Gartenkunst und Landschaftskultur ausführlich Gröning/Wolschke-Bulmahn (1987).

nisation der Kleingärten das demokratisch erziehende Element, sahen den Kleingarten als Mittel zur Veranschaulichung einer demokratischen Verfassung (Siller/Schneider 1920, 6f) oder wiesen auf die kollektive Interessenvertretung als demokratisches Element hin (Kampffmeyer 1926, 72f). Kleingärten wurden nun auch in zahlreiche Volksparkanlagen integriert und damit zu einem selbstverständlichen Bestandteil öffentlicher Freiflächensysteme. Der Zentralverband Deutscher Arbeiter- und Schrebergärten forderte 1919, durch Lage und Ausstattung besonders geeignete Kleingartensiedlungen „von Staats- und Gemeindewegen vor künftiger Bebauung zu bewahren, sofern die ihre gemeinnützigen Einrichtungen in den Dienst der Allgemeinheit stellen. Sie sind als Spiel- und Arbeitsparks wie die öffentlichen Anlagen dem neuen Stadtbebauungsplan einzugliedern und ihren Bewirtschaftern in Erbpacht zu geben" (Zentralverband 1919, 3). Andere behandeln das Thema „Laubengartenkolonien im Volkspark" (vgl. z. B. Förster u. a. 1931, 37).

Zweifellos konnten in der Weimarer Zeit aufgrund der geänderten gesellschaftspolitischen Machtverhältnisse im Rahmen demokratischer Willensbildung die Freiraumansprüche so genannter unterprivilegierter Schichten erstmals gesetzlich abgesichert und umfassender umgesetzt werden. „So gesehen ist das Kleingartenwesen eines der wenigen Gebiete, auf dem Ziele der Bodenreform verwirklicht wurden" (Gröning 1974, 17).

Die aus der Kleingarten- und Gartenstadtbewegung stammende Forderung nach Gärten als Bestandteilen vollständigen Wohnraums fand auch Berücksichtigung in zahlreichen Konzepten zum Geschosswohnungsbau. An die neuen kommunalen und genossenschaftlichen Bauträger richteten sich auch Appelle sozial orientierter Gartenarchitekten. „Aber alle Baugenossenschaften, Wohnungsvereine und alle übrigen mit gleichen Aufgaben sich befassende Vereinigungen müssen zu jeder Wohnung auch einen Garten geben", forderte z. B. Ludwig Lesser (1915, 1). Mit Beginn der Weimarer Zeit wurden zahlreiche Konzepte zum Wohnungsbau veröffentlicht, mit denen Wohnungsnot und gleichzeitig Freiraumdefizite gelindert werden sollten. Bemerkenswert ist dabei, welche Bedeutung den Freiräumen beigemessen wurde (vgl. dazu z. B. Fuchs 1918; Gutkind 1919), und dass die Lösung des Wohnungsproblems nicht in der Flucht aus der Großstadt gesehen wurde, sondern darin, „die Wiedergeburt des Heimatempfindens in den Wohnstätten der großen Stadt" (de Fries 1919, 627) zu erreichen.

Bemerkenswerte Gedanken zur Freiraumversorgung im Geschosswohnungsbau stellte Heinrich de Fries 1919 mit *Wohnstädte der Zukunft. Neugestaltung der Kleinwohnungen im Hochbau der Großstadt* zur Diskussion, der darin auch detaillierte Aussagen zum privat nutzbaren wie auch zu kollektiv und öffentlich nutzbaren Freiräumen traf (ebd. S. 56f.). Sein Kommentar zu einem „Schnitt durch eine Hausanlage im Doppelstockbau" verdeutlicht die herausragende Bedeutung des Freiraums in seinen Überlegungen: „Zwei Bauten stehen sich in einem Abstand von 40 Metern gegenüber, der durch einen Parkhof gebildet wird. Nach diesem Parkhof zu liegen sämtliche Tageswohnräume, Erker, Loggia, Wohngänge der beiden Bauten, vor den Erdgeschossen sind je 5 Meter tiefe Gartenplätze im Freien angeordnet. Sie haben die Wohnungsbreite von 5 Metern, also 25 Quadratmeter Flächeninhalt, über sie hinweg gelangt man zur Haustür, während sie gleichzeitig die Fenster des Erdgeschosses vom Gehweg entfernen und das Hineinsehen verhindern. Vor diesen Gartenplätzen entlang läuft ein Kiesweg von etwa 2 Meter Breite, der einen mittleren großen Rasenplatz von 25 Meter Breite umzieht. Diese breite Rasenfläche ist als baumbestandene Spielwiese gedacht, sie mag ein wenig tiefer liegen als der Kiesweg, während die Gartenplätze vor dem Erdgeschoß jenen überhöhen. So ist eine eindringliche plastisch-architektonische Wirkung gesichert. Bänke zum Ausruhen, Sandhaufen zum Spielen, Brunnen zum Trinken und zum Schmuck mögen die Ausstattung der Spielwiese vervollständigen.

Nach der Rückseite der Häuser zu liegen sämtliche Schlafräume, ihnen muß, mit Rücksicht auf Kinder, Kranke, Nachtschichtarbeiter tiefste Stille gesichert sein. Darum liegen sie an schmalen Höfen, Ruhehöfe genannt, deren Breite der Haushöhe von 15 Meter entspricht und somit ausreichend Licht und Luft in die sechs Halbgeschosse der Rückfront bringt" (De Fries 1919, 52).

Sanierung und Freiräume

Mietergärten, Dachgärten, kollektiv und öffentlich nutzbare Freiräume in Form von Gartenhöfen, Spielplätzen, Rasenflächen etc. wurden zu einem selbstverständlichen Bestandteil vieler damaliger Wohnungsbaukonzepte, wenn sie auch vermutlich nicht immer realisiert werden konnten. Angesichts der Wohnungsnot und der Finanzknappheit wurde nicht nur dem Neubau, sondern auch der Sanierung bestehenden Wohnraums Beachtung gewidmet, so z. B. in dem Beitrag „Sanierung ungesunder Stadtteile" im *Handwörterbuch des Wohnungswesens* (1930). Von Martin Wagner wurden bereits 1918 Maßnahmen vorgeschlagen „zur Beseitigung von Wohnungsmißständen; zur Beschaffung von Wohnungsergänzungen und Gemeinschaftseinrichtungen, die geeignet sind, den Wohnwert der Wohnviertel zu heben; zur Anlage von Spiel- und Sportplätzen; zum Umbau von Straßenräumen und zur Verschönerung des Stadtbildes; zum Grundstücksankauf für öffentliche Zwecke und für Siedlungszwecke; zur Erschließung von Bauland; zur Anlage neuer Aufteilungsstraßen" (Wagner 1918, 400). Auch das Mittel der Blockentkernung als ein Mittel zur Sanierung „überalterter engbebauter Stadtteile oder Baublöcke" (Brandt 1930, 619) und zur Schaffung wohnungsnaher Freiräume wurde in Erwägung gezogen. Die dadurch geschaffenen Flächen sollten „als Freiflächen liegen gelassen, als Spiel- und Sportplätze verwendet oder auch unter Auferlegung neuer vorderer und hinterer Baulinien für die Wiederbebauung freigegeben werden" (ebd.).

Abbildung 1: Vorschlag durch Prof. Erwin Barth zur Umgestaltung der Schillerstraße in Berlin in eine Wohnstraße modernen Charakters

Abb. 3. Blick nach Osten von Ecke Sesenheimer Straße in die umgewandelte Schillerstraße in Charlottenburg. Nach den Vorschlägen der Verfasser gemalt von Prof. Falileeff.

Quelle: Goldmerstein/Stodieck 1931, Abb. 3

In diesem Zusammenhang, der Verbesserung der Freiraumqualitäten für vor allem auch untere soziale Schichten, kommt zwei Fachleuten besondere Bedeutung zu, die in der fachspezifischen Geschichtsforschung über Jahrzehnte weitgehend ignoriert wurden – Karl Stodieck und J. Goldmerstein. 1931 publizierten sie z. B. eine Broschüre „Großstadtsanierung. Gewinnung von Spiel-, Sand- und Grünflächen in Neben- und Seitenstraßen mit Rentabilitätsnachweis" (vgl. dazu z. B. Gröning/Wolschke-Bulmahn 1985, 448f), eine auch heute noch bemerkenswerte Untersuchung, zu der seinerzeit auch Erwin Barth, Lehrstuhlinhaber für Gartengestaltung an der Landwirtschaftlichen Hochschule Berlin, hinzugezogen wurde. Der von ihm erarbeitete Plan „Beispiel für die Verteilung der gewonnenen Spiel-, Sand- und Grünflächen" für einen Baublock in Charlottenburg zwischen Wilmersdorfer-, Sesenheimer-, Schiller- und Goethestraße sah sehr modern anmutende Maßnahmen wie Verkehrsberuhigung durch die Verengung der Einmündung von Wohnstraßen auf Verkehrsstraßen und die Nutzung von Wohnstraßen auch für Kinderspiel vor (Abb. 1).

Dem Konzept der Verkehrsberuhigung durch die Trennung in Wohn- und Verkehrsstraßen, wie es in den 1970er Jahren allgemein anerkannte Sanierungspraxis wurde, kam bereits in den damaligen Sanierungskonzepten Bedeutung zu. Das Stadterweiterungsamt Nürnberg führte beispielsweise 1929 „bei allen deutschen Großstädten und auch besonders bei den englischen Gartenstädten, bei denen Stichstraßen systematisch wohl zuerst angewandt wurden, eine Umfrage über die gemachten Erfahrungen" (Stadt Nürnberg 1940, 170) mit Stich- und Wohnstraßen durch. Auch die Untersuchung von Goldmerstein und Stodieck ging von der Annahme aus, dass ein großer Teil der Missstände im Untersuchungsgebiet bereits durch die Unterscheidung in Wohn- und Verkehrsstraßen beseitigt werden könne (Goldmerstein/Stodieck 1931).

Ein fortschrittlicher Aspekt der Sanierungspraxis vor allem der 1970er Jahre, die Beteiligung der von Sanierungsmaßnahmen Betroffenen an der Planung, fand sich ebenfalls in Ansätzen bereits zu Zeiten der Weimarer Republik. So wollte der Verbandsdirektor des Siedlungsverbands Ruhrkohlenbezirk Bürgerbeteiligung ermöglichen; er forderte, dass die Städte „besondere Verwaltungsstellen für die Außenbezirke ein(zu)richten und dadurch der Einwohnerschaft dieser Stadtteile ein Mitwirkungsrecht an der Ausgestaltung ihrer engeren Umgebung ein(zu)räumen" (Schmidt 1930, 188). Ähnlich rief Cornelius Gurlitt dazu auf, die von der Planung Betroffenen „nicht als störende Querulanten, sondern als wesentliche Förderer des Planes" heranzuziehen (1926, 2). Goldmerstein und Stodieck zogen neben Fachvertretern der Verwaltung (Stadt-, Verkehrsplaner, Gartenarchitekten) Repräsentanten unterschiedlicher Gruppen, so auch z. B. Vertreter des Mietervereins, des Haus- und Grundbesitzer-Vereins, der Einzelhandelsorganisation und eine Expertin über Kinderspiel zur Diskussion ihrer Vorstellungen zur Freiraumplanbung im Rahmen der Großstadtsanierung hinzu.

Eine bemerkenswerte Überlegung zur Bürgerbeteiligung lieferte der Stadtplaner Schwab unter dem Pseudonym Sigrist in seinem *Buch vom Bauen*. Er befürwortete, bereits in der Schule die Grundlagen für eine kritische Auseinandersetzung mit Plänen zu legen. „Dieses Bestreben nach klarer Erkenntnis der Zwecke kann aber nur verstanden werden, wenn man Planzeichnungen lesen und verstehen kann, denn ohne solche Zeichnungen ist das, was damit gemeint ist, kaum klar zu machen. Leider wird auf unseren Schulen die Fähigkeit Planzeichnungen zu verstehen, viel zu wenig geübt (...). In den Vereinigten Staaten, in Schweden, Holland und einigen anderen Ländern wird übrigens das Zeichnen und Lesen von Plänen und Grundrissen in der Schule schon geübt" (Sigrist 1930, 61).

Thermenpalast - die Vision eines sozial ausgerichteten Freizeitbades in den 1920er Jahren

Geradezu visionäre Vorstellungen zur Verbesserung der großstädtischen Freiraumkultur entwickelten Goldmerstein und Stodieck mit ihrem Konzept zu einem *Thermenpalast. Kur-, Erholungs-, Sport-, Schwimm- und Badeanlage* (1928). Mit diesem Thermenpalast wollten sie den Anspruch, der Grossstadtbevölkerung ganzjährig – und preisgünstig – ein Äquivalent für Naturgenuss und Sommerurlaub anzubieten, umsetzen.

Abbildung 2: Thermenpalast, publiziert 1928 von J. Goldmerstein und K. Stodieck

Quelle: Goldmerstein/Stodieck 1931

Dieser Thermenpalast sollte Baden, Sonnen, Landschaftsgenuss, aber auch hygienische und medizinische Versorgung vorsehen (Abb. 2-4). Ihr Konzept kann hier nur unzulänglich skizziert werden. Ihre Vorstellungen beschreiben sie u. a. folgendermaßen: „Wie viele Menschen fahren ans Wasser, an die See, an den

Fluss, um nach der Arbeit sich leicht bekleidet in Luft und Wasser zu tummeln. Der kurze Sommerurlaub gibt dafür nur geringe Gelegenheit. Häufig lässt das kleine Einkommen eine Sommerreise überhaupt nicht zu. Da greift nun diese Kur-, Sport- und Erholungshalle ein. In dem grossen, luftigen und lichtvollen Raum hat der Besucher das Empfinden, draussen in freier Luft zu sein. Die Peripherie der Halle wird künstlerisch mit allen Hilfsmitteln der modernen Bühnentechnik plastisch und bildlich so ausgestaltet, dass die Besucher vermeinen, sich in einem unbegrenzten Raum mit weitem Rundblick zu befinden. Die 12 m hohen Bilder, die die Halle panoramaartig abschliessen, stellen freundliche, sonnige Landschaften dar. Kälte, Regen und alle unangenehmen Naturerscheinungen werden unsere Gäste nicht belästigen". Die Haupthalle des geplanten Thermenpalastes beherrschte ein großes ringförmiges Wasserbecken von 19 m Breite und 400 bzw. 280 m Länge. Das Becken umgab eine große geräumige Badeinsel mit Sandstrand. Restauration, Sportstätten und vieles andere mehr an Unterhaltungs- und Versorgungsangeboten war im Konzept vorgesehen. Für den Thermenpalast hatte Hans Poelzig eine beeindruckende Außenansicht gefertigt.

Abbildung 3: Außenansicht des Thermenpalasts, Schaubild von Hans Poelzig

Quelle: Goldmerstein/Stodieck 1931, 3

Dieses Projekt wurde nie realisiert. In zahlreichen Freizeit- und Spaßbädern, die seit den 1980er Jahren angelegt wurden, spiegeln sich durchaus ähnliche Ideen wider. Allerdings lassen die modernen Freizeitbäder die herausragenden sozialen Überlegungen des Konzepts Thermenpalast, ein für gerade auch die unteren sozialen Schichten erschwingliches Freizeit- und Freiraumangebot zu schaffen, vermissen.

Abbildung 4: Innenansicht des Thermenpalasts, Rundbild der Haupthalle

Quelle: Goldmerstein/Stodieck 1931, 2

Gartendenkmalpflege und soziale Ansätze

Nach dem Ende des Ersten Weltkriegs bekam auch das in der Entstehung begriffene professionelle Feld der Gartendenkmalpflege demokratische Impulse. Dabei wirkten u. a. zwei Aspekte zusammen – einerseits die Enteignung fürstlichen Grundbesitzes und damit auch zahlreicher Garten- und Parkanlagen, andererseits die zunehmende Erschließung öffentlicher Freiräume für die Bevölkerung. So setzten sich ab 1919 auch Mitglieder der Deutschen Gesellschaft für Gartenkunst (DGfG) immer wieder mit der Frage auseinander, wie ehemals fürstliche Anlagen erhalten werden und gleichzeitig für die Bevölkerung geöffnet werden konnten (vgl. dazu z. B. Hennebo Hg. 1985, 21ff; Gröning/Wolschke-Bulmahn 1987, 90ff). So forderte der Schriftleiter der Zeitschrift *Die Gartenkunst*, Carl Heicke, die Nutzung entsprechender Gartenanlagen für die Bevölkerung: „Infolge der Kleinstaaterei gibt es bei uns eine Menge größerer und kleinerer Residenzen, die alle ihre Gärten aufzuweisen haben. Viele der letzteren mögen für das Volksganze belanglos sein, da sie kaum über den Durchschnitt der Gärten begüterter bürgerlicher Kreise hinausragen, aber selbst dann dürften sie, in staatlichen oder städtischen Besitz überführt, für ihre nähere Umgebung als öffentliche Erholungsstätte an Bedeutung gewinnen" (1919a, 45). In diesem Zusammenhang nahm sich die DGfG dem Erhalt der historischen Zeugnisse der Gartenkunst mit großem Engagement an. 1920 forderte Heicke in einem programmatischen Artikel „Gartenkultur und deutsche Zukunft", es müsse eine wesentliche Aufgabe der Gesellschaft sein, „dafür einzutreten, daß nichtwiederzuersetzende Kulturwerte an Gärten in Deutschland vor dem Zugrundegehen bewahrt bleiben" (1920, 1). Wenig später veröffentlichte die Gesellschaft Leitsätze zur Gartendenkmalpflege, die in Bezug auf die ausgewogene Abwägung von Ansprüchen der Gartendenkmalpflege und Nutzungsansprüchen der Bevölkerung auch heute noch Vorbildcharakter haben können. Es heißt dazu in den Punkten 1, 4 und 5:

„1. Die ehemals fürstlichen Gartenanlagen bilden in ihrem überwiegenden Bestand einen wertvollen Teil des uns überkommenden Kulturgutes, dessen Wahrung im Interesse des gesamten Volkses zu fordern ist. (...)

4. Soweit irgend angängig, sind die Gartenanlagen, wie dies zumeist schon früher der Fall war, der Allgemeinheit zugänglich zu machen, um den Kunst- und Natursinn des Volkes dauernd zu stärken, die Volksbildung zu fördern und daneben auch der leiblichen Erholung zu dienen.

5. Eine besondere Ausgestaltung einzelner Teile für Sport, Spiel und andere der Volksgesundheit förderliche Zwecke ist nur dort zulässig, wo geschichtliche, künstlerische oder wissenschaftliche Werte nicht berührt werden und die Art der Nutzung den Charakter oder die pflegliche Behandlung dergesamten Anlage nicht zu beeinträchtigen geeignet ist" (zit. nach Heicke 1921, 100).

Beispiele eines sozial orientierten Naturschutzes – Der Ruhrsiedlungsverband

Auch im Naturschutz des frühen 20. Jahrhunderts lassen sich interessante sozial orientierte Planungsansätze erkennen, dies besonders deutlich an den Anfängen der Regional- und Landesplanung in Deutschland mit der Gründung bedeutender kommunaler Planungsverbände, so dem Siedlungsverband Ruhrkohlenbezirk. Die Freiflächenproblematik, der Schutz der Natur und die Ausweisung von Freiflächen für die im Bereich dieser Planungsverbände lebende Bevölkerung gaben wesentliche Impulse für das Entstehen dieser Organisationen. Von der in der Entstehung begriffenen Landesplanung – und damit von den industriellen Ballungsgebieten – gingen in jener Zeit wichtige Impulse für den Naturschutz aus. Klientel war dabei vor allem die Bevölkerung dieser Gebiete, für die die Planung unter anderem Freiflächen zur Erholung sichern bzw. ausbauen wollte. In diesem Sinn weist Wey darauf hin, dass die mit der Weimarer Republik beginnende soziale Begründung des Naturschutzes „wesentliche Anstöße zu Verbesserungen" brachte (1982, 135f).

Noch in der Zeit des Kaiserreichs, am 1. April 1912, trat das Gesetz über den Zweckverband Groß-Berlin in Kraft; die Bedeutung der Freiflächenfrage wurde aus den im Gesetz genannten Aufgaben ersichtlich. Danach gehörten „Erwerb und Erhaltung größerer von der Bebauung freizuhaltender Flächen, wie Wälder, Parks, Wiesen, Seen, Schmuck-, Spiel- und Sportplätze usw. (§ 1, Ziffer 3)" (zit. nach Umlauf 1958, 22) zu den Aufgaben des Verbandes. Die Gründung des Ruhrsiedlungsverbands ging überwiegend auf das Problem der zunehmenden Zerstörung der Freiflächen im Ruhrgebiet zurück. „Da diese Flächen zur Erholung für die in Zechen und Hüttenwerken schwer arbeitende Bevölkerung besonders wichtig sind", so heißt es 1926 in einer Publikation zum Ruhrsiedlungsverband, „traten schon im Jahre 1910 die Vertreter der Stadt- und Landkreise des rechtsrheinischen Teils des Regierungsbezirks Düsseldorf zu einem Ausschuss zusammen, der die geeigneten Wege zur Erhaltung und Schaffung von Grünflächen, Spiel- und Sportplätzen, Wander- und Verkehrswegen suchen sollte" (Doenecke 1926, 14). Noch vor dem Ersten Weltkrieg wurde 1912 von Robert Schmidt, damals Beigeordneter der Stadt Essen, eine „Denkschrift betreffend Grundsätze zur Aufstellung eines General-Siedelungsplanes für den Regierungsbezirk Düsseldorf (rechtsrheinisch)" erarbeitet. Als eine der wesentlichen Aufgaben sah er es an, „das sichere Eigentum an Gemeindegrünflächen zu vergrößern, die Flächen so zu verteilen, dass sie am zweckmäßigsten in dem Generalsiedelungsplan untergebracht sind, und endlich, sie zugänglich zu machen durch Wanderwege" (1912, 69). Die Untersuchung des späteren Verbandsdirektors Schmidt hielt als ein Ergebnis fest, dass es nicht reiche, nur zur Erhaltung der Grün- und Erholungsflächen einheitliche Pläne für einen größeren Bezirk aufzustellen, „sondern dass man vielmehr einen Plan aufstellen müsse, der die ganze Siedelungsfrage für ein größeres Gebiet großzügig regele" (S. 15). Diese Entwicklung wurde nach dem Ersten Weltkrieg wieder aufgegriffen und führte am 5. Mai 1920 zum Gesetz „betreffend Verbandsordnung für den Siedlungsverband Ruhrkohlenbezirk" (S. 16). Im Paragraph 1, Abs. 2 dieses Gesetzes wurde die Berücksichtigung von Heimat- und Naturschutz ausdrücklich gefordert: „Bei der Durchführung der Aufgaben des Verbandes sind die Interessen der Denkmalpflege, Naturdenkmalpflege und des Heimatschutzes möglichst zu berücksichtigen" (zit. nach Schnitzler 1926, 19).

Bereits ab etwa 1910 waren einige bemerkenswerte Arbeiten veröffentlicht worden, die, in großen Teilen in einer durchaus auch heute noch überzeugenden Form, Naturschutz und Erholung, ausgehend von den Ansprüchen der Bevölkerung, in Einklang zu bringen suchten. Gemeinsam ist ihnen, dass sie nicht resignativ die Ignoranz der Gesellschaft gegenüber dem Naturschutz beklagten oder pauschal eine allgemeine Bedeutung des Naturschutzes für „Volk" und „Nation" behaupteten, sondern über dessen spezielle Bedeutung für die unterschiedlichen sozialen Gruppen der betreffenden Großstädte reflektierten. Dabei wurden nüchtern die Chancen abgewogen, welche Maßnahmen des Naturschutzes man unter den gegebenen Bedingungen (Finanzkraft der Kommunen, Interessen der Wirtschaft, der Bevölkerung etc.) durchsetzen konnte. Die Ergebnisse dieser Arbeiten waren durchaus beachtlich.

Hans Klose und eine soziale Orientierung im Naturschutz

Ähnlich sozial orientiert wie Robert Schmidt entwickelte der Naturschützer Hans Klose 1919 ein umfassendes Konzept über „Das westfälische Ruhrgebiet und die Erhaltung der Natur", dem jahrzehntelang nichts Vergleichbares von Seiten des Naturschutzes folgen sollte[6]. Klose war unter den der traditionellen Naturschutzbewegung zuzurechnenden Naturschützern auch insofern eine Ausnahme, als er sich bei seinen Überlegungen auf die damalige wissenschaftliche Diskussion über Probleme der Freiraumplanung einließ und sich z. B. auf die Arbeit des Berliner Stadtbaurats Martin Wagner 1915 über „Städtische Freiflächenpolitik" oder die Denkschrift Robert Schmidts berief (Klose 1919, 103). Auf der Grundlage solcher Überlegungen entwickelte er ein bemerkenswertes Konzept zur Erforschung des Freiflächenbedarfs für die Bevölkerung des Ruhrgebiets. Er schrieb dazu: „Neben sonstiger Aufklärung ist die Herausgabe und Verbreitung von Denkschriften wichtig. Hier würde sich die Provinzialverwaltung durch Veranlassung gründlicher Untersuchungen und Bereitstellung von Mitteln ein Verdienst erwerben, während Universität, Städte, Handelskammern und andere Stellen die volkswirtschaftlich geschulten Mitarbeiter stellen könnten. Anhand genauerer Zahlen und aufgrund amtlicher Unterlagen über die bisherige und für die Zukunft wahrscheinliche Bevölkerungsbewegung, -verteilung und -unterbringung, wobei Altersklassen, Besiedlungsdichte, Bauklassen, Wohngrößen u. dergl. zu berücksichtigen sind, wäre das Freiflächenbedürfnis zu prüfen und mit den bestehenden und für die nächste Zukunft geplanten Anlagen zu vergleichen. Diese Vorarbeiten müssten etwa nach dem Vorbilde von M. Wagners Schrift ‚Städtische Freiflächenpolitik', mit der nicht ohne Bedeutung die Zentral-

---

[6] Siehe zum Konzept Kloses auch die ausführliche Diskussion bei Obercrome (2004), der dabei stärker einen im nationalen Sinne vereinnahmenden Charakter entsprechender Bemühungen des Natur- und Heimatschutzes betont. Dazu heißt es bei ihm u. a.: „Als sich während des Ruhrkampfs` sozialdemokratische und kommunistische Arbeiter in die deutsche Abwehrphalanx einreihten, sahen sich die Naturfreunde tendenziell am Ziel ihrer Wünsche. Denn der Schutz von ‚ursprünglichen' Landschaftsbestandteilen des Reviers wurde von ihnen als sozial- bzw. volkstumspolitische Aufgabe definiert, die die ‚vaterlandslose' Arbeiterschaft an die unverfälschten ‚Werte' des ‚Volkes' und der Natur heranführte" (S. 26).

stelle für Volkswohlfahrt 1915 ihre Veröffentlichungen der Kriegszeit begann, die Ziele nach Mindestmaß, Art und Größe klarstellen" (Klose 1919, 103).

Einem Naturschutz, der ausgeht von den Interessen der unterschiedlichen sozialen Schichten, im Falle des Ruhrgebietes also überwiegend auch von den Interessen der Arbeiterschaft, kam in Kloses Konzept Bedeutung zu. Wenn er „für die Zukunft aus sozialen Gründen Naturschutz für die Erholungsbezirke des Industriegebietes" (S. 74) forderte, so schien ihm allerdings bewusst, dass die traditionelle Heimat- und Naturschutzbewegung in jenen Jahren den Problemen der Bevölkerung des Ruhrgebietes tendenziell ignorant gegenüber stand. Denn Klose wies ausdrücklich darauf hin, dass es notwendig sei, „auch weitere Kreise außerhalb des westfälischen Industriegebietes und besonders diejenigen, denen der Schutz und die Pflege der deutschen Heimat am Herzen liegen, für die Nöte eines Landstrichs zu erwärmen, der gewaltiges Menschenwerk mit dem Verlust der Natur bezahlen musste" (S. 10). Anscheinend sah er jedoch in diesen Kreisen eine sozial bewusste Sichtweise, die die Interessen der Bevölkerung an Natur- und Landschaftsgenuss aufgriff, nicht besonders verankert.

Klose strebte eine Lösung des Freiflächenproblems seinerzeit auf demokratischem Wege unter Beteiligung möglichst verschiedener gesellschaftlicher Gruppen an. So forderte er eine Beteiligung von u. a. Ärzten, Naturwissenschaftlern, Lehrern und Ingenieuren. Aber auch die verschiedenen Vereine wie Wander-, Turn- und Sportvereine, die Kommunal- und Staatsbehörden, die Industrie und auch die Gewerkschaften sollten als Gesprächspartner des Naturschutzes einbezogen werden. Aus dem Wissen heraus, dass die Mehrheit der Ruhrgebietsbewohner sich weder Sommerurlaub noch kosten- und zeitaufwendige Wochenendfahrten leisten konnten, forderte er u. a. die Schaffung neuer Verkehrsverbindungen, die die Erreichbarkeit des Sauerlandes als wichtigstem Naherholungsgebiet verbessern sollten (S. 69ff), sowie Fahrpreisermäßigung durch verbilligte Sonntagskarten. Die Eigenart, Schönheit und Unberührtheit des Sauerlandes sollte geschützt werden, „um den in dieser Beziehung darbenden Bewohnern der Industriekreise das zu bewahren und gewähren, was ihnen die engere Heimat nicht mehr bietet" (S. 85).

Eine naturschützerische Sicherung des Sauerlandes sah Klose als primär notwendig für die Zugänge zu den Zielpunkten, zu denen er neben z. B. Talsperren und Höhlen auch Waldwirtschaften rechnete, sowie für die Wanderwege an, damit „die näheren Umgebungen rechts und links vom Wege, wie gegebenenfalls bemerkenswerte Ausblicke auf ein Landschaftsbild durch geeignetes Vorgehen im Sinne des Naturschutzes erhalten bleiben" (S. 78). Aus dieser Naturschutzperspektive heraus sah Klose Beeinträchtigungen der Natur als zwar bedauerlich, aber bisweilen unvermeidbar und zu akzeptieren an: „Daß schließlich der stärkere Verkehr mancherlei Schädigung der Pflanzen- und Tierwelt mit sich bringen wird, ist bedauerlich, muss aber in Kauf genommen werden" (S. 87f).

Moderner urbaner Naturschutz in Frankfurt am Main

Das Garten- und Friedhofsamt des städtischen Siedlungsamtes in Frankfurt am Main erarbeitete unter der Leitung seines Gartendirektors Max Bromme 1928 ein beispielhaftes Konzept für „die Erhaltung der alten Nidda", so der Titel der Arbeit (Bromme 1928)[7]. Veranlasst durch die Regulierung der Nidda und durch die Bebauungspläne der Stadt Frankfurt (Siedlung Praunheim usw.) am jenseitigen Rand der Niddaaue, erarbeitete das Gartenamt ein Konzept, das darauf ausgerichtet war, „die vorhandenen Landschaftsbilder zu erhalten und die gesamte Niederung durch zusammenhängende Spazierwege einem ausgedehnten Erholungsverkehr zu erschließen" (S. 3). Dem Naturschutz kam in diesem Konzept als einem wichtigen Element für die Erholung und konkret als speziellem Anliegen einzelner Vereine und der Naturschutzbewegung ein hoher Stellenwert zu. So wurden neben der Schaffung von Spielplätzen, Sportplätzen und Schwimmbädern Flächen für den Naturschutz zur Verfügung gestellt, z. B. durch die Schaffung neuer Inseln in den Altarmen der Nidda, die „sich in ihrer abgeschlossenen Lage besonders für Vogelschutz und für naturwissenschaftliche Beobachtungszwecke" (S. 24) eigneten.

Begründet wurde die Berücksichtigung des Naturschutzes nicht mit einer imaginären Verbundenheit des Menschen mit der Natur, sondern mit den Forderungen zahlreicher in den örtlichen Vereinen organisierter Naturfreunde „nach stärkerem Naturschutz und nach Wiederbereicherung der Pflanzen- und Tierwelt nahe der Stadt im Sinne eines früheren Naturlebens" (S. 8). Dieser Naturschutz bedurfte zu seiner Legitimation nicht eines Wertes der Natur an sich; vielmehr legitimierte er sich vor allem mit dem Anspruch, eine vielfältige, natürliche Umwelt als wesentlich für die Bereicherung menschlichen Lebens und Erlebens erhalten zu wollen.

Die Berliner Stadtplanung und der Naturschutz

Eine Denkschrift des Amtes für Stadtplanung Berlin aus den 1920er Jahren über „Die Freiflächen der Stadtgemeinde Berlin" (Koeppen 1929) verdeutlicht dasselbe sozial orientierte Verständnis von Naturschutz wie bei Klose, Schmidt oder

---

[7] Zu den Biographien von Erwin Barth, Max Bromme und anderen Gartenarchitekten jener Zeit vgl. Gröning/Wolschke-Bulmahn 1997.

in der Frankfurter Stadtplanung. Zudem geht aus dieser Bilanz der Freiflächenpolitik Berlins hervor, dass Naturschutz auf kommunaler Ebene zu Zeiten der Weimarer Republik auch durchsetzbar war. Wie in den vorigen Konzepten wurden auch hier als wichtige kommunale Aufgaben genannt: die Sicherung von großstadtnahen Freiflächen wie Wäldern oder Seen durch Ankauf oder durch Anwendung gesetzlicher Regelungen, die Erschließung dieser Freiflächen durch Verkehrsmittel und der Ausbau der Freiflächen „für den Wandersport, für Wochenendaufenthalte, Ferienplätze, Waldschulen usw." (Wagner 1929, 5). Mit Hilfe eines Generalfreiflächenplans, der für eine Bevölkerungszunahme Berlins von auf bis zu acht Millionen Einwohner die notwendigen Freiflächen sichern sollte, wurden die entsprechenden Planungsüberlegungen konkretisiert. „Er enthält die Wälder, die großen Parks und Freiflächen, alle wichtigen und bedeutenderen Grünverbindungen, die hauptsächlichsten Dauerkleingärten bzw. Heimstättengärten und die Friedhöfe" (Koeppen 1929, 11). Die Führung der planerisch festgelegten Grünzüge war daran orientiert, „daß die Naturschönheiten, Baumbestände, Wasserläufe usw. mit aufgenommen und dadurch für die Dauer erhalten werden" (S. 13).

Neben einer Aufnahme des Freiflächenbestandes umfasste der Generalfreiflächenplan planerische Aussagen zur anzustrebenden Erweiterung der Baumschutzgebiete außerhalb Berlins, zu den zukünftig zu sichernden Uferwegen, die durch Anwendung des „Gesetzes zur Erhaltung des Baumbestandes und Freigabe von Uferwegen im Interesse der Volksgesundheit" von 1922 ermöglicht werden sollten, und zum Erhalt von Naturschönheiten, die nicht unter dieses Gesetz fielen, aber „durch Fluchtlinienpläne, durch Erklärung als Naturdenkmal oder auch durch Erwerb sichergestellt" (S. 22) werden sollten bzw. bereits sichergestellt waren.

Eine Passage aus der Denkschrift soll das Planungsverständnis und die Problematik des Naturschutzes für die Umgebung Berlins verdeutlichen: "Die Interessen der Stadtbewohner für Freiflächen, Wälder und Naturschönheiten gehen weit über die Stadtgrenzen hinaus. An den Ferien-, Sonn- und Feiertagen werden weite Wanderungen in die Nachbargebiete hinein unternommen (...). Die Stadt Berlin hat deshalb, wie bereits bei der Behandlung der Baumschutzfrage erwähnt worden ist, den Baumschutz für weite Gebiete bei dem Provinzialverband beantragt. Dem Antrage wurde auch zum großen Teile stattgegeben; jedoch ist dadurch, dass der Schutz nur für 10 Jahre Geltung hat, für eine dauernde Erhaltung der Wälder nicht gesorgt. Als Mangel ist außerdem zu bezeichnen, dass für bequeme und schöne Zuwege und Verbindungen zu den Naturschönheiten bisher noch nicht Sorge getragen ist. Eine Freihaltung der Uferwege ist – wie bereits vermerkt – von der Provinzialverwaltung noch nicht in die Wege geleitet worden. Außerordentlich wichtig ist auch die Erhaltung der Luchwiesen, Täler und Bäche, welche die Schönheit unserer märkischen Heimat ausmachen. Sie alle müssten – ebenso wie innerhalb Berlins – durch geeignete Maßnahmen gegen Eingriffe und vor allen Dingen gegen Errichtung störender Bauten auf die Dauer geschützt werden" (Koeppen 1929, 27). Der Stadtgartendirektor von Berlin, Erwin Barth wirkte an der Beförderung dieser Formen des Naturschutzes für die Berliner Bevölkerung mit.

Naturschutz, soziale Orientierung und Gesetzgebung

In der Zeit der Weimarer Republik lässt sich auch in der Gesetzgebung des Naturschutzes eine soziale Orientierung erkennen. Zunächst einmal ist darauf zu verweisen, dass der Naturschutz Aufnahme in die Weimarer Verfassung fand. Deren Artikel 150 forderte die Denkmale der Natur und der Kunst den Schutz des Staates; er scheint stimulierend auf die Gesetzgebung der Länder gewirkt zu haben. So schufen zwischen 1920 bis 1934 zahlreiche Länder diesem Artikel entsprechend eigene Natur- bzw. Heimatschutzgesetze (z. B. Bremen, Hamburg, Hessen) oder brachten entsprechende Bestimmungen in andere Gesetze ein. Die Wirksamkeit des Ruhrsiedlungsverbandes als kommunale Selbstverwaltungseinheit in Fragen des Naturschutzes wurde z. B. mit dem für den Naturschutz wichtigen „Gesetz zur Erhaltung des Baumbestandes und Erhaltung und Freigabe von Uferwegen im Interesse der Volksgesundheit" vom 29. Juli 1922 unter Beweis gestellt. Dieses Gesetz wurde „bezeichnenderweise", so Hans Klose, nicht von dem für Naturschutz zuständigen Minister für Wissenschaft, Kunst und Volksbildung eingereicht, sondern vom preußischen Wohlfahrtsministerium (1957, 23). Für den Bereich des Ruhrsiedlungsverbandes war bereits Ende 1920 eine Polizeiverordnung erlassen worden, die das Fällen von Bäumen verbot. Sie sollte verhindern, dass durch die Kahlschlagpolitik der Waldbesitzer der erholungswichtige Wald im Ruhrgebiet zerstört wurde (Wollenweber 1927, 35). Ein erster Gesetzentwurf für das Gebiet des Verbandes wurde vom Ruhrsiedlungsverband eingereicht, vom Wohlfahrtsministerium in seiner Gültigkeit auf ganz Preußen ausgedehnt und wurde schließlich in der Form des o. g. Gesetzes gültig (ebd. S. 35)[8].

Nach § 1 Abs. 1 des „Gesetzes zur Erhaltung des Baumbestandes ..." bestimmten die Provinzialausschüsse, im Gebiet des Ruhrsiedlungsverbandes der Verbandsausschuss, „nach Anhörung der amtlichen Vertretung von Industrie und

---

[8] Beim Erlass des Reichsnaturschutzgesetzes im Nationalsozialismus 1935 erfolgte die Herausnahme dieser Flächen aus dem Gesetz und die Übertragung in die Zuständigkeit des Arbeitsministers. Das beförderte m. E. eine langfristige Entfernung des traditionellen Naturschutzes von den sozialen Interessen der in den Großstädten lebenden Bevölkerung.

Landwirtschaft sowie der Gemeinden und Kreise, welche Baumbestände und Grünflächen in Großstädten und in der Nähe von Großstädten, in der Nähe von Bade- und Kurorten oder in Industriegebieten aus Rücksicht auf die Volksgesundheit oder als Erholungsstätten der Bevölkerung zu erhalten sind, und welche Uferwege an Seen und Wasserläufen neben den bestehenden öffentlichen Wegen dem Fußgängerverkehr zwecks Förderung des Wanderns dienen sollen" (zit. nach Weber 1938, 117). Auch hier war also eine demokratische Beteiligung vorgesehen. Aus der ausdrücklich im Gesetz genannten „Förderung des Wanderns" lässt sich gleichzeitig die Bedeutung der mitgliederstarken Wanderbewegung in jener Zeit ablesen. In dieser sozialen Begründung für Maßnahmen des Naturschutzes lag eine besondere Bedeutung des Baumschutz-Gesetzes.

Beachtenswert ist im Rahmen dieser Entwicklung auch der Entwurf eines preußischen Naturschutzgesetzes, der in der zweiten Hälfte der 1920er Jahre kurz vor der Verabschiedung stand[9]. Im Februar 1927 legte der für den Naturschutz in Preußen zuständige Minister für Wissenschaft, Kunst und Volksbildung die erste Fassung des Entwurfs eines preußischen Naturschutzgesetzes vor, der allerdings nicht verabschiedet wurde. Die Anfang 1928 aufgrund der Diskussion mit den Vertretern der anderen Ministerien und der Staatlichen Stelle für Naturdenkmalpflege geänderte Fassung, in der die Frage der Entschädigung bei der Ausweisung von Naturschutzgebieten ausgeklammert blieb, wurde dem preußischen Landtag „mit Rücksicht auf die schwebende Frage der Verwaltungsreform" (Anonym 1929a, 198) nicht mehr zur Entscheidung vorgelegt. Einem Schreiben des Preußischen Ministers des Innern an den Minister für Wissenschaft, Kunst und Volksbildung lässt sich entnehmen, dass der Entwurf aller Wahrscheinlichkeit nach zurückgestellt wurde, da er im Widerspruch zu der vom Innenminister geplanten Verwaltungsreform stand, die eine stärkere Dezentralisierung der Entscheidungsbefugnis vorsah. Diese Änderungen lassen vermuten, dass der Entwurf eines preußischen Naturschutzgesetzes in der Weimarer Republik im Gegensatz stand zu zeitgleichen Bemühungen um eine Verwaltungsreform, die auf die Dezentralisierung von Entscheidungsbefugnissen ausgerichtet war und damit tendenziell eine Demokratisierung hätte fördern können (Gröning/Wolschke-Bulmahn 1986, den Text des Gesetzentwurfes siehe ebd. S. 234-241).

Bereits zu Zeiten des Kaiserreichs hatte es „eine Initiative für ein preußisches Gesetz der Naturdenkmalpflege" (Schmoll 2004, 155) gegeben. Auch im Rahmen der Diskussionen um dieses Gesetz im damaligen „Haus der Abgeordneten" 1912 lässt sich eine soziale Orientierung erkennen. So weist Schmoll u. a.

---

[9] Die Tatsache, dass in Preußen von 1920 bis zur Regierungsübernahme durch die Nationalsozialisten etwa 400 Naturschutzgebiete eingerichtet worden sind (Schoenichen 1935: 4), deutet an, wie wirksam trotz vieler Schwierigkeiten in der Weimarer Republik Naturschutzinteressen durchgesetzt werden konnten.

auf entsprechende Forderungen Karl Liebknechts hin und stellt fest: „Liebknecht beklagte den grassierenden Materialismus. Dabei wurde auch deutlich, wie ähnlich die Deutungsmuster der kulturkonservativen Kritik und der Linken waren. Das Verbindungsglied dabei war die von beiden Lagern geteilte Kapitalismuskritik ... (Ausl. d. Verf.) ... Im Gegensatz zu den kulturkonservativen Kreisen teilte Liebknecht allerdings keinesfalls deren kategorische Zivilisationskritik. Deshalb wurde ihm der Schutz der Natur denn auch zu einer sozialen Pflicht des Staates" (Schmoll 2004, 159f). Liebknecht forderte u. a. Naturschutz als „ein ungemein wichtiges Stück der sozialen Fürsorge" sowie gleichzeitig die Erschließung der Natur für den Menschen als geradezu eine Voraussetzung für ihren wirksamen Schutz: „Ich möchte noch einmal darauf hinweisen: es genügt für uns nicht ein Schutz der Naturdenkmäler, es müssen vor allem die Naturdenkmäler dem Menschen zugänglich gemacht werden; nur dann können sie auch geschützt werden, weil nur dann die nötige Fühlung, das nötige Verständnis für diese Naturdenkmäler in der Menschheit erzeugt und erhalten werden kann" (Liebknecht 1912, zit. nach Schmoll 2004, 160).

Soziale Orientierungen in der traditionellen Naturschutzbewegung: der Verein Naturschutzpark e. V.

Es soll ausdrücklich darauf verwiesen werden, dass seinerzeit auch von Teilen der traditionellen Natur- und Heimatschutzbewegung soziale Impulse ausgingen, die bis heute wirksam sind. Als Beispiel einer bis in die Gegenwart für alle sozialen Schichten effektiven Tätigkeit auf dem Gebiet des Naturschutzes sei hier der „Verein Naturschutzpark e. V." genannt. Am 23. Oktober 1909 in München gegründet, wollte er durch Schaffung großer Naturschutzparke im Deutschen Reich und in Österreich für diese Länder typische Landschaften auf Dauer erhalten.

Nach der Satzung des Vereins unterscheiden sich seine Ziele nicht von denen anderer bürgerlicher Naturschutzorganisationen. Die Ziele des Vereins waren die „Schaffung und Verwaltung großer Parke, in denen die Natur erhalten werden und die von der fortschreitenden Kultur immer mehr bedrohte und teilweise schon dem Untergang geweihte Tier- und Pflanzenwelt eine sichere Zufluchtstätte finden soll. Der Verein erstrebte auf diesem Wege auch die Förderung der Wissenschaft und die Erweckung und Pflege der Heimatliebe" (zit. nach Anonym 1934, 316). Schutz von Tieren und Pflanzen vor der „fortschreitenden Kultur", Förderung der Wissenschaft oder Pflege der Heimatliebe lassen allerdings noch nicht unbedingt die auch sozial weiterreichende Wirksamkeit dieser Organisation erkennen. In der programmatischen Schrift „Naturschutz in Deutschland und Österreich, ein Mahnwort an das deutsche und österreichische

Volk" appellierten führende Mitglieder des Vereins noch eher an Vaterlandsliebe und Nationalstolz als an soziales Bewusstsein. So beschwörte z. B. Floericke, einer der Initiatoren der Naturschutzpark-Idee in Deutschland, die Schaffung solcher Parke als „eine ungemein patriotische Tat" (1910, 10), „die auch im weitesten Maße zur Pflege des Heimatsinnes und damit der Vaterlandsliebe beitragen müsste und die nicht zuletzt auch der Wissenschaft zugute käme" (S. 11). Zur Begründung der Notwendigkeit von Naturschutzparks wurden nicht die Lebensbedingungen in den Großstädten herangezogen, vielmehr wurde in der Programmzeitschrift nur beiläufig auf deren potenzielle Bedeutung für die Erholung verwiesen.

Die Mitglieder des Vereins entstammten vermutlich weitgehend den verschiedenen bürgerlichen Gruppen der damaligen Gesellschaft. Die Vorstände setzten sich überwiegend aus Angehörigen des Bildungsbürgertums oder aus Unternehmern zusammen, z. B. 1927 aus einem Landgerichtsdirektor und drei Verlagsbuchhändlern; im weiteren und engeren Arbeitsausschuss tauchen Amts- und Berufsbezeichnungen wie Rechtsanwalt, Professor, Staatsrat und Schriftsteller auf (Verein Naturschutzpark 1927, Umschlagseite). Dem kulturellen Sendungsbewusstsein vor allem des Bildungsbürgertums entsprach auch die Betonung der veredelnden und soziale Gegensätze überbrückenden Wirkung der Natur auf das Volk: „Gerade für das Volk ist die Natur das Gut, das ihm am meisten Veredelung und Zufriedenheit verbürgt, denn vor unserer gemeinsamen Mutter bedarf es keine Kosten, hört der Unterschied von arm und reich, hoch und niedrig auf" (Sammereyer 1910, 27).

Doch selbst, wenn nicht die Erschließung der Natur, sondern ihr Schutz das primäre Anliegen des Vereins gewesen sein sollte, „veredelnde" Wirkung konnte sie nur entfalten, wenn sie nicht zur Tabuzone erklärt, sondern für die Bevölkerung erschlossen wurde. Dazu hat der Verein über die Jahrzehnte einen wichtigen Beitrag geleistet. Die ökonomische Umsetzung des Ziels, Naturschutzparke zu schaffen, scheint von Anfang an ein wichtiger Aspekt in der Vereinspolitik gewesen zu sein. Den jährlichen Rechenschaftsberichten in den Jahrgängen der Zeitschrift „Naturschutzparke" lässt sich entnehmen, dass das Vereinsvermögen in den 1920er und 1930er Jahren durchschnittlich 2,5 Millionen RM betragen hat. Dieses Vermögen ermöglichte den Ankauf von Land zur Schaffung und Erweiterung von Naturschutzparks. Die Erfolge des Vereins, vor allem die Schaffung des Naturschutzparks Lüneburger Heide, der 1921 in einem Ausmaß von etwa 200 qkm zum Naturschutzgebiet erklärt wurde, oder des Alpenparks, sind vermutlich nur dadurch verständlich, dass ein nicht unerheblicher Teil der Bevölkerung, z. B. auch die Mitglieder der verschiedenen Wander- und Gebirgsvereine sowie Gruppen der Jugendbewegung die Schaffung von Naturschutzparks unterstützten. So hatte der Verein 1914 über 40.000 Mitglieder. Auch von zahlreichen Städten, Kreis-, Provinzial- und Länderregierungen wurde der Verein finanziell gefördert (Verein für Naturschutzpark 1926, 6). Viele Mitglieder sahen die Sicherung von ausgedehnten Landschaftsteilen, die zur Erholung genutzt werden konnten, als in ihrem Interesse liegend an. Insofern scheint der „Verein Naturschutzpark" ähnlich wie der „Reichsverband für deutsche Jugendherbergen" auf einer viel breiteren gesellschaftlichen Basis konsensfähig gewesen zu sein als führende Repräsentanten der traditionellen Naturschutzbewegung in jener Zeit, die dem Erholungsbedürfnis der Bevölkerung häufig eher ablehnend bzw. ignorant gegenüberstanden. Letztlich leistete der Verein durch die Sicherung von Naturschutzparks und die Bereitstellung von Unterkunftshäusern einen wichtigen Beitrag zur Verbesserung der Lebenssituation der Bevölkerung insbesondere der Großstädte und Industriegebiete. Diese Entwicklung wurde nach dem Zweiten Weltkrieg vor allem unter dem langjährigen Vereinsvorsitzenden Alfred Toepfer erfolgreich weitergeführt.

Zur Zerstörung sozialer Ansätze in freiraumplanerischen Aufgabenfeldern durch den Nationalsozialismus

Die Machtergreifung durch die Nationalsozialisten verhinderte die Weiterführung und -entwicklung einer entsprechenden sozialen Orientierung in freiraumplanerischen Ansätzen aus der Weimarer Zeit. Die „Gleichschaltung" auch des Berufsstands der Gartenarchitektur bedeutete für manches Mitglied dieser Profession das Ende der beruflichen Tätigkeit[10]. Die GartenarchitektInnen mussten sich, um ihren Beruf fortsetzen zu dürfen, um die Aufnahme als „Gartengestalter", so die nun erzwungene Berufsbezeichnung, in die Reichskammer der bildenden Künste bewerben. Gartenarchitekt Georg Pniower erhielt Berufsverbot, da er als so genannter „Halbjude" galt und zudem Mitglied der SPD war; Walter Funcke wurde als Kommunist verfolgt. Ludwig Lesser, einer der führenden Beförderer der Volksgartenidee, musste emigrieren. Erwin Barth, bis 1929 Gartendirektor von Berlin, dann der erste Professor für Gartengestaltung an einer Hochschule in Deutschland, wählte, ebenso wie der Gartendirektor von Worms, Hans Thierolf, 1933 den Freitod. Es sind die Namen von zahlreichen weiteren Gartenarchitekten bekannt, die während der nationalsozialistischen Diktatur ihren Beruf nicht ausüben konnten.

Auch in den benachbarten Berufsfeldern waren häufig diejenigen, die eine soziale Orientierung in die Planungsdisziplinen hineingebracht hatten, von Berufsverbot und anderen Repressalien betroffen. Beispielhaft seien nur zwei Na-

---

[10] Siehe dazu z. B. Gröning/Wolschke 1985, 451ff; zur Auswirkung der NS-Diktatur auf fortschrittliche Tendenzen in der Freiraumplanung siehe auch Gröning/Wolschke-Bulhmann 1988, 104-109).

men genannt. Martin Wagner, Stadtbaurat von Berlin, wurde 1933 aus dem öffentlichen Dienst entlassen und emigrierte 1935. Schwab (Sigrist) wurde 1933 aus seinem Amt als Pressechef der Reichsanstalt für Arbeitslosenvermittlung und Arbeitslosenversicherung in Berlin entlassen, 1936 vom Volksgerichtshof zu acht Jahren Zuchthaus verurteilt (er war Mitglied einer Widerstandsgruppe); Schwab kam 1943 im Zuchthaus Zwickau um (Schwarz/Gloor 1969, 354).

An fortschrittliche Entwicklungen aus der Zeit der Weimarer Demokratie wurde in den unterschiedlichen landschaftsarchitektonischen Aufgabenfeldern nach der Befreiung vom Nationalsozialismus weitgehend nicht angeknüpft (vgl. auch Gröning i. d. B.). Über Jahrzehnte sollten eher die Kontinuitäten, sowohl personell wie auch inhaltlich, aus der Zeit des Nationalsozialismus dominieren und entsprechende Traditionslinien fortgeführt werden.

Literatur:

Anonym 1929: Der Reichsverband der Kleingartenvereine Deutschlands in Essen, 6.-8. September 1929. In: Die Gartenkunst, Jg. 42, H. 10, S. 164-165.

Anonym 1929a: Kein Naturschutzgesetz. In: Der Reichsstädtebund, Jg. 22, H. 11, S. 198.

Anonym 1934: Zur Geschichte des Vereins Naturschutzpark. In: Naturschutzparke, Jg. 19, S. 316-318.

Bernard, Stefan 2009: Eine Frage der Sichtweise. Gute Landschaftsarchitektur, das Ergebnis von Laiengeschmack oder Expertentum? Ein Gespräch mit Jürgen Weidinger und Wulf Tessin. In: Stadt und Grün, Jg. 58, H. 9, S. 7.

Boecking, Alexander 1931: Soziale Grünanlagen im Städtebau. In: Die Form, Jg. 6, H. 4, S. 123-139.

Brandt, Jürgen 1930: Sanierung ungesunder Stadtteile. In: Albrecht, Gerhard u. a. (Hg.): Handwörterbuch des Wohnungswesens, Jena, S. 619.

Bromme, Max 1928: Die Erhaltung der alten Nidda. Denkschrift über die landschaftliche Ausgestaltung der Ufer an der alten und neuen Nidda, die Sicherung der Altarme und den Ausbau der Niddabäder bei Rödelheim, Praunheim und Eschersheim, Frankfurt am Main.

Doenecke, Werner 1926: Der Siedlungsverband Ruhrkohlenbezirk. Dissertation, Göttingen.

Fischer-Dieskau, Joachim 1970: Zum Problem der verwaltungsmäßigen Verankerung von Wohnungswesen, Städtebau und Raumordnung in den ministeriellen Instanzen des Reichs und der Bundesrepublik Deutschland – Rückblick und Ausblick. In: Preusker, Victor Emanuel (Hg.): Festschrift für Hermann Wandersleb, Bonn, S. 113-143.

Floericke, Kurt 1910: Entwicklung, Stand und Aussichten der Naturschutzparkbewegung. In: Verein Naturschutzpark (Hg.): Naturschutzparke in Deutschland und Österreich. Ein Mahnwort an das deutsche und österreichische Volk, S. 7-18.

Förster, Heinrich/Bielefeld, Alwin/Reinhold, Walter 1931: Zur Geschichte des deutschen Kleingartenwesens. Schriften des Reichsverbands der Kleingartenvereine Deutschlands, H. 21, Frankfurt am Main.
Fries, Heinrich de 1919: Wohnstädte der Zukunft. Neugestaltung der Kleinwohnungen im Hochbau der Großstadt, Berlin.
Fuchs, Carl Johannes Hg. 1918: Die Wohnungs- und Siedlungsfrage nach dem Kriege. Ein Programm des Kleinwohnungs- und Siedlungswesens, Stuttgart.
Goldmerstein, J./Stodieck, Karl 1928: Thermenpalast. Kur-, Erholungs-, Sport-, Schwimm- und Badeanlage, Berlin.
Goldmerstein, J./Stodieck, Karl 1931: Großstadtsanierung. Gewinnung von Spiel-, Sand- und Grünflächen in Neben- und Seitenstraßen mit Rentabilitätsnachweis, Berlin.
Gröning, Gert/Nohl, Werner 1972: Freiraumplanung – Versuch einer Orientierung. In: Stadtbauwelt, Jg. 63, H. 34, S. 108-109.
Gröning, Gert 1974: Tendenzen im Kleingartenwesen, dargestellt am Beispiel einer Großstadt. In: Landschaft + Stadt, Beiheft 10.
Gröning, Gert/Wolschke, Joachim 1985: Zur Entwicklung und Unterdrückung freiraumplanerischer Ansätze der Weimarer Republik. In: Das Gartenamt, Jg. 34, H. 6, S. 443-458.
Gröning, Gert/Wolschke-Bulmahn, Joachim 1995: Natur in Bewegung. Zur Bedeutung natur- und freiraumorientierter Bewegungen in der ersten Hälfte des 20. Jahrhunderts für die Entwicklung der Freiraumplanung (Gröning, Gert/Herlyn, Ulfert, Hg.: Arbeiten zur sozialwissenschaftlich orientierten Freiraumplanung, Bd. 7), Münster. 2. Auflage (1. Auflage: München 1986).
Gröning, Gert/Wolschke-Bulmahn, Joachim 1986: Thermenpalast – Eine bemerkenswerte Freizeitkonzeption der Weimarer Zeit. In: Archiv des Badewesens, o. Jg., H. 11/12, S. 428-433.
Gröning, Gert/Wolschke-Bulmahn, Joachim 1987: 1887 – 1987. Deutsche Gesellschaft für Gartenkunst und Landschaftspflege e. V. (DGGL). Ein Rückblick auf 100 Jahre DGGL, Berlin.
Gröning, Gert/Wolschke-Bulmahn, Joachim 1988: Volkspark und Volksgemeinschaft. Thesen zur Zerstörung einer demokratischen Idee im Nationalsozialismus. In: Bezirksamt Wedding, Abt. Bau- und Wohnungswesen/Gartenbauamt (Hg.): „...wo freye und gesunde Luft athmet...". Zur Entwicklung und Bedeutung der Volksparke in Wedding, Berlin, S. 104-109.
Gröning, Gert/Joachim Wolschke-Bulmahn, Joachim 1995: Von Ackermann bis Ziegelhütte. Ein Jahrhundert Frankfurter Kleingartenkultur in Frankfurt am Main. In: Klötzer, Wolfgang/Rebentisch, Dieter (Hg.): Studien zur Frankfurter Geschichte, Bd. 36, Frankfurt am Main.
Gröning, Gert/Wolschke-Bulmahn, Joachim 1997: Grüne Biographien. Biographisches Handbuch zur Landschaftsarchitektur des 20. Jahrhunderts in Deutschland, Berlin/Hannover.
Gurlitt, Cornelius 1926: Zu den Flächenaufteilungsplänen. In: Stadtbaukunst alter und neuer Zeit, H. 1, S. 1-3.
Gutkind, Erwin Hg. 1919: Neues Bauen, Berlin.

Heicke, Carl 1919: An der Schwelle einer neuen Zeit! In: Die Gartenkunst, Jg. 32, H. 1, S. 1-5.
Heicke, Carl 1919a: Um die Zukunft der fürstlichen Gartenschöpfungen. In: Die Gartenkunst, Jg. 32, H. 4, S. 45-47.
Heicke, Carl 1920: Gartenkultur und deutsche Zukunft. Ein Mahnwort an alle. In: Die Gartenkunst, Jg. 33, H. 1, S. 1-2.
Heicke, Carl 1921: XXXIV. Hauptversammlung der Deutschen Gesellschaft für Gartenkunst (Bielefeld, 17.-20. Juni 1921). In: Die Gartenkunst, Jg. 34, H. 9, S. 96-102.
Hennebo, Dieter Hg. 1985: Gartendenkmalpflege. Grundlagen der Erhaltung historischer Gärten und Grünanlagen, Stuttgart.
Kampffmeyer, Hans 1926: Siedlung und Kleingarten, Wien.
Klose, Hans 1919: Das westfälische Industriegebiet und die Erhaltung der Natur. In: Staatliche Stelle für Naturdenkmalpflege (Hg.): Naturdenkmäler. Vorträge und Aufsätze. Bd. 2. 18/19, S. 339-454.
Klose, Hans 1957: Fünfzig Jahre staatlicher Naturschutz. Ein Rückblick auf den Weg der deutschen Naturschutzbewegung, Gießen.
Koeppen, W. 1929: Die Freiflächen der Stadtgemeinde Berlin. Denkschrift II des Amtes für Stadtplanung, Berlin.
Lesser, Ludwig 1915: Der Kleingarten. Seine zweckmäßigste Anlage und Bewirtschaftung. Schriften des Groß-Berliner Vereins für Kleinwohnungswesen, H. 1, Berlin.
Lichtwark, Alfred 1909: Park- und Gartenstudien, Berlin.
Migge, Leberecht 1919: Neues Gartenbauen. In: Gutkind, Erwin (Hg.): Neues Bauen, Berlin, S. 104-119.
Obercrome, Willi 2004: „Deutsche Heimat". Nationale Konzeption und regionale Praxis von Naturschutz, Landschaftsgestaltung und Kulturpolitik in Westfalen-Lippe und Thüringen (1900-1960), Paderborn/München/Wien/Zürich.
Rundfrage aus dem Jahre 1911. In: Naturschutz und Naturschutzparke. Mitteilungen des Vereins Naturschutzparke e. V., 1969, 52/53, S. 26-34.
Sammereyer, Hanns 1910: Die Errichtung des Alpennaturschutzparkes. In: Verein Naturschutzpark (Hg.): Naturschutzparke in Deutschland und Österreich. Ein Mahnwort an das Deutsche und Österreichische Volk, Stuttgart, S. 19-23.
Schmidt, Robert 1912: Denkschrift betreffend Grundsätze zur Aufstellung eines General-Siedlungsplanes für den Regierungsbezirk Düsseldorf (rechtsrheinisch). Dissertation an der Kgl. TH Aachen, o. O.
Schmidt, Robert 1930: Dezentralisation des Städtebaus. In: Albrecht, Gerhard u. a. (Hg.): Handwörterbuch des Wohnungswesens, Jena, S. 187-188.
Schmoll, Friedemann 2004: Erinnerung an die Natur. Die Geschichte des Naturschutzes im deutschen Kaiserreich (Radkau, J./Frohn, H.-W./Neiss, T., Hg.: Geschichte des Natur- und Umweltschutzes, Bd. 2). Frankfurt am Main/New York.
Schnitzler, Leo 1926: Naturschutz und Gesetz. In: Schoenichen, Walther (Hg.): Wege zum Naturschutz, Breslau, S. 9-27.
Schoenichen, Walther 1935: Von den Aufgaben des Naturschutzes. In: Deutsche Wissenschaft, Erziehung und Volksbildung, H. 1, S. 3-6.
Schwarz, Felix/Gloor, Frank (Hg.) 1969: Die Form. Stimme des Deutschen Werkbundes 1925-1934. Neudruck, Gütersloh.

Sigrist, Albert 1930: Das Buch vom Bauen, Berlin.
Siller, Franz/Schneider, Camillo 1920: Wiens Schrebergärten. Bd. 1, Wien.
Stadt Nürnberg Hg. 1940: Erläuterungsbericht zum Wirtschaftsplan der Stadt der Reichsparteitage, Nürnberg.
Umlauf, Josef 1958: Wesen und Organisation der Landesplanung, Essen.
Verein Naturschutzpark 1926: Die Werbetätigkeit des Vereins Naturschutzpark. In: Naturschutzparke, H. 1, S. 4-6.
Verein Naturschutzpark 1927: Bericht über die Hauptversammlung des Vereins Naturschutzpark e. V. in Stuttgart am 17. Juli 1927. In: Naturschutzparke, H. 4.
Wagner, Martin 1918: Die Sanierung der Mietskasernen. In: Fuchs, Carl J. (Hg.): Die Wohnungs- und Siedlungsfrage nach dem Kriege. Ein Programm des Kleinwohnungs- und Siedlungswesens, Stuttgart.
Wagner, Martin 1919: Der Bebauungsplan der Städte und Vorstädte. In: Gutkind, Erwin (Hg.): Neues Bauen, Berlin.
Wagner, Martin 1929: Vorwort zu: Koeppen, W. 1929: Die Freiflächen der Stadtgemeinde Berlin, Berlin, S. 3-6.
Weber, Werner 1938: Das Recht des Landschaftsschutzes, Neudamm/Berlin.
Wey, Karl-Georg 1982: Umweltpolitik in Deutschland. Kurze Geschichte des Umweltschutzes in Deutschland seit 1900, Opladen.
Wollenweber, Helmut 1927: Aufgabe und Tätigkeit des Siedlungsverbandes Ruhrkohlenbezirk. Dissertation, Bonn.
Zentralverband Deutscher Arbeiter- und Schrebergärten 1919: Protokoll der Hauptversammlung des Zentralverbandes am 28. September 1919 zu Berlin im Reichswirtschaftsministerium (unv. Man.), Berlin.

Prof. Dr. Joachim Wolschke-Bulmahn
Geschichte der Freiraumplanung
Institut für Landschaftsarchitektur
Fakultät für Architektur und Landschaft
Leibniz Universität Hannover

Anmerkungen zum Versuch, Sozialwissenschaften in die Ausbildung von Landschaftsarchitekten zu integrieren

Gert Gröning

I

Sozialwissenschaften selber sind wissenschaftshistorisch jung. „Die empirische Soziologie", so schrieb René König 1973 in der dritten Auflage des Handbuchs der empirischen Sozialforschung, „hat sich im engeren Sinne während der letzten rund achtzig Jahre nach Erscheinen von *Durkheims* ‚Regeln der soziologischen Methode' (1895) herangebildet, und zwar – im Gegensatz zu früher – nicht in einem allgemein postulativen Sinne, *sondern an Hand der wirklichen Forschung*" (König 1973, 8; kursiv i. O.). Mittlerweile sind aus den von König erwähnten rund achtzig gut über einhundert Jahre geworden. Weiter stellte König klar: „Einzig die Soziologie ist Wissenschaft von der Gesellschaft, und Wissenschaft ist letztlich nur als empirische Forschung möglich" (ebd. S. 1). Dazu gehörte für ihn „auch eine vielfältige Auseinandersetzung zwischen reiner Spekulation, begrifflicher Deduktion und empirischem Herumprobieren: denn es kann ja nicht vorausgesetzt werden, daß die gesuchten Ordnungsbegriffe oder Kategorien von Anfang an in systematischer Ordnung da sind. Es ist aber bezeichnend für den wachsenden Reifestand einer Wissenschaft, wenn diese Ordnungsbegriffe nicht in jedem Falle neu abgeleitet werden müssen, sondern in einer gewissen Systematik bereits vorliegen, so daß in der Mehrzahl der Fälle von ihnen ohne weiteres Gebrauch gemacht werden kann" (ebd. S. 1f).

Wenngleich schon im frühen 19. Jahrhundert mit der Gründung des Vereins zur Beförderung des Gartenbaues in den Königlich-Preußischen Staaten und der Königlichen Gärtnerlehranstalt in Potsdam und Berlin-Schöneberg ein Anfang zur Professionalisierung in der Gartenkultur gemacht wurde (Gröning 2001; Gröning 1989), so gelang es doch erst gegen Ende des zweiten Jahrzehnts des 20. Jahrhunderts das Fach universitär zu verankern (Gröning/Wolschke-Bulmahn 1987; Wolschke-Bulmahn/Gröning 1988). Am 10. September 1929 wurde der damalige Stadtgartendirektor von Groß-Berlin Erwin Barth zum Professor für Gartengestaltung und Direktor des Instituts für Gartengestaltung an der Landwirtschaftlichen Hochschule Berlin berufen (Land 2005; Gröning/Wolschke-

Bulmahn 1997). Mit Wirkung vom 15. Oktober 1930, also zum Wintersemester 1930/31 und gut ein Jahr nach der Berufung Barths, tritt die auf sieben Semester ausgelegte Diplomprüfungsordnung für Studierende des Gartenbaus und der Gartengestaltung an der Landwirtschaftlichen Hochschule Berlin in Kraft. Keiner der Studenten, die nach dieser Prüfungsordnung das Studium aufnahmen, konnte nach den vorgesehenen sieben Semestern bei Barth mit einer Diplomarbeit abschließen. Ihm blieben nur noch fünf Semester, die „hochschulmäßige Ausbildung des Gartenarchitekten" (Barth 1930, 101; Barth 1931) zu entwickeln[1]. Für die Bildung von „Ordnungsbegriffen" wie sie in der Soziologie längst im Gange war, reichte die Zeit nicht. Das sechste Semester, das Sommersemester 1933, verbrachte Barth „infolge eines schweren Rückfalles meiner Regenbogenhautentzündung, die ich mir vor drei Jahren in den Dolomiten holte" (Land 2005, 599), im Rudolf-Virchow-Krankenhaus in Berlin. Möglicherweise bedrängt von nationalsozialistischen Umtrieben und der Furcht zu erblinden, wählte Barth am 10. Juli 1933 den Freitod. Zwar hatte ihm durchaus die „soziale und ästhetische Bedeutung öffentlicher Gartenanlagen" (Barth 1926, 17) am Herzen gelegen, doch war von der Integration sozialer Themen in seinen Vorstellungen zur Ausbildung von Gartenarchitekten nicht die Rede.

Die Chance zur Entwicklung „von Grundbegriffen, die auch lehrbuchmäßig vermittelt werden können und die der einzelne Forscher voraussetzen kann als konzeptuellen ‚Dispositionsfonds', mit dessen Hilfe er die Daten der Erfahrung" (König 1973, 2) in der hochschulmäßigen Ausbildung des Gartenarchitekten ordnet, die sich, wäre Barth längeres Wirken vergönnt gewesen, vielleicht im Verlauf der weiteren Entwicklung des Studiengangs ergeben hätte, konnte nicht mehr genutzt werden.

II

Barths Nachfolger, der uneingeschränkt dem Nationalsozialismus huldigende Heinrich-Friedrich Wiepking-Jürgensmann[2] (Kellner 1998; Gröning/Wolschke-Bulmahn 1987a; Gröning/Wolschke-Bulmahn 1997), legte den Schwerpunkt der

---

[1] Land (2005, 566) nennt namentlich vier Kandidaten, Kurt Schönbohm, Heinz Fritzsche, Robert Gärtner und Otto Kurz sowie einen „Schweizer und eine Norwegerin ... welche namentlich jedoch nicht bekannt sind", die bei Barth ihre Diplomarbeit eingereicht haben; siehe auch Gröning/Wolschke-Bulmahn (1997), Eintrag Schönbohm, Kurt, S. 346; Eintrag Fritzsche, Heinz, S. 100; Eintrag Gärtner, Robert, S. 103 sowie Eintrag Kurz, Otto, S. 211.
[2] Wiepking-Jürgensmann (1891-1973), der später den Namenszusatz Jürgensmann ablegte, gelang es nach 1945 wieder einen Lehrstuhl zu bekommen. Er wurde 1958 emeritiert und spielte danach noch bis zu seinem Tod die Rolle einer ‚grauen Eminenz', die erst durch massive studentische Proteste Anfang der 1970er Jahre von einigen in Frage gestellt wurde.

Ausbildung auf die Landschaftsgestaltung. Damit rückte er den Fokus der Ausbildung von den vor allem in den Städten nach Antworten verlangenden sozialen Fragen weg in die Dörfer und die Landschaft. Seinen Vorstellungen nach sollte die universitäre Ausbildung für den „Kampf für des Volkes Wurzelfreiheit" sowie für den „Kampf für das Land und die Landschaft" (Wiepking-Jürgensmann 1935, 41) vorbereiten. Der Gartengestalter sollte sich daher „am lebenden Objekt, dem Dorf und der Kulturlandschaft schulen" und „die ungeheure Bedeutung des Bauern für unser Volksganzes erkennen lernen", denn „was wir in den alten, gewachsenen und von Bauernhand geformten Landschaften für gut, richtig und schön erkannt haben, wollen wir in vergeistigter, veredelter, verbesserter und nutzbringender Form in die neuen großen deutschen Kulturlandschaften tragen und nur den besten unter uns darf dieses Pfand anvertraut werden" (ebd. S. 45). „Zum Aufbau eines neuen (nationalsozialistischen; d. Verf.) Volkes, zum Aufbau eines neuen (nationalsozialistischen; d. Verf.) Landes", schrieb Wiepking-Jürgensmann, „wird der junge Gartengestalter gerufen, und welche Aufgabe könnte schöner sein, als durch Gärten und Landschaften Menschen zu gestalten, welche Aufgabe könnte beglückender sein, als Deutschland zu gestalten?" (ebd. S. 46). Dabei fand er, Deutschland sei „in seiner soziobiologischen Zusammensetzung nicht leicht zu erkennen, da es in seiner Geschichte und in seinen Gliederungen die vielfältigsten Unterschiede" (ebd. S. 42) habe. „Um die Aufgabe erfüllen zu können", so Wiepking-Jürgensmann, „muß zunächst das Land und müssen die Leute des Landes die vorherrschenden Forschungsgebiete sein" (ebd. S. 43). Hätte nunmehr nicht nahe gelegen, sich der Mitarbeit der Disziplinen zu versichern, die sich eben der „Wissenschaft von der Gesellschaft", deren sozialer Differenzierung, dem Verhalten unterschiedlicher sozialer Gruppen u. a. m. verschrieben hatten, den Sozialwissenschaften? Das kam Wiepking-Jürgensmann offenbar nicht in den Sinn. Die Gartengestaltung sei, so Wiepking-Jürgensmann, „ein Grenzgebiet zwischen praktischer Volksbiologie und Volkswirtschaft, der eigentlichen Gärtnerei, dem Städtebau, dem Hochbau, der Landesplanung und der Landschaftspflege, aber auch der Bodenkunde, der Bodenbiologie, der Forstwirtschaft und der Forstwissenschaft" (ebd. S. 42).

III

Auf dieser soziologiefernen Grenzgebietsvorstellung von Gartengestaltung aufbauend, wurde nach der Befreiung vom Nationalsozialismus von Konrad Buchwald das Konzept einer umfassenden Landespflege an der Technischen Hochschule Hannover vertreten. Nach Wiepkings Emeritierung im Jahr 1958 wurde das von ihm geleitete „Institut für Landespflege, Landschafts- und Gartengestaltung' durch die Neuschaffung eines ‚Institutes für öffentliche Grünplanung und Gartengestaltung' entlastet, während das Stamminstitut in ‚Institut für Landespflege und Landschaftsgestaltung' umbenannt wurde" (Wiepking 1959, 17). Das neue Institut übernahm ab Wintersemester 1958/59 Werner Lendholt, der bei Wiepking studiert und diplomiert hatte und zuletzt Leiter des Garten- und Friedhofsamts Hannover war (Gröning/Wolschke-Bulmahn 1997). Nachfolger Wiepkings im „Stamminstitut" wurde ab Sommersemester 1960 Konrad Buchwald, der 1940 mit der Dissertation „Die nordwestdeutschen Heiden, ihre Erforschungsgeschichte, Pflanzengesellschaften und deren Lebensbedingungen" an der Universität Heidelberg zum Doktor der Naturwissenschaften promoviert und 1955 mit einer Arbeit über „Das Wassermangelgebiet Unteres Illertal, Entstehung, heutiger Zustand, Gesundungsmöglichkeiten" an der Universität Tübingen für das Fach Geobotanik habilitiert worden war. Buchwald benannte das Institut für Landespflege, Landschafts- und Gartengestaltung in Institut für Landschaftspflege und Naturschutz um. Die Verankerung der Landespflege an der Hochschule sahen Buchwald und Lendholt 1963 in der Festschrift für Wiepking als „Verdienst und wesentliche(r)n Teil der Lebensarbeit" (Buchwald/Lendholt/ Meyer 1963, Vorwort s.p.) von Wiepking an. Buchwald wurde wenige Jahre später deutlicher und schrieb das auch der 1942 erschienenen „Landschaftsfibel" von Wiepking zu: „Prof. HEINRICH WIEPKING, seit 1934 Direktor des Institutes für Landschafts- und Gartengestaltung an der Landwirtschaftlichen Hochschule in Berlin, hat als bedeutender Gartenarchitekt und Grünplaner, angeregt durch die intensive Beschäftigung mit dem landeskulturellen Werk FRIEDRICHS DES GROSSEN und die Landschaftsgestaltungen und landespflegerischen Arbeiten LENNÉS, sich bald in seinem eigenen Werk wie in der Lehrtätigkeit für seine Studenten der Pflege und Gestaltung dörflicher Feldfluren und ganzer Landschaften [WIEPKING 1942] zugewandt und so die Landespflege an der Hochschule verankert: zunächst in Berlin, seit 1947 in Sarstedt-Hannover" (Buchwald 1968, 108; Kapitälchen i. O.). Die „Landschaftsfibel" war unmissverständlich von nationalsozialistischer Ideologie durchdrungen, was Buchwald jedoch offenbar nicht weiter kümmerte. In einem 1963 erschienenen Beitrag „Die Industriegesellschaft und die Landschaft" behauptete Buchwald in völkischer Schreibweise, „Volk und Staat" erwüchsen „in der Industriegesellschaft neue, vor wenigen Jahren noch unbekannte Verpflichtungen und Aufgaben für Schutz, Pflege und Ordnung unseres Lebensraumes" (S. 41). Auslöser dafür seien „die wechselseitigen Beziehungen zwischen der modernen Großstadt und der Landschaft", die „bei einer geradezu explosiven Entwicklung der ökonomischen und soziologischen Verhältnisse die Gestaltung, Ordnung und Pflege des Lebensraumes dem nicht zu folgen" vermöchten und „die Lage" daher „kritisch" (ebd. S. 23) werde. Buchwald betrachtete „die Landschaft im Sinne der modernen Ökologie als *Geo-*

biozönose, als Einheit von Lebensraum und Lebensgemeinschaft" (ebd. S. 26; kursiv i. O.). „In dieses dynamische System aus abiotischen Landschaftsfaktoren und tierischen wie pflanzlichen Gesellschaften" griffe „nun die menschliche Gesellschaft nutzend und gestaltend ein. So prägt jedes Volk, entsprechend seiner völkischen Eigenart, in weit höherem Maße aber noch gemäß seiner Gesellschaftsordnung, seinen Lebensraum, die Landschaft" (ebd. S. 26). Das kam, nationalsozialistisch bereinigt, der folgenden Wiepkingschen Formulierung aus der 1942 erschienenen „Landschaftsfibel" nahe. Dort hatte Wiepking geschrieben: „Immer ist die Landschaft eine Gestalt, ein Ausdruck und eine Kennzeichnung des in ihr lebenden Volkes. Sie kann das edle Antlitz seines Geistes und seiner Seele ebenso wie auch die Fratze des Ungeistes, menschlicher und seelischer Verkommenheit sein. In allen Fällen ist sie das untrügliche Erkennungszeichen dessen, was ein Volk denkt und fühlt, schafft und handelt. Sie zeigt uns in unerbittlicher Strenge, ob ein Volk aufbauend und Teil der göttlichen Schöpfungskraft ist, oder ob das Volk den zerstörenden Kräften zugerechnet werden muß. So unterscheiden sich auch die Landschaften der Deutschen in allen ihren Wesensarten von denen der Polen und Russen, – wie die Völker selbst. Die Morde und Grausamkeiten der ostischen Völker sind messerscharf eingefurcht in die Fratzen ihrer Herkommenslandschaften. Je verwahrloster und verkommener, je ausgeräumter eine Landschaft ist, um so größer ist die Verbrechenshäufigkeit. Das gilt für die Alte Welt ebenso wie für den neuen Erdteil jenseits des großen Wassers. Diese Feststellung allein sollte jeden mit der Führung des Volkes Beauftragten zwingen, der Landschaft die Bedeutung beizumessen, die ihr zukommt. Sie ist neben der Blutspflege das tragende Gerüst einer jeden sinnvollen Volkspflege" (Wiepking-Jürgensmann 1942, 13). Nur zwei Jahrzehnte nach diesen nationalsozialistisch-landespflegerischen Entgleisungen Wiepkings meinte Buchwald, mit moderateren, doch ähnlichen Untertönen, „die Arbeitsgebiete der Landespflege – Naturschutz, Landschaftspflege, Grünplanung – " gewännen „eine sehr ernste soziale Bedeutung für die Wohlfahrt der Großstadtmassen wie für die Gesundheit und Leistungsfähigkeit der Landschaft" (Buchwald 1963, 41). „Pflege und Ordnung der Landschaft", so weiter Buchwald, seien „für die moderne Industriegesellschaft zu einer Existenzfrage geworden" (ebd. S. 41). In gewisser Modifikation von Wiepkings Interesse an der „soziobiologischen Zusammensetzung der Leute des Landes" formulierte Buchwald nun, die „Landespflege" erstrebe „eine dem Menschen gerechte und zugleich naturgemäße Umwelt durch Ordnung, Schutz, Pflege und Entwicklung von Wohn-, Industrie-, Agrar- und Erholungsgebieten" und dies erfordere „den Ausgleich zwischen dem natürlichen Potential eines Landes und den vielfältigen Ansprüchen der Gesellschaft" (Buchwald 1968a, 132).

IV

Das „natürliche Potential eines Landes" wurde im damaligen Studium der Landespflege u. a. in Vorlesungen zur Pflanzensoziologie, in denen u. a. von der potentiell natürlichen Vegetation die Rede war, in Vorlesungen zur Bodenkunde, in Vorlesungen zur Landschaftsökologie und Landschaftsplanung u. a. m. thematisiert. Zu den „vielfältigen Ansprüchen der Gesellschaft" gab es keinerlei Lehrveranstaltungen. Möglicherweise in Anlehnung an die von dem einst den nationalsozialistischen „Generalplan Ost" zur Vernichtung von Millionen von Juden und anderen als „Untermenschen" Angesehenen verantwortenden Konrad Meyer (Madajczyk 1988) entwickelten Vorstellungen von Planungsfreiheit, wurden die Gesellschaft und deren vielfältige Ansprüche an Raum gezielt vom universitären Vermittlungsprozess ausgeschlossen. Meyer, der 1930 mit einer Untersuchung über das Problem der Trockenresistenz des Hafers an der Universität Göttingen habilitierte, war ab 1934 Professor für Ackerbau und Landbaupolitik und leitete in der Zeit des Nationalsozialismus als Direktor das gleichnamige Institut an der Berliner Universität, das er später in Institut für Agrarwesen und Agrarpolitik umbenannte. Gleichzeitig hatte Meyer im Preußischen Ministerium für Wissenschaft, Kunst und Volksbildung eine Referentenstelle, von der aus er möglicherweise die Berufung von Wiepking steuerte, nachdem Barth den Freitod gewählt hatte. 1940 übernahm Meyer als SS-Oberführer die Leitung der Amtsgruppe C mit den Abteilungen Planung, Bauten und Zentralbodenamt im Stabshauptamt des Reichskommissariats für die Festigung deutschen Volkstums (Gröning/Wolschke-Bulmahn 1987a). Nachdem er 1945 seinen Lehrstuhl Ackerbau und Landpolitik an der Berliner Universität aufgeben musste, erhielt er 1955 durch Vermittlung von Wiepking wieder einen Lehrstuhl für Landbau und Landesplanung in der Fakultät für Gartenbau und Landeskultur der damaligen Technischen Hochschule Hannover (Wiepking 1959; Gröning/Wolschke-Bulmahn 1987a). Im Nationalsozialismus hatte Meyer Vorstellungen von „echter Planungsfreiheit" für nationalsozialistische Planer entwickelt, die andere Völker ihrer Rechte beraubte. Er schrieb: „Es gehört zum Wesen echter Planungsfreiheit, daß

1. Menschen des eigenen Volkes in ausreichender Zahl und entsprechender Eignung zur Besitznahme neuen Raumes zur Verfügung stehen und
2. Grund und Boden, der sich nicht im Besitz von Angehörigen des eigenen Volkstums befindet, in erforderlichem Umfang verfügbar ist" (Meyer o. J., vermutlich 1942, 12).

V

Die 1963 erschienene Arbeit „Sozialwissenschaftliche Aspekte der Grünplanung in Großstädten" von Peter Gleichmann, der 1959-1960 als wissenschaftlicher Assistent am Institut für öffentliche Grünplanung und Gartengestaltung der TH Hannover gearbeitet hatte (Seidel 1981), fand in den damaligen Veranstaltungen der Abteilung Landespflege der Technischen Hochschule Hannover keinerlei Erwähnung. Dabei liefert die bis heute lesenswerte Untersuchung eine nüchterne, empirische Analyse der großstädtischen Interessen an grünplanerischen Fragestellungen. Sie stellte, wie der von 1958 bis 1962 als außerordentlicher Professor an der Technischen Hochschule Hannover lehrende Hans Paul Bahrdt (in Herlyn Hg. 1996), der Doktorvater Gleichmanns, in seinem Geleitwort ausführte, „einen wichtigen Vorstoß in das noch wenig erschlossene und tückenreiche Grenzgebiet zwischen Soziologie und Stadtplanung dar. An einem konkreten Thema, der Grünplanung, wird versucht, die sozialen Leitbilder, die die bisherige Grünpolitik bestimmt haben, auf ihre gesellschaftlichen Voraussetzungen, zu denen auch die ideologischen Prägungen gehören, hin zu untersuchen, um sie dann mit Ergebnissen der empirischen Sozialforschung zu konfrontieren. Daß die Ergebnisse dieser Konfrontation teilweise unbequem sind, ist Soziologen-Schicksal. Die Erhellung sozialer Sachverhalte, die bisher verborgen waren, bringt den Soziologen automatisch in Gegensatz zu den Trägern der jeweils herrschenden Auffassungen, insbesondere dann, wenn diese sich deshalb verfestigt haben, weil sie als Richtschnur kontinuierlichen praktischen Handelns zu dienen hatten" (Bahrdt 1963 s.p.).

Selber hätte ich wohl kaum von dieser Doktorarbeit erfahren, hätte ich nicht 1969 an Gleichmanns Übung „Soziologische Grundbegriffe" im Sozialwissenschaftlichen Seminar und seinen Vorlesungen zur Gemeindesoziologie teilgenommen, die er an der Fakultät für Architektur der Technischen Universität Hannover hielt. Ich hatte bis dahin auch nicht für möglich gehalten, dass eine so zentrale Studie gerade dort, wo immer erneut auf die „soziologischen Verhältnisse" – gemeint waren die sozialen Verhältnisse[3], die „Ansprüche der Gesellschaft" und die Notwendigkeit „zur Erforschung der Sachverhalte ... sowohl die Sozialwissenschaften als auch die Naturwissenschaften" zu bemühen, verwiesen wurde, schlicht ignoriert wurde. Es kam daher im Sommersemester 1969 einem Sakrileg gleich als ich es wagte, den in den Räumen der damaligen Abteilung

---

[3] Zu der damals weit verbreiteten unreflektierten Verwendung des Begriffes „soziologisch", wenn „sozial" gemeint war, führte König aus: „Genau wie mit der Kunst oder der Wirtschaft, kann man sich eben auf vielerlei Weisen mit dem Sozialen befassen. Man sollte dann allerdings nicht das Wort ‚Soziologie' oder ‚soziologisch' dafür mißbrauchen, wenn es oft auch schwer fallen wird, diesen Wortgebrauch auszutreiben" (König 1973, 9).

Landespflege wegen seiner Arbeiten als persona non grata geltenden Soziologen Gleichmann zu einem Korrekturgespräch für meine sogenannte 5. Aufgabe, die letzte große Studienaufgabe vor der Diplomarbeit, in den Unteren Zeichensaal in den Räumen der Fakultät für Gartenbau und Landeskultur zu einer Korrektur einzuladen. Er kam tatsächlich. Danach fürchtete ich mich auch nicht mehr, ihn mit seiner Abhandlung über „Sozialwissenschaftliche Aspekte der Grünplanung in der Großstadt" im schriftlichen Bericht zu meiner Aufgabe explizit in der Literaturliste aufzuführen. Das Eis war gebrochen.

Erstmals konnten, trotz eines der Soziologie sehr distanziert gegenüberstehenden Studienumfelds an der Fakultät für Gartenbau und Landeskultur, sozialwissenschaftliche Inhalte im Studium der Landespflege vertreten werden. Es schien mir daher nur konsequent als erster Studierender der Landespflege bei der Meldung für die Diplom-Hauptprüfung Abteilung Landespflege, II. Abschnitt: Klausur und Prüfung vom 9. bis 30.4.1970 in der Vertiefungsrichtung Gartengestaltung als Wahlfach Soziologie und nicht, wie sonst bis dahin allgemein üblich, Waldbau anzugeben sowie die mündliche Prüfung dazu bei Gleichmann abzulegen.

VI

Das Interesse, sich mit sozialwissenschaftlichen Fragen auseinanderzusetzen, stieg in den frühen 1970er Jahren bei den Studierenden unübersehbar an. Es führte zu ausgesprochen harten politischen Auseinandersetzungen um die Integration entsprechender Inhalte in das Studium der Landespflege. Um die allmählich eskalierende Lage einigermaßen im Griff zu behalten, wurde ab Wintersemester 1971/72 seitens der Abteilung Landespflege ein Lehrauftrag für das Pflichtprüfungsfach Soziologische Grundlagen der Freiraumplanung mit zwei Semesterwochenstunden an den promovierten Sozialwissenschaftler Ulfert Herlyn von der Universität Göttingen vergeben. Aufgrund des starken Zulaufs, das dieses Lehrangebot von Seiten der Studierenden der Landespflege erfuhr – im Wintersemester 1971/72 hatten knapp 100 Studierende das Studium der Landespflege begonnen – , setzte eine wiederum sehr hart geführte Auseinandersetzung um dessen Vergrößerung ein, die in der als völlig uneinlösbar geltenden Forderung nach einer Hochschullehrerstelle für dieses Fachgebiet mündete. Dazu sei angemerkt, dass es in diesem Zeitraum auch darum ging, die Hochschulöffentlichkeit der Abteilungssitzungen durchzusetzen. Weil die im Seminar Soziologische Grundlagen der Freiraumplanung gehaltenen Referate auf Matrizen vervielfältigt wurden, trat in der Abteilung Landespflege für dieses Fachgebiet ein Mangel an Spirit-Carbon-Matrizen und Vervielfältigungspapier ein. Diese an sich lächerlichen Schwierigkeiten machten ein Dilemma deutlich, das Herlyn einige Jahre später so beschrieb: „In der Konfrontation einer empirisch-analytischen Tatsachenwissenschaft und einer normativ-pragmatischen Disziplin liegt das grundsätzliche Dilemma jedweder Kooperation insofern, als neben den unterschiedlichen Denkansätzen auch die Arbeitstechniken (verbaler Diskurs versus zeichnerische Darstellung) und vor allem die mit beidem eng verkoppelten Erwartungshaltungen häufig antioperativ wirken" (Herlyn 1979, 28). Schwierigkeiten, die Arbeitsfähigkeit der Abteilung Landespflege im Wintersemester 1971/72 zu gewährleisten und die Unhaltbarkeiten in den völlig überlaufenen Lehrveranstaltungen führten dazu, dass Herlyn den zuständigen Dekan im Sommersemester 1972 schriftlich über Erschwernisse bei der Wahrnehmung seines Lehrauftrages in Kenntnis setzte und darum bat, „verbindlich die Dauer des Lehrauftragsverhältnisses" zu „klären", andernfalls er sich „gezwungen" sähe, „den Lehrauftrag an die TU Hannover zurückzugeben" (Herlyn 1972). Kurzfristig bewirkte Herlyns Schreiben nichts und die eigentlich unhaltbare Situation bestand im Wintersemester 1972/73 fort. Sie brachte Herlyn dazu, mit Ablauf des Wintersemesters 1972/73 den Lehrauftrag für das Fach „Soziologische Grundlagen der Freiraumplanung" an die Abteilung Landespflege zurückzugeben. Dazu trug wesentlich bei, dass bei wöchentlich zwei Stunden kein differenziertes Lehrangebot in Vorlesungen und Übungen möglich war, es aufgrund des sehr knapp bemessenen Zeitraums kaum Beratungsmöglichkeiten für Studierende gab und die Mitarbeit an Projekten, die die zentralen Inhalte des Studiums vermitteln sollten und durch soziologische Ansätze und Materialien um die kritische Dimension hätten erweitert werden können, unmöglich war (Herlyn 1973). Die gerade erst begonnene Integration der Sozialwissenschaften in die Ausbildung von Landschaftsarchitekten schien nach nur wenigen Semestern wieder am Ende.

VII

Doch es sollte anders kommen. Zunächst wurde seitens des Dekans der Fakultät für Gartenbau und Landeskultur die Stundenzahl für den Lehrauftrag „Soziologische Grundlagen der Freiraumplanung" von zwei auf vier erhöht (Storck 1973). Des weiteren wies der Niedersächsische Kultusminister mit Erlass vom 4. Juli 1973 der TU Hannover mit Wirkung vom 1.9.1973 „zur Behebung des Notstandes in der Lehre und zur Entlastung des Unterrichts in den Massenfächern" eine Stelle der Besoldungsgruppe AH 3, Wissenschaftlicher Rat und Professor sowie eine Stelle der Besoldungsgruppe A 13/14, Akademischer Rat/Akademischer Oberrat zu. Daraufhin erwartete die Abteilung Landespflege der Fakultät für Gartenbau und Landeskultur bis zum 15. Oktober 1973 Bewerbungen für die Stelle eines wissenschaftlichen Rates und Professors (AH 3) für das Lehrgebiet planungsbezogene Soziologie. Die Abteilung, so hieß es in der Ausschreibung, sei „interessiert an Fragestellungen wie: soziologische Aspekte von Planungsprozessen, soziologisch-ästhetische Probleme, soziologische Bedingungen des Arbeit-Freizeit-Verhältnisses" (Ausschreibung 1973). Auf die Stelle bewarben sich neben anderen auch Gleichmann und Herlyn, der sie letztlich bekam und von 1974 bis zu seinem Ausscheiden im Jahr 2000 vollinhaltlich in Forschung und Lehre vertrat.

In einer Anfang September 1974 erstellten Prioritätenliste der Abteilung Landespflege der TU Hannover für die Zuweisung von Stellen im Haushalt 1975 stand die Stelle eines wissenschaftlichen Assistenten für das Fachgebiet Planungsbezogene Soziologie an erster von 22 beantragten Stellen. Im Verlauf der weiteren Diskussion um die Durchsetzung dieser Stellen wurde aus der Assistentenstelle, die zunächst mit dem Soziologen Herbert Hübner besetzt worden war, die seitens des Ministeriums bereits 1973 zugewiesene akademische Ratsstelle, die im Mai 1977 ausgeschrieben wurde. 13 Bewerbungen gingen ein, darunter die von Wulf Tessin, der nach einem Studium der Wirtschafts- und Sozialwissenschaften an der Universität München und am University College in Dar-es-Salaam in Tansania, ein städtebauliches Aufbaustudium an der TU München absolviert hatte und damals als wissenschaftlicher Assistent am Lehrstuhl für Planungstheorie an der Architekturabteilung der Rheinisch-Westfälischen Technischen Hochschule Aachen arbeitete. Im Juni 1977 promovierte er mit einer Dissertation über „Stadterneuerung und Umsetzung. Der Stadtumbau als räumlicher und gesellschaftlicher Transformationsprozeß in seinen Auswirkungen auf umsetzungsbetroffene Mieter" an der wirtschafts- und sozialwissenschaftlichen Fakultät der Georg-August-Universität zu Göttingen. Für seine Bewerbung um die Stelle in Hannover hatte er „Anmerkungen zu einigen strukturellen Problemen der (Grün-) Planung als Gegenstand einer planungsbezogenen Soziologie" ausgearbeitet, die deutlich besser als die aller anderen Bewerber auf die Interessen des neuen Lehrgebiets der planungsbezogenen Soziologie an der Abteilung Landespflege zugeschnitten waren. Als zentrale Lehrinhalte und Forschungsgegenstände einer planungsbezogenen Soziologie formulierte er deren gesellschaftskritische, ideologiekritische und sozialtechnische Funktionen. Gesellschaftskritisch sollte die planungsbezogene Soziologie „die gesellschaftlichen Rahmenbedingungen und Restriktionen der Grünplanung zu analysieren und Vorschläge zu ihrer Überwindung ... entwickeln", ideologiekritisch sollte sie „die freiraumbezogenen Werthaltungen und Zielsetzungen bei Grünplanern und verschiedenen Bevölkerungsgruppen ... hinterfragen und dabei wesentlich auch die Diskrepanz zwischen programmatischen (wenn auch diffusen) Absichtserklärungen staatlicher Grünplanung und realer (defizitärer und vor allem disparitärer) Grünversorgung der Bevölkerung" aufzeigen „und aus den jeweiligen gesellschaftlichen Verhältnissen" heraus „erklären" und sozialtechnisch sollte sie „das strukturelle Informationsdefizit jeglicher Planung an(zu)gehen und unmittelbar planungsrelevantes Wissen zur Verfügung stellen" (Tessin 1977, 6).

Ab Wintersemester 1977/78 konnten nun zwei Soziologen die große Nachfrage der Studierenden nach Themen der planungsbezogenen Soziologie decken. Die Sozialwissenschaften schienen auf absehbare Zeit in die Ausbildung der Landschaftsarchitekten an der Universität Hannover integriert. Doch schon wenig später zeichnete sich ein „Pendelschlag ... von einer sozialkritischen, teilweise emphatisch vorgetragenen Umorientierung" ab, der „mancherorts soweit zurückgeschlagen" hatte, „daß sozialwissenschaftliche Orientierungen als Fremdkörper in einer auf Gestaltungsfragen verinnerlichten Studiengangsgestaltung angesehen" (Herlyn 1979, 33) wurden. Dieser skeptischen Einschätzung stellte Herlyn damals noch optimistisch „die Chance" gegenüber, „daß etwa jeweils über ein Jahr auch im Hauptstudium enge interdisziplinäre Kooperationen stattfinden, wie es z. B. in der Ausbildung von Freiraumplanern in Hannover der Fall ist" (ebd. S. 35). Herlyn hoffte, die Architektur- und Stadtplanerausbildung würde zukünftig „nicht mehr ohne das Fach Soziologie möglich sein" und weiter „wenn die entscheidende Brücke zwischen den Disziplinen die politische Orientierung zu sein scheint, dann kann diese entscheidend während der Ausbildung vermittelt werden, und ein Studienerfolg hätte sich dann eingestellt, wenn der ‚Planer zum Ärgernis innerhalb der Institution' geworden ist, d. h., wenn er sich der schlichten Reduktion von Problemlagen im Handlungsinteresse der Verwaltung gegenüber resistent erweist und so eine kritische Distanz zu der Institution entwickelt, in der er arbeitet" (ebd. S. 38). Verschiedene, sehr erfolgreiche Veranstaltungen in diesem Zusammenhang führten u. a. dazu, dass wir 1984, nachdem das Institut für Freiraumentwicklung und Planungsbezogene Soziologie über ein Jahrzehnt hinweg durchaus ergebnisorientiert gearbeitet hatte, Perspektiven einer so orientierten Ausbildung in einem Beitrag „Zum sozialwissenschaftlichen Ansatz in der Freiraumplanung" für die Zeitschrift der Universität Hannover skizzierten. Darin führten wir u. a. aus: „Der sozialwissenschaftliche Ansatz in der Freiraumplanung, der am Institut für Freiraumentwicklung und Planungsbezogene Soziologie seit seiner Gründung im Jahre 1974 verfolgt wird, stellt den Gebrauchswert von Freiflächen in den Mittelpunkt seiner Arbeit; d. h. dieser Ansatz ergänzt die anderen in der Landespflege vertretenen insofern, als er Freiflächen vorrangig aus soziologisch-psychologischer Perspektive analysiert. Freiflächen, insbesondere dabei die Grünflächen werden in ihrer Funktion betrachtet, den Menschen spezifische Erlebnis- und Handlungschancen zu eröffnen, vor allem im Bereich von Ruhe und Erholung, von Kommunikation und Begegnung, von Sport und Spiel, von Naturerfahrung und Naturgestaltung usf. Mit dieser Konzentration auf die für die Menschen unmittelbar erlebnis- und handlungsrelevanten Funktionen von Freiflächen werden die anderen Funktionen, wie z. B. ökologische oder klimatologische nicht in Abrede gestellt, aber wenn bisweilen innerhalb der Disziplin der Landespflege bzw. der Grünplanung schlagwortartig gesagt wird, ‚die Pflanze' stünde im Mittelpunkt des fachdisziplinären Interesses, so läßt sich das Selbstverständnis des sozialwissenschaftlichen Ansatzes (innerhalb der Landespflege) abweichend dahingehend umschreiben, daß hier nicht ‚die Pflanze', sondern – allenfalls – das Verhältnis Mensch-Pflanze (Natur, Freiraum etc.) im Mittelpunkt steht, und zwar auf der Ebene des Individuums, der verschiedenen sozialen Gruppierungen und Einheiten (Schicht, Klassen, Familien, Betriebe etc.) und auf der Ebene der Gesamtgesellschaft" (Gröning/Herlyn/Tessin 1984, 41).

Das erlahmende Interesse an solchen Integrationsbemühungen zeichnete sich mit der Pensionierung Herlyns 2000 ab. Seine Stelle wurde von Tessin übernommen, dessen akademische Ratsstelle anderweitig universitär verwendet wurde. Das in der Landespflege „krasse Missverhältnis" sozialwissenschaftlicher „zu naturwissenschaftlichen und technischen Fächern", das in gewisser Weise durch die Einrichtung des Fachgebiets Soziologische Grundlagen der Freiraumplanung zugunsten der Sozialwissenschaften verändert werden konnte, scheint nun gegen Ende des ersten Jahrzehnts des 21. Jahrhunderts wieder hergestellt zu werden. Die allgegenwärtige, vor allem naturwissenschaftlich daherkommende, Ökologisierung scheint der sozialwissenschaftlichen Orientierung den Garaus zu machen. Die einst von Herlyn geforderte „illusionslose interdisziplinäre Forschung", die anstelle einer „künstlichen Hochstilisierung zu einer Art ‚ökologischer Mode' ..., die zum einen von anderen dringenden gesellschaftspolitischen Themen ablenkt", treten sollte, um „einer langfristig wirksamen Veränderung von Prioritäten zugunsten einer Verbesserung unserer Umwelt im weitesten Sinne" (Herlyn 1973a, 10) den Weg zu bereiten, scheint noch in weiter Ferne. Die bevorstehende Pensionierung von Tessin besiegelt die über 30-jährige, sehr erfolgreiche sozialwissenschaftliche Tätigkeit in Lehre und Forschung an der nun Fakultät für Architektur und Landschaft genannten Einrichtung der Universität Hannover an der zukünftige Landschaftsarchitekten, bald wieder ohne sozialwissenschaftliche Grundkenntnisse erlangen zu können, ausgebildet werden. Was bleibt, ist eine Vielzahl einschlägiger Veröffentlichungen, die einige „Ordnungsbegriffe" im Sinne von König in die planungsbezogene Soziologie eingeführt haben. Dazu zählt auch die 2008 von Tessin veröffentlichte Arbeit „Ästhetik des Angenehmen, Städtische Freiräume zwischen professioneller Ästhetik und Laiengeschmack". Dieses Buch hat, zumindest bei einigen, für Aufregung gesorgt. Bislang weiß ich noch nichts davon, dass Tessin daraufhin zur persona non grata an der Universität Hannover erklärt worden wäre. Das immerhin scheint sich geändert zu haben. Als mir Gleichmann in den späten 1960er Jahren davon erzählte, die Sozialwissenschaften seien weit davon entfernt zum etablierten Fächerkanon universitärer Ausbildung zu gehören, ihre Repräsentanz unterliege starken, politisch motivierten Schwankungen, wollte ich meinen Ohren nicht trauen. Mittlerweile bin ich eines Besseren belehrt. Der Fortschritt verläuft – hoffentlich – in unberechenbaren Wellen und wird dafür sorgen, dass die Sozialwissenschaften in der Ausbildung von Landschaftsarchitekten und -planern eine Zukunft haben.

Literatur:

Ausschreibung für die Stelle eines wissenschaftlichen Rates und Professors (AH 3) für das Lehrgebiet planungsbezogene Soziologie, Institut für Grünplanung und Gartenarchitektur der Technischen Universität Hannover, ohne Datum (1973).

Bahrdt, Hans Paul 1963: Geleitwort. In: Gleichmann, Peter: Sozialwissenschaftliche Aspekte der Grünplanung in der Großstadt. Göttinger Abhandlungen zur Soziologie und ihrer Grenzgebiete, 8. Bd., Stuttgart, s.p.

Bahrdt, Hans Paul 1996: Selbst-Darstellung, Autobiographisches. In: Herlyn, Ulfert (Hg.): Hans Paul Bahrdt, Himmlische Planungsfehler, Essays zu Kultur und Gesellschaft, München, S. 21-56.

Barth, Erwin 1926: Die soziale und ästhetische Bedeutung öffentlicher Gartenanlagen. In: Jubiläums-Gartenbau-Ausstellung Dresden, Amtlicher Katalog und Führer durch die Ausstellung, Dresden, S. 17-19.

Barth, Erwin 1930: Die hochschulmäßige Ausbildung des Gartenarchitekten. In: Der Deutsche Gartenarchitekt, Jg. 7, H. 9, S. 101-103.

Barth, Erwin 1931: Die Entwicklung der Gartenkunst aus der Landwirtschaft. In: Aereboe, Friedrich (Hg.): Wissenschaft und Landwirtschaft, Festschrift zum 50jährigen Bestehen der Landwirtschaftlichen Hochschule Berlin, Berlin, S. 35-40.

Buchwald, Konrad 1963: Die Industriegesellschaft und die Landschaft. In: Buchwald, Konrad/Lendholt, Werner/Meyer, Konrad (Hg.): Festschrift für Heinrich Friedrich Wiepking, Beiträge zur Landespflege, Bd. 1, Stuttgart, S. 23-41.

Buchwald, Konrad 1968: Geschichtliche Entwicklung von Landschaftspflege und Naturschutz in Deutschland während des Industriezeitalters. In: Buchwald, Konrad/Engelhardt, Wolfgang (Hg.): Handbuch für Landschaftspflege und Naturschutz, Bd. 1, Grundlagen, München, S. 97-114.

Buchwald, Konrad 1968a: Begriff und Stellung von Landschaftspflege und Naturschutz im Rahmen der wissenschaftlich-planerischen Disziplinen. In: Buchwald, Konrad/Engelhardt, Wolfgang (Hg.): Handbuch für Landschaftspflege und Naturschutz, Bd. 1, Grundlagen, München, S. 132-137.

Buchwald, Konrad/Lendholt, Werner/Meyer, Konrad: Vorwort zur Festschrift für Heinrich Friedrich Wiepking, Beiträge zur Landespflege, Bd. 1, Stuttgart.

Gleichmann, Peter 1963: Sozialwissenschaftliche Aspekte der Grünplanung in der Großstadt, Göttinger Abhandlungen zur Soziologie und ihrer Grenzgebiete, 8. Bd., Stuttgart.

Gröning, Gert 1989: Peter Joseph Lenné und der „Verein zur Beförderung des Gartenbaues in den Königlich Preußischen Staaten". In: Buttlar, Florian von, im Auftrag der Senatsverwaltung für Stadtentwicklung und Umweltschutz (Hg.): Peter Joseph Lenné, Volkspark und Arkadien, Berlin, S. 82-90.

Gröning, Gert 2001: Zur Institutionalisierung des Gartenbaus in Preußen. In: Generaldirektion der Stiftung Preußische Schlösser und Gärten Berlin-Brandenburg (Hg.): Nichts gedeiht ohne Pflege. Die Potsdamer Parklandschaft und ihre Gärtner, Potsdam, S. 280-286.

Gröning, Gert/Herlyn, Ulfert/Tessin, Wulf 1984: Zum sozialwissenschaftlichen Ansatz in der Freiraumplanung. In: UNI Hannover, o.J., H. 2, S. 39-45.

Gröning, Gert/Wolschke-Bulmahn, Joachim 1987: 1887-1987, DGGL, Deutsche Gesellschaft für Gartenkunst und Landschaftspflege e. V., Ein Rückblick auf 100 Jahre DGGL. In: Deutsche Gesellschaft für Gartenkunst und Landschaftspflege (Hg.): Schriftenreihe der Deutschen Gesellschaft für Gartenkunst und Landschaftspflege, Bd. 10, Berlin.

Gröning, Gert/Wolschke-Bulmahn, Joachim 1987a: Die Liebe zur Landschaft, Teil III, Der Drang nach Osten. Zur Entwicklung der Landespflege im Nationalsozialismus und während des Zweiten Weltkrieges in den „eingegliederten Ostgebieten". In: Herlyn, Ulfert/Gröning, Gert (Hg.): Arbeiten zur sozialwissenschaftlich orientierten Freiraumplanung, Bd. 7, München.

Gröning, Gert/Wolschke-Bulmahn, Joachim 1997: Grüne Biographien, Biographisches Handbuch zur Landschaftsarchitektur des 20. Jahrhunderts in Deutschland, Berlin.

Herlyn, Ulfert 1972: Schreiben an Hans Langer vom 26.5.1972.

Herlyn, Ulfert 1973: Schreiben an Hans Langer vom 15.1.1973.

Herlyn, Ulfert 1973a: Ansätze einer soziologischen Analyse der Aktualität des Umweltschutzes. Vervielfältigtes Manuskript. o.O. (Göttingen), 10 S.

Herlyn, Ulfert 1979: Erfahrungen in der Kooperation zwischen Sozialwissenschaft und Stadtplanung. In: Soziologie, Mitteilungsblatt der Deutschen Gesellschaft für Soziologie, o.J., H. 1, S. 27-39.

Kellner, Ursula 1998: Heinrich Friedrich Wiepking (1891-1973), Leben, Lehre, Werk. Dissertation, Fachbereich Landschaftsarchitektur und Umweltentwicklung, Universität Hannover, Hannover.

König, René 1973: Einleitung. In: König, René (Hg.): Handbuch der empirischen Sozialforschung, Bd. 1: Geschichte und Grundprobleme, Stuttgart, S. 1-20.

Land, Dietmar 2005: Erwin Barth (1880-1933), Leben und Werk eines Gartenarchitekten im zeitgenössischen Kontext. Dissertation, Fakultät VII, Architektur, Umwelt, Gesellschaft, Technische Universität Berlin, Berlin.

Madajczyk, Cesław 1988: Die Okkupationspolitik Nazideutschlands in Polen 1939-1945, Köln.

Meyer, Konrad (o.J. vermutlich 1942): Reichsplanung und Raumordnung im Lichte der volkspolitischen Aufgabe des Ostaufbaus. o.O.

Seidel, Rita (Schriftleitung) 1981: Catalogus Professorum 1831-1981, Festschrift zum 150jährigen Bestehen der Universität Hannover, Bd. 2, Stuttgart.

Storck, Harmen 1973: Schreiben an Werner Lendholt vom 22.2.1973.

Tessin, Wulf 1977: Anmerkungen zu einigen strukturellen Problemen der (Grün-) Planung als Gegenstand einer planungsbezogenen Soziologie. Vervielfältigtes Manuskript, Aachen, s.p., 7 S.

Tessin, Wulf 2008: Ästhetik des Angenehmen, Städtische Freiräume zwischen professioneller Ästhetik und Laiengeschmack, Wiesbaden.

Wiepking, Heinrich 1959: Die Geschichte der Fakultät für Gartenbau und Landeskultur. In: Busch, Wilhelm (Schriftleitung): Fakultät für Gartenbau und Landeskultur der Technischen Hochschule Hannover, Entstehung und Gestalt, Hannover, S. 7-17.

Wiepking-Jürgensmann, Heinrich-Friedrich 1935: Antrittsvorlesung. Der Beruf und die Aufgaben des Gartengestalters. In: Die Gartenkunst, Jg. 48, H. 3, S. 41-46.

Wiepking-Jürgensmann, Heinrich-Friedrich 1942: Die Landschaftsfibel, Berlin.

Wolschke-Bulmahn, Joachim/Gröning, Gert 1988: 1913-1988, 75 Jahre Bund Deutscher Landschafts-Architekten BDLA, Teil 1, Zur Entwicklung der Interessenverbände der Gartenarchitekten in der Weimarer Republik und im Nationalsozialismus, BDLA (Hg.), Bonn.

Prof. Dr. Gert Gröning
Gartenkultur und Freiraumentwicklung
Institut für Geschichte und Theorie der Gestaltung
Fakultät Gestaltung
Universität der Künste Berlin

Wachsende sozialpolitische Herausforderungen für die Landschaftsarchitektur

Jürgen Milchert

Ach, das waren noch Zeiten! Als wir in den 70er Jahren Landschaftsarchitektur studierten, glichen manche Projektarbeiten sozialwissenschaftlichen Abhandlungen. Der Mensch und seine unterschiedlichen Ansprüche an den Freiraum standen im Mittelpunkt des Studiums und nicht so sehr die Pflanzen, Tiere, Baumaterialien, Freiraumarchitekturen oder historischen Landschaftsarchitekturbilder. Wir hatten mitbekommen und glaubten wohl auch zu verstehen, dass der Mensch und seine vielfältigen Bedürfnisse das Wichtigste in Park und Garten sind und nicht die Stauden, Bäume, steinernen Materialien und historischen Preziosen. Seit gut 20 Jahren hat die Landschaftsarchitektur jegliches sozialwissenschaftliche Interesse verloren, in den 80er und 90er Jahren war es geradezu eine Mode, diese Orientierung zu diffamieren. Der Trend der 80er Jahre war streng ökologisch, die 90er Jahre postmodern ästhetisierend und heutzutage werden in der Flüchtigkeit der virtuellen Welt und in der weiten Landschaft der grünen Berufe überall berufliche Gärtnernischen gesucht. Eine ist so exotisch wie die andere bodenständig und viele träumen je nach Orientierung von Leben, Tod und Entsagung im deutschen Garten, gräflichen Park oder naturgeschützter Wildnis. Allerdings gibt es keinen beherrschenden Trend mehr, sieht man vom Rückzug der Profession in den schön gestalteten Privatgarten ab. Alles entwickelt sich nebeneinander, anything goes.

Die gelernten Stadtsoziologen sind an den Landschaftsarchitekturfakultäten in Ehren, Anfeindungen oder Ausgrenzungen ergraut, ihre Stellen werden nicht wiederbesetzt oder mit ganz anderer Schwerpunktsetzung neu ausgeschrieben. Die bemerkenswerte Tradition einer „sozialwissenschaftlichen Freiraumplanung" an der Universität Hannover verschwindet demnächst gänzlich: Mit der Pensionierung von Wulf Tessin gibt es in der Landschaftsarchitektenausbildung an der Leibniz Universität Hannover keine originäre Soziologie mehr. Damit verliert die Landschaftsarchitektur nicht nur ein wichtiges Handlungs- und Orientierungsfeld, sondern auch ein Gutteil ihrer Wissenschaftlichkeit, die ja über die Sozialwissenschaften in unsere Profession hineinwirkte. Stattdessen können wir als ziemlich wissenschaftsfreie Landschaftsarchitekten inzwischen alle etwas soziologisieren und psychologisieren. Das muss und wird schon reichen, denn

Wissenschaftlichkeit, die sich der mühsamen Anstrengung des Begriffes unterzieht, hat in der Landschaftsarchitektur traditionell keine Lobby. Wo gibt es an den Ausbildungsstätten noch promovierte oder gar habilitierte Kolleginnen und Kollegen? Wo gibt es Leute, die Mut haben, sich unpopulär zu äußern, wo gibt es Auslober und Wettbewerber, die das Ungewöhnliche wagen, wo gibt es bei uns Leute, die eine spitze Feder riskieren? Wo gibt es die sozialwissenschaftlich geschulten Schreiber, die sich was trauen? Im Blick auf den Berufsstand und seine Festveranstaltungen neigt man dazu, Wolfgang Neuss zu zitieren: „Es genügt nicht nur keine Meinung zu haben, man muss auch unfähig sein, sie auszudrücken".

Körpersprachen (gesehen in Riga)

Der Ausbildungsgang für Landschaftsarchitekten an der Leibniz Universität in Hannover verliert mit seiner planungsbezogenen Soziologie nicht nur einen wichtigen Schwerpunkt, sondern auch innerhalb der Landschaftsarchitektur ein wichtiges Gesichtsfeld, ein früheres Alleinstellungsmerkmal, das Hannover für viele Studierende attraktiv machte. Dabei ist gerade Hannover im Bereich der Landschaftsarchitektur nicht reich gesegnet mit profilierten Gestaltern, eigenwilligen Landschaftsarchitekten oder Persönlichkeiten, die über den Campus hinaus in den Berufsstand wirken. Viele gute und eigenwillige Leute wurden vertrieben oder wanderten ab. Von außen betrachtet herrscht hier professorales Mittelmaß, das sich ständig reproduziert. Alles ganz nett, aber eigentlich ziemlich langweilig.

Freiluftinternetterminal im Cyberpark in Marrakesch

Heutige Renaissance des Gesellschaftlichen
Dieser Rückzug aus den Gesellschaftswissenschaften steht im bemerkenswerten Gegensatz zu den heutigen Entwicklungen und zukünftigen Arbeitsfeldern. Nicht nur seit der Ausrufung der wirtschaftlichen und finanzpolitischen Krise mit den daraus resultierenden gesellschaftlichen Verarmungstendenzen findet das Sozialpolitische wieder eine breitere gesellschaftliche Beachtung. Vieles deutet darauf hin, dass die großen Fragen der nächsten beiden Jahrzehnte sozialpolitisch bestimmt werden. Die „Schöne Neue Welt", die manche mit dem Ende des Kalten Krieges und der beginnenden Globalisierung aufkommen sahen, ist kein friedliches weltweites Wohlfahrtsstaatengebilde, sondern hinter den glitzernden Kulissen des schönen Scheins lauert die ganze Hässlichkeit eines gnadenlosen Kapitalismus, den man heute als Kasinokapitalismus bezeichnet. Soziale Ungleichheiten nehmen zu, nicht nur in den Schwellenländern oder der Dritten Welt, sondern auch in unserer eigenen Gesellschaft. In den Gärten des Mittelstandes herrscht Rückzugsmentalität und Verunsicherung, Biedermännisches und Gartenfrauliches ist hier angesagt, Frau Obama legt sich vor dem Weißen

Haus in Washington einen Gemüsegarten an und die Architekturbiennale 2008 in Venedig feierte den Nutzgarten. Die Städte sind keine blühenden Gartenparadiese, keine Aneinanderreihung heimlicher „Lands End", sondern ein grünes Guerillatum lässt mit Applaus vom STERN und Billigung unserer Gardenladies „Samenbomben" explodieren, selbstverständlich streng vegetarisch.

Nicht blond, nicht in Casablanca, aber immerhin in einem Garten in Marokko. Gemeinsames in die Augen-Schauen im Zeitalter der Digitalisierung

Im Ernst: Die Schere zwischen Arm und Reich geht stetig auseinander, der klassische Mittelstand verschwindet, stattdessen gewinnt eine allgemeine gesellschaftliche Verunsicherung und faktische gesellschaftliche Ausgrenzung an Bedeutung: Die Hartz-IV-Abwärtsspirale ist schnell erreicht und der staatliche Konkurs ist nach den teuren Banken- und Währungsrettungsprogrammen nicht nur in Island, Ungarn oder Lettland denkbar! Die Ausübung des klassischen Mittelstandsberufes „Landschaftsarchitekt" bedeutet für immer mehr Kolleginnen und Kollegen, abseits der nach Außen getragenen weißweinseligen alten Architektenkammerherrlichkeit, vor allem kreatives Management mühsam übertünchter Armut. Die Gehälter für diejenigen, die überhaupt ihren beruflichen Einstieg finden, sind skandalös. Es droht das Gartencenter. Das wissen wir, aber leider trauen wir uns nicht – wie andere Berufsgruppen – unsere unterdurchschnittliche Einkommensstruktur und miesen Aussichten offen zu legen. Wir sind die Kindergärtnerinnen der Ingenieurszunft und unsere Architektenfreunde sind froh, Gartenhäuser gestalten zu dürfen.

Da ist der BMW doch viel billiger als ein Geländewagen: gesehen in einem Park in Riga

Stattdessen liegt die Ästhetik unserer Erzeugnisse immer noch im Repräsentativen, Exklusiven, Dekorativen, Traditionellen, Coolen, Privaten, Künstlerischen und Prächtigen. Ein Rückzug ins Luxussegment. Die Profession wendet sich der Gartenkunst zu, das meiste von uns was hier Verbreitung findet ist veraltet und vorgestrig oder besitzt das Ergebnisniveau von Kunstkursen an Volkshochschulen. Eigentlich sind wir gegenüber den Kultur- und Kunstwissenschaften kaum diskursfähig, denn hierzu fehlt uns das Wissen, die Tradition und vor allem der Mut zur Auseinandersetzung. Wir gaukeln uns und anderen mit unseren Gartenschöpfungen eine prosperierende Gesellschaft vor, was mit dem Alltag der meisten Menschen auch bei uns in Deutschland kaum mehr zu tun hat. Von den offenen Gartenpforten, über Gartenschauen, Parkgestaltungen und Rekonstruktionen bis hin zu den typischen Wettbewerbsentscheidungen, Landschaftsarchitektur scheint ein Luxusproblem zu sein: die Spielwiese einer Gesellschaft, die schon alles hat! Aus Grau wird grün, unsere Erzeugnisse machen unsere Gesellschaft in ihrer Erscheinung freundlicher und festlicher, aber nicht nur nicht gerechter, sondern verstärken die soziale Schere in den Städten und in den Landschaften.

Wir sind die grünen Hofnarren und Intendanten privater und staatlicher Repräsentation. Der Höhepunkt dieser Profession sind immer noch die Bundesgartenschauen. Und dann gibt es noch die Meister des historischen Gartens: Mit leiser Stimme, ähnlich dem Windgesäusel im romantischen Landschaftspark, wird als größte Provokation ständig Pücklers silberne Axt zitiert. Und dann hat man es wieder den schrecklichen Ökologen und Baumfreunden gegeben, die sich ständig vor jeden Baum stellen.

Der Pflegezustand hängt von der liebevollen Betreuung ab (Stadtpark Riga)

Eine nutzerorientierte Freiraumplanung, die auf den Gebrauchswertcharakter des öffentlichen und privaten Grüns zielt, die sich zudem auch noch politisch parteilich zugunsten der unterprivilegierten Menschen verhält, findet nicht statt, wird stattdessen von unseren professoralen Kleinpyramiden(er)bauern als unzeitgemäß diskreditiert. In den letzten Jahren wurden viele neue öffentliche Parks und Gärten errichtet, manche sind mangels Pflege bis zur Nichtkenntlichkeit verschwunden, vieles erntet für den vom Gartendesigndiskurs nicht angekränkelten „normalen Parknutzer" Kopfschütteln. Vor einigen Tagen war ich auf einem „Gartengipfel" und musste feststellen, dass der kollektiv nutzbare und gesellschaftlich befriedend wirkende Park im Bewusstsein der Gartenmedien und Gartengestaltern überhaupt nicht vorkommt. Der Utopiegehalt unserer Profession beschränkt sich auf schöne Staudenbeete, romantische Schlossgärten und ist weitgehend gesellschaftsfrei. Gibt es eigentlich genug systematische Untersuchungen, die den tatsächlichen Gebrauchs- und Nutzungswert dieser Parks umfassend untersuchen, wie es der viel zu bescheidene Wulf Tessin unermüdlich versuchte? Stattdessen gehen Landschaftsarchitekturpreise an Parkschöpfungen, wie z. B. den Berliner Invalidenpark, die eigentlich katastrophal sind, was ihr sozialpolitisches Kosten- und Nutzenverhältnis für die Allgemeinheit betrifft. Da werden die Entwürfe in den immer ähnlich zusammengesetzten Preisgerichten untereinander verteilt, in der Fachpresse bejubelt, mühsam gebaut, großzügig fotografiert, anschließend prämiert, dann wenig genutzt und stattdessen vermüllt, als Folge schließlich zurückgebaut und letztendlich vergessen. Erstaunlich ist auch, wie wenig Selbstvertrauen unsere Gestalterelite besitzt, was sich regelmäßig im Beleidigtsein oder manchmal gar in juristischen Klagen gegen kritische Parteinahmen äußert. So sind unsere Fachzeitschriften ziemlich langweilig, was nicht an den Redaktionen, sondern an der Dünnhäutigkeit unserer Profession liegt.

Stattdessen werden berufspolitisch gebetsmühlenhaft die ständigen Litaneien wiederholt, beispielsweise dass die heutigen Absolventen keine Pflanzenkenntnisse besitzen. Das ist natürlich Unsinn, denn unsere jungen Kolleginnen und Kollegen besitzen heute – so sie wollen – umfassendere Pflanzenkenntnisse als dies jemals in den letzten 100 Jahren der Fall war. Dann gibt es das ständige Beklagen über die Vermüllung der öffentlichen Parks. Vor allem der Berliner Tiergarten mit den grillenden ausländischen Mitbürgern dient hier als Anschauungsbeispiel. Dass dieses Problem ein alleiniges Management- und Organisationsproblem ist, wird verschwiegen. Eigentlich ist es doch toll, dass unser öffentliches Grün so stark nachgefragt wird!

Mich erinnern unsere Gegenwart und der „Geist" unserer Landschaftsarchitektur an die Zeitenwende vor dem ersten Weltkrieg. Auch damals gab es eine Zeit, wo man atmosphärisch spürte, dass es „so wie es ist, nicht weitergehen wird", weder politisch, noch ökonomisch und noch sozial (heute müsste man noch „ökologisch" hinzufügen). Vor hundert Jahren wurden in Deutschland noch prächtige historistisch ausgeschmückte Parks und Villengärten errichtet, Teppichbeete dekoriert und bombastische Schlossparks gewienert, doch man konnte spüren, dass ihre dekorativen Gestaltungsmusterbeliebigkeiten klägliche Auslaufmodelle waren. Der Wind drehte ins Soziale: Die damals rasch aufkommende Ästhetik des Volksparks, der freie und große Freiräume für eine kollektive Nutzung der Menschen vorsah, ersetzte in kurzer Zeit das Pittoreske und Verbrezelte einer noch feudalistisch orientierten Gartenkultur, die in den Schützengräben des ersten Weltkrieges atmosphärisch unterging. Dieser Prozess ging übrigens nicht geräuschlos vonstatten, sondern in lautem fachlichem Streit in den Landschaftsarchitekturgazetten. Es gehört wenig Prophetie dazu, dass die nächste große Story für die Landschaftsarchitektur entweder eine soziale sein wird, oder wir werden gänzlich zu Gründekorateuren. Wenn wir diesen fachlichen Diskurs nicht selber führen und den Konflikt aushalten, wird er an uns heran getragen und wir sind einmal mehr die Dummen und die Gestrigen (wie beispielsweise in der Ökologiedebatte)! Einen wichtigen Part könnten hier die Freiraumsoziologen spielen, denn ihr Werkzeug ist die Analyse und der gut geführte sprachliche Diskurs.

Romantische Liebe als neue Inszenierung im Stadtpark. Endlich verheiratet: Die Braut wird über die Parkbrücke getragen, das Vorhängeschloss geschlossen und anschließend werden die beiden Schlüssel im Parkteich versenkt.

Sozialpolitische Herausforderungen für die Landschaftsarchitektur
In einer ärmer und kälter werdenden Gesellschaft gewinnen gemeinschaftliche Formen privater Gartennutzung an Bedeutung, was inzwischen auch den überregionalen Medien auffällt. So findet das Modell der „Internationalen Gärten" seit einigen Jahren steigende mediale Aufmerksamkeit nicht nur in Großstädten. Es scheint eine neue multikulturelle Form des Kleingartenwesens zu entstehen, das gemeinschaftliche Gärtnern auf grünen Parzellen wird zum wichtigen politischen Integrationsfaktor, zum sehr preiswerten gesellschaftlichen Kitt. Aber nicht nur diese Gärten finden Beachtung, auch das stark verstaubte traditionelle Kleingartenwesen macht seit einigen Monaten positive Schlagzeilen, ja findet sogar Ein-

gang in die Kultursendungen. Zwar gibt es in vielen Städten Leerstand bei den Gartenparzellen, in den Trend machenden großen Städten wie Berlin, Hamburg, München, Frankfurt, Düsseldorf oder Köln werden Kleingärten jedoch in immer stärkerem Maße von Leuten nachgefragt, die nicht aus dem traditionellen Milieu der Schrebergärten stammen. Junge Familien, Akademikerhaushalte, Mode- und Designbewusste finden die Kleingärten als Erholungs- und Kulturräume zunehmend „sexy" und funktional. Große Nutzungsbreite und Gartenschönheit lässt sich für wenig Geld organisieren. Zudem entwickeln sich überall neue Organisationsformen des Nutzgärtnerns. Auch das wird eine wichtige Story für die nächsten Jahre.

Der demografische Wandel, der in seinen Auswirkungen für die nächsten drei Jahrzehnte unumkehrbar ist, bringt eine Veränderung vieler Lebensbereiche. Neulich musste ich in einer Diplomarbeit lesen, dass unsere Altenheimbewohner durchschnittlich 10 Stunden im Freien sind – im Jahr! Hier gibt es viel Grauen und für uns viel zu tun. Dies bedeutet für die Freiraumstruktur und Freiraumausstattung, dass es zu einem Anpassungsprozess der Parks und Gärten an eine älter werdende Gesellschaft kommen muss und wird. Gemeinschaftlich nutzbare Parks, echte Mehrgenerationengärten gewinnen an Bedeutung, wo sich eine neue Gesellschaft finden wird. „Mehrgenerationengärten" erfordern nicht nur ein verändertes Nutzungsspektrum, sie können auch zu gesellschaftlichen Aktionsräumen werden. Dies kann auch zu neuen kommunalwirtschaftlichen Gartenpflegemodellen führen, wo die gärtnerische Kompetenz der Älteren nachgefragt wird. In einer postindustriellen Welt, der die bezahlte Arbeit auszugehen scheint, sind neue Organisationsmodelle für eine Pflegekultur des öffentlichen und privaten Grüns unabdingbar, auch wenn dies unseren professionellen Gartenbauunternehmen weh tut.

Ein heutiger Megatrend zielt auf Wellness und Gesunderhaltung der Menschen. So wie man vor 100 Jahren die Stadtparks als „sanitäre Ausgleichsräume" anlegte, um den damaligen Zivilisations- und Mangelkrankheiten (TBC, Cholera) zu begegnen, so bedarf es heutzutage eines systematischen gesundheitspolitischen Modernisierungsprogramms für die heutigen öffentlichen Parks, die vor den heutigen Leiden wie Depression, Übergewichtigkeit, Kreislaufbeschwerden, Diabetes usw. schützen. Vielleicht liegt ein neues Parkmodell in einem „Gesundheits- und Wellnesspark" der die Momente des traditionellen Kurparks, des alten Volksparks und des spaziergangsbetonten Bürgerparks mit heutigen Bewegungs-, Sport-, Meditations- und Spielmoden kombiniert. Damit diese Parks aber nicht zu Public-Viewing-Bühnen verkommen, gehören dazu auch große Wiesen, die mit eigenem Tun gefüllt werden können. Diese Parks müssen Offenheit und Öffentlichkeit zeigen und schützen. Damit werden in unserem Berufstand Berufsfelder wichtig, die ein soziologisches Wissen voraussetzen: Freiraumkulturmanagement, das viel umfassender ist als bloße Freiraumgestaltung.

Heutiges Nutzerspektrum in Riga

Öffentliche Parks und Gärten werden so zu wichtigen sozialen Erlebnisräumen, wo sich Individualität, Zweisamkeit, Familienbezug und Gemeinschaft in einem öffentlichen Rahmen entwickeln kann. Hier können sich Nutzungstraditionen erhalten und umbilden, die in einer weitgehend virtualisierten Welt im Arbeits- und Freizeitbereich gänzlich zu verschwinden scheinen. So ist beispielsweise in den großen chinesischen Städten allein in den Parks noch das traditionelle China mit seiner großartigen sozialen Freizeitkultur spürbar. Hier finden sich noch Traditionen und Formen den Miteinanders und der Gartenkultur. Mir scheint dies auch für viele andere Kulturen auf dem Erdball zu gelten. Parks werden zu alltagstauglichen Kultur- und Freizeiträumen, wo sich eine Gesellschaft in ihren Traditionen und Träumen sichtbar erhält. Diese kollektiven Gartenräume zu erfassen, zu gestalten und zu organisieren wird die vornehmste Aufgabe einer sozialpolitisch ausgerichteten Landschaftsarchitektur sein. Vielleicht brauchen wir nichts weniger als eine Runderneuerung der Landschaftsarchitektur als Ergebnis eines Diskussionsprozesses, der zu den Gestaltungs-, Programm- und

Organisationsmustern des neuen Volksparks führt. Hierzu ist das soziologische Auge wichtig.

Prof. Dr. Jürgen Milchert
Freiraumplanung/Gartenkunst
Lehreinheit Landschaftsarchitektur
Fakultät Agrarwissenschaften und Landschaftsarchitektur
Fachhochschule Osnabrück

III Der ‚Gebrauchswert' von Soziologie aus Sicht der Planungs- und Entwurfspraxis

Theorie für die Praxis? Untersuchungen einer schwierigen Beziehung

Klaus Selle, Heidi Sutter-Schurr und Lucyna Zalas

Kürzlich war ein Heft der Zeitungsbeilage „chrismon" (Juni 2009) dem Schwerpunktthema Glück gewidmet. Schon auf dem Titelblatt lächelten einen der Glücksbringer Günter Jauch („Wer wird Millionär") und der Glücksforscher Gerhard Schulze („Erlebnisgesellschaft") an. Und im Heft entspann sich dann zwischen dem Praktiker, dem Theoretiker und den Redakteuren ein Gespräch, das übrigens ganz amüsant zu lesen war, dessen Inhalt hier aber nichts zur Sache tut. Uns geht es um die Konstellation und den Auftritt: Ist das, so fragen wir uns aus gegebenem Anlass, die Form, in der in Zukunft (sozial-)wissenschaftliches Denken entsteht und präsentiert werden muss?

Warum solche Gedanken? Um das Verhältnis von Theorie und Praxis scheint es in Städtebau und Landschaftsarchitektur, oder allgemeiner: in den raumbezogenen Wissenschaften und Handlungsfeldern nicht zum Besten zu stehen. Das legen eigene und fremde, aktuelle wie länger zurück liegende Untersuchungen auf verschiedene Weise nahe. Grund genug sich diesem Thema an dieser Stelle etwas ausführlicher zu widmen:

- Wir beginnen mit einer Umfrage bei Fachleuten der Umfeldgestaltung in Wohnquartieren und fragen: Was wissen sie von den Bedürfnissen der Nutzer – und woher beziehen sie ihr Wissen? Diese Befunde stellen wir in Beziehung zu Wulf Tessins Rezeptionsforschung. Der Blick, der sich damit auf die Rolle und das Selbstbild der Fachleute in Entwurfs- und Planungsprozessen auftut, ist recht irritierend.

- Diese Irritation steigert sich womöglich noch, wenn man die zweite Untersuchung, die wir hier vorstellen, in den Blick nimmt: Absolventinnen und Absolventen der Fakultät Architektur der RWTH Aachen wurden gefragt, welche Rolle „Theorie" in Studium und Praxis für sie gespielt hat. Die Antworten auf diese Frage fügen sich mit den Resultaten der ersten Umfrage –

und früheren Erkenntnissen zum schwierigen Verhältnis von Planung und Theorie –zu einem Gesamtbild, das zum Weiterdenken auffordert.
- Dieses nach vorn gerichtete Denken muss sich der Frage stellen, welche Bedeutung wissenschaftliche Arbeit für praktisches Handeln haben kann und wie der Dialog zwischen den anscheinend getrennten Welten zu gestalten ist. Dabei wird sich auch zeigen, ob der Jauch-Schulze-Auftritt ein Lösungsmodell ist, das in die Zukunft weist.

1 Planer und Nutzer, Profis und Laien: Was wissen die einen von den anderen und worauf stützen sie ihr Wissen?

„Nutzerorientierung" war in Zeiten sozialwissenschaftlich orientierter Freiraum- und Stadtplanung ein wichtiges Stichwort. Es ist ziemlich aus der Mode gekommen. Aber an seine Stelle traten neue: „Nachfrageorientierung" zum Beispiel. Das hat einen Hintergrund: „Nachfragermärkte" stellen eine Herausforderung dar, auf die die Wohnungswirtschaft mit vermehrtem Interesse an Bedürfnissen und Präferenzen potentieller Kunden reagieren wollen. Grund genug zu fragen, ob die früheren Erkenntnisse heute fortgeschrieben werden müssen und ob die planenden und entwerfenden Fachleute dieses Wissen bei ihrer Arbeit berücksichtigen.

Dies wurde in einer Studie anhand der Freiräume im Wohnbereich, deren Funktionen für die Bewohnerinnen und Bewohner früher intensiv beforscht worden waren, untersucht (Sutter-Schurr 2008). Im Rahmen dieser Studie fand 2006/2007 auch eine Serie von Intensivinterviews mit Fachleuten aus Architektur, Städtebau, Landschaftsarchitektur und Wohnungswirtschaft statt. Der Interviewleitfaden umfasste mehrere „Module", von denen hier nur die berücksichtigt werden, die sich auf Kenntnis und Nutzung wissenschaftlich fundierter Arbeitsgrundlagen für die Freiraumplanung im Wohnbereich beziehen. Um diese Ergebnisse richtig einzuordnen, muss man wissen, dass die Fachleute sich in den ersten Abschnitten der Gespräche umfassend und dezidiert zu Fragen äußerten wie „Welche Bedeutung haben – private, öffentliche oder gemeinschaftlich nutzbare – Freiräume im Wohnbereich für die Nutzer?", „Wie wichtig ist für die Bewohner heute noch die Nutzbarkeit der wohnungsnahen Freiräume?", „Welche Rolle spielen die Freiräume als Kommunikationsort?" und so fort. Sie schienen also genau zu wissen, was die Menschen in den Siedlungen wollen.

Aber woher wissen sie das? Worauf gründen sie ihre Meinungen und Einschätzungen?

Plausibilität, Spekulation, Ichbezug
Die erste Antwort auf diese Frage ist bereits ernüchternd. Vielfach hatte man den Eindruck, dass die Wissensgrundlagen im Wesentlichen auf Annahmen, Plausibilitätsüberlegungen und Glaubenssätzen beruhten: Wenn etwa behauptet wurde, dass mit der „gestiegenen Mobilität" das Interesse am (Verweilen im) eigenen Wohnbereich deutlich gesunken sei, dann wird man das als Mutmaßung kennzeichnen müssen, die allein auf vermeintliche Plausibilität gegründet ist und zudem unzulässig pauschalisiert – indem Gruppen, die an gesteigerten Bewegungsmöglichkeiten nicht partizipieren (können), einfach ausgeblendet werden. Ähnlich verhält es sich mit der forsch vorgetragenen Behauptung, heute habe niemand mehr Interesse daran, den eigenen Garten zu bestellen. Bemerkenswert auch die von einem Teil der Befragten geäußerte harsche Kritik an den früheren Vorstellungen, insbesondere die gemeinschaftlich nutzbaren Freiräume seien für die Kommunikation unter den Bewohnern wichtig: Das sei, so hieß es, „reine Ideologie" aus jenen 70er Jahren, die man als überwunden betrachten dürfe.

Das alles macht deutlich, dass hier oft weniger gewusst als geglaubt und behauptet wird. Und wo die Begründung ausgeht, ersetzt man sie kurzerhand durch „Ideologie" – etwa in dem Sinne wie Wulf Tessin (2008, 141) diesen Begriff definiert: „Aussagen, in denen Werturteile und Handlungsanweisungen in der Verkleidung von Tatsachenbehauptungen auftreten".

Was die Bewohnerperspektive betrifft, so gewinnt man den Eindruck, dass hier vor allem – neben den bereits erwähnten „Ideologien" – auf eigene Erfahrungen und Erlebnisse zurückgegriffen und daraus auf vermeintliche Interessen heutiger Nachfrager und Nutzer geschlossen wird.

Wie die Interviews zeigten, trifft dieser Eindruck tatsächlich in vielen Fällen zu, und das mit einer einfachen Begründung: „Der planende Architekt ist ja selbst auch Nutzer, denn irgendwo wohnen wir auch". In einem anderen Gespräch hieß es, das gleiche Thema variierend: „Hauptsächlich argumentiere ich aus der eigenen Erfahrung, weil ich, so wie jeder andere auch, selbst Nutzer bin".

Diese „Ein-Personen-Empirie" mag ja eine verlässliche Grundlage darstellen, wenn es um die Gestaltung des eigenen Hausgartens geht. Generalisierungen und Pauschalisierungen über alle sozialen Gruppen, Lebenslagen und Wohnformen hinweg werden aber ganz sicher der Wirklichkeit, also den stark ausdifferenzierten Interessen und Bedürfnissen, nicht gerecht.

Es gibt allerdings auch Ausnahmen: Immerhin einer der befragten Bau- und Planungsfachleute nahm überhaupt Bezug auf aktuelle Studien, etwa zu milieudifferenzierter Nachfrage in Wohnungsmärkten. Er sei durch Vorträge auf das Thema aufmerksam geworden und hätte diese ersten Informationen später durch die Lektüre von Fachzeitschriften vertieft. Inzwischen arbeite er mit Bauträgern zusammen, die vor Beginn jedes neuen Wohnungsbauprojektes in einem

"Round-Table-Gespräch" die potenziellen Nachfragermilieus identifizieren und die Planung des gesamten Vorhabens darauf ausrichten.

Es verwundert nicht, dass auch die in Wohnungsunternehmen tätigen Fachleute Wert auf ähnlich faktengestützte Arbeitsgrundlagen legten. Sie allerdings nutzen statt externer Analysen vor allem Befragungen bei ihren Kunden sowie die laufenden Beobachtungen aus der Nutzungsphase.

Zwischen diesen beiden Positionen – der empirisch abgesicherten Einschätzung von Nachfragerinteressen einerseits und dem unmittelbaren Rückschluss aus eigener Erfahrung andererseits – eröffnet sich ein weites Spektrum unterschiedlicher Wissensgrundlagen für die Einschätzung der Bedürfnisse von Nutzern. Einige Stichworte:

Erfahrung, Erfahrung, Erfahrung
Ganz im Vordergrund steht: „Erfahrung, Erfahrung, Erfahrung" – wie das in einem Interview zusammengefasst wurde. Die Quellen dieser Erfahrungen können vielfältig sein: Sie beginnen wieder im persönlichen Bereich („die eigenen Kinder", „der alternde Vater"), reichen über Fachdiskussionen und Gespräche in unterschiedlichsten Zusammenhängen, beziehen sich z. B. auch auf fachliche Auseinandersetzungen in Jurys und können auch aus der Nachbetrachtung eigener Projekte stammen (eine der Befragten „muss immer wieder hin, wie der Mörder zum Tatort").

Andere Gesprächspartner haben konkrete Bilder vor Augen, die sie bei ihren Planungen inspirieren: „Das Wichtigste ist die eigene Erfahrung. Lernen von Altstädten. Ich liebe die toskanischen Städte in Italien. Es gibt auch wunderschöne deutsche Städte, die ich gerne auf ihre Qualitäten hin studiere. Das Neue kann man nicht einfach kopieren, aber das Alte, daraus kann man lernen und Aspekte neu umsetzen".

Es scheint sich um ein Konglomerat von Beobachtungen, Eindrücken und Erfahrungen zu handeln, das die Grundlagen des Wissens bildet. Hier noch einige Zitate, die das illustrieren:

- „Man schaut sich an, wie die Kollegen arbeiten".
- „Ich verfolge *die* alltägliche Planungspraxis – verbunden mit der Frage: Was macht sie erfolgreich, was nicht?"
- „Ich ziehe mein Wissen zu diesem Thema hauptsächlich aus dem Aufnehmen von Diskussionen. Verarbeiten von Wissen anderer".
- So entstehen Einschätzungen und Meinungen – auch von dem, was Nachfrager und Nutzer wollen – „ohne dass ich im Einzelnen weiß, woher dieses Wissen kommt".

Nutzer, Auftraggeber und Marktkenntnis
Von den Nutzern direkt wissen die Befragten wenig. Einige nehmen für entsprechende Informationen die Auftraggeber bzw. Wohnungsunternehmen in die Pflicht: „Die sprechen für die Nutzer. Zu den Nutzern selbst haben wir keinen Kontakt". Oder: „Die Vermarkter machen deutlich, was heute der Markt will."
Tatsächlich interessieren sich die Unternehmen für die Wahrnehmungen und Einschätzungen ihrer Kunden weitaus stärker als die sie beratenden Planer – und versuchen dies etwa durch Befragungen im Vorfeld wie nach der Realisierung einer Maßnahme systematisch zu erfassen.
Aber es gibt auch, vereinzelt, direkten Kontakt: So werde auf Bürgerversammlungen etwa mit den Bewohnern der Nachbarschaft gesprochen. Rückschlüsse ließen sich auch aus Beobachtungen des Nutzerverhaltens oder aus Aktionen, etwa mit Kindern, in realisierten Siedlungen gewinnen.

Studium, Fortbildung und Fachliteratur
Auf die Frage, welche Art von Informationen bei der Konzipierung von Freiräumen eine wesentliche Basis bildet, lagen zwei Antworten nahe: Studium und Fachliteratur.
Erstaunlich: Bei den meisten Gesprächspartnern lag das Studium schon zwei Jahrzehnte (oder länger) zurück, und dennoch gaben sie es weiterhin als wesentliche Grundlage an: „Ganz klar: Immer noch die Dinge, die ich während des Studiums erarbeitet habe". Und: „Die wesentliche Basis bildet eigentlich mein Studium".
Fortbildungsangebote scheinen eine erstaunlich geringe Bedeutung für das aktuelle Wissen der Fachleute (nicht nur in Sachen Nachfrager- und Nutzerinteressen) zu spielen: Weniger als ein Viertel der Gesprächspartner geht explizit auf dieses Feld der Weiterbildung ein.
Fachliteratur wurde zwar auch mehrfach genannt, aber doch eher skeptisch gesehen. Zwar scheinen für die meisten Abonnements von Fachzeitschriften zur Grundausstattung zu gehören, aber nicht alle mögen sich auf deren Darstellungen verlassen: „Bei Zeitschriften bin ich eher skeptisch. Es gibt nichts, was mehr lügt als ein Foto. Diese Veröffentlichungen entwickeln einen eigenen Mechanismus, der gewisse Standards hervorbringt. Hochglanzbroschüren mit Schlagworten produzieren ganz bestimmte Produkte. Viele Veröffentlichungen lichten irgendwelche Details ab, die aus ihrem Zusammenhang gerissen und effektvoll in Szene gesetzt werden. Schaut man sich dieses Projekt dann vor Ort an, trifft man auf eine trostlose Betonwüste mit einem roten Punkt. Aber das ist in Zeitschriften vermarktbar. Eyecatcher verkaufen sich und werden dann reproduziert. Daraus entstehen Moden, die zu Standards gemacht werden, die aber vielleicht völlig am Bedürfnis der Menschen vorbeigehen. Das sind Fehlentwicklungen".

Vernichtend ist die Einschätzung der Bedeutung von Fachbüchern. Sie scheinen von den Praktikern de facto nach dem Studium nicht mehr gelesen zu werden. Eine Gesprächspartnerin brachte das auf die Kurzformel: „Die lese ich erst wieder nach der Verrentung".

Trotz solch skeptischer Einschätzung durch die Interviewten fragten wir auch nach Erwartungen an das Informationsangebot aus dem wissenschaftlichen Bereich – vielleicht könnten ja andere Inhalte oder Formen der Informationsvermittlung das Interesse an dieser Quelle des Wissens steigern... Die Antworten waren allerdings spärlich und drückten weiterhin Skepsis aus – etwa: „Ihr Unis seid so weit weg davon, was eigentlich Realität ist. Ich habe mittlerweile eher das Gefühl, dass wir der Lehre mehr beibringen. Vielleicht ist es aber auch ein Kommunikationsdefizit oder die Arroganz meines Alters".

Jene, die den Universitäten dennoch mehr Nähe und Bezug zur Wirklichkeit zutrauten, gaben folgende Hinweise:

- Zusammenstellen und Auswerten von Beispielen seien wichtig, um die eigene Erfahrungsgrundlage zu erweitern und überprüfen zu können;
- es solle dies nicht in „langatmigen Monografien" sondern in „dosierten, knappen Beiträgen" geschehen;
- wichtige Grundlagentexte seien inzwischen mehr als zwei Jahrzehnte alt und müssten einmal einer kritischen Revision unterzogen und fortgeschrieben werden.

Und natürlich, nicht erstaunlich angesichts der Bedeutung, die dem eigenen Studium beigemessen wurde: Es komme darauf an, in der Lehre die wesentlichen Grundlagen zu vermitteln – und das solle weniger in Form von allgemeinen Überblicken und Vorlesungen, sondern durch eigene Auseinandersetzung in Seminaren und Projekten geschehen.

Für alle, die Bücher oder Fachartikel schreiben, Forschungsprojekte bearbeiten oder wissenschaftliche Tagungen vorbereiten, sind die Antworten auf die Frage nach den Wissensgrundlagen praktischen Handelns sehr ernüchternd: Die Ergebnisse wissenschaftlicher Arbeit scheinen für die Praxis nicht von Bedeutung zu sein. Wissenschaft und Praxis bilden anscheinend „Parallelgesellschaften", in denen die eine von der anderen nichts weiß oder wissen will. Bestenfalls stehen sie miteinander nur punktuell im Austausch.

Man wird also auch festhalten müssen, dass viele (nicht alle) Mitglieder vor allem der gestaltenden Berufe sich selbst genug zu sein scheinen. Es sind vor allem die eigenen Erfahrungen, aus denen geschöpft wird („Wir sind ja auch Nutzer"). Denn auch an der direkten Ermittlung von Nutzerbedürfnissen und Nachfrageinteressen etwa im Zuge von Beteiligungsprozessen ist der überwiegenden Teil der Befragten deutlich desinteressiert.

Zwei Welten
Zu sehr ähnlichen Befunden kommt Wulf Tessin in seinen Arbeiten zu den unterschiedlichen ästhetischen Wertmaßstäben von Laien und professionellen Gestaltern. Schon die von ihm zitierten früheren Untersuchungen machen deutlich, dass „Architekten (nicht nur) andere ästhetische Vorstellungen als Laien (haben), sondern sie täuschen sich auch über den Laiengeschmack und dies umso mehr, je weiter ihre professionellen ästhetischen Vorstellungen vom Laiengeschmack abweichen" (Tessin 2008, 6). Seine eigenen Überlegungen führen zu ähnlichen Schlussfolgerungen: „In breiten Kreisen der Bevölkerung herrschen, wie inzwischen mehr als deutlich geworden sein sollte, ganz andere ästhetische Wertmaßstäbe als in der Berufsgruppe der Landschaftsarchitekten: nicht nur über den Wert von Ästhetik überhaupt, sondern vor allem auch darüber, was als ästhetisch gelungen angesehen wird" (ebd. S. 139). Daraus folge für die professionellen Gestalter ein Dilemma: „Das Begründungsrepertoire des Architekten, der seinen vom Laiengeschmack abweichenden Entwurf ‚verkaufen' möchte, ist (...) tendenziell problematisch bis fragwürdig, auf gar keinen Fall ist es zwingend" (S. 145).

Wenn professionelle Gestalter ihre Vorstellungen – jenseits der 08/15-Architektur, die (so stellt Wulf Tessin mit Recht fest) die große Mehrzahl der Entwurfsaufgaben darstellt – entwickeln könnten, wird deutlich, dass sie sich dabei vorrangig, ja ausschließlich an den Kriterien der eigenen Zunft orientieren: „Architektur ist bekanntlich ein Modegeschäft, und Moden funktionieren ja nach einem komplizierten Wechselspiel von Abgrenzungs- und Zugehörigkeitsbedürfnissen. (...) Neuheiten werden von den Kollegen schnell als Mode übernommen – man fürchtet die ziemlich rigide fachinterne soziale Kontrolle, das Geschmackskartell des Berufstandes: Wer als Architekt ‚dazugehören' will, hat kaum die Freiheit, sich Moden und dem Neuesten zu verschließen" (S. 144).

Die Laien hingegen haben andere Interessen und Präferenzen. Sie sind an Architekturmoden wenig interessiert. Und das, was unter Profis als „innovativ" oder „originell" etc. gelten mag, muss ihnen – so Wulf Tessin – „daher fast immer regelrecht aufgenötigt, ja aufgeherrscht werden (...). Architektur als Modegeschäft führt immer nur ein begrenztes Entwurfssortiment, sozusagen die aktuelle Kollektion. Der Park á la Lenné, der Stadtplatz á la Sitte, noch immer höchst populäre Landschaftsarchitekturprodukte sind nicht mehr im heutigen Entwurfsangebot. Nicht zuletzt - ja wahrscheinlich nur - diese restriktive Sortimentsstrategie des Kartells sichert den Absatz der modischen Entwürfe: Es gibt zur Zeit der jeweiligen Mode (scheinbar) nichts Anderes im Angebot" (S. 145).

Fassen wir zusammen: Beide Untersuchungen – die zum Wissensstand der Profis über Bewohnerinteressen und die zu den ästhetischen Maßstäben von Laien und Fachleuten – machen deutlich, dass wir uns hier in voneinander getrennten Welten bewegen. Die Gestaltungsfachleute sind in hohem Maße selbstreferenziell, beziehen sich zuerst auf die Maßstäbe des eigenen Berufsstandes und nutzen darüber hinaus vor allem die eigenen Erfahrungen als Orientierung. An den Bedürfnissen, Interessen und Präferenzen der Bevölkerung, also derjenigen, für die sie entwerfen, planen und bauen, sind sie herzlich desinteressiert. Ja, sie empfinden sie eher als störend, Anpassungen daran als „Niederlage" und stehen nicht an, die wenigen Berufskollegen, die in dieser Hinsicht anders denken, des „Populismus" zu zeihen (vgl. dazu die Kontroversen zwischen Stephan Willinger, Alban Janson, Hans-Joachim Schemel u. a. im Deutschen Architektenblatt 2008 oder die Repliken von Till Rehwald und Udo Weilacher auf Wulf Tessin 2009).

Insofern ist es auch konsequent, wenn die große Mehrzahl der Fachleute an Aufklärung über diese Sachverhalte nicht interessiert ist: Sozialwissenschaftliche Untersuchungen zu den Bewohnerbedürfnissen werden weder nachgefragt noch zur Kenntnis genommen. Und kritische Analysen wie die von Wulf Tessin werden entweder ignoriert oder man reagiert darauf mit Schaum vor dem Mund.

Das ist durchaus verständlich. Denn die Konsequenzen wären weit reichend: Die Prämissen heutiger Bemühungen um „Baukultur" etwa gerieten ins Wanken. Wird hier doch, stillschweigend zumeist, davon ausgegangen, dass ein ästhetisch anspruchsloses und ungebildetes Publikum der Qualifizierung bedürfe – um in Zukunft erkennen zu können, was „gute Architektur" sei. Befunde wie die hier vorgelegten, lassen jedoch eher den Eindruck entstehen, dass das Lernen in andere Richtung verlaufen sollte. Zumindest wäre davon auszugehen, dass da zwei Welten einander begegnen müssten – und zwar so, dass beide für die Denk-, Sicht- und Bewertungsweisen der anderen offen sind.

2 Nach dem Studium: Welche Bedeutung messen Absolventinnen und Absolventen der „Theorie" für ihre Arbeit in der Praxis bei?

Schlagen wir die Kreise weiter: Im Folgenden geht es nicht mehr nur um die Rolle kritischer Sozialwissenschaften für die Entwurfspraxis, sondern genereller um die Einschätzung der Bedeutung von „Theorie" für die Praxis des Planens und Entwickelns. Damit wird das Thema über die heikle ästhetische Frage und das Selbstverständnis vieler Entwerfer als Künstler (und des Entwurfs als „Selbstentäußerung") hinaus ausgeweitet in jene Handlungsfelder, wo man vermuten könnte, dass Fakten- und Erklärungswissen aus forschender Arbeit eher erwünscht, wenn nicht benötigt wird.

Auch hier haben wir (im ersten Halbjahr 2009) zwei kleine empirische Studien durchgeführt: Absolventinnen und Absolventen der Fakultät Architektur der

RWTH Aachen, die überwiegend im städtebaulichen Bereich tätig sind, wurden schriftlich und in 31 Fällen mündlich (im Rahmen eines Seminars von Studierenden) befragt. Wir stützen uns im Folgenden vor allem auf die Interviews mit den 31 Planerinnen und Planern – 15 im öffentlichen Dienst, 16 in privaten Büros und Unternehmen –, die sich bislang deutlich ergiebiger erwiesen als die schriftliche Befragung.

Ähnlich wie bereits in der zuvor dargestellten Untersuchung präsentieren wir an dieser Stelle einige Schlaglichter, ohne auf das gesamte Ergebnisspektrum eingehen zu können. Wir konzentrieren uns im Folgenden auf die Auswertung der Antworten zu – unter anderen – folgenden Fragen:
- Wie wichtig wurden im Studium z. B. sozialwissenschaftliche, planungstheoretische, methodische u. a. Grundlagen der Stadtentwicklung und Stadtplanung angesehen?
- Wie wird die Bedeutung solcher Fächer aus der heutigen Praxissicht eingeschätzt?
- Welche Relevanz haben wissenschaftliche Erkenntnisse und Arbeitsweisen in der Berufspraxis der Befragten und wie/auf welchen Wegen beziehen sie ihr Wissen?

Trotz der teilweise deutlich verschiedenen Arbeitsfelder und der unterschiedlichen Abschlussjahrgänge der Befragten weisen die Aussagen zu diesen Fragen ein erstaunlich hohes Maß an Übereinstimmung auf.

Erst in der Praxis...
Die meisten Absolventinnen und Absolventen fühlten sich durch ihr Studium im Wesentlichen gut auf die Praxis vorbereitet. Wenn Ausbildungsinhalte als fehlend gekennzeichnet wurden, dann bezog sich das vor allem auf die Vermittlung von Rechts-, Verwaltungs- und betriebswirtschaftlichen Kenntnissen. Das Angebot in den Bereichen Stadtsoziologie, Stadtökonomie oder Planungsmethodik wurde hingegen als ausreichend betrachtet.

Vielfach wurde jedoch betont, dass die Relevanz dieser Fächer erst im Beruf deutlich wurde. Aussagen wie „Durch die Seminarschlacht (in den Stadt- und Landschaftsfächern; d. V.) fühle ich mich auch wirklich als Stadtplaner", oder: „Ein soziologisches Seminar hilft, über den eigenen Tellerrand zu schauen", und „...je mehr man mal so Ideen und Grundlagen mitbekommen hat, um so besser", illustrieren das.

Offensichtlich macht der Alltag der stadtplanerischen Arbeit erst deutlich, dass auch im Studium möglicherweise als „lästig" angesehene Fächer von Bedeutung sind. Das belegen zahlreiche Äußerungen aus den Gesprächen:
- „Alles was ich im Alltag anwende, habe ich in den Seminaren gelernt und nicht in den Entwürfen".

- „Das Interesse für die Belange der Stadt beinhaltet nicht nur Häuser, Straßen und Infrastruktur, sondern zwingend auch soziale Aspekte, weil die Stadt für und mit Menschen gebaut ist".
- „Ich hätte lieber mehr wissenschaftliches Arbeiten erlernt und auch ein bisschen mehr Theoriebasierung – das Fundament, auf dem die jetzige Architektur beruht, sowie die Instrumente, mit denen Stadtplaner arbeiten".

Diese Ergebnisse werfen aber nicht nur ein Bild auf den Alltag der stadtplanerischen Arbeit und das dabei benötigte Wissen, sondern auch auf eine deutlich andere Prioritäten setzende Ausbildung: In der universitäre Lehre (nicht nur an der Aachener Architekturfakultät) misst man dem Bezug zur Realität des Planens und Bauens oder gar dem zur Lebenswirklichkeit der Menschen, die die Bauten nutzen, vielfach nur geringen Wert bei – und vermittelt dies den Studierenden: „Im Studium heißt es immer nur: Der Entwurf zählt. Und wenn der gut ist, können wir beim Realitätsbezug ein Auge zudrücken".

Erst diese absolut dominierende Rolle der baulich-räumlichen Gestaltung in der Ausbildung macht es auch erklärlich, dass einige der Befragten nach Jahren der Praxis (wieder) zu der Erkenntnis gelangen, dass bei der Stadtplanung nicht nur bauliche Gesichtspunkte von Bedeutung sind, sondern auch „soziale Belange, politische Auseinandersetzungen" und so fort. Die an sich banale Erkenntnis, dass die Lebensqualität in den Städten von sehr viel mehr abhängt als von der baulichen Gestalt, muss also erst wieder angeeignet werden. Dabei kann „Theorie" helfen – auch jene, die schon im Studium vermittelt, damals aber noch unter Wert gehandelt wurde.

„Theorie" – ein Missverständnis

An dieser Stelle ist eine Zwischenbemerkung notwendig: Alles, was nicht Entwerfen, was nicht „subjektive Selbstentäußerung" ist, wird in vielen Architekturfakultäten gern als „Theorie" bezeichnet. Als weitere Indizien für „Theorie" dienen auch: Text (ab einer gewissen Größenordnung) oder Zahlen und Fakten. Dieser Denkweise folgend ist selbst eine einfache Bestandsaufnahme von Interessen in einem Business Improvement District, die Erfassung von Nutzerinteressen im Freiraum (s.o.) oder die Entwicklung eines Konzeptes für soziokulturelle Arbeit in einem benachteiligten Quartier, ja selbst die Begründung zu einem Bebauungsplan „Theorie". Kurzum: Viele alltagspraktische Aufgaben geraten unter die Räder eines alles dominierenden Vorurteils – und führen in der Folge auch zu Begriffsverwirrungen, deren Auswirkungen man selbst in unserer Umfrage noch zu spüren bekam. So betrachten sich unsere Befragten, befragt nach Rollenbildern, teils als Künstler, Entwerferinnen, Manager oder Prozessgestalterinnen – wollen aber keinesfalls in den „Theorie-Topf" geworfen werden. Letzterer ist mit dem Generalverdacht behaftet, dass man nicht zum „Eigentlichen", zum Entwurf eben, vordringen will oder kann. Dieses verquere Bild, das einerseits die Praxis der Stadtplanung radikal verkürzt und andererseits den „Theorie"-Begriff vollständig überstrapaziert, wirkt auch dort noch nach, wo sich die Befragten sehr wohl bewusst sind, dass man z. B. über sozialwissenschaftliches, ökonomisches und politisches Wissen verfügen muss, um in der Praxis handlungsfähig zu werden: Es bleibt vielfach bei dem dualen Weltbild, in dem alle nicht raum- und entwurfsbezogenen Sachverhalte und Aktivitäten als „Theorie" gelten.

„Der praktische und der theoretische Städtebau"
Insofern ist es nahe liegend, dass wir auch im Zusammenhang dieser Befragung den oben beschriebenen „zwei Welten" begegnen. Im Wortlaut: „Man hat auf der einen Seite den theoretischen und auf der anderen Seite den praktischen Städtebau". In diesem Fall ist damit vor allem gemeint: Es gibt eine Welt, in der man betrachtet, was und wie geplant werden *soll* (= „Theorie" und eine andere, in der *gemacht wird, was gemacht werden muss* (= „Praxis"): Da „kommen die Investoren und man muss das dann irgendwie realisieren".

Das führt aber nicht durchweg zu einer Ablehnung der so verstandenen „theoretischen" Herangehensweise. Vielmehr gibt es auch Gesprächspartnerinnen und Gesprächspartner, die Wissenschaft zur Gewinnung von Informationen für notwendig halten und ihr insbesondere die Funktion zubilligen, den eigenen Alltag zu reflektieren: „Im Alltag sehen die Leute den Wald vor lauter Bäumen nicht mehr, da sie strikt am Problem arbeiten". Das sei insbesondere angesichts der Spezialisierung auf Teilaspekte der Stadtplanung – "im Berufsalltag beschränkt man sich ziemlich schnell" – wünschenswert, denn sonst schaffe man es selten, „den Blick zu lösen". So fördere der „wissenschaftliche Ansatz" das „planerische Verständnis für das Ganze".

Die Aussagen bezeugen durchaus eine grundsätzliche Wertschätzung der wissenschaftlichen Auseinandersetzung mit Stadt. Aber es bleibt doch bei Vorurteilen und Vorbehalten der „anderen Seite gegenüber": Man hat sie, die Wissenschaftler oder „Theoretiker", im Verdacht, zu wenig vom planerischen Alltag zu verstehen: „Die wissen gar nicht, wovon sie reden".

Da ist es dann auch nur konsequent, wenn man, bei aller abstrakt geäußerten Wertschätzung wissenschaftlicher Beiträge, zur Festigung der eigenen Position doch stärker auf sich und seinesgleichen baut: „Learning by doing" wird eindeutig die größere Bedeutung beigemessen als dem „Zurückgreifen auf wissenschaftliches Wissen". Wie auch in der Untersuchung zur Nutzerorientierung (Abschnitt 1) beschrieben, gilt hier die (Lebens-)Erfahrung als wichtigste Quelle und wird zur ‚Planungsgrundlage'. Sozioökonomische, methodische und planungstheoretische Grundlagen werden nach Abschluss der Ausbildung fast nicht mehr aufgefrischt – das Wissen um diese ‚verbleibt' auf dem Stand aus dem Studium und wird (s. o.) als ausreichend empfunden. Eine Ausnahme stellt hier nur eine vergleichsweise kleine Gruppe von Absolventinnen und Absolventen dar, die bereits im Studium ein Faible für diese Fächer entwickelt hatte.

Quellen der Fortbildung sind vor allem Fachzeitschriften – wobei viele bekennen, selbst diese eher unregelmäßig zu lesen. Fachbücher werden anscheinend nur ganz selten in die Hand genommen, Kongresse und Fachtagungen erstaunlich wenig besucht. Gegenüber allen diesen Quellen möglichen Wissens wird der Wert des „persönlichen Erlebens der Praxis" ungleich höher eingeschätzt. So werden z. B. soziale Aspekte der Stadtentwicklung durch die „Zusammenarbeit mit Sozialarbeitern" und „den städtischen Basisdaten" auf den neuesten Stand gebracht.

So bleibt es im Ergebnis dann doch bei den getrennten Welten. Das hat Folgen, die die Trennung verschärfen bzw. schwer aufhebbar erscheinen lassen, denn: die „gemeinsame Sprache zwischen Theorie und Praxis" fehlt oder geht verloren.

Wie zusammenfinden?
Eine der Befragten drückt aus, was in vielen Aussagen mitschwingt: Dass man sich bei „Technischen Geschichten, bei messbaren Größen auf die Wissenschaft verlässt, ist klar. Aber bei der Planung? Beim Prozesshaften?" Wissenschaftlich erarbeitete Ergebnisse scheinen, wenn überhaupt, dann in der Planungspraxis auf Akzeptanz zu stoßen, wenn sie „unter Einbeziehung der Praxis" entstanden. Gemeint sind damit z. B. „Berichte über gute Projekte" oder „Modellvorhaben, in denen die Kommune gleichzeitig Beteiligte und Vorbild ist".

Dem entspricht, dass man forschende Universitätseinrichtungen als praxisfern („nicht ausreichend in den Alltag integriert") einstuft und praxistaugliche Forschung am ehesten bei den Büros vermutet, die ihre Arbeitsschwerpunkte in beiden Richtungen sehen: sowohl im Planungsalltag als auch in der Mitwirkung an Forschungsvorhaben.

Dies zeigt, dass die Wissenschaft aus der Sicht der Befragten nur dann den Weg in den Alltag schafft, wenn die „Planungspraktiker im Alltagsgeschäft" zum direkten und wertgeschätzten Akteur der Forschung werden. Eine gezielte Einbindung in wissenschaftliche Untersuchungen wird als notwendig angesehen. Zugleich würden die Fachleute aus den Wissenschaften nicht nur die Realitäten der Stadtplanung und die sie prägenden Rahmenbedingungen, sondern auch die „Sprache des Alltags" lernen. Beides könnte, so die Annahme, dazu führen, dass relevante Ergebnisse in verständlicher Form entstünden. So könnte es zu „wohl dosierten Theorie-Inputs" kommen.

Beim Blick auf die Ergebnisse dieser Befragung wird sehr schnell die erstaunliche Nähe zu früheren Beschreibungen des Theorie- und Praxisverhältnisses in der (Stadt-)Planung deutlich:

Theorie und Praxis in den Planungswissenschaften – schon lange eine schwierige Beziehung
Es sind nicht erst Untersuchungen jüngerer Art, die ein schwieriges Verhältnis von Theorie und Praxis im Kontext räumlicher Planung und Entwicklung zu Tage fördern. Wie viele andere Entwicklungen im „Planungs"-Kontext erlebte auch das Verhältnis von Theorie und Praxis ein dramatisches Auf und Ab: In den 60er Jahren explodierte geradezu die Theorieproduktion und mündete in die Forderung nach einer eigenen Wissenschaft von „der Planung". Auch die Praxis schien an theoretischen Konzepten und Reflexionen interessiert. Das änderte sich bald: In Deutschland versiegte die theoretische Arbeit fast gänzlich und in den angelsächsischen Ländern zogen sich die Theoretiker in die akademische Welt zurück, während sich die Praxis wieder auf ihr Alltagsgeschäft konzentrierte.

Peter Hall (1988, 340f) hat dieses Auseinanderleben bereits Ende der 80er Jahre in ein schönes Bild gefasst: Früher seien die akademischen Planungstheoretiker noch mit der Mannschaft – also den Planungspraktikern – auf dem Spielfeld gewesen. Später allerdings hätten sie sich zurückgezogen, während die Spieler auf dem Feld immer „anti-theoretischer", „anti-strategischer", „anti-intellektueller" geworden seien. Das Ergebnis dieses Zerrüttungsprozesses: „The relationship between planning and the academy had gone sour".

Diese Fußballmetapher beinhaltet ein Wort, das den kritischen Blick von den Spielern weg und auf die Wissenschaftler und ihre Theorien richtet: Wo waren sie denn geblieben? „Zurückgezogen" hätten sie sich, schreibt Hall. Das ist zurückhaltend ausgedrückt. Aus dem Stadion sind sie gegangen, haben sich nicht einmal mehr die Spiele angesehen, sondern sich ihren eigenen akademischen Glasperlenspielen gewidmet: Tatsächlich wiesen viele planungstheoretische Publikationen seit den späten 60er Jahren eine Weltenferne auf, die zu denken geben muss. Da ging es um „Modelle" und „theoretische Konzepte", die von den Wirklichkeiten in den Stadien der Stadtentwicklung weit entfernt waren. Das fand auch seinen Ausdruck darin, dass Empirie vielfach ein Fremdwort zu sein schien oder nur mehr darin bestand, sich aus den städtischen Wirklichkeiten Fundstücke zur Illustration eigener theoretischer Überlegungen herauszuklauben.

Das Ergebnis beschreibt Hall, wenn er feststellt, dass die theoretische Literatur der damaligen Zeiten für den „durchschnittlichen Praktiker" völlig unverständlich, zumeist auch unleserlich gewesen sei.

Womit deutlich wird, dass der Nutzen der Theorie für die Praxis sich immer aufs Neue erweisen muss, die Bedeutung der Praxis für die Theorie hingegen unstrittig sein sollte. Will sagen: Eine Theorie der Stadtentwicklung, die sich nicht der Mühen umfassender empirischer Arbeit unterzieht, wird wenig Genaues sagen können über das, was im Raum geschieht. Und wenn nicht klar ist, was der Fall ist, sind weder Ursachenanalysen noch orientierende Hinweise für die Praktiker möglich.

Die Wissenschaften von der Entwicklung der Städte können also auch (ganz ähnlich wie die entwerfenden Praktiker) in die Falle der Selbstgenügsamkeit und Selbstzogenheit tappen. Da hilft dann nur jenes Mittel, das Hans Traxler einmal für die Sozialwissenschaftler gezeichnet hat: Auswildern. Da sitzen einige bärtig-zottelige Wissenschaftler in einem Käfig, der von einem Kranwagen in die stadtumgebende Wildnis gesetzt wurde, und schauen ängstlich aus der geöffneten Käfigtür hinaus. Möglicherweise meinten das einige unserer Gesprächspartner, die die Wissenschaft aufforderten, sich dem Alltag auszusetzen und dessen Sprache zu lernen.

Offensichtlich ist es für den Gebrauchswert des Theoretisierens aus Sicht der planenden Praxis entscheidend, dass der Bezug zu ihrer Wirklichkeit gewahrt bleibt. So gilt möglicherweise noch immer der Leitsatz von Raymond Unwin aus dem Jahre 1910 (zitiert nach Albers 2004, 101): „Wir werden gut daran tun, gegenwärtig die Aufstellung bestimmter Lehrsätze für unsere Theorie zu vermeiden (und) in engster Fühlung mit den tatsächlichen Erfordernissen zu bleiben".

3 Was bleibt? Was folgt?

Das Auseinanderleben von Theorie und Praxis war und ist nicht auf die Planungswelt beschränkt. „Theoretisieren" gerät immer einmal wieder aus der Mode (vgl. den Beitrag „Die letzten Mohikaner?" i. d. B.). Dann leben alte Vorurteile wieder auf: Mit Blick ins Lexikon wird der „Theoretiker" als „wirklichkeitsfremder Mensch" enttarnt. Und gern erinnert man dann an Goethe, der in der Schülerszene des Faust jenen berühmten, bis heute nachwirkenden Satz prägte: „Grau, teurer Freund, ist alle Theorie/Und grün des Lebens goldner Baum".

Auch in der heutigen Wissenschaftslandschaft finden sich – weit jenseits der Architektur-, Freiraum- und Stadtplanungsdebatten – Stichworte wie „Theorie-Praxis-Dilemma" oder „schwieriges Verhältnis von Theorie und Praxis". Das gilt besonders dort, wo Grundlagenforschung und Handlungsorientierung aneinander stoßen, etwa in den Wirtschaftswissenschaften, in der Pädagogik und so fort (vgl. nur beispielhaft: Huber 2005; Schneider 2006).

Das heißt auch: „Theorie" steht – vor allem in den handlungsorientierten Disziplinen – unter einem besonderen Begründungsdruck. Gelingt es nicht, ihren „Gebrauchswert" sichtbar zu machen, wird sie auf kleiner werdende akademische Inseln beschränkt bleiben. Zugleich aber darf sie sich nicht „instrumentalisieren", vorschnell auf Verwertungszusammenhänge festlegen (lassen), weil sie so ihren „Eigen-Sinn" und kritische Kraft verlöre. Das ist eine schwierige Gratwanderung – in heutigen Zeiten zumal.

Theorie - wozu?
Nein, es ist nicht leicht, Königswege aus den beschriebenen Dilemmata, aus Selbstreferenzialität und Theoriefeindlichkeit zu finden. Auch für den Gang über den schmalen Grat zwischen wissenschaftlicher Selbstgenügsamkeit und eilfertiger Pragmatik gibt es keine Sicherungsleine. Was derzeit bleibt, sind einige einfache Geschichten und – wie man meinen könnte – banale Einsichten:

Beginnen wir mit einer einfachen Frage: Theorie, wozu? und beantworten sie zunächst mit einer einfachen Geschichte (aus: Selle 2005, 143): „Anlässlich eines Vortrages über die Bedeutung der Kooperation im Planungsgeschehen nahm mich jemand in der Veranstaltungspause beiseite: Eigentlich sei er kein Planer, gestand er. Er käme eher vom Bau. Umso erstaunlicher fände er, dass vieles von dem, was da über Kooperation gesagt wurde, für die Abwicklung großer Bauprojekte in gleichem Maße Geltung hätte. Ob mir das bewusst sei? Ich gestand mein Unwissen. Also erläuterte der Gesprächspartner den Hintergrund seiner Frage: An dem Projekt, an dem er zurzeit mitwirke, hätten Investor, Architekt, Sonderfachleute und wichtige Gewerke von Anfang an um einen Tisch gesessen. Das Ergebnis der engen Kooperation sei verblüffend: Es ginge manches schneller, Kosten würden gespart und es gäbe viel voneinander zu lernen. Wie häufiger bei solchen Gelegenheiten (...) fiel mir nur die simple Frage ein: Ja, wenn das doch so viel sinnvoller ist, warum wurde dann nicht immer schon am Bau kooperiert? Darauf hatte mein Gesprächspartner eine verblüffende Antwort. Sie lautete: ‚Wir haben uns früher bei der Arbeit nicht zugeschaut'".

Es mag viele Gründe für das Verharren in gewohnten Arbeitsteiligkeiten geben, aber diese Antwort – die wir in ähnlicher Form auch in einigen unserer Absolventen-Interviews hörten – kennzeichnet vermutlich einen zentralen Aspekt bei der Suche nach Antworten auf die „Theorie-Wozu-Frage": Weiterentwicklung (in der Praxis) benötigt Distanz, Betrachtung des alltäglichen Tuns aus etwas größerer Entfernung. Man muss ein Stück zurücktreten, die Zusammenhänge und Abläufe betrachten, sie vielleicht mit anderen vergleichen und dann Folgerungen ziehen.

Es geht also mit der Theorie um die – wie es im Wörterbuch so schön heißt – „tätige Auseinandersetzung mit der Wirklichkeit und die daraus gewonnene (Lebens-) Erfahrung". Ein „Theoretiker" ist also dem Wortursprung nach zunächst ein „Zuschauer", einer, der durch „Anschauen" und „Betrachten" zum wissenschaftlichen Erkennen kommt. Und diese Erkenntnis kann, die Geschichte und viele ähnliche Erlebnisse zeigen es, für die „tätige Auseinandersetzung" vor Ort sehr hilfreich sein – wenn man denn miteinander spricht. Womit auf eine zentrale Voraussetzung für ein gelingendes Forschungs-Praxis-Verhältnis verwiesen wird:

Theorie-Praxisaustausch als notwendiger Lernprozess
Es spricht einiges dafür, dass in eben diesem Sinne auch eine Auseinandersetzung mit der Wirklichkeit räumlicher Entwicklung und Steuerung notwendig und sinnvoll ist. Eine so verstandene „Theorie" wäre dann zuerst eine Aufarbeitung und Zusammenfassung professionellen Wissens – beschreibend und erklärend.

Das hat auch schon Gerd Albers (1988, 18) so gesehen: Der „Anteil der Theorie an der Stadtplanung ... kann kaum etwas anderes sein als die systematische Aufbereitung von Beobachtungen und Erfahrungen, die sich auf die Entwicklung der Städte, auf Methodik und Inhalte möglicher Steuerungsmaßnahmen und auf deren Auswirkungen beziehen. Zwar liegen zahlreiche wissenschaftliche Aussagen ... vor ..., aber diese sind Facetten, die sich nur bedingt zu einer Wissenschaft von der Stadt und schwerlich zu einer umfassenden Theorie der Stadt zusammenfassen lassen".

Judith E. Innes (1995, 183) hat ein ähnliches Bild von „neuen Theoretikern", die sie für notwendig hält: „These new theorists pursue the questions and puzzles that arise in their study of practice, rather than those which emerge from thinking about how planning could or should be. These new planning scholars do grounded theorizing based on richly interpretive study of practice". An einer solchen „erfahrungs- und empiriegesättigten" Theorie besteht wieder Bedarf. Erste Schritte auf diesem Wege scheinen gemacht.

Das ist auch dringend geboten. Denn nur in der Zusammenschau von konkretem, praktischem Handeln und generalisierender Erkenntnis werden Lernprozesse möglich. Diese Einsicht ist keinesfalls neu. John Friedmann versah seine große Arbeit zu „Planning in the Public Domain" im Titel nicht zufällig mit einem Doppelpunkt auf den dann folgte: „From Knowledge to Action". Entsprechend ist ein Großteil dieser Untersuchung dem planenden Handeln als Organisation eines sozialen Lernprozesses gewidmet, bei dem Handeln, Wissen und Reflexion spiralförmig ineinander greifen. Nur so kann ein „vollständiger Lernzyklus" entstehen, von dem Ursula Schneider (2006, 42) schreibt: „Ein vollständiger Lernzyklus umfasst die Phasen der Konzeption, Umsetzung, Beobachtung, Generalisierung der Beobachtung sowie des Entwurfs neuer Konzepte". Käme er nicht zustande, führe das dazu, so die Autorin weiter, „dass blind gehandelt und aus den Fehlern mangels Erkennbarkeit nicht gelernt wird. Das ist ein hoch ineffizientes Modell, obwohl Pragmatiker ihre Verkürzungen in der Regel mit Effizienzvorteilen legitimieren".

Um also Lernen – nota bene bei allen Beteiligten – zu ermöglichen, müssen die in den verschiedenen Phasen des Zyklus Beteiligten zusammen kommen. Denn es kann nicht Ziel sein, dass alle alles wissen und betreiben. Das wäre vielleicht, schreibt Ursula Schneider (ebd. S. 44), ein demokratisches Ideal, sei aber ökonomisch in hohem Maße ineffizient und praktisch kaum zu realisieren. Daher komme es auf „Wissensteilung" an. Diese Teilung des Wissens setzt aber, so möchten wir ergänzen, dessen Mit-Teilung voraus. Von ganz entscheidender Bedeutung für Lernprozesse in unserer Disziplin ist also das Ermöglichen von Dialogen, in denen Fachleute aus Wissenschaft und Praxis zusammenkommen und – in der gebotenen Offenheit – einander ihr Wissen mitteilen und zuhören.

Womit sich der Kreis der Argumentation schließt und wir wieder bei Günter Jauch und Gerhard Schulze anlangen: Versteht man ihren Auftritt nicht nur als „Verkaufsveranstaltung", sondern als „Wissens-mit-Teilung", in der von beiden Seiten Fragen gestellt und Antworten gegeben werden, dann spricht einiges dafür, dass ihr Dialog ein Modell ist, das es weiter zu verfolgen gilt. Allerdings nicht nur in Zeitschriftenbeilagen und nicht nur als einmaliger „Glücks-Fall".

Literatur:

Albers, Gerd 2004: Zur Rolle der Theorie in der Stadtplanung. Folgerungen aus fünf Jahrzehnten. In: Altrock, Uwe/Güntner, Simon/Huning, Sandra/Peters, Deike (Hg.): Perspektiven der Planungstheorie, Berlin, S. 101-111.
Friedmann, John 1987: Planning in the Public Domain: From Knowledge to Action, Princeton.
Hall, Peter 1988: Cities of Tomorrow. An Intellectual History of Urban Planning and Design in the Twentieth Century, New York.
Huber, Anne A. (Hg.) 2005: Vom Wissen zum Handeln – Ansätze zur Überwindung der Theorie-Praxis-Kluft in Schule und Erwachsenenbildung, Tübingen.
Innes, Judith E. 1995: Planning theory's emerging paradigm: Communicative action and interactive practise. In: Journal of Planning Education and Research, 14. Jg., H. 3, S. 183-189.
Janson, Alban 2008: Sind Bürger mündig? Qualität ist Expertensachen. In: Deutsches Architektenblatt, Jg. 40, H. 3, S. 14.
Rehwaldt, Till 2009: Die Geschmacksfrage. In: Garten + Landschaft, H. 2, S. 10-11.
Schemel, Hans-Joachim 2008: Vom Dogma zum Diskurs – Mehr Respekt für Laien. In: Deutsches Architektenblatt, Jg. 40, H. 3, S. 15.
Schneider, Ursula 2006: Das Management der Ignoranz. Nichtwissen als Erfolgsfaktor, Wiesbaden.
Selle, Klaus 2005: Planen, Steuern, Entwickeln. Über den Beitrag öffentlicher Akteure zur Entwicklung von Stadt und Land. edition stadt|entwicklung, Dortmund.

Sutter-Schurr, Heidi 2008: Freiräume in neuen Wohnsiedlungen: Lehren aus der Vergangenheit – Qualitäten für die Zukunft? Dissertation RWTH Aachen. PT_Materialien Bd. 23.

Tessin, Wulf 2008: Die Ästhetik des Angenehmen. Städtische Freiräume zwischen professioneller Ästhetik und Laiengeschmack, Wiesbaden.

Tessin, Wulf 2009: Landschaftsarchitektur und Laiengeschmack – Über die Ablehnung moderner Landschaftsarchitektur durch die Nutzer. In: Garten + Landschaft, H. 2, S. 8-9.

Weilacher, Udo 2009: Rückzugsgefechte. Replik auf Wulf Tessin: Landschaftsarchitektur und Laiengeschmack (Garten + Landschaft 2/2009). In: Garten + Landschaft, H. 3, S. 7.

Willinger, Stephan 2008: Vom Dogma zum Diskurs. In: Deutsches Architektenblatt, Jg. 40, H. 2, S. 10-13.

Prof. Dr. Klaus Selle, Dipl.-Ing. Lucyna Zalas
Planungstheorie und Stadtentwicklung
Fakultät für Architektur
Rheinisch-Westfälische Technische Hochschule Aachen

Dr. Heidi Sutter-Schurr
Institut für Landschaftsarchitektur
Fakultät Architektur
Technische Universität Dresden

Das Spiel von Angebot und Nachfrage in der städtischen Freiraumplanung

Kaspar Klaffke

Wir Menschen wollen auch in einer zivilisierten, heute überwiegend urban geprägten Umwelt den Kontakt zur Natur nicht verlieren. Wir möchten nicht nur virtuell von Pflanzen und Tieren umgeben sein, allein oder zusammen mit anderen Menschen frische Luft und wechselndes Wetter genießen. Wenn ich davon nicht überzeugt wäre, hätte ich mich nicht ein Berufsleben lang der kommunalen und regionalen Freiraumplanung verschrieben. Ich glaube auch heute noch, für dieses Bedürfnis täglich Beweise zu finden.

Bestimmende Nachfrage
Auch in der Freiraumplanung bestimmt also letztlich die Nachfrage das Angebot. Kinder wollen draußen spielen, Familien im Grünen wandern, Alte im Garten träumen. Aber das Angebot beeinflusst auch die Nachfrage. Wenn der hannoversche Stadtwald, die Eilenriede, nicht durch Wege erschlossen wäre, würde ich dort nicht Fahrrad fahren. In vielen Fällen muss die Nachfrage erst erweckt werden. Ich interessiere mich für historische Gärten, seit ich während meines Studiums in Hannover die Herrenhäuser Gärten (in der Theorie durch Vorlesungen von Dieter Hennebo und in der Praxis durch Spaziergänge) kennen gelernt habe.

Während meines Studiums an der damaligen Technischen Hochschule Hannover habe ich mit Clemens Geißler als Betreuer eine „Entwurfsübung im Siedlungswesen" verfasst (1963), die sich mit dem räumlichen Verhaltensmuster der Familie meiner damaligen Freundin und heutigen Frau befasste. Abgesehen davon, dass mein beobachtender Aufenthalt in der Familie nichtberuflichen Ambitionen sehr entgegenkam, habe ich bei diesem Studienprojekt viel über die Bewegung von Menschen im Raum und über das Zusammenspiel von Angebot und Nachfrage gelernt: wie schnell sich eine zunächst kreisförmige Abdeckung des Raumes in Haus und Garten in lineare Muster mit Inseln als Ziel auflöst, wie stark sich diese Muster bei den einzelnen Familienmitgliedern unterscheiden und zeitlich verändern. Eine jeweils individuelle Nachfrage führte zu einem unterschiedlichen räumlichen Verhalten, auch zu einem differenzierten Verhalten im Freiraum: Ernten von Himbeeren im Garten, Wanderungen durch die Feldmark und im Wald, Fußballspielen auf dem Dorfplatz, nächtliches Baden im Schein glühender Hochofenschlacke, Teilnahme an Schützenfesten im Dorf, Schulsport am Gymnasium in der weit entfernten Stadt. Das Verhalten war im Wesentlichen reaktiv. Die Familienmitglieder nutzten die Angebote, die vorhanden waren und die viele Wünsche offen ließen. Allerdings hatte es bei der Wahl des Wohnortes und bei der Anlage des eigenen Gartens durch die Eltern eine aktive Anpassung des Angebots an ein bestimmtes Erwartungsprofil (ländliche Arztpraxis, Obst und Gemüse für die Küche, Sitzplatz im Garten für die große Familie) gegeben.

Auch die hehre Gartenkunst verdankt ihre Entstehung vor allem einer individuellen oder gruppenspezifischen Nachfrage und der Erfüllung ohne Umwege. Die Kulturlandschaft lieferte dem Adel (manchmal auch reichen Bürgern) die Rahmenbedingungen für die Schaffung der schönsten persönlichen Paradiese. Fürst Leopold Franz von Anhalt-Dessau, um nur ein Beispiel herauszugreifen, hat im Dessau-Wörlitzer Gartenreich eine ganze Landschaft nach seinen Wünschen gartenkünstlerisch verändert. Der Park als Angebot folgte der Nachfrage nach einer arkadischen Landschaft unmittelbar. Der Fürst war dazu in der Lage, weil er nicht nur über die notwendigen Ressourcen verfügte, sondern auch vorher in England das dortige Angebot an Gärten und Parks bereist und studiert hatte. Die „Freiraumplaner" (damals „Gärtner") Johann Leopold und Johann George Schoch, die ihm zur Hand gingen, hatten die Aufgabe, die Gestaltungsvorstellungen ihres Bauherrn professionell zu erfüllen.

Angebotsorientierung der kommunalen Freiraumplanung
Abweichend von diesem Zusammenklang der Entstehung und der Erfüllung von Wünschen im gartenkünstlerischen Wettstreit hoch gestellter Persönlichkeiten hat sich die kommunale Freiraumplanung seit ihrer Entstehung, übrigens auch in der Lehre an den Fachhochschulen und Universitäten, vor allem angebotsorientiert entwickelt. Die im Zuge der Industrialisierung entstandene Misere der Wohn- und Arbeitsbedingungen in den Städten zwang die Obrigkeit, den Einwohnern Freiräume zu bieten. Der Maschpark von Hannover beispielsweise, von Julius Trip, dem ersten Gartendirektor von Hannover, gestaltet, war ein repräsentatives Geschenk der Stadt an ihre Bürger (Gröning/Wolschke-Bulmahn 1990). Die Bürger waren dazu sicherlich nicht gefragt worden. Aber es darf angenommen werden, dass sie das Geschenk dankend angenommen haben.

Diese Orientierung am Angebot hat aus zwei Gründen auch heute noch ein erhebliches Gewicht:

Erstens haben alle Grünflächenämter in deutschen Städten vor allem bereits vorhandene öffentliche Freiräume zu verwalten. Die Herrenhäuser Gärten in Hannover sind ja vorhanden und diejenigen, nach deren Bedürfnis und in deren Auftrag sie geschaffen wurden, sind längst gestorben. Die kommunalen Freiraumverwalter erwarten selbstverständlich (und im Falle der Herrenhäuser Gärten ja sicherlich auch zu Recht) dass die Bürger, denen die öffentlichen Gärten und Parks heute gehören, sie so haben wollen, wie sie sind. (Und sie ärgern sich gewaltig, wenn die Einwohner die vorhandenen öffentlichen Freiraumangebote nicht so wertschätzen, wie sie es ihrer Meinung nach verdienen.)

Zweitens haben sich die kommunalen Freiraumverwalter an eine Doppelfunktion gewöhnt, die der eines Adelsherrn in früheren Zeiten gar nicht so unähnlich ist. Sie fühlen sich in ihrer Zugehörigkeit zu einer Einheitsverwaltung gleichzeitig als Bauherrn und als Planer, also als Nachfrager und als Anbieter, und sie glauben zu wissen, was für die Bürger gut ist, haben deren Bedürfnisse studiert, kennen sich mit den verschiedenen Freiraumkategorien aus, sind in der Lage zu berechnen, ob in einem Stadtteil ein Kinderspielplatz fehlt, und zu analysieren, welche Funktionen ein Stadtplatz zu erfüllen hat.

Zu diesem Doppelverständnis ist allerdings darauf hinzuweisen, dass die Bauherrenrolle formal nicht existiert. In allen wichtigen Dingen entscheiden die von den Bürgern repräsentativ gewählten Räte. Sie sind die eigentlichen Bauherren. Aber de facto hat das Fachpersonal in den Kommunalverwaltungen lange einen bestimmenden Einfluss ausgeübt. Erst als in den 1970er Jahren (nach dem Ende der Zeit des Wiederaufbaus) erkennbar wurde, dass dieses Expertentum keineswegs vor Fehlentscheidungen schützt, haben die Stadträte, insbesondere aber die in dieser Zeit entstandenen Bezirks- und Ortsräte ihre im Grundgesetz verankerten Aufgaben als Anwälte des Bürgerwillens mit mehr Initiative und Aufmerksamkeit wahrgenommen. Aber auch dieses Umdenken hat das Doppelspiel nicht wirklich beendet. Die Politik erwartet allgemein, dass die Fachverwaltungen ihre Aufgaben nicht nur ausführend, sondern auch vorbereitend und vorschlagend wahrnehmen.

Die Rolle der Soziologen besteht in dieser Situation darin, Informationen darüber zu liefern, was die Bürger wollen (damit die Freiraumverwaltungen in ihrer Bauherrenfunktion nicht völlig falsch liegen) und wie sie das beurteilen, was die Freiraumplaner gemacht haben. Nicht immer gelingt die passgenaue Erfüllung vermuteter Bürgerwünsche. Wulf Tessin (2009; ausführlicher: 2008) hat eine erhebliche Differenz festgestellt zwischen dem, was sich die Profession bei der Gestaltung von Freiräumen ausdenkt und dem, was die Menschen sich wünschen. Als im Juni 2005 der Landschaftsarchitekturpreis des BDLA an den Landschaftsarchitekten Gilles Vexlard für den neuen Landschaftspark Riem verliehen wurde, bemerkte Christian Ude, Oberbürgermeister von München und Präsident des Deutschen Städtetages, in seiner Ansprache amüsiert, es sei doch merkwürdig, dass neue Werke der Landschaftsarchitektur, die – wie auch dieser neue Park in München – von der Bevölkerung nicht gut angenommen und kritisiert würden, von Fachleuten höchste Auszeichnungen erhielten.

Wir Landschaftsarchitekten waren natürlich ein wenig beleidigt. Zur Rechtfertigung weisen wir in solchen Fällen darauf hin, die Bürger bräuchten manchmal eben etwas länger, den Wert einer Anlage zu erkennen. Auch van Gogh sei nicht sofort ein gefeierter Malerheld gewesen. Aber dieser Verweis auf die Bildende Kunst, das müssen wir zugeben, ist nicht sehr überzeugend, weil Maler in der Regel in eigener Verantwortung nur für sich arbeiten, während wir Landschaftsarchitekten für die Bürger als Bauherrn tätig sind und deshalb von uns erwartet werden kann, dass unsere Werke schon den heute lebenden Menschen gefallen. Dabei dürfen wir gewiss darauf aufmerksam machen, dass erst ein alter Park mit entsprechend hoch gewachsenen Bäumen seine volle beglückende Wirkung entfaltet.

Die Angebotsorientierung der kommunalen Freiraumplanung hat eine lange Vorgeschichte und sie ist eng mit der Beziehung zwischen Bürger und Staat verbunden. Schon die ersten kommunalen Parks waren sozialreformerische Angebote der Stadtverwaltungen an die beengt lebende Stadtbevölkerung. Andererseits gab es bereits um 1900 in der Freiraumentwicklung Initiativen, die von der Nachfrageseite her massiv Forderungen erhoben und auch durchsetzten. Die Entstehung der Kleingartenkolonien war eine solche Volksbewegung, die erst im Nachhinein von der Öffentlichen Hand eingefangen werden konnte. Auch die Wandervogel- und Naturschutzbewegungen formulierten aus der Bürgerschaft heraus wirkungsvolle Nachfragewünsche.

Der allumfassende Führungs- und Versorgungsanspruch des Dritten Reiches erstickte allerdings derartige Vorstöße aus der Bürgerschaft. An dieser bestimmenden Haltung der Obrigkeit änderte sich nach dem Kriegsende in der DDR prinzipiell nichts. Es standen – von wenigen großen Städten abgesehen – nicht einmal mehr zentrale kommunale Freiraumverwaltungen als potentielle Ansprechpartner zur Verfügung (Fibich 2009). Allenfalls in Nischen konnte sich Gartenkultur eigenständig und individuell entfalten. Aber auch in der BRD waren Daseinsvorsorge und -fürsorge von dem Gedanken geprägt, der Staat müsse sich väterlich um seine Bürger kümmern. Es gab in der Wiederaufbauzeit auch so viel zu tun, dass man nicht lange überlegen und hinterfragen konnte oder wollte. Außerdem lieferte die Angebotsplanung ja weit überwiegend überzeugende Ergebnisse. Es ist heute selbstverständlich, dass zu jedem Wohngebiet auch Spielmöglichkeiten für Kinder gehören. Erst als es den Freiraumverwaltungen in zäher Arbeit gelungen war, die Städte mit Grünverbindungen zu durchziehen, konnten die Bürger für Wege innerhalb der Stadt und für Ausflüge das Fahrrad als ein attraktives, alternatives Verkehrsmittel entdecken. Umfangreiche Baumpflanzungen in Straßen verwandelten das Stadtbild vieler Städte nachhaltig von grau in grün.

Annäherung der Nachfrage an das Angebot
Dennoch regte sich seit den 1970er Jahren gegen diese Form des Expertentums und der Besserwisserei in der Bevölkerung Widerstand. Insbesondere junge Menschen verließen in den öffentlichen Gärten und Parks – im wahrsten Sinne des Wortes – die vorgezeichneten Wege. Es wurde dort üblich, ohne Rücksicht auf fein austarierte Wegesysteme zu Fuß oder mit dem Fahrrad die jeweils kürzeste Verbindung zu wählen. Die dadurch entstehenden Netzwerke von Trampelpfaden brachten die Freiraumverwaltungen in hilflose Rage. Zunächst mehr gedrängt als aus Überzeugung gewöhnten sich kommunale Planer allmählich daran, die Forderungen der Bürger nach Beteiligung an Planungsprozessen ernst zu nehmen. Dabei war nie ganz klar, ob es sich nur um taktische Manöver handelte, die Bürger für eigene Vorstellungen zu gewinnen oder ob tatsächlich der Versuch im Vordergrund stand, den Wünschen der Bürger zu folgen.

Diese lagen ja keineswegs immer klar auf dem Tisch und wurden zudem oft durch Lobbyinteressen verfälscht. Auf Druck der Sportlobby beispielsweise wurden noch zu einer Zeit sorgfältig eingezäunte Sportanlagen gebaut, als die (der Gängelung durch Vereinsfunktionäre überdrüssigen) Bürger längst auf die Grasflächen und Pisten der öffentlichen Grünanlagen ausgewichen waren, um dort Fußball zu spielen, zu laufen und zu gehen.

Aber trotz dieser mehr oder weniger ernsthaften Bemühungen, die Bürger bei Planungen zu beteiligen und ihre Vorstellungen zu berücksichtigen, blieb die Angebotsorientierung der Freiraumplanung prinzipiell erhalten und ist auch heute noch stark ausgeprägt. Seit den 1990er Jahren allerdings wächst die Überzeugung, dass kommunale und regionale Freiraumplanung in einer demokratischen Gesellschaft mehr sein muss als die Übernahme der Verantwortung durch eine zuständige Fachverwaltung. Der heute gern verwendete Begriff „Akteure" beschreibt treffend den Anspruch, bei allen Aufgaben der Stadt- und Regionalentwicklung alle Institutionen, Gruppierungen und Persönlichkeiten einzubeziehen, die unabhängig von der räumlichen und fachlichen Ausrichtung im Konsens zur Formulierung einer Vision oder konkreten Lösung beitragen können. Die „Regionalen" in Nordrhein-Westfalen sind ein herausragendes Beispiel dafür, wie eine Landesregierung schon bei der Formulierung des Ziels und bei der Entscheidung für ein Fördergebiet versucht, die konkrete Programmierung auf die regionale und lokale Ebene zu verlagern. Bei der Regionale 2010 beispielsweise steht „Gemeinsam Zukunft gestalten" als Credo bei dem Aufbau eines Kulturlandschaftsnetzwerks und der Verständigung auf einen „masterplan: grün" ganz vorn (Molitor 2009).

Dabei sind – wenn man die Gemeinde als Kern sieht – zwei zentrifugale Entwicklungen interessant: Die Verlagerung der Angebotsentwicklung nach oben, auf die regionale Ebene, weil viele Planungsaufgaben, auch der Freiraumplanung, nur gemeindeübergreifend gelöst werden können, und nach unten, auf Vereine, Initiativen und Einzelpersonen. Besonders der Zug nach unten führt in gewisser Weise zu einer Umkehrung der eingefahrenen Verhältnisse zwischen Bürger als Konsumenten und Kommunalexperten als Anbieter. Nicht mehr nur die kommunalen Freiraumverwaltungen schaffen ein Angebot für eine vermutete Nachfrage, sondern die Bürger selbst werden ermuntert, sich als Anbieter zu betätigen und damit nach dem Prinzip von Versuch und Irrtum eine bisher nicht entdeckte Nachfrage zu bedienen.

Erläuternde Beispiele
Ich will das abschließend an zwei Beispielen, der Aktion „Offene Pforte" und der „Gartenregion Hannover 2009", erläutern.

Die nach englischem Vorbild entwickelte Idee der Offenen Pforte, die inzwischen in ganz Deutschland verbreitet ist, ruht auf zwei Voraussetzungen. Sie braucht einen Garten und sie braucht einen Gartenbesitzer, der bereit ist, seinen Garten zu öffnen. Der Gartenbesitzer bietet diesen der Öffentlichkeit zum Besuch an. Er macht ein Angebot. Die Rolle der kommunalen oder regionalen Freiraumverwaltungen reduziert sich dabei auf einen anstoßenden, moderierenden und organisierenden Beitrag.

Der in Hannover vor zwanzig Jahren vom Grünflächenamt und gartenkulturellen Vereinen gegebene Anstoß zur Einrichtung der Aktion „Die Offene Pforte in und um Hannover" (Klaffke/Hübotter 2000) löste eine Reaktion aus, die weit über eine der üblichen Angebotserweiterungen hinausging. Es war, als ob ein bisher still stehendes System mit vielen in ihren Gärten hockenden Besitzern plötzlich befreit in ein kommunikatives, auch raumwirksames Gewusel geriet; denn die Gartenbesitzer empfingen ja keineswegs nur Gäste bei sich zu Hause, sondern machten sich selbst zu Fuß, mit dem Fahrrad, mit dem Auto oder auch mit öffentlichen Verkehrsmitteln auf den Weg zu anderen Gärten und gerieten dabei in bisher unbekannte Orte und Landschaften. Die Calenberger tauchten plötzlich auch bei den Heidjern auf und umgekehrt lernten diese die Schönheiten des Calenberger Landes kennen. Man holte sich Anregungen, tauschte sich aus, schloss Gartenfreundschaften, belebte die Gartenbauwirtschaft, und ganz von selbst entwickelte sich so etwas wie ein intensives, lokal und regional verankertes, gartenkulturelles Leben. Neulich waren meine Frau und ich in einem Garten in Dollbergen, der in diesem Jahr aus eigenem Antrieb neu zum Programm hinzugekommen ist. Der Garten ist – abgesehen davon, dass die Besitzer von ihm begeistert sind – keine herausragende Sehenswürdigkeit. Aber wir hatten den Eindruck: das ganze Dorf war dort zu Gast.

Faszinierender Weise bilden die Offenen Pforten sehr schnell und ohne organisatorische Steuerung Ausläufer, die sich verselbständigen, wenn sich herausstellt, dass die Entfernungen für eine intensive Kommunikation zu groß werden. Oft bleiben sie mit der Mutter in lockerer Verbindung. Wenn sie sich in der Zahl und im Raum entwickeln erleben auch diese Sprösslinge wieder Abspaltungen. Es entsteht eine muntere vegetative Vermehrung.

Es ist übrigens interessant, dass in den Freiraumverwaltungen bei diesem selbst bestimmten Gewusel gelegentlich das Gefühl entsteht, die Geister, die man selbst mit rief, nicht mehr im Griff zu haben. Es wird dann versucht, kontrollierend einzugreifen, um die Übersichtlichkeit in einem wuchernden Gestrüpp gartenkultureller Emphase wieder herzustellen.

Das zweite Beispiel ist das Veranstaltungsprogramm 2009 zur Gartenregion Hannover (Klaffke 2009). Die Region Hannover und ihre Vorgängerorganisationen haben eine langjährige Erfahrung in der Motivierung regional bedeutsamer Naherholungsmaßnahmen auf lokaler Ebene. Das heißt, man weiß dort, dass das Angebot finanzieller Förderung in Verbindung mit der Konkurrenz der Gemeinden untereinander (die alle etwas von dem Fördertopf abhaben wollen) sie dazu animiert, sich selbst und gemeinsam mit Nachbargemeinden Angebote auszudenken und damit Angebot und Nachfrage auf der örtlichen Ebene eng aneinander zu binden.

Auch das jetzige Gartenprogramm hat eine investive Säule überwiegend kommunaler Maßnahmen zur Verbesserung des Freiraumangebots, aber die Region Hannover lässt diese Säule in ihrer Förderpolitik ausdrücklich auch Investitionen im privaten Bereich tragen, wenn diese im öffentlichen Interesse liegen. Daneben jedoch wurde eine zweite, größere Säule aufgestellt, die Veranstaltungen zum Thema „Gartenregion Hannover" unterstützt. Man kann es mit einfachen Worten vielleicht so ausdrücken: Die Region Hannover hat sich ausgedacht, im Jahr 2009 ein Gartenjahr zu feiern und nimmt dafür Geld in die Hand. Sie fordert die Bürger auf, sich zu diesem Thema etwas auszudenken und verspricht, ihnen bei der Umsetzung zu helfen, wenn die Idee zum Thema passt und gut ist. Ausdrücklich wird das Thema Garten nach allen Richtungen geöffnet: in die Kulturlandschaft, zu Bildender Kunst, Musik, Theater, Literatur und Religion, in die Vergangenheit, Gegenwart und Zukunft. Die Auswahl der Projekte und die Entscheidung über die Höhe der Förderung trifft die demokratisch und repräsentativ gewählte Regionsversammlung nach Empfehlung durch einen Beirat.

Das Ergebnis ist in zweifacher Hinsicht überraschend und erfreulich. Erstens haben sich unerwartet viele öffentliche und private Akteure – das sind zum Beispiel die Museen, das Theater für Niedersachsen, der Evangelisch-lutherische Sprengel Hannover, private Kultureinrichtungen und Initiativen - mit eigenen Angeboten an dem Programm beteiligt. (Insgesamt umfasst das Programm mehr als 700 Veranstaltungsangebote.) Zweitens sind die Veranstaltungen im Schnitt sehr gut besucht. Es hat eine erstaunliche Mobilisierung der Regionsbevölkerung auf lokaler und regionaler Ebene stattgefunden. Die Brückenschläge zu anderen Bereichen des kulturellen Lebens haben der Gartenkultur ein Interesse beschert, mit dem niemand rechnen konnte und ihr sind viele neue Freunde und Sympathisanten zugewachsen.

Auch diejenigen, die das Thema Gartenkultur professionell bewegen, fühlen sich angeregt. Fünf Künstlerinnen beispielsweise haben auf eine sehr spezielle Art den Fachbereich Umwelt und Stadtgrün der Landeshauptstadt Hannover untersucht. Die Ergebnisse wurden in der Ausstellung „Mind the Park" in der städtischen Galerie Kubus (7.6.-5.7.2009) gezeigt. Sie haben das Bild der Verwaltung nicht nur für die Ausstellungsbesucher, sondern auch für die Mitarbeiterinnen und Mitarbeiter des Fachbereichs animierend verändert.

Fragen

Was bedeuten diese beiden Beispiele für die Eingangsthese zum Bedürfnis der Menschen nach Kontakt mit der Natur? Es scheint so, als ob das Angebot der Nachfrage wieder näher kommt. Da sich dieses Naturbedürfnis in unserer pluralistischen, interkulturell zusammengesetzten Gesellschaft sehr unterschiedlich äußert, führt dies nicht nur zu einer erheblichen Verbreiterung des Angebots, sondern auch zu einer erheblichen Differenzierung der Nachfrage.

Daraus ergeben sich viele Fragen. Was bedeuten diese Veränderungen- wenn sie denn zutreffen – für das Berufsbild und für die Ausbildung der Freiraumplaner? Welches Gewicht bekommen die verschiedenen Akteure auf lokaler und regionaler Ebene bei der Entwicklung des Angebots? Was geschieht mit den vorhandenen öffentlichen Freiräumen, wenn sie mehr nach den Wünschen der Bürger bespielt werden? Welche Wirkung haben Programme wie die „Offene Pforte" oder die „Gartenregion Hannover 2009" auf die gesellschaftliche Bedeutung der Gartenkultur?

Sich auf diesem bunten Feld auf den Weg der Erkenntnis zu machen, muss für die Soziologie doch eine spannende Aufgabe sein.

Literatur:

Fibich, Peter 2009: Landschaftsarchitektur in der DDR der 1950er Jahre. In: Garten + Landschaft, H. 5, S. 28-32.

Gröning, Gert/Wolschke-Bulmahn, Joachim 1990: Von der Stadtgärtnerei zum Grünflächenamt. 100 Jahre kommunale Freiflächenverwaltung und Gartenkultur in Hannover, Berlin/Hannover.

Klaffke, Kaspar 2009: Gartenregion Hannover. Projekte zum Gartenjahr der Stadt Hannover und ihrer Region. In: Garten + Landschaft, H. 6, S. 34-36.

Klaffke, Kaspar/Hübotter, Peter 2000: Zur Entstehung der Aktion „Offene Pforte" in Hannover. In: Duthweiler, Swantje/Gauditz, Peter: Die Offene Pforte: Gärten in und um Hannover, Stuttgart.

Molitor, Raimar 2009: Regionale 2010 – Kulturlandschaftsnetzwerk in der Region Köln/Bonn. In: Stadt-Kultur-Landschaft. Dokumentation einer internationalen Tagung zur Gefährdung historischer urbaner Kulturlandschaften und zu den Möglichkeiten ihrer Bewahrung, Osnabrück (im Erscheinen).

Tessin, Wulf 2008: Ästhetik des Angenehmen. Städtische Freiräume zwischen professioneller Ästhetik und Laiengeschmack, Wiesbaden.

Tessin, Wulf 2009: Landschaftsarchitektur und Laiengeschmack – Über die Ablehnung moderner Landschaftsarchitektur durch die Nutzer. In: Garten + Landschaft, H. 2, S. 8-9.

Prof. Dr. Kaspar Klaffke (i. R.)
Leiter des Grünflächenamtes der Stadt Hannover (bis 2002)
Honorarprofessor an der Leibniz Universität

Zum Stellenwert sozialwissenschaftlicher Analysen und Methoden im Alltag von Freiraumplanungsbüros

Stefan Bochnig

Die Frage nach dem Stellenwert sozialwissenschaftlicher Erklärungsansätze und empirischer Analysen für den Alltag der planenden Disziplinen begleitet den Diskurs zwischen Planung und Sozialwissenschaften seit den 60er Jahren des vergangenen Jahrhunderts. In unregelmäßigen Wellenbewegungen haben die planenden Disziplinen – so auch die Landschaftsarchitektur – theoretische Erkenntnisse, Methoden und Analyseergebnisse zur unverzichtbaren Basis des eigenen Planens und Handelns gemacht, sie weit in den Hintergrund treten lassen, ja teils als untauglich zur Erzielung ästhetisch und funktional hochwertiger Planungen erklärt, um sie später wieder als notwendige Grundlage heranzuziehen.

Meine Erfahrungen lassen sich in einer vorsichtig optimistischen Einschätzung zusammenfassen: Oft geschmäht, belächelt und immer wieder von gegenseitigem fachlichen, teils persönlichen Unverständnis begleitet, hat das Zusammenspiel von Sozialwissenschaften und Planung – so auch der Landschaftsarchitektur – längst seinen festen Platz, im Alltag hat sich ein fruchtbares Miteinander eingespielt. Um den Alltag in Planungsbüros abzubilden, ist es allerdings sinnvoll, das Thema über die in der Überschrift des Kapitels genannten „soziologischen Erkenntnisse" im engeren Sinne hinaus weiter zu fassen. Gemeint ist in diesem Beitrag also neben der Heranziehung von soziologischen Erkenntnissen und Analysen hinaus eine „sozialwissenschaftlichen Aufladung" von Planung im Allgemeinen. Hans Paul Bahrdt hat hierfür den Begriff der „Anhebung des Pegels der Rationalität" geprägt. Meine Einschätzung basiert auf den Erfahrungen eines „Grenzgängers", der als Landschaftsarchitekt ebenso die berufliche Praxis in einem Planungsbüro (Gruppe Freiraumplanung, Landschaftsarchitekten, Langenhagen) kennt wie auch als Hochschullehrer die Praxis der Ausbildung in der sich im Umbruch befindlichen Hochschullandschaft (Freiraumplanung, Freiraumentwicklung und Entwerfen, Hochschule Ostwestfalen-Lippe).

Pauschale Einschätzungen bergen stets die Gefahr der Vereinfachung. Daher sind hier einschränkende Hinweise auf den Erfahrungshintergrund vonnöten: Die Rede ist von der Planungspraxis der Landschaftsarchitektur im überwiegend städtischen Kontext, soweit sie im Auftrag der Kommunen, Wohnungsunternehmen und vergleichbarer Organisationen erfolgt. In Arbeitszusammenhängen, die vorwiegend auf „reine" Entwurfsleistungen („Wettbewerbsbüros") und deren Umsetzung abzielen, mag sich die Situation durchaus anders darstellen.

Neben privaten Akteuren ist wesentlich die öffentliche Hand Auftraggeberin für Planungsbüros. Wer für öffentliche Auftraggeber tätig ist, hat es üblicherweise mit einem komplexen Gefüge von Verwaltungshandeln, politischen Entscheidungsprozessen und öffentlicher Willensbildung zu tun. Inhaltliche und methodische Rahmenbedingungen von Planung ebenso wie die Legitimierung und Finanzierung von Vorhaben erfordern in aller Regel eine breite Basis an analytischen Befunden – neben anderen auch sozialwissenschaftlicher Natur. Viele Kommunen nutzen zur Bearbeitung der anstehenden Fragen Programme zur Städtebauförderung, Wohnungsumfeldverbesserung usw. Die Vorgaben solcher Programme zur Stadterneuerung und Stadtentwicklung erfordern in aller Regel eine fundierte Basis an sozialempirischen Befunden.

Planen in einem solchen Kontext setzt stets die Kooperation mit Sozialwissenschaftlern voraus. Dabei ist die Bandbreite des Mitwirkens sozialwissenschaftlicher Methoden weit gesteckt: Dezidierte sozialempirische Erhebungen und Analysen als Basis zur Formulierung planerischer Aufgaben und Konzepte bilden den einen Pol der Kooperation, eine nurmehr „sozialwissenschaftlich gestützte Aufladung" von Planung, teils von den Vertretern der Planung in Eigenregie durchgeführt, den anderen Pol. Zwischen beiden Polen finden sich in der alltäglichen Planungspraxis alle Abstufungen und Nuancen.

Zur Veranschaulichung des Zusammenwirkens zwischen Sozialwissenschaften und Landschaftsarchitektur sollen drei Planungsfälle herangezogen werden, die die angedeutete Bandbreite verdeutlichen können.

1 Kleingartenkonzeption Bremen – Sozialempirische Erkenntnisse als Basis für Planungsempfehlungen

Der Aufenthalt im eigenen Garten steht in der Skala der beliebtesten Freizeitaktivitäten ungebrochen auf einem hohen Rang. Dies gilt für den Garten am eigenen Haus ebenso wie mit Abstrichen für seine Ersatzform, den Kleingarten. Dabei übernimmt der (Klein-) Garten vielfältige positive Aufgaben:
- Er ist Ernährungsgrundlage, ein ‚Stück Natur', Ort suspensiven Freizeitverhaltens und rekreativer Muße, Gestaltungs- und Verfügungsraum, ‚geschützter' Ort der Privatsphäre und geselliger Ort im Kreise von Familie, Freunden und Verein.
- Der Garten erfüllt eine familienpolitische Aufgabe, in dem hier Kinder relativ ungestört aufwachsen können und ihnen die Möglichkeit einer spielerischen Naturerfahrung eröffnet wird. Kleingärten haben eine alterspolitische

Bedeutung, insofern der Garten Rentnern bis ins hohe Alter vielfältige Beschäftigungsmöglichkeiten bietet. Er stellt als privater Freiraum überdies eine Rückzugsmöglichkeit dar. Kleingärten erfüllen drittens eine gesundheitspolitische Funktion: es dürfte keine Muskelgruppe geben, welche nicht bei der Gartenarbeit beansprucht wird. Kleingärten und ihre Vereine haben darüber hinaus eine große sozialintegrative Bedeutung.

Abbildung 1: Ästhetik im Kleingarten

Foto: Stefan Bochnig

- Kleingärten haben weiterhin eine Bedeutung für die ökologischen Zusammenhänge in der Stadt. Die positiven Wirkungen des Gartens auf den Naturhaushalt und das Klima sind bekannt. Neben dem ökologischen Wert sind Kleingärten in vielen Städten integraler Bestandteil des Netzes an öffentlichen Freiräumen, denn Kleingärten sind in der Regel öffentliche Freiräume, die von der Kommune vorgehalten und an Kleingartenvereine zur privaten gärtnerischen Nutzung verpachtet werden.

Städte mit einer langen Kleingartengeschichte wie Bremen haben traditionell eine überdurchschnittliche Kleingartenversorgung. Die Kleingärten tragen wesentlich zur Identität der Stadt bei und liegen in vielen Fällen in exponierter Lage, in Bremen z. B. auf der innerstädtischen Weserinsel, dem Stadtwerder. Im Zuge von

Nachfragen interessierter Investoren stehen neben anderen Flächen auch die Kleingärten in regelmäßig wiederkehrenden Abständen im Fokus des Interesses. Die Frage nach der zukünftigen Rolle der Kleingärten in der Stadt gewinnt vor dem Hintergrund der immer wieder massiv vorgebrachten Nachfrage einerseits und der Vermutung über eine sich vor dem Hintergrund demografischer Entwicklungen und sich ändernder Wertvorstellungen zum Garten wandelnde Nachfragesituation seit einigen Jahren in vielen Städten eine große Bedeutung.

Abbildung 2: Öffentlicher Grünzug in einer Kleingartenkolonie

Foto: Stefan Bochnig

Die Stadt Bremen hat vor einiger Zeit die genannten Fragen zum Anlass genommen, ein Gutachten in Auftrag zu geben, in dem auf Basis einer dezidierten sozialempirischen Erhebung konkrete Planungsempfehlungen zur Entwicklung der Kleingärten als Teil des städtischen Freiraumsystems zu entwickeln waren (Bochnig/Kegelmann/Tessin 2002). Vor dem Hintergrund der zu erwartenden Auseinandersetzungen über die Zukunft des Kleingartenwesens in Bremen war es ausdrücklicher Wunsch der Stadt, dass Soziologie und Planung bei der Erstellung der Konzeption eng kooperieren. Darüber hinaus wurde die Arbeit der Gutachter von einem Arbeitskreis der beteiligten Akteure aus Verwaltung und Kleingartenwesen begleitet.

Gegenstand des sozialempirischen Teils war die Klärung u. a. folgender Fragen: „Wie wird sich der soziale, ökonomische, kulturelle und demografische Wandel (in Vergangenheit, Gegenwart und naher Zukunft) in der Nachfrage nach Kleingärten niederschlagen? Ist mit einer Zu- oder Abnahme zu rechnen, und wie würde sich die prognostizierte Nachfrageentwicklung auf das Bremer Kleingartenwesen auswirken?"

Die quantitativen und qualitativen Untersuchungsmethoden wurden auf den vorgegebenen Kostenrahmen abgestimmt.

- Mit 30 Kleingartenvorsitzenden wurden Expertengespräche geführt über deren Einschätzung der augenblicklichen und zukünftigen Situation im Bremer Kleingartenwesen.
- Mit 220 Kleingartenpächtern wurden telefonische Interviews geführt, um die Einschätzung von praktizierenden Kleingärtnern „aus erster Hand" zu erhalten.
- Schließlich wurden 639 Bewohner aus Drei- und Mehrfamilienhäusern und 720 Bewohner aus dem Ein- und Zweifamilienhausbereich nach dem Zufallsprinzip telefonisch hinsichtlich ihres Garten- und eventuellen Kleingarteninteresses befragt.

Parallel wurden die Kleingärten einer stadträumlichen Analyse mit folgenden Themen unterzogen:

- Lage, Größe, Parzellenzahl, planungsrechtlicher Status, Anteil so genannten öffentlichen Grüns usw. der vorhandenen Kleingartenanlagen,
- ‚Einzugsbereiche' der Kolonien,
- Kleingartenversorgungsquoten für die einzelnen Stadtteile,
- Wohnstandorte der Pächter ausgewählter Kleingartenkolonien unter Zugrundelegung von Entfernungsradien (15 min Fußweg und 15 min Radwegeentfernung),
- Bewertung der Kleingartenanlagen hinsichtlich ihrer Bedeutung für das Freiraumsystem der Stadt Bremen.

Die Ergebnisse der Studie lassen sich wie folgt zusammenfassen: Kleingärten haben auch heute noch einen hohen Stellenwert für die Pächter, für das Zusammenleben der Bevölkerung, für das öffentliche Freiraumsystem der Stadt und nicht zuletzt für die Umwelt.

Zum Zeitpunkt der Untersuchung gab es rund 18.000 Kleingartenparzellen auf Bremer Stadtgebiet. Im Mehrfamilienhausbereich haben rund 8,5% der Haushalte einen Kleingarten, im Ein- und Zweifamilienhausbereich rund 3,5%. Kleingärten haben also keineswegs nur Bedeutung für Mieter im Geschosswohnungsbau. 17% der Kleingartenpächter kommen nicht aus dem Mehrfamilienhausbereich.

Abbildung 3: Kleingartenkonzeption Bremen 2002: Einzugsbereiche der Kleingärten (Ausschnitt)

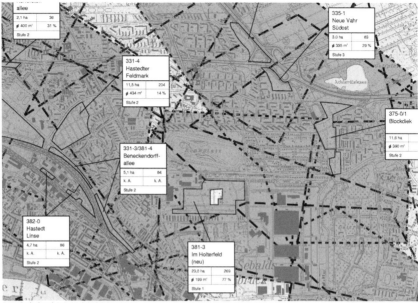

Im Original M 1: 20.000

Aus den Umfrageergebnissen geht hervor, dass das Angebot an und die Nachfrage nach Kleingärten auf gesamtstädtischer Ebene in etwa ausgeglichen war. Ein gewisser Angebotsüberhang war daran ablesbar, dass seit einiger Zeit die tatsächlich gezahlten Abstandszahlungen deutlich unter den entsprechenden Schätzwerten lagen und aus einigen Kleingartenkolonien zumindest Wiederverpachtungsschwierigkeiten gemeldet wurden.

Wenn auf gesamtstädtisch-statistischer Ebene auch Angebot und Nachfrage ausgeglichen erschienen (mit einer leichten Tendenz zu einem Angebotsüberhang), so schloss das teilräumliche Versorgungsdisparitäten nicht aus.

Die Nachfrage nach Kleingärten wird in Zukunft kontinuierlich zurückgehen, in dem Maße, wie der prognostizierte Rückgang der Altersgruppe der 30-45-Jährigen voranschreitet, also jener Gruppe, die sich im typischen ‚Kleingartenanpachtungsalter' befindet. Es ist davon auszugehen, dass sich diese Altersgruppe (auch unter Berücksichtigung von positiven Wanderungssalden) in den nächsten Jahren erheblich verringern wird; d. h. selbst unter Zugrundelegung eines gegenüber heute gleich bleibenden Kleingarteninteresses pro Kopf der Bevölkerung würde sich die Nachfrage nach freiwerdenden Kleingärten deutlich verringern.

Der kontinuierliche Bevölkerungsrückgang in der Altersgruppe der 30-45-Jährigen ist nach Einschätzung der Gutachter der zentrale Einflussfaktor auf die zukünftige Nachfrageentwicklung. Sozialstrukturelle Verschiebungen und der soziokulturelle Wandel werden dagegen in ihrer Bedeutung demgegenüber geringer ausfallen und sich zudem wechselseitig eher aufheben, vor allem in der unmittelbaren Zukunft, weil jetzt – aufgrund des ‚Preisverfalls' auf dem Kleingartenmarkt – Bevölkerungsgruppen eine Chance haben, einen Kleingarten anzupachten, die bis dato finanziell dazu nicht willens bzw. in der Lage waren.

In den nächsten Jahren und Jahrzehnten werden aber die schon heute erkennbaren Wiederverpachtungsschwierigkeiten zunehmen und in einzelnen Kleingartenanlagen zu Leerständen führen, allein aufgrund demografischer und altersstruktureller Veränderungen in der Bremer Bevölkerung.

Wenn die so genannte Baby-Boom-Generation, die aufgrund ihrer zahlenmäßigen Stärke jetzt noch und auf einige Zeit hin das Bremer Kleingartenangebot ‚auslastet', in rund 30-40 Jahren aus dem Kleingartenwesen altersbedingt ausscheiden wird, wird jede 3. bis 4. heute bestehende Parzelle nicht mehr notwendig sein unter der Voraussetzung, die Zuwanderung bliebe in den heute unterstellten Größenordnungen der Bevölkerungsprognose der Stadt Bremen.

Dabei ist in absehbarer Zeit allerdings nicht davon auszugehen, dass ganze Anlagen wegfallen werden. Die Nachfrage-Entwicklungsprognose für das Bremer Kleingartenwesen rechtfertigt damit keine Überlegungen, schon derzeit ganze Kleingartenanlagen mit Blick auf eine fernere Zukunft aufzugeben noch dazu in Stadtbezirken, die nicht nur jetzt noch unterversorgt sind, sondern dies auch noch sehr lange bleiben werden.

Aus den Ergebnissen und Auswertungen der empirischen Befunde und stadträumlichen Analysen wurden Schlussfolgerungen gezogen, die für die Stadt und Landesverband der Kleingärtner für ihre zukünftigen Kleingartenplanungen in konkrete Handlungsempfehlungen mündeten:

Revision des Richtwertes
Vor dem Hintergrund der Untersuchung wurde vorgeschlagen, den in Bremen gültigen Richtwert von einem Kleingarten auf 9 Wohnungen in Drei- und Mehrfamilienhäusern zu modifizieren. Vielmehr kann es als hinreichend angesehen werden, nur auf jede 12. Wohnung in einem Drei- und Mehrfamilienhaus, dafür aber auch auf jede 28. Wohnung in einem Ein- und Zweifamilienhaus ein Kleingarten vorzusehen. Insgesamt ergibt sich ein gesamtstädtischer Richtwert von einem Kleingarten auf rund 15 Wohnungen.

Marketing

Aufgrund der vielfältigen positiven individuellen, gesellschaftlichen und ökologischen Funktionen, die das Kleingartenwesen nach wie vor hat, wurde vorgeschlagen, den prognostizierten Nachfragerückgang nach Kleingärten zunächst durch eine entsprechende Marketingstrategie aufzufangen.

Vorbehalte gegenüber dem Kleingarten bestanden vor allem in Bezug auf die Entfernung von Haus und Garten und auf den besonderen Arbeits- und Zeitaufwand, den ein Kleingarten verursacht. Eine kleinere Gruppe von jeweils 10-15% von an sich Garteninteressierten, die aber einen Kleingarten für sich selbst ablehnten, störte sich an der ‚Verregelung' und den Gartenordnungen, an der Vereinsgebundenheit und der spezifischen Gartenkultur des Kleingartenwesens. Eine wiederum deutlich kleinere Gruppe von deutlich unter 10% störte das für das Kleingartenwesen (angeblich) typische Image und soziale Milieu.

Diesen Vorbehalten gegenüber dem Kleingartenwesen ist nur schwer beizukommen, weil einerseits das Bundes-Kleingartengesetz das Produkt ‚Kleingarten' ziemlich eindeutig ‚festlegt', zum anderen die Mehrheit der derzeitigen Pächter wie vor allem der Vereinsfunktionäre (nicht zuletzt altersbedingt und aufgrund einer hohen Identifikation) an Änderungen wenig Interesse zeigt. Eine Marketingstrategie müsste also dafür sorgen, dass einerseits neue Interessenten angelockt, aber andererseits die ‚alte' Klientel nicht ‚verschreckt' wird.

Vor diesem Hintergrund ergaben sich u. a. die folgenden Vorschläge: Angebot pflegeleichter (kleiner) Parzellen, ‚Entrümpelung' der Gartenordnung auf das unbedingt erforderliche Maß, größere Differenzierung der Gartenordnungen von Kolonie zu Kolonie und zwischen einzelnen Abteilungen innerhalb einer Anlage, Anreicherung der Kleingartenanlagen um weitere Freizeitangebote (Boule-Bahn, Minigolf-Anlage o. ä.), Einrichtung einer ‚Gartenkolonne', die – gegen Bezahlung – Gartenarbeiten im Parzellen- wie im öffentlichen Bereich verrichtet, Suche nach nicht vereinsgebundenen Organisationsformen und Trägerschaften, Durchführung einer Art von Aufklärungskampagne über das Kleingartenwesen vor allem mit Blick auf die beiden noch nicht ‚ausgeschöpften' Zielgruppen der Zugewanderten und der Altersgruppe der über 50-Jährigen, Herstellung von mehr Markttransparenz durch Einstellung aller Kleingartenangebote ins Internet.

Kleingartenentwicklungs-Management

Je nach Wirksamkeit dieser oder ähnlicher Marketingstrategien wird man sich darauf einstellen müssen, dass es in den nächsten Jahren vermehrt zu Leerständen kommen wird. Verstreut in einer Kleingartenanlage liegende, nicht wieder verpachtbare Parzellen könnten einer Grün- und/oder Erholungsnutzung zugeführt werden (Biotop, Schutzgehölz, Regenrückhaltebecken, Spielplatz, Boule-Bahn, Erdbeerfeld etc.).

Sollte sich langfristig in einer Kleingartenanlage ein größerer Leerstand abzeichnen (mehr als 30% der Parzellen nicht wieder verpachtbar), könnte ein anlagenbezogener Kleingartenentwicklungsplan erstellt werden, der die ‚Rückzugsgebiete' festlegt und für das kleingärtnerisch nicht mehr genutzte Land alternative Nutzungen festlegt. Angesichts des für deutsche Großstädte äußerst geringen Anteils an öffentlichen Grünflächen von 8% in Bremen ist hier der Erhalt der aufgegebenen Parzellenflächen als Grünflächen dringend geraten. ‚Grüne' Nachfolgenutzungen könnten sein: Pferdekoppeln, Schafweiden, Kinderbauernhöfe, Grünzüge, Obstwiesen, Brachflächen, ‚Jugend- und Kinderdörfer', Schulgärten bis zu erwerbsmäßig betriebenen Gartenbauflächen.

Je nach Ausmaß der eintretenden Entwicklung sollten die Verantwortlichen klären, ob alle bereits geplanten Neuausweisungen noch notwendig bzw. richtig im Stadtgebiet platziert sind. Darüber hinaus sollten Sicherung und Sanierung vorhandener zukunftsfähiger Anlagen Vorrang vor der Ersatzlandbeschaffungspflicht an der Stadtperipherie ohne Bezug zu Wohngebieten erhalten. Im Falle von größeren Leerständen sind Regelung von Bewirtschaftungs- und Pachtfragen im Sinne einer Lastenverteilung rechtzeitig zu treffen.

Die hier gemachten Vorschläge benötigen zu ihrer Umsetzung eine hohe Akzeptanz bei den Akteuren mit ihren unterschiedlichen Perspektiven. Der Landesverband der Kleingärtner ist als Lobbyist naturgemäß nur sehr zögernd bereit, Einschnitte – und seien sie erst in Zukunft zu erwarten – hinzunehmen. Die pauschal vorgetragenen Niedergangsszenarien der Befürworter einer Umnutzung von Kleingartenanlagen an attraktiven innerstädtischen Standorten sind nur dann zu entkräften oder zumindest abzuschwächen, wenn die Aussagen zur Nachfragentwicklung mit Belegen zu untermauern sind. Soziologische Befunde leisten in diesem Fall widerstreitender Interessen einen wichtigen Beitrag zur Versachlichung der Diskussion und Entscheidungsfindung.

2 Integriertes Handlungskonzept „Soziale Stadt" Espelkamp – Planungskonzept mit sozialwissenschaftlicher „Aufladung"

Im eben geschilderten Fall stellt die sozialempirische Analyse die Basis für Planungsempfehlungen bereit. Ein weiterer Fall in der planerischen Praxis ist allerdings häufiger: sozialwissenschaftliche Aspekte sind integrativer Bestandteil eines komplexen Planungsprozesses. Hierbei es geht dann nicht „nur" um die Bereitstellung von Analyseergebnissen und die Ableitung entsprechender Schlussfolgerungen durch die Soziologie, sondern um ein Planungsverständnis, das sozialwissenschaftliche Sichtweisen und Methoden als unverzichtbaren und integralen Bestandteil von Planung betrachtet.

Zahlreiche Planungsaufgaben ergeben sich heute im Zusammenhang mit der Bewältigung des Strukturwandels. Im Strukturwandel verändern die Städte und verstädterte Regionen ebenso ihre ökonomische und soziale Organisation wie ihre räumliche Struktur. Dabei vollziehen sich diese Prozesse nicht gleichmäßig im Raum. Vielmehr stehen die Schrumpfung von Wohnquartieren oder das Brachfallen von Gewerbestandorten und Zonen prosperierender Entwicklungen häufig unvermittelt nebeneinander.

Die Landschaftsarchitektur kann hier mitwirken, ebenso die brachfallenden Inseln und Zonen sich ausdünnender Dichte mit urbanen Freiräumen und Landschaften neuer Qualität zu definieren wie auch die zentralen städtischen Räume durch funktional und gestalterisch zeitgemäße Freiräume zu restrukturieren. Planen und Gestalten in diesem Feld ist nur in Kooperation mit weiteren Disziplinen – auch aus den Sozialwissenschaften sinnvoll.

Wenn etwa im Rahmen des Programms der „Sozialen Stadt" durch Maßnahmen zur Wohnungsumfeldverbesserung in den Quartieren und Gestaltungsmaßnahmen der öffentlichen Freiräume „eine positive Trendwende zur Stabilisierung und Aufwertung belasteter Stadtteile" (Bundesministerium für Verkehr, Bau und Stadtentwicklung 2008) eingeleitet werden soll, dann benötigen solche Planungs- und Entwurfsaufgaben fundierte Kenntnisse ebenso über die gestalterischen und funktionalen Qualitäten und Defizite von Gebäuden, Infrastruktur und Wohnungsumfeld wie auch zur ethnischen Zusammensetzung der Bevölkerung in einem Quartier, ihren Nutzungs- und Aneignungswünschen bezogen auf Wohnungsumfeld und öffentlichen Raum, daraus folgenden Konfliktpotenzialen sowie weitere Daten und Analysen zu demografischen und sozialen Faktoren.

Das nordrhein-westfälische Handlungsprogramm zur Sozialen Stadt betont die Notwendigkeit, bei der „Bewältigung der aktuellen Herausforderungen in den Stadtquartieren, in denen sich die gesellschaftlichen, ökonomischen und ökologischen Probleme konzentrieren" zusammenzuwirken: „Immer deutlicher wird die Integrationsaufgabe, die hier erfüllt werden muss. Das Zusammenwirken der verschiedenen Politikfelder zur Flankierung der vorrangig investiven Maßnahmen bedarf einer intelligenten Steuerung vor Ort und eines qualitätsvollen Monitorings, das in einem projektübergreifenden Erfahrungsaustausch über das Netzwerk der Sozialen Stadt eingebunden ist" (Ministerium für Städtebau und Wohnen, Kultur und Sport des Landes Nordrhein-Westfalen 2005, 6).

Als Beispiel für dieses Arbeitsfeld soll hier die Mitwirkung im Handlungsprogramm „Soziale Stadt" in der Stadt Espelkamp (Kreis Minden-Lübbecke) stehen. Die Stadt ist eine der wenigen reinen Flüchtlings- und Vertriebenstädte, die nach dem II. Weltkrieg geschaffen wurden. Nach einer ersten Welle der Zuwanderung von Vertriebenen und Flüchtlingen bis zum Anfang der 60er Jahre beginnt der Zuzug von Gastarbeitern überwiegend türkischer Nationalität. In den 70er Jahren folgt die erste Zuwanderungswelle von Aussiedlern, zumeist Russlanddeutschen einer freikirchlichen Glaubensgemeinschaft. Mit Auflösung der Sowjetunion schließt sich 1987 die zweite Zuwanderungswelle von Aussiedlern an.

In den Folgejahren kommt es zu ausgeprägten Segregationsprozessen, die die Integration trotz weitreichender Bemühungen erschweren und teils ausgeprägtes Konfliktpotenzial in sich bergen. Die räumliche Segregation schlägt sich auch im Image einiger Quartiere nieder, die in der Sicht der Öffentlichkeit ausschließlich mit spezifischen Gruppen in Verbindung gebracht werden. Erschwerend für den Integrationsprozess sind auch negative Entwicklungen auf dem Arbeitsmarkt, geprägt von der Aufgabe bzw. Auslagerung wichtiger Betriebe.

Vor diesem Hintergrund hat die Stadt Espelkamp die Aufnahme in das Programm „Soziale Stadt" mit Erfolg beantragt. Den Auftakt bildete die Erstellung eines „Integrierten Handlungskonzeptes Soziale Stadt" (Bochnig u. a. 2007). Der Auftrag erging an eine Arbeitsgemeinschaft aus Stadtplanung und Landschaftsarchitektur. Zur Einbettung des Konzeptes in die spezifische demografische, sozioökonomische und wohnungswirtschaftliche Situation wurden entsprechende Fachleute aus Verwaltung und Wohnungswirtschaft in die begleitenden Arbeitskreise und Workshops zu einzelnen Themenfeldern eingebunden. Die intensive Kooperation mit den Bürgerinnen und Bürgern war ebenso methodisches Prinzip.

Aufgabe des „Integrierten Handlungskonzeptes Soziale Stadt" ist es, in den Handlungsfeldern Städtebau, Architektur, Freiraum, Sozialstruktur und Wohnungswirtschaft in ausgewählten Teilbereichen der Stadt Stärken und Schwächen zu analysieren. Auf Basis der Analyse werden Konflikte und Potenziale abgeleitet, Ziele entwickelt und geeignete Maßnahmen zur Umsetzung dargestellt.

Im Lauf der Erarbeitung des Integrierten Handlungskonzeptes hat sich in fünf Handlungsfeldern eine Fülle von Einzelthemen und Aufgaben ergeben, für die im Rahmen des Gutachtens Vorschläge entwickelt wurden:

- Wohnungsmarkt – Wohnungswirtschaft: Anpassung der Wohnungsgrößen an den Wohnungsmarkt, Gebietsfreistellungen, Monitoring problembelasteter Gebiete
- Wohnen – Wohnungsumfeld: integrierte Aufwertung ausgewählter Gebäude des mehrgeschossigen Wohnungsbau mit besonderem Erneuerungsbedarf in Bezug auf bauliche Mängel und Mängel im Wohnungsumfeld
- Grün – Spiel – Erholung: Gestaltung ausgewählter Bereiche mit Impulswirkung, schnell sichtbare Ergebnisse in sozial kritischen Bereichen, Beispiel Quartiersplätze, Uferzonen des Stadtteilteiches „Gabelweiher" usw.

Abbildung 4: Integriertes Handlungskonzept „Soziale Stadt" Espelkamp 2007: Diskussion im Arbeitskreis

Foto: Stefan Bochnig

- Lokale Ökonomie – Zentrumsgestaltung: Platzgestaltung Nahversorgungszentrum – „Anger Ost", Umgestaltung des zentralen städtischen Platzes „Wilhelm-Kern-Platz"
- Soziales – Kommunikation – Öffentlichkeitsarbeit: Qualifizierung von Schlüsselpersonen für Imagedarstellung und Öffentlichkeitsarbeit, Ausstellung der Ergebnisse des Integrierten Handlungskonzeptes, Vertiefungsworkshop Innenstadt usw.

Für die kommenden Jahre ab 2007 wurden Schwerpunkte des Handelns erörtert und festgelegt:

Schwerpunkt 2007 – Stadtteil Gabelhorst
Der Beginn der Umsetzungsmaßnahmen erfolgte in einem Quartier mit Handlungsbedarf in einer großen Zahl der Themenfelder. Maßnahmen zur Stützung des Wohnungsmarktes nach Durchführung der verabredeten Abrissmaßnahmen wurden kombiniert mit Maßnahmen zur Wohnungsumfeldverbesserung mit gestalterischer und sozialer Zielsetzung, mit denen schnell sichtbare Ergebnisse erreicht werden konnten.

Abbildung 5: Entwurf zur Aufwertung des Wohnungsumfeldes im Rahmen des Integrierten Handlungskonzeptes „Soziale Stadt" Espelkamp

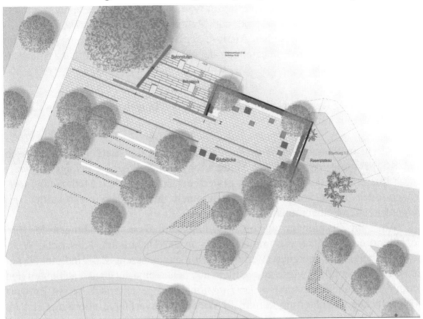

Gestaltung des Südufers des Gabelweihers, im Original M 1:200 (Gruppe Freiraumplanung Landschaftsarchitekten, Langenhagen)

Schwerpunkt 2008: Anger Ost
In einem zweiten Schritt wurde der zentrale öffentliche teils grünbestimmte Stadtraum (Anger) im östlichen Abschnitt als Motor zur Stärkung des Zentrums und Einbeziehung eines neu entstehenden Nahversorgungszentrums gestalterisch und verkehrstechnisch aufgewertet.

Schwerpunkt 2009: Anger West
Derzeit laufen die Planungen zur Stärkung des westlichen Teil des Angers zur Stützung der ansässigen Geschäftswelt und Herausbildung einer zeitgemäßen Funktion und Gestalt als zentrale öffentliche Freifläche.

Für den Erfolg und die Nachhaltigkeit des Handlungskonzeptes und der durchgeführten Maßnahmen werden zwei Fragen entscheidend sein: Gelingt es, Stadtentwicklung in Espelkamp in den Augen der Bevölkerung nicht allein als baulich-räumliches Handlungsfeld, sondern als ganzheitlichen Prozess zu verstehen, in den sich soziale, wohnungswirtschaftliche und räumliche Belange einweben? Kann der begonnene Prozess der Einbeziehung unterschiedlicher Akteure aus Bürgerschaft und Politik zu einer in seinen Wirkungen für die Beteiligten positiv erfahrenen Kooperation verstetigt werden? Die Voraussetzungen immerhin stehen günstig, da die Konzepte und Maßnahmen in Öffentlichkeit und Politik auf Basis einer ausführlichen Analyse der Sozial- und Wohnraumstruktur im Verbund mit vielfältiger Einbeziehung der Bevölkerung eine spürbare Anerkennung erkennen lassen.

3 Marktplatz Detmold – Konsensbildungsverfahren zur künftigen Gestaltung

Zum Alltag in Planungsbüros gehört die Mitwirkung an Beteiligungsprozessen und Kooperationsverfahren. Die Moderation solcher Prozesse erfolgt entweder durch Planerinnen und Planer nach Erwerb der erforderlichen Methodenkompetenzen oder durch Sozialwissenschaftlerinnen und Sozialwissenschaftler mit entsprechenden Schwerpunkten.

Auch im Zusammenhang mit Gestaltungsaufgaben stehen Fragen der Einbeziehung der Bevölkerung immer wieder in der Diskussion. Klassische Wettbewerbe gelten als geeignete Verfahren, eine angemessene Zahl individuell auf den Ort bezogener Entwürfe zu erhalten, aus denen eine Jury aus Fachleuten und örtlichen Entscheidungsträgern den funktional und gestalterisch besten Entwurf auswählt. Die Bevölkerung kommt in Wettbewerbsverfahren allerdings erst im Anschluss ins Spiel, wenn „die ‚neuen Ideen' der Bevölkerung gewissermaßen erst nahe gebracht, um nicht zu sagen aufgenötigt werden" müssen (Tessin 2008, 138). Dies gilt umso mehr für Orte, die im Mittelpunkt öffentlichen Interesses stehen und die Geschichte und Identität einer Stadt maßgeblich prägen.

Vor dem Hintergrund der Vermutung, dass in Wettbewerbsverfahren zu gewinnende Ideen und die Vorstellungen der Bevölkerung deutlich divergieren könnten, wurden daher vielfältige Verfahren entwickelt, um Fachleute und Laien von vornherein gemeinsam an der Entwicklung von Leitideen und Gestaltungsgrundsätzen arbeiten zu lassen: Förmliche geregelte kooperative Verfahren nach GRW oder RAW[1], Werkstattverfahren oder Beteiligungs- und Kooperationsverfahren mit unterschiedlichen Methoden.

Als Beispiel soll hier ein Verfahren zur Umgestaltung des Marktplatzes in der Stadt Detmold dienen. Der Marktplatz bildet das Zentrum des historischen Stadtkerns, der – von beiden Weltkriegen weitgehend verschont – durch ein bis

---

[1] GRW („Grundsätze und Richtlinien für Wettbewerbe auf den Gebieten der Raumplanung, des Städtebaus und des Bauwesens") und RAW („Regeln für die Auslobung von Wettbewerben") regeln Ablauf und Verfahren von Architekturwettbewerben.

auf wenige Ausnahmen erhaltenes Ensemble historischer Gebäude der Weserrenaissance, der Biedermeierzeit und der Gründerzeit geprägt ist. Der Marktplatz selbst hat im Lauf seiner Geschichte zahlreiche Veränderungen in Form und Gestalt erfahren, zuletzt in den 70er-Jahren des vergangenen Jahrhunderts. Die Notwendigkeit zu einer Umgestaltung ergab sich aus der Tatsache, dass die vorhandene Gestalt und Ausstattung „in die Jahre gekommen" war und eine Reihe technischer Mängel dringender Abhilfe bedurften.

Die Stadt hat im Jahr 2007 zum Auftakt der Planungen zur Neugestaltung des Marktplatzes einen breit angelegten Meinungsbildungsprozess initiiert. Kern des Verfahrens war ein Konsensbildungsprozess, in dem unter externer Moderation[2] und Beteiligung unseres Büros Ideen zur künftigen Gestaltung des Marktplatzes zusammengetragen werden sollten. Dieser Prozess umfasste mehrere Workshops mit einem ausgewählten Kreis von Teilnehmerinnen und Teilnehmern aus Bürgerschaft, Handel, Politik und Verwaltung, eine Ausstellung zum Verfahren, eine Bürgerversammlung sowie einen Internetauftritt, in dem Interessierte ihre Meinungen und Wünsche digital einbringen konnten. Die Kreativität der Menschen aus der Stadt sollte so für den Planungsprozess fruchtbar gemacht werden, ihre Vorstellungen über die Zukunft des Marktplatzes und ihre Kenntnis der Rolle im Bewusstsein der Detmolder Bevölkerung sollten die Basis für die Umgestaltung sein. Die so gewonnenen Vorschläge wurden schließlich den politischen Entscheidungsgremien zur Beschlussfassung vorgelegt. Unsere Aufgabe als Landschaftsarchitekten war es, diesen Prozess fachlich zu begleiten. Der Beitrag lag in der

- Darstellung grundsätzlicher Überlegungen zu Gestalt und Funktion von Stadtplätzen als Teil des öffentlichen Raumes,
- Analyse des Marktplatzes Detmold in Bezug auf Potenziale und Mängel in der heutigen Gestalt,
- Entwicklung von Prinzipskizzen zur Gestaltfindung,
- Umsetzung von in den Workshops entwickelten Ideen in Gestaltskizzen, Funktion als „Zeichenstift" der Arbeitsgruppe,
- fachlichen Beratung zu (kontroversen) Einzelfragen, z. B. Erhalt des vorhandenen Baumbestandes oder des Brunnens,
- Vorstellung der Ergebnisse der Workshops vor den politischen Gremien und in einer Bürgerversammlung.

Das Ergebnis unserer Tätigkeit bestand in der Vorlage eines Gestaltungskonzeptes im Herbst 2007, in dem die Ergebnisse des Konsensbildungsverfahrens zusammenfassend dargestellt wurden. Dieses Konzept diente als Basis für die weitere Entwurfs- und Ausführungsplanung im Jahr 2008, die von der Stadt in Ei-

---
[2] Jens Stachowitz, Kommunalberatung Dortmund

genregie unter Einbeziehung eines Ingenieurbüros durchgeführt wurde. Die Fertigstellung erfolgte im Frühjahr 2009.

Abbildung 6: Gemeinsame Besichtigung des Marktplatzes in der Arbeitsgruppe

Foto: Sarah Stelljes

Das Konzept bildet den schwierigen Konsensbildungsprozess mit seinen zahlreichen divergierenden Ansprüchen ab. Vor allem die Frage, ob eine großflächige einheitliche Gestalt unter Verzicht auf den vorhandenen teils überalterten Gehölzbestand und einen prägenden romantischen Brunnen dem historischen Umfeld eine sehr zurückhaltende Basis bieten solle oder der Platz eher in seiner kleinteiligen Grundstruktur unter Beibehaltung der Ausstattung vor allem in technischer Hinsicht zu optimieren sei, wurde nicht eindeutig beantwortet. Damit lässt das Konzept keine „einheitliche" Gestaltsprache erkennen, sondern ist deutlicher Ausdruck der Kompromisshaftigkeit des von vielen divergierenden Interessen geprägten Prozesses.

Die entstandenen Gestaltqualitäten nach dem nunmehr erfolgten Umbau wurden und werden in der Stadt kontrovers diskutiert. Die Fachwelt vermisst – zumindest in Teilen – eine klar ablesbare Gestalt, damit im Zusammenhang wird ebenfalls die Frage nach der Wirksamkeit des gewählten Konsensbildungsverfahrens für Gestaltungsaufgaben ganz allgemein gestellt. Einige der beteiligten

Akteure aus der Bevölkerung sind unzufrieden darüber, dass im Konsensbildungsprozess eine Reihe ihrer Wünschen und Vorstellungen auf der Strecke blieben.

Die Qualitäten eines auf diese Weise neu gestalteten Stadtraumes liegen damit möglicherweise eher im Verborgenen, indem sie Ausdruck des Prozesses sind und die Pluralität der Wünsche und Anforderungen der städtischen Bevölkerung auch räumlich abbilden.

4 Resümee

Wenn die eingangs gestellte Frage nach der Relevanz soziologischer Erkenntnisse für den Alltag von Planungsbüros vorsichtig positiv beantwortet wird, so sollen die geschilderten Fallbeispiele diese Einschätzung stützen. „Reine" soziologische Erkenntnisse finden ihren Eingang in Planungsverfahren, wenn
- Erklärungsansätze und empirische Befunde zu anstehenden Fragestellungen fehlen oder überholt sind und
- ein Legitimationsdefizit angesichts zu erwartender Auseinandersetzungen in Politik und Öffentlichkeit besteht.

Daneben allerdings prägen und durchdringen sozialwissenschaftliche Methoden und Erkenntnisse den planerischen Alltag in vielfältiger Weise: in Analysen zu Planungsvorhaben ebenso wie in Methoden zur Gewinnung von Fachwissen oder zur Einbindung von Interessen der Bevölkerung. Diese Beiträge werden nicht ausschließlich von ausgebildeten Fachleuten der Sozialwissenschaften erbracht. Vielfach haben sich die Planerinnen und Planer entsprechende Kompetenzen im Studium, Fortbildungen und der beruflichen Praxis angeeignet.

Damit stellt sich abschließend die Frage nach der Verankerung der planungsbezogenen Soziologie und verwandter Fächer in der Ausbildung der planenden Disziplinen wie der Landschaftsarchitektur. Nach einer Hochphase in den 70er und 80er Jahren des letzten Jahrhunderts sind entsprechende Fachgebiete und Stellen an den Hochschulen im Zuge von Umstrukturierungsprozessen aufgegeben oder umgewidmet worden mit dem Ergebnis, dass sich die Sozialwissenschaften in der Planung auf einem niedrigen Niveau einrichten mussten.

Im Zuge des Bologna-Prozesses sind die Studiengänge der Landschaftsarchitektur an den deutschen Hochschulen einer kompletten Neustrukturierung unterzogen worden. Die Modularisierung nach dem ECTS (European Credit Transfer System), die Kürzung der ehemaligen Studiendauer und vor allem die Umstellung der Studieninhalte vom Diplom auf den Bachelor als „Regelabschluss" mit teils konsekutiven Masterstudiengängen sind weitgehend umgesetzt. Erfahrungen allerdings mit der Qualität der neuen Studiengänge und Erfolgschancen und „Praxistauglichkeit" der Absolventinnen und Absolventen liegen naturgemäß noch nicht vor.

Im Zuge dieser Umstrukturierungsprozesse kamen notwendigerweise alle Fächer und Themenkataloge sowie auch didaktische Konzepte auf den Prüfstand. Im Rahmen der Neuorganisation wurde heftig um Positionierung und Umfang der Fachinhalte gerungen. Ohne die einzelnen Studienangebote an den deutschen Hochschulen im Einzelnen zu überblicken – zu vieles ist aktuell im Umbruch – habe ich den Eindruck gewonnen, dass sich sozialwissenschaftliche Ausbildungsinhalte in den neuen Studienordnungen etablieren konnten, wenn auch auf niedrigem Niveau. An unserer Hochschule wurden sozialwissenschaftliche Inhalte bei der nach drei Jahren bereits erfolgten ersten Überarbeitung (und Erhöhung der Studiendauer von 6 auf 8 Semester) des Bachelor-Studiengangs Landschaftsarchitektur im Pflicht- und Wahlpflichtkanon verankert[3]. Vielerorts werden diese Themen als Vertiefungsangebote den Master-Studiengängen zugeordnet. Angesichts der Tatsache, dass nach dem erklärten Willen der Hochschulpolitik der Bachelor den „Regelabschluss" darstellt, halte ich die Einbindung sozialwissenschaftlicher Inhalte allerdings ebenfalls für die Bachelor-Studiengänge für unverzichtbar.

Literatur:

Bochnig, Stefan/Kegelmann, Anne/Tessin, Wulf 2002: Kleingartenkonzeption Bremen, im Auftrag des Senators für Bau und Umwelt der Freien Hansestadt Bremen.
Bochnig, Stefan/Nord, Gerd/Ostermeyer, Thomas/Stummeyer, Ilka 2007: Integriertes Handlungskonzept „Soziale Stadt" Espelkamp, im Auftrag der Stadt Espelkamp.
Bundesministerium für Verkehr, Bau und Stadtentwicklung 2008: Soziale Stadt – Informationsbroschüre, Berlin.
Grundsätze und Richtlinien für Wettbewerbe auf den Gebieten der Raumplanung, des Städtebaus und des Bauwesens (GRW) 1995, Novellierte Fassung vom 22.12.2003.
Ministerium für Städtebau und Wohnen, Kultur und Sport des Landes Nordrhein-Westfalen 2005: Stadterneuerungsprogramm NRW 2005, Düsseldorf.
Regeln für die Auslobung von Wettbewerben (RAW) 2004 auf den Gebieten der Raumplanung, des Städtebaus und des Bauwesens.
Tessin, Wulf 2008: Ästhetik des Angenehmen. Städtische Freiräume zwischen professioneller Ästhetik und Laiengeschmack, Wiesbaden.

---

[3] Hochschule Ostwestfalen-Lippe, Verlaufsplan des achtsemestrigen Bachelor – Studiengangs Landschaftsarchitektur, Beginn ab Wintersemester 2009/10.

Prof. Dr. Stefan Bochnig, Landschaftsarchitekt bdla
Freiraumplanung, Freiraumentwicklung und Entwerfen
Fachbereich Landschaftsarchitektur und Umweltplanung
Hochschule Ostwestfalen-Lippe, Standort Höxter

Gruppe Freiraumplanung Landschaftsarchitekten
Langenhagen

Die Entwerfer und die Menschen

Martin Prominski

Es gibt die weit verbreitete Ansicht, dass Entwerfen ein individuell-künstlerischer Akt ist und die Entwerfenden gesellschaftliche Aspekte, wie beispielsweise die Wünsche aus Bürgerbeteiligungen, als lästiges Übel begreifen. Viel lieber schweben sie in künstlerischen Sphären als sich auf dem Boden der menschlichen Feldforschung zu bewegen (z. B. Tessin 2006).

Sicherlich gibt es Landschaftsarchitekten, die dieses Vorurteil bestätigen - aber in den letzten Jahren gibt es hier viele Verschiebungen, die einen produktiven Dialog zwischen Entwerfern und den Menschen vor Ort anzeigen. Peter Latz hat schon Anfang der 1990er Jahre für den Landschaftspark Duisburg-Nord in vielen Bürgersammlungen sowohl in der Wettbewerbsphase als auch später während der Realisierung der einzelnen Bauabschnitte persönlich und in engagierter Weise die Interessen der Menschen integriert, mit Erfolg: Heute ist der Park nicht nur ein überregionaler Anziehungspunkt, sondern ein Identifikationsobjekt für die Menschen vor Ort, das sie intensiv nutzen. Bei den beiden herausragenden Landschaftsarchitektur-Wettbewerben des letzten Jahrzehnts in Nordamerika, Downsview Park in Toronto und Fresh Kills in New York, gab es intensive Kooperationen zwischen den Entwerfern und Bürgergruppen, die schon bei der Auslobung der Wettbewerbe mitverantwortlich waren. Beim Downsview Park werden beispielsweise unter dem Leitbild der „sustainable community" Bürgerinitiativen, Nachbarschaftsorganisationen, Freiwillige und eine Vielzahl von Bildungseinrichtungen in der aktuell laufenden Bauphase intensiv einbezogen. Bei den zwei größten Berliner Wettbewerben der jüngsten Zeit, Gleisdreieck und Parklandschaft Tempelhofer Flugfeld, wird ein neuartiges Verfahren angewendet, das einen Dialog zwischen Entwerfern und Bürgern mitten im Wettbewerb anregt. Hier findet nach der ersten Wettbewerbsstufe eine Phase der Öffentlichkeitsbeteiligung statt, in der circa acht bis zehn von der Jury ausgewählte Arbeiten in einer Ausstellung präsentiert werden. Sie werden den Bürgerinnen und Bürgern in einer öffentlichen Veranstaltung vom Preisgericht vorgestellt und gemeinsam mit den Preisträgern diskutiert. Daraus werden Empfehlungen für die weitere Bearbeitung zusammengestellt, die eine entscheidende Grundlage für die Beurteilung der Beiträge in der zweiten Wettbewerbsphase darstellen. Als letztes Beispiel für die Wertschätzung gesellschaftlicher Aspekte im Entwerfen möchte ich den einzigen chinesischen Preisträger beim Wettbewerb 2002 für den olympischen Park in Peking nennen. Das Team um den heute wohl bekanntesten chinesischen Landschaftsarchitekten Kongjian Yu vom Center for Landscape Architecture and Planning der Peking University führte in der Entwurfsphase über 50 Interviews mit Anwohnern des zu transformierenden Geländes durch und versuchte viele Bestandsqualitäten zu erhalten, am Ende erhielt ihr „Lotus" genannter Entwurf „nur" einen Ankauf. In einem Land, das sonst eher nicht für seine partizipativen Verfahren bekannt ist, ist ein derartiger Ansatz eines herausragenden Vertreters der chinesischen Landschaftsarchitektur bemerkenswert.

Es zeigt sich also, dass für viele Entwerfer die Auseinandersetzung mit den vor Ort lebenden Menschen sehr produktiv für den Entwurf werden kann – durchaus im Sinne einer win-win-Situation. Ich bin von diesem Zusammenhang vollkommen überzeugt und möchte das im Folgenden an drei Projekten aus Forschung und Lehre im eigenen Umfeld weiter erläutern.

1 Entwurf neuer Portraits zeitgenössischer Kulturlandschaften - Forschungsprojekt „Einblenden"

Im Forschungsprojekt „Einblenden – Qualitäten zeitgenössischer Kulturlandschaftstypen in Niedersachsen", das Friedrich Kuhlmann und ich von 2006-2008 bearbeiteten (gefördert vom Ministerium für Wissenschaft und Kultur Niedersachsen), wollten wir uns für das Verstehen der jeweiligen Kulturlandschaften nicht nur auf kartografische Analysen und visuelle Eindrücke verlassen, sondern auch die in den Landschaften stattfindenden Handlungen integrieren. Hierfür konnten wir auf den Erfahrungsschatz des Instituts für Freiraumentwicklung aufbauen, unter anderem die umfangreichen Materialien zu Experteninterviews.

Thema der Forschung waren zeitgenössische Kulturlandschaften, die mit ihrer Dominanz technischer Elemente aktuell eher ein Aschenputteldasein führen – sie werden genutzt oder durchfahren, geschätzt werden sie zumeist nicht. Am Beispiel Niedersachsens kann diese Aussage belegt werden mit dem 2005 erschienenen Buch „Natur wird Landschaft - Niedersachsen" vom Biologen Hansjörg Küster und dem Fotografen Wolfgang Volz. Zwar widmet es sich laut Klappentext ausdrücklich den Landschaften unter dem Einfluss des Menschen, aber nach Durchsicht der Bilder wird klar, dass es vorrangig um *vergangenen* menschlichen Einfluss geht, denn in vorindustrieller Zeit entstandene Landschaften wie die Lüneburger Heide, Hutewälder oder Marschen stehen im Mittelpunkt. Nur ganz selten sind technische, industrielle Momente zu sehen, aber dann meist in Form verfallender Ruinen. Zwei Bilder im ganzen Buch zeigen aktive technische Prozesse, den Tagebau Schöningen sowie einen majestätisch durch die Landschaft rauschenden ICE. Auch Veranstaltungen mit wissenschaftlichem Charakter, wie das von der Stiftung Niedersachsen geförderte Hearing „Kulturlandschaften. Erkennen – Entwickeln" (Heft 51 der Schriftenreihe des Niedersächsischen Landtags, 2003), konzentrieren sich auf die historischen, vorindustriellen Kulturlandschaften als Träger regionaler Identität.

Ziel des Forschungsprojektes war es nun, Qualitäten unserer heutigen Kulturlandschaften einzublenden. Drei Beispiellandschaften in Niedersachsen wurden ausgewählt, deren Charakter in besonderem Maße durch moderne Entwicklungen bestimmt ist: Das Oldenburger Münsterland als eine Agrarindustrielandschaft, in der die lokale Tierproduktion eng mit der globalen Wirtschaft verflochten ist; die Landschaft um den Flughafen Hannover-Langenhagen als das Gebiet in Niedersachsen mit der dichtesten Verteilung von Verkehrsinfrastrukturen; und die Peripherie von Lingen mit ihren vielen verschiedenen Ausprägungen der Energiewirtschaft, von Kern- und Kohlekraftwerken über Raffinerien bis hin zu Windkraftanlagen.

Abbildung 1: Komplementäre Erfassung der Ebenen Erscheinung, Ausstattung und Handlung für zeitgenössische Kulturlandschaften

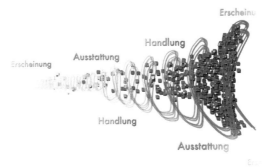

Quelle: Kuhlmann/Prominski (2009, 25)

Die Methode war dreigeteilt: Die Analyse der drei ausgewählten Landschaften wurde in drei unterschiedliche Ebenen der Erfassung differenziert – Erscheinung, Ausstattung und Handlung: Unter *Erscheinung* wurde das sinnlich Wahrnehmbare mit Hilfe von Fotografien, Videos und Diktaten erfasst, *Ausstattung* versammelte empirische Daten aus Karten, Diagrammen und Tabellen, während Interviews mit gesellschaftlich relevanten Akteuren *Handlung* repräsentierten. Diese drei methodischen Ebenen bedingen sich gegenseitig, ihre Entwicklung vollzieht sich komplementär.

Hier soll die dritte Ebene der *Handlung* im Vordergrund stehen. Für jede der drei zeitgenössischen Kulturlandschaften wurden qualitative Interviews mit politisch, ökonomisch oder gesellschaftlich relevanten Akteuren geführt[1]. Es sollten Handlungen identifiziert werden, die die Landschaft konstituieren. Diese Handlungen stehen in direktem Zusammenhang mit der Ausstattung und Erscheinung der Landschaft - die Akteure sind durch die Landschaft geprägt und prägen sie.

Jedem Interviewpartner wurde im Vorfeld ein auf die jeweilige Kulturlandschaft zugeschnittener Fragebogen zugesandt. Drei Fragekomplexe wurden für alle Interviews nacheinander behandelt: Raum, Heimat, Landschaft.

Abbilkdung 2: Interview mit Clemens Scherbing, Landwirt und Geschäftsführer der Scherbing Biogas GmbH Gravenhorst

Es gibt nirgendwo so eine große Dichte an Schlachthöfen, an Futtermittelproduktion und an großen Stalleinrichtern und das ist im Zusammenhang der intensiven Viehhaltung entstanden.

Man bekommt hier relativ einfach eine Baugenehmigung z.B. bei Stallerweiterungen oder Abluftanlagen.

Es wird nicht vorbei sein, es wird intensiver werden und immer weiter gehen. Wenn hier noch 100.000 Mastplätze möglich sind, dann werden die irgendwann auch gebaut werden.

Es herrscht Flächenhunger und wenn einer 2000 Schweine hat dann will er noch mal doppelt so viel, um seinen Nachbarn zu übertrumpfen.

Ich bin ja auch katholisch und halte das persönlich für gut, weil es Werte vermittelt. Jede Gesellschaft sollte Werte haben.

Quelle: Kuhlmann/Prominski (2009, 65).

Beim Thema Raum wurde grundsätzlich nach Aspekten der Raumentwicklung und Handlungen gefragt, im Komplex Heimat wurde die Frage der Identifikation mit der modernen Kulturlandschaft aufgeworfen, während im dritten Fragen-

---

[1] In diesem „kleinen" Forschungsprojekt mussten wir uns auf drei Interviewpartner pro Kulturlandschaft konzentrieren. Diese Auswahl ist also in keinster Weise repräsentativ oder mit der Aussagekraft großangelegter Interviewstudien zu vergleichen wie z. B. den Wolfsburg-Forschung von Ulfert Herlyn, Wulf Tessin und anderen (vgl. dazu Harth/Scheller i. d. B.).

komplex die Befragten äußern sollten, ob ihr Raum, ihre Heimat als Landschaft angesprochen werden.

Abbildung 3: Komplexe Karte Essen (Ausschnitt)

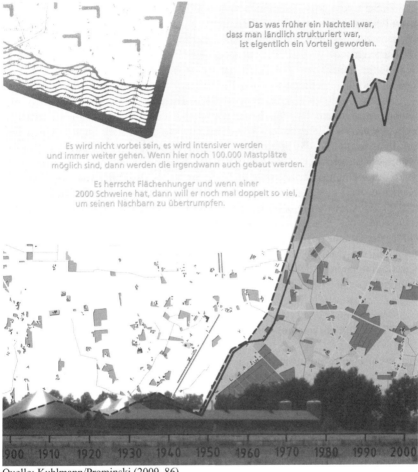

Quelle: Kuhlmann/Prominski (2009, 86)

Im Verlauf des Interviews wurden den Befragten Fotos und Karten gezeigt, auf denen Sie ihre persönlichen Erfahrungen verorten konnten. Auf diese Weise konnten die Zusammenhänge mit den anderen beiden Erfassungsebenen verdichtet werden. Aussagen über die Rivalität zwischen den Katholiken der Gemeinde

Essen mit den Protestanten des benachbarten Artlandes, über die Beziehung zwischen Naturschützern und Energiewirtschaftlern in Lingen oder über den Flughafen Langenhagen als Ort der jährlichen Stadtfeste brachten neue Informationen über Lebensweise und Werthaltungen der Menschen.

Diese Erkenntnisse veränderten anschließend unsere Perspektive in den anderen beiden Erfassungsebenen Erscheinung und Ausstattung. Im Bericht führten wir dann die aussagekräftigsten Zitate aus den Interviews auf einer Doppelseite mit Kartengrundlage und Fotos aus der jeweiligen Kulturlandschaft zusammen. Den Schlusspunkt des Forschungsprojektes bildete der Entwurf „Komplexer Karten" für die jeweiligen Kulturlandschaften.

In ihnen werden ausgewählte Aspekte aus den drei Erfassungsebenen miteinander verwoben. Es sind keine Karten im Sinne eines möglichst genauen Abbildes der Realität, sondern kreative Entwürfe eines mehrdimensionalen Bildes der Landschaft, die offen sind für weiterführende Interpretationen. Die Ergebnisse der Interviews spielten für diese Kartenentwürfe eine entscheidende Rolle. Zum einen schärften sie den Blick für die Auswahl der charakteristischen Elemente der Erscheinung und der Ausstattung für diese Karten, zum anderen sind die verwendeten Interviewauszüge sehr wirksame Komponenten der Karten. Angesichts des klassischen Kartographenblicks der Vogelperspektive besteht immer die Gefahr des Abgehobenseins und der Neutralität. Durch die Beschäftigung mit den Menschen in Form der Interviews konnten unsere entworfenen Karten zeitgenössischer Kulturlandschaften reale Erfahrungen und Handlungen einbeziehen.

2 Menschen entwerfen – Studienprojekt „Texas"

In diesem Hauptstudiumsprojekt, das ich im Sommersemester 2002 an der TU Berlin unterrichtete, bildeten nicht reale Menschen den Ausgangspunkt für einen Entwurf, vielmehr sollte zuerst ein fiktiver Kunde entworfen werden und anschließend der für ihn passende Garten. Ausgangspunkt bildete ein in der ersten Semesterhälfte entworfenes großräumiges Landschaftskonzept innerhalb des Havellands westlich von Berlin. In diesem Landschaftskonzept sollte laut Aufgabenstellung eine Vielzahl von mindestens einen Hektar großen Landsitzen für wohlhabende Berliner integriert werden (ausführlichere Informationen zu diesem Aufgabenteil in Prominski 2003). Durch den in der zweiten Semesterhälfte verlangten Entwurf der Kunden und ihrer Gärten sollte nun die Tragfähigkeit des übergeordneten Konzepts nachgewiesen werden – sind wirklich Menschen vorstellbar, die diese Landsitze erwerben würden, und können Gärten für diese Kunden entworfen werden, die zu dem Landschaftskonzept passen? An den beiden fiktiven Kunden „Luis" und „Zoe" möchte ich deutlich machen, wie die Charakterisierung der Menschen in Portraits sich in den jeweiligen Gartenentwürfen widerspiegeln und welche entwerferische Kraft sie freisetzen.

2.1 „Garten für einen Modezar" (Daniel Stimberg)

Luis ist ein bekannter Modedesigner mit großem Hang zur Selbstinszenierung und dementsprechenden Festen. Seine Mode ist am ehesten mit den Traumwelten der Surrealisten vergleichbar, er liebt es, zu irritieren, verwirren und zu verzerren. Dieses Spiel der Verunsicherung mit den Mitteln der Deformation und Verzerrung möchte er, für sich und vor allem seine Gäste, auch in seinem Garten inszenieren.

Abbildung 4: Garten für einen Modezar

Quelle: Daniel Stimberg, Studienprojekt Texas, TU Berlin 2002

Ein Gast, der zu seiner Party kommt, wird auf dem „Eingangsstreifen" von einer Vielzahl tentakelartiger Wege empfangen, die ihn ins Haus ziehen. Von dort geht es in eine labyrinthische Welt. Der Partygänger setzt über den Kanal und erreicht über einen Schilfvorhang und Langgraswiesen einen Irrgarten. Er besteht aus einem verzerrten Raster gekippter Flächen, die zusammen mit Pflanzungen Sichten versperren. Weiche, harte und glatte Bodenbeläge wechseln sich ab, verunsichern.

Anschließend durchschreitet er das einer Mondlandschaft gleiche Steinfeld und gelangt in den Birkenhain. Hier sind Stämme so dicht gesetzt, dass nur wenige Wege das Durchqueren ermöglichen. Hat der Gast über Stege – nicht jeder führt weiter – den folgenden Sukzessionswald durchschritten, erwartet ihn ein

Finale voller Künstlichkeit: Heckenskulpturen, der „fliegende Tropfen", bunte Pavillons und Plastikinseln – Luis traumhafte Belohnung nach so vielen Verwirrungen.

2.2 „Zoé's Garten" (Chloé Sanson)

Marcus, ein junger, erfolgreicher Konzernchef mit Liebe zum Land schenkt seiner Frau Zoé einen Landsitz bei Groß Kreutz zum Geburtstag. Zoé liebt die Stadt und die Künstlichkeit – aber aus Liebe zu Marcus nimmt sie das Geschenk an.

Abbildung 5: Portrait von Zoé und Grundriss ihres Gartens

Quelle: Chloé Sanson, Studienprojekt Texas, TU Berlin 2002

Wenn Zoé und Marcus aus der Stadt zu ihrem Landsitz im Feuchtgebiet fahren, kommen sie mit ihrem Auto über eine Rampe im ersten Stock des Hauses an. Langsam kann sich Zoé der Natur nähern und zu ihr hinabsteigen. Alle Gartenbestandteile sind rechtwinklig, sie geben ihr Sicherheit. Eine Wand schirmt das große Gartendeck vom Feuchtgebiet ab. Nur wenn sie mag, geht Zoé durch die kleine Tür in der Wand auf den schmalen Steg, raus ins Wilde.

Im Studienprojekt „Texas" hätten die Studierenden auch im Rahmen ihrer Landschaftskonzepte Mustergärten entwerfen können, die für eine Vielzahl möglicher Kunden hätten passen können. Die Ideen hätten dann aus den Bedingungen des Ortes entwickelt werden können, mit möglicherweise sehr guten Ergebnissen. Dennoch lassen sich einige Ebenen mit dieser rein auf den räumlichen Ort bezogenen Herangehensweise nicht erreichen. Die beiden vorgestellten Gartenentwürfe machen deutlich, dass die intensive Auseinandersetzung mit fiktiven Kunden – ihren Vorlieben, ihren Werthaltungen, ihren Handlungen – in Verbindung mit dem Ort den Entwurf unvergleichlich vielschichtiger machen.

3 Entwurf neuer Charaktere und ihre zukünftige Kulturlandschaft - Internationale Summer School „Old Country for new men"

Bei dieser einwöchigen Summer-School[2] mit 38 Studierenden und 13 Lehrenden aus Europa, USA und China waren die Menschen vor Ort der Ausgangspunkt für eine Zukunftsvision des Alten Landes westlich von Hamburg. Nach einer eintägigen geführten Radtour zum Kennenlernen der Landschaft wurden die Studierenden am zweiten Tag in Viererguppen eingeteilt, die mindestens ein deutschsprachiges Mitglied hatten. Aufgabe war es, wieder mit dem Fahrrad durch die Landschaft zu fahren und möglichst viele Interviews mit Bewohnern oder auch Touristen zu führen. Die ca. 100 Gespräche sowie erläuternde Skizzen wurden auf einem vorbereiteten Bogen festgehalten.

Die Summer-School baut auf der Annahme auf, dass das Alte Land als größtes zusammenhängendes Obstanbaugebiet Europas vor fundamentalen Veränderungen steht. Die für 2011 bewilligte Elbvertiefung wird nach Stand der Gutachten dazu führen, dass bei Flut das Salzwasser der Nordsee elbaufwärts bis auf die Höhe des Alten Landes gedrückt wird. Damit werden die Bewässerung der Apfelkulturen sowie die Frostschutzbesprühung der Apfelblüten mit Elbwasser unmöglich, weil Obstkulturen salzunverträglich sind. Das momentan ausgeklügelte Bewässerungssystem des Alten Landes, das die hohe Produktivität und Wettbewerbsfähigkeit des Obstbaus garantiert, wäre hinfällig. Eine Alternative wäre die Anlage oberirdischer Rückhaltebecken mit Süßwasser, was auf Kosten der Obstanbaufläche ginge. Aber durch Elbvertiefung sowie den Klimawandel werden noch weitere Veränderungen des Wasserhaushalts befürchtet. Neben der Gefahr von extremen Hochwasserereignissen könnte es zu Veränderungen des Grundwasserregimes kommen, so dass eisenhaltiges Grundwasser an die Oberfläche drückt und zur Verschlämmung des Oberbodens führt. Diese von Menschen geschaffene Kulturlandschaft muss sich also wieder wandeln, um zukunftsfähig zu bleiben. Aktuell schon wirksame Veränderungen sind der zunehmende Tourismus und der Zuzug von Menschen, die im benachbarten Airbuswerk oder im nahen Hamburg arbeiten.

---

[2] Internationale Summer School „Old Country for new men", 21.-28.08.2009, Leibniz Universität Hannover. In Kooperation mit: ENSP Versailles; Academie van Bouwkunst Amsterdam; Edinburgh College of Art; UPC Barcelona; University of Virginia; GSD Peking University. Veranstalter: STUDIO URBANE LANDSCHAFTEN, Fakultät für Architektur + Landschaft, Institut für Freiraumentwicklung, Prof. Dipl.-Ing. Antje Stokman, Dipl.-Ing. Anke Schmidt; unterstützt durch: Prof. Dr.-Ing. Martin Prominski, Dipl.-Ing. Sigrun Langner, Dipl.-Ing. Sabine Rabe.

Abbildung 6: Interview mit Lars und Britta, Airbus Mitarbeiter und fiktives Portrait von Bernadina, Managerin in der Industrie, 2100

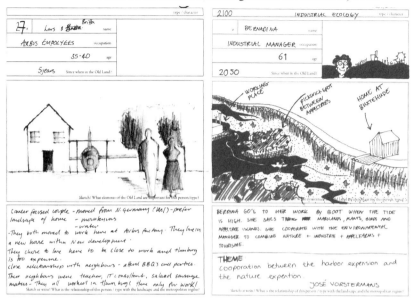

Quelle: Summer School „Old Country for New Men", Leibniz Universität Hannover 2009 (N.N., José Vorstermans)

Durch diese Verflechtungen mit dem Metropolraum kann beim Alten Land inzwischen von einer „agro-urbanen Landschaft" gesprochen werden – allerdings werden die urbanen Tendenzen innerhalb der vormals reinen Agrarlandschaft bislang kaum reflektiert. Welche räumlichen und funktionalen Veränderungen ergeben sich aus diesen neuen Vermischungen von Lebensweisen und Landnutzungen? Vor diesem Hintergrund arbeiteten die Studierenden. Durch ihre Interviews bekamen sie eine Ahnung von der Bandbreite der verschiedenen Menschen vor Ort: Sie sprachen mit Obstbauern, Restaurantbesitzern, Kindern und Jugendlichen, Airbus-Mitarbeitern, Touristen, Erntehelfern, Bootssportlern etc. Auf diesen Kenntnissen aufbauend entwarfen die Studierenden in der zweiten Aufgabe neue Profile von Menschen, die die Landschaft zukünftig prägen könnten. Die Studierenden konnten sich dabei auf eine der interviewten Personen beziehen und ihre zukünftige Lebensweise aufgrund der sich ändernden Bedingungen antizipieren oder auch einen Pionier erfinden, der neu ins Alte Land kommt. Die Handlungen und Nutzungen dieser Menschen und die daraus resultierenden Veränderungen in der Landschaft sollten als Zukunftsvision entwickelt werden.

Für die abschließende Aufgabe sollten sich die Studierenden drei bis vier ihrer Portraits auswählen und ein Drehbuch schreiben, das die Entwicklungen des Alten Landes und seiner Bewohnerschaft bis zum Jahr 2100 skizzieren sollte. Folgende Fragen wurden konkret für das Drehbuch gestellt: Wie werden die Menschen 2050 im Alten Land leben und zusammenleben? Wie werden sie die Gestalt der Landschaft verändern? Wie werden sich die Beziehungen zwischen dem Alten Land und Hamburg verändern? Wie ein Filmregisseur sollten die Studierenden über Charaktere, Settings, Beziehungen und Spannungsmomente nachdenken. Zusammen mit diesem Drehbuch bildeten Karten im Maßstab 1:50.000 mit einer Vision für die agro-urbane Kulturlandschaft des Alten Landes im Jahre 2050 den Abschluss der Summer School.

Abbildung 7: Drehbuch für die Entwicklung des Alten Lands bis ins Jahr 2100. Entwurf „About the Birds and the Bees" innerhalb des vorgegebenen Unterthemas „Into the Wild" Teil 1

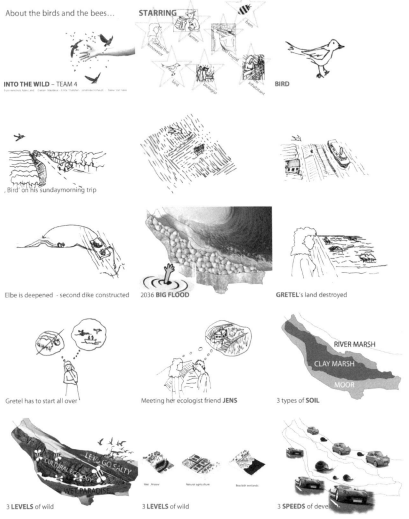

Quelle: Summer School „Old Country for New Men", Leibniz Universität Hannover 2009 (G.Maudeux, E.Thatcher, J.Kohaupt, B. van Hees)

Abbildung 8: Drehbuch für die Entwicklung des Alten Lands bis ins Jahr 2100. Entwurf „About the Birds and the Bees" innerhalb des vorgegebenen Unterthemas „Into the Wild" Teil 2

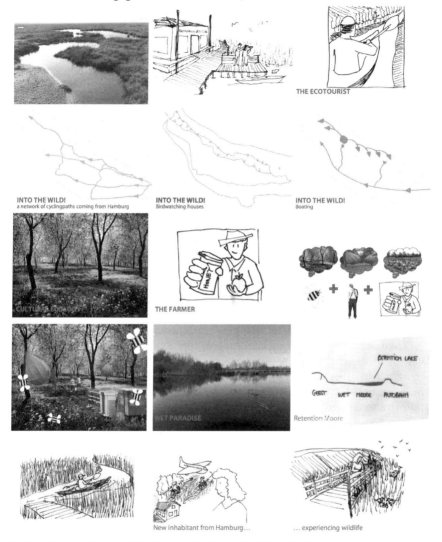

Quelle: Summer School „Old Country for New Men", Leibniz Universität Hannover 2009 (G. Maudeux, E. Thatcher, J. Kohaupt, B. van Hees)

4   Ausblick

Wie können also die unterschiedlichen Ansprüche, Lebensformen, Lebenslagen, Werthaltungen der Menschen gelesen und in den räumlichen Entwurf übersetzt werden? Die Bestandsaufnahme der Nutzerbelange per Bürgerbeteiligung ist zwar seit den 1970er Jahren selbstverständlich, aber lief meist neben dem Entwurfsprozess. Die hier vorgestellten Beispiele zeigen, wie auch einige andere Ansätze der letzten Zeit (z. B. Senat für Stadtentwicklung 2007; Seggern, von u. a. Hg. 2008), dass sich dieses Nebeneinander in ein kreativ verwobenes Miteinander entwickelt. In allen Beispielen wurden die Menschen von den Entwerfern weder ignoriert noch „nur" zur Kenntnis genommen. Stattdessen wurden sie durch Interviews oder intensive gedankliche Auseinandersetzung aktiv in den Entwurfsprozess integriert. Im Falle der Summer School „Old Country for new men" konnten wir Lehrenden sogar feststellen, dass die Interviews geradezu eine Befeuerung der Kreativität bewirkt haben - sie ergänzten die Auseinandersetzung mit den naturräumlichen Veränderungen um konkrete, individuelle Aspekte, erhöhten die ohnehin schon hohe Komplexität und führten am Ende zu einem dichteren Entwurf. Diese Auseinandersetzung der Entwerfenden mit den Menschen ist nichts grundsätzlich Neues, aber viele der internationalen Studierenden der Summer School berichteten, dass sie noch nie mit einem derartigem Ansatz gearbeitet hätten. Auch über die Kommunikation bzw. die Entwurfspräsentation dieser konstruktiven Auseinandersetzung gibt es noch wenig Erfahrungen – möglicherweise waren Mängel hierin Ursache des verfehlten Wettbewerbsgewinns des chinesischen Teams beim Wettbewerb zum Olympic Park in Peking. Methodisch wie auch darstellerisch gibt es demnach eine Menge Potenzial für die Zukunft, diese soziologischen Aspekte im Entwerfen zu integrieren. Der Dialog mit der planungsbezogenen Soziologie ist dazu für die Entwerfer unersetzlich. Wie sollen wir ihn an der Leibniz Universität Hannover zukünftig führen, wenn uns Wulf Tessin verlässt und das Fach dem sogenannten „Hochschuloptimierungskonzept" geopfert wird?

Literatur:

Heft 51 der Schriftenreihe des Niedersächsischen Landtages 2003: Kulturlandschaften. Erkennen – Entwickeln. Ein Hearing der Stiftung Niedersachsen und des Niedersächsischen Landtages im Niedersächsischen Landtag am 29./30. November 2002, Hannover.

Kuhlmann, Friedrich/Prominski, Martin 2009: Einblenden. Qualitäten zeitgenössischer Kulturlandschaftstypen in Niedersachsen, Hannover (unv. Man.).

Prominski, Martin 2003: Landüberschuss – Perspektiven für die Kulturlandschaft. In: Topos 44, S. 92-98.
Seggern, Hille von/Werner, Julia/Grosse-Bächle, Lucia (Hg.) 2008: Creating Knowledge. Innovationsstrategien im Entwerfen urbaner Landschaften, Berlin.
Senatsverwaltung für Stadtentwicklung (Hg.) 2007: Urban Pioneers, Berlin.
Tessin, Wulf 2006: Zwischen Werk- und Rezeptionsästhetik. In: Stadt + Grün, Jg. 55, H. 2, S. 29-34.

Prof. Dr. Martin Prominski
Entwerfen urbaner Landschaften
Institut für Freiraumentwicklung
Fakultät für Architektur und Landschaft
Leibniz Universität Hannover

Der soziologische Beitrag zum Entwerfen urbaner Landschaften. Ein Essay

Hille von Seggern

„Flying through the open space... Ästhetik, Entwurf und Hermeneutik, Experiment und Zwischenstadt, Visionen aller Art, die ‚Stadtlandschaft' als Drahtseilakt?...ich könnt' das nicht und bleibe – lieber – unten" (Wulf Tessin 2005). Diese Charakterisierung meines entwerfenden Tuns im Verhältnis zu seiner Soziologie mit Bodenhaftung klingt bei Wulf Tessin wie eine (vielleicht faszinierende) Horrorvorstellung. Ein schwieriges Verhältnis von Welten und Menschentypen: Entwerfen, das immer verändern will, gewagte Zukünfte denkt, immer auch emotional und subjektiv ist und Soziologie, die oft genug großartig rational-theoretisch wie empirisch messerscharf argumentiert und dabei die Verhältnisse kritisiert, analysiert, erklärt, verallgemeinert und objektiviert.

Aber für mich ist Soziologie eine Schlüsselwissenschaft und kreativer Impulsgeber für mein entwerferisches Handeln. Und ich halte ein soziologisches Grundverständnis, eine soziologisch mitbestimmte Argumentationsweise und Methodenkenntnisse für unabdingbare Voraussetzungen, um lebensweltlich und wissenschaftlich verantwortlich und phantasievoll räumlich zu entwerfen – in meinem Fall urbane Landschaften.

Insofern möchte ich im Folgenden dieser faszinierenden Horrorvorstellung in einem subjektiven Essay nachgehen und den Beitrag soziologischen Denkens und methodischen Arbeitens an den Themen Raum, Entwerfen, Wissenschaft und Anwendung im Entwerfen an praktischen Beispielen darstellen.

1 Ein Blick auf 1968ff

In den legendären 1968er Jahren betrat neben Marx und Politik auch die Soziologie die Hörsäle und Seminarräume der Raum entwerfenden und planenden Fakultäten der Architektur und des Städtebaus der Universitäten – für mich in Form der Stadtsoziologie, die von Manfred Teschner in Darmstadt gelehrt wurde. Was ist Gesellschaft? Was ist eine Theorie der Gesellschaft? Gibt es eine Theorie der Stadt? Was ist Planung? Was bedeutet räumliche Planung für Gesellschaft? Wie hängen Planung und Gesellschaft zusammen? Von Entwerfen sprach kaum jemand, das galt und gilt manchen bis heute als höchst suspektes individualistisches Tun mit dem Ziel der narzisstischen Selbstdarstellung und eines elitären Geschmacks. Welches politische Selbstverständnis haben Planer? Welche Rolle spielt Verwaltung? Was ist Wissenschaft und gibt es überhaupt eine Wissenschaft in den raumplanenden Fächern? Ist überhaupt der – damals noch selbstverständlich nur materiell und euklidisch vermessbar gedachte – Raum der Planung von gesellschaftlicher Bedeutung? Und was Soziologie uns wissbegierigen zukünftigen Architekten und Stadtplanerinnen damals sagte, war:

1. Gesellschaft ist wichtiger als der von euch bearbeitete Raum und ihr berücksichtigt die tatsächlichen Bedürfnisse der Menschen zu wenig. Bei Urbanität denkt ihr nur an bauliche Dichte.
2. Ihr seid unpolitisch und habt keine Ahnung von Gesellschaft, ihren Gruppen, ihren Institutionen und nicht einmal von den planenden Verwaltungen (z. B. Berndt 1968).
3. Ihr habt kein (kaum ein) Theorie- und Wissenschaftsverständnis.
4. Ihr handelt subjektiv und individualistisch, und das ist schlecht, weil euer Tun immer unmittelbar Gesellschaft, Gruppen und Individuen betrifft.

Also lasen wir, diskutierten, dachten nach, wurden politisiert, bekamen ein sozialwissenschaftliches Grundverständnis von Gesellschaft, Theorie und Wissenschaft und Urbanität wurde für uns zum Dauerthema. Später, als wir die Universität verlassen hatten, merkten sowohl Soziologen als auch entwurflich arbeitende StadtplanerInnen, dass

- Soziologie damals einigermaßen raumblind war,
- in den sozialwissenschaftlichen Studien, die raumbezogene Fragen analysierten, Raum und seine Ausprägungen ziemlich laienhaft vorkamen, so dass die Aussagen den Entwerfenden wenig halfen,
- Politisierung auch hieß, Partizipation vor Ort zu entwickeln.
- und schließlich, dass auch Planende theoretisch argumentieren und Planung nach allen Regeln der Kunst verwissenschaftlichen können.

Für mich entstanden in dieser Zeit meine Fragen und zentralen Themen: Was kann ich mit meiner Disziplin zu einem lebendigen, guten Leben beitragen? Wenn ich Raum entwerfen will und ihn in Beziehung zu Gesellschaft und konkretem Handeln von Menschen verstehe, wie kann ich dann diesen Raum erfassen und benennen, wie sieht mein Handeln aus und welche Bedeutung hat es? Grundfragen also, die beispielsweise 2009 Fragen der Architekturbiennale in Rotterdam sind: „The 4th IABR raises the question of social cohesion in the city from the point of view of its designer: how can architects and urbanists make realistic contributions to the sustainable quality of urban condition?" (in: Open City 2009/10, 3) .

Ich ging den Fragen zunächst in meiner Dissertation nach (von Seggern 1982) fasziniert von der Möglichkeit, empirisch neugierig durch zwei Großwohnsiedlungen zu gehen oder mit dem Fahrrad zu fahren: Beobachtung, Geschichten Zeichnungen, Fotos, Alltag im Raum, alltägliche Ästhetik waren meine Themen – viele Spaziergänge, auch mit Manfred Teschner – und parallel übte ich, entwerfend räumliche Bedingungen zu kreieren, die Aneignung, alltägliche Abläufe, Kontakte, Gelegenheiten für Spiel böten und auszuloten, wie welche Einflüsse funktionieren. Ich benutzte den Situationsbegriff (Goffman 1971) als Annäherung, um die Beziehungen, die gegenseitige Beeinflussung von materiellem Raum, Verhaltensweisen von Menschen, Geschichte, Zeit und konkreten Anlässen zu beschreiben. Im Ergebnis entwarf ich Raumtypen und für diese in rund 30 Entwürfen meinen Ergebnissen entsprechende Veränderungen. Tatsächlich entstanden im Hin und Her, in der Rückkopplung und in vielen Diskussionen und parallel laufenden Praxisprojekten, zwischen Beobachtung vor Ort, Auswertung, zeichnerischem Entwerfen und Gesprächen darüber die Ergebnisse. Heute angeschaut sind die Ergebnisse zu starr. Interessant aber ist, dass der Entwurfsvorgang selber als Teil der Arbeit nicht thematisiert wurde und die Entwürfe wie eine Illustration behandelt wurden. Weder ich (zu der Zeit), noch meine Betreuer, noch die Prüfungskommission noch irgendjemand später hat sich darüber gewundert. Für mich waren dennoch die Weichen gestellt: der neugierige sozial-räumliche Blick, der situative Zugang zum Raum, mit seinem Gesellschaftsbezug, die Liebe zu den Menschen und die immer gleichzeitig stattfindende Reflexion und zeichnerisch-entwurfliche Arbeit waren verinnerlicht. Der letzte Satz in meiner Dissertation verweist auf die damals aktuelle Diskussion über Partizipation.

Partizipation war eines der Themen, die nach 1968 und mitbestimmt durch Soziologie Eingang in Planungsdiskussion und Praxis fanden. Im Laufe der Jahre wurde aus der zunächst naiven „die Nutzer wissen es am besten, man muss sie nur fragen"-Beteiligung, eine fantasievolle, dank Soziologie, Psychologie und Kunst methodenreiche Beteiligung bis hin zu governance-Prozessen. Letztere als Ergänzung und Qualifizierung von demokratischen Regelvorgängen und als Reaktion auf die nicht greifende Einflussnahme gerade der großräumigen Regional-, Landes- und Raumplanung.

Planung stolperte spätestens nach 1989 über ihre Hybris der verwissenschaftlichten und politischen Vorstellung „alles ist planbar". Mit der Erkenntnis der Nicht-Planbarkeit komplexer offener Systeme wie Stadt oder Region und der Unzulänglichkeit der dann folgenden Beschränkung auf Projekte, wurde Entwerfen mit seinen intuitiven Anteilen, der Fähigkeit mit offenen Bedingungen umzugehen, eine Ästhetik des Ungeplanten, des Abweichenden, des Hybriden, des Nebeneinanders (Coexistence/Inklusion) zu entwickeln, allmählich wieder salonfähig. Was das im konkreten Fall bedeutet, wird weiter unten an verschiedenen Beispielen entwickelt.

Nicht zuletzt aus dem Druck der Nichtplanbarkeit entwickelte sich ein fruchtbarer neuer Diskurs über Raum, diesmal von Soziologie und den raumgestaltenden (und weiteren) Disziplinen. In diesem Diskurs wurde nach der Verstrickung von Planung in Denkmalschutz und Rekonstruktion, nach ebensolcher Verstrickung in Naturschutz und verwissenschaftlichter Landschaftsplanung (beides läuft natürlich gleichzeitig noch weiter) Landschaft ein viel diskutierter Raumbegriff. Dazu beigetragen hat ein gewandelter Naturbegriff, in dem Natur in ihrer Entwicklung und Ausformung als kontingent und konstruierbar gesehen wird. War 68 noch klar Stadt der Fokus von Soziologie und großräumiger Planung, so vermute ich, dass nach dem Ende der dualistischen Konzepte von Stadt und Land, Stadt und Landschaft und mit der Möglichkeit den gleichen Gegenstand sowohl als Stadt als auch als Landschaft zu sehen, der Blick auf Raum als (urbane) Landschaft für die weltweit großräumigen Veränderungen eher Handlungsoptionen zeigt, als der gewohnte städtische Blick.

Dies passt zur grundsätzlichen Erkenntnis „Es ist so, es könnte auch anders sein" (Nowotny 1999) und zum Crossover der Disziplinen. Es werden disziplinäre Grenzen zunehmend überschritten, und neben den klassischen der Soziologie, Politik und Philosophie üben andere Disziplinen fruchtbare Einflüsse auf die Raum- und Entwurfsdebatte aus: Neurowissenschaften, Komplexitäts- und Evolutionstheorien oder neue Wissenschaftsfelder wie Kulturwissenschaften, Lifescience oder synthetische Biologie.

Theoriebildung und Wissenschaftsverständnis werden inzwischen von Seiten der raumgestaltenden Disziplinen auch von Entwerfen als Handlungsweise geprägt. Im neuen Wissenschaftsverständnis von „Modus 2", d. h. kontextuell, transdisziplinär, gesellschaftlich verbunden, anwendungsbezogen und die (emotionale) Beziehung zum Forschungsgegenstand produktiv einbeziehend (Nowotny/Scott/Gibbons 2001; Nowotny/Testa 2009), ist räumliches Entwerfen zuhause: transdisziplinär und mit dem selbstverständlichen, unabdingbaren Bezug zu Gesellschaft und Individuen, mit dem Blick auf Veränderung und dem konsensualen ebenfalls transdisziplinären Ziel der Nachhaltigkeit wird Entwerfen mit dem ehemaligen Makel des Praktischen, Angewandten zur besonderen Qualität – oder befindet sich auf dem Weg dorthin.

Ich bin in diesem hier subjektiv skizzierten Prozess meinen sozialwissenschaftlich infizierten Themen und Blickweisen treu geblieben: Aus der Annäherung an Raum als Situation folgte, dass ich Raum als Geschehen begreife, aus dem bevorzugten Blick auf den Gegenstand Raum entwickelte sich die Perspektive Raum als urbane Landschaften zu betrachten und aus der Handlungsweise des Entwerfens auf dem Hintergrund von Wissenschaft wurde eine theoretisch fundierte Vorstellung von Entwerfen als wissenschaftliche und praktische (angewandte) Handlungsweise, die unmittelbar in Gesellschaft verankert ist. Diese Entwicklung führte mich 2005 – zusammen mit Julia Werner – zur Gründung des Studio urbane Landschaften an der Leibniz Universität Hannover: ein interdisziplinäres Laboratorium für Lehre, Forschung und Praxis, in dem der Entwurfsansatz entfaltet, angewendet und theoretisch fundiert wurde (von Seggern/Werner/Grosse-Bächle Hg. 2008). Dem Ansatz des Studios liegt ein soziologisches Grundwissen und ein Verständnis zugrunde, das bedeutet, gesellschaftliche Prozesse einigermaßen zu verfolgen und zu verstehen, Gesellschaft wahrzunehmen als soziales und politisches Geschehen aus Beziehungen, Ordnungen, Normen, Regeln des Zusammenlebens. Dazu gehört ein gewisses Verständnis für Gesellschaftstheorie, Unterscheidenkönnen zwischen Persönlichem und Gesellschaftlichen, zwischen Einzelfall und Verallgemeinerung. Diese Aspekte allerdings halte ich auch allgemein für alle, die Raum entwerfen und planen, für notwendig: Raumverständnis, Entwurfsbegriff und Wissenschaft sind ohne sozialwissenschaftliches Grundverständnis und ohne die kreative Anwendung von soziologischem Handwerk nicht zu haben.

2 Raumverständnis als (urbanes) Raumgeschehen

Der Gegenstand Raum war also 1968 eine „Lücke" in der Soziologie und Planung und Architektur wie Landschaftsarchitektur gingen selbstverständlich von einem euklidisch vermessbaren Raum in Materialität aus, der technokratisch plan- und gestaltbar sei. Dies hat sich gründlich geändert. „Das Zeitalter des Raumes" – verspätet aufgenommene Aussage von Foucault (1967) – spiegelt sich in theoretischen Auseinandersetzungen und Begrifflichkeiten. Für mich zeichnet sich allmählich eine Art Konsens zu einem relativen, relationalen, prozesshaften Raumbegriff ab (hier ist nicht der Platz und es ist nicht meine Absicht, dies hier nachzuweisen). Raum, in meiner Ausdrucksweise, ist ein Geschehen, ein dynamisches, mannigfaltiges Beziehungsgeschehen, ein Prozess, in dem sich menschliches Verhalten, Wahrnehmung, Geschichte, Zeit und materielle Bedingungen wechselseitig beeinflussen und in dem wir Menschen Teil sind – und in dem sich die verschiedenen Aspekte auch wie Ebenen getrennt betrachten lassen. Raumgeschehen wird dabei immer neu in der Wahrnehmung konstruiert. Geschehen bevorzuge ich als Begriff gegenüber Performance, weil er Kontingenz besser assoziiert. Gleichzeitig mit diesem Geschehensbegriff und der ständigen Konstruktion ist Raum etwas, das vermessen, gefühlt, gesehen, gewogen wird. Menschen sind in der Lage, zwischen beiden Weisen der Wahrnehmung zu wechseln. Für mich ist in den letzten Jahren die Betrachtung von Raum – insbesondere großräumig – als *urbane* Landschaften wichtig geworden, weil ich den sozialwissenschaftlich geprägten Begriff der urbanen Landschaft aus verschiedenen Gründen für fruchtbar halte. Dies ist eingebettet in eine fachlich intensiv geführte Debatte um Landschaft, in der sich in meiner Wahrnehmung Soziologen – vielleicht mit Ausnahme von Detlev Ipsen (2006) in der Nachfolge von Lucius Burkhardt – relativ wenig zu Wort melden.

Der Terminus Urbane Landschaften – als *eine* Perspektive auf Raum – drückt aus, dass die Landschaften unserer Welt in ihren naturräumlichen Bedingungen alle mehr oder weniger durch urbane Lebensweisen, das heißt arbeitsteilig, durch Begegnung mit dem Fremden und eine urbane Sichtweise geprägt und beeinflusst sind – weit über die Tatsache hinaus, dass über 50% der Menschen in urbanen Siedlungsgefügen, in Städten leben. Und auch dort, wo als Gegenbild Weite und Wildnis gesucht wird, sind dies urbane Sehnsuchtsbilder. Auch landwirtschaftlich genutzte Gegenden sind nicht mehr ohne urbanen Einfluss zu denken. Der Begriff urbane Landschaften ist damit eine Art Zwitter, ein Kontinuumsbegriff anstelle von dualistischen Begrifflichkeiten. Als Begriff, der Entwerfen unterstützen soll, heißt das zunächst einmal, jeweils nach den spezifischen urbanen Abläufen und Einflüssen zu schauen: ein sozialwissenschaftlich geprägter Blick. Wesentlich für den Entwurfsprozess ist darüber hinaus die dem Landschaftsbegriff innewohnende Großräumigkeit, in der sich entscheidende weltweite Veränderungen – etwa durch Klimawandel oder Mobilität – abspielen. Landschaft erlaubt, Gegenden in einem ganzheitlichen Bild zu fassen, und seine Teile als Verhältnis vom Einzelnen zum Ganzen – statt sie nur modular zu sehen, wie Detlev Ipsen (2006) das nahe legt. Ein landschaftlicher Blick funktioniert auch kleinräumig, indem er grundsätzlich ein vielfältiges Beziehungsgeflecht, das nicht klar begrenzt fassbar ist, doch auf eine Art gemeinsamen Boden bezieht (vom tatsächlichen Boden zur Wohnlandschaft bis zur politischen Landschaft). Die grundsätzlich positive Konnotation des Begriffes und das Zusammenspiel von Kultur und Natur, das Landschaft als kulturell konstruiert und gebaut sieht, erleichtert ein zeitgemäßes Natur-Kultur-Verständnis, in dem auch Natur „machbar" und kontingent wird, ein dynamisches Wechselverhältnis, bei dem Natur und Kultur nicht mehr klar unterscheidbar sind und Natur das selbstverständlich moralisch gute Wesen abhanden gekommen ist (Nowotny/Testa 2009).

3 Entwerfen als Verstehensprozess

Die Produktion von Raum interessiert mich – wie wir uns einfädeln, engagieren, mit entwerferischem Handeln auf das mannigfaltige Raumgeschehen unserer unmittelbaren Lebenswelt Einfluss ausüben. Entwerfen ist ein kreativer Vorgang, der grundsätzlich in allen Disziplinen und im Alltag zu Hause ist, ist auf Zukunft gerichtetes Handeln, sucht Lösungen, Entwicklungsschritte und deren Ausdruck (Umsetzung). Entwerfen ist Lebensform (Poser 2004), kann mit komplexen, offenen Bedingungen umgehen, und in den raumbezogenen Disziplinen bezieht es sich eben auf Raum. Entwerfen ist immer forschendes Vorgehen, Fragen, Suchen, ist lösungsorientiert, ist Antworten, Setzungen mit Fehlern machen, will die gefundene Lösung ganzheitlich funktional, technisch, ästhetisch gestaltend mit und für alle Sinne ausdrücken. Immer braucht es den kreativen Moment der Erfindung der Idee. Dazu nutzt Entwerfen bildhafte, intuitive und emotionale Fähigkeiten. Entwerfen – so wie ich es verstehe – ist damit nicht ein ingenieurmäßiges Entwerfen, das auf die Herstellung eines Prototyps und eindeutigen Produktes gerichtet ist. Entwerfen bleibt offen, ist kontextabhängig und hat immer subjektive Anteile. Zum Entwerfen muss ich viel von unterschiedlichen Disziplinen verstehen, tief in die jeweilige Materie einsteigen, so dass ich in der Lage bin, mich mit anderen Disziplinen darüber zu verständigen, abschätzen kann, was jeweils von Bedeutung ist. Und die anderen Disziplinen müssen sich ihrerseits in den integrierenden Prozess einlassen. Soziologie integriert ebenfalls, nimmt die Gesamtheit der Entwicklungen – technisch, natürlich, kulturell, politisch – und sucht nach systematischen Beschreibungen, die diese als Gesellschaft, als relevant im Zusammenleben von Menschen formulieren. Zum Entwerfen gehören Fähigkeiten, raumbezogenen Lösung zu finden und das ästhetisch-technische Vermögen sie auszuarbeiten, aber auch das organisatorische, kommunikative Können, dies in den gegebenen Strukturen zu tun und auszudrücken. Dazu bedarf es einiges an gesellschaftlichem Wissen. Zum anderen ist es die kreative Fähigkeit als solche – die Fähigkeit, Ideen in einem komplexen Feld zu generieren. Dabei ist nicht jede irgendwie geartete Idee gut – nicht jede wilde Kreativitätsmethode bringt brauchbare Lösungen. Beobachtungen, Auswertungen, Lehre, Lektüre haben mich dazu geführt, das Verstehen – als Vermögen, Fähigkeit, Übung, Wissen, Erfahrung – körperlich, sinnlich und als theoretische Durchdringung – verbunden mit einer Zuneigung zum jeweiligen Gegenstand – als Schlüsselvorgang, als den evolutionären kreativen Vorgang des Entwerfens zu begreifen (angeregt vor allem durch Gadamer bei Grondin 2002). Dabei hat der Vorgang eine Art Beginn, der durch eine intuitive Ganzheitlichkeit, Beteiligung aller Sinne und des Geistes, Offenheit, und der im allgemeinen langjährigen Vorbereitung der intuitiven Fähigkeiten bestimmt ist (wie der kontinuierlich ausgeübte sozialwissenschaftlich geschulte Blick): So entsteht eine Idee, und diese erfordert dann in ihrer Durchdringung, Überprüfung ein umfassendes Verstehen des jeweils relevanten Geschehens (von Seggern/Werner/Grosse-Bächle Hg. 2008). Der Vorgang des Verstehens wiederum erfordert ein Wissen über Gesellschaft, eine Fähigkeit, Zusammenhänge, Wirkungsgefüge zu erkennen, intuitiv Ganzheiten zu erkennen, rational Zusammenhänge formulieren zu können, erfordert Beobachtungsgabe, Gesprächsbereitschaft, Argumentationsfähigkeit, kurzum: viele theoretische wie empirische sozialwissenschaftliche Tugenden – und diese gemischt mit psychologischen, künstlerischen und naturwissenschaftlichen Methoden und ingenieurmäßigen Techniken.

In fünf Bereichen will ich darstellen, wie sich ein solches Entwerfen entfaltet und was jeweils die sozialwissenschaftlichen Bezüge sind.

3.1 Fragen und Aufgaben erfinden – die Idee steht am Anfang

Die Zeiten sind lange vorbei, falls es sie je gab, in denen Aufgabenstellungen der räumlichen Planung (politisch) vorgegeben waren und dann das Entwerfen begann. Programme, Ausschreibungen, Wettbewerbe, Aufträge sind vage formuliert und erwarten die Aufgabenformulierung als Teil des Entwurfes – oder es gibt all diese Vorformulierungen gar nicht. In der Tat ist die Erfindung eines Themas, einer Frage, einer aktuellen Aufgabe ein kreativer Akt. Und wenn die Erfindung gut ist, hat sie einen Impulseffekt und viele Folgen. Gut heißt, dass sie gesellschaftlich relevante Entwicklungschancen beinhaltet. Dafür ist nicht der berühmte „Blick von Nirgendwo" von draußen (Nagel 1992) und die Erklärung von Welt, sondern ein entwerferisches Vorgehen notwendig, das Veränderung von innen von vorneherein mitbedenkt. Am Beispiel des Wasseratlasses für die Elbinsel Hamburg will ich diesen Vorgang darstellen.

Vor etwa zwei Jahren hatten wir – das Studio – ein Gespräch mit der Geschäftsführung der IBA Hamburg, um sie für die Idee eines Wasseratlasses für die Elbinsel zu gewinnen. Die IBA hatte Wasser zu dem Zeitpunkt noch nicht zu ihrem Thema gemacht. Inzwischen liegt der Wasseratlas als WasserLand-Topologien für die Elbinsel vor (IBA Hamburg Hg. 2008). Aus ihm folgte zunächst ein IBA Labor „Klimawandel – Herausforderung Wasser", das die internationale Relevanz des Themas mit ersten Entwürfen zu Fragestellungen und Orten der Insel verband und mit dem Thema leidenschaftlich beschäftigte und begeisterte Menschen zusammenführte. Danach folgten viele Projekte in Praxis, Lehre und Forschung, Workshops, Vorträge und weitere Veröffentlichungen. Die Aufgabenstellung und wie man sie bearbeiten könnte, hatten wir selber erfunden. Sie lag in der Luft, wir hatten „ein Gespür dafür".

Nicht mehr lässt sich nachvollziehen, wie es genau zu der Idee „Wasseratlas" kam. Natürlich gehörte eine lange fachliche Beschäftigung dazu. Eine Reihe von transdisziplinären Forschungsprojekten zu Wasserthemen wie Regenwasser, Abwasser, Hochwasser mit großräumig-gestaltenden Landschaftsbezug – in Zusammenarbeit mit Bauingenieuren, Biologen, Soziologen, studentische Projekte, die sich mit der Elbinsel beschäftigten, die Juniorprofessur „Gestaltung und Bewirtschaftung von Fließgewässereinzugsbereichen" (Antje Stokman), die wegen der Wasserthemen eingeworben werden konnte; seit Jahrzehnten kannte ich Hamburg, die Elbinsel, die handelnden Personen und Institutionen, hatte Hafen und stadtbezogene Entwicklungsplanungen und Wettbewerbsgewinne hinter mir – wir hatten über ein Kunstprojekt ‚Wassersysteme der Elbinsel als Modell' geträumt, es gab ein weiteres, vertiefendes studentisches Projekt zu den Wassersystemen der Elbinsel. Die Diskussion um Klimawandel, die steigenden Wasserstände, die dramatische Dynamik der Tide Elbe – bis zur psychologischen Überlegung, dass man eine z. T. durch die Sturmflut von 1962 traumatisierte Bevölkerung nicht mit Holzhammermethoden für einen konstruktiven Umgang mit den Gefahren des Lebens mit dem Wasser gewinnen kann – und eben die Existenz eines interdisziplinären Teams, das versteht zusammenzuarbeiten, führte alles zusammen: Dies war durch die jahrelange Zusammenarbeit von Studio-Mitgliedern gegeben. Wir entwickelten im Team-Brainstorming die Idee für das IBA Gespräch. Alles genannte (und mehr) lag im Unterbewusstsein und im Bewusstsein vor und ließ uns die Idee einer Aufgabenstellung und ihrer (groben) Bearbeitung erfinden, die dann ausformuliert, verbal und bildhaft vermittelt zu einem das Thema entwerferisch erforschenden Auftrag führte: Wasseratlas. These der Aufgabenstellung war: diese Landschaft ist dominant und komplex vom Wasser und seinen Natur-Kultur Dynamiken in Vergangenheit, Gegenwart und Zukunft bestimmt. Dies braucht ein die komplexen Zusammenhänge zusammenführendes Bild – das später ‚WasserLand' heißen sollte – und ein Verständnis der Systeme, um damit zu entwerfen. Der Atlas wurde zur Initialzündung für ein ganzes Feuerwerk an weiteren Fragen, Forschungen, Praxis- und Lehrprojekten, die alle die großräumigen urbanen Wasser-Landschaftszusammenhänge betreffen. Die Erfahrungen, das Wissen, die Informationen, Denkvorgänge, Übung, die grundsätzliche entwurfliche Vorgehensweise, die Zusammenarbeit lassen sich nur über lange Zeit ansammeln und üben. Der konkrete kreative Vorgang aber, in dem die Idee, die das weitere strukturiert und mit Energie, Begeisterung, Durchhaltevermögen vorantreibt, dieser Vorgang ist wesentlicher Teil von Entwerfen und kann zumindest wahrscheinlich gemacht werden.

Ein wichtiger Aspekt aber des notwendigen Gespürs für solche gesellschaftlich relevanten Fragen ist ein grundsätzlich sozialwissenschaftliches Denken mit der zugehörigen Neugier, die zu ständiger Beobachtung des gesellschaftlichen Geschehens in Gänze führt – und es professionsbezogen immer mit Raum verbindet!

3.2 Verstehen von Fragen, Aufgabe und Idee
Die Aufgabenstellung ist erfunden und wie immer ist dies bereits mit einer Idee verbunden, die den weiteren Prozess steuert und beflügelt. Die Idee erscheint bildhaft und wird ausgedrückt: Im Wasseratlas wird es das Bild WasserLand, das

sagt, hier prägt Wasser das Land. ‚Im StromLand', so der Titel eines der studentischen Projekte (Stokman/Rabe/Langner Betreuung 2009), die dem Wasseratlas folgten, steckt ebenfalls bildhaft die Idee als These: dass der Strom Land macht, Land prägt. Und die Frage „Wie?" drängt sich förmlich auf.

Im Forschungsprojekt „Jugendliche und das Netz urbaner öffentlicher Räume", das die Nutzung, Aneignung und Wahrnehmung städtischer Räume durch junge Menschen untersucht (Wüstenrotstiftung Hg./STUDIO 2009), beinhaltet die bildhafte These, dass es Sinn macht von einem Netz zu sprechen als Zusammenhang zwischen urbanen öffentlichen Räumen und dies in Beziehung zu Jugendlichen zu setzen.

Eine Stärke der intuitiv-rational-ästhetischen Wahrnehmung der raumgestaltenden Disziplinen sind solche Benennungen und Bilder für komplexe nicht in Gänze fassbare Zusammenhänge. Soziologie tut sich vielleicht schwer damit – allerdings sind Formulierungen wie Wissensgesellschaft und ähnliches ebenfalls ganzheitliche Bilder.

Dieses erste Bild strukturiert die weiteren Fragen, Aufgaben und Ideen. Von daher ist die nachfolgende Recherche nicht neutral und bereits entwerferisch. Sie erfolgt als Verstehensprozess. Damit rückt die Benutzung empirischen Handwerkzeugs in den Vordergrund des Entwerfens und zwar gleichermaßen für Forschung und Praxis.

Die Beispiele Aktions-Raum-Karten, Zeitbudget und Modellbau sollen dies zeigen.

Im Forschungsprojekt „Jugendliche und das Netz urbaner öffentlicher Räume" haben Jugendliche ihre Aktivitäten, die damit verbundenen Bewegungen im Raum, die Orte oder Bereiche, die beteiligten Personen und ihre Beziehung zu den Personen in Stadtkarten gezeichnet: mit unterschiedlichen Liniensignaturen, Zeichen und Farben werden die fünf Aspekte grafisch im Zusammenhang und als Muster lesbar. Ihr Zeitbudget zeichneten und schrieben die Jugendlichen so in ein Rahmenformular, dass ein Bild die Verbindung von Aktivitäten im Tagesverlauf mit den Orten und der Bewegungsart und Dauer im Raum zeigt. Mapping würde man das neudeutsch nennen und gleichermaßen im Entwerfen für die Praxis anwenden. Am Modellbau als ein typischer Entwurfsbestandteil, in dem probeweise drei- oder vierdimensional Raum dargestellt wird, wird die ähnliche Verwendung in Forschung und Praxis deutlicher. Die Jugendlichen im Forschungsprojekt bauten mit Hingabe in den von uns atmosphärisch anregend vorbereiteten Werkstätten faszinierende Hannovermodelle: „Bau dein Hannover an einem Schultag" (bzw. einem Samstag). Die Modelle zeigen Hannover als jeweils spezifisches Raumgeschehen: materielle Gegebenheiten, Ereignisse, Menschen, Zeichen und selbst Bewegung. Modellbau wird zu einem bildhaft sprechenden Ausdruck für eine Mischung aus unbewusst-bewusster Wahrnehmung, die in der Folge im Gespräch und zeichnerischer Analyse im Zusammenspiel mit den mappings zu Typenbildung und Aussagen zu Raumnutzung, Raumkonstruktion und Wahrnehmungen führten. Mit Bezug zu den Typen wiederum wurde das weiter unten beschriebene Experiment entworfen. Eine der Empfehlungen für die Praxis ist, mit solchen Typen von Jugendlichen Stadtkonstruktionen zu entwerfen. Im Entwurfsprojekt ‚Im StromLand' wurden zunächst Bilder der Strom- und Landzusammenhänge, die Landschaft formen, entwickelt und dann daraus in abstrahierten Modellen mit dem Titel „Landschaftsmaschinen" die Formung als Produktion von Landschaft vierdimensional verstanden: Beispielsweise zeigt der „Elbstromator", wie durch die Gezeiten im Zusammenhang mit dem Strom, dem Salz- und Süßwasser, den technischen Einflüssen (z. B. Sperrwerke) und den Schnittstellen mit dem Land die Landschaft dynamisch geformt wird. Der Modellbau machte Spaß und die Vorgänge wurden anschaulich. Brauchte es bei dem Modellbau im Forschungsprojekt nur technische Unterstützung und eine offene, anregende Atmosphäre, um das Modell zu bauen, benötigten die Landschaftsmaschinen Gespräche mit Fachleuten, Lektüre und örtliche Anschauung über die ablaufenden Prozesse sowie Wissen und Vermutungen über deren Wirkungsweise.

Jeweils sowohl im Forschungsprojekt wie im studentischen Entwurfsprojekt werden also alle Verstehensbestandteile angewendet. Es werden so auch die unmittelbaren körperlichen Erfahrungen mit dem jeweiligen Gegenstand, mit den materiellen Gegebenheiten des Raumes und der unmittelbare Kontakt und das Gespräch mit den Forschenden bzw. den Fachleuten Teil der empirischen Erforschung. Die Aufgabe und die dazugehörigen Fragen werden verstanden, ausgedrückt und gleichzeitig Potentiale und Art einer möglichen Beeinflussung deutlich. Der Übergang zum Ergebnis, zum Produkt ist in dieser Herangehensweise fließend: Grundsätzlich sind die Kartenbilder und Modelle Darstellungen von Thesen, die in ihnen bestätigt oder widerlegt werden, sind zugleich Interpretationen, Aussagen, die eigenständig im Prozess des Entstehens und als Produkte „sprechen" und sind zugleich als Konstruktionen bereits Entwürfe, die auf mögliche Veränderung hinweisen.

Die je nach Aufgabe unterschiedliche, verstehende Recherche der jeweiligen Bedingungen braucht also Methodenwissen und Spielfähigkeit, um die Methoden der empirischen Sozialforschung mit Kunstpraktiken, naturwissenschaftlichen und Forschungspraktiken und üblichen Entwurfspraktiken zu kombinieren: Erzählen, Modelle, Gespräche, Experimente, Choreografien, Gruppendiskussionen, Spiele, Bilder, Zahlen und Messwerke, Tabellen und Diagramme. Sie braucht Körper, Sinne und die Beteiligung des Herzens. Denn Verstehen heißt: die Sache verstehen, die Sache erklären können, der Sache gegenüber zugeneigt, aber nicht identifiziert sein, Erfahrungen mit der Sache machen und haben, die

Sache ausdrücken können, seine Sache verstehen – und immer tiefer eindringen, immer mehr wissen wollen, dem Gegenstand nachgehen, die Fragen vertiefen und die nächsten Schritte wissen.

Im weiteren Prozess braucht Entwerfen dann die zeichnerisch-bildhafte Darstellung genauso wie die Argumentation: plausibel argumentieren und eine Story erfinden nenne ich das (ein Storyboard verbindet die Story mit den zugehörigen Bildern und Grafiken). Die Argumentation muss funktional, ästhetisch und zugleich gesellschaftlich sein. Die Story braucht einen Plot, eine zwingend darin enthaltende Logik, die zu Lösungen führt: zu veränderten Wahrnehmungen oder materiellen oder organisatorischen Änderungen oder allem zusammen. Argumentation ist zugleich ein Objektivierungsvorgang, der das im Entwurf für einen bestimmten Kontext gefundene, in Nachvollziehbares und Vergleichbares einbindet. Die Argumentation hat Bezüge zur Planung genauso wie zur sozialwissenschaftlichen, humanwissenschaftlichen Tradition – auch wenn darin Poesie, Technik, Berechnung, Konstruktion und Naturgesetze mitunter eine große Rolle spielen.

3.3 Arbeiten in verschiedenen Maßstäben – oder: keine maßgeschneiderten Produkte

Im Maßstab der Region oder einer gesamten Stadt kann man nicht entwerfen, hieß lange Zeit die Aussage von Planung. In der Tat: ingenieurmäßig ein Prototyp-mäßiges und reproduzierbares Produktentwerfen geht nicht. Das schon beschriebene Gesamtbild ist die erste entwurfliche Aussage. Im Wasseratlasbeispiel wurden dann aus dem Verständnis der Wassersysteme in ihrer historischen Gewordenheit, ihrer Funktion, ihrer Gestalt, ihrem dynamischen Bezug zum Land und den gesellschaftlichen, technischen und den quasi natürlichen Bedingungen plausible Trends formuliert. Und aus den Trends wurden in Szenarien mögliche Entwicklungen entworfen. Das Vorgehen ist ein forschend-entwerferisches, das in einem Hin- und Her aus Zeichnung, Sprechen, Diskussion, Recherche, Text eine Szenarientechnik anwendet und verschiedene mögliche Zukünfte entwirft – keine Trend- und Entweder-oder-Szenarien, sondern Szenarien, die alle möglich sind, auch koexistieren können und jeweils Vor- und Nachteile haben. Wiederum ist eine solche Arbeitsweise nur möglich mit einem einigermaßen ausgebildeten gesellschaftlichen Wissen, das hier verbunden wird mit Wissen über Technik, Hydraulik, Klimafolgenabschätzungen und Siedlungsentwicklung. Der zeichnerisch-bildhafte Ausdruck der Szenarien sind abstrahierte, unmaßstäbliche, aber erkennbar reale Gegebenheiten abbildende Schnitte, in denen grafisch und textlich zusätzlich Dynamik und Hauptfragestellung formuliert werden. Diese Szenarien beziehen sich auf drei Höhenschichten der Insel und auf drei für die Insel formulierte unterschiedliche Raumtypen. Damit wird ein flächenhafter Gesamtbezug hergestellt, und insgesamt entstehen Entwürfe für die gesamte Insel – mit einer hinreichenden Offenheit, wie sie auf einer Maßstabsebene zwischen 1 : 25.000 und 1 : 50.000 sinnvoll ist.

Ganz anders sind sozialwissenschaftliche Bezüge, wenn es um den Entwurf für einen öffentlichen Platz wie den Bahnhofsvorplatz Ernst-August-Platz in Hannover geht, der nach einem Entwurf bis in den Maßstab 1 : 200, 1 : 100 und für Details auch 1 : 20 umgebaut werden soll (Entwurf des Büros Ohrt-von Seggern-Partner aus dem Jahr 2000; vgl. von Seggern/Orth 2003). Hier ist konkretes Wissen über Verhaltensweisen erforderlich und über räumliche Bedingungen, die Einhaltung und Spiel mit Vorgaben und Notwendigkeiten erlauben.

Es gibt viele Gesetze und Normen, nach denen eine Platznutzung abläuft – und es gibt sehr viele, die nicht bewusst sind, es gibt Unterschiede zwischen den verschiedenen Gruppen der Bevölkerung, zwischen Kindern, Jugendlichen, Frauen, Männern, Alten und Jungen oder verschiedenen Kulturen. Es soll Wahlmöglichkeiten geben, Freiheiten, etwas zu tun oder auch nicht, jemanden kennen zu lernen oder gerade nicht, höflich unaufmerksam sein können. Was ist heute urbanes Verhalten, wo der Flaneur und distanzierte Beobachter, der nur zu Hause Puschen anzieht, vielleicht antiquiert sind? Neugierig sein können, spielen können oder eilig sein, kaufen und verkaufen – und dann, möglichst noch übereinstimmend, den Platz schön finden. Dieses Wissen in Platzgestalt, in Wegeführungen, Platzbedarfe, Höhenunterschiede, Beleuchtungskörper, Materialien und Formen übersetzen, über Abstände, Sichtbeziehungen, Größenordnungen, Formen symbolisch wie faktisch die Einhaltung von Normen zu ermöglichen, heißt sozial bewusstes Entwerfen. Früher aß man nicht auf der Straße, rauchte nicht, auf den Fußboden setzte man sich nicht, gekleidet war man straßenmäßig und lief nicht in pyjamaähnlichen Kleidungsstücken herum, Sportkleidung trug man und sportlich war man auf Sportplätzen und nicht im öffentlichen Raum. Alkohol wurde nicht im öffentlichen Raum getrunken und in Deutschland saß man nicht draußen. Auf eine Bank legte sich niemand – heute schon. Spielen gehörte sich nicht für Erwachsene, privat war privat und öffentlich öffentlich – und Politik findet schon lange nicht mehr im öffentlichen Raum statt. Kunst wurde aufgestellt und nicht einfach gemacht. Muss ich dies alles wissen, wenn ich einen Platz gestalte? Muss ich auch über früher und heute wissen? Ja, denn früher gilt immer noch ein wenig und macht Gegenwart verständlicher. Was kann man an der Bewegung ablesen? Was an der Kleidung? Was an der Art, jemanden anzusprechen? Muss ich das noch wissen? Ja, denn beispielsweise erlaubt der legerere Umgang mit dem öffentlichen Raum andere Sitzgelegenheiten, wie Holzliegen. Die vielen Inszenierungen benötigen eine technische Infrastruktur und Bühnen, die auch im Alltag genutzt werden.

Vielleicht die größte Herausforderung liegt in der Gestaltung als Möglichkeitsraum, der zu Erweiterungen von Verhaltensweisen einlädt. Für uns war die Kreation einer südlichen, angenehmen Atmosphäre für diesen potenziell konfliktreichen Ort und möglichst viel öffentlich nutzbarer freier Raum dafür das Wichtigste. Atmosphäre ist kein klar sozialwissenschaftlich definierter Begriff – aber vielfach diskutiert (Böhme 1998) – und mit hinreichendem Wissen über Licht und Schatten, Farbe, Form, Materialien, Weite, Enge, Orientierung und darüber, dass Musik direkt ins Gefühl geht, vielleicht doch konstruierbar?

Also eine Kombination aus konkretem Wissen und Vermutungen über gewünschte Verhaltensweisen, Wahrnehmungen und Gefühle. Das heißt, es geht um sozialwissenschaftlich – psychologisch geschultes sehr konkretes Wissen und um interdisziplinäre Zusammenarbeit, wenn ein potenziell konfliktreicher Raum so gestaltet werden soll, dass auf ihm konstruktive urbane Potenziale entfaltet werden, er sozial inklusiv statt exklusiv wirkt und eine Balance zwischen öffentlich und kommerziell-privat nutzbarem Raum versucht wird herzustellen.

3.4 Umsetzen – fest gefügt oder Möglichkeitsraum?
Braucht denn ein Architekt/eine Landschaftsarchitektin auch noch sozialwissenschaftliches Know-how, wenn es an die Umsetzung, das Bauen und Pflanzen geht? An zwei Beispielen will ich das mit „Ja" beantworten: dem Experiment „U-DJ", das wir als situatives Entwerfen durchführten, und dem erwähnten Ernst-August-Platz am Bahnhof von Hannover.

Das Experiment entstand als Teil des Forschungsprojektes: ‚Jugendliche und das Netz urbaner öffentlicher Räume' (Wüstenrotstiftung, STUDIO 2009). Das Konzept war zu prüfen, ob Jugendliche mit einer ihrer spezifischen Aktivitäten nämlich Musik hören und vielleicht tanzen, für eine Weile im stark regulierten quasi öffentlichen Raum der Minus 1 Ebene der Stadtbahnen am zentralen Umsteigebahnhof Kröpcke in Hannover akzeptiert sein könnten. Der Sozialwissenschaftliche Aspekt – abgesehen von der methodischen Anwendung eines Experiments als Teil der Forschung – ist hier, ein Experiment situativ zu entwerfen, mitten im Geschehen zu platzieren, dort weiterzuentwerfen und ablaufen zu lassen: situativ meint, möglichst viele der das Raumgeschehen konstituierenden Elemente zu beeinflussen. Dies beginnt mit der Reibungslosigkeit der funktionalen Abläufe, der Lautstärke aus den Musikboxen, die die Jugendlichen für ihre Musik nutzen konnten, die nicht den gesamten Raum dominieren durfte, der Einbindung der Raumeigentümer der Verkehrsbetriebe und ihrer Aufpasser, der Anwesenheit des Forschungsteams mit guter Stimmung, der unterstützenden Präsenz der nur wenig älteren Studierenden, der Art des Gesprächs mit den Jugendlichen, und der symbolisch wie faktisch vermittelten Freiwilligkeit bis zu einer Ästhetik, die das Thema zeigt. Eine offene Beobachtung mit schriftlichen

Protokollen, ein Film und Fotos – alles inszeniert als ein selbstverständlicher Bestandteil des Raumes. Tatsächlich ließ sich mit dieser Art von experimenteller Intervention eine neue räumliche Erfahrung hervorlocken, ein Möglichkeitsraum für Aktivitäten von Jugendlichen wurde für eine Weile ein realer Raum für sie. Dies erfordert eine wissenschaftlich-methodische sowie eine entwurfliche und ausführende situative Kompetenz, die in diesem Fall nur in der Zusammenarbeit in einem Team von Landschaftsarchitektur, Soziologie und Architektur von Forschenden und Studierenden gelingen konnte.

In einem fest geplanten Platzraum wie dem Ernst-August-Platz ist es in der Umsetzungsphase eher die Kunst des Gespräches mit den Anliegern, den Auftraggebern und ihren Verwaltungen und dafür ist das oben genannte Wissen hilfreich. Interessant, dass es uns gelang, die Grundlage der von uns gewollten offenen Atmosphäre und des möglichst großen freien Platzraumes umzusetzen, nämlich das abgehängte Lichtnetz mit einer indirekten Beleuchtung des hellen Bodens und einem Sternenhimmeleffekt mit Zustimmung der Anlieger in ihren Häusern zu befestigen – während der scheinbar so einfache Vorschlag von Sitzgelegenheiten, auch beaufsichtigte frei bewegliche Sitzgelegenheiten, am Einspruch der Kaufmannschaft scheiterte. Gesellschaftliches und psychologisches Wissen heißt auch die Grenzen merken. Uns inspirierte dies zu sozialwissenschaftlichen Fragen und Antwortsuche über Experimente, Fotografie und Gespräche.

3.5 Evaluieren: Ernst-August-Platz – eine Schnelldiagnose als Zukunftsaufgabe
Im ersten Schritt stellten wir experimentell einfach Stühle auf den Platz. Dann erfanden wir eine Aufgabe (und Finanzmittel), nämlich eine Evaluation der Umgestaltung des Ernst-August-Platzes (Tessin/von Seggern 2002; von Seggern/Havemann 2004). Wir hatten Fragen und Vermutungen – zum Beispiel zum Sitzen und zum Aufenthalt auf dem Platz, zum Verhältnis von Aufenthalt und Bewegung auf einem Bahnhofvorplatz – passt das zusammen? Dann die soziologisch aktuelle Fragestellung nach dem zunehmenden privaten Verhalten im öffentlichen Raum, das sich dann tatsächlich in Essgewohnheiten, in Kleidung und in die Grenze zum Privaten überschreitenden Gesprächen offenbarte. Wir forschten nach der (emotionalen) Wirkung unserer Installation „Gullyman" (einem mit einem unauffälligen Gullydeckel verschlossenen Luftschacht für das unterirdische Notstromaggregat, in den wir eine Musikanlage einbauten) – und suchten in Gesprächen über Atmosphäre Bezüge zur Gesamtgestalt des Platzes. Ein Methodenmix aus Fotoserien, systematischen Beobachtungen, Gesprächen und experimentellen Interventionen führten zu sehr interessanten Ergebnissen – aus denen keine Konsequenzen folgten.

In der Zwischenzeit wird der Platz erneut vernutzt durch sehr raumgreifende kommerzielle private Aneignung und Nutzung, durch individuelle Verhaltensweisen wie Essen, Fahrradfahren, durch Taxenbetrieb und unendlich viele Events. Es gibt immer weniger Spielraum dafür, einfach nur dazusein. Gestühl der Gaststätten, Eisgondel, Kioske, immer mehr und größere Kübel mit Pflanzen, funktionale Schwierigkeiten mit Fahrradständern, Blindenstreifen, Abfallbehältern. Es wird viel auf dem Boden gesessen – was für die jungen Leute gehen mag, aber nicht für die älteren. Jetzt, im nächsten Jahr, 10 Jahre nach der Umgestaltung, wäre die Zeit für Konsequenzen aus einer (erneuten) Evaluation – um vielleicht nicht wieder den Platz erst gänzlich abzunutzen. Warum also nicht ein Gespräch mit den Akteuren führen?

Die empirischen Methoden – ein wenig ins künstlerische gewendet – ergeben ein gutes Repertoire für Evaluationen. Und das ist vielleicht eine sinnvolle Zukunftsaufgabe: mit sozialwissenschaftlich-künstlerischem Witz, aktive Evaluationen durchzuführen, die bereits neue Möglichkeiten eröffnen. Es sieht so aus, als ob bei dem etwa zeitgleich entstanden Platz, dem Showbourg Plein in Rotterdam genau solche Veränderungen zurzeit stattfinden.

Fazit: Die faszinierende Horrorvorstellung: ein höchst produktives Verhältnis zwischen Soziologie und raumbezogenem Entwerfen – so meine Einschätzung. Und so hat es sich in den vielen Jahren der Arbeit des Instituts für Freiraumentwicklung und Planungsbezogene Soziologie und dann des Instituts für Freiraumentwicklung an der Leibniz Universität Hannover als fruchtbar erwiesen. Nach der unseligen Eliminierung der Soziologie aus den Fakultäten der raumentwerfenden Disziplinen sind dafür mühselig neue Gruppierungen zu entwickeln. Mich hat u. a. diese Situation dazu geführt, 2005 zusammen mit Julia Werner das erwähnte STUDIO URBANE LANDSCHAFTEN als interdisziplinäre Plattform für Lehre, Forschung, Praxis, und zwar hochschulübergreifend sowie innerhalb und außerhalb der Hochschulen, zu gründen. Dem Studio liegt das skizzierte sozialwissenschaftlich geprägte forschende Entwerfen mit seinen spezifischen Herangehensweisen zugrunde und es schließt Soziologie in seine interdisziplinäre personelle Zusammensetzung ein. Dem Studio geht es nicht mehr nur um sozialwissenschaftliche Forschungen über Raumfragen, sondern um sozialwissenschaftlich inspirierte Entwurfsforschung. Es stellt somit eine individuelle Lösung dar. Die grundsätzlich notwendige Verbindung von räumlichem Entwerfen und hinreichendem gesellschaftlichen Wissen mit der notwendigen Entfaltung von disziplinärem Eigensinn und Transdisziplinarität in der kontinuierlichen Lehre und Forschung ist damit nicht zu leisten.

Literatur:

Berndt, Heide 1968: Das Gesellschaftsbild bei Stadtplanern, Stuttgart.
Böhme, Gernot 1998: Anmutungen. Über das Atmosphärische, Ostfildern.
Foucault, Michel 1967: Andere Räume. In: Wentz, Martin (Hg.): Stadt-Räume, Frankfurt am Main/New York, S. 65-72.
Goffman, Erving 1971: Verhalten in sozialen Situationen. Strukturen und Regeln der Interaktion im öffentlichen Raum, Gütersloh.
Grondin, Jean 2002: Gadamers basic understanding of understanding. In: Dostal, Robert J. (Ed.): The Cambridge Compendium on Gadamer, Cambridge, S. 36-51.
IBA Hamburg Hg. 2008: WasserLand-Topologien für die Elbinsel Hamburg, STUDIO URBANE LANDSCHAFTEN, Berlin.
Ipsen, Detlev 2006: Ort und Landschaft, Wiesbaden.
Nagel, Thomas 1992: Der Blick von Nirgendwo, Frankfurt am Main.
Nowotny, Helga 1999: Es ist so. Es könnte auch anders sein, Frankfurt am Main.
Nowotny, Helga/Scott, Peter/Michael Gibbons, Michael 2001: Re-Thinking Science: Knowledge and the Public in an Age of Uncertainty, London.
Nowotny, Helga/Testa, Giuseppe 2009: Die gläsernen Gene. Die Erfindung des Individuums im molekularen Zeitalter, Frankfurt am Main.
Open City, 4th International Architecture Biennale Rotterdam. 25.09.09-10.01.10. Introduction, Rotterdam.
Poser, Hans 2004: Entwerfen als Lebensform. Elemente technischer Modalität. In: Kornwachs, Klaus (Hg.): Technik – System – Verantwortung. Technikphilosophie Band 10, Münster, S. 561-575.
Seggern, Hille von 1982: Alltägliche Benutzung wohnungsbezogener Wohnsiedlungen am Stadtrand, Darmstadt.
Seggern, Hille von/Havemann, Antje 2004: Die Atmosphäre des Ernst-August-Platzes in Hannover. Beobachtungen und Experimente im öffentlichen Raum, Dortmund.
Seggern, Hille von/Orth, Timm 2003: Lehrstück und Streitfall: Ernst-August-Platz – Bahnhofsvorplatz in Hannover. Zur Planung und zum Aneignungsprozess. In: Informationen zur Raumentwickung, H. 1/2, S. 69-75.
Seggern, Hille von/Werner, Julia/Grosse-Bächle, Lucia Hg. 2008: Creating Knowledge. Innovationsstrategien im Entwerfen urbaner Landschaften, Berlin.
Seggern, Hille von/Tessin, Wulf 2002: Einen Ort begreifen. Der Ernst-August-Platz in Hannover – Beobachtungen, Experimente, Gespräche, Fotos. In: Riege, Marlo/Schubert, Herbert (Hg.): Sozialraumanalyse. Grundlagen – Methoden – Praxis, Opladen, S. 265-280.
Stokman, Antje/Rabe, Sabine/Langner, Sigrun (Betreuung) 2009: Im StromLand. Geschlossene Systeme in dynamischen Landschaften. Vertiefungsprojekte Diplom/Bachelor im Wintersemester 08/09. STUDIO URBANE LANDSCHAFTEN, Institut für Freiraumentwicklung, Gottfried Wilhelm Leibniz Universität Hannover, Hannover.
Tessin, Wulf 2005: Zur Frage eines möglichen gemeinsamen Auftritts. In: Eine Sammlung für Hille, Hannover (unv. Man.).

Wüstenrotstiftung Hg./STUDIO URBANE LANDSCHAFTEN 2009 – Hille von Seggern, Anke Schmidt, Börries von Detten, Claudia Heinzelmann, Henrik Schultz, Julia Werner: Stadtsurfer. Quartiersfans & Co. Jugendliche Stadtkonstruktionen und das Netz öffentlicher urbaner Räume, Berlin.

Prof. Dr. Hille von Seggern (i. R.)
Freiraumplanung, Entwerfen und städtische Entwicklung
Institut für Freiraumentwicklung
Fakultät für Architektur und Landschaft
Leibniz Universität Hannover

STUDIO URBANE LANDSCHAFTEN Hamburg
+ Orth von Seggern und Partner

IV DER BEITRAG DER SOZIOLOGIE: KONZEPTE, ANALYSEN UND BEFUNDE

Der „lokale Lebenszusammenhang" als stadtsoziologische Kategorie

Ulfert Herlyn

Wenn man nach seinem Berufsleben einen Beitrag für eine Festschrift verfasst, kann zu Recht eine retrospektive Einschätzung und Einordnung des Themas erwartet werden. Dies umso mehr, als sich meine berufliche Biographie über einen Zeitraum von etwa 25 Jahren eng mit derjenigen von Wulf Tessin berührt hat, der jetzt aus dem aktiven Berufsleben ausscheidet. Die Zusammenarbeit erstreckte sich auf die beiden für Hochschullehrer essentiellen Arbeitsgebiete der Lehre und der Forschung. Grundgedanken der Vermittlung von Soziologie in Planungsdisziplinen sind von mir in einem Erfahrungsbericht nach zehn Jahren Lehre am Fachbereich für Landespflege niedergelegt worden (Herlyn 1985). Die Kooperation in der Forschung bezog sich vor allem auf die gemeinsame Planung, Durchführung bzw. Leitung von ca. 10 mehrjährigen drittmittelfinanzierten Forschungsprojekten zu verschiedenen Themen der Stadtsoziologie und Stadtentwicklungsplanung. Es scheint mir dies ein passender Moment zu sein, um Herrn Tessin für seine loyale Kooperation, seine kritischen Impulse und seine innovativen Beiträge meinen besonderen Dank auszusprechen.

Für unsere gemeinsamen Forschungsvorhaben stellten verschiedene Grundüberzeugungen unumstößliche Voraussetzungen dar. Was den theoretischen Ansatz anbelangt, so stand immer der Lebensalltag der Menschen in der Stadt im Mittelpunkt, insofern gefragt wurde, welche sozial ungleichen Erlebnis- und Handlungschancen von lokalen Konstellationen erwartet werden konnten. In den Projekten wurde ein dezidiert subjektorientierter empirischer Ansatz verfolgt, indem die Einstellungen der betroffenen Personengruppen im Mittelpunkt standen. Es dominierte ein Forschungstyp, der als „anwendungsbezogene Grundlagenforschung" bezeichnet werden kann, bei dem es um „die Ermöglichung von Bedingungen, unter denen rationale Problemlösungsprozesse in Gang kommen können" (Kaufmann 1977, 181) geht. Damit stand fest, dass wir uns immer auch in den für Soziologen bestehenden Grenzen in die planungspolitische und räumliche Planungsdebatte eingebracht haben.

Auf der Suche nach einem Begriff, unter den sich meine berufliche Beschäftigung am ehesten subsumieren lässt, ziehe ich den Begriff des „lokalen Lebenszusammenhangs" heran, der mehr als alle anderen meine stadtsoziologischen Forschungsbemühungen bündeln kann. Er ist einmal weit genug, um eine Art Dach für verschiedene Einzelthemen (z. B. Sozial-räumliche Segregation, Nachbarschaft, Wohnungsfragen, Armutslagen, infrastrukturelle Versorgung u. a.) abzugeben, zum anderen zielt er präzis auf ein gewisses Maß an Integration, ohne die eine Gemeinde nicht überlebensfähig wäre. Die Kategorie des lokalen Lebenszusammenhanges habe ich schon vor ca. 25 Jahren auf einem Soziologentag entwickelt und setze mich jetzt aktuell auch deshalb mit ihr auseinander, weil Wulf Tessin und ich z. Zt. ein Forschungsprojekt bei der Deutschen Forschungsgemeinschaft leiten, in dem untersucht werden soll, wie verschiedene Autoren das Versprechen, eine Gemeinde zu untersuchen, eingelöst haben.

Nach einer Anstrengung des Begriffs des „lokalen Lebenszusammenhanges" (1) werde ich für zwei Gruppen meiner Stadtuntersuchungen zeigen, wie bedeutsam die Erforschung des lokalen Determinationssystems sein kann, um das Handeln von Menschen zu verstehen (2). Abschließend werden einige Konsequenzen für die zukünftige Berücksichtigung des lokalen Lebenszusammenhanges gezogen (3).

1 Zum Begriff des „lokalen Lebenszusammenhangs"

„Unter lokalem Lebenszusammenhang soll die Art und Weise der Vermittlung verschiedener Lebensbereiche einzelner Personen oder Personengruppen in gegenwärtiger und lebensgeschichtlicher Perspektive verstanden werden, soweit sie sich am jeweiligen Ort des alltäglichen Lebens verwirklichen" (Herlyn 1985, 369). In der Möglichkeit, relativ kurzfristig die verschiedenen Lebensbereiche wie Wohnen, Arbeiten, Konsum, Bildung, Erholung usw. verschiedener Personen oder Gruppen erleben zu können, liegt für die Betroffenen eine ungewöhnliche Chance, einen Zusammenhang zwischen ihnen herstellen zu können, die verschiedenen Lebenssphären zu verklammern und gegenseitig zu durchdringen. Diese Chance der gegenseitigen Durchdringung im Alltäglichen ist – wenn überhaupt – nur am Ort des dauernden Aufenthaltes, also in der Wohngemeinde zu erreichen, weil hier prinzipiell die diversen Funktionen und Gelegenheiten räumlich so platziert werden können, dass der notwendige Rollenwechsel relativ kurzfristig gelingen kann, der nicht zuletzt aus anthropologischer Sicht für den Menschen von existentieller Wichtigkeit ist. Daran ändert auch relativ wenig die

Tatsache, dass „der Alltag vieler Menschen heute regional über verschiedene Gemeinden hinweg organisiert ist" (Siebel 2004, 37, 23), obwohl es zweifelsfrei Gemeinden gibt, die eindeutig auf funktionale Schwerpunkte hin organisiert sind, man denke nur an typische Ein- und Auspendlergemeinden.

Der Begriff ist zunächst einmal gegen alle nicht lokalen bzw. überlokalen Lebensweisen und -zusammenhänge abzugrenzen, die in neuerer Zeit an Bedeutung für den Alltag des modernen Menschen gewonnen haben; erinnert sei nur an den Begriff der Globalisierung, der griffiger als jeder andere Abhängigkeiten und Verflechtungen von und in gesamtgesellschaftliche bzw. übernationale Strukturen zum Ausdruck bringt. Schon vor einem Drittel Jahrhundert konstatierte Tenbruck: „Wirtschaftlich, politisch, geistig wachsen die Menschen aus ihren lokalen Lebensgruppen heraus und werden verstärkt in die Gesamtgesellschaft verflochten" (1972, 64). Den offenkundigen Bedeutungsverlust lokaler Lebenszusammenhänge für die individuelle Standortbestimmung des modernen Menschen im Laufe von Industrialisierung, Verstädterung und Bürokratisierung hat schon in den 60er Jahren des letzten Jahrhunderts sehr deutlich Hans Oswald in seinem Buch „Die überschätzte Stadt" beschrieben, in dem er herausarbeitet hat, dass angesichts der um sich greifenden überlokalen Verflechtungen und Orientierungen der Bevölkerung „die einzelne Stadt als ein das Sozialleben ihrer Bewohner determinierendes System in ihrer Wirkung *überschätzt* wird" (1966, 186; Hervorh. i. O.); gleichzeitig jedoch spricht er dem lokalen Determinationssystem die Funktion einer Filterwirkung zu, indem es bestimmte Einflüsse von außen verstärkt, überhaupt zulässt oder auch verringert. „Eine bestimmte Stadt schränkt aber durch ihre Eigenart, was Größe, Wirtschaftsstruktur, soziale Zusammensetzung usw. anbetrifft, die Außeneinflüsse und die Möglichkeiten zu jeder beliebigen direkten oder indirekten Außenorientierung in Teilen ein" (Oswald 1966, 91; vgl. auch Keim 1979).

Auf der anderen Seite geht es um die Chance für einen alltäglich wirksamen Zusammenhang von gemeinsamen Normen, Werten, Aktivitäten, Informationen, symbolischen Zuschreibungen, dem selbstverständlich nicht alle Bewohner und Bewohnerinnen gleichermaßen intensiv unterworfen sind. Je größer die jeweilige Stadt, desto wahrscheinlicher ist die Ausprägung von Teilmilieus, die eigene Erfahrungsräume ausbilden. Ein solches Nebeneinander von Lebenswelten konnte eindrucksvoll am Beispiel von New York gezeigt werden: „Nicht nur die Lebenswelten der verschiedenen Rassen, Ethnien und sozialen Gruppierungen sind voneinander räumlich, sozial und kulturell separiert. Auch die Sphären der Ökonomie, des Sozialen und der Stadtpolitik sind voneinander abgeschottet und führen ein Eigenleben nach je spezifischen Logiken...." (Häußermann/Siebel 1993, 21). Ähnliches meinte auch schon Louis Wirth, als er 1938 von dem „Mosaik sozialer Welten" in der Großstadt sprach.

Der lokale Lebenszusammenhang ist also alles in allem ein komplexer Tatbestand, der kaum bis in die feinsten Verästelungen umfassend wissenschaftlich dargestellt werden kann. Die Realität der meisten lokalen Studien bleibt daher hinter dem Anspruch, das geheime Band zwischen den verschiedenen Lebensbereichen im Handlungsrahmen einer oder mehrerer Personen aufzuspüren oft genug deutlich zurück. Trotzdem ist und bleibt die Aufdeckung der jeweiligen lokalen Chancenstruktur und die Abschätzung der Bedeutung der lokalen im Kontext anderer das Handeln beeinflussender Faktoren eine vornehme Aufgabe der sozialen Analyse auf der lokalen Ebene.

Unabhängig davon, ob die gewählten empirischen Methoden geeignet sind, die realen Vernetzungen in der lokalen Aneignung zu erfassen, bleibt ein konkreter lokaler Lebenszusammenhang oftmals unvollständig oder lückenhaft je nachdem, ob alle Integrationsformen von den Betroffenen ausgeschöpft werden können, ob man z. B. in die klassischen Orte der Integration „Betrieb, Schule und Wohnquartier" (Siebel 2004, 46) eingebunden ist.

Vorerst lässt sich resümieren, dass zwar lokale Einflüsse bei der Deutung der Lebenslage und Lebenschancen von Menschen an Gewicht verloren haben; dennoch kommt der immer charakteristischen Chancenstruktur eines konkreten Ortes die Funktion eines Puffers zu, indem sie einmal Schutz vor ungehindertem Durchschlagen gesellschaftlicher Einflüsse auf die Lebensplanung des Individuums bietet, zum anderen Möglichkeiten innovativer Lebensentwürfe bereithält. Das zeigen in mehrerlei Hinsicht verschiedene Romane und Erzählungen, „in denen sich das Schicksal der handelnden Personen aufs engste mit der jeweiligen Stadtstruktur verbindet" (Klotz 1969), z. B. Thomas Mann über Lübeck, Heinrich Böll über Köln oder Kafka über Prag. Auch im aktuellen Roman von Uwe Tellkamp „Der Turm" erreicht die Erfassung des lokalen Lebenszusammenhanges eine außergewöhnliche Tiefenschärfe in der einzigartig detaillierten Beschreibung des bürgerlichen Milieus in der „Insel Dresden".

Seit ihren Anfängen hat die Stadtsoziologie versucht, die Verklammerung der verschiedenen Lebensbereiche an verschiedenen Orten darzustellen und damit versucht, einen Beitrag zum Verständnis des Handelns von Personen aus der lokalen Perspektive des Miteinanders, Nebeneinanders oder Gegeneinanders zu leisten. Es kann jetzt hier nicht der Ort sein, die Karriere dieses wissenschaftlichen Ansatzes und seine jeweilige Verbreitung nachzuzeichnen (vgl. dazu meine Retrospektive 1998). Nur soviel sei gesagt: Nach dem II. Weltkrieg etablierte sich eine empirische Erforschung der Stadt mit einem gesplitteten Erkenntnisinteresse zwischen der Erfassung des jeweiligen Ortes als eines Sonderfalles auf der einen und auf der anderen Seite dem Versuch, durch paradigmatische Aussagen zu verschiedenen gesellschaftlichen Trends Erklärungen herauszuarbeiten. Dieser Ansatz der Erforschung von konkreten Städten und Gemeinden ist in den

1970ern und 80ern aus verschiedenen Gründen rückläufig gewesen. Die Erforschung ganzer Städte erhielt jedoch nach der Wiedervereinigung von Ost- und Westdeutschland auf begrenzte Zeit neue Impulse und erlebt z. Zt. eine Art Renaissance, indem die Erforschung der „städtischen Eigenlogik" eingefordert wird, womit „die dauerhaften Dispositionen, die an die Sozialität und Materialität von Städten gebunden sind" (Löw 2008), gemeint sind.

2 Bedeutung des „lokalen Lebenszusammenhangs" in ausgewählten stadtsoziologischen Studien

In dem folgenden Abschnitt soll aufgezeigt werden, in welcher Weise ich mich zum Teil in enger Kooperation mit Wulf Tessin in der stadtsoziologischen Forschung mit der lokalen Chancenstruktur für die Organisation des Lebensalltags befasst habe. Dabei sollen zwei Gruppen von Veröffentlichungen herangezogen werden, in denen lokale Lebenszusammenhänge thematisiert wurden.
1. Lebensweisen in der neuen Stadt Wolfsburg
2. Lebensweisen in Städten der ehemaligen DDR nach der Wiedervereinigung

2.1 Zu lokalen Lebenszusammenhängen in der neuen Stadt Wolfsburg
Das Gemeinte lässt sich exemplarisch abbilden mit den Forschungen zur neuen Stadt Wolfsburg, deren Entwicklung in mehreren Studien über ca. ein halbes Jahrhundert – zu großen Teilen mit Wulf Tessin – erforscht worden ist (Schwonke/Herlyn 1967; Herlyn/Schweitzer/Tessin/Lettko 1982; Harth/Herlyn/Scheller/Tessin 2000 und 2010; zusammenfassend Herlyn/Tessin 2000).

Diese Langzeitbeobachtung einer Stadtneugründung ist zwar ein absoluter Sonderfall, und damit sind die Ergebnisse im Ganzen nicht auf andere Städte übertragbar, aber sie lässt typische Aussagen zu über die Entwicklungsdynamik verschiedener Lebensbereiche und Fragestellungen, die in traditionellen Lebenszusammenhängen älterer Städte nicht erkennbar gewesen wären. Die große Zuwanderung nach Wolfsburg begann nach dem II. Weltkrieg. Allein zwischen 1950 und 1960 zogen ca. 35.000 Menschen in die neue Stadt. Sie alle bezogen eine neue Wohnung in einem neuen Wohnquartier, in einer neuen Stadt und arbeiteten an einem neuen Arbeitsplatz. Diese mehrfache Neuheit forderte den Menschen hohe Anpassungs- und Orientierungsleistungen ab, die für eine Integration als zentrales Ziel der Stadtentwicklung bewältigt werden musste.

Das dominante Merkmal, mit dem sich die Menschen in Wolfsburg nach dem II. Weltkrieg charakterisieren ließen, war die Tatsache, dass Ende der 50er Jahre über die Hälfte der Bevölkerung aus Heimatvertriebenen und Flüchtlingen bestand und daher als „zusammengewürfeltes Volk" charakterisiert wurde

(Schwonke/Herlyn 1967, 65). Als die entscheidende überlokale Bestimmungsgröße, mit der sich ihr Handeln charakterisieren ließ, konnten die gravierenden Verlusterfahrungen gelten, die sich mit dem Schicksal von Flucht und Vertreibung verbinden. Fast alle waren im gesellschaftlichen Zusammenbruch von dem Verlust ihres Arbeitsplatzes betroffen, was neben der zumeist erzwungenen Aufgabe von materiellen Ressourcen wie z. B. Wohnungen und Häuser in ihrer Heimat die Lebenssituation grundlegend beeinträchtigte (vgl. dazu Ulicka 1993). Nicht zu vernachlässigen waren jedoch auch die durch Krieg und Vertreibung verloren gegangenen privaten Kontaktnetze, die den früheren Lebensalltag bestimmt hatten.

Vergegenwärtigt man sich diese deprivierte Gruppe von Entrechteten und Verfolgten, die in der Nachkriegszeit in Wolfsburg zusammenströmten, so wird unmittelbar die enorme Bedeutung des lokalen Lebenszusammenhangs am Ort der beginnenden Sesshaftwerdung einsichtig. Sie brachten nicht nur eine hohe Integrations- und Anpassungsbereitschaft mit, sondern waren auch darauf angewiesen, dass ihnen die neue Stadt genügend Möglichkeiten bot, das alltägliche Leben wieder neu zu strukturieren. Anders ausgedrückt: die neue Stadt musste sich als „Integrationsmaschine" (Häußermann) erweisen.

Allen voran war es der krisensichere und gut bezahlte Arbeitsplatz im Volkswagenwerk, der nach einer kurzen Zeit starker Mobilität der Zugewanderten die Sesshaftwerdung beförderte. Zwar musste eine ziemlich umfangreiche Gruppe von „bürgerlichen Schichten" eine nicht gering zu schätzende Dequalifikation im beruflichen Sektor hinnehmen (Schwonke/Herlyn 1967, 49), aber „mit dem Volkswagenwerk verbinden sich Vorstellungen wie Qualität, guter Arbeitsplatz mit guter Bezahlung, materielle Potenz, Modernität – Vorstellungen, die auf die Stadt als solche abfärben" (ebd. S. 48). Aber nicht nur diese „rationalexistentielle" Bindung durch das Volkswagenwerk war die Quelle einer gewissen wachsenden Anhänglichkeit an die Stadt, sondern auch in hohem, zunehmenden Maße die Tatsache, dass – vor allem in den 50er und 60er Jahren – das Auto, „des Deutschen liebstes Kind" (Kuby 1957) ein positiv besetztes Symbol für alle war. Die Wolfsburger Arbeiterschaft war stolz, dass sie an der Produktion dieses Autos beteiligt war, und diese Tatsache führte zu einem spezifischen Selbstbewusstsein, das sich dem ganzen Alltagsleben in der Volkswagenstadt mitteilte.

Auch wenn die zugewanderte Bevölkerung noch eine gewisse Distanz zur Stadt zeigte, was sichtbar wird an verschiedenen negativ gefärbten Ausdrücken wie „Großprotzendorf", „Goldgräberstadt" u. a., so konnten wir in unseren Forschungen zeigen, in welcher Weise die Bevölkerung die spezifischen Herausforderungen, in einer monoindustriell geprägten neuen Stadt zu leben, annahm und wie ihre Antworten aussahen.

Am problematischsten gestalteten sich die neuen sozialen Kontakte im Wohnbereich, die in den großen Neubauvierteln erst einmal aufgebaut werden mussten. Dabei konnten zwei spezifische Faktoren ermittelt werden: Einmal verlief der nachbarliche Integrationsprozess deutlich verzögert ab, weil es noch keine tradierten Formen der Kommunikation gab, an die man sich einfach anpassen konnte. Man kann sogar von einer zeitlich begrenzten Phase der „Desozialisation" sprechen wie Schweitzer die spezifische Veränderung eines Ausschnittes der Lebenssituation durch den Ortswechsel beschrieben hat, während in anderen Lebensbereichen, wie z. B. Freizeit, Wohn- und Arbeitsverhältnisse im Ganzen positive Einschätzungen überwogen (Schweitzer 1988). Zum anderen vermittelt uns die wolfsburgtypische Überlagerung von Werks- und Wohnnachbarschaft einen spezifischen Kommunikationsvorbehalt der Betroffenen. „Da man den Betrieb kennt und oft auch die Lohngruppen für die verschiedenen Arbeitsplätze, ist man über die Einkommensverhältnisse der Mitbewohner meist recht gut orientiert" (Schwonke/Herlyn 1967, 120). Die materiellen Aufwandsnormen der Nachbarn werden dem eigenen Konsum gegenübergestellt und oft resultiert aus dem Vergleich Neid und Missgunst. Diese Tatsache wird als nachteilig erlebt insofern, als sich „die Erfahrungsräume der Arbeit und des Wohnens praktisch unausweichlich berühren" (Herlyn/Tessin 2000, 149) und führte nicht selten zu Vorbehalten in der nachbarschaftlichen Kommunikation.

Das Verschmelzen der verschiedenen Erfahrungsbereiche wurde auch besonders deutlich zwischen dem zentralen Erfahrungsraum der Arbeit und dem abgeleiteten der Freizeit. „Die Werkshierarchie beeinflusst die Rangordnung in der Freizeit" hieß es in der 1. Studie, was die Abhängigkeit des außerbetrieblichen Lebensbereichs vom Arbeitsbereich dokumentiert. Es wurde zwar relativ zügig eine verzweigte Freizeitinfrastruktur aufgebaut, aber dieses Angebot wurde im Ganzen eher unterdurchschnittlich von den Bewohnern angenommen (Herlyn u. a. 1982). Dafür ist neben der Schichtarbeit im VW-Werk als dominante Barriere der Mangel an Urbanität verantwortlich, der die Partizipation nicht gerade gefördert hat (zur Urbanitätsentwicklung vgl. vor allem Harth u. a. 2010).

Es ist gar keine Frage, dass sich die individuelle Karriere des Zurechtfindens und Einlebens in Wolfsburg sehr eng mit der Dynamik städtischer Entwicklung verband. Aus den spezifischen Kohortenschicksalen der Vertriebenen und Flüchtlinge folgte ein gewisser Zwang, die Stadt Wolfsburg als 2. Heimat anzunehmen und von daher erklären sich die relativ hohen Werte eines Heimatgefühls schon Ende der 50er Jahre. In einer Reihe von biographisch orientierten Interviews konnten wir die Parallelität von städtischer Entwicklung und individuellen Lebensgeschichten vertiefend untersuchen (Herlyn u. a.1982, 251ff), die eine zunehmende Identifizierung mit dem Ort zur Folge hatte (Harth u. a. 2000, 2010).

Die Wolfsburg-Forschung hat – wie am Beispiel der Integration in einer neuen Stadt gezeigt – eine Reihe von Einsichten in die spezifischen Lebenschancen vermittelt, die von einem bestimmten Stadttyp – hier einer Stadtneugründung mit einem dominanten Industriebetrieb – für die Bewohner ausgehen. Insbesondere die Langzeitbeobachtung in Form mehrerer, in großem zeitlichen Abstand aufeinander folgender einzelner empirischer Studien lässt Einblicke in den Prozess der objektiven Verschränkung und ihrer subjektiven Beurteilung von einzelnen Lebensbereichen zu. Was das monoindustriell strukturierte Wolfsburg anbelangt wird die alle Lebensbereiche durchtränkende ‚Arbeitsvariable' deutlich, die entscheidend die Verteilung von Lebenschancen in dieser neuen Stadt beherrscht. Die Abhängigkeit der Stadtpolitik vom Volkswagenwerk hat Tessin auf den Punkt gebracht: „Das Volkswagenwerk setzt – sozusagen als ‚stummes Wirken gesellschaftlicher Macht' – der Stadt Wolfsburg die entscheidenden Rahmenbedingungen, mischt sich aber sonst kaum (noch) in die Kommunalpolitik ein, vorausgesetzt: Werksinteressen sind nicht berührt" (Tessin 1997, 119).

Zusammenfassend lässt sich feststellen, dass für große Gruppen von Menschen die Abhängigkeit vom VW-Werk auch ihre Lebensäußerungen in anderen Lebensbereichen nachhaltig beeinflusst, während eine gewisse wachsende Distanz zu Arbeitsbedingungen und Werksideologien Freiheitsspielräume eröffnet ohne umstandslos konträre Lebenszusammenhänge zu ermöglichen. Auch wenn es durch die spezifische dezentrale städtebauliche Anlage der Stadt mehrere, voneinander sich unterscheidende Stadtviertel gibt, so bleibt die Werksabhängigkeit das die Lebenslagen strukturierende Element für das alltägliche Leben in der neuen Stadt.

2.2 Lebenszusammenhänge in Städten und Stadtvierteln in Ostdeutschland nach der Wende

In weiteren Stadtstudien wurde die Frage des lokalen Lebenszusammenhangs und seines Wandels in ostdeutschen Städten nach der Wende aufgegriffen (Herlyn/Bertels Hg. 1994; Herlyn/Hunger Hg. 1994; Harth/Herlyn/Scheller 1998). Nach der Wende kam es zu einer Renaissance der Stadtsoziologie, indem vor allem in der frühen Nachwendezeit das Instrument der Gemeindestudie wieder häufiger angewandt wurde, um den Niederschlag des gesellschaftlichen Systemwandels auf der Ebene einzelner Städte zu erfassen. Indem wir den lokalen Lebenszusammenhang einer mittelgroßen Stadt in Thüringen genauer untersuchten, erhofften wir uns zugleich auch repräsentative Einsichten in Lebensweisen, Befindlichkeiten und Mentalitäten der betroffenen Bevölkerung in der ehemaligen DDR zu gewinnen (Herlyn/Bertels 1994). Auch in der Gemeindestudie über Gotha vermischte sich daher die Absicht, das soziale Leben in einer Stadt abzubilden in kaum zu entwirrender Weise mit dem Interesse, zu gemeindeübergreifenden Aussagen zu kommen.

Insgesamt entstand mit der Gotha-Studie eine Fülle von zeitgebundenen Einsichten in die lokale Verarbeitung und Bewältigung gesamtgesellschaftlicher Entwicklungen nach dem gesellschaftlichen Umbuch. Man denke z. B. an den Wandel politischer Institutionen auf der staatlichen Ebene und an die Folgen für die lokale Partizipation; an die Veränderungen der gesamtwirtschaftlichen Situation und den lokalen Wandel von Konsumnormen und -verhalten; an die ideologische Vereinnahmung der Familie in der DDR einschließlich der realen Befreiung vom politischen Zugriff nach der Wende und an die der Familie von Bevölkerung zugeschriebene „Rettungsfunktion" in den Wirren der Nachwendezeit; an die nivellierte Sozialstruktur („fast alle hatten wenig, aber keiner hatte nichts"; Adler 1991, 157) und an den Prozess sozialer Differenzierung nach der Wende mit Tendenzen der Entsolidarisierung in den sozialen Beziehungen im Wohnumfeld. Aber auch dieser Zerfall fest zementierter Umgangsformen bot die Chance – wie Diewald (1993, 17) es formuliert – eine „Neu-Sortierung" sozialer Netzwerke vorzunehmen, die insgesamt zu einer Art sozialer „Entschlackung" führte.

In der Gotha-Studie wird überaus deutlich, wie der Umbruch von einer am Kollektiv orientierten Gesellschaft in eine hochindividualisierte Gesellschaft von den verschiedenen sozialen Gruppen im Alltag bewältigt wurde. Ulrich Beck (1990) spricht für die Zeit der Wende von einem „Biographiebruch. Dieser spaltet die Generationen, begünstigt Junge, benachteiligt Alte, zwingt alle dazu, die Gesellschaft in ihnen, die Orientierungen und Koordinaten, auszuwechseln". Die vielfältigen Verflechtungen von Reaktionsweisen in den verschiedenen lokalen Handlungsfeldern – so die These – können nur in einer, die verschiedenen Lebensbereiche integrierenden Stadtuntersuchung in den Blick genommen werden, und daher gehören die Stadtuntersuchungen, gerade in Zeiten tiefgreifender gesellschaftlicher Veränderungen, zum unverzichtbaren soziologischen Repertoire.

Mit den spezifischen Chancen, die sich aus quartierlichen Lebenszusammenhängen ergeben, hat sich die Studie zum Wandel ostdeutscher Wohnmilieus beschäftigt (Herlyn/Hunger Hg. 1994). Es ist nicht von der Hand zu weisen, dass sich in den Wohnquartieren großer Städte, die mit eigenem Namen sich voneinander abgrenzen lassen die Informiertheit, die Nutzungen von Gelegenheiten (wie z. B. infrastrukturelle Einrichtungen) und verschiedene Kommunikationen in der Regel so eng verdichten, dass vertraute Lebensräume entstehen, die sich deutlich voneinander unterscheiden lassen. Aber in den gesellschaftlichen Transformationsprozessen in den Städten der ehemaligen DDR kam den quartierlichen Lebenszusammenhängen als intermediäre Lebenswelten die besondere Funktion zu zwischen den gesamtgesellschaftlichen Strukturbrüchen und den individuellen Betroffenheiten zu vermitteln.

Damals vor 15 Jahren erkannten wir im Zusammenhang mit der bevorstehenden Stadterneuerung eine spezifische „Zerreißprobe" (ebd. S. 32) für die einzelnen Wohnmilieus, deren Veränderungsdruck durch charakteristische Sprünge bzw. Schübe, wie den Mobilitätssprung, den Schub sozio-ökonomischer Differenzierung, den Konsumsprung, den Anwesenheitsschub, den ‚Enteignungsschub' der Wohnung und den Entpolitisierungsschub gekennzeichnet wurden. Ohne die Ergebnisse im Einzelnen hier referieren zu können und zu wollen, erscheint es notwendig und sinnvoll, städtische Teilbereiche, denen eine hinlängliche Eigenständigkeit und Abgrenzbarkeit im Stadtganzen zukommt, soziologisch zu untersuchen, weil den Analysen städtischer Teilräume in der Regel eine gesteigerte Tiefenschärfe zukommt bei dem Versuch, die Handlungsrelevanz ortstypischer Bedingungen und ihre spezifischen Verknüpfungen in Erfahrung zu bringen. In der Wohnmilieu-Studie war es uns möglich, bestimmte Strategien der Sozial- und Bauplanung zu entwickeln, um tragende Strukturen bestehender Wohnmilieus zu stabilisieren und deren Erosion zu verhindern (Herlyn/Hunger, Hg. 1994, 323ff).

Auch wenn in der ersten Zeit nach dem gesellschaftlichen Umbruch das Problem der sozialen Segregation, deren Erforschung als „der zentrale Bereich der Stadtanalyse bezeichnet werden kann" (Friedrichs 1977, 216) in den ostdeutschen Städten aufgrund der jahrzehntelangen staatlich regulierten räumlichen Verteilung von sozialen Gruppen noch vergleichsweise gering ausgeprägt war, wurde sie in ostdeutschen Städten am Beispiel der Stadt Magdeburg untersucht (Harth/Herlyn/Scheller 1998). In dieser Untersuchung war also die Stadt Magdeburg in erster Linie das Untersuchungsfeld, auch wenn „Prozesse sozialer Segregation nur im Zusammenhang der gesamten Stadtentwicklung verständlich werden" (ebd. S. 10). Allerdings konnte man zu Recht davon ausgehen, dass mit dem Prozess der Entfesselung der Sozialstruktur sich in den Städten Ostdeutschlands relativ schnell sozial eindeutig etikettierte Quartiere herausbilden. In der Tat sind „Besserverdienende und Statushöhere nach der Wende verstärkt in die sanierten repräsentativen Gründerzeitgebiete, die Siedlungsgebiete mit aufgelockerter Reihen- und Einfamilienhausbebauung....gezogen" (ebd. S. 40); im Gegenzug konzentrierten sich sozial und ökonomisch schwächere Bevölkerungsgruppen in Teilbereichen der Großsiedlungen der 80er Jahre. Dieser Prozess von sozialen Umschichtungen verlief jedoch viel zögerlicher als erwartet, denn in der Regel hatte man in den sozial vermischten Quartieren und Nachbarschaften in ostdeutschen Städten positive Erfahrungen mit gegenseitigen Solidarisierungen in ökonomischen Mangel- und Krisenzeiten gemacht. Bewusste räumliche Absonderungen zwischen sozialen Statusgruppen spielten noch über längere Zeit nach der Wiedervereinigung eine untergeordnete Rolle. Die bewusste Distinktion von anderen Sozialgruppen war demgegenüber weit verbreitet in Städten Westdeutschlands und Westeuropas, in denen es unter anderem zu einer unheilvollen Kumulation von distributiver Einkommensverteilung und horizontaler Disparität in verschiedenen Bereichen der infrastrukturellen Versorgung gekommen war (Herlyn Hg. 1980). Diese doppelte Benachteiligung ärmerer Bevölkerungsgruppen durch soziale und räumliche Lebensbedingungen stellte damals eine grundlegende Ergänzung der bisherigen Erforschung sozialer Ungleichheit dar, was wiederum ein Hinweis auf die hohe Bedeutung des lokalen Lebenszusammenhangs ist.

3 Konsequenzen für die zukünftige Berücksichtigung des „lokalen Lebenszusammenhangs"

Aus der Diskussion dieser beiden Gruppen von Stadtstudien wird Verschiedenes deutlich, was für die zukünftige Beschäftigung mit dem Thema des lokalen Lebenszusammenhanges beachtenswert ist:

Es ist wichtig, dass nach einer gewissen Zeit der Abstinenz das „physisch raumgebundene und sozial raumbezogene Interaktionssystem" (Schmidt-Relenberg 1968, 92) der Stadt wieder in den Fokus eines neuen Forschungsinteresses gerät. Tatsächlich werden konkrete Städte wieder als legitimes Objekt der Forschung ernst genommen mit dem erklärten Ziel, die jeweilige „Eigenlogik" des betreffenden Ortes offen zu legen. Martina Löw führt aus, was sie mit diesem Begriff meint: „Wenn es eine Struktur gibt, die die Stadt wie ein Rückgrat durchzieht, dann muss diese in allen Gruppen aufzuspüren und in der Organisation des öffentlichen Lebens zu analysieren sein" (2008, 37). Ohne jetzt in biologistische Analogien verfallen zu wollen, ist m. E. mit dem Rekurs auf das Rückgrat gemeint, dass man empirisch danach suchen soll, was die jeweilige Stadt im Innersten zusammenhält, eben nach den entscheidenden Integrationsfaktoren. In dem zitierten Aufsatz umschreibt sie: „Städtische Eigenlogik bezeichnet die dauerhaften Dispositionen, die an die Sozialität und Materialität von Städten gebunden sind" (ebd. S. 49). Von hier aus wäre dann auch der Beitrag präziser zu bestimmen und besser abzugrenzen, den die betreffende Lokalität für die auch noch vielen anderen gesellschaftlichen Einflussfaktoren unterliegenden Lebenspraktiken und -entwürfe der in der Stadt lebenden Gruppen und Individuen hat. So wichtig in dem gegenwärtigen Entwicklungsstand der Stadtsoziologie auch der Hinweis auf die Erforschung der Städte als soziales Gebilde selbst sein mag, so wenig deutlich wird die empirische Umsetzung in entsprechenden Untersuchungen, die bisher von den Protagonisten vorgelegt wurden. M. E. könnte das empirische Design nur aus einer sorgfältigen theoretischen und methodischen Kritik bestehender Stadtuntersuchungen entwickelt werden.

Vor allem anderen sollte man sich darüber im Klaren sein, dass menschliches Handeln in verschiedenen Vernetzungen von Lebenszusammenhängen mit eigenen Wertorientierungen, Normsetzungen, Institutionen, Aktionsräumen, sozialen Netzwerken geschieht. In diesem Fadenkreuz von Lebenszusammenhängen spielen jene eine bedeutungsvolle Rolle, die sich durch einschlägige Merkmale charakterisieren lassen, so z. B. die Berufsstellung, wofür exemplarisch der „proletarische Lebenszusammenhang" (Negt/Kluge 1972) steht oder die Geschlechtszugehörigkeit, wofür der „weibliche Lebenszusammenhang" (Prokop 1976) ein Beispiel ist oder auch das Lebensalter. In diesen handlungsrelevanten Vernetzungen kommt dem jeweiligen lokalen Lebenszusammenhang in der Regel nicht die entscheidende, jedoch eine, das soziale Handeln modifizierende Bedeutung zu. Beispielhaft sei dies erläutert an dem für eine Bildungsgesellschaft so zentralen Übergang zu weiterführenden Schulen. Dieser richtet sich eben auch danach, ob und wie die Erreichbarkeit entsprechender Institutionen in einer Stadt gegeben ist und welche Lebenschancen am jeweiligen Wohnort sich mit den Schultypen verbinden. Für Wolfsburg konnten wir z. B. in der 1. Studie feststellen, dass als weiterführender Schultyp die Mittelschule aufgrund der mit dieser schulischen Qualifikation verbesserten Einstellungsvoraussetzungen in das VW-Werk von den Arbeitern im Vergleich zu anderen mittelgroßen Städten verstärkt für ihre Kinder angestrebt wurde (Schwonke/Herlyn 1967, 50ff).

Die Rede vom lokalen Lebenszusammenhang darf nun aber nicht dahin missverstanden werden, dass es immer einen aufeinander abgestimmten Konnex aller Personen und Probleme in einem lokalen Raum gibt. Vielmehr kann es durchaus konkurrierende Dispositionen geben, die nebeneinander existieren oder die miteinander im Konflikt um die jeweilige Vorherrschaft ringen, das verantwortliche Orientierungsmedium zu sein. Das ist – wie schon für New York gezeigt – vor allem in größeren Städten der Fall, in denen es in der Regel mehrere Teilmilieus gibt, die relativ unabhängig voneinander existieren. Das kann auch schon in kleineren Städten ansatzweise vorkommen. Je dominanter das Scharnier ist, das die verschiedenen Sichtweisen, Einstellungen und Verhaltensweisen zusammenhält – wie beschrieben in Wolfsburg die industrielle Monokultur – desto wirkungsvoller und nachhaltiger ist die Abhängigkeit der anderen Lebensbereiche und Lebensäußerungen.

Die neuerdings vorgetragene Forderung, man solle nicht vornehmlich die Städte nur als Forschungslaboratorien benutzen, „nicht länger und ausschließlich in den Städten forschen, sondern die Städte selbst erforschen" (Berking/Löw 2008, 7) darf nicht dahingehend missverstanden werden, „den Korpus des Wissens über Städte nun durch endlose einzelne Stadtportraits erweitern zu wollen"

(Löw 2007, 8). Es kommt vielmehr darauf an, theoriegeleitet die lokalen Vergesellschaftungsprozesse zu thematisieren, indem danach gefragt wird, durch was für wen welche Lebenschancen an einem konkreten Ort vermittelt werden. Es liegt nahe, methodisch an Vergleichsstudien zu denken, um die jeweils spezifischen Konstellationen am ehesten erfassen zu können.

Es besteht für mich überhaupt kein Zweifel, dass die Muster von Lebenszusammenhängen zuallererst für jene Städte aufgedeckt werden sollten, die bestimmte Stadttypen repräsentieren. Naheliegend, aber selbstverständlich nicht hinreichend für eine Typenbildung ist die Unterscheidung nach der Größe, weil mit ihr die Wahrscheinlichkeit der Vervielfältigung von Milieustrukturen ansteigt. Führt man sich die bisherigen soziologischen Gemeindeuntersuchungen vor Augen, so kann man etwas überspitzt sagen, dass vornehmlich kleinere bis mittelgroße Städte zum Untersuchungsobjekt gemacht wurden. Das ist sicherlich kein Zufall, sondern ein deutlicher Beleg für die spezifischen Schwierigkeiten, die eine Großstadtforschung mit sich bringt. Ein weit verbreitetes Unterscheidungsmerkmal ist die dominante Funktion der jeweiligen Stadt: Industriestadt, Hafenstadt, Stadt der Wissenschaft, Kurort, Kunststadt usw., jedoch scheinen sich seit geraumer Zeit die sozial- und raumstrukturellen Unterschiede der verschiedenen funktionalen Stadttypen eher abzuschleifen als an spezifischen Konturen zu gewinnen. Möglich ist es auch, historische Epochen als typenbildend heranzuziehen: so stehen die Gemeindeuntersuchungen nach der Wende exemplarisch für die Transformation der „sozialistischen" Stadt. Eine Ausarbeitung der Typenbildung der Städte für eine gezielte Auswahl empirischer Untersuchungen überschreitet jedoch den Rahmen dieses Beitrags.

Welche Konsequenzen lassen sich im Anschluss an diese Überlegungen für die Stadtplanung ableiten?

Als Ausgangspunkt könnte das Selbst- wie das Fremdimage des betreffenden Ortes einmal in den Augen der verschiedenen sozialen Gruppen der Bewohnerschaft und zum anderen in der Einschätzung von Außenstehenden genommen werden. Aus dieser doppelten Perspektive erhält man Aufschluss über die vorherrschenden und verschütteten Qualitäten des Lebens in dem betreffenden Ort und seiner voneinander abgrenzbaren Teilräume, den Stadtquartieren und erhält damit Hinweise auf die charakteristische Chancenstruktur für die Verwirklichung von Lebensplänen und ihren problematischen Hindernissen. Auf dieser Grundlage lassen sich Maßstäbe für den planenden Umgang mit der Stadt ableiten – sei es, dass an dem ideologischen Substrat gearbeitet wird, um alles zu tun, die lokale Identität der Bürger zu steigern, sei es, dass die materiellen Bedingungen dahingehend verändert werden, dass weitmöglichst auf alles Trennende verzichtet wird und Verbindungen bzw. Verkopplungen erleichtert werden.

Wenn ein leitender Gesichtspunkt jeglicher Stadtplanung in einer Verringerung sozialer Ungleichheit gesehen wird, dann verbietet es sich, die sozialen Gruppen in einer Weise voneinander zu separieren, dass städtische Ressourcen – welcher Art auch immer – nur bestimmten Gruppen zugute kommen. Schichtspezifische Separierungen von Erfahrungsräumen sind generell zu vermeiden, um die Chancenstruktur des lokalen Lebenszusammenhanges nicht von vornherein zu amputieren. Das gilt gleichermaßen für Stadterweiterungen wie Stadterneuerungen, wie ich schon vor einem Vierteljahrhundert aufgezeigt habe (Herlyn 1985). Vergegenwärtigt man sich die verschiedenen möglichen Teilressourcen eines städtischen Quartiers wie z. B. Wohnbedingungen, Existenzsicherung durch Arbeit, sozialer Austausch oder Teilhabe an gesellschaftlichen Einrichtungen, dann erkennt man das quartierliche Wohnmilieu als eine herausragende Ressource für die alltägliche Lebensbewältigung (Herlyn/Lakemann/Lettko 1991). Die Erklärung sozialen Handelns benötigt die Ebene des lokalen Lebenszusammenhanges als einer wichtigen Bestimmungsgröße ohne deren Einbeziehung Gesellschaften „gewissermaßen in der Luft schweben, ohne die Erdoberfläche zu berühren" (König 1972, zit. in Konau 1977).

Literatur:

Adler, Frank 1991: Ansätze zur Rekonstruktion der Sozialstruktur des DDR-Realsozialismus. In: Berliner Journal für Soziologie, 1. Jg., H. 2, S. 152-177.
Beck, Ulrich 1990: Ein Deutschland der Ungleichzeitigkeiten. In: World Media: Die neue Weltunordnung, „die tageszeitung" v. 24.12.1990.
Berking, Helmuth/Löw, Martina 2008: Einleitung. In: Berking, Helmuth/Löw, Martina (Hg.): Die Eigenlogik der Städte, Frankfurt am Main, S. 7-14.
Diewald, Martin 1993: Aus der „Nische" in die „Kälte"? Informelle Beziehungen und Hilfeleistungen vor und nach der Wende. Vorlage für einen Vortrag auf der Frühjahrstagung 1993 der Sektion „Familien- und Jugendsoziologie" der Deutschen Gesellschaft für Soziologie, Man., Bamberg.
Friedrichs, Jürgen 1977: Stadtanalyse. Soziale und räumliche Organisation der Gesellschaft, Reinbek.
Harth, Annette/Herlyn, Ulfert/Scheller, Gitta 1998: Segregation in ostdeutschen Städten, Opladen.
Harth, Annette/Herlyn, Ulfert/Scheller, Gitta/Tessin, Wulf 2000: Wolfsburg: Stadt am Wendepunkt. Eine dritte soziologische Untersuchung, Opladen.
Harth, Annette/Herlyn, Ulfert/Scheller, Gitta/Tessin, Wulf 2010: Stadt als Erlebnis: Wolfsburg. Zur stadtkulturellen Bedeutung von Großprojekten, Wiesbaden.
Häußermann, Hartmut/Siebel, Walter 1993: Lernen von New York? In: Häußermann, Hartmut/Siebel, Walter (Hg.): New York. Strukturen einer Metropole, Frankfurt am Main, S. 7-26.

Herlyn, Ulfert 1985: Die Stadt als lokaler Lebenszusammenhang aus der Sicht der stadtsoziologischen Forschung. In: Die Alte Stadt, 12. Jg., H. 4., S. 369-386.
Herlyn, Ulfert 1998: Stadtsoziologische Literatur der letzten 50 Jahre: In: Herlyn, Ulfert (Hg.): Hans-Paul Bahrdt: Die moderne Großstadt. Soziologische Überlegungen zum Städtebau, Opladen, S. 211-232.
Herlyn, Ulfert Hg. 1980: Großstadtstrukturen und ungleiche Lebensbedingungen in der Bundesrepublik. Verteilung und Nutzung sozialer Infrastruktur, Frankfurt am Main/New York.
Herlyn, Ulfert/Bertels, Lothar 1994: Stadt im Umbruch: Gotha. Wende und Wandel in Ostdeutschland, Opladen.
Herlyn, Ulfert/Hunger, Bernd (Hg.) 1994: Ostdeutsche Wohnmilieus im Wandel. Eine Untersuchung ausgewählter Stadtgebiete als sozialplanerischer Beitrag zur Stadterneuerung, Basel/Boston/Berlin.
Herlyn, Ulfert/Lakemann, Ulrich/Lettko, Barbara 1991: Armut und Milieu. Benachteiligte Bewohner in großstädtischen Quartieren, Basel/Boston/Berlin.
Herlyn, Ulfert/Schweitzer, Ulrich/Tessin, Wulf/Lettko, Barbara 1982: Stadt im Wandel. Eine Wiederholungsuntersuchung der Stadt Wolfsburg nach 20 Jahren, Frankfurt am Main.
Herlyn, Ulfert/Tessin, Wulf 2000: Faszination Wolfsburg 1938-2000, Opladen.
Kaufmann, Franz-Xaver 1977: Bürgernahe Gestaltung der sozialen Umwelt, Meisenheim am Glan.
Keim, Karl-Dieter 1979: Milieu in der Stadt. Ein Konzept zur Analyse älterer Wohnquartiere, Stuttgart.
Klotz, Volker 1969: Die erzählte Stadt, München.
Konau, Elisabeth 1977: Raum und soziales Handeln. Studien zu einer vernachlässigten Dimension soziologischer Theoriebildung, Stuttgart.
Kuby, Erich 1957: Das ist des Deutschen Vaterland, Stuttgart.
Löw, Martina 2007: Die Stadt als Gegenstand der Forschung, unv. Man.
Löw, Martina 2008: Eigenlogische Strukturen – Differenzen zwischen Städten als konzeptuelle Herausforderung. In: Berking, Helmuth/Löw, Martina (Hg.): Die Eigenlogik der Städte. Neue Wege für die Stadtforschung, Frankfurt/New York, S. 33-53.
Löw, Martina 2008a: Soziologie der Städte, Frankfurt am Main
Negt, Oskar/Kluge, Alexander 1972: Öffentlichkeit und Erfahrung, Frankfurt am Main.
Oswald, Hans 1966: Die überschätzte Stadt. Ein Beitrag der Gemeindesoziologie zum Städtebau, Olten/Freiburg im Breisgau.
Prokop, Ulrike 1976: Weiblicher Lebenszusammenhang. Von der Beschränktheit der Strategien und der Unangemessenheit der Wünsche, Frankfurt am Main.
Schmidt-Relenberg, Norbert 1968: Soziologie und Städtebau. Versuch einer systematischen Grundlegung, Stuttgart.
Schweitzer, Ulrich 1988: Neuanfang in Wolfsburg. Integrationsprobleme von Neuzüglern. In: Die Alte Stadt, 15. Jg., H. 2 (Sonderheft „50 Jahre Wolfsburg" hg. von Herlyn, Ulfert/Tessin, Wulf), S. 236-249.
Schwonke Martin/Herlyn, Ulfert 1967: Wolfsburg. Soziologische Analyse einer jungen Industriestadt, Stuttgart.

Siebel, Walter 2004: Einleitung: Die europäische Stadt. In: Siebel, Walter (Hg.): Die europäische Stadt, Frankfurt am Main, S. 11-50.

Tenbruck, Friedrich H. 1972: Gesellschaft und Gesellschaften: Gesellschaftstypen. In: Bellebaum, Alfred (Hg.): Die moderne Gesellschaft, Formen des gesellschaftlichen Zusammenlebens, Freiburg im Breisgau, S. 54-71.

Tessin, Wulf 1997: „Was gut ist für das Werk, ist gut für die Stadt". Kommunalpolitik in der Volkswagenstadt. In: Beier, Rosmarie (Hg.): aufbau west – aufbau ost. Die Planstädte Wolfsburg und Eisenhüttenstadt in der Nachkriegszeit. Buch zur Ausstellung des Deutschen Historischen Museums, Ostfildern-Riut, S. 111-119.

Uliczka, Monika 1993: Berufsbiographie und Flüchtlingsschicksal: VW-Arbeiter in der Nachkriegszeit, Hannover.

Wirth, Louis 1938: Urbanism as a Way of Life. In: American Journal of Sociology. XLIV, Juli, S. 1-24.

Prof. Dr. Ulfert Herlyn (i. R.)
Planungsbezogene Soziologie
Institut für Freiraumentwicklung
Fakultät für Architektur und Landschaft
Leibniz Universität Hannover

Jenseits der Werkästhetik – Wulf Tessins ‚Ästhetik des Angenehmen' als Beitrag zu einem neuen Verständnis von Landschaftsarchitektur

Doris Gstach

Nur einmal angenommen, es gäbe einen neuen Park, aber niemand ginge hin. Dem Publikum würde der Freiraum schlichtweg nicht gefallen, die Fachwelt aber wäre begeistert. Die Wirklichkeit setzt selten so deutliche Signale. Aber in Ansätzen zeichnet sich gerade das in der städtischen Freiraumgestaltung ab. Wulf Tessin geht in seinem Buch über die ‚Ästhetik des Angenehmen' der Frage nach, warum das so ist und was daraus folgt. Er reiht sich damit ein in den über die letzten Jahre lebhafter gewordenen theoretischen Diskurs um ein neues Selbstverständnis der Landschaftsarchitektur. Die Diskussion setzt an verschiedenen Stellen an. Einer der zentralen Kritikpunkte ist die Feststellung, die künstlerisch orientierte Herangehensweise der zeitgenössischen Landschaftsarchitektur könne aufgrund ihres intuitiv geprägten Schaffensprozesses keine objektivierbaren Bewertungsmaßstäbe anbieten (Höfer/Kröniger 2001, 14). Damit ließen sich aber, so die Kritiker, weder Entwurfsentscheidungen transparent machen (Körner 2001, 447) noch die notwendige Diskursfähigkeit in einem demokratischen System gewährleisten. Auch für den Gegenstand der Landschaftsarchitektur selbst, die Landschaft, wird eine Neupositionierung gefordert, da die traditionelle Sichtweise offensichtlich zu eng und zu sehr an traditionellen Bildern orientiert ist, um neue landschaftliche Phänomene überhaupt einschließen zu können (Körner 2006; Prominski 2006).

Tessins Buch konzentriert sich auf die ästhetischen Aspekte der Landschaftsarchitektur. Ausgangspunkt seiner Überlegungen ist die Feststellung, dass die Ästhetik eines Freiraumes von Fachleuten und Laien unterschiedlich wahrgenommen wird. Das scheint an sich wenig überraschend. Natürlich muss die Landschaftsarchitektur als ‚Produzent' andere Dinge beachten als diejenigen, die das ‚Produkt' Freiraum letztlich nutzen. In dieser Hinsicht unterscheidet sich ein Freiraum nicht grundsätzlich von einem Stuhl oder einer Espressomaschine. In Bezug auf solche alltäglichen Gebrauchsgegenstände scheint es ganz selbstverständlich zu sein, dass diese nicht nur ihre Funktion erfüllen sollen, sondern ihren Nutzern auch gefallen müssen, da sie sonst einfach nicht gekauft werden.

Doch städtische Freiräume sind kein marktgängiges Konsumgut und dementsprechend ist hier alles etwas anders.
Für die Diskrepanz in der Bewertung von Freiräumen gibt es zwei denkbare Erklärungen. Entweder wissen die Landschaftsarchitekten vielleicht gar nicht, was den Besuchern gefällt oder sie wollen es nicht wissen. Tatsächlich scheint beides zuzutreffen. Zwar wird von Fachleuten gerne darauf verwiesen, dass man schon Kenntnis darüber habe, was dem Freiraumpublikum gefalle. Doch dabei, so zeigt Tessin, vertun sie sich in der Regel ziemlich (vgl. auch Golicnik 2008). Letztlich scheint es aber nicht diese Fehleinschätzung des Laiengeschmacks zu sein, die zu den unterschiedlichen Beurteilungen gebauter Landschaftsarchitektur führt, sondern vielmehr die Feststellung, dass die Vertreter einer modernen professionellen Ästhetik eigentlich kein Interesse am Laiengeschmack haben.

Die Angst vor dem schlechten Geschmack

Das Desinteresse hängt offensichtlich mit dem künstlerischen Selbstverständnis der modernen Landschaftsarchitektur zusammen, verbunden mit einer auf das Werk und seine Gestalt konzentrierten Ästhetik. Der Autonomie von Rahmenbedingungen wird zentrale Bedeutung beigemessen, ganz im Sinne von Kants Verständnis, dass die ‚schöne Kunst' der Zweckfreiheit bedarf und daher nicht auf Maßgaben von außen eingehen darf. Rezeptionsästhetische Erkenntnisse, also Erkenntnisse darüber, wie Laien einen Freiraum wahrnehmen, würden als eine solche ‚Rahmenbedingung' daher den künstlerischen Schaffensprozess nur behindern. Es scheint zwar auch Vertreter der modernen professionellen Ästhetik zu geben, die Landschaftsarchitektur nicht so sehr als ‚reine', sondern eher als angewandte Kunst verstehen und daher den Anspruch der Autonomie von Rahmenbedingungen weniger dogmatisch handhaben (Rehwaldt 2009). Doch Tessin geht auf diese Gruppe kaum ein, und es wird auch schnell klar warum. In ihren gestalterischen Ambitionen unterscheiden sie sich nämlich ganz offensichtlich kaum von den Verfechtern der ‚reinen' Kunst. Die Bereitschaft, Bezug auf Laien, also das Freiraumpublikum zu nehmen, konzentriert sich bei den weniger dogmatischen Vertretern in der Regel auf funktionale Aspekte. Hier wird schon mal in dem einen oder anderen partizipativen Prozess nach den Nutzungswünschen gefragt. Eine Einmischung in gestalterische Aspekte scheint jedoch auch hier undenkbar. Der Entwurfsprozess erscheint als ‚highly mystified process' (Madanipour 1996, 165), der keine Einmischung von außen verträgt. Dem breiten Publikum wird in Sachen Ästhetik keine Kompetenz zugetraut. Es ist also nicht so ganz eindeutig, ob es nun dem auf das Werk konzentrierten Blick und dem grundsätzlichen Anspruch nach Autonomie von Rahmenbedingungen geschuldet ist, dass die professionelle Ästhetik nicht auf die Rezeption des Publikums Bezug nehmen möchte, oder ob es vielleicht einfach die Angst vor dem schlechten Geschmack der breiten Masse ist. Und die Angst scheint berechtigt. Denn wie Tessin anhand von empirischen Studien zeigt, sind es gerade moderne, besonders innovativ gestaltete und dafür in der Fachwelt gefeierte Freiräume, die in der Rezeption der Besucher nicht besonders gut abschneiden. Dem breiten Publikum fehlt also nicht nur der Sinn für schöne Gestaltung, sondern es zeigt sich auch noch innovationsfeindlich. Das ist offenbar besonders problematisch. Denn es ist genau das ‚Neue', dem in der Bewertung der aktuellen Kunst besondere Bedeutung beigemessen wird. Und da es offensichtlich ausgerechnet diese Werke sind, die vom Publikum besonders schlecht benotet werden, scheint der Schluss der Landschaftsarchitektur verständlich, dass eine Bezugnahme auf die Laienästhetik keinen hilfreichen Beitrag für den Entwurfsprozess bieten kann. Wenn überhaupt, wäre vielleicht höchstens eine Bezugnahme auf jene Bevölkerungsgruppen denkbar, denen man die Fähigkeit zu einem ‚qualifizierten' Geschmacksurteil zugesteht, also kunstinteressierten, ästhetisch sensibilisierten Milieus. Doch interessanterweise zeigen sich bei ihnen in puncto Geschmack keine nennenswert anderen Ergebnisse. Die ästhetische Beurteilung von Freiräumen unterscheidet sich bei Vertretern des sogenannten ‚Hochkulturmilieus' kaum von jenen anderer Milieus. Ja, schlimmer noch, sie scheinen sogar eher noch etwas unkritischer, leichter begeisterungsfähig zu sein.

Eine negative Freiraumbeurteilung durch das ‚ästhetisch ungebildete Publikum' wird aber, so scheint es, nicht nur einfach hingenommen. Ablehnung wird fast zu einer Art Qualitätsprädikat, zu einem Indikator, dass man es geschafft hat, sich mit dem eigenen Schaffen vom Mittelmaß des Massengeschmacks abzuheben. Tessin sieht in dieser offensichtlichen Ablehnung der modernen Landschaftsarchitektur dem Massengeschmack gegenüber etwas Anachronistisches. Angesichts der Auflösung der (bildungsbürgerlich-elitären) Kunst und ihrer allmählichen Integration in die Pop- und Massenkultur frage es sich, warum in manchen ästhetischen Milieus der Architektur und Landschaftsarchitektur das Populäre so unpopulär sei, „und dies ausgerechnet in einer so angewandten, längst massenkulturell wirksamen ‚Kunst' wie der Landschaftsarchitektur oder Architektur" (Tessin 2008, 93).

Es hat fast den Anschein, als wäre der Anspruch, sich gerade durch seinen Geschmack bewusst von anderen Bevölkerungsgruppen abzugrenzen, eine Art soziales Grundbedürfnis. Liessmann (2009) bezweifelt zwar, ob die ästhetischen Präferenzen (die feinen Unterschiede, wie sie Bourdieu beschreibt) noch entlang traditioneller sozialer Schichtungen und entlang der ebenso traditionellen Einteilung in Hoch- und Populärkultur etablieren lassen. Aber, so Liessmann weiter, natürlich sei es bis heute unangenehm, wenn die eigenen ästhetischen Präferenzen plötzlich von Menschen geteilt würden, mit denen man, aus welchen Gründen auch immer, sonst nichts zu tun haben möchte (ebd. S. 63). Das bewusste Ausscheren vom gesellschaftlichen Geschmackskonsens, das Tessin andeutet, ähnelt dem Mechanismus eines Kunstskandals. „Den avantgardistischen Künstlern und der ihnen applaudierenden Kennerschaft steht eine provinzielle und reaktionäre Rezipientenschaft gegenüber, deren bornierter Geschmack einen Angriff auf die Freiheit der Kunst darstellt" (ebd. S. 165). Ein solches Verständnis des eigenen Tuns hat allerdings ein bisschen – Tessin drückt es freundlich aus – den Beigeschmack einer argumentativen Verlegenheitslösung. Liessmann spricht gar von einer billigen Immunisierung der Kunst und Denkverboten für die Kunstkritik.

Und so gerät der Verweis auf das landschaftsarchitektonische Schaffen als künstlerischer Prozess, in dem die Publikumsansprüche außen vor bleiben müssen, doch etwas in Verdacht, mehr Alibi denn Notwendigkeit zu sein. Geht es hier wirklich um die Sehnsucht nach künstlerischer Freiheit? Oder doch eher um das Streben nach Macht und Ruhm? Macht, die Umwelt nach eigenen Maßstäben zu formen und das Publikum dann mit den Ergebnissen des eigenen Schaffens zu konfrontieren – ob es das will oder nicht. Diese Haltung ist praktischerweise gepaart mit der Möglichkeit zur beruflichen Profilierung, die gerade über das auffällig Neue gelingen kann. Der Reiz der Macht, eigene Ideen räumlich zu manifestieren, bleibt auch den Mächtigen in Politik und Wirtschaft nicht verborgen. Und wenn spektakuläre Landschaftsarchitektur zwar nicht in dem Maße prestigeträchtig ist wie eine ebensolche Architektur, so lässt sich damit durchaus ein gewisses Image befördern. Der Markt für die revolutionären Projekte ist da, nicht nur Landschaftsarchitekten, sondern auch Politiker und Wirtschaftsmächtige wollen sich Denkmale setzen. Sie bilden ein glückliches Triumvirat, das sich gegenseitig bedient.

Ob es nun um den Anspruch der künstlerischen Freiheit geht oder um den der Macht, in beiden Fällen spielen die Freiraumbesucher und ihre Freiraumwahrnehmung eine ziemlich unbedeutende Rolle. Diese treten höchstens als besichtigendes Publikum in Erscheinung. Denn alles andere, etwa der schlichte Anspruch, den Freiraum einfach nur zu genießen, wäre im Kunstkontext nur als Ausdruck der ‚Banauserie' denkbar (Liessmann 2009, 13). Über die Besichtigung soll das Werk dann auch noch geschmacksbildend auf die Bevölkerung wirken. Das steht zwar irgendwie im Widerspruch zu den Bemühungen, sich möglichst vom Geschmack der Masse abzuheben. Man stelle sich nur vor, die Bildungsmaßnahme hätte Erfolg und die Landschaftsarchitektur würde sich mit ihrem Geschmack plötzlich in der Mitte der Gesellschaft befinden. Hier hält sie sich aber ein Hintertürchen offen, damit dies nicht passiert. Als Avantgarde in Sachen Gestaltungsästhetik müsse sie ihrem Publikum natürlich immer einen

Schritt voraus sein (Rehwaldt 2009). Also selbst wenn sich das Publikum bemühte, es würde doch wohl nie soweit kommen, die moderne Landschaftsarchitektur schön zu finden. Denn das darf offensichtlich auch gar nicht sein.

Um aber in der breiten Bevölkerung geschmacksbildend wirksam zu werden, muss die Gestaltung von den Leuten zumindest ansatzweise auch akzeptiert werden. Die Landschaftsarchitektur muss sich mit dem Neuen ganz bewusst dem breiten Publikum stellen, und nicht nur seiner treuen und gleichgesinnten Anhängerschaft. „Clearly, the architect may change public taste, but he can do so only by addressing himself to the whole public and not merely to some educated or half-educated parts of it" (Scruton 2005, 120). Angesichts der Bemühungen der professionellen Ästhetik, sich möglichst nicht an den Massengeschmack anzunähern, scheint aber Scrutons Ansatz, das Publikum zu erreichen, wirkungslos. Tessin hält den Glauben an die geschmacksbildende Wirkung der Landschaftsarchitektur ohnehin für unhaltbar. Die Vorstellung eines besichtigenden Publikums sei eines der großen Missverständnisse in der künstlerisch orientierten Landschaftsarchitektur und in der Realität die Ausnahme.

Plädoyer für ein rezeptionsästhetisches Entwurfsverständnis

Dem Ansatz der professionellen Ästhetik hält Tessin vor, dieser habe aufgrund seiner auf Kunst, Werk- und Gestaltästhetik fußenden Haltung heute seine Argumentationsbasis verloren. In Zuge eines längst stattgefundenen Entnormativierungsprozesses lasse sich der richtige Geschmack nicht mehr bestimmen und alle Qualitätsurteile würden damit subjektiv, auch die der Werkästhetik. Es sieht also so aus, als würde die professionelle Ästhetik auf falschen Annahmen beruhen. Das künstlerische Selbstverständnis der Landschaftsarchitektur scheint selbst gemessen am kunstinternen Diskurs brüchig und der möglicherweise dahinter stehende Machtanspruch wäre zumindest moralisch zu hinterfragen.

Der Hauptkritikpunkt ist für Tessin aber, dass man dem Gegenstand Freiraum mit kunstbezogenen Maßstäben schlichtweg nicht gerecht werden könne, weil dieser gar kein Produkt der reinen Kunst, des „zweckfreien Genießens" sei wie die schönen Künste, Musik und Malerei etwa, sondern allerhöchstens ein Produkt der angewandten Kunst und darüber hinaus und in allererster Linie ein Gebrauchsgegenstand. Und dem könne man ohne die Berücksichtigung der diesen Gegenstand Nutzenden, also dem Freiraumpublikum, nicht gerecht werden. Tessin plädiert daher für eine stärker rezeptionsästhetisch orientierte Entwurfshaltung. Dass es ihm dabei aber nicht darum geht, die Landschaftsarchitektur von ihrer fachlichen Kompetenz und Verantwortung zu entheben, wird klar, wenn man sich mit seinen differenzierten Überlegungen zur Rezeptionsästhetik auseinandersetzt.

Tessins Aufklärungsarbeit fußt auf einer Vielzahl von empirischen Untersuchungen und Theorien. Im Zentrum steht die Frage, was Freiräume für ihre Besucher attraktiv macht. Und um es vorweg zu nehmen: Das Bedürfnis nach Schönheit, ein Kriterium, dem aus Sicht der professionellen Ästhetik eine zentrale Rolle zukommt, spielt offensichtlich in der Freiraumwahrnehmung der Bevölkerung eine eher untergeordnete Rolle. Es wird vom Publikum bereits erwartet, so lernen wir, dass ein gestalteter Freiraum irgendwie schön sei. Entsprechend dem ‚Theorem der Hintergrunderfüllung' werden die ästhetischen Aspekte der Gestaltung deshalb nur dann bewusst wahrgenommen, wenn sie besonders abweisend oder außergewöhnlich attraktiv seien. Es lässt sich daraus auch schließen, dass eine abweisende Ästhetik viel mehr als eine durchschnittlich ansprechende die Aufmerksamkeit des Publikums auf sich zieht.

Gefallen, so erläutert Tessin, lösen Freiräume beim Publikum offensichtlich vor allem dann aus, wenn sie eine ‚Dimension des Anderen' vermitteln, ein Gefühl, sich dem städtischen Alltag zu entziehen, ohne dabei eine gezielte Aufmerksamkeit zu verlangen. Es ist ein eher beiläufiges Interesse, das den Freiraumbesuch prägt. Es soll irgendwie grün sein, das Geschehen vor Ort soll Abwechslung bieten (sehr schön veranschaulicht im 1979 entstandenen Filmklassiker ‚City spaces, human places' von William H. Whyte), man will ein bisschen Natur erleben und eine Gestaltung, die auch einen gewissen Gebrauchswert hat. All diese Eigenschaften fasst Tessin im Begriff des ‚Angenehmen' zusammen. Es sei eben das Angenehme, was die Menschen ganz grundsätzlich in einem Freiraumbesuch suchen. Nicht mehr und nicht weniger.

Ob sich aus all den verschiedenen Faktoren, die die Publikumswahrnehmung beeinflussen, dann auch tatsächlich ein Gefühl von Wohlempfinden einstellt, hängt davon ab, wie erfolgreich die einzelnen Faktoren zusammenspielen. Entscheidend für eine ‚Ästhetik des Angenehmen' ist letztlich, so Tessin, die richtige Balance zwischen den unterschiedlichen Eindrücken. Ähnlich wie der ‚diabolus in musica', die verminderte Quarte, deren anhaltender Gänsehauteffekt längst ganz gezielt eingesetzt wird, wie Eco (2007) in seinen Betrachtungen über das Hässliche schildert, hat auch das Neue, Irritierende, Innovative, Spannende, Provokative in der Freiraumgestaltung – in wohldosierten Mengen versteht sich – also durchaus seinen Platz in der Freiraumgestaltung. Und darüber hinaus, betont Tessin, dürfe ein Freiraum selbstverständlich auch künstlerisch oder ökologisch wertvoll sein, auch schön oder originell, aber eben nur solange er dabei auch noch als angenehm empfunden werde.

So innovationsfeindlich scheint die breite Masse also letztlich doch nicht zu sein. Denn wie die Rezeptionsforschung zeigt, sind die Leute in ihrer Freiraumwahrnehmung gar nicht so voreingenommen. Sie mögen ästhetisch ein bisschen desinteressiert sein, dafür aber auch tolerant. Es ist daher auch nicht so, dass sich das grundsätzliche Bedürfnis nach dem Angenehmen nicht mit Innovationen in der Gestaltung vereinbaren ließe und von vornherein Missfallen auslösen würde. Zwar spielt das Gefühl der Vertrautheit mit dem dargebotenen offensichtlich eine wichtige Rolle in der Wahrnehmung der Freiraumbesucher, aber das Neue wird auch nicht grundsätzlich abgelehnt. Dementsprechend wäre eine rezeptionsästhetische Entwurfshaltung wohl nicht automatisch innovationsfeindlich. Das Problem der Laien mit den innovativen Ansätzen der professionellen Ästhetik, so erläutert Tessin, besteht offensichtlich darin, dass sich diese zu weit vom gesellschaftlich akzeptierten ‚Geschmackskorridor' entfernen – durchaus bewusst, wie wir inzwischen wissen.

Ein auf Provokation und Ablehnung fußender Ansatz scheint deshalb nicht sonderlich erfolgversprechend. Tessin plädiert daher in Bezug auf neue, ungewohnte ästhetische Aspekte in der Gestaltung für eine ‚inkrementalistische Vorgehensweise', die das Neue in verträglichen Dosen verabreicht und dabei die Grenzen dessen, was für das breite Publikum akzeptabel ist, was vielleicht gerade noch irgendwie ‚angenehm' ist, eben nicht überschreitet. Auch hier scheint wiederum das richtige Mischungsverhältnis entscheidend zu sein. Dass eine solche ‚verträgliche Mischung' von Vertrautem und Neuem auch in der Profession selbst nicht ganz abschätzig gesehen wird, sondern gar als Qualitätskriterium in der modernen Landschaftsarchitektur herangezogen wird, zeigt Rosenberg mit ihrer Analyse des Landschaftsparks Duisburg Nord (Rosenberg 2009).

Anwendungsprobleme?

Es deutet sich also an, dass eine rezeptionsästhetische Orientierung durchaus mit zentralen Forderungen der professionellen Ästhetik zu vereinbaren wäre. Innovation kann auch so gestaltet werden, dass sie von den Laien nicht auf Ablehnung stoßen muss. Und die vielen verschiedenen Faktoren, die die Wahrnehmung des Freiraumpublikums beeinflussen, schränken den kreativen Prozess des Entwurfs nicht wirklich ein. Sie verlangen geradezu nach einer virtuosen, fachlich gekonnten gestalterischen Interpretation.

Wenn sich die moderne Landschaftsarchitektur nun nach Ausräumen dieser Bedenken auf eine stärker rezeptionsästhetisch orientierte Arbeitsweise einließe, wäre wohl die nächste Frage, wie genau sich entsprechende Erkenntnisse in der Entwurfspraxis in eine ‚Ästhetik des Angenehmen' umsetzen ließen. Tessin verhehlt seinem Lesepublikum nicht, dass sich hier gewisse Schwierigkeiten zeigen. Ergebnisse der Rezeptionsforschung, so wurde festgestellt, sind in einem veränderten Untersuchungsrahmen offensichtlich schwer reproduzierbar. Die verschiedenen aus der Rezeptionsforschung abgeleiteten Theorien geben außerdem keine Auskunft darüber, in welchem Maße die verschiedenen ‚Wohlfühlkriterien' erfüllt sein müssen, um eine positive Rezeption beim Freiraumpublikum auszulösen oder inwieweit einzelne Aspekte möglicherweise auch durch andere substituierbar sind. Solche Unklarheiten dürften nicht sehr dazu angetan sein, die Vertreter der modernen professionellen Landschaftsarchitektur zu einem Umdenken in Richtung Rezeptionsästhetik zu bewegen. Aber auch der von Tessin ins Zentrum gestellt Begriff des ‚Angenehmen' an sich wird als zu wenig präzise empfunden, um als Gestaltungsziel herhalten zu können. Angenehm sein könne letztlich alles. Tessin hält dem entgegen, dass die ‚Ästhetik des Angenehmen' nicht auf eine bestimmte Art, einen bestimmten Stil der Freiraumgestaltung abziele, sondern auf eine bestimmte Entwurfshaltung. Da sich aus dem Ansatz eben keine allgemeinverbindlichen Regeln ableiten ließen, sei es die ‚genuine' Aufgabe der Landschaftsarchitektur, dies in Gestaltung umzusetzen. Die vermeintlichen Interpretationsschwierigkeiten sind aus dieser Sicht eher als Interpretationsspielräume zu verstehen, die es entsprechend zu nutzen gilt. Es ist also notwendig, „in Bezug auf die unendlich vielen Gestaltungs- und Erlebnisdimensionen eines Freiraumes eine Sensibilität für das jeweils ‚richtige Maß', die ‚richtige Dosierung' zu finden" (Tessin 2008, 42). Das heißt, auch das an der Rezeptionsästhetik orientierte Entwurfsergebnis hängt ebenso wie das der professionellen Ästhetik von den gestalterischen Fähigkeiten der Fachleute ab. Nur folgt es eben anderen Wertmaßstäben. Damit sei kein Verlust von Verantwortung und daher Bedeutung der Landschaftsarchitektur zu befürchten, höchstens ein Verlust von professioneller Definitionsmacht, meint Tessin.

Muss immer alles angenehm sein?

Dem Ansatz einer ‚Ästhetik des Angenehmen' ist vieles abzugewinnen. Es ist allerdings zu fragen, ob der Begriff des ‚Angenehmen' selbst so allgemeingültig ist, wie das Tessins Plädoyer suggeriert. Wird in allen Freiräumen hauptsächlich das Angenehme gesucht, ganz gleich, um welche Art von Freiraum es sich handelt? Ein extremes Beispiel sind vielleicht Mahnmale oder Erinnerungsstätten, von denen kaum erwartet wird, dass sie als besonders angenehm wahrgenommen werden. Und wenn es sich dort doch einmal jemand etwas bequem macht, ruft dies, wie bei Eisenmans Holocaust-Mahnmal in Berlin große allgemeine Entrüstung hervor. Eine gewisse Differenzierung scheint also nötig. Tessin selbst führt mit Zoos und Sportstadien entsprechende Beispiele an, wo der Eindruck des Angenehmen offensichtlich nicht im Zentrum des Besucherinteresses steht. Er betont aber auch, dass das, was angenehm ist, ja auch im Auge des jeweiligen Nutzers verschieden ist. Trotzdem, eine gewisse Unschärfe bleibt. Grundsätzlich scheint der Anspruch nach einem angenehmen Freiraum auf Alltagsräume besser zu passen als auf außergewöhnliche Freiräume, verstanden als Freiräume, die wir eher selten und für einen ganz bestimmten Zweck aufsuchen (der Zoo, das Sportstadion, das Mahnmal), und die dann auch ‚irgendwie anders als angenehm' sein dürfen oder sogar sollen. Interessant wäre in diesem Zusammenhang, inwieweit sich die Forderung nach ‚angenehmen' Freiräumen mit der Interpretation von Landschaft vereinbaren ließe, wie sie im Ansatz der ‚Landschaft drei' (Prominski 2004) zum Ausdruck kommt. Landschaft wird dort sehr breit als „dynamisches System menschengemachter Räume" verstanden, mit dem Ziel damit auch Landschaften jenseits der bisher landschaftsarchitektonisch berücksichtigten einzuschließen, etwa Infrastruktur- oder Energielandschaften.

Abgesehen von den Zweifeln, ob das Publikum in jedem Freiraum wirklich immer das Angenehme sucht, ist zu fragen, ob es nicht manchmal dort, wo das Publikum eigentlich das Angenehme sucht, dieses nicht auch einmal mit einer provokanten Ästhetik konfrontiert werden darf. Ob die Weiterentwicklung der Landschaftsarchitektur die geschmackliche Kollision mit der breiten Masse braucht, ob also Neues gewissermaßen nur über eine Geschmacksrevolution in die Welt kommen könne, ist wahrscheinlich fraglich. Und die von Tessin favorisierte inkrementalistische Vorgehensweise zeigt ja auch eine Alternative dazu auf. Trotzdem sollte es eine legitime Frage sein, ob es diese Konfrontation nicht auch geben darf und soll. Ist das ‚richtige Maß' wirklich überall und immer gefragt? Oder dürfen Landschaftsarchitekten und Freiraumplanerinnen manchmal, eben selten, auch über die Stränge schlagen? Ein paar extreme Orte sollten wir uns vielleicht doch leisten können. Ein gewisses Maß an Provokation könnte den Diskurs sowohl fachintern als auch beim breiten Publikum beleben. Voraussetzung wäre allerdings, dass die entsprechenden Werke nicht zu unantastbaren Ikonen der Profession stilisiert, sondern als ‚Neuheiten' verstanden werden, über die eine ebenso breite wie kritische Diskussion erlaubt und erwünscht ist. Provokative und damit in den Augen des Publikums eher als ‚misslungen' geltende Gestaltungen wären offensichtlich besonders dazu geeignet, solche Debatten anzuregen. Denn, so führt Liessmann (2009, 67) aus, im Gegensatz zum Schönen störe das Hässliche oder Misslungene durch seine pure Anwesenheit. Angesichts des Schönen und Wohlgefälligen bleibe man passiv, angesichts des Hässlichen und Missgefälligen werde man aktiv. In diesem Sinne der Profession und der Allgemeinheit ‚zugänglich' gemacht, könnten also auch die verstörenden, aufregenden Freiräume ihre Berechtigung haben.

Selbst Tessin scheint letztlich derartige ‚unangenehme' Gestaltungen nicht kategorisch abzulehnen. Er verweist darauf, dass die darin steckenden gestalterischen Anregungen dann in einer Art ‚Sickereffekt' von den mehr im Alltagsgeschäft verhafteten Fachkollegen in eine Form heruntergebrochen werden, die auch beim breiten Publikum Akzeptanz findet und so in kleinen Schritten zur Weiterentwicklung von Gestaltungsstilen beiträgt. Tessin verweist dabei auf den Naturgartenstil, der nicht durch seine pure Überzeugungskraft letztlich eine gewisse Akzeptanz in der Masse gefunden hat, sondern eben durch diesen Prozess der Kleinarbeitung. Ob die Ergebnisse dieses Kleinarbeitungsprozesses (man denke nur an den Folienteich im Privatgarten) freilich den ästhetischen Idealen der Vorreiter dann noch genügen könnten, ist wahrscheinlich schon wieder fraglich und scheint Tessins eigene Skepsis gegenüber geschmacksbildenden Effekten zu bestätigen. Es stellt sich daher vielleicht auch aus Sicht der professionellen Ästhetik die Frage, ob nicht neben dem Effekt des ‚Kleinarbeitens' vielmehr schon ‚im Großen', in den außergewöhnlichen Projekten, mehr darauf geachtet werden sollte, den Publikumsgeschmack nicht ganz auszublenden. Denn was ist frustrierender als ein Entwurf, in dem aufgrund der ablehnenden Publikumshaltung nachträglich und ohne Rücksicht auf das zugrunde liegende Gestaltungskonzept Veränderungen vorgenommen werden.

Ob nun auf Konfrontation gesetzt wird oder den Prozess des Kleinarbeitens. Jedenfalls würden dafür entsprechend ‚extreme' Freiraumgestaltungen benötigt. Diese vom gesellschaftlich akzeptierten Geschmackskanon zu sehr abweichenden Freiraumgestaltungen bleiben dann vielleicht, wenn sie aufgrund ihrer Ablehnung nicht ohnehin – nicht ganz intentional – eine etwas kürzere Lebensdauer haben oder im Laufe der Zeit dem Geschmack der breiten Masse angenähert werden, auch einfach stehen. Sie werden von den Leuten dann vermutlich nie als angenehm empfunden, aber als zwar ‚unschöner', dafür aber wenigstens seltener Anblick in der Stadtlandschaft akzeptiert.

Alles gar nicht so heiß?

Tatsächlich, so gesteht Tessin dann seiner Leserschaft, sind Freiraumgestaltungen, die sich so dezidiert vom Geschmack des breiten Publikums unterscheiden, die Ausnahme und widerspiegeln eher die fachinterne Debatte denn die gebaute Realität. So scheint es fast, als wäre die Problematik mit der professionellen Ästhetik so brisant vielleicht gar nicht und als würden gesellschaftliche Prozesse offensichtlich schon dazu führen, dass der größte Teil der Freiraumgestaltungen sich nicht zu weit vom gängigen Geschmackskorridor entfernt oder entsprechend kleingearbeitet wird. Das deutet doch darauf hin, dass sich auch die Werke der aktuellen Landschaftsarchitektur vielleicht gar nicht so sehr von der Laienästhetik abheben. Angesichts der vielen auch für die Freiraumbesucher ganz passablen

Freiraumgestaltungen ist anzunehmen, dass es durchaus eine große Zahl an Fachleuten gibt, die fähig sind, vom Publikum akzeptierte, angenehme Freiräume zu schaffen.

Worum geht es Tessin also? Geht es darum, die derzeitigen Gestaltungsansätze weiter zu optimieren? Wird hier Arbeitsbedarf gesehen, wo die Bevölkerung gar keine Veränderungsnotwendigkeiten sieht, weil sie mit dem gebotenen doch meist recht zufrieden ist? Das klänge doch etwas ähnlich wie die von Tessin selbst kritisierte Haltung in der Landschaftsarchitektur, immer Verberungsnotwendigkeiten zu reklamieren, weil das schließlich auch das Geschäft belebe. Scheint hier also vielleicht mehr ein fachlich bedingtes Interesse des Soziologen durch? Es scheint aber doch Hinweise auf die Aktualität des Themas zu geben. Tessin verweist unter Bezugnahme auf empirische Untersuchungen darauf, dass die Diskrepanz zwischen der bevorzugten Freiraumästhetik aktueller Landschaftsarchitektur und den Ansprüchen der Freiraumbesucher in den letzten Jahrzehnten gewachsen ist. Das hat vielleicht damit zu tun, dass die von Tessin kritisierte Haltung der modernen professionellen Ästhetik nicht einfach irgend eine kleine Minderheit in der Profession betrifft, sondern eine, der innerhalb der Disziplin besonderes Gewicht zukommt. Sind es doch gerade deren Werke, die in den Fachmagazinen besprochen werden und die so zu den Vorzeigeprojekten der Disziplin avancieren. Durch ihre Medienpräsenz sind sie die Modemacher, und zwar nicht nur für die Fachkollegen, die sich etwas mehr im Alltagsgeschäft bewegen, sondern eben auch für die Auftraggeber. Und da der medialen Aufmerksamkeit besondere Bedeutung zukommt und Ruhm und Auftragslage möglicherweise direkt in Zusammenhang stehen, ist es den Einzelnen vielleicht gar nicht zu verdenken, mit Gestaltungen jenseits des Massengeschmacks die nötige Aufmerksamkeit erhalten zu wollen. Das wird vielleicht auch an der Rolle, die Wettbewerbe heute spielen, deutlich. Angesichts des Starkultes, wie er sich derzeit in vielen Lebensbereichen breit macht, muss sich eine rezeptionsästhetische Haltung, die das ‚gemeine Volk' zum Maßstab des Erfolgs emporhebt, in der heutigen Zeit möglicherweise auch einfach unattraktiv ausnehmen. Vielleicht wäre es wichtig, nicht den Anspruch zu haben, mit seiner Arbeit berühmt werden zu wollen. Oder, wenn wir denn in einer Zeit leben, die dringend Stars braucht, dann sollten wir uns vielleicht mehr um eine mediale Aufwertung des rezeptionsästhetischen Ansatzes und ihrer Protagonisten als ‚Helden des Alltags' kümmern.

Die Landschaftsarchitektur mit Zielen jenseits der Publikumserwartungen zu befrachten, ist allerdings kein ‚Alleinstellungsmerkmal' der derzeit modernen professionellen Ästhetik, sondern ein Prozess, der seit etwa 30 Jahren zu beobachten ist, wie Tessin vermerkt. Auch die in den 1970er Jahren populär gewordene Naturgartenästhetik fußte letztlich auf einer ideologischen Überhöhung von

Freiraumzielen. Auch hier wurde, wie Tessin zeigt, über die Köpfe des Freiraumpublikums hinweg ein neuer Gestaltungsstil zum Ideal erkoren. Und genauso wie es die besonders ‚modernen' Gestaltungen in den letzten Jahren getan haben, so wurden auch die Vorzeigeprodukte, die unter diesem Diktat entstanden, von der breiten Masse abgelehnt. Selbst Werner Nohl, der von Tessin als einer der wenigen innerhalb der Landschaftsarchitektur hervorgehoben wird, der sich in der Vergangenheit überhaupt mit rezeptionsästhetischen Fragen beschäftigt hat, selbst Nohl scheint es nicht genug damit gewesen zu sein, die Ansprüche des Freiraumpublikums zufrieden zu stellen. Nohl habe zwar das Publikum berücksichtigt, die Freiraumgestaltung außerdem aber mit Idealen befrachtet, die über das, was sich aus der Rezeptionsästhetik ableiten lässt, hinausgehen und die ebenso wenig erfüllbar waren wie die der Naturgartenästhetik oder der modernen formalen Ästhetik.

Eine Erklärung für die von Tessin angedeutete wachsende Diskrepanz zwischen Publikumsgeschmack und professioneller Ästhetik ist also vielleicht darin zu suchen, dass die Landschaftsarchitektur nicht nur mit zusätzlichen Idealen und Zielen beladen wurde, sondern dass sie darüber spätestens seit der Naturgartenbewegung vergessen hat, auch für ihr Publikum, für die breite Masse zu gestalten.

Versöhnliche Töne

Trotz diverser Theorien und empirischen Untersuchungen, die Tessin heranzieht, um sein Anliegen nach einer rezeptionsästhetischen Entwurfshaltung zu unterstützen, aber auch kritisch zu beleuchten, handelt es sich hier letztlich weder um Wissens- noch um Methodikfragen, sondern um Werthaltungen. Und Tessin wirft daher zu Recht die Frage auf, ob das Problem denn tatsächlich die Umsetzungsschwierigkeiten rezeptionsästhetischer Erkenntnisse in die Entwurfsarbeit seien. Das eigentliche Problem sei offensichtlich eben nicht, dass wir nicht präzise und allgemeingültig beschreiben könnten, was die Leute im städtischen Freiraum als angenehm empfinden, sondern vielmehr, dieses erst einmal als legitimes Ziel zu akzeptieren. Das heißt, erst wenn die Landschaftsarchitektur wirklich wissen will, was denn die Leute als angenehm empfinden, kommt sie hier einen Schritt weiter. Und man könnte auch die Meinung vertreten, dass sie das wollen muss, wenn sie keine intellektuellen Kuriositäten produzieren will, wie Kaliski (1999, 104) es ausdrückt.

Tessin wünscht sich also eine Landschaftsarchitektur, der es Anspruch genug ist, angenehme Orte schaffen zu wollen. Sein Plädoyer für eine stärker rezeptionsästhetisch orientierte Entwurfstätigkeit ist daher in allererster Linie ein

Plädoyer für eine veränderte ‚Ethik der gestalterischen Arbeit'. Die alles entscheidende Frage ist, wie wichtig die Publikumsakzeptanz in der Landschaftsarchitektur ist und wie damit in der landschaftsarchitektonischen Arbeit, in der Ausbildung ebenso wie in der professionellen Praxis umgegangen werden soll.

Trotz aller Kritik an einer professionellen Ästhetik und ihren innovativen Gestaltungen ist Tessins Ansatz letztlich ein ausgesprochen versöhnlicher. Er geht von dem aus, was den Leuten im Freiraum offensichtlich meistens das zentrale Anliegen ist, eben etwas Angenehmes wahrzunehmen und zu erleben. Tessins Anliegen einer stärker publikumsorientierten Gestaltung weist zwar einige Gemeinsamkeiten mit gebrauchswertorientierten Ansätzen auf. Doch er geht mit seinem Ansatz darüber hinaus. Die Ästhetik des Angenehmen will mehr sein als nur praktisch, sie will auch dem Anspruch genügen, als schön empfunden zu werden. Tessin sieht die diversen aktuellen und vergangenen ideologischen Richtungen in der Landschaftsarchitektur mit einer Ästhetik des Angenehmen nicht unvereinbar. Vielmehr gesteht er allen diesen verabsolutierten Aspekten, der Kunst, Natur und Nutzung Relevanz zu und meint, die Zusammenführung dieser Aspekte in einem darüber hinaus auch noch als angenehm empfundenen Freiraum wäre eigentlich die Kür der Disziplin.

Man könnte daraus schließen, Tessins Ansatz sei eine Art Kompromisslösung, zwar mit Nutzerorientierung, aber doch auch mit ästhetischem Anspruch. Tatsächlich scheint er aber weniger an irgendwelchen Kompromissen interessiert als vielmehr an einer ganzheitlichen Lösung. Und er betont mit seinem Ansatz dementsprechend, dass für eine Ästhetik des Angenehmen alle Facetten der Freiraumwahrnehmung zu berücksichtigen sind. Vielleicht ist damit die Hoffnung verbunden, der ideologischen Überfrachtung des Freiraums durch die Landschaftsarchitektur, wie sie in eben solchen verabsolutierenden Aspekten in den letzten Jahrzehnten zu beobachten war, entgegen zu arbeiten.

Inwieweit der aktuelle Theoriediskurs in der Landschaftsarchitektur zur Reduzierung einer solchen ideologischen Überfrachtung beiträgt, wäre zu hinterfragen. Eine bemerkenswerte Einigkeit zeigt sich aber jedenfalls in Bezug auf die Grundforderung nach einer Sichtweise jenseits einseitig geprägter ‚Glaubensrichtungen'. Die Vorstellung, dass die Arbeit neben künstlerisch-intuitiven auch analytischer Bestandteile bedarf und dass sich etwa natur- und sozialwissenschaftliche Erkenntnisse und Herangehensweisen im Entwurfsprozess durchaus mit künstlerischen verknüpfen lassen, scheint in den jüngeren theoretischen Positionen keine Berührungsängste mehr auszulösen. Vielmehr wird dies als Notwendigkeit gesehen, um die komplexen Aufgaben der Landschaftsarchitektur erfassen und bewältigen zu können (Höfer/Kröniger 2001; Körner 2001; Prominski 2004). Eine rezeptionsästhetisch orientierte Entwurfshaltung, wie Tessin sie in seinem Ansatz vertritt, scheint im Rahmen eines solchen professionellen

Verständnisses zumindest denkbar. Sie wird aber nicht automatisch mitgedacht. Dazu müsste über das hier ausgedrückte breite Grundverständnis von Aufgaben und Methodenansätzen auch noch die Position vertreten werden, Nutzerwünsche als wichtigen Bewertungsmaßstab in die Arbeit einzubeziehen.

Es dürfte gerade die Haltung den Freiraumnutzern gegenüber sein, die dazu geführt hat, dass die rezeptionsästhetische Forschung anders als im deutschsprachigen Raum in den USA bis heute präsent ist. Nutzerbedürfnissen und Laiengeschmack wird dort im Zuge einer generell stärker kunden- und damit nachfrageorientierten Haltung auch in Bezug auf den städtischen Freiraum mehr Gehör geschenkt. Die ästhetischen Präferenzen der Besucher gelten daher als durchaus legitimes Bewertungskriterium einer Freiraumgestaltung. Doch obwohl einem rezeptionsästhetischen Gestaltungsansatz auch innerhalb der Landschaftsarchitektur keine grundsätzlichen Ressentiments entgegenschlagen, handelt es sich auch in den USA eher um ein Nischenthema. Das mag angesichts der laufenden Forschung in diesem Bereich überraschen, ist aber doch vielleicht der Tatsache geschuldet, dass es sich einfach, wie Tessin auch klar sagt, nicht um eine Art Entwurfsmethode handeln kann, sondern vielmehr um eine Grundhaltung über die Ziele der Landschaftsarchitektur. Die Publikation von Kaplan/Kaplan/Ryan (1998), die versucht haben, anhand einer Art von ‚pattern book' anwendungsfreundliche Bausteine für eine rezeptionsästhetisch orientierte Entwurfspraxis zu definieren, ist daher zwar interessant und aufschlussreich, als „Praxisanleitung" aber doch nicht so recht tauglich.

Dies macht vielleicht nur einmal mehr deutlich, dass eine ‚Ästhetik des Angenehmen' weit vorher ansetzen muss, nämlich bei den grundsätzlichen Zielen der Gestaltung eines städtischen Freiraumes und bei der Frage, welche Bedeutung dabei den Besuchern beigemessen wird. Wie auch immer die Antwort ausfällt, eine Auseinandersetzung damit lässt sich eigentlich nicht vermeiden. Denn sich der Meinung des Publikums völlig zu verschließen, mag in den schönen Künsten, in der Malerei, Musik oder Dichtkunst angehen. Dort kann sich das Publikum damit konfrontieren, wenn es mag oder es auch lassen. Diese Freiheit haben die Besucher im Freiraum nicht in dem Maße. Freilich können wir einem Freiraum fern bleiben, wenn wir ihn scheußlich finden, aber wir müssen vielleicht trotzdem jeden Tag daran vorbei zur Bushaltestelle. Und, was noch schlimmer ist, wir haben vielleicht keinen anderen zur Wahl für unseren Abendspaziergang. Und obwohl Liessmann (2009, 67) feststellt, angesichts des ‚Misslungenen' wolle man sich entfernen, werden wir deshalb eben kaum einen Park finden, den niemand nutzt. Auch wenn er unangenehm ist.

Literatur:

Eco, Umberto (Hg.) 2007: Die Geschichte der Hässlichkeit, München.
Golicnik, Barbara 2008: Design and use of urban parks: What users do? What designers think they do? In: Greenkeys Project Team (Ed.): Urban green spaces – A key for sustainable cities. Conference reader, Dresden.
Höfer, Wolfram/Kröniger, Birgit 2001: Zur Entwicklung professioneller Kritikfähigkeit. In: Garten + Landschaft 11, S. 13-15.
Kaliski, John 1999: The present city and the practice of city design. In: Chase, John/Crawford, Margaret/Kaliski, John 1999: Everyday Urbanism, New York, S. 88-109.
Kaplan, Rachel/Kaplan, Stephen/Ryan, Robert L. 1998: With People in Mind. Design and Management of Everyday Nature. Washington D. C., Covelo, California.
Körner, Stefan 2001: Theorie und Methodologie der Landschaftsplanung. Landschaftsarchitektur und Sozialwissenschaftlichen Freiraumplanung vom Nationalsozialismus bis zur Gegenwart. Landschaftsentwicklung und Umweltforschung – Schriftenreihe der Fakultät Architektur Umwelt Gesellschaft Nr. 118, Berlin.
Körner, Stefan 2006: Eine neue Landschaftstheorie? Eine Kritik am Begriff „Landschaft drei". In: Stadt + Grün 10, S. 18-25.
Liessmann, Konrad Paul 2009: Ästhetische Empfindungen. Eine Einführung, Wien.
Madanipour, Ali 1996: Design of Urban Space. An inquiry into a Socio-Spatial Process, Chichester.
Prominski, Martin 2004: Landschaft entwerfen. Einführung in die Theorie aktueller Landschaftsarchitektur, Berlin.
Prominski, Martin 2006: Landschaft – warum weiter denken? Eine Antwort auf Stefan Körners Kritik am Begriff „Landschaft Drei". In: Stadt + Grün 12, S. 34-39.
Rehwaldt, Till 2009: Die Geschmacksfrage. In: Garten + Landschaft 2, S. 10-11.
Rosenberg, Elisa 2009: Gardens, Landscape, Nature: Duisburg-Nord, Germany. In: Iliescu, Sanda (Ed.): The Hand and the Soul. Aesthetics and Ethics in Architecture and Art, Charlottesville/London, S. 208-230.
Scruton, Roger 2005: The problem of architecture. In: Goldblatt, David/Brown, Lee B. (Eds.): Aesthetics. A Reader in Philosophy of the Arts, New Jersey, S. 116-121.
Tessin, Wulf 2008: Ästhetik des Angenehmen. Städtische Freiräume zwischen professioneller Ästhetik und Laiengeschmack, Wiesbaden.

Dr. Doris Gstach, Assistant Professor
Department of Planning and Landscape Architecture
College of Architecture, Arts and Humanities
Clemson University
Clemson/USA

Freiraumkulturmanagement – zum Reiz eines sperrigen Begriffs

Bettina Oppermann

Ich weiß noch genau, wann mir dieser Begriff das erste Mal begegnete. Am Schwarzen Brett unseres Instituts hing die Seminarankündigung von Wulf Tessin:
FREIRAUMKULTURMANAGEMENT

... in der Schrift Times New Roman, Kapitälchen, mittig gesetzt. Hilfe, dachte ich, wie kann ein Freund der direkten, klaren und schnörkellosen Sprache auf so ein Wort verfallen? Mit der Zeit lernte ich den Begriff aber zu schätzen. In vielen Situationen half er, eine mir wichtige Facette der Freiraumplanung treffend zu bezeichnen.

Unter Rückgriff auf den allgemeinen Kulturbegriff versteht Wulf Tessin unter Freiraumkultur „die Gesamtheit an Vorstellungen, Fertigkeiten, Verhaltensweisen, Werthaltungen, Kenntnissen, Einrichtungen und Geräten einer Gesellschaft oder einer gesellschaftlichen Gruppe (...), soweit sie für das Freiraumverhalten von Bedeutung sind" (2004, 49). Freiraumkulturmanagement meint dementsprechend die gezielte Beeinflussung des Freiraumverhaltens: Die Nutzenden sollen informiert, motiviert, angeleitet und Verhaltensbarrieren bzw. Vorbehalte gegenüber Freiräumen sollen abgebaut werden (ebd. S. 175). Die hier relevanten Kulturtechniken haben sich im Verlauf der Jahrhunderte permanent verändert. Das zweisame Verhältnis zwischen entwerfendem Genie und Feudalherr hat sich gewandelt zum arbeitsteilig organisierten Team und weiter zu einem neuen Rollenmodell mit Experten, Bürgern, Vereinen, Verwaltung, Investoren und Politikern.

Voraussetzung dafür war ein neues Verständnis zum Wesen des Planungs- und Entwurfsprozesses. Alle Planungstheoretiker haben den klassischen Dreischritt „Problem – Idee – Umsetzung" facettenreich erweitert und zum Teil auch so stark modifiziert, dass sich das Professionsverständnis grundsätzlich verändert hat (Rittel 1972/1990). Auch Psychologen, Soziologen und Politologen haben zu diesem neuen Planungsverständnis beigetragen. Freiraumpolitik als die Beschäftigung mit raumbezogenen Entscheidungen und Konflikten nimmt in diesem Zusammenhang einen wichtigen Stellenwert ein, sie ist Teil der Kultur. Als weit reichendes Ideal gilt heute eine zivilgesellschaftlich verankerte Bau- und Planungskultur. Forderungen, Pilotbeispiele und Handlungsanleitungen (Ley/Weitz 2003) füllen seit 20 Jahren Bücher und Fachzeitschriften. Nachfolgend wird das Verhältnis zwischen Freiraumpolitik und Freiraumkulturmanagement genauer ausgelotet. An einem aktuellen Planungsbeispiel aus Saarbrücken soll diskutiert werden, inwieweit sich Elemente eines freiraumkulturbezogenen Planungsverständnisses in der Praxis wiederfinden. Dies umfasst drei unterschiedliche Dimensionen: Freiraumkultur als Ingenieurskunst (1), als alltägliche Aneignung (2) und schließlich als demokratische Herausforderung (3). Abschließend wird diskutiert, wie ein freiraumkulturbezogenes Planungsverständnis das Berufsbild der Freiraumentwicklerinnen und -entwickler verändert (4).

1 Das anspruchsvoll Machbare: Freiraumkultur als Ingenieurskunst

Lucius Burckhardt (1990) zeigt, wie wir uns Planungskultur modellhaft vorstellen können: Aus einem zunächst neutralen „Landschaftszustand" formt sich in einer gesellschaftlichen Umbruchsituation langsam ein Missbehagen. Ab einem bestimmten Punkt wird die gegebene Situation als Problem wahrgenommen. Genau wie Politiker, die sich gar nicht gern mit ‚Problemen' beschäftigen, sondern lieber ‚Hausforderungen annehmen', schöpfen Fachleute ihre Existenzberechtigung daraus, dass sie sich als Problemlöser anbieten. Planerinnen und Planer unterliegen dabei sowohl der Gefahr, sich in die Problemanalyse zu verlieben und gar nicht mehr zu den Lösungen zu kommen oder zu kurz zu denken und sofort die ihnen nächstliegende Lösung anzubieten. Nicht das Problem: ‚Wasserreinhaltung' sondern die Lösung: ‚Kläranlage', nicht der Missstand: ‚Verkehrslärm', sondern die Lösung: ‚Tunnel', nicht die Herausforderung: ‚Zukunftsstrategie unserer Stadt' sondern das Projekt: ‚Park des 21. Jahrhunderts' stehen auf der Tagesordnung der Entscheidungsgremien. Burckhardts These lautet: „Ein Problem wird ein Bau".

Eine solche marktförmige Verpackung von Problemen hat einige Vorteile. Das Problem ist anfassbar, die mögliche Lösung bereits für alle greifbar, in Form von Skizzen und 3D-Simulationen sogar schon sichtbar. Es geht nur noch um die technische Machbarkeit spektakulärer Vorschläge, die Abwägung und Entscheidung zum Projekt liegt in der Verantwortung der dafür legitimierten Parteien und Mehrheiten in den Parlamenten. Ein preisgekrönter Bau, Garten oder Park muss dann nur noch bis zum Zeitpunkt X fertig gestellt werden. So lässt sich sogar ein gewisser Sachzwang erzeugen, weil unliebsame Diskussionen als Sand im Getriebe erscheinen (Rittel 1976/1990). Die Einweihung eines solchen Bauwerks wird grandios gefeiert, was wiederum angenehme Bilder in der Presse erzeugt.

Baufachleute, fürsorgliche Politiker und effektive Verwaltungsmanager arbeiten Hand in Hand. Der Bürgerschaft und den Medien wird dabei allerdings nur eine Zuschauerrolle zugestanden, was oft genug zu Irritationen während der Umsetzung des Projektes führt. Ziel müsste es jedoch sein, ein Problem zunächst so zu fassen, dass es aus verschiedenen Blickwinkeln angemessen beschrieben ist, um daraus eine anspruchsvolle Problemlösung zu entwickeln. In Saarbrücken wurde ein akutes Planungsproblem wie folgt als Herausforderung integrativer Stadt- und Freiraumplanung konzipiert.

Das Beispiel: Saarbrückens neue Stadtmitte am Fluss
Die Stadtautobahn Saarbrücken wurde 1963 eingeweiht. Das Saarland, damals erst seit wenigen Jahren Teil der Bundesrepublik, verfügte nun über ein Zeichen großstädtischer Modernität: Mit der Stadtautobahn wurde das herrschende Leitbild der verkehrsgerechten Stadt in Szene gesetzt. Am Ende des 20. Jahrhunderts ändert sich diese Wahrnehmung. Das für Autos reservierte Saarufer wird nicht zum Denkmal, sondern ist jetzt ein ‚Umweltproblem' und eine ‚Bausünde'. Die durch den Strukturwandel gebeutelte Stadt muss dringend neue, zukunftsfähige Perspektiven erschließen. Die Verlegung der Autobahn ‚eine Etage tiefer', also eine Untertunnelung soll Platz für eine neue Stadtmitte am Fluss schaffen. Das Projekt „Stadtmitte am Fluss" trat 2008 in die heiße Planungsphase ein. Im Jahr 2015 soll das Jahrhundertprojekt (1,5 km Tunnellänge, 300 Millionen Investitionssumme) in der deutsch-französischen Region Saar-Mosel eine neue Lebensqualität ermöglichen.

Mit der europaweit ausgeschriebenen Suche nach einem Generalplanungsteam ist ein städtebaulicher Wettbewerb verbunden, mit dessen Hilfe die Landeshauptstadt das Land und den Bund als Kofinanzierer für einen EU-Großprojekteantrag gewinnen will (Dams/Kunz 2009; Oppermann 2009). Der Erfolg des Projekts hängt, so die Meinung der Ausloberin, besonders von den interdisziplinären und kommunikativen Fähigkeiten aller Beteiligten zur Teamarbeit ab. Es geht sowohl um Aspekte der Verkehrsplanung, des Hochwasserschutzes, der Landschaftsentwicklung, der Erholungsvorsorge und des Städtebaus. Folgerichtig wurde die Planungsaufgabe in Saarbrücken auch als eine integrative Aufgabe ausgeschrieben. Planungsteams mit erfahrenen Landschaftsarchitekten, Städtebauern, Brückenbauern und Künstlern konnten sich bewerben. Die Identifikation der Bürgerinnen und Bürger mit dem Projekt wird ebenfalls als wichtige Voraussetzung für das Vorantreiben der Idee angesehen. Die Auftragsvergabe an ein Generalplanerteam erfolgte auf der Grundlage der Verdingungsordnung für freiberufliche Dienstleistungen (VOF), der ein nutzwertanalytisches Auswahlverfahren zugrunde liegt. 50% der erreichbaren Punktzahl wurde für die gestalterische Leistungsfähigkeit der Teams im Kooperativen Wettbewerb vergeben. Dieses unmittelbare Kräftemessen erfolgte in einem geregelten und erweiterten Dialog mit der Jury und mit den Bürgerinnen und Bürgern der Stadt. Betrachtet man die Entwürfe der sechs konkurrierenden Teams und vergegenwärtigt sich die Diskussionen unter den Bürgern und in der Jury, so werden einige Themen immer wieder angeschnitten: Die Entwürfe zeigen viele Anknüpfungspunkte zur Geschichte der Stadt mit geschichtlich-städtebaulichen Rekonstruktionen und wichtigen Sichtbeziehungen. Die Saar wird heute im Gegensatz zu früheren Zeiten als wichtiges Kapital der Stadt gesehen. Aber weder kann die Saar renaturiert noch die Stadt historisch repariert werden. Letztlich ist jeder Entwurf der Versuch, eine möglichst plausible Argumentation für die zeitgemäße Erneuerung eines gewachsenen urbanen Flusstals zu bieten und damit das gesellschaftlich Gewünschte auf den Punkt bzw. in Gestalt zu bringen. Die funktionale Ausrichtung des Tales ändert sich dabei nur marginal.

2   Das gesellschaftlich Gewünschte: Freiraumkultur als alltägliche Aneignung von Freiraum und Inszenierung des Lebens in der Stadt

Tessin bezieht mit dem Begriff Freiraumkulturmanagement die Perspektive der Nutzerinnen und Nutzer von Freiräumen in diese Debatte ein (2004, 167ff). Sein Fokus liegt auf den Bedürfnissen der Menschen in Bezug auf ihre Inanspruchnahme und Wertschätzung von Freiräumen. Mithilfe bedürfnistheoretischer Ansätze (Maslow 1954, zit. nach Tessin 2004) und den Methoden empirischer Sozialforschung können die Ansprüche und Bedürfnisse der Menschen erfasst und interpretiert werden. Ausgangspunkt des Konzeptes ist die Erkenntnis, dass wir uns recht schnell auf die gegebenen Verhältnisse einlassen und uns mit der vorhandenen Freiraumstruktur inklusive all ihrer Mängel schnell zufrieden geben, ja sogar resignativ mit Missständen arrangieren (Tessin 2004). Befragungen zeigen, dass klassisch-grüne, robuste und eigentlich unspektakuläre Freiräume von der Bevölkerung besonders wertgeschätzt werden. Sowohl die ökologische als auch die künstlerisch inspirierte Ästhetik kommen dagegen weniger gut an. Die Forderung nach einer derartigen ökologischen oder künstlerischen Ausstattung der Freiräume kommt also nicht unbedingt von Bürgern und Laien, sondern eher von Professionellen, nicht zuletzt aus der Haltung heraus, das eigene Auskommen zu sichern (Tessin 2008).

Mangelnde Erlebnisreize der Grünflächen können aber dennoch, so Tessin, mittels kultureller Inwertsetzung verbessert werden (Freiraumkulturmanagement). Die von Gerhard Schulze (1992) identifizierten kulturellen Schemata: Das Hochkultur-, das Trivial- und das Spannungsschema, bieten vielfältige Anknüpfungspunkte, die Bürger für Freiräume zu interessieren (Tessin 2004). Beispiele sind klassische Konzerte im Barockgarten, Volksfeste auf weiträumigen Uferwiesen oder Undergroundrockfestivals auf abseitig gelegenen Industriebrachen. Jedem das Seine. Freiräume sind dafür nicht schlecht geeignet, ihr Gemeinbesitz- oder Allmendecharakter, also ihre Nutzungsoffenheit, mobilisiert und ermöglicht die Realisation vieler Nutzungswünsche. Dabei muss das Personal der Grünflächenämter nicht plötzlich zum Musikveranstalter werden. Die kulturellen Angebote können zum Beispiel in Kooperation mit Vereinen oder privaten Kulturträgern konzipiert werden. Die neuen Dienstleistungen der Planerinnen und Planer lägen darin, verträgliche Orte einer neuen Freizeitkultur zu suchen (z. B. neue Stadtstrände), die zurzeit separierten anlagenbezogenen Freiräume unter Umständen wieder in die Parks und die Landschaft zu reintegrieren (z. B. Lauftreffs, Friedwälder, Flussschwimmbäder) und die Bäume, den Park oder die Umwelt selbst zum Thema von Bildungsangeboten zu machen (Führungen aller Art).

Tessin ist sich klar darüber, dass er für die zukünftigen Freiraumkulturmanagerinnen und -manager nun ein ähnliches Dilemma wie für die Planer und Entwerfer beschreibt. Nicht nur in Bezug auf die entwerferische Qualität der Flächen, auch in Bezug auf die daran geknüpften kulturellen Angebote ist eine relativ weit verbreitete Tendenz der Menschen zu konstatieren, sich mit dem Vorhandenen zufrieden zu geben. Das von Kulturschaffenden geforderte Angebot, mit dem sich eine Stadt im internationalen Wettbewerb der Städte profilieren kann, ist teuer und nur für wenige interessant. Einfache „Genüsse" für viele, z. B. Popkonzerte oder Volksläufe, brauchen keine Gartenkunst, sondern den Freiraum als Kulisse. Unter anderem deshalb wird dieser Ansatz von Professionellen skeptisch betrachtet.

Das Beispiel: Inszenierung von Lebenskunst im Saarbrücker Stadtleben
Betrachtet man die eingereichten Entwürfe und suggerierten Visionen für das neue urbane Saartal, so wird deutlich, dass die gewünschten Freiraumnutzungen und die Inszenierung großstädtischen Wirtschafts- und Freizeitlebens einem allgemeinen, ubiquitären Trend entsprechen. Der dritte Sektor verschafft sich nach der industriellen Epoche Raum, Freizeit wird selbst zum Konsumfaktor. Im Konsens wünschen sich Bürger und Fachleute die Stadt als Freizeitpark.

Zunächst werden die Flüsse zu nutzbaren Sportanlagen: Man paddelt, rudert und schwimmt im Fluss. Neben den Brücken ermöglichen Wassertaxis die Querung des Flusses und am Rand kann man sitzen, lagern, Kaffee oder Bier trinken, auf das Wasser schauen und so das Flusstal genießen. Aussichtspunkte ermöglichen den Blick über den Fluss und die Stadt, der Schlossberg wird als ʻStadtbalkonʼ für wichtige, identitätsstiftende Stadtansichten genutzt. Die Vorrichtungen für eine spezielle Kulturinfrastruktur, z. B. für Konzerte, für Freiluftausstellungen und für Kunstevents, sind vorinstalliert. Jedes Wochenende freuen wir uns auf Feste, sportliche Wettkämpfe und Kulturereignisse der alltäglichen und der besonderen Art. Viele Wege aus den Stadtteilen führen wieder zum Fluss und zeigen eine neue, enge Verknüpfung von Stadtkörper und Flusstal.

Abbildung 1: Der Siegerentwurf des Ateliers Loidl, Berlin

Quelle: www.saarbruecken.de/de/rathaus/stadtentwicklung/aktuelle_stadtentwicklungsprojekte/
stadtmitte_am_fluss/aktuelle_projektinfos (Zugriff: 21.10.09)

Aber: „Wenn wir imstande sind diese Stadtmitte am Fluss zu bauen, werden wir nicht mehr das Geld haben, uns auch nur noch einen Rasenmäher zu leisten", so ein Kommentar aus der Jurysitzung (Oppermann 2009). Die visionierte Aneignung der Freiräume ist mit einer permanenten ‚Abnutzung' verbunden. Als besonderer nutzungsbestimmter Aspekt der Freiraumkultur muss deshalb eine Diskussion um mögliche Pflege- und Instandhaltungskosten geführt werden. Das Gewährleisten eines hohen Niveaus der Freizeitkultur funktioniert entweder über eine Etatisierung intensiver Pflege oder über eine Kommerzialisierung der Nutzungsangebote. Insofern gewann das Kriterium der langfristigen Qualitätssicherung der Anlagen (Robustheit bzw. Pflegeleichtigkeit) in Saarbrücken große Bedeutung. Dazu kommt, dass nicht nur unterschiedliche Nutzergruppen Ansprüche an den Freiraum stellen, auch multikulturelle Ansprüche und interkulturelle Beziehungen zwischen Deutschen, Franzosen, Türken, Russen etc. sind zu berücksichtigen. Saarbrücken steht in einem regionalen und internationalen Wettbewerb mit den Städten Metz, Nancy, Luxemburg und weiteren europäischen Städten. Glaspaläste und spektakuläre Kulturbauten betonen die erhoffte neue Bedeutung Saarbrückens. Nachts ist die Stadt beleuchtet, so dass sie sich nach den vorgelegten Entwurfsblättern kaum von Frankfurt und anderen Metropolen unterscheidet. Wie das lokal Bedeutsame und das global Notwendige zusammenpassen, ist jedoch offen. Ob inszenierte Freiraumkultur nur hohl wirkt oder identifikatorische Wirkungen entfaltet, wird sich zeigen.

3   Das politisch Umsetzbare: Freiraumkultur als demokratische Herausforderung

Die Entscheidungsverfahren in der Planung sind sowohl juristisch als auch politisch stark reglementiert. Kernpunkt ist die Abwägung aller planerischen Belange durch ein politisch legitimiertes, gewähltes Gremium. Zu diesen Belangen gehört in einer marktwirtschaftlichen Gesellschaft auch die Wahrung der Rechte von Flächeneigentümern, allerdings in den Grenzen, die die Gesellschaft für die Nutzung förmlich festsetzt. Die politische Rolle der Bürger ist stark auf Informations- und Kommentierungsrechte beschränkt. Aber neben der marginalen politikberatenden Rolle verschaffen sich die Bürger immer öfter einen weitergehenden Zugang zur Planung: Einmal wollen sie als engagierte, wertschöpfende Akteure wahrgenommen werden, zum anderen beherrschen sie die konfliktverstärkenden Mechanismen der Presse- und Kampagnenarbeit immer besser.

Der Bau der Waldschlösschenbrücke in Dresden, die Zukunft des Flughafens Tempelhof in Berlin und viele andere stadt- und freiraumpolitische Eskalationen zeigen, wie einzigartig und kompliziert sich ein Planungsfall zuspitzen kann. Die Freiraumpolitik im Speziellen und die räumliche Umweltpolitik im Allgemeinen bieten ein breites Spektrum unterschiedlichster Fallkonstellationen und Konflikte, bei denen sowohl für die Experten als auch für Bürger eine angemessene Rolle zu konzipieren wäre. Eine wichtige Bereicherung der Diskussion geht auf die Erprobung des Mediations- oder Konfliktlösungsansatzes in den 1990er Jahren zurück (Renn/Oppermann 1998; Oppermann/Langer 2001). Die Debatte, um die zivile Verfasstheit und Leistungsfähigkeit unserer Gesellschaft ist eng verbunden mit der Frage nach einem angemessenen Verhältnis zwischen Politik, Experten und Laien. Verwaltungsfachleute organisieren die Verfahren und bestimmen so auch den Charakter des Planungsverfahrens einmal als rechtssichere Durchsetzungsstrategie und als mehr oder weniger anspruchsvolles Diskursverfahren.

Abbildung 2: Bürgerinnen und Bürger erarbeiten Beiträge in einem Beteiligungsverfahren

Foto: Landeshauptstadt Saarbrücken

In vielen Diskursen vermischen sich nach Saretzki (1996) zwei unterschiedliche Kommunikationsmodi: Das Argumentieren mit Fakten, Wissen und Werten und das Verhandeln, bei dem Tauschgeschäfte zwischen den Akteuren vereinbart werden. In der demokratischen Mitsprache, wie in der Förderung von Engagement kommen beide Aspekte zum Tragen. Zahlreiche Vereine bieten zum Beispiel freiraumkulturelle Aktivitäten in der Stadt an. Sie organisieren Events, pflegen Parkanlagen und ‚verschönern' die Stadt. Sportvereine entdecken Parkanlagen und Wasserflächen als Sportgeräte und betreiben damit eine neuartige grüne Infrastruktur für fast jedermann. Pioniere wie Crossgolfer, Parcourer oder Künstler wagen sich in unzugängliches Gebiet. Ihr kreativer Beitrag kann im Stadtmarketing glänzend genutzt werden. Stiftungen geben Geld, Bürger Zeit, die Medien verschaffen den Projekten Resonanz. Aber dies geschieht nur unter den Bedingungen angemessener Mitsprache.

Abbildung 3: Die Jury ermittelt mit eingespielten Bewertungsroutinen die Siegerentwürfe

Foto: Bettina Oppermann

Seit Anfang des 21. Jahrhunderts werden zudem die Folgen der erweiterten direktdemokratischen Einflussmöglichmöglichkeiten der Bürgerinnen und Bürger diskutiert. Bürger- und Volksentscheide können politische Entscheidungen in Einzelfällen sogar ‚einkassieren'. Frey und Stutzer (2002, 133ff) haben festgestellt, dass politische Teilhabe einen maßgeblichen Faktor für Glück darstellt. In der Schweiz sind diejenigen Bürgerinnen und Bürger signifikant glücklicher, die über mehr Mitsprache bei Volksentscheiden verfügen als andere.

Das Beispiel: Saarbrückens Zivilgesellschaft
Das Wettbewerbsverfahren ist mit dem Anspruch der Bürger mitzureden nicht kompatibel. In Saarbrücken wurde dennoch ein ambitionierter Weg der Verknüpfung von Wettbewerb und Bürgerbeteiligung beschritten. Die aus dem VOF-Verfahren resultierenden Vorgaben besagen, dass niemand unbegründet aus einem Bieterverfahren ausgeschlossen werden darf, und dass die Auswahl eines Auftragnehmers kriteriengestützt, nachvollziehbar und transparent erfolgen

muss. Nach Verfahrensabschluss können die Bieter ihre Rechte einklagen und in Fällen nachgewiesener Ungleichbehandlung die gesamten Anstrengungen nichtig machen. Um diese Verfahrensbedingung zu gewährleisten, wurden die Kommunikationsmöglichkeiten zwischen den Entwurfsteams, der Jury und der Bürgerschaft streng kontrolliert.

Circa 200 Bürgerinnen und Bürger konnten so bei den drei zentralen Bürgerwerkstätten zur neuen Stadtmitte am Fluss dabei sein. Sie brachten ihre Visionen in Bezug auf die zukünftige Nutzung und Gestaltung des Flusstals in den Planungsprozess ein und erarbeiteten ihre eigenen Kriterien zur Bewertung der Entwürfe. Innerhalb des Verfahrens mussten die Teams ihre Entwürfe auch an der erwünschten Lebenswelt der Bürger orientieren und ihre Schlussfolgerungen gegenüber den Bürgerinnen und Bürgern erläutern. Es war vorgesehen, dass die Jury sich diese Kriterien aneignen sollte und so den Sieger des Wettbewerbs kürte. Dieser Aneignungsvorgang stellte aus der Sicht der Jury kein Problem dar. Inwieweit sich die Bürger verstanden fühlten, wäre eine eingehende Untersuchung wert. Eine Mehrheit der Teilnehmer der dritten Bürgerwerkstatt folgte schließlich der Empfehlung der Jury. Am 19. Dezember 2008 beschloss der Stadtrat, in der auch die baupolitischen Sprecher der Fraktionen des Stadtrats vertreten waren, die Empfehlung der Jury.

In der weiteren Detaillierung der Entwürfe wird sich herausstellen, wie stark man bereit ist, potenzielle Freiraumkulturträger auch weiterhin einzubinden, ihre Vorstellungen bei der Umsetzung zu berücksichtigen oder nicht gewollten Forderungen, z. B. kommerzieller Akteure, Grenzen zu setzen. Die Stadt wird im Verlauf des Projektes mit den unterschiedlichsten Interessenvertretern verhandeln, mit den potenziellen Biergartenbetreibern um Betriebsflächen, mit den Geschäftsleuten um Parkplätze, mit den Naturschutzvereinen um Bildungsangebote, mit den Sportvereinen um Einrichtungen für spezielle Sportarten und mit Kulturvereinen und Anwohnern um mögliche Events und zumutbare Lärmemissionen. Wenn private Freiraumkultur dauerhaft gefördert werden soll, dürfen diese Verhandlungen auf keinen Fall auf die Phase des Planens und Bauens beschränkt sein.

Das gewählte Verfahren zur Auswahl der Teams verlangte allen Akteuren Einiges an gutem Willen, Zeit und Innovationsbereitschaft ab. Wie genau sich in diesem partizipativ erweiterten Wettbewerbsverfahren das Kräfteverhältnis zwischen Bürgern, Experten, Verwaltung, Politik und Öffentlichkeit gegenüber einem klassischen Verfahren verändert hat, bleibt zu untersuchen. Genauso ist es heute noch nicht absehbar, ob sich durch die Öffnung des Verfahrens für die Bürger, die Aneignungsmöglichkeiten der Freiräume in den Entwürfen wirklich verbessert haben und ob der gewählte Entwurf schließlich besonders ortsangepasst, innovativ, robust oder nutzerfreundlich ist.

Die Bewertung der Bürgerwerkstätten war jedenfalls äußerst positiv auf Seiten der Bürger, der Medien und auch in der externen fachlichen Wahrnehmung. Die Landeshauptstadt wurde für das engagierte und innovative Konzept mit einem nationalen Preis für integrierte Stadtentwicklung und Baukultur 2009 belohnt.

4 Fazit: Elemente eines freiraumkulturbezogenen Planungsverständnisses

Dennoch ist die Erweiterung des klassischen repräsentativen Politikmodells nicht so problemlos wie häufig gedacht. Die Vorstellung, dass Bürger ähnlich den Schöffen als vollwertige Laienrichter in den Wettbewerbsverfahren gleichwertig mitwirken, stößt sowohl bei Politikern als auch bei den beratenden Experten auf Skepsis. So ringen Bürger um Einfluss an mehreren Fronten: Laien sind in Bezug auf ihr Wissen und ihre Art zu entscheiden mit Politikern etwa auf gleicher Augenhöhe, anders als diese aber nicht durch Wahl legitimiert. Laien können mit ihrer speziellen Form der spontanen Urteilsbildung in Konflikt mit Experten geraten, weil ihre Ästhetik des Angenehmen (Tessin 2008) nicht mit professionellen Ansprüchen an Innovatives, Spektakuläres, Standardisiertes übereinstimmt. Da gesetzlich kodifizierte Werte zudem widersprüchlich sind, stehen sie immer unter Abwägungsvorbehalt, was wiederum das Primat der Politik sowohl gegenüber Laien- als auch gegenüber Expertenberatern stärkt. Während es jedoch zum professionellen Selbstverständnis der Experten gehört, Niederlagen in der Argumentation einzustecken, frustrationsresistent zu sein, ist dies den Bürgerinnen und Bürgern kaum zuzumuten. So ist die partizipative Aufweitung klassischer Expertenberatungsverfahren, und dazu gehört auch der architektonische Wettbewerb, immer eine Art ‚Ritt auf der Klinge'.

Die hier entwickelte Vorstellung von Freiraumkulturmanagement geht über das von Tessin zur Diskussion gestellte Konzept hinaus, insofern als die politische Dimension der Kultur noch stärker betont wird. Gerade auch die Einflussmöglichkeiten gesellschaftlicher Akteure im Planungsprozess prägen die Freiräume und deren Nutzung und sind deshalb Freiraumkultur. Alle drei freiraumkulturellen Dimensionen des Planungsbegriffs sind in dem Saarbrückener Projekt „Neue Stadtmitte am Fluss" gut ablesbar. Sie beziehen sich auf die Auffassung von Planung als Ingenieurskunst, auf die alltägliche Aneignung und deren urbane Inszenierung und auf die Organisation von Prozessen gesellschaftlicher Auseinandersetzung und Teilhabe. Freiraumkulturmanagement setzt also einen dreifach erweiterten Planungsbegriff voraus, der ingenieurwissenschaftlich-kreative, gesellschaftliche und politische Herausforderungen in sich birgt:

Zu den *ingenieurwissenschaftlich-kreativen Herausforderungen* zählen integrative und iterative Planungsauffassungen:
- *Integrative Planung:* Nachdem mit der Charta von Athen die Separierung der Nutzungen im Städtebau vorangetrieben wurde, geht es heute um eine stärkere Integration verschiedener Nutzungen. Dies bedeutet die Berücksichtigung verschiedener Funktionalitäten in einem Entwurf, gewissermaßen eine fiktive Stapelung von Nutzungen oder zumindest ein Zusammenschieben möglichst verträglicher Nutzungen. In Saarbrücken ist das urbane Flusstal weiterhin eine Verkehrsstrasse, durchschnitten von einem Autobahntunnel und einer stark frequentierten Erschließungsstraße (Boulevard), gleichzeitig ist es aber auch ein neuer Aufenthalts- und Identifikationsort der Saarbrückerinnen und Saarbrücker. Unverträglichkeiten und Störungen können einerseits durch ortsangepasste gute Entwürfe, andererseits durch intelligente Regeln des Zusammenlebens entschärft werden.
- *Iterative Planung:* Innerhalb jedes Planungsprozesses gibt es Vor- und Rückschritte, weil jeder Detaillierungsschritt rückwirkend auch die Grundüberlegungen eines Entwurfs noch einmal in Frage stellen kann. Ein angemessenes Voranschreiten des Prozesses, die richtige Maßstäblichkeit und Detailgerechtigkeit der Pläne, ist notwendig. Qualität entsteht durch gute Skizzen und Ideen, gute Rohentwürfe, gute Feinplanungen, gute Regeldetails und schließlich gute Werkpläne. Alle diese Zwischenschritte bedeuten ein punktuelles Innehalten, an dem sich Diskussionen entzünden können. In Saarbrücken wurde dieses Phänomen genutzt, um sich der Mitwirkungsbereitschaft der Bürgerinnen und Bürger zu vergewissern. Eine Nulloption wurde allerdings nicht zur Diskussion gestellt und das Gewicht der Bürger bei der Kür des besten Teams stand deutlich hinter dem der Jury zurück. Die Planerteams lernten dennoch aus den Gesprächen mit Bürgern, die Interessen der Beteiligten aufzuspüren und diese in den Entwürfen zu verarbeiten. Im weiteren Verlauf des Projektes werden diese Kompetenzen immer wieder gebraucht. Planungsaufwand, Zeitdruck und Kommunikationsbedarf müssen richtig bemessen sein.

Zu den *gesellschaftlichen Herausforderungen* zählt die Schaffung von Voraussetzungen für alltägliche Aneignung und deren urbane Inszenierung.
- *Alltägliche Aneignung:* Die über das Jahr, die Woche und die Tageszeit verteilten Freiraumaktivitäten verändern sich mit einer alternden, multikulturelleren und sich polarisierenden Gesellschaft. Planerinnen und Planer tun gut daran, die soziologischen Erkenntnisse gesellschaftlicher Veränderung ernst zu nehmen und das Geschehen aufmerksam zu beobachten. Wie kann muslimischen Frauen die Möglichkeit zur Sportausübung ermöglicht wer-

den? Wo sind die Orte, an denen sich die Bierfreunde in der Stadt treffen können? Wie oft kann ein öffentlicher Garten gegen Gebühr als ‚location' für ein privates Fest geschlossen werden? Ohne eine gute Zusammenarbeit zwischen professionellen und ehrenamtlichen, städtischen und privaten Freiraumkulturmanagern wird dies sicher nicht gelingen. Nach dem Verzicht auf Pflege während der „Ökologisierungsphase" der Freiraumpolitik und der Debatte um formal-ästhetische, pflegeintensive Gestaltkonzepte scheint sich nun in Saarbrücken das neue Zielbild einer robust grünen und kulturell betreuten Stadtlandschaft herauszukristallisieren. Ob dieses Modell funktioniert, wird noch zu beweisen sein. Die materielle und die soziale Gebrauchsfähigkeit einer solchen ‚grünen Infrastruktur' mit einer starken Verantwortung der Bürger unter- und füreinander ist für Ingenieure nicht mehr so einfach berechenbar wie früher der Durchmesser eines Abwasserkanals. Ihre Arbeit steht nun im Zentrum öffentlicher Diskussionen und Verhandlungen.

- *Urbane Selbstinszenierung und Identifikation:* Die Grenzen der Qualifizierung, Festivalisierung und Kommerzialisierung der Freiraumkultur sind im globalen oder zumindest regionalen Wettbewerb der Städte schwer zu ziehen. Die Gefahr der schalen Inszenierung einer schönen, neuen, urbanen Welt besteht durchaus. Bildschablonen, Nutzungsklischees, städtebauliche Moden und problematische Zugeständnisse gegenüber potenziellen Investoren können sämtliche Bemühungen um die Unverwechselbarkeit der Stadt zunichte machen. Ob in den Saarbrücker Entwürfen die argumentativ behauptete Ortsbezogenheit wirklich ablesbar sein wird oder ob die europäische Ausschreibung mit der Teilnahme bundesweit renommierter Teams letztlich zu einem zwar zeitgemäßen aber austauschbaren Entwurf geführt hat, wird sich zeigen. Es ist sowohl eine Aufgabe der professionellen Planer, solche ortsbezogenen Elemente mithilfe ihrer erlernten Analyseinstrumente zu identifizieren und entwerferisch herauszuarbeiten als auch der Saarbrücker Bürger, diese Qualität in der Planung immer wieder einzufordern. Die Einzigartigkeit der Freiräume erwächst gerade aus ihrer Sperrigkeit, wenn selbst auferlegte naturräumliche und historische Planungsrestriktionen als Chance verstanden werden.

Zu den *politischen Herausforderungen* zählen bürgerschaftliches Engagement und partizipativ fundierte Entscheidungen.
- *Bürgerschaftliches Engagement:* Das von Politikern beschworene Engagement der Bürger für ihre Stadt wird in Zukunft zu einem zentralen Thema der Stadtgesellschaft werden. In vielen Feldern der sozialen Infrastruktur, so auch im Freiraumkulturmanagement, stellt sich die Frage, wie viel Professionalität und welches Laienengagement man sich für welche (freiraumkul-

turellen) Angebote zu welchen Kosten leisten kann und will. Sowohl die Behauptung der Berufsverbände, dass professionelle Leistungen immer die besseren seien, als auch die Annahme, dass bürgerschaftliches Engagement zum Nulltarif zu haben sei, sind falsch. Viele Saarbrückerinnen und Saarbrücker waren begeistert über den neuen Stil im Umgang mit ihnen. Ob sie aufgrund einmaliger Ansprache bereit sind, die gewünschte Lebensqualität zu bezahlen oder selbst zu organisieren, wird sich zeigen. Weiteres Wissen über die Präferenzen der Bürger, die Selbstdefinition gesellschaftlicher Gruppen, die Dynamik der Auseinandersetzung bei Konflikten und die Voraussetzungen für gesellschaftliches Engagement, wird dringend benötigt. Ohne eine Intensivierung der Mitsprachemöglichkeiten für die Engagierten wird dieses Konzept letztlich nicht zu verwirklichen sein.

- *Partizipative Entscheidung:* Ziel ist es, eine systematischere Erörterung der verschiedensten Sichtweisen auf die Planungsvorhaben zu ermöglichen und dabei sowohl argumentative als auch verhandlungsorientierte Diskurse mit den jeweils Richtigen zu organisieren. Dabei wird man nie alle dazu bringen, sich zu beteiligen, es gibt immer die ‚unüberraschbaren Apathischen'. Bürgerbeteiligung alleine ist auch keine Garantie für ein optimales Diskursniveau. Ohne die ernsthafte und langwährende Mitwirkung der Bürger steigt jedoch das Risiko von ablehnenden Bürgerentscheiden und Protestwahlen. Sogar satte Mehrheiten in den Räten erfordern dieses Vorgehen, weil Nachteile, Negativfolgen oder die speziellen Betroffenheiten bestimmter Bevölkerungsgruppen dann meist unzureichend öffentlich diskutiert werden. Alleine die Größenordnung und die Bauzeit des Projektes werden die Saarbrücker vor große Herausforderungen stellen. Für ein solches Projekt müssen deshalb breite, informierende und in den Augen der Bürger einflussreiche Mitentscheidungsverfahren gewählt werden.

Verzweifelt gesucht: Freiraumkulturmanagerin/-manager
Ingenieure wollen die Welt formen und verändern. Dazu gehören Wasserbauer, Verkehrsplaner, Siedlungswassermanager, Landschaftsarchitekten, Stadtplaner etc. Sie stellen einem beobachteten Ist-Zustand der Welt einen Soll-Zustand gegenüber und planen häufig, ohne sich der implizit verfolgten Werte und kulturell eingeübten Muster bewusst zu sein. Zu den Gesellschaftswissenschaftlern gehören Soziologen, Politologen, Sozialgeografen, Ethnologen, Kulturwissenschaftler, Linguisten und Ökonomen. Ihr Ziel ist es, die Mechanismen zu finden, die gesellschaftliches Zusammenleben ausmachen und die Folgen individuellen und gesellschaftlichen Handelns aufzuzeigen. Da diese Folgenabschätzung aber immer multiperspektivisch angelegt sein sollte und von starken Ambivalenzen geprägt ist, ist es für sie schwer, in selbstgewisser Haltung Vorschläge in die

Welt zu setzen und zu warten, wie sich die Gesellschaft an ihnen abarbeitet. Beide Herangehensweisen sind für sich genommen nicht ausreichend. Weder können wir schwerwiegende Bau- oder Landschaftsmängel mit sozialen Maßnahmen, Bespielung und Umwertung wirklich eliminieren, noch können wir gesellschaftliche Missstände durch bauliche Aktivitäten aus der Welt schaffen.

Die Differenz der Sichtweisen zwischen Laien und Experten wiegt ebenfalls schwer. Neben die ästhetische Genügsamkeit der Laien tritt die kulturelle und die politische. Während sich Lieschen Müller gerne in grünem übersichtlichen Terrain aufhält, wünscht sich Dr. Landschaftskunst raffinierte Freiraumfiguren aus edlem Material, während Lieschen Müller gerne ein Popkonzert anhört, unterscheidet Dr. Kulturerbe zwischen erwünschten natur- oder parkbezogenen Aktivitäten und nicht erwünschten anderen. Während Lieschen Müller oft mit der Entscheidung des Stadtrates zufrieden ist und nur bei echtem Ärger aktiv wird, betrachtet Dr. Empowerment sowohl die Zurückhaltung als auch den Bürgerentscheid skeptisch. Hehre Ideale, schnöde Wirklichkeit.

Es besteht also die Notwendigkeit, eine angemessene Reduktion der aufgezeigten Planungskomplexität zu finden und Probleme auf das anspruchsvoll Machbare, das gesellschaftlich Gewünschte und das politisch Umsetzbare zu fokussieren. Die immer deutlicher werdende Begleitmusik kultureller Inwertsetzung von Freiräumen wäre so zu fördern, dass alte und neue gesellschaftlich gebrauchte Kulturtechniken sinnvoll aus der Garten- und Landschaftskultur heraus entwickelt werden. So könnte eine Identifikation der Bevölkerung mit ‚ihrer' Stadt und eine bildträchtige Außendarstellung gelingen. Hinter der materiellen Gestalt der Landschaften, Gärten und Bauwerke nehmen wir eine weitere soziale Welt der Wünsche, Konflikte und Entscheidungen wahr, mit der wir uns auseinandersetzen müssen. Ein unendlich weites, spannendes und interdisziplinäres Berufs- und Forschungsfeld tut sich auf. Und dafür brauchen wir geeignetes Personal. Freiraumkulturmanager erwachsen aus den unterschiedlichsten Ausbildungsgruppen (Didaktiker, Künstler, Animateure, Spaziergangsforscher etc.). Landschaftsarchitekten könnten hier gut vertreten sein, wenn sie ihre ‚nörgelnde Platzwartmentalität' abschütteln (Tessin 2004, 182). Dank des Wortungetüms am Schwarzen Brett kann ich dem neuen Berufsbild nun einen Namen geben.

Wir suchen ab sofort eine/einen

Freiraumkulturmanagerin/-manager

Sie genießen den Kontakt mit Menschen und verstehen es, komplizierte Planungsaufgaben in der Umweltpolitik und Stadtplanung so zu thematisieren, dass das kulturelle Leben unserer Stadt dadurch bereichert wird. Sie argumentieren und verhandeln mit Bürgerinnen und Bürgern, Vereinen, Investoren, Veranstaltungsagenturen und Planern. Dabei haben Sie eine klare Vorstellung der Freiraumqualitäten, die die Stadtregion im Wettbewerb mit anderen stärkt. Sie kennen sich im freiraumpolitischen Diskurs bestens aus und beherrschen die gängigen Methoden der empirischen Sozialforschung, um zu erfahren, was die Bürgerinnen und Bürger in unserer Stadt bewegt. Sie können für unterschiedlichste Themen und Konflikte ein Bürgerbeteiligungsverfahren maßgerecht konzipieren und effizient durchführen.

In diesem Sinne sind Sie nicht nur Scout in der Zivilgesellschaft von heute und morgen, sondern auch Kulturschaffende. Wir wünschen uns von Ihnen eine selbstkritische Forscherhaltung gegenüber unserer lebendigen Stadtgesellschaft und ein selbstbewusstes Bekenntnis als Planerin/Planer zum Steuerungsanspruch und zur Verantwortung der Stadt für ihre Zukunft.

Aussagekräftige Bewerbungen bitte an:
Dr. Landschaftskunst, Dr. Kulturerbe, Dr. Empowerment und Lieschen Müller

Literatur:

Burckhardt, Lucius 1990: Ein Problem wird ein Bau – das übliche politisch-fachliche Entscheidungsverfahren. In: Institut für Grundlagen der Planung der Universität Stuttgart (Hg.): Symposiumsbericht „Entwurfs- und Planungswissenschaft" in Memoriam Horst W. Rittel, Stuttgart, S. 39-44.

Dams, Carmen/Kunz, Monika 2009: Saarbrückens neue „Stadtmitte am Fluss". In: Stadt und Grün, Berlin, S. 21-25.

Frey, Bruno S./Stutzer Alois 2002: Happiness and economics, how the economy and institutions affect well being, Princeton University Press.

Ley, Astrid/Weitz, Ludwig 2003: Praxis Bürgerbeteiligung, ein Methodenhandbuch, Stiftung Mitarbeit, Arbeitshilfen Nr. 30, Bonn.

Oppermann, Bettina/Langer, Kerstin 2003: Umweltmediation in Theorie und Anwendung, Leitfaden der Akademie für Technikfolgenabschätzung in Baden-Württemberg, 2. Auflage, Stuttgart.

Oppermann, Bettina 2009: Baukulturelle Innovationen für Saarbrückens neue Stadtmitte am Fluss. Materialien zum Forschungsvorhaben ‚Bürgerorientierte Baukultur'. Institut für Freiraumentwicklung der Leibniz Universität Hannover, unv. Man.

Rittel, Horst W. 1972: Zur Planungskrise: Systemanalyse der ersten und zweiten Generation. In: Rittel, Horst W. 1992: Planen, Entwerfen, Design, Facility Management 5, Stuttgart, S. 37-58.

Rittel, Horst, W. 1976: Sachzwänge – Ausreden für Entscheidungsmüde? In: Rittel, Horst W. 1992: Planen, Entwerfen, Design, Facility Management 5, Stuttgart S. 271-281.

Renn, Ortwin/Oppermann, Bettina 1998: Politische Kommunikation als Partizipation. In: Jarren, Otfried/Sarcinelli, Ulrich/Saxer, Ulrich (Hg.): Politische Kommunikation in der demokratischen Gesellschaft, ein Handbuch mit Lexikonteil, Opladen, S. 352-361.

Saretzki, Thomas 1996: Wie unterscheiden sich Argumentieren und Verhandeln? Definitionsprobleme, funktionale Bezüge und strukturelle Differenzen von zwei verschiedenen Kommunikationsmodi. In: Prittwitz, Volker von: Verhandeln und Argumentieren, Dialog, Interessen und Macht in der Umweltpolitik, Opladen, S. 19-39.

Schulze, Gerhard 1992: Die Erlebnisgesellschaft – Kultursoziologie der Gegenwart, Frankfurt.

Tessin, Wulf 2004: Freiraum und Verhalten. Soziologische Aspekte der Nutzung und Planung städtischer Freiräume. Eine Einführung, Wiesbaden.

Tessin, Wulf 2008: Ästhetik des Angenehmen. Städtische Freiräume zwischen professioneller Ästhetik und Laiengeschmack, Wiesbaden.

Prof. Dr. Bettina Oppermann
Freiraumpolitik und Planungskommunikation
Institut für Freiraumentwicklung
Fakultät für Architektur und Landschaft
Leibniz Universität Hannover

Innovation in der Stadtplanung?

Johann Jessen und Uwe-Jens Walther

Der Begriff Innovation ist seit langen Jahren in der anwendungsbezogenen Stadtforschung gebräuchlich. Ein aktuelles Beispiel unter vielen ist das breit angelegte ExWoSt-Forschungsfeld „Innovationen für familien- und altengerechte Stadtquartiere" des Bundesinstituts für Bau-, Stadt- und Raumforschung (BBSR) mit 27 Modellvorhaben in der Bundesrepublik, in denen neue Ansätze der Quartiersentwicklung verfolgt werden, die sich offensiv den Folgen des demographischen Wandels stellen (BBR 2007). Gewöhnlich wird in diesem Forschungskontext der zentrale Begriff der Innovation nur selten expliziert (als Ausnahme Fuhrich 2005). Es wird dies offensichtlich nicht für erforderlich gehalten, weil von einem breiten Einverständnis unter den Beteiligten und den Adressaten über das ausgegangen wird, was mit Innovation in diesem Kontext gemeint sei. Nach diesem unausgesprochenen Einverständnis gelten Projekte als innovativ, die bezogen auf wichtige Ausschnitte der räumlichen Planung bewusst von der bisherigen Routine abweichen und als gelungenes Einzelmodell grundsätzlich das Potenzial enthalten, zum erreichbaren Vorbild für andere oder gar zu einer neuen Routine zu werden – sei es, weil sie bessere Antworten auf alte Probleme oder aber aussichtsreiche Antworten auf neue Probleme bieten. Sie sind innovativ, insofern sie eine begründete Hoffnung enthalten, dass andere ihnen erfolgreich nacheifern können. Darin spiegelt sich die Logik der Dokumentationen von *best practices* und der Forschungsvorhaben des Experimentellen Wohnungs- und Städtebaus (ExWoSt) seit ihren Anfängen in den frühen 1980er Jahren; diese haben unzweifelhaft ihre Berechtigung, zumal die Frage der Übertragbarkeit der in diesem Sinne „innovativen" Projekte dabei stets zentral ist.

Dieser im Bereich der Stadtpolitik und Stadtforschung in der Regel verwendete Begriff der Innovation ist nicht identisch mit dem Begriff der sozialwissenschaftlich orientierten Innovationsforschung, die sich mit den sozialen und ökonomischen Auswirkungen des technologischen Wandels befasst (vgl. zum Folgenden Braun-Thürmann 2005, 30ff). In diesem Beitrag gehen wir von dem dort verwendeten Innovationsbegriff aus, übertragen ihn auf die räumliche Planung und diskutieren seine Tauglichkeit auch für dieses Handlungsfeld. Im sozialwissenschaftlichen Verständnis der Innovation ist seit Schumpeter (1964) stets Doppeltes enthalten. Innovation ist zum einen als das erfolgreiche Umsetzen neuer Ideen in die Realität zu verstehen; innovativ ist eine Idee nur dann, wenn sie den

Weg in die Umsetzung schafft. Schumpeter unterscheidet zwischen „einen Weg bauen" (Innovation) und „einen Weg gehen" (Routine). Zum anderen schließt der Begriff ein, dass infolge der Innovation sich über kurz oder lang die bisherige Praxis in ihrer Breite verändert, eine Idee sich also nicht nur umsetzen lässt, sondern sich auch durchsetzen kann. Ein Beispiel dafür wäre der technologische Wandel im Berufsfeld der räumlichen Planung: die digitalen Zeichenprogramme, Rechner und Plotter stellen in den letzten 15 Jahren eine Innovation in den Darstellungs- und Präsentationstechniken dar, die die Epoche der Rapidographen und Pausmaschinen beendete. Nach diesem Begriffsverständnis würden allerdings bisher keine der Modellvorhaben aus dem ExWoSt-Forschungsfeldes „Innovationen für familien- und altengerechte Stadtquartiere" und wohl überhaupt die wenigsten der zahlreich dokumentierten *best practices* den Anspruch erheben können, innovativ zu sein.

Lässt sich dieses sozialwissenschaftliche Verständnis von Innovation nutzbar machen, um zu erfassen, wie im Bereich der räumlichen Planung „Neues in die Welt" kommt, sich dort behauptet und zur Regel oder Routine wird? Stadtplanung scheint ein besonders geeigneter Testfall, dieser Vermutung nachzugehen, da sie bisher weitgehend ohne einen solchen Begriff ausgekommen zu sein scheint. Moderne Stadtplanung hat seit ihren Anfängen in der zweiten Hälfte des 19. Jahrhunderts die Kernaufgabe, durch funktionale und gestalterische Vorschläge sowie rechtliche Vorgaben städtisches Wachstum zu steuern, gefährdete Güter (Natur und Landschaft, Baudenkmäler) zu schützen, Konflikte zwischen konkurrierenden Nutzungen zu mindern sowie die Infrastrukturen bereitzustellen, wo dies der Markt nicht leistet. Seit Ende der 1990er Jahren muss sich Stadtplanung in der Bundesrepublik, vornehmlich in den neuen Bundesländern, auch der neuen Aufgabe stellen, das Schrumpfen von Städten zu steuern und zu gestalten. Hierzu wurden in den letzten Jahren Konzepte und Instrumente, vor allem im Rahmen des Bundesprogramms Stadtumbau Ost, entwickelt. Immer wieder hat es dabei für zentrale Aufgaben komplexe Neuorientierungen der Ziele und Konzepte gegeben, die die bis dahin ausgeübten Routinen in Frage stellten und ablösten, ohne dass sie jedoch mit dem Begriff der Innovation belegt wurden. Doch wie sind in den traditionellen Aufgabenfeldern der Steuerung der räumlichen Entwicklung und der Gestaltung der gebauten Umwelt substanzielle Neuerungen entstanden und wie haben sie sich durchgesetzt? Gemeint sind hier nicht Optimierungen bewährter Routinen, sondern grundlegende Ziel- und Verfahrenswechsel. Es macht den Kern der Definition der Innovation aus, dass sich eine „Erfindung" oder eine „Strategie" nur ex-post als innovativ qualifizieren lässt.

Es kann in erster Annäherung sinnvoll sein, auch in der räumlichen Planung generell zwischen zwei Arten von Innovation, Produkt- und Prozessinnovation, zu unterscheiden. Die Stadtplanung liefert erneut instruktive Illustrationen dafür.

Zwei Beispiele können *Produktinnovation* der Stadtplanung in der Bundesrepublik der letzten 50 Jahre verdeutlichen: Die Einrichtung der *Fußgängerzonen* in den Innenstädten seit Mitte der 1960er Jahre und die Einführung der *Flächenhaften Verkehrsberuhigung in Wohngebieten* in der ersten Hälfte der 1980er Jahre. In beiden Fällen handelt es sich um substanzielle und komplexe Richtungswechsel der bis dahin verfolgten Praxis in wichtigen Aufgabenfeldern der Stadtplanung, die weit reichende Konsequenzen für das Leben in den Städten hatten. Beide sind nach wie vor in Geltung – solange bis neue Citykonzepte oder Strategien der Verkehrsplanung in Wohnquartieren diese heutigen Routinen wieder erfolgreich in Frage stellen. Als Beispiele für *Prozessinnovation* können der *Städtebauliche Rahmenplan* und der *Vorhaben- und Erschließungsplan* (inzwischen vorhabenbezogener Bebauungsplan) gelten. Heute sind beide seit langem etablierte und bewährte informelle bzw. formelle Planungsinstrumente. Der städtebauliche Rahmenplan wurde in seinen konzeptionellen und methodischen Grundzügen aus der kommunalen Stadterneuerungspraxis heraus Ende 1960/Anfang der 1970er Jahre entwickelt. Der Vorhaben- und Erschließungsplan ging aus den Übergangsregelungen für das Baurecht in den neuen Bundesländern hervor. In allen vier Fällen vollzog sich dieser Prozess der Neuorientierung über einen längeren Zeitraum[1].

Lassen sich in der räumlichen Planung ähnliche Prozesse und Strukturen wie bei technologischen Innovationen in Wirtschaft und Gesellschaft identifizieren? Oder bilden sich eigenständige Muster ab, die dem besonderen gesellschaftlichen Kontext der Stadtplanung geschuldet sind? Es gibt offensichtlich gute, auch in der planungstheoretischen Debatte bereits vorgetragene Gründe dafür, die Kategorie der Innovation, wenn überhaupt, nur zögerlich und mit Vorbehalten auf die räumliche Planung anzuwenden. Diese Gründe werden in den Besonderheiten des Handlungsfelds der räumlichen Planung gesehen und lassen sich erneut am Beispiel der Stadtplanung exemplifizieren (vgl. auch Selle 2004):

- *Lokale Gebundenheit:* Jede stadtplanerische Lösung ist in besonderem Maße immer eine Lösung für einen bestimmten Ort zu einem bestimmten Zeitpunkt. Ihr Erfolg bemisst sich zu einem großen Teil daran, inwieweit diese Anpassung an die lokalen Besonderheiten gelungen ist. Jede Planung ist

---

[1] Wenn in diesem Beitrag von Innovation gesprochen wird, ist vorrangig die konzeptionelle und methodische Erneuerung der Disziplin Stadtplanung selbst gemeint, nicht die der Planung zugewiesene Aufgabe, gesellschaftliche Innovation zu induzieren und zu fördern („Innovation durch Planung"), wenngleich hier präzise Trennungen nicht möglich sind, da eine „innovationsorientierte Planung" sich neuer Konzepte und Verfahren bedienen muss, um erfolgreich zu sein, sich zwingend also auch selbst erneuern muss. Vgl. hierzu ausführlich die grundlegende Arbeit zu „Innovationsorientierte Planung" von Ibert (2003) sowie die empirische Untersuchung von Siebel u. a. (2001) am Beispiel der IBA Emscher Park und der EXPO Hannover.

somit ein Unikat. Dies setzt grundsätzlich Grenzen der Verallgemeinerbarkeit von Innovation, muss sie aber deswegen nicht ausschließen.
- *Ziel- und Verfahrenskonstanz als Qualitätsmerkmal:* Wesentliche Erfolgsvoraussetzung von Stadtplanung ist ein in sich konsistentes Verhalten über einen längeren Zeitraum. Das Festhalten an einmal für richtig gehaltenen Zielen und Konzepten gegen tagesaktuelle Änderungswünsche gilt als eine zentrale, durch Erfahrung gestützte Planertugend (Jessen/Reuter 2006, 51). Diese Haltung steht in einer Spannung zu schnellen Ziel- und Verfahrenswechseln, die auch durch sich plötzlich bietende Innovationsoptionen nahe gelegt werden können.
- *Politikabhängigkeit:* Stadtplanung ist immer in einen politischen Prozess eingebunden. In ihrem Handlungsfeld ist der kommunale Stadtplaner oder die Stadtplanerin nur eine/r unter mehreren Akteuren; entsprechend sind von vornherein auch immer schon die Kontrolle der Randbedingungen und damit die Möglichkeiten der Implementation neuer Konzepte begrenzt. Diese Randbedingungen ändern sich laufend, so dass planerische Routinen nicht nur deshalb in Frage gestellt werden, weil sich bessere Lösungen für die gleiche Aufgabe anbieten, sondern weil neue Ausgangslagen immer wieder eine Änderung der Konzepte erfordern.
- *Stadtbaugeschichte als Innovationsressource:* Es gehört zu den Besonderheiten der räumlichen Planung, dass anders als etwa in nahen Fachgebieten wie der Baukonstruktion oder der Verkehrstechnik die Geschichte des Faches selbst immer schon als ein mehr oder weniger tragfähiger Fundus angesehen wird, aus dessen Repertoire man sich für neue Konzepte bedienen kann (Jessen 2004; Lang 2000). Oft waren innovative stadtplanerische „Produkte" der letzten Jahre Transformationen früherer Planungskonzepte. Die Innovation lag in einer neuen Mischung bekannter Komponenten, der Bruch also in der Reprise von bereits Abgelegtem.

Diese Einwände erfordern zwingend, die Konzeption von Innovation an den besonderen Kontext der Stadtplanung anzupassen. Allerdings unterscheiden sich Innovationen in der räumlichen Planung in einer entscheidenden Hinsicht nun gerade nicht grundsätzlich von den herkömmlichen technologischen Innovationen auf dem Weg von der „neuen Idee" zur „neuen Routine". Auch sie können ebenfalls nur als ein sozial, ökonomisch und oft auch politisch überformter Prozess begriffen werden (Braun-Thürmann 2004). Es lassen sich durchaus instruktive Parallelen zu sozialwissenschaftlichen Konzeptualisierungen ziehen, welche die zeitlichen, organisatorischen und symbolisch-kulturellen Dimensionen von Innovationsprozessen, also ihren multidimensionalen Kontext betonen: „Wenn man die Werte und Weltbilder (...) in lokal und zeitlich begrenzt wirksame Leitbilder und Traditionen auflöst und sie als implizite kulturelle Modelle zur Orientierung konkreter Technikentwicklungen spezifiziert, dann spielen kulturelle Muster und Orientierungen sowohl bei der Entwicklung wie auch bei der Verwendung von Techniken eine prägende Rolle" (Rammert 1999, 15). Dieses Postulat der technikwissenschaftlich orientierten Soziologie könnte sich unseres Erachtens auch für die Analyse, Gestaltung und Steuerung der Stadtentwicklung konzeptionell fruchtbar machen lassen. Der Begriff der Innovation, so das Leitmotiv der folgenden Überlegungen, bietet mithin auch für die Stadtplanung ein geeignetes Beobachtungsformat, mit dessen Hilfe es möglich ist, auch die Prozesse des Wandels in der kommunalen Planung angemessen zu analysieren. Als Innovation in der Stadtplanung werden im Folgenden also Neuerungen verstanden, die über die einzelne Stadt oder die einzelne Behörde hinaus ausstrahlen und zum Muster für andere werden, sich also durchsetzen und in Rechtsinstrumenten, Förderrichtlinien und anderen Normen wiederfinden. Dies bedeutet, dass Innovationen auch in der Stadtplanung nur ex-post als solche identifiziert und zum Gegenstand empirischer Untersuchung gemacht werden können.

Auch wenn sich in Analogie zur technologischen Innovation in Wirtschaft und Gesellschaft unterschiedliche Phasen der Generierung und Durchsetzung von Innovationen identifizieren lassen, steht zu erwarten, dass der Prozess der Innovation in der Stadtplanung einer eigenen Logik folgt und eigenständige Merkmale aufweist, die zu berücksichtigen sind:

- Markt- vs. Politikimperativ: Produzierende Unternehmen sind um ihres Überlebens willen zur technologischen Innovation gezwungen. Dieser Imperativ hat im Handlungsfeld der räumlichen Planung keine unmittelbare Entsprechung. Im Bereich der Technologieentwicklung in Wirtschaft und Gesellschaft sind Innovationsprozesse und ihre bewusste Gestaltung inzwischen essentieller Bestandteil. Stadtplanung reagiert dagegen vor allem auf „funktionelle Mängel", wobei unterschiedliche Praktiken nebeneinander bestehen können. Dieser dominante Modus des Reagierens rührt auch vom fortwährenden Wechsel der Umstände, in die Planungsprobleme eingebettet sind.

- *Situationsabhängigkeit:* Für Innovationen in der Stadtplanung können keine oder nur sehr begrenzt Laborbedingungen erzeugt werden. Erfindung und Entwicklung sind unauflöslich in den praktischen Prozess der Umsetzung eingebunden. Neuerungen müssen von Beginn an „bei laufendem Motor" der Stadtentwicklung (Selle) in die Welt gebracht werden, d.h. in einem konkreten Ort, unter gegebenen lokalen Interessenskonstellationen und geltenden rechtlichen und organisatorischen Voraussetzungen.

- *Erfolgskriterien:* In der Industrie und Technik bemisst sich der Erfolg von Innovationen vorrangig daran, ob sie sich auf dem Markt durchsetzen können. Die Verkaufszahlen und damit die Kostenrendite sind Gradmesser für den Erfolg, der sich statistisch erfassen lässt. In der Stadtplanung ist wirtschaftlicher Ertrag nicht das primäre Ziel und Antrieb für die Durchsetzung von Neuerungen, sondern ihr Beitrag zur Bewältigung von Problemen des Gemeinwesens, die häufig gerade durch Marktversagen entstanden sind. Zwar ist es auch dort durchaus vorstellbar, den Erfolg einer Innovation durch Indikatoren zu objektivieren und zu messen. Der entscheidende Unterschied liegt aber darin, dass sich der Erfolg vor allem am Grad der politischen Zustimmung bemisst, die sie findet – in gewählten Gremien, in der lokalen Öffentlichkeit und/oder bei Fördermittel vergebenden Instanzen. Es stehen sich hier grundsätzlich verschiedene Modi der Handlungskoordination gegenüber: Legitimität politischen Handelns vs. Markteffizienz. Inzwischen darf aber auch hier von Annäherungen im Zuge der strukturellen Veränderungen von öffentlichen Verwaltungen als *New Public Management* ausgegangen werden.

Diese Unterschiede in den Entstehungs- und Verlaufslogiken von Innovationsprozessen in Wissenschaft und Technik einerseits und Stadtplanung andererseits sind im Blick zu halten, wenn man in diesem Feld durch empirische Forschung an ausgewählten Ausschnitten kommunalen Handelns zu neuen Erkenntnissen gelangen will. Die leitenden Fragestellungen wären dann: Wie lassen sich Innovationsprozesse in der kommunalen Planung in ihrer zeitlichen, organisatorischen und symbolischen Dimension erfassen und strukturieren? Nach welchen Kriterien, nach welchem Muster und vermittelt durch welche Mechanismen erneuert sich das inhaltliche, konzeptionelle und methodische Repertoire des Fachs? Hier lassen sich drei Analysedimensionen unterscheiden: zum einen die zeitliche Dimension (Phasierung, Verlaufslogik), zum zweiten die organisatorische Dimension (Netzwerke, Medien) und schließlich die symbolisch-kulturelle Dimension (Leitbilder, Normen) von Innovationsverläufen.

1   Verlaufslogik – Phasierung des Innovationsprozesses

Auslösende Momente für technologische Innovationen in Wirtschaft und Gesellschaft können entweder „funktionelle Mängel" des alten Modus sein, die die verstärkte Suche nach Innovationen nahe legen, oder aber „wissenschaftliche Fortschritte", die grundsätzlich neue Optionen eröffnen (Braun-Thürmann 2005, 44). Dies wird auch in Rekurs auf Kuhn (1976) als Durchsetzungsprozesses eines neuen technologischen Paradigmas charakterisiert. Dieser „evolutionäre Mechanismus" umfasst nach Braun-Thürmann (2005, 45f) im Wesentlichen drei ineinander verschränkte Phasen, die sich unseres Erachtens auch auf die räumliche Planung übertragen lassen: In Analogie zur technologischen Innovation in der Wirtschaft lassen sich auch in der Stadtplanung unterschiedliche Phasen der

Generierung und Durchsetzung von Innovationen identifizieren. Je nach Handlungsfeld können sie jedoch eine eigene Entwicklungslogik herausbilden:

- *Entstehungsphase:* Für den Bereich der technologieorientierten Wirtschaftszweige wird in dieser Phase durch Forschung und Entwicklung die technologische Innovation erzeugt. „Das Neue entsteht." Es ist dies ein komplexer, nicht-linearer Prozess, der durch Arbeitsteilung, Austausch und Kooperation in Netzwerken vor allem von Wissenschaftlern, Ingenieuren und Marketingexperten zur Marktreife eines Produktes führt. Unternehmen sind bei Strafe von Wettbewerbsnachteilen gehalten, möglichst zügig neue Erkenntnisse aufzunehmen. Die kommunale Planung ist demgegenüber kein Handlungsfeld, das sich laufend Forschungsbefunde einverleiben muss. Diese Abwesenheit von Innovationsdruck erklärt, dass der Entwicklung von ersten „Prototypen" der Innovation in der Stadtplanung in der Regel ein hohes Maß an Kontingenz innewohnt. Wo in welcher Stadt zum ersten Mal etwa mit einem neuen Konzept gearbeitet wird, das mit den bisherigen Routinen bricht, kann außerordentlich unterschiedliche Gründe haben. Sie können aus kommunalen Konflikten hervorgehen, das Ergebnis durchsetzungsfähiger charismatischer Stadtplaner sein oder sich einer spezifischen Konstellation von Akteuren und verfügbaren Ressourcen verdanken.
- *Fermentierungsphase:* In dieser Phase begibt sich die Innovation in die Konkurrenz mit dem alten Modus. Nun entscheidet sich, ob sie sich durchsetzt oder nicht. „Das Neue muss sich behaupten." Auch dies ist in der Regel eine sich über einen längeren Zeitraum hinziehende, durch zugespitzten Wettbewerb und politischen Konflikt geprägte Phase. Zwar entscheidet sich der ökonomische Erfolg einer Innovation auf dem *Markt*, aber auch die Märkte, gerade für Produkte auf hohem technologischen Niveau, sind durch gesetzliche Vorgaben, Normen und Standards sowie durch korporatistische Strukturen in der Interessenspolitik politisch und sozial überformt. Bei Innovationen in der Stadtplanung sind Entstehungs- und Fermentierungsphase eng miteinander verknüpft. Die Publizität der ersten „Prototypen" löst in aller Regel einen mehr oder weniger gezielt geförderten Suchprozess durch die „frühen Folger" unter den Kommunen aus. Unterschiedliche Ausformulierungen des „Prototyps" werden in unterschiedlichen lokalen Situationen unter jeweils verschiedenen politischen und finanziellen Rahmenbedingungen erprobt. Auf diese Weise werden „Kinderkrankheiten" abgelegt und die Konzepte verfeinert. Auch bei Innovationen der Stadtplanung gibt es ein „scaling up" (Braun-Thürmann 2005, 46).
- *Stabilisierungsphase:* In dieser Phase hat sich dann die grundlegende Innovation als Kern eines neues Paradigma durchgesetzt und bildet nun die Basis für die dann folgenden stabilisierend wirkenden Verbesserungsinnovationen.

„Das Neue ist etabliert" und gibt damit einen *Pfad* für den weiteren Verlauf der technologischen Innovationen vor, der nur gegen Widerstand und durch die strukturmächtige Alternative einer neuen Innovation verlassen werden kann. Auch in der räumlichen Planung bildet sich im Falle einer erfolgreichen Innovation im Zuge des Suchprozesses ein durch Erfahrung und begleitende Forschung abgesicherter Satz allgemeiner Regeln für die Bewältigung einer Aufgabe heraus, der sich dann als die neue Routine zu etablieren vermag. Ein solcher Konsens ist grundsätzlich befristet und kann bei veränderten Wertorientierungen oder Umständen ein Ende finden.

2 Organisatorische Dimension: Strukturen der Innovation in der Stadtplanung

Auch für diese Dimension ergeben sich wichtige konzeptionelle Anregungen zur Struktur von Innovationsprozessen insbesondere aus Befunden der technik- und wirtschaftsnahen Forschung. Innovationsplanung und -forschung gehören als selbstverständlicher Bereich inzwischen zu jedem Wirtschafts- und Wissenschaftszweig. Innovationsprozesse werden heute in Wissenschaft und Technik aktiv organisiert und gestaltet. In den technologieintensiven Branchen betreiben die Unternehmen gezieltes Innovationsmanagement. „Technik lässt sich nicht mehr auf einzelne Erfinder zurückführen, sondern viele Akteure entwickelten aufeinander bezogen eine bestimmte technikbezogene Rationalität" (Rammert 1999, 16). In dieser organisatorischen Dimension von Innovationsprozessen wird der Bildung und dem Wirken von Netzwerken eine zentrale Rolle zugewiesen. Zu unterscheiden ist hier zwischen *Unternehmensnetzwerken*, in denen Unternehmen mit gleichgerichteten Innovationsinteressen kooperieren (Windeler 2002), und *heterogenen Netzwerken*, in denen Akteure aus unterschiedlichen gesellschaftlichen Bereichen (z. B. Wissenschaft, Verwaltung, Wirtschaft) zusammenwirken (Braun-Thürmann 2005, 66). *Netzwerke* sind dabei als organisationsübergreifende Verknüpfungen zu verstehen, die weder der Wettbewerbslogik des Marktes noch der Logik hierarchisch strukturierter formaler Organisationen und Institutionen folgen. Sie werden aufgrund des Prinzips des wechselseitigen Vertrauens und des hierarchiefreien Austauschs als eine innovationsbegünstigende Form sozialer Organisation interpretiert. Diese Einsicht bildet die Grundlage für Neuorientierungen der Unternehmenspolitik in technologieintensiven Branchen wie auch in einer innovationsorientierten Wirtschafts- und Regionalpolitik.

Ähnlich wie Erfindungen außergewöhnlicher Forscherindividuen, die selbst heute immer noch wichtige Impulse für die technologische Innovation geben können, hat es stets auch in der Stadtplanung Entwurfsideen von Planerpersönlichkeiten gegeben, die die Entwicklung des Fachs beeinflusst und bisweilen, wenn auch seltener, den Weg in die Umsetzung gefunden haben. Man könnte eine internationale Geschichte des modernen Städtebaus entlang emblematisch wirkender Prototypen (Howards Gartenstadt, Le Corbusiers Unité d'Habitation, Victor Gruens Shopping Mall etc.) schreiben, die auf die Fachdiskussion ausstrahlten und auf diese Weise als Referenzbeispiele häufiger ideengeschichtliche „Vorbild"-Wirkung, seltener reale Breitenwirkung entfaltet haben. Sehr viel wichtiger dürften aber andere Mechanismen oder Arrangements sein, die die Entwicklung von Innovationen begünstigen und fördern (sollen) und dabei auch netzwerkähnliche Strukturen herausbilden. Es lassen sich neben den Netzwerkorganisationen weitere Arrangements identifizieren, in denen Lernprozesse organisiert, innovative Konzepte entwickelt, erprobt und Erfahrungen systematisch verarbeitet werden (Jessen 2006): das Wettbewerbswesen, Bauausstellungen und die anwendungsbezogene Stadtforschung.

- *Netzwerkorganisationen:* Eine wichtige, wenngleich in ihrer Reichweite noch nicht erfasste Rolle für die Diffusion von Innovationen im Bereich der kommunalen Planung spielte ohne Frage der *organisierte Erfahrungs- und Informationsaustausch* unter Kollegen im Rahmen von Akademien und Verbänden. Hier sind vor allem die thematisch fokussierten Arbeitskreise der Akademie für Raumordnung und Landeskunde (ARL), der Vereinigung der Stadt-, Regional- und Landesplanung e. V. (SRL) und des Deutschen Städtetages, außerdem die sog. Vergleichsringe im IKO-Netz (interkommunales Kooperationsnetz) der KGSt (Kommunale Gemeinschaftsstelle für Verwaltungsvereinfachung), wobei allerdings bisher Fragen der Stadtplanung keine zentrale Rolle darin spielen (für Ausnahmen vgl. zuletzt Güntner 2007). Wichtige Plattformen für die Präsentation und Diskussion innovativer Ansätze und zugleich Voraussetzungen ihrer Verbreitung, bildet das regelmäßige Angebot von Fachtagungen, Kolloquien verschiedener Institutionen, z. B. des Instituts für Städtebau und Wohnungswesen in München, des Instituts für Städtebau in Berlin oder des Deutschen Instituts für Urbanistik in Berlin. Hier ist der Übergang zur beruflichen Weiterbildung fließend.
- *Wettbewerbswesen:* Eine wichtige und die historisch wohl älteste Form, um eine impulsgebende Antwort auf eine komplexe städtebauliche Problemstellung zu finden, ist das städtebauliche Wettbewerbswesen, das in Deutschland besonders ausgeprägt und formalisiert ist. In Bezug auf den Innovationsgedanken erfüllt es für Teilnehmer, Auslober und Fachöffentlichkeit indirekt die Funktion, aus der Alltagsroutine herauszutreten und sich für neue Perspektiven auf ein Thema zu öffnen. So trägt die Wettbewerbskultur, trotz aller Probleme, die das Verfahren seit ihren Anfängen begleitet haben (Be-

cker 1992), nicht nur zur Selbstverständigung der Fachdisziplin bei, sondern generiert über die erarbeiteten Ergebnisse Innovationsimpulse, die über den konkreten Einzelfall ausstrahlen und in die Öffentlichkeit hineinwirken.
- *Bauausstellungen:* Bauausstellungen sind eine besonders öffentlichkeitswirksame Form, Innovation in der Stadtplanung zu organisieren. So boten vor allem die Bauausstellungen in der Vergangenheit eine Plattform, um bereits verstreut vorhandenes Neues an einem Ort zusammenzubringen und der Öffentlichkeit zu präsentieren (Cramer/Gutschow 1984). Häufig eher Leistungsschauen der Architekturavantgarde, durch die neue Strömungen hoffähig gemacht und gegebenenfalls kanonisiert wurden, haben dennoch ausgeprägt stadt- und regionalräumliche Ansätze wie die IBA Berlin 1984/87 oder IBA Emscher Park neue strategische Impulse für die kommunale Praxis gegeben. Sie stehen für Strategien, die Situationen der *Außeralltäglichkeit* gezielt zu erzeugen, um so Innovationen zu begünstigen (Ibert 2003, 130).
- *Anwendungsbezogene Stadtforschung des Bundes und der Länder:* Die Adressaten sind meist die Gebietskörperschaften. Sie dürfen hilfreiche Hinweise und Empfehlungen zu Planungsinhalten, -methoden und Rechts- und Förderinstrumenten vor allem durch die vom Bundesamt für Bauwesen und Raumordnung organisierte Begleitforschung auf „Innovation" zielender Modellvorhaben erwarten. Beispielhaft für ihren Ertrag sind die bereits genannten Forschungsfelder im *Experimentellen Wohnungs- und Städtebau* (ExWoSt) durch das Bundesbauministerium (Walther 1998; Fuhrich 2005). In den letzten Jahren ist die Praxis der Städtebauförderung immer enger mit der Ressortforschung und den ExWoSt-Forschungsfeldern verknüpft worden. Hierfür ist die Forschungsbegleitung zur Einrichtung der letzten Förderprogramme des Bundes *Soziale Stadt, Stadtumbau Ost* und *Stadtumbau West* bezeichnend.

Wir gehen davon aus, dass in organisatorischer Hinsicht die genannten Arrangements im Prozess der Innovation als Impulsgeber, Beschleuniger und Multiplikator eine zentrale Funktion übernehmen und zwar in den einzelnen Phasen mit jeweils unterschiedlichem Gewicht. Ihre Funktion kann außerdem unterschiedliche Bedeutung erlangen, je nachdem, ob es sich um eine Prozess- oder Produktinnovation handelt. Überdies kann sich ihre Funktion über Zeit ändern.

3 Symbolische Dimension: Verdichtung von innovativen Konzepten zu Leitbildern

Innovationen in der Stadtplanung sind keine eindeutig definierten, generalisierten Produktmerkmale, die überall repliziert werden können, sondern sie erfordern immer eine lokale Transformation. Entsprechend ist davon auszugehen, dass Innovationen in der Stadtplanung konzeptionell keine eindeutige Schärfe aufweisen können, sondern nur ein Satz von Prinzipien und Regeln, die auf die jeweils örtliche politische, topographische und kulturelle Situation zugeschnitten werden. Diese Regeln müssen Spielräume bieten, gleichzeitig aber auch eindeutig eine Differenz zur bisherigen Praxis markieren.

Innovationen verfestigen sich offensichtlich auf ihrem Weg vom „Prototyp" hin zur „neuen Planungsroutine" hin zu „Leitbildern" bzw. Normen und Richtlinien. Dies geschieht vorrangig über einen komplexen Verständigungsprozess in der Fachöffentlichkeit und im Dialog der zentralen beteiligten Akteursgruppen. Die Bedeutung von Leitbildern könnte hier in einem neuen Licht erscheinen. Leitbilder in der räumlichen Planung könnten als ein sich immer wieder transformierendes Konzept verstanden werden, mit dem sich die Fachöffentlichkeit auf eine „neue Routine" verständigt. Sie erfüllen unter Planern die Funktion eines „vergemeinschaftenden Bandes" auf Zeit – ähnlich wie das wissenschaftliche Paradigma unter Forschern und Ingenieuren (Braun-Thürmann 2005, 44).

Dies könnte die seit Jahrzehnten währende, aber stets umstrittene Kontinuität und Dominanz des Leitbildkonzeptes in der Stadtplanung erklären (Becker u. a. 1998; Jessen 2006). Kern eines Leitbildwechsels ist demnach die Erneuerung des innerfachlichen Konsenses von Architekten und Stadtplanern; er vollzieht sich in einem komplexen Diskussionsprozess, wird gespeist über die oben genannten Arrangements wie städtebauliche Wettbewerbe, Bauausstellungen, das Vorbild exemplarischer Projekte im europäischen Ausland und kommuniziert über einflussreiche Fachpublikationen und Fachkongresse.

Schlussbemerkungen

Gibt es Innovationen in der räumlichen Planung? Dieser Artikel hat am Beispiel der Stadtplanung geprüft, ob eine Übertragung des Innovationsbegriffs aus der sozialwissenschaftlichen Forschung, Techniksoziologie auf die Planung sinnvoll und möglich ist. Eine solche Adaption speziell aus der Techniksoziologie auf die Planung erscheint möglich und wünschenswert, weil sie reiche Erträge verspricht und folgende Erträge erwarten lässt. Zum einen eröffnet sie neue Perspektiven auf die jüngere Geschichte der modernen Stadtplanung. Ein adaptiertes Innovationsverständnis interpretiert den Wandel von Inhalten und Verfahren in einem erweiterten organisatorischen und institutionellen Kontext, in dem Erneuerungen des Faches weder als bloße Reflexe innerfachlicher Auseinandersetzungen noch als bloße Reaktionen auf veränderte ökonomische und soziale Rahmenbedingungen gedeutet werden. Der Wandel in den Inhalten und Methoden der Stadtplanung wird als ein – so ist zu hoffen – in sich strukturierter sozialer Prozess begreiflich, in dem die Beiträge auch solcher Akteure in den Blick geraten, die bisher ausgeblendet wurden. Darüber hinaus kann ein adaptierter Innovationsbegriff für die räumliche Planung nachvollziehbar machen, welche Innovationspfade wann, wie und warum gelegt und beschritten wurden und welche Rolle darin jeweils die genannten Arrangements übernommen haben. Diese so gewonnenen Einsichten könnten Innovationen in der Stadtplanung auch für politische Steuerungsprozesse zugänglicher machen, analog zur Intention der neueren sozialwissenschaftliche Forschung, von der Analyse der Pfadabhängigkeit zur Untersuchung der Gestaltbarkeit von Innovationspfaden zu gelangen (Windeler 2003). Schließlich erlaubt ein solcher Zugriff eine neue Deutung der Leitbilddiskussion in der Stadtplanung, die bislang hauptsächlich als eine innerfachliche Kampfarena der Ideen konzipiert wurde, nicht jedoch als eine notwendige Formierung neuer Konzepte, über die Innovationen in der Stadtplanung symbolisch in der Profession verankert werden.

Literatur:

BBR Bundesamt für Bauwesen und Raumordnung (Hg.) 2007: Innovationen für familien- und altengerechte Stadtquartiere. ExWoSt-Informationen Nr. 32/1-3, Bonn.

Becker, Heidede 1992: Die Geschichte der Architektur- und Städtebauwettbewerbe, Stuttgart/Berlin/Köln.

Becker, Heidede/Jessen, Johann/Sander, Robert 1998: Auf der Suche nach Orientierung – Wiederaufleben der Leitbildfrage im Städtebau. In: Becker, Heidede/Jessen, Johann/Sander, Robert (Hg.): Ohne Leitbild? Städtebau in Deutschland und Europa, Stuttgart/Zürich, S. 10-17.

Braun-Thürmann, Holger 2004: Zum sozialwissenschaftlichen Verständnis von Innovationen. In: Planungsrundschau, Ausgabe 9, S. 9-18.

Braun-Thürmann, Holger 2005: Innovationen, Bielefeld.

Cramer, Johannes/Gutschow, Niels 1984: Geschichte der Bauausstellungen, Stuttgart/Berlin/Köln.

Fuhrich, Manfred 2005: Innovationen durch Modellvorhaben – die Wirkung von guten Vorbildern. In: Informationen zur Raumordnung 8, S. 609-618.

Güntner, Simon 2004: Planung und Innovation. In: Planungsrundschau 9, S. 5-8.

Ibert, Oliver 2003: Innovationsorientierte Planung. Verfahren und Strategie zur Organisation von Innovationen. Stadt, Raum und Gesellschaft Bd. 19, Opladen.

Jessen, Johann 2004: Europäische Stadt als Bausteinkasten für die Städtebaupraxis – die neuen Stadtteile. In: Siebel, Walter (Hg.): Die europäische Stadt, Frankfurt am Main, S. 92-104.

Jessen, Johann 2006: Stadtumbau – Blick zurück nach vorn. Die Bedeutung von Leitbildern bei Neuerungen in der Stadtplanung. In: Deutsche Zeitschrift für Kommunalwissenschaften, H. 1, S. 23-43.

Jessen, Johann/Reuter, Wolf 2006: Lernende Praxis. Erfahrung als Ressource – planungstheoretische Konsequenzen. In: Selle, Klaus (Hg.): Planung neu denken. Bd. 2. Praxis der Stadt- und Regionalentwicklung, Dortmund, S. 42-56.

Kähler, Gerd 1999: Reisen bildet. In: Flagge, Ingeborg (Hg.): Geschichte des Wohnens. Von 1945 bis heute. Aufbau – Neubau – Umbau. Bd. 5, Stuttgart, S. 949-1036.

Kuhn, Thomas 1976: Die Struktur wissenschaftlicher Revolutionen, Frankfurt am Main.

Lang, Jon 2000: Learning from Twentieth Century Urban Design Paradigms: Lessons for the Early Twenty-first Century: In: Freestone, Robert (ed.): Urban Planning in a Changing World. The Twentieth Century Experience, London/New York, S. 78-97.

Rammert, Werner 1999: Technik. Stichwort für eine Enzyklopädie. Arbeitspapier. Institut für Sozialwissenschaften, TU Berlin.

Schumpeter, Joseph Alois 1964: Theorie der wirtschaftlichen Entwicklung, Berlin.

Selle, Klaus 2004. Innovationen: Fragezeichen. Klärungsbedarf bei der Diskussion um und der Erzeugung von Neuerungen in der Planung. In: Planungsrundschau 9, S. 44-59.

Siebel, Walter/Ibert, Oliver/Mayer, Hans-Norbert 2001: Staatliche Organisation von Innovation. Die Planung des unplanbaren unter widrigen Umständen durch einen unbegabten Akteur. In: Leviathan, Jg. 29, H. 4, S. 526-543.

Walther, Uwe-Jens 1998: Über Restriktionen hinaus: Räumliche Planung und Politikberatung heute. In: Altrock, Uwe/Frick, Dieter/Kuder, Thomas: Zwischenbilanz. Standort und Perspektiven der Stadt- und Regionalplanung (Schriftenreihe des Institutes für Stadt- und Regionalplanung, TU Berlin, Berlin, S. 27-44.

Windeler, Arnold 2002: Unternehmensnetzwerke – Konstitution und Strukturation, Wiesbaden.

Windeler, Arnold 2003: Kreation technologischer Pfade – ein strukturationstheoretischer Analyseansatz. In: Schreyögg, Georg/Sydow, Jörg (Hg.): Managementforschung 13, Wiesbaden, S. 295-328.

Prof. Dr. Johann Jessen
Grundlagen der Orts- und Regionalplanung
Städtebau-Institut
Fakultät Architektur und Stadtplanung
Universität Stuttgart

Prof. Dr. Uwe-Jens Walther
Stadt- und Regionalsoziologie
Institut für Soziologie
Fakultät Planen Bauen Umwelt
Technische Universität Berlin

Stadtwohnen

Harald Bodenschatz, Tilman Harlander

Stadtwohnen ist heute ein großes Thema geworden – auf Tagungen, in Büchern, in Fachzeitschriften, ja in der alltäglichen Presse. Und zwar nicht nur in Deutschland, sondern auch anderswo in Europa, sogar in den USA. Stadtwohnen hat Konjunktur – als Thema, aber auch als gelebte und gebaute Realität. Weit weniger verbreitet ist das Wissen um Stadtwohnen, die Erfahrungen aus der Geschichte und aus dem Ausland. Vor diesem Hintergrund startete ein Forschungsprojekt der Wüstenrot-Stiftung, dessen Ergebnisse nach mehrjähriger Arbeit seit Ende 2007 als Buch vorliegen (Harlander/Bodenschatz/Jessen/Kuhn/Fehl Hg. 2007)[1]. Diese Forschung ist zugleich die Hintergrundfolie dieses Beitrags. Wir haben uns in diesem Kontext nicht mit dem Arbeiterwohnen beschäftigt, sondern mit dem bürgerlichen Wohnen, oder genauer, mit dem Wohnen jener sozialen Schichten, die die Wahlfreiheit hatten, ihren Wohnort relativ selbstbestimmt zu wählen. Das mag auf den ersten Blick überraschen: Denn es war doch gerade die (urbane) Arbeiterwohnungsfrage, die seit dem 19. Jahrhundert Politik und Fachwelt bewegte. Und dies völlig zu Recht. In der Tat liegen inzwischen – insbesondere auch durch Arbeiten unserer Generation – eine Vielzahl von Forschungen über das Arbeiterwohnen und den gemeinnützigen Wohnungsbau vor. Dagegen ist das bürgerliche Wohnen ein Stiefkind der Forschung geblieben. Unsere These ist aber, dass gerade heute – im Kontext der Debatten über Nachhaltigkeit städtischer Entwicklung und über die sog. Renaissance der Städte – dieses Thema eine neue Aufmerksamkeit verdient. Noch ist die Ansicht weit verbreitet, gerade bürgerliche Schichten hätten in der Vergangenheit ganz überwiegend suburbane Wohnformen bevorzugt. Doch die Geschichte ist sehr viel komplizierter. Wir haben daher hier jene wohlhabenden Stadtbewohner ins Blickfeld genommen, die das Wohnen in der Stadt der „Stadtflucht" in Villenkolonien, Gartenstädte oder suburbane Einfamilienhausgebiete vorzogen[2].

---

[1] Der Abschnitt „Der Abschied von der umgrenzten Bürgerstadt um 1800" beruht auf dem Beitrag von Gerd Kuhn.
[2] In einem Vorgängerprojekt haben wir demgegenüber den Fokus auf die Entwicklung der Gebäude- und Wohnungstypen gerichtet, die sich im Kontext der verschiedenen Phasen der Suburbanisierung seit den ersten suburbanen Lust- und Sommerhäusern betuchter Stadtbürger während des 17. und 18. Jahrhunderts bis zu den Wohnparks, Eigenheimgebieten und neuen Vorstädten der Gegenwart entwickelt haben (Harlander u. a. Hg. 2001).

Der Abschied von der umgrenzten Bürgerstadt um 1800

Die überlieferten Bilder der Altstädte, etwa von Frankfurt, zeigen uns oft das Bild einer romantischen, mittelalterlichen Bürgerstadt (Abb. 1). Die vordergründige Idylle, die die Aufnahme vermuten lässt, kann aber trügen. In der Altstadt Frankfurts herrschten hygienisch unzulängliche Lebens- und Wohnbedingungen.

Abbildung 1: Die Altstadt von Frankfurt am Main, um 1924

Quelle: Harlander u. a. (Hg. 2007, 79)

Dies schilderte sehr anschaulich ein Reisender 1777: „Ich habe keine einzige gerade Gasse in dieser Altstadt angetroffen, und bey alledem sind sie überaus enge und, (...) unbeschreiblich schmutzig, dass es Mühe kostet, zu Fuß fortzukommen. (...) Die mehrsten Häuser sind erstaunlich hoch, fast ganz ineinander hineingebaut und oft dabey so dunkel und feucht, dass ein großer Theil der Einwohner sich gegenwärtig mit allen Krankheiten behaftet findet, die gewöhnlich die natürlichen Folgen von einer feuchten und ungesunden Wohnung sind" (Andreas Meyer zit. in Hils 1988, 20). Erst in der zweiten Hälfte des 18. Jahrhunderts wurde in Frankfurt damit begonnen, die Hauptwege zu pflastern, eine Straßenbeleuchtung einzuführen und die Straßen regelmäßig zu säubern.

Der allgegenwärtige Schmutz und Gestank in der Altstadt und der Mangel an geeigneten Bauplätzen innerhalb der befestigten Stadt führten dazu, dass wohlhabende Familien wie etwa die Familie des Bankiers Gontard vor den Toren der Stadt Grundstücke erwarben und dort Gartenhäuser errichteten. Diese Gartenhäuser stellten bis zur Entfestigung und der Wallbebauung eine Möglichkeit dar, um der Enge in der alten Stadt wenigstens temporär zu entfliehen. Die Situation änderte sich in Frankfurt, wie in vielen anderen deutschen Städten, erst mit dem Schleifen der Mauern und Befestigungsanlagen. Eine erste große Welle der Entfestigung erfolgte zwischen 1790 und 1825. Beispiele hierfür sind die Städte Düsseldorf, Ulm, Bremen, Lübeck, Frankfurt oder Breslau. Das Schleifen der Stadtmauern und Befestigungen hatte eine große symbolische Bedeutung. Über Jahrhunderte hinweg definierten sich die Städte durch ihre Begrenzungen. Die Stadtmauern trennten eindeutig den städtischen vom ländlichen Raum. Mit den „Entfestigungen" der Städte war nicht mehr länger die Geschlossenheit, sondern ihre Offenheit das Charakteristikum.

Der Übergang von der umgrenzten zur offenen Bürgerstadt ist nicht nur räumlich, sondern auch sozial zu fassen. Er leitete eine wohnkulturelle und architektonische Entwicklung ein, deren zentrale Merkmale bis heute wirksam sind. Noch im 17. und 18. Jahrhundert war der soziale Aufstieg mit dem Ziel verknüpft, in zentraler Lage der Stadt wohnen zu können. Um 1800 zogen dagegen wohlhabende soziale Gruppen aus der Altstadt an die Ränder und vorzugsweise in die neuen Stadterweiterungsgebiete. Es setzte ein Bedeutungsverlust der Altstadt als repräsentativer Wohnort ein. Seit 1800 können wir einen Prozess der Individualisierung gerade der bürgerlichen Familie beobachten. Dies hatte auch architektonische Folgen, wie die Durchsetzung des Flurs, da dadurch erst die Abgeschlossenheit der einzelnen Wohnräume möglich wurde. Im Zuge zunehmender familialer Privatheit veränderten sich auch die Wohnnutzungen. Die Kindheit begann sich als eigenständiger Lebensabschnitt durchzusetzen, und das Kinderzimmer wurde mehr und mehr Bestandteil der bürgerlichen Wohnung. Ein weiterer wichtiger Aspekt ist die Auflösung der Einheit von Wohnen und Arbeiten. Das „Ganze Haus" der Kaufleute und Handwerker wandelte sich zum modernen städtischen Wohnhaus. Dieser Prozess verlief je nach Stadt und Berufsgruppe sehr unterschiedlich. Als weitere Folge des Wandels ist die wachsende soziale Segregation in den Wohnquartieren zu nennen. Dennoch erstaunt, wie sozial und funktional durchmischt unsere Städte bis zur Mitte des 19. Jahrhunderts noch waren.

Der Bau kompakter urbaner Stadterweiterungen seit der Mitte des 19. Jahrhunderts

Die räumliche Öffnung der Städte führte im Laufe des 19. Jahrhunderts zu zwei grundlegend verschiedenen städtebaulichen Strategien: zur kompakten urbanen

Stadterweiterung einerseits und zur suburbanen Stadterweiterung andererseits. Und diese Strategien waren keineswegs sozial eindeutig zuzuordnen – nach dem Motto, die Armen in die Massenmiethäuser, die Reichen in die Villa.

Um die Mitte des 19. Jahrhunderts beschleunigte sich ein radikaler Umschwung in der Entwicklung der Städte und des Wohnungswesens. Nach einem jahrzehntelangen Prozess der Verdichtung der historischen Städte fielen nun auch die letzten Befestigungsanlagen, und es eröffneten sich Wege zur Erweiterung der Städte. Voraussetzung dafür war die Veränderung der militärischen Erfordernisse sowie die technologische Verbesserung der Transportmittel – des schienengebundenen Verkehrs, aber auch der Omnibusse. In dieser Umbruchszeit wurden große Pläne gefertigt, welche die Entwicklung der europäischen Städte wie das Verständnis und die Fachdebatten über Stadtumbau und Stadterweiterung maßgeblich prägten – etwa der berühmte Stadterweiterungsplan von Barcelona von Ildefonso Cerdà aus dem Jahre 1859 und der Stadterweiterungsplan von Berlin von James Hobrecht aus dem Jahre 1862. Realisiert wurden die großen Pläne der Mitte des 19. Jahrhunderts oft erst im Laufe von Jahrzehnten. Zugleich entstand eine unübersehbare Vielzahl kleinerer Stadterweiterungsprojekte in unterschiedlichen städtebaulichen Formen. Während dieses Prozesses stabilisierten sich die wichtigsten städtebaulichen Typen des bürgerlichen Wohnungsbaus.

Innerhalb der historischen Stadt entstanden Prachtstraßen zum Wohnen, die wie Breschen ohne Rücksicht auf die Struktur der historischen Stadt geschlagen wurden. Modell dieses Typs war Paris. Dort setzte die Transformation der historischen Stadt zur „ville bourgeoise" mit Napoleon III. und seinem Präfekten Haussmann zwischen 1852 und 1869 ein. Breite Boulevards, Bühnen der feinen Stadtgesellschaft, wurden mit aller Härte durch die mittelalterliche Stadt geschlagen. Entlang dieser neuen Boulevards entstanden die fünfgeschossigen „immeubles hausmanniens", die bis heute erstklassige Wohnadressen für das wohlhabende Bürgertum darstellen. Mit diesem gehobenen Wohnungsbau wurden mit Erfolg wohlhabende Klassen in der Stadt gehalten (Abb. 2).

Eine zweite Welle der Entfestigung führte in der zweiten Hälfte des 19. Jahrhunderts zu wichtigen Ringstraßenbebauungen, z. B. in Wien, Köln, Augsburg oder Stettin. Die Flächen der ehemaligen Befestigungsanlagen konnten in Parks umgewandelt sowie für Ringstraßen mit attraktiven Wohngebäuden genutzt werden. Von größter Bedeutung waren schließlich die herrschaftlichen Stadtteile innerhalb der großen Stadterweiterungsgebiete. Diese fanden sich wiederum an neuen Prachtstraßen – wie etwa am Passeig de Gràcia in Barcelona, aber auch an Prachtplätzen wie am Gärtnerplatz, dem attraktiven Zentrum des ersten planmäßig erbauten Etagenhausquartiers der Stadt München, und schließlich an urbanen Parks wie am Park Monceau in Paris.

Abbildung 2: Boulevard Richard Lenoir in Paris, 1863

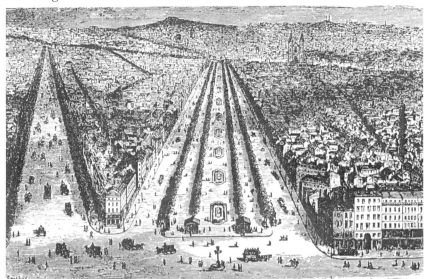

Quelle: Harlander u. a. (Hg. 2007, 113)

Deutschland nahm bei den Stadterweiterungen sowohl die Tradition des städtischen Reihenhauses als auch die des urbanen Etagenhauses auf. Für einen radikalen Stadtumbau à la Haussmann, der große Bewunderung auch in Deutschland erfuhr, fehlten die politischen und wirtschaftlichen Voraussetzungen, aber auch die räumliche Ausdehnung der historischen Stadt. Bereits dem Städtebauer Josef Stübben (1907, 19) fiel um 1900 auf, dass innerhalb des Bogens von Holland über Bremen, Köln bis Luxemburg und Amiens das städtische Reihenhaus sehr verbreitet war. Als Typen sind das Bremer oder Oldenburger Haus oder das rheinische Dreifensterhaus bekannt. Im Osten und Süden Deutschlands dominierten hingegen in den Quartieren der kompakten Stadterweiterungen die mehrgeschossigen Etagenhäuser. Hier entstanden funktional durchmischte Straßenzüge mit Wohn- und Geschäftshäusern, z. B. der Kurfürstendamm in Berlin.

Von großem Interesse ist in diesem Zusammenhang die Frage des Eigentums an den Wohnungen. Während das städtische Reihenhaus ein Eigenhaus war, wurde die Etagenwohnung zur Miete angeboten. Dieser Sachverhalt deutet auf einen wichtigen Aspekt, der lange nachwirkende Folgen für das Stadtwohnen in Deutschland hatte und heute zumeist nicht mehr im öffentlichen Bewusstsein verankert ist: das Verbot des Stockwerkseigentums. Mit dem 1900 in Kraft tretenden Bürgerlichen Gesetzbuch (BGB) wurde das Teil-Wohnungseigentum –

die so genannten Stockwerkswohnungen – im Neubau untersagt. Die Stockwerkswohnungen hatten damals einen ausgesprochen schlechten Ruf – in Baden wurden sie oftmals als „Händelhäuser" und in Württemberg als „Streithäuser" bezeichnet. Sie waren zumeist von einfacher und unzweckmäßiger Bauausführung, bautechnisch nicht klar getrennt und vielfach überbelegt. Zudem war das Stockwerkseigentum – von einigen Beispielen, etwa in München, abgesehen – weniger ein großstädtisches Phänomen. Um diese so genannten Missstände zu verhindern, wurde der Neubau solcher Eigentums-Wohnungen – anders als in den europäischen Nachbarländern – ab 1900 untersagt. Während besonders in den romanischen Ländern in der ersten Hälfte des 20. Jahrhunderts das Wohneigentumsrecht auf vielfältige Weise weiterentwickelt wurde, blieb in Deutschland das Verbot der Eigentumswohnungen bis zur Verabschiedung des Wohneigentums-Gesetzes 1951 bestehen.

Neue urbane Stadtteile aus einem Guss um 1900

Seit den 1880er Jahren, beschleunigt nach der Jahrhundertwende, entstand in Deutschland, vor allem in Berlin, eine neue Form bürgerlichen Etagenhausbaus mit herrschaftlichen Wohnungen zur Miete. Dieser Wohnungsbau unterschied sich grundsätzlich von den durch öffentliche Pläne organisierten Stadterweiterungen: Ziel war der Bau eines attraktiven urbanen Stadtteils nach einheitlichem Plan, der von einer Terraingesellschaft geplant und entwickelt wurde, der also Gegenstand eines privaten Städtebaus war. Dieser Typ privaten Städtebaus hatte seine Vorläufer im georgianischen Städtebau in Großbritannien. Dort wurden – etwa in London, Edinburgh, Bath, Bristol – bereits seit Ende des 18. Jahrhunderts neue urbane Viertel für privilegierte Schichten durch private Investoren angelegt, die sich von den historischen städtischen Wohnanlagen abhoben.

Die neuen Stadtteile der Terraingesellschaften waren vornehmlich Wohnquartiere. Es gab zwar auch einige Läden und Cafés, diese richteten sich aber nur an die Viertelbewohner. Die neuen Viertel waren durch einige Besonderheiten geprägt: Privilegiertes Zentrum und gleichzeitig Markenzeichen war oft ein „Gartenplatz" bzw. Schmuckplatz, der keine Verkehrs- und nur eine sehr bescheidene Handels-Funktion hatte. Ein bekanntes Beispiel hierfür ist das bis heute sehr geschätzte Quartier um den prächtigen Rüdesheimer Platz in Berlin-Wilmersdorf (Abb. 3). Typisch waren bei diesem Quartier die opulente Inszenierung des öffentlichen Raumes, die repräsentativen Gartenterrassen, die sorgfältige und streng regulierte Gestaltung der Gebäude, die großen Grundrisse mit bis zu 240 qm Wohnfläche und es gab – als Besonderheit – auch schon Maisonette-Wohnungen.

Abbildung 3: Landauer Straße im Rheinischen Viertel, Wilmersdorf bei Berlin

Gartenterrasse Landauer Straße

Quelle: Harlander u. a. (Hg. 2007, 125)

Neue bürgerliche Wohnviertel wurden vor allem in Berlin vor dem Ersten Weltkrieg in großem Umfang seitens unterschiedlicher Terraingesellschaften geplant. Zu Beginn des Krieges bestanden, so Roman Heiligenthal 1921 (S. 225), in Groß-Berlin rund 70 Terraingesellschaften mit einem Geländebesitz von etwa 3.250 ha Bauland. Ein gewaltiges Programm des bürgerlichen urbanen Wohnungsbaus war in Vorbereitung, das durch den Ersten Weltkrieg ein abruptes Ende fand.

Das prominenteste Beispiel dieses Programms war zweifellos die Bebauung des Tempelhofer Feldes. Wie kein anderes städtebauliches Projekt verdeutlichte dieses Projekt die verhärtete ideologische Frontbildung in Groß-Berlin vor dem Ersten Weltkrieg. Bekannt ist bis heute vor allem die Interpretation, die Werner Hegemann geliefert hat: Für Hegemann war der schließlich beschlossene Bebauungsplan für das Tempelhofer Feld schlimmster Mietkasernenbau. Hegemann (1913, 116) sprach von einer „gemeinschädliche(n) hochgradige(n) Ausnutzung" des in öffentlichem Besitz befindlichen Landes und von der „Preisgabe der modernen Forderungen des Städtebaues". In der Fachliteratur wurde – eigentlich bis heute – immer wieder, anknüpfend an die Verurteilungen Hegemanns, die allzu große Dichte der geplanten Bebauung beklagt.

In das Großprojekt Tempelhofer Feld war der wichtigste und einflussreichste Vertreter des privaten Städtebaus, Georg Haberland, Direktor der Berlinischen Boden-Gesellschaft, involviert. Die städtebauliche Konzeption des Neutempelhof genannten Stadtteils fußte auf Grundsätzen, nach denen Haberland auch das Bayerische und das Rheinische Viertel in Berlin angelegt hatte. Georg Haberland verteidigte sich immer wieder gegen den Vorwurf, die von ihm angestrebte städtebauliche Lösung sei unhygienisch und viel zu verdichtet. Er stellte 1911 die rhetorische Frage: „Hat denn nun eine Stadt die Aufgabe, finanzielle Opfer zu bringen, damit die gutsituierte Bevölkerung an größeren Höfen wohnt? Das scheint mir doch in der Tat keine kommunale Aufgabe zu sein. (...) Die wohlhabende Bevölkerung ist in der Lage, für sich selbst zu sorgen (...). Das Angebot der größeren Wohnungen ist so groß, daß Häuser, welche nicht den hygienischen Anforderungen sowohl in der Wohnungsausstattung als auch in der Gestaltung der Höfe entsprechen, von vornherein nicht vermietbar sind. Das Gewerbe ist durch die Verhältnisse von selbst gezwungen, die Wohngelegenheit so zu gestalten, wie es den Anforderungen und den Bedürfnissen entspricht" (S. 30f).

Noch vor dem Ersten Weltkrieg begann die kompakte, städtische Bebauung nach Plänen von Bruno Möhring mit fünfgeschossigen Gebäuden im Nordosten des Geländes. Die Wohnungen hatten einen hohen Standard und waren bis zu 240 m^2 groß (Abb. 4). Nach dem Ersten Weltkrieg wurde die urbane Bauweise aufgegeben. Es entstand eine „Mittelstandskolonie", wie das Martin Wagner nannte (zit. nach Hegemann 1930, 457). Den Preis dieser nach Plänen von Fritz Bräuning gestalteten „Kolonie von Eigenheimen" hatte die öffentliche Hand doppelt zu zahlen: durch eine „Umgestaltung des Kaufvertrages", wie es so schön hieß (ebd.), und durch den Einsatz von Hauszinssteuermitteln.

Abbildung 4: Postkartenluftbild von Neu-Tempelhof: neue Miethäuser, Foto nach 1918

Quelle: Bodenschatz u. a. (2009, 69)

Wie ist diese ganze Entwicklung zu beurteilen? Wenn man in die Fachliteratur blickt, ist die Antwort klar: Die suburbane, hoch subventionierte „Kolonie von Eigenheimen" für Mittelschichten in zentraler Innenstadtlage wurde auch später als „Idylle" im Meer der Mietkasernenstadt gefeiert, als Sieg des guten Städtebaus über den schlechten Städtebau. Zweifellos hat die Siedlung auf dem Westteil des Tempelhofer Feldes städtebauliche Qualitäten im Sinne einer Gartenvorstadt. Doch war es richtig, mit öffentlichen Mitteln in dieser zentralen Lage eine solche Siedlung für Mittelschichten zu bauen, noch dazu in einer Zeit, als die Wohnungsnot der unqualifizierten Arbeiter besonders hoch war? Kann dies als nachhaltiger Städtebau angesehen werden? Dass die Wettbewerbsmechanismen des privaten Städtebaus vor dem Ersten Weltkrieg eine kompakte Bebauung erzwangen, erscheint aus heutiger Sicht kein Übel an sich. Im Detail mag man sich streiten, ob eine etwas weniger dichte Bebauung nicht besser gewesen wäre. Auf jeden Fall haben in den Jahren vor dem Ersten Weltkrieg einige Terraingesellschaften – allen voran die Berlinische Boden-Gesellschaft von Georg Haberland – gezeigt, dass sie in der Lage waren, hoch verdichtete urbane Quartiere hoher Attraktivität zu bauen. Das eigentliche Hauptproblem wurde in den ganzen Streitigkeiten aber gar nicht vertieft: Alle diese Quartiere setzten eine sozial exklusive Bebauung voraus, die die Mehrheit der Bevölkerung des Großraums

Berlin von vornherein ausschloss. Das gilt auch für die Kleinsiedlung Tempelhof der 1920er Jahre. Diese war in sozialer, wirtschaftlicher und städtebaulicher Hinsicht keine wirklich überzeugende Alternative zum Projekt von Georg Haberland.

Stadtflucht des Bürgertums bedeutete im späten 19. und frühen 20. Jahrhundert also keineswegs, dass sozial privilegierte Schichten immer und überall suburbane Lebensverhältnisse – die Vorstadt, das Villenviertel oder die Gartenstadt – wählten. Stadtflucht bedeutete in erster Linie Flucht aus den städtebaulichen Verhältnissen der historischen Stadt. Parallel und in Konkurrenz zu suburbanen Wohnvierteln entstanden neue urbane Wohnanlagen auch für soziale Schichten, die ihren Wohnstandort wählen konnten. Das neue städtische Wohnen benötigte allerdings standesgemäße Einrichtungen für Mobilität, für Kultur und Erziehung, dazu eine neue Palette öffentlicher Räume: urbane Straßen, urbane Plätze und urbanes Grün – Stadtparks und private Gärten in verschiedenen Varianten, Vorgärten, rückwärtige Gärten oder auch Hochgärten. Solche Wohnanlagen wurden nur vereinzelt innerhalb, in der Regel aber außerhalb der überkommenen historischen Städte gebaut – als kompakte, großzügig ausgestattete Stadterweiterungen. Ihr Baustein war das bürgerliche Etagenhaus, eine Innovation, die sich vor allem seit der Mitte des 19. Jahrhunderts massenhaft auf dem Kontinent ausbreitete.

Der ideologische Kampf gegen das Stadtwohnen vor dem Ersten Weltkrieg

Die urbanen bürgerlichen Quartiere der Terraingesellschaften waren allerdings alles andere als unumstritten. Besonders für großstadtfeindliche Wohnungsreformer waren sie ein gefährlicher Irrweg. In einem erbitterten Streit ging es vor dem Ersten Weltkrieg um die grundsätzliche städtebauliche Form des Wohnungsbaus, die sich in der ideologischen Zuspitzung des Gegensatzes zwischen Kleinhaus und Mietkaserne, zwischen aufgelockerter Siedlungslandschaft und kompakter Stadt, zwischen anglo-amerikanischem und kontinentalem Weg äußerte (Bodenschatz 2009, 100ff).

Die Anhänger der „anglo-amerikanischen Wohnweise" waren davon überzeugt, dass diese eine „höher stehende" Lebensform darstelle. Ihr Kampf galt keineswegs, wie bis heute oft noch vermutet wird, nur der Arbeitermietkaserne, sondern auch der bürgerlichen kompakten Stadterweiterung, ja dem Miethaus überhaupt. Das Etagenhaus – egal ob proletarisch oder bürgerlich – erschien per se als zweitklassig, allenfalls als ein zu duldender Kompromiss angesichts der hohen Bodenpreise. Es wurde mehr oder weniger pauschal als Mietkaserne diffamiert. Die Bewohner von herrschaftlichen Etagenhäusern waren – so die immer wieder formulierte Annahme – durch irgendwelche Besonderheiten ihres Arbeitslebens gezwungen, in der kompakten Stadt und nicht im suburbanen Umland zu wohnen. Oder sie galten als „gefügig", als zu schwach, ihre wirklichen Wohnungsbedürfnisse einzufordern. Die Terraingesellschaften, die oft für die neuen bürgerlichen Etagenhausquartiere verantwortlich zeichneten, galten pauschal als Spekulanten, die öffentliche Hand als deren Helfershelfer. Die erstrebenswerte Wohn-Stadt war dagegen die in Kleinsiedlungen dezentralisierte Stadt, eine Stadt möglichst der Eigenhäuser, die im Zuge des Ausbaus der Verkehrsmittel immer tiefer in die Region wächst – ganz nach anglo-amerikanischem Vorbild (zur Entwicklung der Suburbanisierung in den USA im 20. Jahrhundert vgl. Harlander/Schubert Hg. 2009).

Bereits vor dem Ersten Weltkrieg hatten sich so zwei Lager mit Blick auf die wünschenswerte Wohnweise herausgebildet, das Lager der kompakten Stadt wie das Lager der Suburbanisierungsfreunde. Bis zum Ersten Weltkrieg konkurrierten vor allem Paris und London als Vorbilder: Paris galt als Modell für dichten, urbanen Wohnungsbau, London als Modell für suburbanen Wohnungsbau. Für viele Wohnungsreformer zu Beginn des 20. Jahrhunderts war das suburbane London der Himmel, und Paris, die „vielgeschossige Häusermasse", die Hölle (vgl. u. a. Hegemann 1911, 17). Die damals begründete Vorstellung von Reform und Fortschritt im Wohnungsbau prägte die deutsche fachliche und politische Programmatik für lange Zeit – zum Teil bis heute. Der fruchtbare Wettbewerb zwischen einem reformierten urbanen Städtebau einerseits und einem auf Garten-Vororte orientierten suburbanen Städtebau andererseits wurde nach dem Ersten Weltkrieg aufgegeben zugunsten einer einseitigen Ausrichtung auf die Dezentralisierung der Großstadt, also auf Suburbanisierung.

Dezentralisierter Reformwohnungsbau nach dem Ersten Weltkrieg, Abkoppelung von den benachbarten europäischen Ländern

Nach dem Ersten Weltkrieg kam in einem die städtebaulichen und wohnungspolitischen Diskurse prägenden Klima zunehmender Großstadtfeindschaft die Produktion gehobener urbaner Wohnlagen tastsächlich nahezu zum Stillstand. Die Frontstellung gegenüber dem gründerzeitlichen „Moloch Großstadt" hatte sich – in markantem Kontrast zur Blüte großstädtischer Kultur in anderen Bereichen – verallgemeinert. Städtebaulich entsprach den Zielen der Weimarer Wohnungsreform (gesunde, gut belichtete und belüftete und vor allem erschwingliche Kleinwohnungen für Jedermann) ein räumliches Dezentralisierungsmodell: die Trabantenstadt, wie sie etwa Ernst May zunächst für Breslau (1920) plante und später in Frankfurt am Main exemplarisch umsetzen konnte. Die Fortentwicklung urbaner Wohnformen in den historischen Innenstädten oder in den kompakten, gehobenen Stadterweiterungen vor dem Ersten Weltkrieg wurde über die gesamten 1920er Jahre hinweg in keiner der wichtigen Programmatiken als Reformziel auch nur benannt.

Abbildung 5: Bebauung um die Piazza Verbano in Rom

Foto: Tilman Harlander 2007

Die Zäsur durch das Verbot der Auf-Teilung von Wohnungseigentum im Geschoßwohnungsbau durch das BGB von 1900 und die Abkoppelung von Entwicklungen, wie sie im europäischen Ausland etwa in Frankreich durch die Weiterentwicklung unterschiedlicher Formen von „copropriété" oder in Italien des „condominio" stattfanden, war folgenreich: Während Deutschland in den 1920er Jahren in der Entwicklung dezentraler Wohn- und Siedlungsmodelle eine Führungsrolle übernahm, fanden die interessantesten Wohnexperimente in zentralen städtischen Lagen bzw. in kompakten Stadterweiterungsgebieten in den europäischen Nachbarländern statt: etwa im Wohnhochhausbau mit der Realisierung eines anspruchsvollen Wohnhochhauses („Wolkenkrabber") in Amsterdam-Süd durch den Architekt Jan Frederik Staal, eines Pionierprojekts, das wegen seiner Modernität, der anspruchsvollen Ausstattung und seiner Geräumigkeit bis heute hohe Wohnqualität aufweist. Oder die Bebauung um die Piazza Verbano in Rom (Abb. 5), mit der bei hoher städtischer Dichte mit sechs- bis siebengeschossigen Häusern, großen, begrünten Innenhöfen und anspruchsvoller Gestaltung der öffentlichen Räume ein urbanes innerstädtisches Quartier realisiert wurde. Besonders interessant ist auch das durch den Architekten Mallet-Stevens in Paris in der – nun nach ihm benannten – Straße Rue Mallet-Stevens realisierte Ensemble mit individuellen Stadthäusern, die u. a. durch ihre Terrassenstrukturen trotz hoher Dichte ein Höchstmaß an individueller Privatheit ermöglichen.

Großstadtfeindschaft im Nationalsozialismus…

In der NS-Zeit blieben vorgeblich urbane Projekte wie die in Hugenbergs Schrift „Die neue Stadt" von 1935 entwickelten Hochhausvisionen von Otto Kohtz – glücklicherweise – seltene Ausnahme und ohne jede Realisierungschance. Die NS-Wohnungs- und Siedlungspolitik setzte – wenigstens anfangs – auf radikale Dezentralisierung, „Zerschlagung" der Großstädte und suburbane Kleinsiedlungen. Sanierungsmaßnahmen in den Altstädten dienten der sog. „Entschandelung" und der Erleichterung des Verkehrs, allzu häufig aber auch der „Ausmerzung" „roter" Stadtquartiere.

…und im Wiederaufbau (West)

Auch der Wiederaufbau im Westen nach dem Leitbild der gegliederten und aufgelockerten Stadt blieb noch den grundsätzlich großstadtfeindlichen Stereotypen verhaftet und brachte nur ausnahmsweise interessante urbane Haus- und Wohnungstypen hervor. In den Städten dominierte ein zunächst primär auf quantitative Bedarfsdeckung gerichteter Schlichtwohnungsbau – zumeist einfache Zeilenbauten mit Satteldach. Architektonisch anspruchsvolle Wohnungsbauten wie das Eigentumswohnungsprojekt von Sep Ruf an der Theresienstraße in München blieben die Ausnahme. Dass zur gleichen Zeit während der Phase des „Bauens in nationaler Tradition" in der ehemaligen DDR mit den Arbeiterwohnpalästen etwa an der Berliner Stalinallee, in Eisenhüttenstadt und anderen Orten ein durchaus interessanter, allerdings – vor allem aufgrund der hohen Kosten – auch sehr kurzlebiger Typus städtischen Wohnungsbaus entstand, sei wenigstens kurz angemerkt.

Dezidiert urbane Wohnungstypen entstanden auch in dieser Zeit – insbesondere im Sektor gehobenen bürgerlichen Wohnens – vorwiegend im europäischen Ausland. Beispiele hierfür sind etwa das zwischen 1950 und 1953 im 16.

Arrondissement des Pariser Westens errichtete Wohnhochhaus „Résidence de la Muette" (Jean Ginsberg) (Abb. 6), mit der sowohl bautypologisch als auch wohnkulturell neue Wege beschritten wurden, oder die Wohneigentumsanlage „La Bonanova" in Barcelona. Die besondere Qualität dieses für die lokalen Eliten (der Franco-Ära) entwickelten Projektes resultierte nicht nur aus dem Wohnumfeld, Freiflächen oder Plätzen, sondern auch aus der exklusiven modernen Architektursprache der Fassaden (mit Balkonen) und luxuriösen Größe und Ausstattung der Wohnungen.

Abbildung 6: Wohnhochhaus „Résidence de la Muette" Paris (Arch.: Jean Ginsberg) 1953, Aufnahme ca. 1953/54

Quelle: Harlander u. a. (Hg. 2007, 249)

Auch der ab Ende der 1950er Jahre in der Bundesrepublik vollzogene Wechsel der Leitbilder hin zu mehr „Urbanität durch Dichte" änderte an den grundsätzlichen räumlichen Prioritäten wenig – auch der Großsiedlungsbau der 1960er und frühen 70er Jahre war vor allem suburbaner Siedlungsbau. Ein gewisses städtebauliches Echo fand diese Entwicklung zwar in einigen wenigen – zumeist sehr umstrittenen und unmaßstäblichen – citynahen Großwohnanlagen wie dem Ihme-Zentrum in Hannover oder dem Donau-Zentrum in Ulm direkt gegenüber der Altstadt. Grundsätzlich aber reduzierte die forcierte Tertiarisierung dieser Jahre und das ungebremste Vordringen von Handel, Banken sowie ein in ungeahntem Ausmaß expandierender Stadtverkehr das innerstädtische Wohnen zu einer Marginalfunktion – die Kernstadtareale mutierten mehr und mehr zu tendenziell „einwohnerfreien Zonen".

Wiederentdeckung der Qualitäten der historischen Stadt seit Mitte der 1970er Jahre

Erst mit Wiederentdeckung und Neubewertung der Qualitäten der historischen Stadt seit den 1970er Jahren, einem Paradigmenwechsel, in dem die Erfahrungen anderer europäischer Städte wie Bologna, Rotterdam oder Krakau großen Einfluss hatten, erhielt die Aufwertung der Zentren und die Suche nach dezidiert urbanen Wohnformen einen grundsätzlich veränderten Stellenwert. Mit dem damit verbundenen Übergang zur behutsamen Stadterneuerung war zugleich auch eine neue Wertschätzung bzw. die Weiterentwicklung historischer städtebaulicher und baulicher Formen wie des Blocks oder des Stadthauses verbunden. In diesen Kontext gehört auch die Entdeckung des Lofts – zunächst als „alternativer" Zwischennutzungsform, dann mehr und mehr als Prototyp neuer Verbindungen von Wohnen und Arbeiten, heute mitunter auch allein als Luxusform privilegierten Stadtwohnens.

Seit den 1990er Jahren: Renaissance des Leitbilds der kompakten, sozial und funktional gemischten europäischen Stadt und neue Trägerformen

Seit den 1990er Jahren haben sich die Konversionsflächen zum wichtigsten (postindustriellen) Flächenpotenzial für (inner-)städtischen Wohnungsbau entwickelt. Tübingen kann als ein Beispiel gelten, das die sich bietenden Chancen zur Entwicklung eines attraktiven Stadtquartiers in der Tradition des Leitbilds der europäischen Stadt (Dichte, soziale und funktionale Mischung, attraktive öffentliche Räume) auf einem ehemals militärisch genutzten Konversionsgebiet, dem Französischen Viertel bzw. dem Loretto-Areal, gut genutzt hat. Es geht, so könnte man im Anschluss hieran formulieren, insbesondere beim Bauen auf Konversionsflächen in aller Regel weniger um die Entwicklung neuer Wohnmodelle als vielmehr um die Entwicklung neuer integrierter Quartiersmodelle.

Träger des hier praktizierten Parzellenstädtebaus sind in erster Linie Baugemeinschaften/Baugruppen, die seit einigen Jahren landauf, landab einen starken Aufschwung erleben. Hamburg etwa reserviert 20 Prozent der städtischen Wohnungsbauflächen für Baugemeinschaften. Die Vorteile liegen bei den erfolgreichen Projekten nicht nur in vielfältigen, auf spezifische Nutzerbedürfnisse sehr genau rückbezogenen Wohnstrukturen und möglichen Kostenvorteilen, sondern auch im Entstehen von sozial stabilen Nachbarschaften mit hohem Identifikationsgrad – in Zeiten auseinanderdriftender Stadtgesellschaften und „überforderter Nachbarschaften" ein gewiss nicht gering zu schätzender Faktor.

Abbildung 7: Wohnsiedlung „Werdwies", Zürich (Arch.: Adrian Streich), 2007

Foto: Tilman Harlander 2009

Eine Trägerform, die sehr alte, weit ins 19. Jahrhundert zurückreichende Wurzeln hat und in deren Rahmen gerade in der Schweiz gebäudetypologisch und zugleich sozial innovative Haus- und Siedlungstypen entstehen, sind die Genossenschaften. So ist etwa mit der Züricher Siedlung „Werdwies" (Abb. 7) ein genossenschaftliches Projekt mit sieben achtgeschossigen Punkthäusern realisiert worden, das eine ambitionierte Architektur mit einem gut durchdachten Konzept sozialer Mischung verbindet (Stadt Zürich Hg. 2008).

Neue urbane Gebäudetypen – in Konkurrenz mit dem eigenen Umland oder mit anderen Metropolen?

In typologischer Hinsicht experimentieren die Städte gegenwärtig mit einer Vielzahl z. T. weiterentwickelter, z. T. auch neuer verdichteter urbaner Gebäudetypen. Ein Beispiel sind die Berliner „Townhouses", also Reihenhäuser in englischer bzw. holländischer Tradition, die man hier als innerstädtische gehobene Wohnform für Stadtflüchtige gleichsam „wiederentdeckt" hat. Am Friedrichswerder in unmittelbarer Nähe zum Außenministerium wurden für die 47 Bauparzellen jeweils vier- bis fünfgeschossige Reihenhäuser durch individuelle Bauherren mit ihren Architekten entwickelt. Für den ehemaligen Senatsbaudirektor Hans Stimmann ist mit diesem dezidiert urbanen und zugleich individuellen Gebäudetypus der definitive Abschied sowohl von den suburbanen Utopien der Moderne als auch vom Konzept der „Wohnmaschine" (im Sinne Corbusiers) erreicht[3]. Vermarktungsschwierigkeiten gab es offensichtlich nicht. Umstritten ist aber sowohl die Nutzung der EG-Zone als auch – vor allem mit Blick auf die Preise – die Konzentration auf ein ausgesprochen einkommensstarkes Klientel.

Strategisch ist grundsätzlich zu unterscheiden, ob die neuen urbanen Wohnformen primär in Konkurrenz zum suburbanen Umland oder in erster Linie in Konkurrenz mit anderen urbanen Metropolen entwickelt werden. Der immer noch von vielen Städten favorisierte Einfamilienhausbau (Reihenhäuser, Atriumhäuser u. Ä.) zielt in erster Linie auf das Umland und versucht, möglichst viele der für das suburbane Wohnen charakteristischen Qualitäten in der Stadt zu reproduzieren. Wie sehr die von den Städten gefundenen Lösungen auch von ökonomischen Determinanten bzw. den Bodenpreisen abhängen, macht das Leipziger Beispiel deutlich: Trotz mehrgeschossiger gründerzeitlicher Bebauung in der Umgebung waren auch in einem Innenstadtrandgebiet wie dem Projekt Stallbaumstraße angesichts der niedrigen Bodenpreise (ca. 155 €/qm) letztendlich nur Gartenhofhäuser und Reihenhäuser in relativ niedriger Dichte durchsetzbar. Andererseits sind auf der Suche nach städtischer Dichte mit hoher urbaner und national wie international konkurrenzfähiger Wohnqualität auch die lange als Wohnstandorte verpönten moderaten Wohnhochhäuser – für Stadtnomaden, DINKS („double income no kids") etc. – wieder interessant geworden: etwa der „Steidle-Turm" auf der Theresienhöhe München. Einen anderen Weg

---

[3] Vgl. etwa Berliner Morgenpost v. 17.5.2009, „Bürger erobern die historische Mitte".

zur Erzielung hoher, urban anmutender Dichte bei gleichzeitiger niedriger Bauhöhe ging man in dem vielbeachteten, 2006 fertiggestellten Londoner Donnybrooke-Quartier. Das als Siegerprojekt des Wettbewerbs „Innovations in Housing" durch den britischen Architekten Peter Barber realisierte Wohnquartier sollte durch gemischte Haustypen und Eigentumsformen der wachsenden Unterschiedlichkeit von Wohnnutzungen und Lebensstilen sowie der multi-ethnischen und -kulturellen Heterogenität Großbritanniens Rechnung tragen. Dabei kombiniert Barbers hybride Architektur auf interessante Weise Elemente des traditionellen britischen Reihenhauses mit Elementen klassisch-moderner und mediterraner Architektur (Abb. 8).

Abbildung 8: Donnybrooke Quarter in Bow, London (Arch.: Peter Barber), 2006

Quelle: Harlander u. a. (Hg. 2007, 359)

Europaweit sind vor allem die Entwicklungen von Wasserlagen zu Schrittmachern des neuen urbanen Wohnens geworden: Insbesondere an Holland bzw. den neuen Wohnungsbauprojekten in Amsterdam, das schon mit den verdichteten Reihenhäusern auf Borneo/Sporenburg eine Schrittmacherrolle übernommen hatte, lässt sich die Entwicklungsrichtung in diesem Segment urbanen Wohnens gut verfolgen: Mit den großmaßstäblich skulpturalen Superblocks entsteht ein neuer, nicht mehr im klassischen Sinn „urbaner" Typus von Wohnstandorten für die umworbene „creative class". Als eines der sechs Teilgebiete bietet das Projekt Östlicher Handelskai mit der exklusiven Lage am Wasser, der extrem dichten Bebauung und mit Wohnungszuschnitten, die von luxuriösen Loftwohnungen bis hin zu speziellen Grundrissen mit Wohn-/Arbeitskombinationen reichen, ein avanciertes, hinsichtlich der Qualitäten des Wohnumfeldes und der öffentlichen Räume aber auch möglicherweise warnendes Beispiel für die Strategie, die nicht allein in den Niederlanden viel beschworene "creative class" durch ein gezieltes „Milieuangebot" in die Stadt zu ziehen oder dort zu halten.

Neue soziale Polarisierungen

Fast durchweg werden die neuen städtischen Wohnformen in den Städten gegenwärtig im Eigentum entwickelt. In der damit einhergehenden Verengung auf das zunehmend schmalere Einkommenssegment vermögender urbaner Mittelschichten steckt allerdings auch eines der größten Risiken der gegenwärtigen europaweit (und auch in den USA) zu beobachtenden Renaissance urbanen Wohnens – das wachsende Auseinanderdriften der Stadtgesellschaften, die zunehmende sozialräumliche Segregation und die Entstehung von Armutsinseln (vgl. zum Folgenden auch Harlander 2009). Nachdem in den vergangenen Jahren die Frage nach dem quantitativ-statistischen Ausmaß des vermuteten „Trendwechsels" dominierte, hat sich mittlerweile die Sorge um die soziale Qualität des neuen Stadtwohnens in den Vordergrund geschoben. Entwickeln sich die Innenstadträume nun zu einer Domäne der Reichen und Superreichen, in der für Arme, ja selbst für klassische mittelständische Familien kein Platz mehr sein wird? „Platz für alle" forderte Der Spiegel 31/2008 und konstatierte: „Viele junge Familien träumen davon, in der Stadt zu leben. Doch sie finden keinen Wohnraum. Die Citys werden so teuer, dass abgeschottete ‚Wohlstandsinseln' drohen." Auch die Süddeutsche Zeitung sekundierte mit Blick auf die gegenwärtig gebauten Luxusprojekte in Stuttgart, München, Berlin und Dresden: „Der ‚Neue Urbanismus' dient der Exklusionsgesellschaft" (Matzig 2008, 11). Blickt man auf die neuen urbanen Luxuswohnprojekte in München (Lenbachgärten, Anna-Kloster), Berlin (CarLoft in Kreuzberg, Marthashof in Prenzlauer Berg), Stuttgart (Quant, Rosenpark) und in vielen anderen Städten, so erscheinen derartige Sorgen angesichts der dort realisierbaren Preise und der einsetzenden Verdrängungseffekte zunächst einmal durchaus berechtigt. Besonders problematisch ist, dass mit der baulichen Aufwertung von Innenstadtarealen auch zunehmend ihre städtebauliche Abschirmung einhergeht: So entstand in Aachen im innerstädtischen Pontstraßenviertel auf dem früheren Gelände einer Autofirma, das zunächst für sozialen Wohnungsbau vorgesehen war, nach einer entsprechenden Umwidmung das nach außen abgeschirmte hochpreisige Wohnprojekt „Barbarossapark" –

eine Art „gated community", in die mit einem Teil der namensgebenden Barbarossamauer auch ein Stück Stadtgeschichte integriert ist.

Die Förderung des neuen Stadtwohnens muss, dies wird angesichts der sich weiter öffnenden Schere zwischen Arm und Reich und der abschmelzenden Bestände im belegungsgebundenen, sozialen Wohnungsbau immer deutlicher, durch eine aktive soziale Wohnungspolitik flankiert werden. Andernfalls droht vor allem in den Großstädten das Wachstum hochpreisiger, durch die hohen Bodenpreise nur scheinbar legitimierter Wohlstandsinseln des Wohnens, denen in den urbanen „Hinterhofsituationen" ebenso einseitig belegte und tendenziell stigmatisierte Gebiete gegenüberstehen.

Neues Stadtwohnen – alles andere als ein Selbstläufer

Inzwischen haben Projektentwickler, Wohnungsunternehmen, Immobiliendienstleister aller Art und auch Statistiker den Trendumschwung hin zur „Renaissance der Städte" und zum neuen Stadtwohnen auf vielfältige Art bestätigt. Doch hierbei scheint weiterhin Vorsicht geboten! Der zweite Blick auf die Statistiken ist in der Regel durchaus ernüchternd. Viele, keineswegs alle, Städte verzeichnen ja seit der Jahrtausendwende in der Tat positive Wanderungssalden. Doch bei genauerem Hinsehen zeigt sich, dass diese Salden in vielen Städten allein durch die Gruppe der sog. Ausbildungswanderer, also der Altersgruppe zwischen 18 und 35 Jahren, ausgelöst werden. In allen anderen Gruppen, also auch bei den älteren Menschen, den Familien und der sog. "Wohneigentumswanderung", verliert etwa eine Stadt wie Stuttgart weiterhin gegenüber dem Umland. Noch ist es also bei weitem nicht gelungen, dem von allen Seiten gewünschten Aufschwung des Stadtwohnens auch in der Breite die nötigen Impulse zu geben.

Dabei darf nicht unterschätzt werden, dass es auch gewichtige, dem Trendwechsel entgegenwirkende Faktoren gibt: In erster Linie betrifft dies Verfügbarkeit und Preis geeigneter (inner-)städtischer Wohnbauflächen, aber auch reale und gefühlte Unsicherheit, Verwahrlosung öffentlicher Räume und im konkreten Einzelfall nicht leicht zu lösende Konflikte zwischen dem Wohnen mit den ihm inhärenten Ruhebedürfnissen und den anderen städtischen Funktionen (Stichworte: „Eventkultur" und „Festivalisierung").

Es gilt also festzuhalten, dass beim Blick auf die „Renaissance" des Stadtwohnens nach wie vor von einem Potenzial die Rede ist und nicht von einem wohnungspolitischen Selbstläufer! Abgesehen von den erheblichen regionalen Unterschieden ist die entscheidende Bedingung für einen auch in der Breite wirkenden Trendwechsel jedenfalls – und dies geht leider nur allzu oft unter – , dass ein nach Größe, Qualität und vor allem Kosten geeignetes städtisches Wohnungsangebot zur Verfügung steht. Grundsätzlich eröffnen sich also neue Chancen für die Städte, aber Erfolg und Misserfolg auf diesem Feld werden zum einen durch – weiter auseinander driftende – ökonomische Rahmenbedingungen geprägt sein, zum anderen aber auch entscheidend vom Engagement und der Innovationskraft der jeweiligen Stadtgesellschaft und -politik abhängen.

Literatur:

Bodenschatz, Harald 2009: Städtebau von den 90er Jahren des 19. Jahrhunderts bis zum Ersten Weltkrieg. In: Bodenschatz, Harald/Düwel, Jörn/Gutschow, Niels/Stimmann, Hans: Teil I: Städtebau. Reihe Berlin und seine Bauten. Berlin.
Bodenschatz, Harald/Düwel, Jörn/Gutschow, Niels/Stimmann, Hans: Teil I: Städtebau. Reihe Berlin und seine Bauten. Berlin.
Der Spiegel 31/2008, S. 140.
Haberland, Georg 1911: Der Kampf um das Tempelhofer Feld, Berlin.
Harlander, Tilman 2009: Neues Stadtwohnen – Luxusquartiere und Armutsinseln? In: Die alte Stadt, H. 1, S. 134-140.
Harlander, Tilman/Bodenschatz, Harald/Fehl, Gerhard/Jessen, Johann/Kuhn, Gerd/Zimmermann, Clemens (Hg.) 2001: Villa und Eigenheim. Suburbaner Städtebau in Deutschland, Stuttgart/München.
Harlander, Tilman/Bodenschatz, Harald/Jessen, Johann/Kuhn, Gerd/Fehl, Gerhard (Hg.) 2007: Stadtwohnen. Geschichte – Städtebau – Perspektiven. München.
Harlander, Tilman/Schubert, Dirk (Hg.) 2009: Suburbanisierung und Reurbanisierung. Wohnungsbau und Immobilienkrise in den USA, (Schwerpunktheft) Die Alte Stadt, H. 2.
Hegemann, Werner 1911: Der Städtebau nach den Ergebnissen der Allgemeinen Städtebau-Ausstellung in Berlin nebst einem Anhang: Die internationale Städtebau-Ausstellung in Düsseldorf. Erster Teil, Berlin.
Hegemann, Werner 1913: Die Freiflächen im Bebauungsplane vom Standpunkte des Wohnwesens. In: Verhandlungen des Ersten Kongresses für Städtewesen Düsseldorf 1912. Herausgegeben im Auftrage der Stadtverwaltung Düsseldorf. Erster Band, Düsseldorf.
Hegemann, Werner 1930: Das steinerne Berlin. Geschichte der größten Mietkasernenstadt der Welt, Berlin.
Heiligenthal, Roman 1921: Deutscher Städtebau, Heidelberg.
Hils, Evelyn 1988: Johann Friedrich Christian Hess. Stadtbaumeister des Klassizismus in Frankfurt am Main von 1816-1845, Frankfurt.
Hugenberg, Alfred 1935: Die neue Stadt. Gesichtspunkte, Organisationsformen und Gesetzesvorschläge für die Umgestaltung deutscher Großstädte, Berlin.
Matzig, Gerhard 2008, in: Süddeutsche Zeitung v. 17.6.2008.
Stadt Zürich, Amt für Hochbauten und Liegenschaftsverwaltung (Hg.) 2008: Wohnsiedlung Werdwies. Städtische Peripherie als Lebensraum, Zürich.

Stübben, Josef 1907: Der Städtebau, Stuttgart.

Prof. Dr. Harald Bodenschatz
Planungs- und Architektursoziologie
Institut für Soziologie
Fakultät Planen Bauen Umwelt
Technische Universität Berlin

Prof. Dr. Tilman Harlander
Architektur- und Wohnsoziologie
Institut Wohnen und Entwerfen
Fakultät für Architektur und Stadtplanung
Universität Stuttgart

Welche soziale Mischung in Wohngebieten?

Jürgen Friedrichs

1 Problem

Die Diskussion darüber, wie ein Wohngebiet sozial gemischt sein sollte, ist ebenso alt wie ungelöst. Bereits bei der Errichtung der Cadbury-Siedlung „Bournville" Ende des 19. Jahrhunderts südwestlich von Birmingham, England, wurde dieses Problem behandelt. Folgt man dem klassischen Artikel von Gans (1961), in dem er das Konzept der Mischung behandelt, so lautet seine Folgerung, sinnvoll sei eine „moderate Heterogenität". Doch wie sieht (welche?) Mischung dann genau aus?

Die soziale Mischung von Bevölkerungsgruppen in einem Wohngebiet ist bis heute ein Planungsziel in städtischen Programmen sowohl in Großbritannien (CLG 2006; Manzi/Bowers 2003; Page 2000; Scottish Homes 2006; SEU 2000; Tunstall 2003) den Niederlanden (Ostendorf u. a. de Vos 2001), den USA (Brophy/Smith 1997; Schwartz/Tajbahsh 1997) und Australien (Adelaide City Council 2002; Arthurson/Anaf 2006). Das Konzept ist „at the core of urban planning" (Kleinhans 2004, 367). Es ist aber auch ein Forschungsproblem der Soziologie, die Annahmen, die der Planung zugrunde liegen, heraus zu arbeiten und empirisch zu prüfen.

Der sozialen Mischung werden generell positive Effekte auf die Bewohner zugeschrieben; wie Atkinson (2005, 2) schreibt „social diversity ... is ‚good' has been repeated so often that it has been considered as a kind of truth". Als erwartete oder erhoffte Wirkungen werden aufgeführt (Gans 1961, 179; Sarkissian 1976, 231-234; vgl. Arthurson/Anaf 2006; Kleinhans 2004, 368; Page 2000, 129):

- Anhebung der Standards unterer sozialer Schichten,
- Unterstützung der Jobsuche und des Wechsels von der Sozialhilfe zu einer Erwerbstätigkeit,
- Erhöhung der Ausstattung und Qualität der infrastrukturellen Einrichtungen aufgrund der Nachfrage der Mittelschicht-Angehörigen im Gebiet,
- Erhöhung der sozialen Stabilität durch geringere Zu- und Fortzüge,
- Schaffung von sozialem Kapital und sozialer Kohäsion,
- geringere Stigmatisierung des Gebiets,
- geringeres Ausmaß abweichenden Verhaltens.

Soziale Mischung soll zu einer Reihe positiver Effekte führen z. B. Stabilität, soziales Kapital, geringere Kriminalität. Um das zu untersuchen, müssen wir spezifizieren, welche Annahmen den oben formulierten Zusammenhängen zwischen sozialer Mischung auf der Ebene des Wohngebietes (Makroebene) und dem Verhalten der Individuen (Mikroebene) zugrunde liegen: die Kontexteffekte. Diese Zusammenhänge lassen sich in einem Makro-Mikro-Modell darstellen (Abb. 1). Die korrekte Erklärung der abhängigen Variable, also Stabilität etc., erfolgt durch einen Rückgriff auf die Mikroebene. Das erfordert Annahmen über den Effekt der Makroebene auf die Mikroebene, sodann über das Verhalten der Individuen und schließlich über die Art, wie die Handlungen der einzelnen Individuen aggregiert werden sollen.

Abbildung 1: Ein Mehrebenen-Modell zur sozialen Mischung

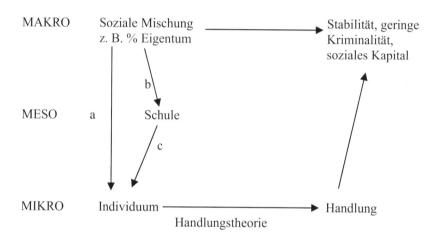

2 Empirische Befunde

Die Literatur zur sozialen Mischung erbringt keineswegs einheitliche Ergebnisse (Galster 2007, 20; Goodchild/Cole 2001, 103). Es sind fünf Probleme, die mit der Frage nach der sozialen Mischung verbunden sind:
1. Auf welche Dimensionen soll sich die soziale Mischung richten, z. B. Einkommen, ethnischer Status, Wohnstatus oder Haushalte nach dem Lebenszyklus? Welche Mischung der Gruppen soll in jeder dieser Dimensionen erfolgen?

2. Welche Mischung der Dimensionen soll erfolgen? Sind dabei einzelne Dimensionen besonders bedeutsam? Gibt es Korrelationen zwischen den Dimensionen (z. B. zwischen Einkommen und Eigentümerstatus)?
3. Auf welche räumlichen Einheiten soll sich die Mischung beziehen: Stadtteil, Wohngebiet, Block, Wohngebäude?
4. Welche Folgen für welche sozialen Gruppen sind von welchen Bedingungen der Mischung zu erwarten?
5. Welche planerischen Möglichkeiten bestehen, um Art und Ausmaß der Mischung zu beeinflussen?

Es besteht demnach nicht nur die Schwierigkeit, das richtige Verhältnis innerhalb *einer* Dimension (z. B. Einkommen) und *zwischen* den Dimensionen (Einkommen und Ethnien) zu bestimmen, sondern auch zu fragen, für welche räumlichen Einheiten die jeweilige soziale Mischung „erfolgreich" ist, also dazu beiträgt, eines oder mehrere der oben aufgeführten Ziele zu erreichen.

Dimensionen
Die in der Literatur am häufigsten erwähnten Dimensionen sind: sozialer Status (meist Einkommen), Haushaltsgröße, Wohnstatus (Eigentümer, privater Mieter, Sozialmieter) und Ethnie. Die Mehrzahl der Studien verwendet das Einkommen oder den Wohnstatus als Dimensionen der Mischung. Für jede dieser Dimensionen lassen sich Gründe anführen; diese sind zumeist implizite Hypothesen. Es wird angenommen, eine Mischung nach dem sozialen Status führe dazu, dass die statusniedrigeren Personen von den statushöheren lernen. („Rollenmodelle" in der Literatur über Nachbarschaftseffekte). Ob ein umgekehrter Prozess auftreten kann, wird hingegen nicht erörtert. Da Status und Wohnstatus hoch positiv korrelieren dürften – was ebenfalls nur unterstellt wird –, sollte der gleiche Effekt auftreten. Die Mischung der Haushaltsgrößen ist wichtig, weil sie erfordert, die Wohnungsgrößen zu mischen, damit ein Haushalt, z. B. nach Geburt eines (weiteren) Kindes, innerhalb des Gebietes umziehen kann. Die Mischung nach ethnischem Status, also die von Minoritäten und Majorität, ist die komplizierteste, aber immer wieder geforderte: Die Mischung ist schlicht wichtig, um die gegenseitige Toleranz und die Integration der ethnischen Minorität zu fördern.

Allerdings unterscheiden sich die Studien danach, ob die soziale Mischung für ein neues Wohngebiet geplant oder in einem bestehenden erhöht werden soll. Letzteres trifft auf die „Right to Buy"-Politik zu, die in Großbritannien mit verschiedenen „Housing Acts" eingeführt wurde (Goodchild/Cole 2001, 113), oder die neueren Programme „HomeBuy", Teile eines Hauses zu kaufen (Bailey u. a. 2006, 23).

Wie sich unschwer erkennen lässt, sind die jeweils formulierten Ziele und Dimensionen der Mischung sehr voraussetzungsvoll. Die wohl wichtigste gemeinsame Annahme ist, man könne (und solle) voneinander lernen, d.h. die räumliche Nähe führe auch zu einer sozialen Nähe. Diese These ist jedoch empirisch überhaupt nicht haltbar. So zeigen Tunstall und Fenton (2006), dass Nähe in gemischten Wohngebieten nicht notwendig und bestenfalls nach längerer Zeit zu Interaktionen führt. Andere Studien belegen geringe Kontakte zwischen Mietern und Eigentümern (Allen u. a. 2006; Cole/Goodchild 2000). Allgemeiner formuliert: Die von der sozialen Mischung unterstellten Annahmen:

räumliche Nähe → Kontakte → Interaktion → verringerte Vorurteile

sind keineswegs zwingend, wie der umfassende Literaturüberblick hierzu von Pettigrew und Tropp (2006) zeigt. Damit Nähe überhaupt zu Kontakten führt, müssen die Personen u. a. einen ähnlichen sozialen Status haben.

Die Hoffnungen der Planer beruhen aber darauf, dass eine Interaktion auftritt, die zudem intensiv und relativ dauerhaft ist – sonst könnte sie wohl kaum die Einstellungen der Beteiligten beeinflussen und diese voneinander lernen. Unter welchen Bedingungen das der Fall ist, entzieht sich dem planerischen Eingriff.

Im Falle der ethnischen Mischung fehlen noch zwei weitere Bedingungen. Erstens haben wir es in deutschen und anderen europäischen Städten nicht mit *einer* ethnischen Minorität, sondern mit mehreren Minoritäten in einem Wohngebiet zu tun, zudem gibt es nur sehr wenige Wohngebiete mit einem Ausländeranteil von mehr als 50 % (Schönwälder u. a. 2007, 17-19). Zweitens müssen wir nach ethnischen Gruppen trennen, denn die soziale Distanz der deutschen Bewohner (allgemein: Angehörige der Majorität) zu einzelnen ethnischen Gruppen ist unterschiedlich. So zeigt die Studie von Böltken (1999) eine geringe Distanz zu Italienern, aber eine höhere zu Türken. Welche Folgen hat dieser Sachverhalt für die Interaktion/Integration? Und schließlich: Welche sozialen Distanzen haben die ethnischen Minoritäten untereinander? Da ich keine deutschen Studien hierzu kenne, bleibt nur die Frage, welche Effekte das auf die erhoffte Interaktion/Integration hat. In welchem Verhältnis sollen die ethnischen Gruppen gemischt werden? Haben wir überhaupt Hypothesen hierzu?

Mischung der Dimensionen
Wenn schon die unterstellten Effekte der Mischung *innerhalb* einer Dimension unklar sind, so gilt dies – zwangsläufig – erst recht, wenn es um die Mischung innerhalb *und* zwischen den Dimensionen geht. Das eigentliche, in der Literatur unzureichend behandelte Problem ist daher, aus welcher *Kombination unterschiedlicher* Merkmale eine „soziale Mischung" in einem Wohngebiet (neighborhood) oder Stadtteil besteht und bestehen soll. Dieses Problem sei an einem Beispiel von zwei Gebieten, gemischt nach fünf Merkmalen und deren Ausprägungen, demonstriert:

	Eigentümer	Migranten	Arbeitslose	Alleinerziehende
Gebiet A	20%	15%	10%	10%
Gebiet B	45%	5%	5%	5%

Welche Effekte (auf welche abhängigen Variablen?) sind von der Mischung im Gebiet A und welche von der im Gebiet B zu erwarten? Zu eben diesem grundsätzlichen Problem einer mehrdimensionalen sozialen Mischung liegen in der Literatur keine vergleichenden empirischen Ergebnisse vor. Ein solches Design ist bislang nicht untersucht worden; ansatzweise geschieht dies in der Studie von Andersson u. a. (2009) für Schweden.

Allerdings ist zu erwarten, dass die Effekte z. B. des Einkommens, des Migrantenanteils, des Wohnstatus und der Haushaltstypen nicht unabhängig voneinander sind; so werden Einkommen und Wohnstatus korrelieren. Einen Hinweis hierzu gibt folgendes Ergebnis für die 85 Stadtteile von Köln 2005 (Friedrichs/Triemer 2009, 110):
Anteil Migranten – Anteil Sozialhilfeempfänger: $r = .78$
Anteil Migranten – Anteil Arbeitslose: $r = .71$
Anteil Sozialhilfeempfänger – Anteil Arbeitslose: $r = .83$
Allgemeiner: Nehmen wir an, es solle die Mischung von Einkommen, ethnischen Gruppen und Haushaltsgrößen erreicht werden, jede Dimension habe nur zwei Ausprägungen. Die resultierende Matrix hat acht Zellen. Die für Planer und Wissenschaftler gleichermaßen unangenehme Aufgabe lautet nun, für jede Zelle zu bestimmen, ob die dort aufgeführte Mischung erstrebenswert ist. Das ist offenkundig nur möglich, wenn wir ein Kriterium haben, das es gestattet „erstrebenswert" zu messen. Dazu eignen sich am ehesten jene Merkmale oder Variablen, die in Abbildung 1 unter den Folgen auf der Makroebene aufgeführt wurden, z. B. die Stabilität eines Wohngebietes, gemessen über die Fluktuationsquote. Wir benötigen also empirische Studien, die uns erlauben zu beurteilen, welche der Mischungen in den Zellen unserer 2x2x2 Matrix zu welchem Grad von Stabilität führen. Meines Wissens verfügen wir nicht über solche Studien.

Räumliche Einheit
Die bislang benannten Probleme werden nochmals kompliziert, wenn wir Aussagen darüber machen wollen, auf welcher räumlichen Ebene die jeweilige Mischung erfolgen sollte: Ist es die der Mehrfamiliengebäude oder Hochhäuser, die Blockseite, der Block oder das Wohngebiet? Die in der Literatur berichteten Ergebnisse sind in diesem Punkt ebenfalls nicht einheitlich. Meine Hypothese ist: je größer das Gebiet, desto heterogener kann die Mischung sein.

Sowohl die empirischen Studien als auch die planerischen Konzepte beziehen sich auf unterschiedliche räumliche Einheiten. Die Studie von Jupp (1999) zeigt, dass eine Mischung auf der Ebene von Straßen erfolgreicher ist als auf der von Wohngebieten. In einer Studie eines Wohnungsprojektes mit gemischten Einkommen der Bewohner, Lake Parc Place in Chicago, führten Rosenbaum u. a. (1998) 198 Interviews in beiden 15-stöckigen Gebäuden ein Jahr nachdem neue einkommenshöhere Bewohner eingezogen waren. „Gemischt" wurde auf der Ebene der Etagenflure. Es zeigte sich, dass die neuen Bewohner zufriedener waren als die ursprünglichen und mehr Sicherheit und Einhaltung äußerten. Generell kann man aufgrund der empirischen Befunde davon ausgehen, dass die Effekte der Mischung umso geringer sind, je größer die räumliche Einheit ist (Kleinhans 2004, 378).

Soziale Folgen
Die soziale Mischung im Wohngebiet stellt einen Kontext dar, der das Handeln der Individuen (oder Haushalte) beeinflusst. Die Mischung der Bewohner bewirkt Handlungsoptionen aber auch Handlungsrestriktionen für die Individuen. Soziale Kontakte und gegenseitige Einladungen wären Optionen, jugendliche Gangs eine Restriktion für die Bewohner. Wie Wohngebiete als Kontexte auf die Individuen wirken, kann nur erklärt werden, wenn man Kontexthypothesen formuliert, d.h. diejenigen Mechanismen spezifiziert, die die Verbindung von Makro- und Mikroebene erklären. Dieser Effekt des Gebiets besteht zusätzlich zu den Individualeffekten, also z. B. dem Geschlecht, der Bildung, dem Einkommen, dem Alter oder der Tatsache, alleinerziehend zu sein. In der Literatur sind zahlreiche Mechanismen aufgeführt worden, um die Kontexteffekte zu erklären (Dietz 2002; Erbring/Young 1979; Friedrichs 1998; Galster 2008; Leventhal/ Brooks-Gunn 2000; Sampson u. a. 2002).

Ob diese Hypothesen sich empirisch bewähren, ließe sich testen, wenn man für eine große Stichprobe von unterschiedlich gemischten Wohngebieten ermittelte, ob zumindest positive Korrelationen mit den abhängigen Variablen, also den Zielen, bestehen. Erstaunlicherweise fehlen solche Untersuchungen; einzig die Studie von Andersson u. a. (2007) erfüllt diese Bedingung. Die Autoren untersuchen, welche sozio-ökonomischen Bedingungen eines Wohngebietes den stärksten Einfluss auf die Einkommen der erwachsenen Bewohner/innen haben. Basierend auf den Daten des Schwedischen Sozial-Registers finden sie, dass der Anteil männlicher Erwachsener, die ein Einkommen in den niedrigsten oder in den höchsten 30% aufweisen, mehr Varianz der Einkommen in allen Schichten erklären als die soziale Mischung nach Bildung, ethnischem Status oder Wohnstatus; dabei sind die Effekte bei Männern stärker als bei Frauen, und bei Bewohnern von Stadtregionen stärker als bei solchen in kleineren Städten. Das heißt also, der eigene Wohlstand hängt in vergleichsweise hohem Maße von der

Einkommensverteilung im Wohngebiet ab – und zwar stärker als von der dortigen bildungs- und wohnstatusbezogenen sowie ethnischen Struktur.

Planerische Eingriffe
Die Diskussion bis zu diesem Punkt dürfte gezeigt haben, in welchem hohen Ausmaß die planerischen Absichten, die mit einer sozialen Mischung verbunden sind, auf empirisch ungesicherten Annahmen beruhen. Ungeachtet dessen stellt sich das weitere – und vielleicht zentrale – planerische Problem, wie denn eine soziale Mischung überhaupt erreicht werden kann. Die berichteten Ergebnisse weisen darauf hin, dass die vermuteten positiven Wirkungen der sozialen Mischung sowohl von der untersuchten Dimension der Mischung als auch von der räumlichen Einheit abhängen. Aber wie kann Planung in solche Gebiete eingreifen? Welche der Elemente (Bedingungen) im Modell in Abbildung 1 kann Planung beeinflussen? In der sehr umfangreichen Literatur zur sozialen Mischung werden vor allem drei Möglichkeiten aufgeführt:

Die wichtigste und immer wieder genannte Form ist, Eigentum, frei vermietete Wohnungen und Sozialwohnungen zu mischen. Diese Mischung impliziert, wie schon oben ausgeführt, auch eine Mischung des sozialen Status (Tunstall/Fenton 2006). (Einen geringen Zusammenhang dafür findet die Studie schwedischer Wohngebiete von Musterd/Andersson 2005.) Auf der Basis einer Sekundäranalyse der Daten zweier Jahre des Survey of English Housing mit fast 40.000 Befragten gelangen Kearns und Mason (2007) zu dem Schluss, Wohngebiete mit einem hohen Anteil von Sozialwohnungen seien am meisten benachteiligt, gefolgt von solchen, in denen Sozialmieter und Eigentümer Anteile von je 30-50% haben; es folgen Wohngebiete mit etwa gleich hohen Anteilen von Eigentümern und privaten Mietern, und schließlich solche mit einem sehr hohen Anteil von Eigentümern.

Es sollte vermieden werden, öffentlich geförderte Wohnungen mit kommunalem Belegungsrecht in ohnehin benachteiligten Wohngebieten zu errichten, damit man den Prozess der Abwärtsentwicklung solcher Wohngebiete vermeidet. Nicht zuletzt deshalb plant die britische Regierung, bis zum Jahre 2012 alle Wohngebiete mit einem hohen Anteil von Sozialwohnungen zu mischen (Bailey u. a. 2006, 22). Soziale Mischung ist auch das Ziel für die englischen neuen Wohngebiete „MINCs" (Medium Income New Communities; Baley u. a. 2006, Livingston u. a. 2008; Silverman u. a. 2006).

Die fast ebenso häufig vor allem in der nordamerikanischen und englischen Literatur aufgeführte Möglichkeit besteht darin, mehr Wohnungseigentum zu schaffen. Dieser Strategie liegt die Annahme zugrunde, Eigentümer würden nicht nur in die Wohnung oder das Haus investieren, sondern auch gleichzeitig in das Wohngebiet, weil sie so dazu beitragen, den Wert des Eigentums zu erhalten.

Entsprechend zeigen zahlreiche empirische Studien- auch bei Kontrolle des Einkommens – für Eigentümer und das Wohngebiet positivere Folgen als für Mieter (u. a. Atkinson/Kintrea 2000; Dietz/Haurin 2003; Doling/Ford 2007; Friedrichs/Blasius 2009; Galster 1987; Harkness/Newman 2003; Haurin u. a. 2003; Kleinhans 2004; Rossi/Weber 1996).

Eine damit verbundene Strategie ist, Mietern zu ermöglichen, zu günstigen Bedingungen ihre Wohnung zu erwerben. Hierauf zielen insbesondere die britischen Programme (z. B. Bailey u. a. 2006), aber auch entsprechende deutsche Programme, wie z. B. das erfolgreiche der städtischen GAG Immobilien in Köln „Mieter werden Eigentümer" (Bighini 2006).

Aber nicht nur die Miet- und Eigentumsarten können gemischt werden, sondern auch die Wohnungsgrößen. Das ermöglicht Haushalten, innerhalb des Gebiets umzuziehen, z. B. wenn sich die Zahl der Haushaltsmitglieder verändert.

Schließlich kann Planung die physischen Merkmale eines Wohngebietes, z. B. die Infrastruktur oder die Qualität der Bausubstanz, beeinflussen und somit direkt den Pfeil b und indirekt den Pfeil c auf das Verhalten der Individuen in Abbildung 1, also die Meso-Ebene. Dabei kann eine komplexe Wirkungskette vorliegen, wie Lupton (2003, 5) vermutet: „Physical characteristics, through their impact on population mix, lead neighbourhood to ‚acquire' certain other characteristics, such as services, and facilities, reputation, social order and patterns of social interaction, as people and place interact".

Empirische Studien zeigen, dass z. B. die Qualität der Schule in einem Wohngebiet nicht nur für dessen Bewohner/innen wichtig ist, sondern auch ein Merkmal der Attraktivität (oder bei schlechter Qualität: der Kosten) eines Wohngebietes darstellt (u. a. Bramley/Karley 2007). Das gilt auch für andere Merkmale der Ausstattung eines Wohngebietes und der Qualität der öffentlichen Infrastruktur, vom ÖPNV-Anschluss bis zu Grünflächen und Jugendtreffs.

Bislang habe ich unter der Prämisse diskutiert, soziale Mischung sei zwar schwierig und bislang kaum wissenschaftlich fundiert zu erreichen. Nun kann man aber das Ziel selbst in Zweifel ziehen und fragen, unter welchen Bedingungen es sinnvoll oder erstrebenswert ist. „Erstrebenswert" ist zweifellos kein Konzept, mit dem man Programme sozialer Mischung untersuchen kann. Deshalb sind die Konzepte der Gleichheit (equity) und der gesellschaftlichen Effizienz (efficiency) der Ökonomie brauchbarer, weil präziser (Galster 2007, 20). Wenn wir Gleichheit anstreben, wollen wir soziale Ungleichheit verringern, typischerweise benachteiligten Gruppen eine bessere Position verschaffen. Streben wir hingegen Effizienz an, so soll das Handeln die Position aller gesellschaftlichen Gruppen, seien sie arm oder reich, Majorität oder Minorität, verbessern. Der politische Aspekt hieran ist, dass auch die Reichen einer Maßnahme, die sich am Effizienz-Kriterium orientiert, zustimmen; es ist demnach leichter, eine politische Mehrheit zu erhalten.

Ein Beispiel: Gegeben seien zwei Wohngebiete, A und B. In A wohnen vier Personen, von denen jede zwei Akte kriminellen Verhaltens pro Jahr begeht. In B wohnen ebenfalls vier Personen, doch keine von ihnen verhält sich abweichend. Das Ergebnis ist in Tabelle 1 jeweils in Spalte a dargestellt. Nehmen wir nun an, zwei weitere Personen, die auch je zwei Akte abweichenden Verhaltens begehen, kommen in das Wohngebiet A. Die Kriminalität steigt in A, in B ist sie weiterhin null. Dies ist in Spalte b aufgeführt. Würde man die beiden Personen in das Gebiet B senden, so gäbe es dort vier Delikte. Die Zuweisung nach A oder B würde nichts an der Gesamtzahl der Delikte ändern; aus Effizienzgründen wäre es gleichgültig, wohin die beiden ziehen. Aus diesem Grund brauchen wir keine Planung. Nur aus Gleichheitsgründen würde man sagen können, die Situation in Gebiet A verschlechtere sich noch weiter gegenüber B und nur deshalb lassen wir lieber vier Delikte mehr in B als in A zu.

Die Situation ändert sich erheblich, wenn wir annehmen, die zwei neuen Personen wären für bisherige Bewohner Verhaltensvorbilder („role models") und brächten zwei Personen im Gebiet A dazu, mehr kriminelle Akte zu begehen, nämlich drei statt zwei. Die entsprechende Bilanz ist in Spalte d aufgeführt. Wenn wir ferner annehmen, ein solcher Effekt träte in B nicht auf, dann bleibt es ein Unterschied von 16 zu 12 Delikten. Wir haben nun sowohl ein Gleichheits- als auch ein Effizienzproblem. Anders formuliert: Die gesamtgesellschaftliche Situation hat sich verschlechtert. Nun ist in der Tat Planung gefordert.

Tabelle 1: Lineare und nicht-lineare Effekte in einem Wohngebiet

Zahl	Delikte im Wohngebiet								Summe			
	A (Arme)				B (Reiche)							
	a	b	c	d	A	b	c	d	a	b	c	d
1	2	2	2	2	0	0	0	0	2	2	2	2
2	2	2	2	2	0	0	0	0	2	2	2	2
3	2	2	2	4	0	0	0	0	2	2	2	4
4	2	2	2	4	0	0	0	0	2	2	2	4
5	-	2	-	2	-	-	2	-	-	2	2	2
6	-	2	-	2	-	-	2	-	-	2	2	2
Σ									8	12	12	16

Nochmals: Was ist passiert? Im Wohngebiet A wurde durch die neuen Bewohner und deren Verhalten ein Schwellenwert abweichenden Verhaltens überschritten, von dem an andere (nicht alle!) Bewohner (mehr) abweichendes Verhalten übernahmen und ausübten. Vermutlich liefern die neuen Bewohner einen entscheidenden Beitrag dazu, abweichendes Verhalten zu rechtfertigen. Es wurde nun eine kritische Masse (Oliver u. a. 1985) abweichenden Verhaltens erreicht, die nun bei weiteren Bewohnern zu weiteren Akten abweichenden Verhaltens führt.

Der entscheidende Punkt an diesem Beispiel ist nicht nur die kritische Masse, sondern der Schwellenwert. Es gibt gute Gründe anzunehmen, dass solche Schwellenwerte bestehen, folgt man den nordamerikanischen Beispielen (Galster 2003). Von solchen Schwellenwerten geht bereits das Segregationsmodell von Schelling (1971) mit individuellen „tipping points" aus, d.h. einem individuellen Grenzwert für den Anteil einer ethnischen Gruppe, z. B. Schwarze, bei dessen Überschreiten der Haushalt auszieht (vgl. die deutsche Studie von Kecskes/Knäble 1988). Es ist demnach nur der nicht-lineare Zusammenhang in dem Beispiel, der planerische Eingriffe auch aus Effizienz-Gründen rechtfertigt.

3 Folgerungen

Kann man Mischung überhaupt planen? Muss „die" Planung das nicht dem Markt überlassen, also den Bewohnern eines Wohngebietes, ob sie unter den jeweils gegebenen Bedingungen dort wohnen bleiben oder fortziehen wollen? Im Prinzip ist dies wohl so, denn kein Haushalt wird sich vorschreiben lassen, wo er zu wohnen hat – ausgenommen jene armen Haushalte, die auf Sozialwohnungen angewiesen sind und sich bestenfalls aussuchen können, ob sie eine Sozialwohnung in Gebiet A oder B beziehen wollen. Und das auch nur, weil zufällig in beiden Gebieten eine solche Wohnung frei wurde.

Es gibt aber auch eine andere Antwort auf die Frage. Wenn wir einen „sorgenden Staat" (de Swan 1999) haben, dann kann es ihm nicht gleichgültig sein, ob Bürger in einem Wohngebiet aufwachsen und leben, das eine Sozialstruktur aufweist, die nachweislich negative Effekte – und seien sie auch nur gering – auf die Bewohner hat. Wenn 40% der Bewohner Sozialhilfe beziehen oder sogar über 60%, wie in Stadtteilen nordamerikanischer Städte, dann stellt das eine erhebliche Restriktion für das Handeln der Bewohner dar. Das Wohnen macht die dort wohnenden Armen noch ärmer. Es bestehen negative Anreize für die Bewohner, wie Wilson (1987) in seinem bahnbrechenden Buch dargestellt hat, z. B. Drogenhandel, Kriminalität, Schulschwänzen, Schulabbruch, Schwangerschaften von Teenagern. Die negativen Anreize solcher Gebiete auf die Bewohner müssen der Staat oder die Kommune in Form von Sozialhilfe, Sozialarbeit und Quartiersmanagement ausgleichen. Allein die Kosten der Sozialhilfe und die Probleme Alleinerziehender sowie die der kriminell werdenden Jugendlichen würden wahrscheinlich ausreichen, präventiv eine negative Entwicklung des Gebietes verhindern zu müssen, sei es auch nur aus ökonomischen Gründen – die ja meist überzeugender sind als die moralischen.

Ungeachtet dessen zeigt die sehr knappe Darstellung, welche Probleme die international weit verbreitete Strategie der sozialen Mischung aufwirft, die bislang nicht angemessen gelöst sind. So haben wir nur unzureichende empirische Erkenntnisse für die Annahmen, die der Mischung zugrunde liegen (Mischung → Folgen).

Es ist nicht klar, welche Mischung innerhalb und zwischen den Dimensionen der Mischung erreicht werden soll. Je genauer eine solche Mischung spezifiziert wird, desto genauer sollten die Hypothesen formuliert sein, die den Zielen (und Maßnahmen) zugrunde liegen. Meine Vermutung ist, dass solche klaren Aussagen nicht nur ‚blinde Flecken' sind, sondern grundsätzlich vermieden werden, weil man sonst den – wie immer definierten – Erfolg der Maßnahmen messen könnte. Planer mögen keine Evaluationen.

Nur dann, wenn nicht-lineare Effekte des Wohngebiets vorliegen, ist eine politische oder planerische Intervention nach Gesichtspunkten der Wirksamkeit *und* der Gleichheit gerechtfertigt. Leider sind wir wissenschaftlich und somit empirisch weit entfernt davon, diese nicht-linearen Effekte zu kennen.

Wenngleich in der Literatur ganz überwiegend positive Effekte des Eigentums berichtet werden, so ist doch zu bedenken, dass diese Strategie nicht für alle Haushalte sinnvoll ist (Andersson u. a. 2007; Jones u. a. 2007; Toussaint u. a. 2007). Die durch generöse Kredite für den Hauserwerb in den USA ausgelöste weltweite Finanzkrise zeigt deutlich die Grenzen. Nur wenn ein Haushalt auch über längere Zeit in der Lage ist, seine Hypotheken zu bedienen, ist die Strategie anwendbar. Da aber ein immer größerer Teil der Beschäftigten sich nicht sicher sein kann, ihren Arbeitsplatz (in ihrer Stadt) zu behalten, wird die Zahl der Haushalte, die Eigentum erwerben (können), weiter eingeschränkt.

Es bleibt auch die Frage, welche Instrumente Planern in einer Stadt oder einem Land zur Verfügung stehen, um eine soziale Mischung zu erreichen. Noch weniger allerdings können Planer beeinflussen, ob ein Haushalt in einem gegebenen Wohngebiet bleibt – und damit die abgezielte und vielleicht sogar ursprünglich erreichte Mischung verändert. Die Nachhaltigkeit der Mischung entzieht sich der Planung. Angesichts des gegenwärtigen Wissensstands sind viele Annahmen der Mischungs-Planer nicht empirisch fundiert. Doch: Wenn die akademische Forschung so wenig Hinweise auf eine „gute" (gleich empirisch fundierte) Praxis liefert, dann ist „muddling through" die angemessene Strategie. Dennoch: Von der eingangs erwähnten ältesten Siedlung, Bournville, berichten über hundert Jahre später Groves u. a. (2003), die Mischung sei bis heute erfolgreich, denn das Gebiet weise eine hohe Stabilität auf. Die wichtigsten Gründe hierfür seien die Mischung der Wohnformen, das Management und die Qualität der Architektur.

Ein Nachwort
Offenkundig richten sich alle diese Maßnahmen, man könnte sogar sagen, die gesamte Debatte über soziale Mischung, fast ausschließlich auf Wohngebiete der Unterschicht, vielleicht noch der unteren Mittelschicht. Keine Studie fragt nach der sozialen Mischung in Mittelschicht – und schon gar nicht in Oberschicht-Gebieten. Hamburg Blankenese oder München Grünwald bedürfen solcher Planungen nicht. Wer wollte schon vorschlagen, in solchen Gebieten ein Quartiersmanagement einzurichten?

Nun muss man berücksichtigen, dass sich weder die sozialwissenschaftliche Forschung noch die Planung auf Gebiete der Oberschicht oder der oberen Mittelschicht gerichtet hat. So hat niemand untersucht, ob es für Reiche oder allgemeiner statushohe Personen sinnvoll wäre, soziale Probleme in der Gesellschaft durch einen höheren Anteil von Mittelschichtangehörigen oder gar von Armen kennen zu lernen. Erst wenn man diese Überlegung anstellt, wird einem besonders deutlich, wie sehr sich die Aufmerksamkeit von Stadtforschung und -planung auf die Unterschicht- oder Arbeitergebiete richtet. Es sind höchstens noch Wohngebiete der Mittelschicht, wenn man von ihnen annehmen kann, dass dem Gebiet ein sozialer Abstieg drohen würde.

Etwas zugespitzt könnte man sagen, die wohlmeinende Mittelschicht ergehe sich in Pygmalion-Anstrengungen. Das ist zwar sozial gedacht, aber wir sind empirisch weit davon entfernt, eine sozialwissenschaftlich gesicherte empirische Grundlage für solche Programme liefern zu können. Ungeachtet dessen bleibt der Druck für die Planer, zu handeln. Es gibt keinen Grund, sie dafür zu kritisieren.

Literatur:

Adelaide City Council 2002: What Sort of Goods are Neighbours? Social Mix and Sustainable Residential Community in Adelaide. „Green Paper" for the City Living Summit, Feb. 26, Adelaide, Australia.

Allen, Chris/Camina, Margaret/Casey, Rionach/Coward, Sarah/Wood, Martin 2005: Messages from Three Mature Mixed-tenure Communities, York.

Andersson, Eva/Naumanen, Päivi/Ruonavaara, Hannu/Turner, Bengt 2007: Housing, Socio-Economic Security and Risks. A Qualitative Comparison of Household Attitudes in Finnland and Sweden. In: European Journal of Housing Research 7, S. 151-172.

Andersson, Roger/Musterd, Sako/Galster, George/Kauppinen, Timo M. 2007: What Mix Matters? Exploring the Relationships Between Individuals' Incomes and Different Measures of Their Neighborhood Context. In: Housing Studies 22, S. 637-660.

Arthurson, Kathy/Anaf, Julia 2006: Social Mix and Disadvantaged Communities: Clarifying the Links between Policy, Practice and the Evidence Base. Paper. Presented at the ENHR Conference July 2-6, Cambridge, UK.

Atkinson, Rowland 2005: Neighbourhoods and the Impacts of Social Mix: Crime, Tenure Diversification and Assisted Mobility. University of Tasmania, School of Sociology, Housing and Community Research Unit, CNR Paper 29.

Atkinson, Rowland/Kintrea, Keith 2000: Owner-occupation, Social Mix and Neighbourhood Impacts. In: Policy and Politics 28, S. 93-108.

Bailey, Nick/Haworth, Anna/Manzi, Tony/Paranagamage, Primali/Roberts, Marion 2006: Creating and Sustaining Mixed Income Communities, York.

Bighini, Barbara 2006: Aufwertung und Stabilisierung von Wohngebieten am Beispiel der Kölner Wohngebiete Vingst und Höhenberg. Unv. Magisterarbeit, Köln: Forschungsinstitut für Soziologie.

Böltken, Ferdinand 1999: Soziale Distanz und räumliche Nähe – Einstellungen und Erfahrungen im alltäglichen Zusammenleben von Deutschen und Ausländern. In: Schmidt, Peter (Hg.): Wir und die anderen, Opladen. S. 141-188.

Bramley, Glen/Karley, Noah Kofi 2007: Homeownership, Poverty and Educational Achievement: School Effects as Neighbourhood Effects. In: Housing Studies 22, S. 693-722.

Brophy, Paul C./Smith, Rhoda N. 1997: Mixed-Income Housing: Factors for Success. In: Cityscape 3, S. 3-31.

CLG (= Communities and Local Government) 2006: Planning Policy, Statement 3: Housing, London.

De Swaan, Abraham 1999: Der sorgende Staat, Frankfurt am Main/New York.

Deutscher Bundestag 2005: Lebenslagen in Deutschland – Zweiter Armuts- und Reichtumsbericht, Bonn: Drucksache 15/5015.

Dietz, Robert D. 2002: The Estimation of Neighborhood Effects in the Social Sciences. In: Social Science Research 31, S. 539-575.

Dietz, Robert D./Haurin, Donald R. 2003: The Social and Private Micro-level Consequences of Homeownership. In: Journal of Urban Economics 54, S. 401-450.

Doling, John/Ford, Janet 2007: A Union of Home Owners. In: European Journal of Housing Policy 7, S. 113-127.

Erbring, Lutz/Young, Alice A. 1979: Contextual Effects as Endogenous Feedback, In: Sociological Methods & Research 7, S. 396-430.

Feinstein, Leon/Lupton, Ruth/Hammond, Cathie/Mujtaba, Tamjid/Salter, Emma/Sorhaindo, Annik 2008: The Public Value of Social Housing: A Longitudinal Analysis of the Relationship Between Housing and Life Chances, London.

Friedrichs, Jürgen 1998: Do Poor Neighborhoods Make Their Residents Poorer? Context Effects of Poverty Neighborhoods on Residents. In: Andreß, Hans-Jürgen (Hg.): Empirical Poverty Research in Comparative Perspective, Aldershot, S. 77-99.

Friedrichs, Jürgen/Blasius, Jörg 2009: Attitudes of Owners and Renters in a Deprived Neighbourhood. In: European Journal of Housing Policy 9, im Druck.

Friedrichs, Jürgen/Triemer, Sascha 2008: Gespaltene Städte? Soziale und ethnische Segregation in deutschen Großstädten, Wiesbaden.

Galster, George 1987: Homeowners and Neighborhood Reinvestment, Durham-London.

Galster, George C. 1983: Empirical Evidence on Cross-Tenure Differences in Home Maintenance and Conditions. In: Land Economics 59, S. 107-113.

Galster, George C. 2003: Investigating Behavioral Impacts of Poor Neighborhoods: Towards New Data and Analytic Strategies. In: Housing Studies 18, S. 893-914.
Galster, George C. 2007: Neighborhood Social Mix as a Goal of Housing Policy: A Theoretical Analysis. In: European Journal of Housing Policy 7, S. 19-43.
Galster, George C. 2008: Quantifying the Effects of Neighbourhood on Individuals: Challenges, Alternative Approaches, and Promising Directions. In: Schmollers Jahrbuch 128, S. 7-48.
Gans, Herbert J. 1961: The Balanced Community: Homogeneity or Heterogeneity in Residential Areas? In: Journal of the American Institute of Planners 27, S. 176-184.
Goodchild, Barry/Cole, Ian 2001: Social Balance and Mixed Neighbourhoods in Britain since 1979: A Review of Discourse and Practice in Social Housing. In: Environment and Planning D: Society and Space 19, S. 103-121.
Groves, Rick/Middleton, Alan/Murie, Alan/Broughton, Kevin 2003: Neighbourhoods that work. A Study of Bournville Estate, Birmingham, Bristol.
Harkness, Joseph/Newman, Sandra J. 2003: Differential Effects of Homeownership on Children from Higher- and Lower-Income Families. In: Journal of Housing Research 14, S. 1-19.
Haurin, Donald R./Dietz, Robert D./Weinberg, Bruce A. 2003: The Impact of Neighborhood Homeownership Rates: A Review of the Theoretical and Empirical Literature. In: Journal of Housing Research 13, S. 119-151.
Hedström, Peter/Swedberg, Richard 1998: Social Mechanisms. An Introductory Essay. In: Hedström, Peter/Swedberg, Richard (Hg.): Social Mechanisms: An Analytical Approach to Social Theory, Cambridge, S. 1-31.
Herlyn, Ulfert/Lakemann, Ulrich/Lettko, Barbara 1991: Armut und Milieu. Benachteiligte Bewohner in großstädtischen Quartieren, Basel/Boston/Berlin.
Hess, Henner/Melcher, Achim 1973: Ghetto ohne Mauern. Ein Bericht aus der Unterschicht, Frankfurt am Main.
Jones, Anwen/Elsinga, Marja/Quilgars, Deborah/Toussaint, Jannecke 2007: Home Owner's Perceptions of and Responses to Risk. In: European Journal of Housing Policy 7, S. 129-150.
Jupp, Ben 1999: Living Together. Community Life in Mixed Tenure Estates, London.
Kearns, Ade/Mason, Phil 2007: Mixed Tenure Communities and Neighbourhood Quality. In: Housing Studies 22, S. 661-692.
Kecskes, Robert/Knäble, Stephan 1988: Der Bevölkerungsaustausch in ethnisch gemischten Wohngebieten. Ein Test der Tipping-Theorie von Schelling. In: Friedrichs, Jürgen (Hg.): Soziologische Stadtforschung, Opladen, S. 293-309. (Sonderheft 29 der Kölner Zeitschrift für Soziologie und Sozialpsychologie).
Kleinhans, Reinout 2004: Social Implications of Housing Diversification in Urban Renewal: A Review of Recent Literature. In: Journal of Housing and the Built Environment 19, S. 367-390.
Leventhal, Tama/Brooks-Gunn, Jeannette 2000: The Neighborhoods They Live in: The Effects of Neighborhood Residence on Child and Adolescent Outcomes. In: Psychological Bulletin 126, S. 309-337.
Livingston, Mark/Bailey, Nick/Kearns, Ade 2008: The Influence of Neighbourhood Deprivation on People's Attachment to Places, York.

Lupton, Ruth 2003: „Neighbourhood Effects": Can we Measure Them and Does it Matter? CASE paper 73, London.
Manzi, Tony/Smith Bowers, Bill 2003: Developing Unstable Communities? The Experience of Mixed Tenure and Multi-landlord Estates. Paper, presented at the Housing Studies Association Conference, Sept 9-10, Bristol, UK.
Musterd, Sako/Andersson, Roger 2005: Housing Mix, Social Mix, and Social Opportunities. In: Urban Affairs Review 40, S. 1-30.
Oberwittler, Dietrich 2004: Stadtstruktur, Freundeskreise und Delinquenz. Eine Mehrebenenanalyse zu sozialökologischen Kontexteffekten auf schwere Jugenddelinquenz. In: Oberwittler, Dietrich/Karstedt, Susanne (Hg.): Soziologie der Kriminalität, Wiesbaden, S. 135-170 (Sonderheft 43 der Kölner Zeitschrift für Soziologie und Sozialpsychologie).
Ostendorf, Wim/Musterd, Sako/de Vos, Sjoerd 2001: Social Mix and the Neighbourhood Effect. Policy Ambitions and Empirical Evidence. In: Housing Studies 16, S. 371-380.
Page, David 2000: Communities in the Balance. The Reality of Social Exclusion on Housing Estates, York.
Pettigrew, Thomas F./Tropp, Linda R. 2006: A Meta-analytic Test of Intergroup Contact Theory. In: Journal of Personality and Social Psychology 90, S. 751-783.
Rosenbaum, James E./Stroh, Linda K./Flynn, Cathy A. 1998: Lake Parc Place: A Study of Mixed-Income Housing. In: Housing Policy Debate 9, S. 703-740.
Rossi, Peter H./Weber, Eleanor 1996: The Social Benefits of Homeownership: Empirical Evidence from National Surveys. In: Housing Policy Debate 7, S. 1-35.
Sampson, Robert J./Morenoff, Jeffrey D./Gannon-Rowley, Thomas 2002: Assessing „Neighborhood Effects": Social Processes and New Directions in Research. In: Annual Review of Sociology 28, S. 443-478.
Sarkissian, Wendy 1976: The Idea of Social Mix in Town Planning: An Historical Review. In: Urban Studies 13, S. 231-246.
Schelling, Thomas 1978: Micromotives and Macrobehavior, New York/London.
Schönwälder, Karen/Söhn, Janina/Schmid, Nadine 2007: Siedlungsstrukturen von Migranten in Deutschland: Schwerpunkte der Ansiedlung und innerstädtische Konzentration. Discussion Paper SP IV 2007-601, Berlin.
Schwartz, Alex/Tajbakhsh, Kian 1997: Mixed-Income Housing: Unanswered Questions. In: Cityscape 3, S. 71-92.
Scottish Homes 2006: Tenure Mix and Neighbourhood Regeneration. In: PRECiS No. 127 (www.scot-homes.gov.uk/pdfs/pub).
SEU (= Social Exclusion Unit) 2000: National Strategy for Neighbourhood Renewal: A Framework for Consultation, London: Cabinet Office. (http://www.socialexclusionunit.gov.uk/downloaddoc.asp?id=48)
Silverman, Emily/Lupton, Ruth/Fenton, Alex 2006: Attracting and Retaining Families in New Urban Mixed Income Communities, York.
Toussaint, Janneke/Tegeder, Gudrun/Elsinga, Marja/Helbrecht, Ilse 2007: Security and Insecurity of Homeownership: Germany and the Netherlands. In: European Journal of Housing Policy 7, S. 173-192.

Tunstall, Rebecca 2003: „Mixed Tenure" Policy in the UK: Privatisation, Pluralism or Euphemism? In: Housing, Theory and Society 20, S. 153-159.
Tunstall, Rebecca/Fenton, Alex 2006: In the Mix. A Review of Mixed Income, Mixed Tenure and Mixed Communities, London.
Wilson, William J. 1987: The Truly Disadvantaged, Chicago-London.

Prof. Dr. Jürgen Friedrichs (em.)
Soziologie
Forschungsinstitut für Soziologie
Wirtschafts- und Sozialwissenschaftliche Fakultät
Universität zu Köln

Die Wolfsburg-Forschungen als Beispiel für Wandel und Kontinuität der empirischen Stadtsoziologie

Annette Harth und Gitta Scheller

Die soziologischen Wolfsburg-Forschungen der Forschungsteams um Ulfert Herlyn und Wulf Tessin ziehen sich wie ein roter Faden durch die deutsche Stadtsoziologie und nehmen auch deren Konjunkturen auf.

Begonnen hatte die Erforschung der erst 1938 gegründeten Stadt im Jahr 1959 durch das Soziologische Seminar der Universität Göttingen. Die Initiatoren Helmuth Plessner und Hans Paul Bahrdt waren der Auffassung, dass der Prozess der Urbanisierung nirgendwo besser untersucht werden könne als in einer Stadtneugründung, weil sich dort erst die Institutionen und Lebensformen entwickeln müssten, die ein langfristiges Bestehen garantieren. Die Untersuchung zog sich in die Länge, u. a. weil die Methoden der empirischen Sozialforschung erst eingeübt werden mussten (Herlyn 2000, 219), so dass der Bericht erst 1967 erschien (Schwonke/Herlyn 1967). Zum damaligen Zeitpunkt hatte man keinerlei Ambitionen, den Untersuchungsgegenstand später noch einmal aufzugreifen, auch wenn noch einzelne Qualifikationsarbeiten folgten, wie die von Hermann Hilterscheid (1970) über die kommunalpolitischen Beziehungen zwischen Stadt und Volkswagenwerk. Erst Anfang der 1980er Jahre – dann vom Lehrgebiet ‚Planungsbezogene Soziologie' der Universität Hannover aus und gemeinsam mit Wulf Tessin – nahm Ulfert Herlyn die Wolfsburg-Forschung erneut auf, um den ursprünglichen Anspruch einer Analyse des Stadtwerdungsprozesses durch eine Panel-Untersuchung zu erfüllen (Herlyn/Schweitzer/Tessin/Lettko 1982). Es ging um die Analyse der Weiterentwicklung der Integration sowie der Prägekraft der VW-Dominanz für die Biografien der Wolfsburger Bevölkerung. Auch in diesem Kontext entstanden verschiedene Qualifikationsarbeiten, wie die von Ulrich Schweitzer (1990) über die Integrationsprobleme von Neuzuziehenden. Für Wulf Tessin wurde Wolfsburg zur Untersuchungsstadt seiner Habilitation im Fachgebiet ‚Siedlungssoziologie' an der Universität Hannover mit einer Forschungsarbeit über Stadtwachstum und Stadt-Umland-Politik im Raum Wolfsburg (Tessin 1986, 1988) – und Wolfsburg sollte ihn auch danach nicht mehr loslassen. Zum fünfzigen Geburtstag der Stadt versammelten Herlyn und Tessin unterschiedliche Beiträge in einem Sonderheft der Zeitschrift „Die Alte Stadt" (Herlyn/Tessin Hg. 1988; Herlyn/Tessin 1988).

Doch zunächst einmal bestanden auch nach Abschluss der zweiten Studie – obgleich Martin Schwonke in seinem Nachwort bereits die Möglichkeit einer dritten andeutet (1982, 275) – keine Pläne die Stadt ein weiteres Mal zu untersuchen. Zwar nahm man die Stadt erneut in den Blick, als es um Individualisierungsprozesse in der Arbeiterschaft ging (Herlyn/Scheller/Tessin 1994), aber hier als Untersuchungsort, nicht als Untersuchungsgegenstand und auch vergleichend mit Hamm. Das Wolfsburg-Interesse und der Kontakt zur Stadt immerhin lebte wieder auf, was sich auch in Publikationsbeiträgen zu Ausstellungskatalogen niederschlug, die die, nun eine immer breitere Öffentlichkeit interessierende, städtebauliche Entwicklung der Stadt zum Thema hatten (Herlyn 1997; Tessin 1997; Herlyn/Tessin 1998). Nach der bis dahin schwersten Strukturkrise bei Volkswagen Anfang der 1990er Jahre regte nun die Stadt selbst eine weitere umfassende Studie an, die sich mit den Folgen der Krise für die Stadt auseinandersetzen sollte. Die dritte soziologische Wolfsburg-Studie, an der wir erstmalig beteiligt waren, griff außerdem auch wieder das Thema der Integration auf (Harth/Herlyn/Scheller/Tessin 2000). Zeitgleich erschien eine die drei Untersuchungen bilanzierende Arbeit, die das Faszinosum Wolfburg zum Thema hatte (Herlyn/Tessin 2000).

Waren wir in der dritten Studie eigentlich angetreten, eine Stadt in einer existenzbedrohlichen Situation, über der ein „Leichentuch" lag, wie ein Experte es formulierte, zu untersuchen, so fanden wir am Ende Aufbruch in eine ganz neue Phase der Stadtentwicklung: die Krise war zum Wendepunkt geworden, zu einer „zweiten Gründerzeit", wie es in der Stadt hieß. Wolfsburg versuchte – später als vergleichbare Städte zwar, aber dann umso umfassender – zu einem lebenswerten und zugleich wirtschaftsfreundlichen Standort in der wachsenden Städtekonkurrenz um Wirtschaftsunternehmen und Tourismusströme zu werden. Dabei spielte die Stadtentwicklung durch erlebnisorientierte Großprojekte eine zentrale Rolle. Plötzlich gab es im ‚grauen', etwas langweiligen Wolfsburg bundesweit, ja zum Teil international beachtete ‚Destinationen' (die VW-Autostadt, das Phaeno von Zaha Hadid oder das Kunstmuseum). Am Ende der Studie ahnten wir bereits, dass wir recht bald wieder zurückkehren würden (Herlyn 2000, 221), um „Wolfsburgs Weg aus der Arbeits- in die Freizeitgesellschaft", den Tessin (2003) pikant mit der Frage „Kraft durch Freude?" überschrieben hatte, genauer zu untersuchen. Mit den stadtkulturellen Folgen der erlebnisorientierten Stadtpolitik setzt sich die vierte und vorerst letzte soziologische Wolfsburg-Untersuchung auseinander (Harth/Herlyn/Scheller/Tessin 2010).

Die soziologische Analyse des Stadtwerdungs- und Stadtentwicklungsprozesses von Wolfsburg markiert einen besonderen und einzigartigen Ansatz innerhalb der deutschen Stadt- und Planungsbezogenen Soziologie. Dieser soll im Folgenden – nach einer zusammenfassenden Darstellung der wichtigsten Ergebnisse der vier Studien (1) – unter drei Aspekten diskutiert werden: erstens dem Bezug der Studien zum allgemeinen (stadt)soziologischen Diskurs (2), zweitens ihrem Umgang mit der Frage des Planungsbezugs (3) und abschließend der Bedeutung der Wolfsburg-Forschung für die Stadt- und Planungsbezogene Soziologie (4).

1 Zentrale Befunde der vier soziologischen Wolfsburg-Studien

Die soziologische Langzeitbetrachtung der Stadt Wolfsburg rankt sich um drei Kernthemen: Stadtwerdung und Urbanität (1.1), soziale Integration der Bewohnerschaft (1.2) und Verhältnis Volkswagen-Stadt (1.3).

1.1 Stadtwerdung und Urbanität

Einziger Anlass der Gründung der Stadt war die Autoproduktion an einem für das damalige Reich zentralen und per Bahn, Auto und Schiff gut erreichbaren Standort. Wolfsburg wurde am 1. Juli 1938 als „Stadt des KdF-Wagens" gegründet. An einem weitgehend unbesiedelten Standort sollte eine Stadt regelrecht aus dem Boden gestampft werden. Die vom jungen Architekten Peter Koller angefertigten Pläne einer nationalsozialistischen Musterstadt wurden aber unter Kriegsbedingungen und der im Werk stattfindenden Rüstungsproduktion mit Zwangsarbeiterinnen und Zwangsarbeitern nur zu geringen Teilen realisiert, so dass die ‚Stadt' zu Kriegsende eher einer Ansammlung von Baracken glich (Schwonke/Herlyn 1967, 28). Nach der Währungsreform 1948 setzte ein Prozess der politischen Normalisierung ein. Die Stadt wuchs rasant: In den ersten fünfzehn Jahren nach dem Krieg stieg die Bevölkerung um mehr als das Dreifache; auch der Wohnungsbestand verdreifachte sich und die VW-Belegschaft stieg sogar um das Vierfache. Die Stadt wurde zur Großbaustelle, wobei die Wohnungsfrage aufgrund der schnell wachsenden Bevölkerung im Mittelpunkt stand. VW war durch die VW-Wohnungsbaugesellschaft maßgeblicher Akteur und trat auch als großzügiger Mäzen für eine Reihe kultureller Großbauten auf (Kulturzentrum, Stadthalle, Hallenbad). Die Stadt hatte auch darum in gewisser Weise den Charakter einer riesigen Werkssiedlung, wozu auch die fehlende Stadtmitte beitrug. Bereits in den ursprünglichen Koller-Plänen hatte sich kein Stadtzentrum gefunden, und auch nach dem Krieg wurde keines angelegt. Vielmehr entwickelte sich in den 1950er Jahren entlang der zum VW-Werk hinführenden breiten Porschestraße eine gewisse Konzentration von Geschäften und öffentlichen Gebäuden. Das Fehlen einer ‚richtigen' Stadtmitte war ein folgenreicher und bis heute nachwirkender Geburtsfehler der neuen Stadt und erschwerte die urbane Identifikation. Das rasche Stadtwachstum setzte sich fort. Entsprechend dem Leitbild der „gegliederten und aufgelockerten Stadt" wuchs die Stadt aber nicht ringförmig von innen nach außen. Vielmehr wurden im Stil des landschaftlichen Städtebaus klar voneinander durch Grünzüge abgegrenzte Wohngebiete im Sinne von Nachbarschaftseinheiten gebaut (Tessin 2007).

Zwar nahm die Stadt in der Nachkriegszeit eine fulminante Entwicklung und hielt auch bald alles bereit, was im Alltag erforderlich und wünschenswert war. Es gab Geschäfte, Bildungs- und Kultureinrichtungen, Sportangebote und sogar Ausstellungen – die Stadt hieß bald gar im Volksmund „Großprotzendorf" – dennoch blieb die bange Frage, ob aus der „komfortablen Werkssiedlung", als die der Publizist Erich Kuby Wolfsburg noch 1957 bezeichnete, eine lebendige Stadt entstehen würde. Durch das Fehlen historischer Bausubstanz (keine Fachwerkhäuser, Gründerzeitbauten, keine Kirchen), das Leben im Werkstakt (Schichtrhythmus), die höchst einseitige Sozialstruktur (Arbeiterstadt, hoher Anteil VW-Beschäftigter, geringer Grad an Anonymität), aber auch durch die dezentrale Siedlungsstruktur und die fehlende Stadtmitte, waren die Bedingungen für die Entwicklung eines urbanen Lebensstils im Vergleich zu gewachsenen Städten denkbar schlecht. Insofern war es immer wieder ein zentrales stadtentwicklungspolitisches Anliegen in Wolfsburg, hier zu Veränderungen zu kommen, eine ‚richtige Stadt' zu werden. Anfang der 1980er Jahre wurde z. B. die Porschestraße in eine Fußgängerzone umgewandelt. Das neue Rathaus wurde gebaut, ein größeres Einkaufscenter eröffnet und eine Belebung der Seitenstraßen durch kleinere und neuartige Einzelhandelsangebote und Angebote im gastronomischen Bereich vorgenommen. Nicht zuletzt verband sich mit der erlebnisorientierten Großprojektpolitik seit Ende der 1990er Jahre die Vorstellung, durch diese Erlebniswelten die Urbanität der Stadt insgesamt zu erhöhen. Man setzte auf Touristenströme, die nach dem Besuch eines der erlebnisorientierten Großprojekte in die Wolfsburger Innenstadt gehen und dort zu mehr Bevölkerungsdichte und -heterogenität beitragen würden.

Gerade weil in Wolfsburg von Beginn an die städtebaulichen, sozialen und strukturellen Voraussetzungen nicht dazu angetan waren, so etwas wie ein urbanes Leben(sgefühl) zu befördern, war eine Kernfrage der soziologischen Wolfsburg-Forschung: Könnte die „Stadt vom Reißbrett" je urbane Qualitäten entwickeln?

Die vier Wolfsburg-Studien zeigen die Stadt in einem ständigen (und nicht immer erfolgreichen) Ringen um mehr Urbanität. Das Volkswagenwerk wie auch die reiche Stadt selbst haben über die Jahre ‚alles' getan, um nicht nur den Gebrauchswert der Stadt (die Infrastrukturausstattung liegt weit über den Angeboten von Städten vergleichbarer Größe), sondern jüngst auch ihre Erlebnisqualität zu verbessern, dennoch zieht sich die Kritik an fehlender Urbanität, am öffentlichen Leben in der Stadt, am Fehlen anregender unerwarteter Begegnungen und der unzureichenden Vielfältigkeit des städtischen Angebots wie ein roter Faden durch alle Studien. Schon in der ersten Studie, in der das Gefühl für die Aufbauleistung der Stadt noch deutlich spürbar ist, wird von den Einwohnerinnen und Einwohnern kritisiert, dass es „kein ausgeprägtes Stadtzentrum wie in einer alten gewachsenen Stadt" gebe, dass Kultur- und Freizeiteinrichtungen (gerade auch für eine bürgerliche Schicht) fehlten, dass „die Atmosphäre fehlt" und „das Pulsierende in der Stadt" (Schwonke/Herlyn 1967, 164, 168).

In der zweiten Untersuchung hatte dann die Kritik am „Mangel an Leben", an den „lebenskulturellen Momenten", an fehlenden (und netten) Cafés, Lokalen und Restaurants sowie den Einkaufsangeboten gegenüber den 1960er Jahren deutlich zugenommen. Man verglich Wolfsburg in verstärktem Maße mit den Nachbarstädten, fuhr auch vermehrt dorthin und gab sein Geld da aus (Herlyn u. a. 1982, 208). Noch 1998 waren nur 30% der befragten Wolfsburger und Wolfsburgerinnen der Meinung, dass die Stadt über eine „Innenstadt mit attraktiven Einkaufsmöglichkeiten" verfüge und nur 26% meinten, dass Wolfsburg eine „lebendige und städtische Atmosphäre" habe (Harth u. a. 2000, 88).

Auch die erwarteten und erhofften ‚Urbanitätseffekte' der erlebnisorientierten Großprojektpolitik haben sich nur bedingt eingestellt. So zeigt die vierte Studie, dass zwar die wahrgenommene Erlebnisqualität der Stadt im Zuge der Fertigstellung der Großprojekte deutlich gestiegen ist, was nicht wenig ist in einer Stadt, die bislang als ‚langweilig' und ‚trist' angesehen wurde. Durch das erheblich ausgeweitete Angebot an Freizeit- und Kultureinrichtungen, auch in gehobener bzw. höchster Qualität, wird Wolfsburg von der Bewohnerschaft und auch von Touristen, die nun tatsächlich vermehrt die Stadt besuchen, als ein bisschen ‚urbaner' im Sinne von ‚großstädtischer' empfunden. Immerhin 71% der Befragten meinten, dass „die Großprojekte das städtische Leben vielfältiger und bunter gemacht haben". Dennoch war für die Mehrheit von ihnen auch klar, dass Wolfsburg (noch) keine urbane Stadt ist. Der Prozentsatz derjenigen, die ihrer Stadt eine „lebendige und städtische Atmosphäre" attestieren, ist denn auch nur um 4 Punkte gestiegen (auf 30%), der der „Innenstadt mit attraktiven Einkaufsmöglichkeiten" nur um 2 Punkte (auf 28%).

Die Stadtwerdung Wolfsburgs ist, wenn auch von Brüchen begleitet, ein Prozess des unaufhaltsamen Aufstiegs und Wachstums von Bevölkerungs- und Wohnungszahlen bis in die 1970er Jahre und seitdem einer weitgehenden Konsolidierung. Es wurde gebaut, eröffnet und eingeweiht, und die Stadt verweist mit Recht in der zum siebzigsten Geburtstag erstellten voluminösen „Wolfsburg-Saga" (Stölzl Hg. 2008) auf ihre Erfolge. Keine Frage: Wolfsburg ist eine ‚richtige' Stadt geworden und zeigt nun sogar schon Ansätze von Patina. Die vier soziologischen Wolfsburg-Studien dokumentieren daneben aber auch die Schwierigkeiten der Entstehung eines urbanen Lebensstils und Stadtgefühls. Es zeigt sich, dass Urbanität an bestimmte Voraussetzungen gebunden ist, die nur schwer planerisch beeinflussbar sind. Am ehesten lassen sich noch die (städte-)baulichen Faktoren verändern, soziale Mischung und Aspekte städtischer Öffentlichkeit und ‚urbanen Lebensstils' lassen sich dagegen kaum am ‚Reißbrett' planen.

1.2 Soziale Integration

In dieser Stadt, die ihre Existenz allein dem Volkswagenwerk verdankt, in der es zur Gründungszeit kaum tausend ‚Ureinwohner' gab und die deswegen nur aus Zugewanderten (zum großen Teil Flüchtlingen und Vertriebenen) bestand, war die zentrale Frage die der sozialen Integration. „Nur selten wurden in anderen Städten vergleichbarerer Größenordnung so viele fremde Personen in relativ kurzer Zeit eingebunden wie in Wolfsburg" (Herlyn/Tessin 2000, 176). Es stellte sich darum geradezu zwangsläufig die Frage, ob und wie aus diesem „zusammengewürfelten Volk" eine Stadtgesellschaft entstehen würde.

Die erste Studie zeigte, dass sich die Fremdheit der Zugewanderten, die sich zunächst in einem distanzierten Verhältnis zur Stadt und zu den anderen Einwohnerinnen und Einwohnern manifestierte, allmählich verloren hatte und die Identifikation mit der Stadt und den Menschen gegenüber den Anfangsjahren gestiegen war. Mehr als 70% der Befragten gaben damals schon an, sich „heimisch" zu fühlen (Schwonke/Herlyn 1967, 176). Trotz vielfältiger Schwierigkeiten des Stadtaufbaus und des Stadtwerdungsprozesses, insbesondere des über die ganzen Jahre hinweg hohen Umfangs an Zuwanderungen, war die erste Etappe der Integration in der ‚neuen Stadt' recht erfolgreich verlaufen. Dazu trug auch die ‚Entwurzelung' der meisten Neuankömmlinge bei und nicht zuletzt auch die immer sichtbar werdenden eigenen Aufstiegschancen in der Stadt. Es wurde deutlich, dass „der ausschlaggebende Faktor für die Bildung eines Heimatgefühls in den personellen Beziehungen liegt. (...) Die These vom Primat der personalen und sozialen Beziehungen hinsichtlich des Gefühls des ‚zu-Hause-Seins' kann somit als gesichert gelten" (ebd. S. 184, 186). Damit konnte gezeigt werden, dass das, was als Heimat empfunden wird, nicht unbedingt der Ort von Kindheit und Jugend sein muss, sondern Ergebnis eines aktiven Aneignungsprozesses ist, der sich auch in späteren Lebensphasen ereignen kann.

Eine weitere große Integrationsaufgabe bestand mit der in der Bevölkerung höchst umstrittenen Eingemeindung der bis 1972 selbständigen Randgemeinden (Tessin 1988). Es ging nun darum, die Bewohnerschaft der eingemeindeten Ortschaften in Wolfsburg ‚heimisch' werden zu lassen. Zum Zeitpunkt der zweiten Studie, also etwa 8 Jahre nach erfolgter Gebietsreform, zeigte sich, dass die Bewohnerschaft der ehemaligen Umlandgemeinden sich noch deutlich weniger für Wolfsburg ‚insgesamt' interessierte als die ‚alten' Wolfsburger und Wolfsburgerinnen. 1980 gaben immerhin fast drei Viertel der Befragten an, sich als Bürger ihres Ortsteils zu fühlen. Es wurde deshalb geschlussfolgert, „dass der Verwaltungsakt der Eingemeindung von 1972 im Bewusstsein der Bürger kaum eine Relevanz für ihren Ortsbezug hat" (Herlyn u. a. 1982, 170). Aber immerhin gab es nun auf dem Territorium Wolfsburgs etwas vorher nicht Vorhandenes: alte Ortsbilder, Tradition, Gemeindeleben und Beschaulichkeit. „Wolfsburg hatte sich sozusagen ein Stück weit Vergangenheit, Heimat und regionale Verankerung ‚eingemeindet'" (Tessin 2008, 274). In der dritten Studie war die Distanz in den eingemeindeten Stadt- und Ortsteilen zu Wolfsburg nicht mehr in dem Umfang ausgeprägt, obgleich sich die Hauptbezüge des Alltags bei der Ortsteilbewohnerschaft nach wie vor überwiegend auf ihren Nahbereich richteten. Auch hatte sich ein Bewusstsein für die Eigenständigkeit der Ortsteilbewohnerschaft insofern erhalten, als sich die Bewohner der Randgemeinden auch 1998 mehrheitlich mit ihrem Ortsteil verbunden fühlten und erst in zweiter Linie als Wolfsburger. Im Vergleich zur Integration des ‚zusammengewürfelten Volkes', das mit dem Einzug in die neue Stadt all seine früheren sozialen Bindungen hinter sich lassen musste und sozusagen gar nicht anders konnte, als ein neues Beziehungsgeflecht auszubilden, verlief die Integration der eingemeindeten Ortsteile anders und vielfach zögerlicher, weil die Menschen weiterhin in ihre Sozialbezüge ‚vor Ort' eingebunden bleiben konnten.

Neben der Eingemeindungsproblematik wurde in der zweiten Studie aber insgesamt deutlich, dass sich die soziale Einbindung der Wolfsburgerinnen und Wolfsburger (gemessen an nachbarschaftlichen Grußkontakten, verwandtschaftlichen und bekanntschaftlichen Besuchskontakten sowie Vereinszugehörigkeit) gegenüber der ersten Studie merklich erhöht hatte. Man war sesshaft geworden, hatte sich eingelebt, was sich aber nur wenig auf die Frage auswirkte, wie „heimisch" man sich in Wolfsburg fühlte. Aufgrund der Untersuchungsergebnisse wurde geschlussfolgert, dass – wenn die sozialen Beziehungen einigermaßen geregelt sind – die jeweilige Stadt selbst, ihre Wohn- und Lebensqualität und ihr Image einen zunehmend größeren Einfluss auf die Entwicklung eines Heimat- und Identifikationsgefühls haben (Tessin 2008, 274f).

Dieser Frage wurde dann in der dritten Studie vertieft nachgegangen. Es wurde untersucht, ob die These einer wachsenden Bedeutung der sogenannten „systemischen Integration" (Einbindung mittels Arbeitsplatz-, Wohnungs- oder Infrastrukturangeboten) auf Kosten der „sozialen Integration" (über soziale Beziehungen) und „symbolischen Integration" (als Identifikation mit der Stadt) sich tatsächlich für Wolfsburg bestätigen lässt. Dies war alles in allem nicht der Fall. Im Gegenteil hatte sich die ‚symbolische' und vor allem die ‚soziale Integration' auf recht hohem Niveau gehalten, wohingegen die ‚systemische Integration', besonders im Arbeitssektor (durch Arbeitsplatzabbau und wachsende Einpendlerzahlen) und im Wohnungssektor (Suburbanisierung wegen nicht mehr anspruchsgerechter Wohnungen) eher sogar abgenommen hatte.

In der vierten Wolfsburg-Studie wurde die Integrationsthematik vor dem Hintergrund der Stadtentwicklung durch erlebnisorientierte Großprojekte analysiert. Dabei wurde für Wolfsburg geprüft, ob – wie in der Fachliteratur mitunter behauptet – diese Art der Stadtentwicklung soziale Ausgrenzungen bis hin zu Marginalisierungen und Phänomenen relativer Deprivation begünstigt. All diese Befürchtungen haben sich mehrheitlich nicht bewahrheitet. Zwar spürt die Bevölkerung, dass sich die erlebnisorientierte Großprojektpolitik in Wolfsburg primär (auch) an Touristen wendet, aber man empfindet sich mehrheitlich nicht als ‚Opfer' dieser Politik, sondern sieht Vorteile auch für sich selbst. Die neuen Angebote werden breit genutzt und genießen hohe Akzeptanz und – in Wolfsburg besonders bedeutsam – die Großprojekte haben (zusammen mit den Fußballerfolgen) den Stolz fast aller Bewohnergruppen merklich erhöht (Harth u. a. 2010, 235f).

Die vier Wolfsburg-Studien zeigen, dass die Stadt sich als höchst erfolgreiche „Integrationsmaschine" erwiesen hat. Neu-Wolfsburger aller Couleur – vom Vertriebenen über den ‚Gastarbeiter' bis hin zur ehemaligen Ortsteilbewohnerin oder dem ausländischen Manager – wurden integriert und fanden Freiräume in der Stadt. Die Stadt hat dies auch in ihr Selbstbild aufgenommen und vermarktet sich als weltoffene Stadt. Die Konzentration der Wolfsburg-Forschung auf integrative Aspekte – die ihr im Übrigen den Vorwurf der Vernachlässigung möglicher desintegrativen Faktoren eingetragen hat (Löw u. a. 2007, 170) – wird einerseits vor dem Hintergrund der Stadtgründungsgeschichte nachvollziehbar (würden sich so unterschiedliche Fremde tatsächlich zu einer Stadt ‚zusammenraufen'?), andererseits ist es der Stadt auch immer wieder gelungen, sich Fremdes ‚einzuverleiben' und davon zu profitieren.

1.3 Verhältnis Volkswagen – Stadt

Die Stadt Wolfsburg verdankt ihre Gründung allein der Entscheidung der damaligen Machthaber, einen ‚Wagen für alle Deutschen' in einem neu zu errichtenden Werk herzustellen. „Wolfsburg ist als ‚Stadt des Kdf-Wagens' gegründet worden, und sie ist bis heute die ‚Stadt des Volkswagens' geblieben" (Herlyn/Tessin 2000, 57). Diese strukturelle Abhängigkeit hat in der Entwicklung der Stadt eine entscheidende Rolle gespielt. Von Anfang an bis heute setzt das Volkwagen-Werk, heute der Konzern, die zentralen Rahmenbedingungen für die Stadtentwicklung: Volkswagen verbindet die ‚kleine' Stadt mit der internationalen Wirtschafts- und Automobilmarktentwicklung, macht sie in hohem Maße abhängig von konjunkturellen Schwankungen und produziert die Probleme, derer sich die Kommunalpolitik annehmen muss. Gleichzeitig bringt der Sitz von

Volkswagen auch gewaltige Vorteile für Stadt und Bewohnerschaft und eröffnet dadurch Problemlösungskapazitäten, über die andere Kommunen nicht verfügen. Für die soziologischen Wolfsburg-Studien ergaben sich daraus vor allem zwei miteinander verbundene Fragestellungen: Zum einen ging es darum zu untersuchen, wie sich diese VW-Dominanz im Alltag der Bewohnerschaft und im öffentlichen Leben der Stadt auswirkt. Hans-Paul Bahrdt hatte ja schon 1961 in seiner ‚modernen Großstadt' davor gewarnt, dass Großbetriebe – gerade in kleinen Städten – das städtische Leben, das besondere Verhältnis von Öffentlichkeit und Privatheit, erdrücken und in seiner Entfaltung behindern können (in Herlyn Hg. 2006, 153f). Zum anderen ging es um die Determiniertheit der Wolfsburger Kommunalpolitik durch die VW-Dominanz. Beides entwickelte sich sehr wechselhaft.

Bereits in der ersten Studie, die ja noch auf die Aufbau- und Boomjahre bei Volkswagen zurückblickt (VW wurde in den 1950er Jahren zum größten Automobilhersteller Europas, die Beschäftigtenzahlen vervierfachten sich in nur gut 10 Jahren, Wolfsburg wurde zur Inkarnation des deutschen ‚Wirtschaftswunders'), wurde auf Nachteile für die Stadt und ihre Bevölkerung hingewiesen (Schwonke/Herlyn 1967, 41ff): Der Einfluss VWs auf die Kommunalpolitik wurde (von den Befragten) als stärker erachtet als derjenige der gewählten Vertreter. Der (sehr geringe) Besuch weiterführender Schulen sowie Berufswahl und Berufswege wurden vorbestimmt durch die Arbeitsmöglichkeiten im Werk. Und es wurden von den damals Befragten erhebliche nachteilige Wirkungen auf das städtische Leben gesehen (ebd. S. 168), z. B. durch den Schichtrhythmus („alles hängt vom Werk ab. Das Werk macht die Stadt lebendig und tot") oder die fehlende Anonymität („man trifft überall Arbeitskollegen, man ist in Wolfsburg nie privat").

In der zweiten Studie wurde dann – auch vor dem Hintergrund der Krisenjahre 1965-1975, in denen es erstmalig zu Umsatzeinbrüchen und massivem Personalabbau bei Volkswagen gekommen war – die Stadt-Werk-Beziehung ausführlich behandelt. Anders als in Hilterscheids von der community-power-Forschung inspirierten Arbeit (1970) wurde es dabei aber nicht bei der Frage der direkten politischen Interventionen belassen (die Hilterscheid im übrigen als zahlenmäßig gering und im Zeitverlauf abnehmend veranschlagt), sondern die strukturelle Durchdringung der gesamten Stadt wurde in den Mittelpunkt gestellt (Herlyn u. a. 1982, 103ff): Im Wohnungsbereich musste die Stadt über die Jahre den Werksbedarfen ‚hinterherbauen', wobei sie von VW erheblich unterstützt wurde; in der Haushaltspolitik bestimmt der VW-Erfolg die (oft großzügigen) finanziellen Spielräume; die Wirtschafts- und Ansiedelungspolitik steht im Spannungsfeld, VW zu unterstützen und gleichzeitig andere Felder (besonders den jahrzehntelang vernachlässigten Dienstleistungsbereich) zu entwickeln; die Infrastrukturpolitik muss auf die speziellen Bedürfnisse, die sich aus der Sozialstruktur und auch dem Werksrhythmus der Stadt ergeben, eingehen, wobei Volkswagen über die Jahre hinweg selbst hohe Investitionen für Soziales, Sport und Kultur in der Stadt vorgenommen hat; auch für die Verkehrspolitik und interkommunale Politik besteht letztlich die von einem Dezernenten geäußerte Überzeugung: „Was gut ist für das Werk, ist gut für die Stadt" (ebd. S. 102). Darüber hinaus wurde wiederum der das Stadtleben tief durchdringende Einfluss des VW-Werks auf die Berufs- und Arbeitsbedingungen ausführlich herausgestellt, z. B. die insgesamt geringere, aber schwankende Arbeitslosigkeit, die vergleichsweise hohen Einkommen, die eingeschränkten beruflichen Möglichkeiten für Jugendliche.

Die ganze Tragweite der Abhängigkeit zeigte sich dann in der dritten Studie, die die bisher schwerste Strukturkrise des Konzerns und ihre Folgen für die Stadt beleuchtete. Anfang der 1990er Jahren wurden bei VW in Wolfsburg innerhalb weniger Jahre rund 16.000 Arbeitsplätze abgebaut, das waren mehr als 20% aller Arbeitsplätze in der Stadt und die Gewerbesteuereinnahmen erreichten ein historisches Rekordtief. Es stand sogar die Verlagerung des Konzernsitzes zur Debatte. Dennoch war die Krisenreaktion in der Bevölkerung recht gemäßigt, was nicht zuletzt mit den sozialverträglichen Maßnahmen und innovativen Konzepten (,atmende Fabrik') von VW zusammenhing, auf die man in hohem Maße vertraute (Harth u. a. 2000, 125ff). Die Stadt Wolfsburg wurde durch diese Krise wachgerüttelt und folgte nun dem Konzern auf dem Weg in die Globalisierung (ebd. S. 160ff): Es begann eine Stadtentwicklung durch Großprojekte unter dem Leitmotiv der Erlebnisorientierung, die mit ganz neuen umfassenden Kooperationsformen zwischen Konzern und Stadt („Wolfsburg AG") umgesetzt wurde. Initiator war (natürlich) Volkswagen, und mit dem Bau der Autostadt (dem ‚Bekenntnis zu Wolfsburg als Hauptstadt des Konzerns') wurde eine Initialzündung in die Stadt gebracht, die sehr grundlegende Konsequenzen (bis hin zu einer möglichen Verlagerung der Stadtmitte) für die Stadt hat (Harth u. a. 2010). In dieser äußerst dynamischen Stadtentwicklungsphase Ende der 1990er bis Mitte der 2000er Jahre, in der ein Großprojekt nach dem anderen geplant, gebaut und eröffnet wurde, spielte – wie in der vierten Studie nachgezeichnet wurde (ebd. S. 201ff) – der Rat der Stadt kaum eine Rolle, gar nicht zu reden von bürgerschaftlicher Partizipation. Dennoch sieht alles nach einer in Planung und Politik sehr seltenen ‚Win-Win-Situation' aus: Die Stadt hat ein ‚window of opportunity' entschlossen genutzt und auch die Bevölkerung trägt diese Stadtentwicklungspolitik durchaus mehrheitlich mit.

Trotz ihrer sozialstrukturellen Einseitigkeit und ihres bisweilen fehlenden stadtbürgerlichen Diskurses besitzt Wolfsburg durch Volkswagen von jeher eine gewisse Weltläufigkeit und einen Hang zum ‚großen Wurf'. Was man als richtig erkennt, setzt man mit viel Geld, hohem Anspruch und einer paradigmatischen Ausprägung um. Die vier Wolfsburg-Studien arbeiten die Vielschichtigkeit der strukturellen Abhängigkeit der Stadt heraus, die alle Facetten des Stadtlebens bis tief in die individuellen Biografien prägt.

2 Die Wolfsburg-Studien im Kontext der stadtsoziologischen Diskussion

Die soziologische Wolfsburg-Forschung geht im Grundsatz davon aus, dass die Stadt als eigenständige soziale Tatsache aufzufassen ist: „Jeder Stadt ... kommt aufgrund eines letztlich unzertrennbaren und von anderen Städten trotz aller nivellierenden Einflüsse zumeist deutlich unterscheidbaren Syndroms von räumlichen Bedingungen, sozioökonomischen Chancen und eigenen soziokulturellen Handlungspotentialen eine spezifische Handlungsrelevanz zu" (Herlyn u. a. 1982, 18). Dieser Ansatz war und ist in der deutschen Stadtsoziologie aber keineswegs unumstritten, und der Zuspruch schwankte im Zeitverlauf erheblich, so dass die Wolfsburg-Studien einmal mehr, ein anderes Mal weniger im Trend langen.

In der Gemeindesoziologie der Nachkriegszeit bis in die 1950er Jahre besaß die Untersuchung einzelner Städte und Gemeinden einen zentralen Stellenwert innerhalb der Soziologie. Ähnlich wie in den USA[1] markierte die sogenannte Gemeindesoziologie den (Wieder-) Beginn der empirischen Sozialforschung. Ihr Fokus war die vielschichtige Analyse des lokalen Lebens mit dem Anspruch, ein Abbild der Gesellschaft im Kleinen zu liefern. Nach dem II. Weltkrieg wurden erstmals auch in Deutschland Gemeindestudien durchgeführt, ja die umfangreiche Darmstadt-Studie (Ferber 1956; Anderson 1956) diente geradezu dazu, die modernen Methoden der empirischen Sozialforschung hierzulande einzuführen und zu verbreiten (Korte 1986, 7). Inspiriert von Königs theoretischer Konzeptionalisierung der Gemeinde als „globale Gesellschaft auf lokaler Basis" (1958) erlebte die Gemeindesoziologie in den 1950er und frühen 60er Jahren eine Hochzeit, was Alois Hahn u. a. (1979) sogar veranlasste, von einem „goldenen Zeitalter" zu sprechen[2]. Die erste Wolfsburg-Studie, die noch sehr diesem Ansatz

---

[1] Der Höhepunkt der US-amerikanischen Gemeindeforschung lag in der ersten Hälfte des vorigen Jahrhunderts, deren berühmtestes und für deutsche Untersuchungen wegweisendes Beispiel die Wiederholungsstudie über Middletown in den 1920er und 1930er Jahren darstellt (Lynd/Lynd 1929, Lynd/Lynd 1937).

[2] Es wurden gemeindesoziologische Studien durchgeführt zu den Folgen des Einbruchs der Industrialisierung in ein zunächst ländlich geprägtes Leben durch den Aufbau einer Zeche (über Datteln: Croon/Utermann 1958), zu sozialen Verflechtungen (über Karlsruhe: Bergstraesser 1965), zu kommunalen Machtstrukturen (über Wertheim: Ellwein/Zimpel 1969, Zoll 1974, Ellwein/Zoll 1982), zu den charakteristischen Zügen der industriellen Großstadt (über Dortmund: Mackensen u. a. 1959),

verpflichtet ist, ist gewissermaßen ein „Nachzügler dieses Untersuchungstyps" (Herlyn in Bertels 2008, 52). Sie war thematisch sehr breit angelegt und verhandelte den Bezug zwischen Stadt und Volkswagenwerk, thematisierte Wolfsburg als Schmelztiegel, untersuchte die Stadt-Umland Beziehung, die sozialen Verflechtungen in der Stadt, das Heimatgefühl in der neuen Stadt und fragte, was die Wolfsburger über ihre Stadt wissen und wie sie die Stadt und ihre Bewohner und Bewohnerinnen bewerten.

Ziel der frühen Gemeindestudien war es, auch angesichts fehlender Massendaten, „das Großstadtleben in der ganzen Breite und Fülle seiner Lebenserscheinungen" (Pfeil 1955, 240) zu beschreiben, zu verstehen und durch die nahezu totale Erforschung einer Gemeinde das Typische der industriellen Gesellschaft schlechthin zu erfassen. Totalität kann nach Stacey (1974) geradezu als „Mythos in Gemeindestudien" bezeichnet werden. Relativ schnell wurde aber klar, dass der Totalitätsanspruch nicht eingelöst wurde und auch nicht eingelöst werden konnte, denn „die mehr oder weniger deutliche Absicht, die betreffenden Gemeinden in ihrer gesellschaftlichen Totalität zu untersuchen, vermischt sich in kaum zu entwirrender Weise mit dem Interesse, zu gemeindeübergreifenden Aussagen zu kommen" (Herlyn 1989, 360). Kritisiert wurde an den Gemeindestudien zudem, dass den Ergebnissen vielfach unreflektiert ein paradigmatischer Charakter zugeschrieben wurde, obgleich dies ja die Kenntnis über das Allgemeine voraussetzt, über das man sich ja erst mittels der Gemeindestudie Wissen verschaffen wollte (Horkheimer/Adorno 1956). „Denn die ‚typische' Gemeinde, die als pars pro toto gelten könnte, gibt es nicht" (Häußermann 1994, 229). Die frühen Gemeindestudien trugen zudem einen zumeist deskriptiven Charakter und verzichteten weitgehend auf eine Explikation ihrer (implizit durchaus vorhandenen) theoretischen Grundannahmen und Bezüge zur soziologischen Theoriebildung (Schmals 1994, 26). Sie waren in besonderer Weise dem damals vorherrschenden Stabilisierung- und Harmoniebedürfnis verpflichtet und zeichneten sich oft durch eine „normative Verwendung des Integrationsbegriffs" aus (Löw u. a. 2007, 170 für die erste Wolfsburg-Studie; vgl. auch Korte 1984, 282). Stadtwerdung gehe automatisch mit Integration einher, während Aspekte des Differenten innerhalb der neu entstehenden Stadt Wolfsburg durch den damals verwendeten Integrationsbegriff ausgeblendet würden.

Mit der Professionalisierung der Soziologie und verbesserten Datenerhebungs- und Verarbeitungstechniken kamen zudem effektivere Alternativen zur Beschreibung und Erklärung der Strukturen der modernen Gesellschaft auf. Die Notwendigkeit, über den problematischen ‚pars-pro-toto'-Zugang Aufschlüsse

---

zur Entwicklung von Ballungsräumen (über Stuttgart: Irle 1960) und schließlich zur Schichtstruktur in einer Gemeinde (über Euskirchen: Mayntz 1958) (vgl. auch den Ergebnisüberblick bei Oswald 1966).

über die Gesellschaft zu gewinnen, bestand nun nicht mehr. Gemeindeforschung geriet weiter ins Hintertreffen und wurde „aus dem Zentrum theoretisch interessierter soziologischer Forschung ... in den Bereich einer Bindestrich-Soziologie („Stadt- oder Gemeindesoziologie') abgedrängt" (Häußermann 1994, 236). Aber auch hier wurde sie sukzessive marginalisiert. Ab Mitte der 1960er Jahre wurde die Stadtsoziologie durch den tiefgreifenden Strukturwandel der Städte vor neuartige Herausforderungen gestellt. Einerseits begann eine stärker theoretisch geleitete Analyse (Bahrdt 1961; Oswald 1966), die begleitet wurde von städtebaukritischen Schriften (Mitscherlich 1965; Bahrdt 1968; Berndt 1968; Jacobs 1971), andererseits etablierte sich die Stadtsoziologie als „Hilfswissenschaft des Städtebaus" (Schmidt-Relenberg 1968), indem eine unüberschaubare Flut von Studien zu konkreten planungspraktischen Einzelproblemen produziert wurde. Die Stadtforschung differenzierte sich, und es entstand eine Diskrepanz zwischen einer „gesellschaftskritisch angeleiteten Stadtsoziologie" und einer „vom Informationsbedarf der Verwaltung geprägten Stadtplanungssoziologie" (Häußermann/Siebel 1978, 486). Die soziologische Untersuchung einzelner Städte und Gemeinden hatte in diesem Kontext keinen Platz mehr. Von nicht wenigen Autoren wurde denn auch für eine gänzliche Abkehr von der Gemeindesoziologie plädiert, diese sei analytisch unfruchtbar (Siewert 1975) und überschätze die Stadt gegenüber anderen Determinanten des sozialen Lebens (Oswald 1966). Man könne sich nicht länger, so Hartmut Häußermann und Walter Siebel (1978) in einem programmatischen Aufsatz, auf die Stadt als eigenständigen Gegenstand soziologischer Forschung beziehen, da diese räumlich-physische Abgrenzung eine stadtplanungsorientierte sei und keine soziologische. Eine Gegenstandsdefinition nach sozialen Merkmalen sei allerdings angesichts der ubiquitären Urbanisierung kaum mehr möglich. Die Universalisierung rechtlicher, politischer, sozialstaatlicher und ökonomischer Strukturen, der standardisierte Massenkonsum, die zunehmende Mobilisierung und nicht zuletzt die Ausbreitung der Massenmedien hatten zu einer Einebnung bzw. zum Verschwinden der Unterschiede zwischen Stadt und Land und einer Nivellierung regionaler Unterschiede geführt, deren Vorhandensein ja letztlich die conditio sine qua non von Gemeindestudien ist (Häußermann 1994, 236).

In der Folge setzte sich auch in der Stadtsoziologie eine „fast vollständige Abstinenz gegenüber Gemeindestudien" (ebd. S. 223) durch. Stattdessen konzentrierte man sich verstärkt darauf, einerseits allgemeine soziale Prozesse in ihrem räumlichen Niederschlag zu untersuchen. In diese Kategorie gehören z. B. die Segregationsforschung, die Analyse lokaler Armutsentwicklungen oder die Frage der Integration von Migranten in Städten. Die Stadt wird dabei zum Forschungsfeld, zum Laboratorium, und Lokalstudien werden zur Methode – ein Vorgehen, das René König bereits 1958 als „Bankrotterklärung der Gemeindesoziologie als Disziplin" bezeichnete. Andererseits lässt sich eine gesteigerte Aufmerksamkeit für kleinräumige Vergesellschaftungsprozesse im Stadtteil, dem Quartier und dem Wohnmilieu feststellen. Es geht bei diesen Untersuchungen ausdrücklich nicht um die Stadt, sondern um bestimmte räumlich gebundene Lebensformen und soziale Prozesse *in* der Stadt (Krämer-Badoni 1991, 27). In diesen (durchaus aufschlussreichen) Partialuntersuchungen wurde der lokale Lebenszusammenhang verschiedener sozialer Gruppen im Ganzen immer mehr aus den Augen verloren (Herlyn 1985, 379). Diese beiden seit Ende der 1970er Jahre dominierenden Forschungsansätze hatten letztlich zur Konsequenz eine „Weigerung, Stadt als Gegenstand zu konstituieren, ja, die zuweilen explizite Ablehnung dieses Ansinnens" (Löw 2008, 25).

Diesseits vom stadtsoziologischen mainstream sind dennoch weiterhin soziologische Untersuchungen einzelner Städte durchgeführt worden, wenn auch in erheblich geringerer Zahl. In der zweiten Wolfsburg-Studie von 1982 wird deutlich, dass man sich aber nicht mehr fraglos der Untersuchung der Stadt zuwandte, sondern sich umfänglich mit dem Untersuchungsansatz auseinander setzte: Die Frage des Paradigmatischen der Befunde wird breit diskutiert (Herlyn u. a. 1982, 265ff), die erneute Befassung mit Wolfsburg (auch) durch den erstmaligen Einsatz einer Paneluntersuchung in Deutschland begründet (die aber selbstkritisch am Ende als höchst problematisch reflektiert wird; ebd. S. 268ff) und die thematische Breite vor dem Hintergrund des erreichten stadtsoziologischen Forschungsstands zugunsten einer stärkeren thematischen Fokussierung reduziert (ebd. S. 13). Dies setzte sich in der Folge der Wolfsburg-Studien dann mehr und mehr durch. Dennoch verstand sich auch die zweite Studie weiterhin als Lokalstudie, der es schwerpunktmäßig darum ging, die Spezifik der Wolfsburger Stadtentwicklung herauszustellen.

Nach der Wende erlebte die Erforschung einzelner Gemeinden dem Ziel folgend, die sozialen Umbrüche tiefenschärfer und lebensnäher zu erfassen, ein kurzes Wiedererstarken[3]. Und Kritiker konzedierten, dass in den „thematisch breit angelegten Lokal-Studien mehr Erkenntnis-Potenziale stecken, als in der stadtsoziologischen Forschung heute üblicherweise vermutet wird" (Häußermann 1994, 223). Euskirchen wurde erneut untersucht (Friedrichs u. a. 2002) und die dritte Wolfsburg-Studie entstand. Trotz ihrer erstmaligen „theoretisch abgeleiteten Themenzentrierung" (Herlyn 2000, 220) will auch sie die spezifische Lebenswirklichkeit in der Stadt erfassen. Ulfert Herlyn reflektiert im Nachwort die Randständigkeit der eine einzelne Stadt thematisierenden Forschung und kommt zu dem Schluss, dass sie sich für eine Stadt wie Wolfsburg

---

[3] Zum Beispiel Lange/Schöber 1993 über Wittenberg; Gebhardt/Kamphausen 1994 über zwei Dörfer in der Lausitz; Herlyn/Bertels Hg. 1994 über Gotha; Richter u. a. 1997 über Eisenhüttenstadt; Neckel 1999 über Eberswalde alias Waldleben; Schlegelmilch 2004, 2005 über Wurzen.

aber rechtfertigen lasse, einer „Stadtneugründung, in deren Entwicklung sich einmal jüngste deutsche Sozialgeschichte spiegelt und zum anderen auch städtebauliche Veränderungen dieser Zeit sichtbar niedergeschlagen haben, und zweitens ... durch die quasi gleichzeitige Gründung des VW-Werkes eine industrielle Monostruktur (entstand), die nicht nur die Art, das Ausmaß und das Tempo des Stadtwachstums entscheidend beeinflusst hat, sondern auch und vor allem die Art und Weise des Zusammenlebens in der jungen Stadt" (ebd. S. 221).

In der jüngsten Wolfsburg-Studie von 2010, die thematisch noch fokussierter ist als ihre Vorgängerinnen, den Ansatz einer ‚soziologischen Stadtgeschichtsschreibung' aber beibehält, wird dieser Anspruch – vor dem Hintergrund einer derzeit zu beobachtenden vermehrten (Wieder-)Hinwendung zu ortskonkreten Studien in der Stadtsoziologie – aber erweitert: „Tatsächlich bedarf eine realitätsnahe Stadtforschung auch immer der Versuche, die entscheidenden Lebenschancen verteilenden oder vorenthaltenden Parameter des lokalen Lebenszusammenhanges konkreter Städte zu erforschen, um die spezifischen lokalen Vergesellschaftungsprozesse abbilden zu können" (Herlyn/Tessin im Vorwort zu Harth u. a. 2010, 10). Tatsächlich mehren sich in jüngerer Zeit Lokalstudien wieder (aber nicht nach dem Muster der zu Recht verworfenen Gemeindestudien)[4], und die konkrete Stadt tritt wieder verstärkt in den Mittelpunkt stadtsoziologischer Forschungsbemühungen mit dem Ziel, ihre besondere Eigenart zu ermitteln, zu erklären, mit anderen Städten zu vergleichen und damit zu Aussagen über den urban geprägten Vergesellschaftungsprozess insgesamt zu kommen (Berking/Löw 2008; Löw 2008). Vor diesem Hintergrund erscheinen auch die zwischenzeitlich etwas aus der Mode geratenen Wolfsburg-Studien offenbar in einem anderen Licht. Der Forschungstyp, für den (auch) die Wolfsburg-Studien stehen, scheint wieder an Bedeutung zu gewinnen.

Die Wolfsburg-Studien, die sich wie ein roter Faden durch die empirische Stadtsoziologie ziehen, entsprachen also nicht immer dem allgemeinen mainstream des Diskurses, waren bisweilen sogar randständig. Dennoch hielten die Forschenden mit einer erstaunlichen Beharrlichkeit am Ansatz fest, die konkrete Stadt als Gegenstand von Forschung ernst zu nehmen (vgl. dazu auch Herlyn i. d. B.). Der besondere Reiz dieses Forschungsgebiets wird in der Möglichkeit gesehen, „soziale Prozesse unmittelbar zu erkennen und analysieren zu können; sie werden in der Stadt beziehungsweise in der Gemeinde unmittelbar anschaulich. Die Verknüpfung von räumlicher Organisation und sozialem Handeln wird alltäglich deutlich", so Ulfert Herlyn in einem rückblickenden Gespräch mit Lothar Bertels (2008, 28).

---

[4] Zum Beispiel Christmann 2003 über Dresden, Götz 2006 über Bristol, Knörr 2007 über Jakarta, Steets 2008 über Leipzig oder Dörner/Vogt 2008 über „Kohlen" im Ruhrgebiet.

3 Umgang mit der Frage des Planungsbezugs

Obwohl die Wolfsburg-Forschung tief in die lokale Materie eindrang, waren die Studien nie im engeren Sinne planungsbezogen. Sie gaben – auch wenn das durchaus nicht selten von den vor Ort Planenden oder den Befragten gewünscht wurde – keine Empfehlungen für irgendwelche planungspraktischen Umsetzungen. Sie nahmen nicht explizit Stellung zur Verbesserung der Integration der Zuzügler in den Anfangsjahren oder zur Eingemeindung, nicht zur umstrittenen Einrichtung einer Fußgängerzone Anfang der 1980er Jahre oder zur Gründung der Wolfsburg AG in den 90ern und auch nicht zur Zukunft der erlebnisorientierten Großprojekte – geschweige denn zu irgendwelchen konkreten Stadtplanungsvorhaben. Dennoch können sie mit Fug und Recht in den Kontext der ‚Planungsbezogenen Soziologie' gestellt werden (und sind ja auch mehrheitlich am gleichnamigen Fachgebiet entstanden). Planungsbezug im engeren Sinne war – obgleich es aufgrund des Konkretheitscharakters der Studien nahe gelegen hätte – in den Wolfsburg-Studien aber nie Ziel und entsprach nicht dem soziologischen Selbstverständnis der Forschenden.

Das beginnt schon mit dem erkenntnisleitenden Interesse. Die Wolfsburg-Forschenden interessierten sich stets für Fragen, die aus soziologischer Sicht interessant waren. Ihr Interesse galt der Analyse eines gesellschaftlichen Phänomens oder Problems, nicht aber der Bereitstellung von Lösungen, wie das Problem zu beheben sei. Die Fragestellungen blieben dadurch nicht selten für die in Wolfsburg Planenden sekundär bis belanglos. Welches die zentralen Determinanten von Heimatgefühl sind, wie sich ein Stadtwerdungsprozess vollzieht, wie sich strukturelle Abhängigkeiten von VW im städtischen Leben zeigen oder ob und unter welchen Umständen Großprojekte urbanitätsfördernd wirken können, diese Analysen liefern eher „Antworten auf wichtige Fragen der Stadtsoziologie" (Löw u. a. 2007, 166), nicht aber Ratschläge für die Stadtplanung vor Ort.

Normative Aussagen, sozusagen von einer ‚höheren Expertenwarte' aus, zu treffen, lag nicht im Selbstverständnis des Forschungsteams. Derartige Bewertungen und Urteile lassen sich nicht wissenschaftlich begründen, sondern nur ethisch – und da wiegt das Urteil der Forschenden genauso schwer (wenn überhaupt) wie das der Akteurinnen und Akteure vor Ort. Dennoch wurde durchaus der Finger in die Wunde gelegt, und den Stadtverantwortlichen wurden auch Schwierigkeiten, Nachteile und Mängel vor Augen geführt. Dies geschah aber in der Regel nicht aus der eigenen Perspektive, sondern aus Sicht der Experten- oder der Bewohnerschaft, z. B. wenn auf Defizite der Anspruchsgerechtigkeit der Stadt hingewiesen wurde oder die Kritik der Bewohnerschaft zum Ausdruck gebracht wurde, nur ungenügend im Rahmen der Stadtentwicklung durch Großprojekte beteiligt worden zu sein. Insbesondere wurde auch durch das Aufzeigen von möglichen unbeabsichtigten Nebenfolgen politischen Handelns Kritik geäußert und entsprechend dadurch, dass die Stadt an ihren eigenen Ansprüchen gemessen wurde. Auch die Bezugnahme auf die stadtsoziologische Forschung oder Maßnahmen in anderen Städten im Sinne der Siebelschen „Minnesängerfunktion" führte zu kritischen Analysen.

Doch gerade die Suche nach dem Paradigmatischen und nach Regelmäßigkeiten, die sich auch in anderen Städten zeigen, ist ebenfalls eher eine Barriere für einen direkten Planungsbezug. Zwar wurden die Schwerpunktthemen der Wolfsburg-Studien immer immanent aus der Entwicklung der Stadt abgeleitet: Zunächst war es die Stadtgründung, später die Eingemeindung und VW-Krisen bzw. ein darauf folgender Wandel der Stadtentwicklungspolitik, die zu einer (erneuten) Untersuchung der Stadt motivierten. Neben diesen Wolfsburg-bezogenen Anlässen wurden in den Studien aber immer auch Themenfelder aufgegriffen, die stadtsoziologisch von Belang und zum Zeitpunkt der jeweiligen Forschungen aktuell waren. Glücklicherweise fand sich manches, was stadtsoziologisch gerade aktuell war, in Wolfsburg zumeist in besonders krasser Ausprägung, vom ‚zusammengewürfelten Volk' bis hin zur Stadtentwicklung durch Großprojekte, die in keiner anderen Stadt vergleichbarer Größe derart vehement verfolgt wurde wie in Wolfsburg. Für die Planenden vor Ort ist die Frage der Verallgemeinerungsfähigkeit der Aussagen aber vergleichsweise uninteressant; sie wollen wissen, wie sich die Situation in Wolfsburg im Einzelnen gestaltet und zwar viel konkreter als die soziologische Forschung es aufzeigen kann und will. Der komplexe Ansatz aller Wolfsburg-Studien (auch der thematisch stärker fokussierten jüngeren) ist für Planende eher anstrengend und im interessierenden Detail dann doch wieder nicht konkret genug.

Dazu kommt, dass die Wolfsburg-Forschenden immer einen sozialhistorischen Blick auf die Stadt einnehmen – alles, was aktuell passiert (und was die Planenden bewegt), wird in die Geschichte der Stadt eingereiht und vor diesem Hintergrund interpretiert, bisweilen auch relativiert. Für die soziologische Forschung spannend, für die eher an einem Blick in die mögliche Zukunft, also an Prognosen interessierten Planenden nur mäßig relevant. Hinzu kommt, dass die Laufzeiten von Forschungsprojekten und die aktuellen Informationsbedürfnisse der Planenden meist nicht in Einklang stehen. Wer Stadtentwicklung betreibt, braucht kurzfristig konkretes Hintergrundwissen über eine einzelne Problemlage, und kann nicht zwei Jahre warten bis ein Buch veröffentlicht ist. Zu schneller tagesaktueller Herausgabe einzelner ‚Informationshäppchen' (wie z. B. aus der aus Planendensicht ‚brisanten' Repräsentativumfrage, in der auch die Großprojektpolitik bewertet wurde) waren wiederum die Forschenden nicht bereit, da sie die aus dem Gesamtzusammenhang isolierte und unreflektierte Wiedergabe von Einzelbefunden nicht wollten.

Für die mit Stadtentwicklungsplanung vor Ort Befassten ist die primäre Konzentration auf soziale und soziologische Problemstellungen eine weitere Barriere für einen konkreten Planungsbezug. In den Studien werden räumlich-gestalterische Fragen durchgängig zwar angesprochen und auch diskutiert (jüngst z. B. die ‚Verschiebung des Stadtzentrums' infolge der Großprojekte am Rande der Innenstadt), es werden aber keine breiten räumlich orientierten Analysen oder gar Empfehlungen vorgelegt. Die Art der Darstellung der Befunde ist denn auch „typisch soziologisch", wie eine Expertin kommentiert, „total spannend, aber viel zu textlastig und zu wenig anschaulich". In allen Studien finden sich zwar Bilder, Planabbildungen etc., diese dienen aber lediglich der Illustration der Befunde und werden nicht selbst als Analysen oder gar als Ergebnisse präsentiert. Das Selbstverständnis der Forschungsteams lag darin, bei der Analyse von Problemen eher in gesellschaftlichen Kategorien zu reflektieren.

Unsere Expertengespräche mit Planenden für und in Wolfsburg zeigen entsprechend auch immer wieder, dass die Wolfsburg-Studien in der Wolfsburger Stadtplanung und -entwicklung so gut wie keinen direkten Niederschlag gefunden haben. Selbst hochrangige mit Stadtentwicklung befasste Personen kennen die Studien zum Teil gar nicht. Im Wolfsburger Gestaltungsbeirat zum Beispiel, einem von der Stadtbaurätin einberufenen Beratungsgremium für Fragen der Gestaltung und Stadtentwicklung, das sich aus Experten und Expertinnen aus Forschung und Praxis verschiedener Fachrichtungen (Denkmalpflege, Stadtplanung, Landschaftsplanung und Architektur, Politik und Verwaltung) zusammensetzt, spielen die Wolfsburg-Studien keine Rolle: „Da hat nie jemand reingeguckt. Das ist ein Jammer für so einen Fundus", so ein Mitglied des Gremiums.

Zwar hatte die Stadt immer ein großes Interesse an den Forschungsarbeiten und hat sich auch an einzelnen Studien geringfügig finanziell beteiligt. Dennoch wurde – auch das letztlich ein Zeichen für die fehlende stadtentwicklungspolitische Brisanz der Studien in Wolfsburg – niemals versucht, direkten Einfluss auf die Ergebnisse auszuüben, eher war man ‚geehrt', dass man sich seitens der Forschung für die Stadt interessierte und versuchte sich so positiv wie möglich darzustellen. Ein kritischer Experte meint gar, die Studien würden dazu genutzt, um der Stadt eine Art wissenschaftliches Image zu geben: „Zu bestimmten Anlässen werden die dann aus dem Keller geholt und verteilt". Die bereitwillige Kooperation der Stadt stellte sich als forschungsfördernde Randbedingung heraus (z. B. bei der Adressenziehung aus dem Einwohnermeldeverzeichnis, durch die Gewährung interner Einblicke, die Beschaffung von internem Daten- und Informationsmaterial). Andererseits waren wir als Forschende auch in einer gewissen Gefahr, die notwendige Distanz zum Untersuchungsgegenstand zu verlieren. Es entsteht ein tieferes, manchmal sogar empathisches Verständnis für die Handlungsmotive und Rahmenbedingungen der Akteure vor Ort (vielleicht auch eine gewisse ‚Betriebsblindheit'), die in der ethnologischen Forschung als ‚going native' bezeichnet wird, und die es nicht immer leicht machte, auch kritisch über die Stadt zu schreiben. Die Rückbesinnung auf das erhobene Datenmaterial, auf den stadtsoziologischen Diskurs und nicht zuletzt die Diskussionen im Forschungsteam und Institut boten aber immer wieder einen Ausweg aus dem Dilemma. Gleichzeitig hatten wir mit Wolfsburg eine Stadt zum Untersuchungsgegenstand gewählt, die sich durch ein recht hohes Maß an Bereitschaft zur Reflexion und Selbstkritik auszeichnet, denn nicht wenige Verantwortliche kommen selbst von außerhalb (auch eine Folge der lange Zeit fehlenden höheren Bildungseinrichtungen in der Stadt) und stehen Wolfsburg durchaus relativ kritisch und mit einem distanzierten Blick gegenüber. Man war allgemein an den Befunden interessiert, diskutierte sie in den höchsten Gremien und war auch offen, (zumindest im kleinen Kreise) das eigene Vorgehen kritisch beleuchtet zu sehen.

Obgleich also von einem Planungsbezug im engeren Sinne für die Wolfsburg-Studien nicht die Rede sein kann, besitzen sie doch durchaus einen Planungsbezug in einem weiteren, mehr hintergründigen Sinn. In Wolfsburg sind die Studien fester Bestandteil einer (wachsenden) kritischen Selbstreflexion über die eigene Stadtgeschichte. Diese hat in der jungen Stadt, die von ihrem Ursprung her eine moderne Arbeiterstadt ist und erst langsam bildungsbürgerliche Diskurse herausbildet, ja keine geschichtliche Tradition. Hier dominieren die ‚Macher', nicht die Zaudernden, die sich als erfolgreich Präsentierenden, nicht die ‚Bedenkenträger', die Modernen, nicht die ‚Rückwärtsgewandten'. Dennoch zeigt sich in den letzten Jahren – einhergehend mit der Festigung der lokalen Identität – ein wachsendes Interesse an der differenzierten Auseinandersetzung mit der eigenen sozialen und städtebaulichen Geschichte, was sich z. B. an der Schaffung und Ausgestaltung von diesbezüglichen Stellen zeigt. Auch die soziologischen Wolfsburg-Studien stoßen in diesem Zusammenhang auf ein erhöhtes Interesse. Sie dienen als eine Art kritischer Würdigung und vor allem auch als die Stadtentwicklung über die Jahre begleitende komplexe Darstellung der subjektiven Seite, also ihrer Spiegelung im Urteil von Bewohnern und Experten. Für die meisten in und für Wolfsburg Planenden stellen die Studien in dieser Hinsicht eine wichtige Grundlage dar: „Sie vertiefen das Gefühl für die Stadt und ihre Bewohner und vor allem für die besondere und einmalige Geschichte von Wolfsburg", so ein Experte. Dies zeigt sich z. B. auch daran, dass bei Ausstellungen, Präsentationen und Publikationen über die Stadt in der Regel großes Interesse an Beiträgen aus soziologischer Sicht besteht, dass man die Publikationen der Studien öffentlich begleitet und in einen angemessenen fachlichen Rahmen stellen möchte.

Darüber hinaus besitzen die Wolfsburg-Studien gewissermaßen einen Planungsbezug in einem noch weiteren Sinn, indem sie die Relevanz des Alltagslebens vor Ort, des Erlebens und Erleidens von Stadtentwicklungsprozessen durch die Menschen betonen. Hierin liegt unserer Meinung nach eine zentrale Bedeutung der vier soziologischen Wolfsburg-Studien.

4 Bedeutung der Wolfsburg-Forschung für die Stadt- und Planungsbezogene Soziologie

Die Wolfsburg-Untersuchungen gehören mittlerweile zum festen Kanon stadtsoziologischer Forschung und Lehre und wurden von Anfang an im stadtsoziologischen und planungsbezogenen Diskurs aufgegriffen, breit und durchaus kontrovers rezipiert (z. B. Ackers 2000; Häußermann/Siebel 2004, 84; Pohl 2005). Während z. B. René König von der ersten Wolfsburg-Studie als einer „vorzüglichen Untersuchung" sprach (1969, 646), sieht Eckart Bauer in ihr ein Beispiel für die „Reflexionslosigkeit deutscher Gemeindesoziologie" (1971, 24ff), wobei er insbesondere die mangelnde Verwertbarkeit der Ergebnisse für die Stadtplanung kritisierte (Herlyn u. a. 1982, 11). Die zusammenfassende Analyse der verschiedenen Untersuchungen ergab jedoch überwiegend positive Einschätzungen. Lothar Bertels beispielsweise schrieb jüngst den Wolfsburg-Studien „eine herausragende Bedeutung" „innerhalb der deutschen Stadtsoziologie" (2008, 11) zu. In einem 2007 erschienenen, in die Stadtsoziologie einführenden Werk, heißt es nach eingehender Darstellung der Studien ebenfalls: „Die Wolfsburg-Studien stellen ein herausragendes Beispiel empirischer Stadtforschung in Deutschland dar. (...) Beim Lesen dieser Studien eröffnet sich eine Längsschnittperspektive, die nicht nur Kontinuität und Wandel der Stadt Wolfsburg, sondern auch Kontinuität und Wandel stadtsoziologischer Fragestellungen und empirischer Stadtforschung beschreiben" (Löw u. a. 2007, 177).

Wenn nun abschließend die Bedeutung der Wolfsburg-Forschung für die Stadt- und Planungsbezogene Soziologie diskutiert wird, so gehen wir auf drei Aspekte ein: den Ansatz des lokalen Lebenszusammenhangs, die Methoden und schließlich die Frage der Verallgemeinerungsfähigkeit.

Den Wolfsburg-Studien ging es zunächst einmal darum, die Stadt als einen lokalen Lebenszusammenhang zu untersuchen, in dem sich unterschiedliche Lebensbezüge und -bereiche von Menschen oder sozialen Gruppen – Wohnen, Arbeiten, Konsum, Bildung, Erholung usw. – am Ort des alltäglichen Lebens miteinander verschränken und dadurch eine spezifische lokale Identität erzeugen (Herlyn i. d. B.). Dass eine solche Perspektive sich in den Studien als zentral herausstellte, war kein Zufall, sondern hing eng mit dem Untersuchungsgegenstand ,Wolfsburg' zusammen. Gerade in Wolfsburg war ja die Verklammerung der verschiedenen Lebenszusammenhänge der Menschen besonders intensiv und nicht zuletzt auch deswegen problematisch. Durch die Überlagerung von gemeinsamer Werkszugehörigkeit und Wohnnachbarschaft, von gemeinsamer Freizeitverbringung, Stadtnutzung und Konsum war die Möglichkeit erschwert, Privat- und Arbeitssphäre zu trennen und Anonymität auszubilden (Herlyn/ Tessin 2000, 148). Die Stadt Wolfsburg war gleichzeitig (zumindest zur Zeit der ersten Studie) von ihrer Größe her „large enough to have put on long trousers (...) and yet small enough to be studied from many aspects as a unit", wie Helen und Robert Lynd es für die als ‚Middletown' ausgewählte Stadt beschreiben (1929, 8). Die Erforschung der Stadt als lokaler Lebenszusammenhang zielt darauf, die ortstypischen Integrationsformen, Wirtschaftsweisen, politischen Akteurskonstellationen und ihre Handlungsrelevanz zu ermitteln. Es geht immer darum, die komplexen Verschränkungen unterschiedlicher Lebensbezüge und -bereiche in einer bestimmten Lokalität in den Blick zu nehmen, um den sozialen, kulturellen, ökonomischen und politischen Einfluss der örtlichen Verhältnisse auf die dort lebenden Menschen herauszuarbeiten und gleichzeitig zu ermitteln, wie diese die lokalen Verhältnisse in je besonderer Weise prägen. Dass dabei überlokalen Einflüssen, deren Stellenwert im Einzelnen durchaus sehr unterschiedlich sein kann, eine besondere Bedeutung zukommt, steht außer Frage. Zentral für diesen Forschungsansatz ist entsprechend die gleichzeitige Berücksichtigung der strukturellen Rahmenbedingungen und Einflüsse und der subjektiven Perspektiven der Bewohner und Bewohnerinnen.

Dazu ist es notwendig, ein breites Spektrum an Methoden einzusetzen. In allen vier Untersuchungen wurde ein nahezu identischer Methodenmix eingesetzt: Dokumentenanalyse, halbstandardisierte Bewohnerbefragungen (auch als Panel oder Follow-up), qualitative Bewohnerinterviews (biografisch-narrative und themenzentrierte) sowie Expertengespräche. In einer in der deutschen Stadtsoziologie einmaligen Langzeituntersuchung wurde dieses komplexe Untersuchungsdesign in einer (neugegründeten) Stadt innerhalb eines Zeitraums von gut fünfzig Jahren nun schon viermal realisiert. Da aber ein solches ‚Monitoring' nie geplant war, sind die Studien nicht von vornherein in ein enges methodisches Korsett gepresst worden, sondern suchen einen ‚goldenen Mittelweg' zwischen Replizieren und neuen Fragen. Dadurch ist mit den Jahren ein besonderer Fundus entstanden, da hier einerseits die Stadtentwicklung Wolfsburgs nachgezeichnet wird und andererseits danach gefragt wird, wie die Bewohnerschaft diese Stadtentwicklung erlebt hat, was sich für sie dadurch verändert hat, wie sie bestimmte Entwicklungen bewertet. Dabei ist eine Tiefenschärfe der Analyse bis auf die erlebte Alltagsebene Einzelner immer vorhanden. Es handelt sich also – in einer nach wie vor durch statisch orientierte Querschnittsbetrachtungen dominierten Stadtforschung – um eine Art soziologischer Stadtgeschichtsschreibung. Dieser breit angelegte Zugriff verliert sich von Studie zu Studie allerdings immer mehr und verengt sich auf drei zentrale Bereiche (Integration, Urbanität und VW-Stadt-Beziehung; vgl. Abschnitt 1) – die Stadt ist gewachsen, sie ist komplexer geworden, zusätzlich hat man den Totalitätsanspruch aus guten Gründen (vgl. Abschnitt 2) schon lange ad acta gelegt. Aber auch die jüngeren Studien, die natürlich von der Informationsdichte ihrer Vorgängerinnen profitieren, betten ihre thematische Zuspitzung (z. B. auf die stadtkulturellen Folgen der Großprojekte) in einen breiten stadtbezogenen Betrachtungsrahmen ein. Sie argumentieren kontextbezogen, d. h. vor dem Hintergrund dessen, was ‚sonst noch so alles in der Stadt passiert ist und früher passierte' und erreichen dadurch ein hohes Maß an Erklärungspotenzial.

Und dennoch: Sind die Wolfsburg-Studien denn überhaupt ‚lehrreich'? Die Frage nach dem Paradigmatischen der (ohne Frage nach allen Regeln der Kunst und im Rahmen eines fruchtbaren Ansatzes erhobenen) Befunde bewegt die Forschungsteams seit Beginn der Wolfsburg-Forschung. Dabei schwingen zwei Grundbedenken mit: Ist Wolfsburg als Stadt nicht viel zu spezifisch, als dass irgendwelche generalisierbaren stadtsoziologischen Aussagen aus ihrer Untersuchung ableitbar wären? Und: Kann man aus der Untersuchung einer einzelnen Stadt überhaupt etwas Paradigmatisches schließen? Sicher ist jedenfalls, dass die Darstellung einer Stadt in all ihren Facetten – wie es z. B. in der wachsenden Zahl von sogenannten ‚Stadtbiografien' oder ‚Stadtporträts' erfolgt – ohne überhaupt den Versuch zu unternehmen, daraus den Einzelfall überschreitende Aussagen zu machen, nicht als soziologisch gekennzeichnet werden kann. Wulf Tessin hat erst kürzlich (Juni 2009) in einem internen Arbeitspapier geschrieben, dass die Wolfsburg-Forschung sich im Spannungsfeld zwischen Einzelfall und Paradigma bewege: „Immer sollte etwas am Beispiel Wolfsburg ‚gezeigt' werden (City-Bildung, Integration, Festivalisierung, Krise, Gebietsreform etc.), aber immer sollte auch die Situation Wolfsburgs zum Zeitpunkt der Untersuchung analysiert werden". Während die Einmaligkeit Wolfsburgs auf der Hand liegt (Stadtneugründung, VW-Stadt etc.), ist das Verallgemeinerbare schwieriger zu fassen. In der zweiten Studie wird die These vertreten, „dass nicht die Entwicklung Wolfsburgs *insgesamt* als Paradigma begriffen werden kann, wohl aber einzelne Aspekte bzw. Teilprozesse dieser Entwicklung paradigmatischen Charakter haben. Dies in doppelter Weise: einmal im Sinne des Repräsentativen, des Durchschnittlichen, des Typischen, zum anderen, wenn man so will, im Sinne idealtypischer Entwicklungen, also in ‚reiner', oder ‚extremer' Form" (Herlyn u. a. 1982, 265). Einerseits finden sich in Wolfsburg viele Entwicklungen, die auch woanders feststellbar sind, die allgemeinen gesellschaftlichen Trends entsprechen – wie z. B. Individualisierungsprozesse in der Arbeiterschaft (Herlyn u. a. 1994) oder einen Trend zur Erlebnisgesellschaft (Harth u. a. 2010) – andererseits sieht man in Wolfsburg in mancherlei Hinsicht oft eine besondere Zuspitzung allgemein auffindbarer Entwicklungen. So ist die Stadt ein Lehrbeispiel für den modernen Städtebau, hier findet sich eine „paradigmatische Ausprägung städtebaulicher Leitbilder des 20. Jahrhunderts" (Reichold 1998, 8). Auch die Umsetzung der Festivalisierung der Stadtpolitik in Form von Großprojekten erreichte in Wolfsburg eine besondere Dichte. Vieles an der Wolfsburger Entwicklung ist ‚normal', fast alles hat aber auch eine besondere ‚Wolfsburger Note'. Die Wolfsburg-Forschung gewinnt ihren Reiz gerade durch ihr Changieren zwischen der sehr konkreten (und ziemlich einmaligen) Alltagswelt in Wolfsburg und der Anknüpfung an allgemeine städtebauliche und soziale Entwicklungen (die in Wolfsburg teilweise paradigmatisch sind). Es ist gerade diese Spannung, aus der das interpretative Potenzial der Wolfsburg-Studien erwächst: Sie suchen das Paradigmatische nicht im Typischen, sondern geradezu im Sonderfall, in der Ortsspezifik, im Überzogenen. So lassen sich die Forschungsfragen, z. B. danach, wie soziale Kohäsion zwischen Fremden am Ort des alltäglichen Lebens entsteht oder nach den Folgen der Festivalisierung der Stadtpolitik in Wolfsburg geradezu ‚in Reinkultur' untersuchen: Lässt sich Integration besser untersuchen als in einer Stadt mit einem ‚zusammengewürfelten Volk'? Lässt sich die Abhängigkeit einer Stadt von der Wirtschaft besser untersuchen, als in der ‚Hauptstadt des VW-Imperiums'? Wo sonst sollte man die Folgen der ‚Festivalisierung der Stadtpolitik' untersuchen, wenn nicht in einer Stadt, die zumindest während einer kurzen Phase diesem Trend mit besonderer Inbrunst gefolgt ist? Und kann man den Urbanisierungsprozess nicht am besten in einer Stadt studieren, der von Anfang an die Voraussetzungen dafür fehlten? Das Ziel, das Paradigmatische im Sonderfall zu erkennen, war auch der Grund, warum keine ‚typische' Stadt ausgewählt wurde, sondern eine eigenwillige Stadt mit einem gehörigen Maß an Ortstypik. Dies ist und – so steht zu hoffen – bleibt auch in Zukunft die „Faszination Wolfsburg".

Literatur:

Ackers, Walter 2000: Lernen von Wolfsburg. Der EQ als Standortfaktor. In: Deutsche Akademie für Städtebau: Wer plant die Stadt? Wer baut die Stadt? Berlin, S. 68ff.
Anderson, Nels 1956: Die Darmstadt-Studie. Ein informeller Rückblick. In: König, René (Hg.): Soziologie der Gemeinde, Sonderheft 1 der Kölner Zeitschrift für Soziologie und Sozialpsychologie, Opladen, S. 144-151.
Bahrdt, Hans-Paul 1961: Die moderne Großstadt. Soziologische Überlegungen zum Städtebau; hg. von Herlyn, Ulfert 2006, 2. Aufl. (1. Aufl. 1996), Wiesbaden.
Bauer, Eckart 1971: Die Hilflosigkeit der Soziologie im Städtebau. In: Bauer, Eckart/Brake, Klaus/Gude, Sigmar/Korte, Hermann (Hg.): Zur Politisierung der Stadtplanung. Gütersloh, S. 9-84.

Bergstraesser, Arnold 1965: Soziale Verflechtung und Gliederung im Raum Karlsruhe, Karlsruhe.

Berking, Helmuth/Löw, Martina 2008: Einleitung. In: Berking, Helmuth/Löw, Martina (Hg.): Die Eigenlogik der Städte. Neue Wege für die Stadtforschung, Frankfurt/New York, S. 7-14.

Berndt, Heide 1968: Das Gesellschaftsbild bei Stadtplanern, Stuttgart/Bern.

Bertels, Lothar Hg. 2008: Stadtgespräche mit Hans Paul Bahrdt, Ulfert Herlyn, Hartmut Häußermann und Bernhard Schäfers, Wiesbaden.

Christmann, Gabriela B. 2003: Dresdens Glanz, Stolz der Dresdner. Lokale Kommunikation, Stadtkultur und städtische Identität, Wiesbaden.

Croon, Helmuth/Utermann, Kurt 1958: Zeche und Gemeinde. Untersuchungen über den Strukturwandel einer Zechengemeinde im nördlichen Ruhrgebiet, Tübingen.

Dörner, Andreas/Vogt, Ludgera 2008: Das Geflecht aktiver Bürger. „Kohlen". Eine Stadtstudie zur Zivilgesellschaft im Ruhrgebiet, Wiesbaden.

Ellwein, Thomas/Zimpel, Gisela 1969: Wertheim I. Fragen an eine Stadt, München.

Ellwein, Thomas/Zoll, Ralf 1982: Wertheim. Politik und Machtstruktur einer deutschen Stadt, München.

Ferber, Christian von 1956: Die Gemeindestudie des Instituts für sozialwissenschaftliche Forschung, Darmstadt. In: König, René (Hg.): Soziologie der Gemeinde, Sonderheft 1 der Kölner Zeitschrift für Soziologie und Sozialpsychologie, Opladen, S. 152-171.

Friedrichs, Jürgen/Kecskes, Robert/Wolf, Christof 2002: Struktur und sozialer Wandel einer Mittelstadt. Euskirchen 1952-2002, Opladen.

Gebhardt, Winfried/Kamphausen, Georg 1994: Zwei Dörfer in Deutschland. Mentalitätsunterschiede nach der Wiedervereinigung, Opladen.

Götz, Thomas 2006: Stadt und Sound. Das Beispiel Bristol. Bd. 11 der Berliner Ethnographischen Studien. Institut für europäische Ethnologie der Humboldt-Universität zu Berlin.

Hahn, Alois/Schubert, Hans-Achim/Siewert, Hans-Jörg 1979: Gemeindesoziologie, Stuttgart u. a.

Harth, Annette/Herlyn, Ulfert/Scheller, Gitta/Tessin, Wulf 2000: Wolfsburg: Stadt am Wendepunkt. Eine dritte soziologische Untersuchung, Opladen.

Harth, Annette/Herlyn, Ulfert/Scheller, Gitta/Tessin, Wulf 2010: Stadt als Erlebnis: Wolfsburg. Zur stadtkulturellen Bedeutung von Großprojekten, Wiesbaden.

Häußermann, Hartmut 1994: Das Erkenntnisinteresse von Gemeindestudien – Zur De- und Rethematisierung lokaler und regionaler Kultur. In: Derlien, Hans-Ulrich/Gerhardt, Uta/Scharpf, Fritz W. (Hg.): Systemrationalität und Partialinteresse, Baden-Baden, S. 223-245.

Häußermann, Hartmut/Siebel, Walter 1978: Thesen zur Soziologie der Stadt. In: Leviathan, H. 6, S. 484-500.

Häußermann, Hartmut/Siebel, Walter 2004: Stadtsoziologie. Eine Einführung, Frankfurt/New York.

Herlyn, Ulfert 1985: Die Stadt als lokaler Lebenszusammenhang aus Sicht der stadtsoziologischen Forschung. In: Die alte Stadt, H. 4, S. 369-386.

Herlyn, Ulfert 1989: Der Beitrag der Stadtsoziologie: Ein Rückblick auf die Forschungsentwicklung. In: Hesse, Joachim Jens (Hg.): Kommunalwissenschaften in der Bundesrepublik Deutschland, Baden-Baden, S. 359-385.

Herlyn, Ulfert 1997: „Man freut sich, wie alles so schön geworden ist." Entstehung und Entwicklung des Heimatgefühls in Wolfsburg. In: Beier, Rosmarie (Hg.): aufbau west – aufbau ost. Die Planstädte Wolfsburg und Eisenhüttenstadt in der Nachkriegszeit. Buch zur Ausstellung des Deutschen Historischen Museums, Ostfildern-Riut, S. 289-297.

Herlyn, Ulfert 2000: Nachwort: Ein persönlicher Rückblick auf die drei Wolfsburg-Studien. In: Harth, Annette/Herlyn, Ulfert/Scheller, Gitta/Tessin, Wulf: Wolfsburg: Stadt am Wendepunkt. Eine dritte soziologische Untersuchung, Opladen, S. 215-221

Herlyn, Ulfert/Bertels, Lothar (Hg.) 1994: Stadt im Wandel: Gotha. Wende und Wandel in Ostdeutschland, Opladen.

Herlyn, Ulfert/Scheller, Gitta/Tessin, Wulf 1994: Neue Lebensstile in der Arbeiterschaft? Eine empirische Untersuchung in zwei Industriestädten, Opladen.

Herlyn, Ulfert/Schweitzer, Ulrich/Tessin, Wulf/Lettko, Barbara 1982: Stadt im Wandel. Eine Wiederholungsuntersuchung der Stadt Wolfsburg nach 20 Jahren, Frankfurt am Main/New York.

Herlyn, Ulfert/Tessin, Wulf 1988: Von der Werksiedlung zur Großstadt. Zur Entwicklung der städtischen Identität Wolfsburgs. In: Die Alte Stadt, 15. Jg., H. 2 (Sonderheft „50 Jahre Wolfsburg" hg. von Herlyn, Ulfert/Tessin, Wulf), S. 129-154.

Herlyn, Ulfert/Tessin, Wulf 1998: Soziale Integration in einer neuen Industriestadt im Wandel. In: Reichold, Ortwin (Hg.): .... erleben, wie eine Stadt entsteht. Städtebau, Architektur und Wohnen in Wolfsburg 1938-1998, Begleitband zur Ausstellung in Wolfsburg, Braunschweig, S. 186-192.

Herlyn, Ulfert/Tessin, Wulf 2000: Faszination Wolfsburg 1938 – 2000, Opladen.

Hilterscheid, Hermann 1970: Industrie und Gemeinde. Die Beziehungen zwischen der Stadt Wolfsburg und dem Volkswagenwerk und ihre Auswirkungen auf die kommunale Selbstverwaltung, Berlin.

Horkheimer, Max/Adorno, Theodor W. 1956: Gemeindestudien. In: Institut für Sozialforschung (Hg.): Soziologische Exkurse, Frankfurt am Main/Köln.

Irle, Martin 1960: Gemeindesoziologische Untersuchungen zur Ballung Stuttgarts, Bad Godesberg: Bundesanstalt für Landeskunde und Raumforschung.

Jacobs, Jane 1971: Tod und Leben großer amerikanischer Städte, Gütersloh.

Knörr, Jacqueline 2007: Kreolität und postkoloniale Gesellschaft – Integration und Differenzierung in Jakarta. Frankfurt/New York.

König, René 1958: Grundformen der Gesellschaft: Die Gemeinde, Hamburg.

König, René 1969: Großstadt. In: König, René (Hg.): Handbuch der empirischen Sozialforschung, Stuttgart.

Korte, Hermann 1984: Zum Weg und gegenwärtigen Stand der Stadtsoziologie. In: Die alte Stadt, H. 4, S. 281-291.

Korte, Hermann 1986: Stadtsoziologie. Forschungsprobleme und Forschungsergebnisse der 70er Jahre, Darmstadt.

Krämer-Badoni, Thomas 1991: Die Stadt als sozialwissenschaftlicher Gegenstand – ein Rekonstruktionsversuch stadtsoziologischer Theoriebildung. In: Häußermann,

Hartmut/Ipsen, Detlev/Krämer-Badoni, Thomas (Hg.): Stadt und Raum: Soziologische Analyse, Pfaffenweiler, S. 1-29.

Kuby, Erich 1957: Das ist des Deutschen Vaterland, Stuttgart.

Lange, Elmar/Schöber, Peter 1993: Sozialer Wandel in den neuen Bundesländern. Beispiel: Lutherstadt Wittenberg, Opladen.

Löw, Martina 2008: Soziologie der Städte, Frankfurt am Main.

Löw, Martina/Steets, Silke/Stoetzer, Sergej 2007: Einführung in die Stadt- und Raumsoziologie, Opladen/Farmington Hills.

Lynd, Robert S./Lynd, Helen Merrell 1929: Middletown. A Study in Contemporary American Culture, London/USA.

Lynd, Robert S./Lynd, Helen Merrell 1937: Middletown in Transition. A Study in Cultural Conflicts, New York.

Mackensen, Rainer/Paplekas, Johannes/Pfeil, Elisabeth/Schütte, Wolfgang/Burckhardt, Lucius 1959: Daseinsformen der Großstadt: Typische Formen sozialer Existenz in Stadtmitte, Vorstadt und Gürtel der industriellen Großstadt. Studien zur Soziologie und Ökologie industrieller Lebensform, Tübingen.

Mayntz, Renate 1958: Soziale Schichtung und sozialer Wandel in einer Industriegemeinde, Stuttgart.

Mitscherlich, Alexander 1965: Die Unwirtlichkeit unserer Städte: Anstiftung zum Unfrieden, Frankfurt am Main.

Neckel, Sighard 1999: Waldleben. Eine ostdeutsche Stadt im Wandel seit 1989, Frankfurt/New York.

Oswald, Hans 1966: Die überschätzte Stadt. Ein Beitrag der Gemeindesoziologie zum Städtebau, Olten/Freiburg im Breisgau.

Pfeil, Elisabeth 1955: Soziologie der Großstadt. In: Gehlen, Arnold/Schelsky, Helmut (Hg.): Soziologie. Ein Lehr- und Handbuch zur modernen Gesellschaftskunde, Düsseldorf/Köln.

Pohl, Jürgen 2005: Urban Governance à la Wolfsburg. In: Informationen zur Raumentwicklung, H. 9/10, S. 637-647.

Reichold, Ortwin 1998: ... erleben, wie eine Stadt entsteht. Städtebau, Architektur und Wohnen in Wolfsburg 1938-1998. In: Reichold, Ortwin 1998: ... erleben, wie eine Stadt entsteht. Städtebau, Architektur und Wohnen in Wolfsburg 1938-1998. Begleitband zur Ausstellung in Wolfsburg 1998, Braunschweig, S. 8-89.

Richter, Jenny/Förster, Heike/Lakemann, Ulrich 1997: Stalinstadt – Eisenhüttenstadt. Von der Utopie zur Gegenwart. Wandel industrieller, regionaler und sozialer Strukturen in Eisenhüttenstadt, Marburg.

Schlegelmilch, Cordia 2004: Wurzen mit W, das ist schon immer so gewesen. Zusammenleben in einer sächsischen Kreisstadt vor und nach 1989, Teil 1: Methodische und theoretische Vorarbeiten einer empirischen Gemeindestudie. In: BIOS; Teil 1: Jg. 17, H. 1, S. 35-68.

Schlegelmilch, Cordia 2005: Wurzen mit W, das ist schon immer so gewesen. Zusammenleben in einer sächsischen Kreisstadt vor und nach 1989, Teil 2: Empirische Ergebnisse einer ostdeutschen Gemeindestudie. In: BIOS, Jg. 18, H.1, S. 48-94.

Schmals, Klaus 1994: Stadt- und Regionalsoziologie – Geschichte und Zukunftsperspektiven. In: Meyer, Sibylle/Schulze, Eva (Hg.): Ein Puzzle, das nie aufgeht. Stadt, Region und Individuum in der Moderne, Berlin, S. 9-28.

Schmidt-Relenberg, Norbert 1968: Soziologie und Städtebau, Stuttgart/Bern.

Schweitzer, Ulrich 1990: Ortswechsel – Probleme und Chancen des Eigenlebens an einem neuen Wohnort. Dissertation. Universität Hannover.

Schwonke, Martin 1982: Nachwort. In: Herlyn, Ulfert/Schweitzer, Ulrich/Tessin, Wulf/Lettko, Barbara 1982: Stadt im Wandel. Eine Wiederholungsuntersuchung der Stadt Wolfsburg nach 20 Jahren, Frankfurt am Main/New York, S. 272-275.

Schwonke, Martin/Herlyn, Ulfert 1967: Wolfsburg. Soziologische Analyse einer jungen Industriestadt, Stuttgart.

Siewert, Hans-Jörg 1975: Ansätze und Konzepte innerhalb der Gemeindesoziologie. Versuch einer wissenssoziologischen Betrachtung. In: Wehling, Hans-Georg (Hg.): Kommunalpolitik, Hamburg, S. 43-94.

Stacey, Margaret 1974: The Myth of Community Studies. In: Atteslander, Peter/Hamm, Bernd (Hg.): Materialien zur Siedlungssoziologie, Köln.

Steets, Silke 2008: Wir sind die Stadt! Kulturelle Netzwerke und die Konstitution städtischer Räume in Leipzig, Frankfurt.

Stölzl, Christoph (Hg.) 2008: Die Wolfsburg-Saga, Stuttgart.

Tessin, Wulf 1986: Stadtwachstum und Stadt-Umland-Politik, München.

Tessin, Wulf 1988: Stadt-Umland-Politik im Raum Wolfsburg. In: Die Alte Stadt, 15. Jg., H. 2 (Sonderheft „50 Jahre Wolfsburg" hg. von Herlyn, Ulfert/Tessin, Wulf), S. 195-215.

Tessin, Wulf 1997: „Was gut ist für das Werk, ist gut für die Stadt". Kommunalpolitik in der Volkswagenstadt. In: Beier, Rosmarie (Hg.): aufbau west – aufbau ost. Die Planstädte Wolfsburg und Eisenhüttenstadt in der Nachkriegszeit. Buch zur Ausstellung des Deutschen Historischen Museums, Ostfildern-Riut, S. 111-119.

Tessin, Wulf 2003: Kraft durch Freude? Wolfsburgs Weg aus der Arbeits- in die Freizeitgesellschaft. In: Altrock, Uwe/Güntner, Simon/Huning, Sandra/Peters, Deike (Hg.): Mega-Projekte und Stadtentwicklung, Planungsrundschau 8, Berlin, S. 135-148.

Tessin, Wulf 2007: Lost in Landscape – Wolfsburg als Ideal einer Stadtlandschaft? In: Stadt + Grün, H. 4, S. 34-40.

Tessin, Wulf 2008: Die zweite soziologische Wolfsburg-Studie. In: Stölzl, Christoph (Hg.): Die Wolfsburg-Saga, Stuttgart, S. 272-275.

Tessin, Wulf 2009: Der Ansatz der Wolfsburg Studien („nothing but a brainstorm'), Hannover (unv. Man.)

Zoll, Ralf (unter Mitarbeit von Thomas Ellwein, Horst Haenisch, Klaus Schröter) 1974: Wertheim III. Kommunalpolitik und Machtstruktur, München.

Zur Relevanz des Gebrauchswerts von Freiräumen

Maria Spitthöver

Nachfolgend soll auf die Relevanz des Gebrauchswertes von Freiräumen heute an verschiedenen Beispielen eingegangen werden. Mit dem Gebrauchswert von Planungen ist hier die Tauglichkeit von Freiräumen im weitesten Sinne gemeint, ihre Tauglichkeit für den Gebrauch, ihre Nutzbarkeit im Kontext von Wertschätzung und Akzeptanz durch die Menschen, für die dieser Freiraum bestimmt ist. Die klassische, aktuelle Landschaftsarchitektur bezieht ihr Selbstverständnis vor allem darauf, Räume bereit zu stellen und den dafür nötigen Sachverstand in Bezug auf Entwurfskompetenz, Kenntnis von u. a. konstruktiv technischen und vegetationsbestimmten Fertigkeiten zu erwerben und anzuwenden. Der Aspekt der Nutzung und Akzeptanz von Freiräumen durch die Bewohner/innen ist in der Disziplin der Freiraumplanung/Landschaftsarchitektur zwar nicht aus dem Blick geraten, in seiner Bedeutung insgesamt betrachtet – von Ausnahmen abgesehen – jedoch deutlich in den Hintergrund gerückt.

Der Gebrauchswert von Planungen ist immer wieder Gegenstand von Veröffentlichungen und wissenschaftlichen Untersuchungen gewesen, gerade auch unter der Perspektive von verschiedenen Nutzergruppen. Beispielhaft seien hier einige genannt: Schon sehr früh, nämlich bereits in den 30er Jahren des vergangenen Jahrhunderts haben Martha und Heinrich Muchow (1978 zuerst 1935) die Anforderungen und Vorlieben von Kindern im (öffentlichen) Raum beobachtet. Bei Nohl (1980) werden die Nutzeransprüche an städtische Freiräume unter der Perspektive der Reproduktion der Arbeitskraft gesehen. Die Nutzergruppe Frauen und ihre Ansprüche an den öffentlichen Raum waren insbesondere in den 80er Jahren des vergangenen Jahrhunderts ein Thema (vgl. z. B. Greiwe/Wirtz 1986). Dem Gebrauchswert von Freiräumen im Geschosswohnungsbau ist in den 80er Jahren (Fester u. a. 1983) und erst kürzlich wieder (Sutter-Schurr 2008) nachgegangen worden. Kernelement der verschiedenen Ansätze war (ist) nicht primär der konkrete oder abstrakte Raum, sondern der Mensch mit seinen Anspruchshaltungen und Bedürfnissen in eben diesen Räumen bzw. in Bezug auf eben diese Räume. Wenn man so will, wurde in den genannten und anderen Arbeiten an die nutzerorientierte Freiraumplanung der 20er und frühen 30er Jahre des letzten Jahrhunderts wieder angeknüpft, die infolge der Machtergreifung durch die Nationalsozialisten jedoch zunächst wieder in Vergessenheit geraten ist. Dabei hat die Relevanz dieses Aspektes für einen ‚gelungenen', wertgeschätzten Freiraum keineswegs abgenommen, wohl aber die Wahrnehmung dieses Aspektes in der Disziplin. Im Folgenden werden Freiräume vor allem auch unter der Perspektive der Gebrauchstauglichkeit für die Nutzer/innen gesehen und zwar beispielhaft im Hinblick auf öffentliche nutzbare Freiräume (Parkanlagen), Freiräume in Siedlungen und neue privat-gemeinschaftliche Garteninitiativen.

1 Öffentlich nutzbare Freiräume – Das Beispiel Parkanlagen

Bereits relativ früh, nämlich Mitte der 80er Jahre des 20. Jhs., wurde in einer Veröffentlichung zum Thema „Gebrauchswert und Gestalt von Parks" dem Zusammenhang von Parktyp und Nutzerinteressen gezielt nachgegangen. Die Kenngrößen für den Aufenthalt verschiedener Nutzergruppen im öffentlichen Raum wurden herausgearbeitet und am Beispiel zweier sehr unterschiedlicher öffentlicher Parkanlagen in Frankfurt aufgezeigt, dass diese Parks eine sehr unterschiedliche Klientel haben (Gröning u. a. 1985). Im ‚Günthersburgpark', einem früheren Privatpark der Familie Rothschild im Stil des Englischen Landschaftsgartens mit Möglichkeiten für spielsportliche Aktivitäten, dominierte ein eher jüngeres und männliches Publikum. Der Park ‚bediente' auf den ausgedehnten Rasenflächen vorzugsweise die Interessen der hier vor allem Ball spielenden Sportaktiven. Ältere Menschen wiederum waren unterrepräsentiert. Diese waren weit überdurchschnittlich im ‚Bethmannpark' vertreten, einem Park im Stil eines öffentlichen Gartens, mit Rosen- und Staudengarten, von wo aus sich, auf Parkbänken sitzend, sowohl die Blumenpracht wie auch das vorbeiflanierende Publikum gut beobachten ließ[1]. (Dieser gepflegte Garten kam den Interessen der älteren Generation sehr entgegen). Kritisch wurde am Ende der Veröffentlichung gefragt, ob es angesichts des Grünflächenmangels in der Stadt gerechtfertigt sei, einen derart wertvollen und dazu noch zentrumsnah gelegenen Park vorzugsweise einer eher bürgerlichen und dazu noch überalterten Klientel vorzuhalten.

An dieser Veröffentlichung ist zweierlei interessant: Zum einen scheinen sich die Vorlieben der verschiedenen Alters- und Geschlechtsgruppen zwischenzeitlich nicht grundsätzlich verändert zu haben (s. u.). Und zum anderen haben wir es aktuell mit einer alternden Gesellschaft zu tun, wobei eine Tendenz zum Stopp dieses Trends derzeit nicht zu erkennen ist. Die Frage muss deshalb aktuell eher lauten: Sind ältere Menschen und Senioren in den Parks in den städtischen Quartieren angemessen vertreten? Werden ihre Interessen und Bedürfnisse

---

[1] Beim Bethmannpark handelt es sich um den ehemaligen privaten Garten/Sommersitz der Frankfurter Bankiersfamilie Bethmann, der ehemals vor den Toren der Stadt gelegen war und demzufolge heute sehr zentrumsnah gelegen ist.

hier bedient? Greifen die aktuellen Parkplanungen bzw. Parkneuschöpfungen die Interessen der Senior/innen angemessen auf? Dass diese Fragen und Zweifel an der Altengerechtigkeit der aktuellen Parks/Parkplanungen berechtigt sind, soll beispielhaft deutlich gemacht werden. Dabei ist auch zu berücksichtigen, dass Menschen/Besucher sich nicht gleichmäßig im öffentlichen Freiraum verteilen, sondern dass es je nach Stadtquartier und Freiraumangebot ganz spezifische Verteilungen gibt. Jeder Stadtteil mit seinem Grünflächenangebot ist ein kleiner Mikrokosmos für sich. Ja, jeder Park mit seinen Besuchern führt ein jeweils eigenständiges, um nicht zu sagen ‚einmaliges' Eigenleben. Trotz dieser Unterschiedlichkeiten gibt es dennoch auch immer wieder auffallende Disparitäten, die gar nicht so ‚einzigartig' sind.

1.1 Ältere Menschen im Park
In Stadtquartieren, in denen Freiflächen noch immer (zu) knapp bemessen sind, scheinen in Bezug auf die Freiflächenpolitik Senior/innen nicht im Zentrum des Interesses zu stehen. Dies soll im Folgenden anhand eines Beispiels deutlich gemacht werden: Der Nordstadt in Kassel, ein früheres Arbeiterquartier, aus dem Industriebetriebe und Gewerbe in großem Umfang verschwunden sind. Die öffentlichen Freiflächen hier sind überschaubar: Parallel zu einem kanalisierten Fluss verläuft durch den Stadtteil ein Grünzug. Früher verliefen hier Gleisanlagen, auf denen Güter und Energie für die industrielle Fertigung herbeigeschafft und die produzierten Güter wieder abtransportiert wurden. Dieser Grünzug ist heute eine wichtige Fuß- und Radwegeverbindung. Für den längeren Aufenthalt ist er eher weniger geeignet. Um einen Grünzug, der besonders von Senioren wertgeschätzt wird, handelt es sich jedenfalls nicht. - Auf einer Bergkuppe am Rande des Stadtteils gibt es einen Park, der im Wesentlichen von Menschen mit Migrationshintergrund, vor allem aus der Türkei, in Anspruch genommen wird. Auf der großen Rasenfläche versammeln sich bei gutem Wetter - vorzugsweise in den Nachmittags- und Abendstunden - Familien und Gruppen, man sitzt und spielt. Die deutsche Bevölkerung lässt sich hier kaum sehen. – Ein weiterer kleiner Park, im Zuge des Universitätsausbaus entstanden und zwischenzeitlich überbaut, bot bis vor kurzem Möglichkeiten für Spiel und Sport[2]. Bereiche für den eher ruhigen und kontemplativen Aufenthalt oder ‚Beobachtungsposten', von denen aus sicherer Entfernung das Treiben beobachtet werden konnte, gab es nicht. Ältere Menschen waren hier, gemessen an ihrem Anteil in der Stadtteilbevölkerung, erheblich unterrepräsentiert (Spitthöver 2003).

Seit 2008 gibt es einen neuen und größeren Park, der auf einer früheren Gewerbebrache mit EU Mitteln errichtet wurde. Dieser ‚Nordstadtpark' besteht

---
[2] Aktuell steht dieser Park nicht zur Verfügung, da er für provisorische Bauten der Universität in Anspruch genommen wurde. In einigen Jahren soll er als Stadtteilpark wieder zur Verfügung stehen.

im Wesentlichen aus einer zentralen, ausgedehnten Rasenfläche mit wenigen schon älteren Baumsolitären sowie einer Spielzone (Schaukel, eingezäunter Kleinkinderspielplatz, Kletternetze) am östlichen Parkrand. Am südlichen Parkrand befinden sich ein Pavillon und eine gepflasterte ‚Insel' mit einem Holzpodest zum Lagern/Sitzen/Liegen. Begrenzt wird der Park im Osten durch den bereits erwähnten, kanalisierten, an den Ufern mit Bäumen bestandenen Fluss. Im Westen grenzt er an eine Straße, im Süden an eine Sackgasse und im Norden geht er in den bereits erwähnten Grünzug über. Fluss begleitend wird der Park durch einen Fuß-/Radweg durchquert. Insgesamt gesehen handelt es sich um einen sehr ‚robusten', pflegeleichten Park. Dieser Park gilt gemeinhin als sehr gut angenommen und rege frequentiert, was zweifelsohne zutreffend ist. Bei näherem Hinsehen zeigt sich jedoch, dass das Besucherspektrum im Park den Bevölkerungsquerschnitt im Quartier ganz und gar nicht abbildet. Systematische und mehrfache Beobachtungen haben vielmehr gezeigt, dass vor allem ältere Menschen im Park auffallend unterrepräsentiert sind[3]. Mit nur 2% des Gesamtbesucheraufkommens ist der Park quasi seniorenfrei[4]. Zum Vergleich: Der Anteil der 60-jährigen und Älteren im Stadtteil beträgt rund 16%.

Senioren können jedoch durchaus rege Benutzer auch des öffentlichen Raumes sein, wenn die räumlichen und sozialen Gegebenheiten entsprechend beschaffen sind. Beispielhaft hierfür steht eine Untersuchung in Münchener Wohnquartieren, in denen die älteren Menschen wie auch Kinder und Jugendliche des Quartiers die häufigsten Freiraumbesucher waren (Nohl/Joas 1995). Weit überrepräsentiert, gemessen an ihrem Anteil in der Bevölkerung sind Senioren in Parkanlagen, die den Charakter eines öffentlichen Gartens haben oder in Parkbereichen, die entsprechend ausgestaltet sind (s. o.). Empfindlich reagieren ältere Menschen auf mangelnde Sicherheit, frei laufende Hunde im Park, Radfahrer auf den Wegen, missliebiges oder nicht angepasstes Verhalten, Trinker, Müll und Vandalismus. Gewünscht werden immer wieder Toiletten im Park (vgl. z. B. Gröning u. a. 1985; Kellner/Nagel 1986; Senatsverwaltung für Stadtentwicklung Berlin 2000, 2001; Spitthöver 2009)[5]. In einer Studie über Stadtplatz-

---

[3] Im Mai und Juni 2009 wurden von einer studentischen Hilfskraft an insgesamt 5 Tagen (3 Werktagen sowie an einem Samstag und einem Sonntag bei gutem Wetter jeweils vier Beobachtungen (Momentaufnahmen) durchgeführt (vormittags, mittags, nachmittags und abends (nach 17:00 Uhr)). Bei den insgesamt 20 Beobachtungsgängen wurden insgesamt 549 Personen im Park beobachtet.
[4] In Zahlen ausgedrückt: Von den bei mehrfachen Beobachtungsgängen angetroffenen 549 Parkbesuchern waren insgesamt gesehen nur 10 Senioren.
[5] Auch Beobachtungen von Studierenden im Sommersemester 2009 haben die Vorliebe von Senioren für gepflegte öffentliche Parkanlagen mit reichhaltigem Stauden- und Blumenschmuck bestätigt: im Stadthallengarten wie auch im Botanischen Garten in Kassel war der Anteil der Senior/innen überrepräsentiert. In einem an den Botanischen Garten direkt anschließenden Park mit ausgedehnten waldartigen Partien und zum Teil ungepflegten Gebüschpartien waren sie hingegen kaum vertreten.

/Parknutzung in europäischen Großstädten wurde aufgezeigt, dass eine vielfältige Mischung aus Aktions- und Rückzugsräumen günstig ist, um ein breites Besucherspektrum anzuziehen. Auch ältere Menschen beobachten unter diesen Voraussetzungen rege und interessiert das Parkgeschehen (Paravicini u. a. 2002).

Schauen wir uns unter dieser Perspektive den Nordstadtpark an. Rückzugsbereiche, von denen aus man aus sicherer Entfernung das Treiben im Park beobachten kann, gibt es in der Form nicht. Zwar existieren (wenige) Bänke entlang des Park durchlaufenden Weges. Sie grenzen jedoch direkt an den Weg, der auch von Radfahrern befahren wird. Weitere Sitzgelegenheiten wie ein Holzpodest am südlichen Eingang oder frei in der Rasenfläche platzierte Bänke, zum Teil ohne Rückenlehne, ziehen ältere Menschen offensichtlich nicht an. Diese Sitzgelegenheiten werden vor allem von jungen Menschen genutzt, immer mal wieder auch von Alkohol konsumierenden Besuchern. Des Öfteren treffen sich im Bereich am Pavillon und den nahe gelegenen Bänken auch Besucher mit ihren freilaufenden Hunden. Toiletten sind im Park ebenfalls nicht vorhanden.

Alles in allem, das ist unschwer zu erkennen, ist der Park nicht so beschaffen, dass er ein älteres Publikum anspricht. Andererseits entspricht er in hohem Maße den Prinzipien und Gestaltungsvorlieben der aktuellen Landschaftsarchitektur, wie sie in den Fachzeitschriften präsentiert und mit Aufmerksamkeit bedacht wird. Er ist eher ‚übersichtlich', wenig zoniert und karg möbliert. Ein Beispiel in diesem Sinne ist auch der Mauerpark in Berlin auf der Grenze zwischen Prenzlauer Berg und Wedding. Auf den ausgedehnten Rasenflächen lagert ein vorzugsweise jüngeres Publikum. Ältere Menschen sind hier nicht zu sehen[6]. Bänke sind im Mauerpark alternativ nicht oder kaum vorhanden. Rückzugsorte als Beobachtungsposten ebenfalls nicht. Im Mauerpark stehen die wenigen Bänke, von denen aus man einen guten Überblick über das Parkgeschehen hat, wenige Meter von der rege genutzten Mauer der Sprayerszene entfernt; also kein Ort, der für Ältere prädestiniert zu sein scheint. Der Tilla Durieux Park und der Henriette Hertz Park am Potsdamer Platz in Berlin mit ihren geneigten Rasenflächen fügen sich ebenfalls in dieses Bild. Auch hier lagert auf den Rasenflächen ein ausnahmslos jüngeres Publikum. Zwar ist davon auszugehen, dass beide Parks wohl eher als Skulptur an einem exponierten Ort denn als zu nutzender Park verstanden werden. Dennoch: Da die zeitgenössische Landschaftsarchitektur sich stark auf derlei Bilder bezieht, muss die Frage erlaubt sein, welches Besucherspektrum bei den Urhebern dieser Parkkonzeptionen Pate gestanden hat. Kann es sein, dass man sozusagen ‚unter der Hand' eher ein jüngeres Nutzerspektrum im Auge hat? Kann es sein, dass die ‚Jugendfixierung' in der Gesellschaft auch in der Disziplin Raum gegriffen hat, ohne dass man sich dessen so richtig bewusst geworden ist?

---

[6] Eigene, mehrmalige Beobachtungen sowie studentische Beobachtungen im Sommer 2009 haben dies gezeigt.

Bei der jüngeren Generation/den Studierenden kommen diese zeitgenössischen Parks jedenfalls überwiegend sehr gut an.

Anzumerken ist noch, dass die gepflegten Parkanlagen im Stil eines öffentlichen Gartens, die Senioren in besonderem Maße ansprechen, ausnahmslos in den so genannten besseren, eher bürgerlich geprägten Stadtvierteln anzutreffen sind. Die Nordstadt in Kassel ist jedoch gekennzeichnet (wie die Nordstädte in anderen Großstädten in der Regel auch) durch einen hohen Anteil an Erwerbslosen und ‚Hartz IV'-Empfängern, einen hohen Anteil an Menschen mit Migrationshintergrund usw. Auch wenn Parks im Stil eines öffentlichen Gartens in Quartieren wie der Nordstadt kaum eine Perspektive auf Realisierung und vermutlich auch nicht auf Bestand haben dürften, eine Parkgestaltung, die auch die Älteren in einem Stadtteil wie der Nordstadt anspricht, ist auch unter ‚robusteren' Parkbedingungen durchaus vorstellbar[7].

1.2 Männer und Frauen im Park

Das Geschlechterverhältnis im Nordstadt-Park ist ausgewogen bzw. dem im Stadtteil vergleichbar: 52% männliche und 48% weibliche Parkbesucher wurden im Park beobachtet[8]. Beim Betreten des Parks bei gutem Wetter geraten u. a. auch junge Frauen in den Focus, die sich sommerlich gekleidet ganz selbstverständlich auf den Rasenflächen sonnen. Und unter den Jugendlichen sind jugendliche Mädchen im Park sogar anteilig vertreten, was eher ungewöhnlich ist. Denn immer wieder hat sich in Studien gezeigt, dass jugendliche Mädchen im öffentlichen (Frei-)Raum – z. T. erheblich – unterrepräsentiert sind. Alles in allem ist also eine anteilige Partizipation von männlichen und weiblichen Parkbesuchern am Parkgeschehen bzw. im öffentlichen Raum zu beobachten. Ein differenzierter Blick auf die Inanspruchnahme der verschiedenen Teilbereiche zeigt jedoch erhebliche Unterschiede in der Parknutzung. Auffällig ist eine sehr unterschiedliche Frequentierung und Nutzung des Parks nach Parkbereichen.

Die Kinder-Spielzone ist intensiver frequentiert als alle anderen Parkbereiche. 42% des Gesamtbesucheraufkommens im Park ist in der (flächenmäßig knapp ein Fünftel des Gesamtparks ausmachenden) Spielzone konzentriert und

---

[7] Allerdings ist auch zu fragen, ob die beobachtete mangelnde Präsenz der Älteren weniger auf die Konzeption und Gestalt des Parks zurückzuführen ist, sondern auf die Besonderheiten im Stadtteil. Keim/Neef (2000) haben in einer Studie im Kontext des Bund-Länder-Programms ‚Die soziale Stadt' in Bezug auf Quartiere wie die Nordstadt festgestellt, dass unter den verschiedenen sozialen Milieus eine Milieugruppe besonders stark zum Rückzug (in die Wohnungen) neigt. Ob hierzu auch die Älteren in Kassels Nordstadt neigen, lässt sich über Beobachtungen im Park nicht klären. Eine größere Berücksichtigung der Interessen der Älteren über eine modifizierte Parkkonzeption ist m. E. jedoch zweifelsohne zu erreichen.

[8] Dies entspricht in etwa dem Verhältnis der Geschlechter im Stadtteil: 47,4 % Frauen und 52,6 % Männer.

82% aller im Park angetroffenen Kinder findet man in diesem Bereich. Über Begleitmobilität sind auch viele Erwachsene in der Spielzone anzutreffen. Dabei wird auch deutlich: Zwei Drittel der Erwachsenen hier sind weiblich. An der Spielzone halten sich 45% aller weiblichen Parkbesucher (ohne die Gruppe der Kinder) auf[9]. Bezogen auf die Parkbesucher insgesamt stellt sich die Verteilung im Park wie folgt dar:

Tabelle 1: Verteilung der Besucher im Nordstadt-Park in Kassel nach Geschlecht 2009

Parkbesucher insgesamt	abs.	männlich	weiblich
Kinderspielzone	232	37%	63%
Zentrale Rasenfläche	93	56%	44%
Wege	87	57%	43%
Pavillon/Bänke in Nähe	85	72%	28%
‚Insel'/Holzpodest	31	94%	6%
Kleine Rasenfläche	14	-	-
Sonstiges/Ahna-Ufer	7	-	-
Gesamt	549	52%	48%

Quelle: Eigene Erhebung

Im Eingangsbereich der südlichen Parkzone ist das Besucherspektrum männlich: Am Holzpodest/‚Insel' sind 94% und am Pavillon und den Bänken in der Nähe immerhin noch 72% der Besucher männlich. Die männlichen Besucher des Parks bilden also so etwas wie eine Art Empfangskomitee. Dabei ist anzumerken, dass sich gerade in diesen Bereichen (immer mal wieder) auch die Alkohol Konsumierenden wie auch die Hundebesitzer aufhalten. Sie sind den Beobachtungen zufolge weitgehend friedlich, den Eindruck einer ‚guten Parkadresse' beim Betreten des Parks hinterlassen sie jedoch weniger.

Auf den Wegen zeigt sich noch ein – schwächer ausgeprägtes – männliches Übergewicht (57%) und auf der zentralen Rasenfläche sind 56% männliche und 44% weibliche Parkbesucher anzutreffen.

Was sagen die hier skizzierten Beobachtungsergebnisse nun aus? Außer an der Kinderspielzone sind männliche Parkbesucher in den anderen Parkbereichen – z. T. erheblich – überrepräsentiert und weibliche entsprechend unterrepräsentiert. Weibliche Parkbesucher sind vor allem auch als Funktionsträgerinnen unterwegs. Es kann angenommen werden, dass ohne die in den Park integrierte Spielzone der Anteil weiblicher Parkbesucher erheblich niedriger wäre, wie das vor allem in den so genannten robusten Parks in sozial gesehen eher schwierigen Quartieren immer wieder zu beobachten ist. Gerade weibliche und auch ältere

---

[9] Das Besucherspektrum in Zahlen: 24% der beobachteten Parkbesucher waren Kinder, 14% Jugendliche, 60% Erwachsene und 2% Senioren (60-Jährige und älter).

Parkbesucher reagieren im öffentlichen Raum sehr empfindlich auf die sozialen und räumlichen Gegebenheiten. Es kann die These aufgestellt werden, dass gerade in sozial benachteiligenden Quartieren bzw. in Quartieren ‚mit besonderem Entwicklungsbedarf' im öffentlichen Raum weibliche Personen und ältere Menschen nicht so richtig ‚auf ihre Kosten' kommen. Die Unterschiede in der Parknutzung aufgrund der Beobachtungsergebnisse lassen auf eine gar nicht mehr so gleichberechtigte Teilhabe der verschiedenen Nutzergruppen am öffentlichen Raum schließen (vgl. hierzu auch Paravicini u. a. 2002). Was den Gebrauchswert des hier vorgestellten Parks angeht, sind also durchaus noch Steigerungen im Sinne der gleichberechtigten Teilhabe der verschiedenen Nutzergruppen am öffentlichen Raum vorstellbar.

Wen spricht also welcher Park an? Beobachtungen (und Befragungen) in Parks weisen immer wieder auf die enge Verknüpfung zwischen u. a. Konzeption und Gestaltung und Besucherspektrum hin. Zwar werden in der Planungspraxis im Vorfeld von Parkplanungen nie explizit Besuchergruppen ausgeschlossen oder eine Klientel gezielt bevorzugt. De facto laufen Entwurf und Konzeption von Parkanlagen aber oft genug genau hierauf hinaus, wie am Beispiel des Nordstadtparks in Kassel exemplarisch aufgezeigt werden sollte[10]. In diesen Zusammenhang fügt sich auch, dass die aktuelle Landschaftsarchitektur um Akzeptanz- und Gefallensaspekte der von ihr versorgten Klientel nicht immer bemüht zu sein scheint (Tessin 2008).

2 Freiräume im (Geschoss-) Wohnungsbau – Freiräume in Siedlungen

Der Gebrauchswert von Freiräumen ist insbesondere auch im Wohnnahbereich/im Wohnumfeld, dort wo Menschen konzentriert leben, von großer Bedeutung. Unstrittig ist, dass in den Städten zu wenig qualitätvoller (Geschoss-) Wohnungsbau vorhanden ist, gerade auch unter freiraumplanerischer Perspektive. Wohnsituationen und Wohnmöglichkeiten entsprechen oftmals nicht den Anforderungen der Bewohner/innen, was insbesondere auch Familien mit Kindern betrifft, die unter den Abwandernden ins Umland überproportional vertreten sind (z. B. Krings-Heckingmeier u. a. 2000; Siebel 2008). Auf die Wünsche nach Freiräumen/Grünräumen im Wohnnahbereich und Wohnumfeld gerade von Städtern ist immer wieder verwiesen worden und die Ansätze, diese Wünsche auch zu erfüllen, sind zahlreich und sie sprechen für sich.

---

[10] Um die Zusammenhänge zwischen Parkgestalt und Besucherspektrum zu sehen, bedarf es differenzierender Beobachtungen getrennt nach Parkbereichen. Generalisierende Untersuchungen, die den Gesamtpark und das Besucherspektrum als Ganzes vor Augen haben, erlauben in der Regel Beobachtungen wie die hier vorgestellten nicht.

2.1 Anforderungen an Freiraumqualität

Verfolgt man die Fachliteratur zum Thema qualitätvolles Wohnen im Geschosswohnungsbau, so können folgende Kriterien als allgemeingültiger Konsens und Anforderungskatalog für eine wohnungsnahe Grünversorgung festgehalten werden (z. B. Fester u. a. 1983; Homann u. a. 2002; Ruland 2003; Sutter-Schurr 2008):

- Idealerweise gehört zu einem vollständigen Wohnraum auch ein Raum unter freiem Himmel, sozusagen ein Zimmer im Freien dazu, in den der Alltag der Menschen ein Stück weit hinaus verlagert werden kann, sei es für die Verrichtung hauswirtschaftliche Tätigkeiten, sei es für Regeneration und Erholung (z. B. in Form von Terrassengärten vor den Erdgeschosswohnungen).
- Balkone und Loggien sowie Dachgärten sind Ersatzformen für einen solchen privat nutzbaren Freiraum.
- Die unmittelbare Verbindung zwischen Wohnraum und Freiraum muss gewährleistet sein, d. h. man sollte aus der Wohnung hinaus ins Freie treten können.
- Der soziale Raumcharakter muss klar erkennbar sein. Es muss auf Anhieb ablesbar sein, ob es sich um einen privat nutzbaren, einen gemeinschaftlich nutzbaren oder einen öffentlich nutzbaren Freiraum handelt. In einem privat nutzbaren Freiraum sind andere Verhaltensregeln ‚erlaubt'/möglich als in öffentlichen oder gemeinschaftlichen und umgekehrt. Erst Verhaltenssicherheit ermöglicht die Aneignung von Freiräumen.
- Die Zonierung der Räume mit einem unterschiedlichen sozialen Raumcharakter ist wichtig. Wenn privat genutzte Freiräume direkt an öffentlich nutzbare stoßen, ist das eher ungünstig, weil die Privatsphäre in diesem Fall empfindlich gestört werden kann, es sei denn eine Pufferzone oder Übergangsbereiche schirmen diese unterschiedlichen Räume voneinander ab. Die Grenzen der Räume mit einem unterschiedlichen sozialen Raumcharakter sollten (und sei es nur symbolisch) kenntlich gemacht werden.
- Kleinkinderspielgelegenheiten sollten sicher gelegen und aus den Wohnungen möglichst einsehbar sein.
- Aufenthaltsräume und Abstellflächen für PKW sollten möglichst voneinander getrennt werden.

Inzwischen gibt es eine beachtliche Zahl an ‚Vorzeigeprojekten' mit einer qualitätvollen Wohnfreiraumversorgung. Insgesamt gesehen haben sich die - vor allem in Einzelprojekten gesammelten - positiven Erfahrungen allerdings nicht umfänglich durchgesetzt. Als in den 90er Jahren des vergangenen Jahrhunderts. Stadterweiterung im großen Stil betrieben wurde (z. B. in Berlin Karow, München Riem, Hannover Kronsberg), wurde zwar auf ein qualitätvolles Umfeld Wert gelegt, aber der ‚große Wurf' im oben skizzierten Sinne wurde dennoch selten realisiert. Wo liegen die Gründe hierfür? Warum sind trotz zahlreicher positiver Beispiele keine größeren Fortschritte hinsichtlich der Freiraumqualität in neuen Wohnsiedlungen, so sie denn über Bauträger errichtet werden, zu verzeichnen?

2.2 Gründe für mangelnde Freiraumqualität

Die Gründe, warum Freiraumqualitäten sich nicht etablieren oder auch wieder verloren gehen können, sind vielfältig. Beispielhaft seien hier einige genannt: In Zeiten großen Wohnraummangels geht es zumeist darum, innerhalb kurzer Zeit eine große Anzahl von Wohnungen zu erstellen, es wird in großen Dimensionen gebaut. Bei den Bauträgern und ihren Architekten wie auch den beauftragten Baufirmen kann in der Regel von keinem überdurchschnittlichen Engagement mit Blick auf die Wohnfreiraumqualität ausgegangen werden. Es wird ‚gemetert' und statt Qualität obsiegt eher Quantität in dem Sinne, dass in kurzer Zeit möglichst viel Wohnraum erstellt wird. Der Stellenwert des Freiraums hat unter diesen Bedingungen zumeist eine nachrangige Priorität.

Die Deregulierung bzw. ‚Verschlankung' von Bebauungsplänen hat für die Kommunen u. a. den Vorteil verringerten Arbeitskräftebedarfs. Der Wegfall von Festsetzungen im Bebauungsplan muss bei engagierten Wohnungsunternehmen/Investoren nicht zu einer mangelnden Wohnfreiraumqualität führen, im Falle von diesbezüglichem Desinteresse kann dies jedoch durchaus der Fall sein.

Wenn Kommunen die Baugrundstücke vergeben, können sie z. B. auch über den Kaufvertrag Einfluss auf die Freiraumqualität nehmen und mit dem Investor Vereinbarungen über qualitätvolle Freiraumstrukturen treffen. Wenn der Investor die Vereinbarungen nicht einhält, kann die Kommune zwar den Klageweg beschreiten, dies wird in der Regel aufgrund des hohen Aufwandes jedoch nicht gemacht (Homann u. a. 2002).

Ein nicht zu unterschätzender Grund für geringe Freiraumqualität trotz Verbreitung der diesbezüglichen Erkenntnisse ist auch eine mangelnde Kommunikation zwischen Forschung und planender Praxis. Sutter-Schurr (2008) hat in ihrer Dissertation über Freiräume in neuen Wohnsiedlungen festgestellt, dass die Erkenntnisse in der Forschung über Wohnfreiraumqualität bzw. die Akzeptanz und Nutzung der Freiräume im (Miet) Geschosswohnungsbau in der planenden und gestaltenden Praxis schlicht nicht zur Kenntnis genommen werden.

Im Wohnungsbestand kann ein Problem auch mangelnde Kontinuität sein. D. h. einmal erreichte Qualitäten in der Freiraumversorgung können auch durch wechselnde Zuständigkeiten wieder verloren gehen. Das ist z. B. der Fall bei Fusionen von Wohnungsbaugesellschaften, verwaltungstechnisch/personellen Neuorganisationen in großen Wohnungsbaugesellschaften, Aufkauf großer Wohnungsbestände durch Hedge Fonds usw.. In diesen Fällen wechseln in der Regel die für Mieter zuständigen Ansprechpartner und/oder frühere Ansprechpartner entfallen ganz. Derlei Veränderungen können sich sehr negativ auf die einmal erreichten Qualitätsstandards sowie Nutzung und Akzeptanz der Freiräume auswirken, u. a. da Kenntnisse und Informationen verloren gehen.

2.3 Perspektiven
Wie bereits hervorgehoben kann davon ausgegangen werden, dass die Stadtbevölkerung ein großes Interesse an Stadtgrün und einem Wohnnahbereich mit hoher Aufenthaltsqualität und einem attraktiven Wohnumfeld hat. Diese Nachfrage wird seit vielen Jahrzehnten nicht ausreichend gedeckt. Eine attraktive Wohnfreiraumgestaltung ist nicht nur eine Frage des Bodenpreises sondern auch des Engagements der am Bauprozess Beteiligten. Bei überdurchschnittlichem diesbezüglichen Engagement konnten in der Vergangenheit auch in der relativ dicht bebauten Stadt sehr gute Beispiele – sowohl auf der Basis von Miete wie auch Eigentum – geschaffen werden. Die Erfahrungen zeigen auch, dass, wenn Menschen an der Erstellung ihres Wohnraumes angemessen beteiligt werden, nachhaltig qualitätvolle Lösungen erzielt werden konnten (Homann u. a. 2002; Sutter-Schurr 2008). Insofern liegt es nahe, die Schaffung von Wohnraum und zugehörigem Freiraum viel mehr als bisher in die Hände der Betroffenen zu legen. Besonders geeignet scheinen hier die Wohngruppenprojekte zu sein, die insbesondere in den Großstädten mit viel Fantasie und Ausdauer hervorragende Wohnungsbaubeispiele geschaffen haben. Diese Ansätze und Initiativen müssen in viel größerem Umfang gefördert und unterstützt werden, als das in der Vergangenheit der Fall gewesen ist. Dies umso mehr, da der konventionelle (geförderte) Geschosswohnungsbau (von Ausnahmen abgesehen) ohnehin fast zum Erliegen gekommen ist. Z. T. hat in Bezug auf die Wohngruppenprojekte bereits ein Umdenken stattgefunden. In Hamburg, einer ‚Hochburg' von Wohngruppenprojekten, war es in der Vergangenheit schwer, geeignete Grundstücke für die Bauvorhaben zu erwerben. Auch die Stadt zeigte sich bei der Förderung solcher Projekte zunächst sehr zögerlich. Inzwischen werden derlei Initiativen jedoch auch als Chance für die Vitalisierung eines Stadtteils gesehen. Selbst in der hoch verdichteten Hafencity mit ausgesprochen hohen Grundstückspreisen werden einzelne diesbezügliche Bauvorhaben ermöglicht.

3 Privat und gemeinschaftlich genutzte Gärten – Neue Garteninitiativen

Gerade in der privaten Gartenversorgung zeichnen sich veränderte Bedarfe ab. Im Kleingartenwesen z. B. ist aktuell vielerorts Stagnation und Rückgang zu verzeichnen (BDG 2009). Kleingärten galten und gelten als Inbegriff großstädtischer Gartenkultur für diejenigen Garteninteressierten, die sich einen Hausgarten nicht leisten können oder wollen. Kein anderer städtischer Freiraumtyp ist so intensiv genutzt wie eben der Freiraumtyp Kleingarten. Der Gebrauchswert eines solchen Gartens für die Gärtner ist hoch. Vor allem am Wochenende wird oftmals der gesamte Alltag hierher verlagert, in den Gärten wird gelebt und z. T. auch geschlafen. Dennoch, das Interesse an dieser Gartenform lässt nach (zu den Gründen und Perspektiven vgl. BDG 2009). Gleichzeitig steigt die Nachfrage in einem anderen – quantitativ gesehen allerdings (noch) nicht so bedeutendem – Gartensegment: dies sind insbesondere die Internationalen bzw. die interkulturellen Gärten, die Gemeinschaftsgärten in den Großstädten und die so genannten Selbsterntegärten. Kennzeichnend für diese Gärten ist, dass sie nicht geplant sind, zumindest nicht von ‚oben', sondern zunächst einmal eher von ‚unten', d. h. über private Initiativen von Einzelnen oder Gruppen entstanden sind.

Die ersten Internationalen Gärten sind 1996 in Göttingen aufgrund der Aktivitäten des Migrationszentrums dort entstanden, welches wiederum die Wünsche von Migrant/innen nach einem Garten aufgegriffen hat. Neben dem Interesse am Gärtnern sind es vor allem soziale und bildungspolitische Fragen (Sprachkurse, Vermittlung von Wissen über das Gastland, Förderung von Kontakt und Nachbarschaft usw.) die im Verein aufgegriffen werden und auf reges Interesse stoßen. Die Keimzelle der Internationalen Gärten in Göttingen wurde von Beginn an wissenschaftlich begleitet. Neben den Fragen der Integration der Migrant/innen ging es vor allem auch um Empfehlungen für die Vervielfältigung und Ausbreitung dieses Gartentyps (Müller 2002). Die Göttinger Initiative erwies sich als Erfolgsmodell. Inzwischen sind in rund 50 Kommunen in Deutschland über 80 Internationale Gärten bereits entstanden und zahlreiche weitere im Entstehen begriffen. In den Jahresberichten der Stiftung Interkultur (www.stiftung-interkultur.de) und in ihren regelmäßig erscheinenden Infobriefen wird über die Entwicklung der Internationalen bzw. Interkulturellen Gärten – Verbreitung, Soziales, Aktionen in den Gärten usw. – sowie den Aufbau eines Internationalen Netzwerkes fortlaufend berichtet. Die Gärten werden vor allem auch als Baustein gesehen, ein ‚gutes Leben', ein sinnerfülltes Leben führen zu können, auch jenseits der durch den ‚Markt' diktierten Regeln/Lebensumstände (mit der Maßgabe eines konsumorientierten Lebens), auch oder gerade auch für Menschen, die dauerhaft aus dem Erwerbsarbeitsleben ausgegrenzt sind (Müller 2009). Nachdem diese Gärten zunächst sozusagen aus dem ‚Nichts' bzw. aus Eigeninitiative entstanden sind, werden sie zunehmend auch durch die Kommunen unterstützt. Das gilt z. B. auch für eine Stadt wie München, in der frei disponibles Land angesichts des Nutzungsdruckes, der nach wie vor auf der Stadt lastet, äußerst knapp bemessen ist. Der Wert der Gärten für Integration und ‚Verwurzelung' wird gesehen und wertgeschätzt.

Neue Gartentypen und die Vervielfältigung vorhandener sind immer auch Ausdruck von wirtschaftlichem und sozialem Wandel. Das lässt sich an der Geschichte des Kleingartenwesens ebenso ablesen wie an der massenhaften Verbreitung des Hausgartens insbesondere in der Zeit nach dem II. Weltkrieg. Aktuell hatten/haben wir es u. a. mit Migration und Konzentration der Migrant/innen vorzugsweise in den Stadtquartieren ‚mit besonderem Entwicklungsbedarf' zu tun, die mit Stadtgrün nicht eben üppig ausgestattet sind. Ob sich die Internationalen und Interkulturellen Gärten als eigenständiger Gartentyp etablieren werden, wie vormals in Bezug auf die Kleingärten geschehen, bleibt abzuwarten.

Auch Gemeinschaftsgärten in den Großstädten (jenseits der Internationalen und Interkulturellen Gärten) etablieren sich immer mehr. Außerhalb von Wohngruppenprojekten gibt es - öffentlich zugängliche - Gemeinschaftsgärten im Quartier. Diese wurden am Beispiel Berlins vor allem auch unter der Perspektive des zivilgesellschaftlichen Engagements der involvierten Akteur/innen vor dem Hintergrund eines angespannten öffentlichen Haushalts beleuchtet und die analysierten Fallbeispiele als neuer Freiraumtyp postuliert. Die Analyse der Fallbeispiele zeigte ganz unterschiedliche Nutzungen. Auch die Motivation, diese Gärten (mit) zu nutzen bzw. ins Leben zu rufen, war sehr heterogen (Rosol 2006). In der Diskussion um Zwischennutzung von brach gefallenen städtischen Liegenschaften rücken zunehmend auch Gemeinschaftsgärten in den Focus der Aufmerksamkeit (Senatsverwaltung für Stadtentwicklung Berlin 2007). Sie haben eine Chance vor allem in schrumpfenden Städten bzw. in Städten mit Freiflächenüberhang. In diesen neuen Garteninitiativen engagieren sich gerade auch Menschen, die nicht dem klassischen Bild des Kleingärtners entsprechen. Es sind z. B. Menschen mit alternativen Lebensentwürfen oder andere Kreative, die in der Umnutzung einer städtischen Brache auch eine Chance für sich und andere sehen. Auch diese Gärten sind ein Indikator für gesellschaftlichen Wandel. Neben stadtstrukturellen Veränderungen haben sie zweifellos auch etwas mit Pluralisierung von Lebensstilen und Individualisierung zu tun.

Ein neuer und relativ unbekannter Gartentyp sind die so genannten Selbsterntegärten. Die Idee zur Gemüseselbsternte wurde in Österreich geboren. In langen parallelen Reihen wird auf einem Acker bzw. auf Gartenland jeweils unterschiedliches Gemüse gesät und gepflanzt. Das fertig bestellte Land wird – quer zu den Längsreihen – parzelliert und die kleinen Parzellen (ca. 40-80 qm) an Unterpächter bzw. am Gärtnern Interessierte vergeben und zwar nur für eine Saison. Danach können die Interessierten entscheiden, ob sie im darauf folgenden Sommer wieder mitmachen wollen. Eine kleine Pacht für die Parzellen wird jeweils erhoben. Die Idee der Gemüseselbsternte zielte zunächst vor allem darauf, das Einkommen von Landwirten zu verbessern. Die Idee der Gemüseselbsternte hat von Österreich aus in Deutschland innerhalb weniger Jahre einen „Siegeszug" angetreten. An zahlreichen Standorten in verschiedenen Großstädten (vor allem im Raum München, in Städten des Ruhrgebietes, in Düsseldorf, Köln und Bonn, in der Nähe von Potsdam sowie in Kassel) wird auch hierzulande die Gemüseselbsternte mit Erfolg betrieben (Schele 2007). Auch im Umland von Kassel auf dem ökologischen Versuchsgut der Universität gibt es seit rund 10 Jahren ein Selbsternteprojekt, das sehr gut läuft (Heß/Mittelstraß 2005).

Ausgehend von einem studentischen Projekt am Fachgebiet Freiraumplanung der Universität Kassel wurde sozusagen als Experiment mitten in der Nordstadt in Kassel ein Selbsternteprojekt ins Leben gerufen. Dabei soll herausgefunden werden, ob der Gedanke der Selbsternte als neuer städtischer Gartentyp trägt. Nicht am Stadtrand oder im städtischen Umland sondern mitten in der Stadt, dort, wo die Menschen leben, werden die Vorteile dieses Ansatzes gesehen. Die synergetischen Effekte des Projektes wurden auch darin gesehen, eine städtische Brache im Stadtquartier sinnvoll zu nutzen, auch unter der Perspektive eines Beitrages zur Revitalisierung des Stadtteils. Für die Stadt Kassel als Eigentümerin der Fläche hat die Verpachtung auch den Vorteil, sich um diese Liegenschaft nicht mehr kümmern zu müssen und zusätzlich Einnahmen zu erzielen. Denn für die Fläche wird eine Pacht erhoben, die Verkehrssicherungspflicht geht auf die Universität als Pächterin dieser Fläche über, ebenso die Verpflichtung zum Winterdienst. Die Pflege der Fläche wird nun durch die neuen Nutzer und die Projektverantwortlichen gewährleistet. Über großes ehrenamtliches Engagement wurde das Grundstück zudem in Ordnung gebracht (Zäune repariert, Wege freigelegt, Gehölz Aufwuchs entfernt u. a. m.). Für die benachbarte Gärtnerei besteht der Vorteil, dass nun eine gepflegte Liegenschaft (ohne Unkrautsamenflug) an ihr Grundstück grenzt. Für die Unterpächter/innen, die neuen Gärtner/innen besteht der Vorteil, mit wenig Aufwand günstig qualitativ hochwertiges Gemüse ernten, sich an der frischen Luft bewegen und gartenbauliche Kenntnisse nebenbei und unkompliziert erwerben zu können, einen Aufenthaltsraum im Quartier in der Nähe der Wohnungen zu haben usw. Erwartet wurde auch, dass unter den potenziell am Gärtnern interessierten ein Interesse an Gartenformen besteht, die weniger verpflichtend und aufwendig und auch weniger teuer sind als z. B. die Pflege eines Kleingartens.

Die Erfahrungen nach einigen Jahren zeigen Folgendes: Eine Stadtbrache für gärtnerische Nutzung in Kultur zu nehmen, ist enorm arbeitsaufwändig. Der Aufwand für die Unkrautbekämpfung wurde erheblich unterschätzt. Unterschätzt wurde auch der Mittelbedarf z. B. für Reparaturen (Geräteschuppen) und die Neuanschaffung von gartenbaulichem Bewirtschaftungsgerät (Traktor) u.v.a.m. Auch Bewohner/innen aus der Nordstadt konnten zu Beginn nicht motiviert werden. Die ersten Gärtner/innen auf dem Acker waren vielmehr eher ökologisch Motivierte aus der Mittelschicht aus einem anderen Stadtteil. Eine Belastung bei der Bewirtschaftung waren phasenweise auch anhaltende Kälte, anhaltende Hitze oder anhaltender Regen, großflächiger Schneckenfraß, Vögel, die massenhaft über das noch junge Gemüse herfielen usw.

Dennoch, das Gesamtkonzept trägt und kommt sehr gut an. Nach Überwindung der anfänglichen Schwierigkeiten und trotz Erweiterung der Anzahl der Parzellen auf insgesamt derzeit vierzig war im Sommer 2009 die Nachfrage dennoch größer als das Parzellenangebot. Auch erste Bewohner/innen aus der Nordstadt machen nun mit, wenngleich das Gros der Gärtner/innen nach wie vor nicht aus dem Stadtteil kommt. Die meisten Gärtner/innen reisen vielmehr aus den umliegenden Stadtteilen über mehrere Kilometer an. Fluktuation unter den Gärtner/innen erfolgte in der Vergangenheit auch selten aufgrund der oben skizzierten Schwierigkeiten, sondern aus Gründen wie Umzug, Krankheit, Überwechseln ins Kleingartenwesen (einen eigenen Garten haben wollen) u. a. m. Rund die Hälfte der Pionier/innen aus der Anfangsphase machen weiter mit. Man ist von der Projektidee überzeugt und reagiert auf Schwierigkeiten eher gelassen. Dank großzügiger Unterstützung durch die IKEA Stiftung konnten anfängliche Engpässe in der Finanzierung des Projektes vollständig ausgeräumt werden[11]. Alles in allem zeichnet sich nach der nun vierjährigen Probephase ab, dass diese Form des Gärtnerns sehr gut ankommt und wie es scheint, ein erhebliches Interesse an diesem Gartentyp besteht. Es wird weiterhin davon ausgegangen, dass in diesem Gartentyp noch Entwicklungspotenzial liegt und dass die Nachfrage voraussichtlich auch in Zukunft noch weiter steigen wird[12]. Auch die Krautgärten in München (ebenfalls Selbsterntegärten) erfreuen sich seit Jahren wachsender Beliebtheit. Die Anzahl der Parzellen steigt von Jahr zu Jahr weiter an. In der Hansestadt Hamburg ist die Etablierung eines Selbsterntegartens auf einer 2 ha (!) großen Liegenschaft gerade in Vorbereitung.

Die hier skizzierten Garteninitiativen weisen auf einen veränderten Bedarf, u. a. auch auf einen weniger verpflichtenden Umgang mit einem Garten, auf ein sozusagen flexibilisiertes Interesse am Gärtnern. Sie weisen auf einen Gebrauchswert von Gärten, der abweicht vom bisher bekannten und Gewohnten. Die kommunale (Freiraum) Planung muss hierauf reagieren, sie muss die Interessen an den verschiedenen neuen Gartentypen in ihrer Gesamtheit wahrnehmen

---

[11] Von der IKEA Stiftung wurde das Projekt beim Wettbewerb „Wohnen in der Zukunft" 2007 mit einem Preisgeld von 25.000€ bedacht, da es als zukunftsweisend für die Verbesserung des Wohnwertes in Stadtquartier und Wohnumfeld gesehen wurde.

[12] In einem von der DFG geförderten Forschungsprojekt wird dem Thema „Garteninitiativen – Stand und Perspektiven neuer und traditioneller Gartentypen und ihre Bedeutung in der kommunalen Freiraumplanung" am Fachgebiet Freiraumplanung der Universität Kassel nachgegangen. Stand und Perspektiven von Selbsterntegärten sind dabei ebenso ein Thema wie die von Internationalen Gärten und Gemeinschaftsgärten.

und nicht nur punktuell und ad hoc, wie es bei der Zwischennutzung von Brachen insbesondere in schrumpfenden Städten aktuell noch geschieht. Erst die Wahrnehmung der Gartenfrage in der Zusammenschau – nachlassendes Interesse hier, wachsendes Interesse dort – erlaubt die Berücksichtigung eines veränderten Bedarfs und eines veränderten Gebrauchswertes für potenziell am Gärtnern Interessierte.

Fazit

Die vorgestellten Analysen haben gezeigt, dass die Annahme, Nutzung und Aneignung unterschiedlicher Freiräume neben ihrer Gestalt(ung) von vielfältigen Aspekten (z. B. der Sozialstruktur des Viertels, den Gegebenheiten auf dem Wohnungsmarkt oder dem Wandel der Gartenvorlieben) abhängig sind und einem stetigen Wandel unterliegen. Deswegen greift eine Freiraumplanung zu kurz, die bei Entwurf und Fertigstellung stehen bleibt. Der Gebrauchswert muss immer wieder neu betrachtet werden, auch um Planungen zu optimieren und Planende zu sensibilisieren. Auch wenn die (Stadt) Soziologie sich mit Planungsempfehlungen schwer tut und es ihrem Selbstverständnis in der Regel widerspricht, sich Planung empfehlend einzumischen, hat die (planungsbezogene) Soziologie zur Wahrnehmung des sozialen Gebrauchswerts von Planung in den vergangenen Jahrzehnten nicht unwesentlich beigetragen.

Literatur:

BDG (Bundesverband Deutscher Gartenfreunde e.V.) 2009: Kleingärten in der Stadt 2020. 2. Bundeskleingärtnerkongress 4.-5. Juni 2009 in Potsdam. Tagungsdokumentation, Potsdam (unv. Man.).

Fester, Mark/Kraft, Sabine/Metzner, Elke 1983: Raum für soziales Leben – Eine Arbeitshilfe für die Planungs- und Entwurfspraxis, Karlsruhe.

Greiwe, Ulla/Wirtz, Birgit 1986: Frauenleben in der Stadt: durch Planung behinderter Alltag. Dortmunder Beiträge zur Raumplanung, Bd. 43, Dortmund.

Gröning, Gert/Herlyn, Ulfert/Jirku, Almut/Schwarting, Heiner 1985: Gebrauchswert und Gestalt von Parks – Zur sozialen und räumlichen Definition öffentlich zugänglicher Freiräume. In: Das Gartenamt, Jg. 34, H. 9, S. 630-641.

Heß, Jürgen/Mittelstraß, Katharina 2005: Gärten für Städter – GemüseSelbstErnte auf der Hessischen Domäne Frankenhausen. In: Stadt + Grün, Jg. 54, H. 10, S. 20-22.

Homan, Katharina/Jäger, Anja/Spitthöver, Maria 2002: Freiraumqualität statt Abstandsgrün. Bd. 2. Perspektiven und Handlungsspielräume für Freiraumkonzepte mit hohem sozialem Gebrauchswert im Mietgeschosswohnungsbau. Schriftenreihe des

Fachbereichs Stadtplanung Landschaftsplanung der Universität Kassel, Bd. 26, Kassel.

Keim, Rolf/Neef, Rainer 2000: Ausgrenzung und Milieu: Über die Lebensbewältigung von Bewohnerinnen und Bewohnern städtischer Problemgebiete. In: Harth, Annette/Scheller, Gitta/Tessin, Wulf (Hg.): Stadt und soziale Ungleichheit, Opladen, S. 248-273.

Kellner, Ursula/Nagel, Günther 1986: Qualitätskriterien für die Nutzung öffentlicher Freiräume. Schriftenreihe des Fachbereichs Landespflege der Universität Hannover, Bd. 16, Hannover.

Krings-Heckmeier, Marie-Therese u. a. (empirica) 2000: Stadtentwicklung und Demographie in Hamburg. Studie im Auftrag der Freien und Hansestadt Hamburg und der Schwäbisch Hall AG. Teil 1 und 2., Hamburg (unv. Man.).

Muchow, Martha/Muchow, Hans Heinrich 1978 (zuerst 1935): Der Lebensraum des Großstadtkindes, Bensheim.

Müller, Christa 2002: Wurzeln schlagen in der Fremde – Die Internationalen Gärten und ihre Bedeutung für Integrationsprozesse, München.

Müller, Christa 2009: Zur Bedeutung von Interkulturellen Gärten für eine nachhaltige Stadtentwicklung – About the importance of Interculturel Gardens for sustainable development. In: Gstach, Doris/Hubenthal, Heidrun/Spitthöver, Maria (Hg.): Gärten als Alltagskultur im internationalen Vergleich – Gardens as every day culture – an international comparison. Arbeitsberichte des Fachbereichs Architektur Stadtplanung Landschaftsplanung der Universität Kassel, H. 169, Kassel.

Nohl, Werner 1980: Freiraumarchitektur und Emanzipation, Frankfurt/Bern/Circester.

Nohl, Werner/Joas, Christine 1995: Soziale und kommunikative Nutzung von Freiräumen. Perspektive München. Schriftenreihe zur Stadtentwicklung, B, München.

Paravicini, Ursula/Claus, Silke/Münkel, Andreas/Oertzen, von, Susanna 2002: Neukonzeption städtischer öffentlicher Räume im europäischen Vergleich, Hannover.

Rosol, Marit 2006: Gemeinschaftsgärten in Berlin – Eine qualitative Untersuchung zu Potenzialen und Risiken bürgerschaftlichen Engagements im Grünflächenbereich vor dem Hintergrund des Wandels von Staat und Planung, Berlin.

Ruland, Gisa 2003: Freiraumqualität im Geschosswohnungsbau, hg. von Stadtentwicklung Wien. Magistratsabteilung 18, Wien.

Schele, Mirjam 2007: GemüseSelbstErnte in Deutschland – Umsetzung eines Konzepts in der Praxis. Projektarbeit am Fachbereich Ökologische Agrarwissenschaften Uni Kassel, Kassel.

Senatsverwaltung für Stadtentwicklung Berlin (Hg.) 2007: Urban Pioneers – Berlin: Stadtentwicklung durch Zwischennutzung, Berlin.

Senatverwaltung für Stadtentwicklung Berlin (Hg.) 2001: Bürgerumfrage im Jahr 2000 und Vor-Ort-Untersuchung in neun ausgewählten Grünanlagen im Jahr 2001. (Zugriff 14.3.2005).

Siebel, Walter 2008: Wohnen in der Zukunft. In: magazin, Zeitschrift des vdw Niedersachsen Bremen in Zusammenarbeit mit dem Verband norddeutscher Wohnungsunternehmen e. V., H. 6, S. 41-44.

Spitthöver, Maria 2003: Integration oder Segregation – öffentliche Freiräume und ihre Besucher in Kassel-Nordstadt. In: Stadt + Grün, Jg. 52, H. 2, S. 24-30.

Spitthöver, Maria 2007: Selbsterntegärten in der Stadt – ein neuer Freiraumtyp mit Perspektive? In: Stadt + Grün, Jg. 56, H. 2, S. 20-25.

Spitthöver, Maria 2009: Nutzung und Akzeptanz von Parkanlagen. In: Stadt + Grün, Jg. 58, H. 1, S. 53-60.

Sutter-Schurr, Heidi 2008: Freiräume in neuen Wohnsiedlungen. Lehren aus der Vergangenheit – Qualitäten für die Zukunft? Dissertation an der RWTH Aachen, Fakultät für Architektur, Aachen.

Tessin, Wulf 2008: Ästhetik des Angenehmen – Städtische Freiräume zwischen professioneller Ästhetik und Laiengeschmack, Wiesbaden.

Prof. Dr. Maria Spitthöver
Freiraumplanung
Fachbereich Architektur Stadtplanung Landschaftsplanung
Universität Kassel

Potenziale und Grenzen multifunktionaler Landnutzung am Beispiel Hannover-Kronsberg

Christina von Haaren und Michael Rode

1 Einleitung

Durch einen anhaltenden Verbrauch von Landschaft bei gleichzeitig weiter steigenden Ansprüchen unterschiedlicher Raumnutzungen verschärfen sich zunehmend die Probleme für Natur und Umwelt sowie die Konflikte zwischen den verschiedenen Akteuren in der Landschaft (Dosch 2002; Haaren/Nadin 2003; Antrop 2004). Als Konsequenz nimmt seit einigen Jahren das Modell der Multifunktionalität von Landschaften einen breiten Raum in der wissenschaftlichen und politischen Diskussion ein. Multifunktionalität wird dabei von vielen Autoren als ein übergreifendes Konzept zukünftiger Landschaftsentwicklung diskutiert (Brandt u. a. 2000; Fry u. a. 2001; Tress u. a. 2001; Mander u. a. 2007). Um die Folgen des steigenden Nutzungsdrucks aufzufangen und möglichst zu minimieren, sollen Landschaften gleichzeitig verschiedene ökologische, ökonomische und Erholungsfunktionen erfüllen sowie die Identifikation mit der Kulturlandschaft fördern.

Einem besonders hohen Nutzungsdruck unterliegen suburbane Räume, da sie die verschiedensten, zum Teil miteinander konkurrierenden Versorgungs- und Ausgleichsfunktionen für die Städte übernehmen. Die vielfältigen konkurrierenden Nutzungs- und Schutzansprüche überfordern hier die noch vorhandenen offenen Flächen in ihrer Leistungskapazität (u. a. Schrijnen 2000; Dosch 2002,) und begründen die Notwendigkeit einer effektiven Organisation multifunktionaler Landschaften (Antrop 2004). Doch die Vorstellungen, wie Multifunktionalität in der Landschaft möglichst konfliktfrei erzielt werden kann, differieren zwischen

- einer grundsätzlich segregierten Nutzung auf den einzelnen Flächen mit einer Aggregation auf Landschaftsebene durch eine gemischte räumliche Verteilung dieser Flächen und dem Ziel der Konfliktvermeidung zwischen den verschiedenen Nutzungen und Funktionen sowie
- einer radikalen Multifunktionalität, bei der die verschiedenen Landnutzungen und Funktionen ganz ohne kleinräumige Segregation auch auf den einzelnen Flächen miteinander harmonisieren sollen.

Eine systematische Erforschung der Potenziale und Grenzen multifunktionaler Landnutzung, die sowohl die ökologischen und ökonomischen Ansprüche an die Landschaft als auch die durch die Erholungsfunktion der Landschaft bedingten soziologischen Aspekte mit einschließt, ist bislang nur in wenigen Projekten vorangetrieben worden (u. a. Fry 2001; Rode u. a. 2006). Ein besseres Verständnis darüber, wie Multifunktionalität auf verschiedenen räumlichen Ebenen und bei unterschiedlichen funktionalen Zusammenhängen implementiert werden kann, ist jedoch erforderlich, um effektive Abwägungs- und Entscheidungsprozesse hinsichtlich der multifunktionalen Nutzung von Landschaftsräumen zu ermöglichen.

Vor diesem Hintergrund konzentriert sich der vorliegende Beitrag auf:
- eine systematische Interpretation und Darstellung des Konzepts der Multifunktionalität von Landschaft im Hinblick auf unterschiedliche Intensitäten und Möglichkeiten der Integration verschiedener Nutzungen,
- die Untersuchung der Potenziale und Grenzen der Integration verschiedener Landnutzungen in räumlich und inhaltlich variierenden Situationen und
- das Herausarbeiten der Chancen und Schwierigkeiten multifunktionaler Landnutzung im suburbanen Raum.

Die hier dargestellten Erkenntnisse ergeben sich im Wesentlichen aus dem Forschungsprojekt „Multifunktionale Landnutzung am Stadtrand – Innovative Landschaftsentwicklung durch Integration von Naturschutz, Landwirtschaft und Naherholung am Beispiel Hannover-Kronsberg" (Rode/Haaren 2005). Aufgabe dieses vom Bundesministerium für Umwelt geförderten Erprobungs- und Entwicklungsvorhabens der Stadt Hannover zur Weltausstellung ‚Expo 2000' war die Umgestaltung der Landschaft des am südöstlichen Stadtrand Hannovers gelegenen Kronsberges mit dem Ziel, eine multifunktionale Landschaft für suburbane Landnutzungen zu entwickeln. Wissenschaftlich begleitet wurde das Vorhaben von den Instituten für Landschaftspflege und Naturschutz (ILN)[1] sowie Freiraumentwicklung und Planungsbezogene Soziologie (IFPS)[2] der Universität Hannover. Der theoretische Hintergrund für diese wissenschaftliche Begleitforschung in Form eines differenzierenden Konzeptes der Multifunktionalität von Landschaft wurde in mehreren vorhergehenden Forschungsprojekten geformt, die mit unterschiedlichen Perspektiven und auf verschiedenen Ebenen Möglichkeiten der Organisation multifunktionaler Landnutzung untersuchten (Bathke u. a. 2003; Haaren/Bathke 2008; Haaren u. a. 2005).

Darauf aufbauend wurden zur Erfassung der Auswirkungen der Integration unterschiedlicher Arten der Landnutzung (Landwirtschaft, Erholung, Natur-

---

[1] Seit 1.10.2005 Institut für Umweltplanung
[2] Heute Institut für Freiraumentwicklung

schutz) in der suburbanen Landschaft im Rahmen der wissenschaftlichen Begleitforschung folgende Untersuchungen durchgeführt:
- Erfassung der Vegetationsbestände und der Vegetationsentwicklung
- Erfassung der Bestände und der Entwicklung ausgewählter Faunengruppen (Vögel, Tagfalter, Heuschrecken)
- Bodenkundliche Untersuchungen
- Befragungen von Kronsbergbesuchern und Bewohnern der benachbarten Kronsbergsiedlung zur Art und Intensität der Nutzung des Landschaftsraumes (Tessin 2004, 116ff)
- Befragungen von am Kronsberg wirtschaftenden Landwirten und Flächeneigentümern zu den Auswirkungen der multifunktionalen Landnutzung
- Eine ökonomische Analyse der Wirtschaftlichkeit der Landbewirtschaftung unter den Bedingungen der Multifunktionalität der Landschaft.

Das Monitoring der Entwicklung des Landschaftsraumes Kronsberg und die gezielte Analyse der Multifunktionalität wurden über einen Zeitraum von fünf Jahren von 1999 bis 2004 durchgeführt (Rode/Haaren 2005). Für die einzelnen Nutzungen wurden dabei ihr Zusammenwirken und die Auswirkungen auf die Funktionserfüllung sowohl mit sozialwissenschaftlichen als auch mit ökologischen Methoden untersucht.

2 Die Umgestaltung des Kronsberges zu einer multifunktionalen Landschaft

Der Kronsberg ist ein flacher, von Süd nach Nord verlaufender Geländerücken am südöstlichen Stadtrand Hannovers. Die Landschaft des Kronsberges wurde bis in die 1990er Jahre intensiv landwirtschaftlich genutzt. Nur wenige Landschaftsstrukturen wie Hecken und Einzelbäume prägten die offene, ausgeräumte Agrarlandschaft vor seiner Umgestaltung zu einer multifunktionalen Landschaft. Im Vorfeld der ‚EXPO 2000' wurde ab 1996 im westlichen Teil des Kronsberges ein neues Stadtviertel mit 6.000 Wohneinheiten errichtet und das benachbarte Gelände der Hannover-Messe bis in den Südwesthang des Kronsberges hinein vergrößert. Gleichzeitig sollte nach dem Willen des Amtes für Umwelt und Stadtgrün der Stadt Hannover die verbleibende Fläche des Kronsberges zu einer multifunktionalen Landschaft entwickelt werden (Brenken u. a. 2003).

Um das zu erreichen sollten die Ansprüche des Naturschutzes, der Naherholung und der Landwirtschaft innerhalb eines integrierten Gesamtkonzeptes bei höchstmöglicher Effizienz des Einsatzes öffentlicher Mittel verbunden werden, um synergistische Wirkungen zu fördern und Konflikte und Konkurrenzen im suburbanen Landschaftsraum zu vermeiden. Die ausgeräumte, intensiv ackerbau-

lich genutzte Landschaft am Kronsberg sollte zu einer reich strukturierten Landschaft entwickelt werden, die den Ansprüchen aller Landnutzungstypen gleichermaßen gerecht wird. Der Schweizer Landschaftsarchitekt D. Kienast und die Stadt Hannover entwickelten dazu ein Konzept zur Landschaftsentwicklung und Landschaftsgestaltung. Schlüsselelemente des Konzeptes waren
- ein landwirtschaftlicher Modellbetrieb, der nach den Vorgaben des ökologischen Landbaus wirtschaftet, mit einer angeschlossenen Direktvermarktung seiner Produkte in einem Hofladen;
- die so genannte „Allmende", die sich auf 3 km Länge und mit 50 bis 350 m Breite entlang des Übergangs vom Siedlungsbereich zur offenen Landschaft erstreckt; in diesem Landschaftsbereich sollte die radikalste Form multifunktionaler Landnutzung verwirklicht werden, indem die Nutzung durch Landwirtschaft (Schafbeweidung), Naherholung und Naturschutz auf einer Fläche gemeinsam stattfindet, wobei keine der einzelnen Nutzungen über die jeweils anderen Nutzungen dominieren sollte;
- ein Wegenetz von 13 km Länge mit gemeinsamer Nutzung durch Spaziergänger, Radfahrer und landwirtschaftlichem Verkehr, begleitet von 10 bis 15 m breiten Randstreifen (Grünland, Staudenfluren, Hecken) und extensiv bewirtschafteten Ackerrandstreifen zum Schutz und zur Entwicklung seltener Acker-Lebensgemeinschaften;
- zwei aus dem Aushub (Kalkmergel) der neu geschaffenen Kronsbergsiedlung aufgeschütteten Hügeln, die einen eindrucksvollen Blick über Hannover bieten; der Kalkmergel des Aushubmaterials sollte die Entwicklung kalkliebender Vegetation ermöglichen; im Rahmen des Projektes wurden dazu unterschiedliche Möglichkeiten der Initiierung einer entsprechenden Vegetation getestet und wissenschaftlich untersucht;
- die Aufforstung von 60 Hektar Ackerland auf den weniger ertragreichen Böden des Kronsbergrückens mit dem Ziel der Entwicklung eines naturnahen Waldes, der sowohl der Naherholung und dem Naturschutz dient als auch forstwirtschaftlich genutzt werden kann (Brenken u. a. 2003).

3 Ergebnisse der Begleitforschung

Ziel der Begleitforschung war es, zu beurteilen bis zu welchem Grad und mit welchen Mitteln die geplanten Synergien im Erprobungs- und Entwicklungsvorhaben realisiert werden konnten. So sollten die Potenziale und Grenzen der Multifunktionalität in einem suburbanen Raum ermittelt werden. Die wesentlichste Erkenntnis dieser Untersuchungen der wissenschaftlichen Begleitforschung ist, dass viele Synergien leicht mit dem Konzept einer mosaikförmigen Anordnung der einzelnen Nutzungen in der Landschaft oder durch eine ‚gewichtete Multifunktionalität' erzielt werden können.

Bei dem Mosaik-Konzept (tessellated multifunctionality) finden die unterschiedlichen Nutzungen auf den einzelnen Flächen monofunktional und damit segregiert statt. Multifunktionalität wird erreicht, indem die einzelnen Nutzungen mosaikförmig im Landschaftsraum angeordnet sind. Das Konzept der gewichteten Multifunktionalität (partial multifunctionality) ist dadurch charakterisiert, dass zwar mehrere Nutzungen auf einer Fläche stattfinden, dass aber eine Nutzung gegenüber den anderen Nutzungen dominiert (Abb. 1).

Im Gegensatz dazu ist die Umsetzung einer gleichberechtigten Integration unterschiedlicher Landnutzungen auf einer Fläche im Sinne einer radikalen Multifunktionalität (total multifunctionality) schwieriger, insbesondere wenn eine dieser Nutzungen die Landwirtschaft ist, die auf eine ökonomisch tragfähige Bewirtschaftung ihrer Flächen angewiesen ist.

Abbildung 1: Möglichkeiten der Multifunktionalen Landnutzung

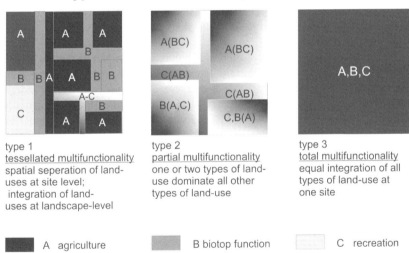

Quelle: verändert nach von Haaren/Rode 2005

Der Ausbau neuer Wege mit breiten, kraut- und staudendominierten Seitenrändern und Hecken fördert Synergien zwischen allen untersuchten Landnutzungen. Die Erholungseignung nimmt zu durch eine verbesserte Erschließung der Landschaft, durch eine ästhetische Aufwertung der Landschaft durch vielfältig gestaltete Seitenränder und durch die Möglichkeit einer direkten Nutzung der Wegeseitenränder für Picknick und andere landschaftsbezogene Aktivitäten (Tessin 2005). Die Landwirtschaft profitiert durch eine bessere Erreichbarkeit ihrer Felder sowie Platzgewinn für die Fahrt mit breiten Maschinen, durch Vorteile einer verbesserten biologischen Schädlingsbekämpfung und einen erhöhten Erosionsschutz im Vergleich zur ehemals sehr offenen Landschaft. Der Arten- und Biotopschutz wird gefördert, da der floristische und faunistische Artenreichtum sowohl auf den Wegrainen als auch in der Landschaft insgesamt erheblich steigt und die Biotopvernetzung gesteigert wird (Rode 2005; Reich 2005 Haaren/Reich 2006). Hinzu kommt, dass die Pflege- und Unterhaltungskosten für die Wege und deren Ränder niedriger sind als vergleichbare Kosten für die Pflege eines Parks für 6000 Nutzer, so dass der Haushalt der Stadt Hannover ebenfalls profitiert (Rode/Haaren 2005).

Befragungen der Kronsbergbesucher (Einwohner des neuen Kronsberg-Stadtviertels und Besucher aus anderen Stadtteilen Hannovers) zeigen, dass die neu geschaffene Landschaft am Kronsberg bereits nach wenigen Jahren als Erholungslandschaft gut angenommen wird, obwohl die gepflanzten Bäume und Sträucher noch klein sind und ihre landschaftsgestaltende Wirkung erst zu geringeren Teilen erfüllen können. Dabei favorisiert die Einwohner der Kronsbergsiedlung vor allem die offenen Räume, die sich in größerer Nähe zu ihren Wohnungen befinden (Tessin 2005).

Besonders positiv auf die Naherholung und auf den Naturschutz gleichermaßen wirken die künstlich aufgeschütteten Aussichtshügel. Sie werden oft für Naherholungsaktivitäten genutzt und bieten vor allem auf den flachgründigen Südhängen seltenen Pflanzen- und Tierarten (Tagfalter und Heuschrecken) Lebensraum (Tessin 2005; Reich 2005; Rode 2005). Entsprechende Synergieeffekte für Naherholung und Naturschutz bewirkt die im Vergleich zum vorherigen Zustand der ausgeräumten Kronsberglandschaft deutlich gesteigerte Strukturvielfalt der neuen Landschaft insgesamt.

Nicht ganz so positive Synergien bieten die neuen Aufwaldungen zwischen Naturschutz und Forstwirtschaft. Die Funktionen der Aufwaldungen für den Arten- und Biotopschutz wurde durch das Anpflanzen nicht standorttypischer und nicht einheimischer Baumarten nicht in dem ursprünglich geplanten Ausmaß erreicht. Darüber hinaus wurden die einzelnen Aufwaldungsflächen zu klein dimensioniert, so dass sich kein ausgesprochenes Waldinnenklima ausbilden kann, das für die Entwicklung einer typischen, angestrebten Buchenwald-Biozönose erforderlich ist (Rode 2005).

Im Gegensatz zur gelungenen Implementierung von Synergien zwischen den unterschiedlichen Landnutzungen auf Landschaftsebene und bei den bislang dargestellten Maßnahmen traten auf der ‚Allmende' deutlich mehr Konflikte auf.

Obwohl die Schafbeweidung der Allmendeflächen in größerem Umfang durch das Erprobungs- und Entwicklungsvorhaben finanziell unterstützt wurde, konnte es vom Landwirt nicht über das Projekt hinaus (ökonomisch) erfolgreich durchgeführt werden. Grund dafür war in erster Linie das enge Zeitbudget des Landwirts. Das Herdenmanagement in der suburbanen Landschaft des Kronsberges war deutlich aufwändiger als im stadtfernen Bereich, da sowohl die Ansprüche der Erholung als auch des Naturschutzes an die Flächen berücksichtigt werden mussten. So war zum Beispiel eine mobile Einzäunung der jeweiligen Beweidungsflächen erforderlich, um das Betreten der Flächen durch Naherholungssuchende zu ermöglichen, und einige Schafe und Weidezaungeräte wurden gestohlen. Die übrigen Betriebsanforderungen ließen dem Landwirt nicht ausreichend Zeit für dieses unerwartet aufwändige Management. Zudem produzierten die sich durch Sukzession aus den Ackerflächen entwickelnden neuen Weideflächen in den ersten Jahren zu wenig Biomasse, um eine ausreichende Ernährungsgrundlage für die Schafe zu bieten (Brenken 2005).

Auch der Naturschutz musste seine ambitionierten Ziele der Entwicklung Halbtrockenrasen-ähnlicher Vegetation auf der Allmende aufgeben und an die tatsächlichen Möglichkeiten anpassen. Durch die Schwierigkeiten in der Beweidung der Flächen, durch eine sehr homogene Oberflächenstruktur der Flächen und als Konsequenz nährstoffreicherer Bodenbedingungen als bei der Planung angenommen wurde die ursprünglich erwartete Artenvielfalt nicht erreicht. Sie lag daher am Ende der Untersuchungen merklich unter der Biodiversität anderer neu geschaffener Lebensräume am Kronsberg (Reich 2005; Rode 2005).

Ebenso war die Erholungsnutzung der Allmende weniger intensiv als erwartet. Auf Grund des überall auf den Flächen anzutreffenden Schafsmistes trauten sich viele Kronsbergbesucher nicht, die teilweise eingezäunten Flächen durch die speziellen Tore zu betreten, und vermieden es, sich auf den Boden zu setzen (Picknick, relaxen etc.) (Tessin 2005).

4 Schlussfolgerungen

In räumlichen Situationen, in denen ein hoher Nutzungsbedarf durch unterschiedliche Landnutzungen mit einer eingeschränkten Flächenverfügbarkeit zusammentrifft, ist eine Integration möglichst vieler Landnutzungen auf derselben Fläche unvermeidbar und anzustreben, um den verschiedenen Ansprüchen an die Landschaft gerecht zu werden. Eine entsprechende Konstellation tritt vor allem im suburbanen Freiraum auf.

Die Ergebnisse der wissenschaftlichen Begleitforschung zum Erprobungs- und Entwicklungsvorhaben ‚Hannover-Kronsberg' belegen, dass die Gestaltung mono- oder bifunktionaler Landschaftsstrukturen für den Arten- und Biotopschutz (sowie vermutlich andere ökologische Funktionen) und die (Nah-) Erholung erfolgreich umgesetzt werden kann und beachtliche Synergien hervorrufen kann. Im Falle der landwirtschaftlichen Infrastruktur schlossen diese Synergien im Fallbeispiel die Landwirtschaft mit ein. Werden potenziell konkurrierende Funktionen zwar flächenkonkret segregiert, aber mosaikartig auf Landschaftsebene miteinander verwoben, können ökologische Funktionen problemlos mit anderen Funktionen der Landschaft verbunden werden, so dass alle Nutzungen davon profitieren (Mosaikartige und Gewichtete Multifunktionalität der Landschaft; Abb. 1).

Eine Voraussetzung für die Umsetzung der Mosaik-Strategie ist, dass Land oder Geld zum Erwerb von Land für Naturschutz- und Erholungsfunktionen verfügbar ist. Das gilt in etwas schwächerem Maß auch für das Konzept der gewichteten Multifunktionalität, das ebenfalls auf eine mosaikartige Durchmischung setzt, wobei zwar mehrere Nutzungen auf Einzelflächen zugelassen werden, aber eine Nutzung dominiert. Sowohl die Mosaik-Strategie als auch die Strategie einer gewichteten Multifunktionalität benötigen mehr Fläche für Ihre Implementierung als die Strategie der radikalen Multifunktionalität.

Die gleichberechtigte Integration von Erholungs- und Naturschutzfunktionen in das Management landwirtschaftlich genutzter Flächen kann gegenüber den beiden vorgenannten Konzepten mit beträchtlichen Nachteilen für eine der beteiligten Nutzungen verbunden sein. Gelingt die Kombination zwischen Naturschutz, Naherholung und Forstwirtschaft noch einigermaßen problemlos, so gestaltet sich die Integration bei Kombinationen zwischen Naturschutz, Naherholung und Landwirtschaft sehr schwierig. Zwar können sich bei dieser radikalen Multifunktionalität (Abb. 1) viele überlappende Vorteile ergeben, vorzugsweise beim Schutz vor Bodenerosion und in der Retentionsfähigkeit der Flächen, beim Biotopschutz und der menschlichen Erholung. Doch ist hierfür eine Anpassung der Bewirtschaftungs- oder Pflegemaßnahmen erforderlich, welche die Interessen der Erholung und des Arten- und Biotopschutzes berücksichtigt, aber denen der Landwirtschaft in der Regel zuwider läuft (Rode/Haaren 2005). Synergien für die Landwirtschaft können nur dann erzeugt werden, wenn die Produktion der Umweltleistungen in den Betriebsablauf passt, honoriert wird und als Einkommensquelle dient.

In der Konsequenz können landwirtschaftlich genutzte Flächen für die Erholung zwar als Landschaftskulisse mit durchaus hohem ästhetischem Wert dienen, sie können aber nicht für Freizeitaktivitäten betreten werden. Die Umsetzung der Strategie einer radikalen Multifunktionalität unter Einbeziehung einer Landwirtschaft, die auf ihre Funktion der Nahrungsmittelerzeugung beschränkt ist, war daher im Fallbeispiel nicht möglich und wird auch generell schwierig sein.

Die Forschungsergebnisse des ‚Kronsberg-Projektes' geben über die Frage der Gestaltung einer multifunktionalen Landschaft im suburbanen Raum hinaus Aufschluss über die Potenziale des Konzeptes der 'Multifunktionalen Landwirtschaft', das von der Europäischen Union angeführt wird, um landwirtschaftliche Subventionen zu rechtfertigen. Es scheint unvermeidlich, einen Ausgleich zwischen der ertragsorientierten Landwirtschaft und spezielleren oder weitergehenderen Naturschutz- und Erholungsansprüchen auf der landwirtschaftlichen Nutzfläche zu schaffen, da die landwirtschaftliche Nutzung die geforderte Multifunktionalität nicht automatisch erbringen kann.

Es wird jedoch auch deutlich, dass finanzielle Unterstützung nicht alle über die normale Landbewirtschaftung hinausgehenden Schwierigkeiten der Landwirtschaft in einer multifunktional genutzten Landschaft kompensieren kann. Zeit ist ein ebenso wichtiger Faktor, der bei der Implementierung multifunktionaler Landnutzung berücksichtigt werden muss. Offensichtlich wird das beim Vergleich der Leistungen des ökologisch wirtschaftenden Kronsberghofes mit denen konventioneller Landbewirtschaftung für den Ackerwildkrautschutz am Kronsberg. Da die ökologische Landwirtschaft per se wesentlich zeitintensiver ist, hatte sie deutlich größere Schwierigkeiten, die speziellen Anforderungen des Ackerwildkrautschutzes im Rahmen von Schutzprogrammen in die Bewirtschaftung einzubauen und umzusetzen.

Im Konzept der multifunktionalen Landnutzung kommt der Landwirtschaft in Agrarlandschaften in- und außerhalb suburbaner Räume eine zentrale Position zu. Die Landwirte sind die einzigen Akteure, die ein eigenes wirtschaftliches Risiko tragen und daher den Betriebserfolg in aller Regel über das Gesamtkonzept stellen. Allerdings müssen auch öffentliche Verwaltungen die Kosten der Erbringung von Sozialfunktionen der Landschaft (z. B. Pflegekosten) immer stärker berücksichtigen. Im Verlauf des Vorhabens aufgetretene Konflikte (Rode/Haaren 2005) verdeutlichen, wie wichtig die Einbeziehung der Bewirtschafter aber auch der übrigen Nutzergruppen bereits in der Planungsphase multifunktionaler Landnutzungskonzepte ist (Tessin 2004, 2005). Gegenseitige Akzeptanz und aktives Mitwirken der beteiligten Gruppen und Interessen sind hierfür ebenso unabdingbar wie eine breit angelegte Kooperation und Kommunikation. So erhöhen sich die Motivation der Akteure und deren Identifikation mit den Zielen und Ergebnissen einer multifunktionalen Landnutzung (vgl. hierzu Mönnecke 2004). Das Wissen über die planungsbezogenen soziologischen Zusammenhänge von Naturschutz und Naturnutzung wie es im „Kronsbergprojekt" von Tessin (2004, 2005) untersucht und dargestellt wurde (vgl. auch Brenken u. a. 2003), gilt es in diesem Zusammenhang darauf aufbauend zukünftig stärker auszuweiten. Nur wenn sich die Planung als integrierender Prozess begreift, kann multifunktionale Landnutzung als landschaftliches Gesamtkonzept konfliktfrei und damit erfolgreich umgesetzt werden.

Literatur:

Antrop, Marc 2004: Landscape change and the urbanization process in Europe. In: Landscape and Urban Planning 67 (1-4), S. 9-26.
Bathke, Manfred/Brahms, Ernst/Brenken, Heike/Haaren, Christina von/Hachmann, Roland/Meiforth, Jutta 2003: Integriertes Gebietsmanagement. Neue Wege für Naturschutz, Grundwasserschutz und Landwirtschaft am Beispiel der Wassergewinnungsregion Hannover-Nord, Weikersheim.
Brandt, Jesper/Tress, Bärbel/Tress, Gunther 2000: Multifunctional Landscapes: Interdisciplinary Approaches to Landscape Research and Management. Conference material for the conference on „multifunctional landscapes", Centre for Landscape Research, Roskilde, October 18-21, 2000.
Brenken Heike 2005: Die Entwicklung des Kronsberges für die Landwirtschaft. In: Rode, Michael/Haaren, Christina von (Berab.): Multifunktionale Landnutzung am Stadtrand. Naturschutz und Biologische Vielfalt, H. 15, Bonn: Bundesamt für Naturschutz, S. 109-129.
Brenken, Heike/Brink, Antje/Förster, Anja/Haaren, Christina von/Klaffke, Kaspar/Rode Michael/Tessin, Wulf 2003: Naturschutz, Naherholung und Landwirtschaft am Stadtrand. Angewandte Landschaftsökologie, H. 57, Bonn: Bundesamt für Naturschutz.
Dosch, Fabian 2002: Auf dem Weg zu einer nachhaltigen Flächennutzung? In: Informationen zur Raumentwicklung 1/2, S. 31-45.
Fry, Gary L. A. 2001: Multifunctional landscapes – towards transdisciplinary research. In: Landscape and Urban Planning 57 (3-4), S. 159-168.
Haaren, Christina von/Bathke, Manfred 2008: Integrated landscape planning and remuneration of agri-environmental Services – Results of a case study in the Fuhrberg region of Germany. In: Journal of Environmental Management 89, S. 209-221.
Haaren, Christina von/Rode, Michael 2007: Potentials and Limits of Multifunctional Landscapes: A Case Study of the Kronsberg district of Hannover, Germany. Proc. of the 2nd International Congress on Environmental Planning and Management, Berlin, August 5-10, 2007.
Haaren, Christina von/Reich, Michael 2006: The German Way to Greenways and Habitat Networks. In: Landscape and Urban Planning 76 (1-4), S. 7-22.
Haaren, Christina von/Brenken, Heike/Hachmann, Roland 2005: Integriertes Gebietsmanagement Fuhrberger Feld. Modell für ein multifunktionales Landschaftsmanagement der Zukunft. In: Naturschutz und Landschaftsplanung, Jg. 37, H. 9, S. 261-268.
Haaren, Christina von/Nadin, Vincent 2003: Die Flächeninanspruchnahme in Deutschland im Vergleich mit der Situation in England. In: Raumforschung und Raumordnung 61 (5), S. 345-356.

Mander, Ülo/Wiggering, Hubert/Helming, Katharina (eds.) 2007: Multifunctional land use: meeting future demands for landscape goods and services, Berlin/Heidelberg

Mönnecke, Margit 2004: Kommunikation in der Planung. In: Haaren, Christina von (Hg.): Landschaftsplanung, Stuttgart, S. 435-450.

Reich, Michael 2005: Die Entwicklung des Kronsberges für den Arten- und Biotopschutz – Fauna. In: Rode, Michael/Haaren, Christina von (Bearb.): Multifunktionale Landnutzung am Stadtrand. Naturschutz und Biologische Vielfalt, H. 15, Bonn: Bundesamt für Naturschutz, S. 67-76.

Rode, Michael 2005: Die Entwicklung des Kronsberges für den Arten- und Biotopschutz. In: Rode, Michael/Haaren, Christina von (Bearb.): Multifunktionale Landnutzung am Stadtrand. Naturschutz und Biologische Vielfalt, H. 15, Bonn: Bundesamt für Naturschutz, S. 35-66.

Rode, Michael/Haaren, Christina von (Bearb.) 2005: Multifunktionale Landnutzung am Stadtrand. Innovative Landschaftsentwicklung durch Integration von Naturschutz, Landwirtschaft und Naherholung am Beispiel Hannover-Kronsberg. Naturschutz und Biodiversität 15, Bonn: Bundesamt für Naturschutz.

Rode, Michael/Brink, Antje/Haaren, Christina von/Tessin, Wulf 2006: Naturschutzorientierte Entwicklung im suburbanen Bereich am Beispiel Hannover-Kronsberg. In: Natur und Landschaft 81 (3), S. 146-151.

Schrijnen, Pieter M. 2000: Infrastructure networks and red-green patterns in city regions. In: Landscape and Urban Planning 48 (3-4), S. 191-204.

Tessin, Wulf 2005: Die Entwicklung des Kronsberges für die Naherholung. In: Rode, Michael/Haaren, Christina von (Berab.): Multifunktionale Landnutzung am Stadtrand. Naturschutz und Biologische Vielfalt H. 15, Bonn: Bundesamt für Naturschutz, S. 78-107.

Tessin, Wulf 2004: Freiraum und Verhalten. Soziologische Aspekte der Nutzung und Planung städtischer Freiräume. Eine Einführung, Wiesbaden.

Tress, Bärbel/Tress, Gunther/Décamps, Henri/d'Hauteserre, Anne-Marie. 2001: Bridging human and natural sciences in landscape research. In: Landscape and Urban Planning 57 (3-4), S. 137-141.

Prof. Dr. Christina von Haaren, Prof. Dr. Michael Rode
Abteilung Landschaftspflege und Naturschutz
Institut für Umweltplanung
Fakultät für Architektur und Landschaft
Leibniz Universität Hannover

Das Grundlagenbuch zur Soziologie

> Überblick zu den aktuellsten Themen der Soziologie

Nina Baur / Hermann Korte / Martina Löw / Markus Schroer (Hrsg.)

Handbuch Soziologie

2008. 505 S. Geb. EUR 34,90
ISBN 978-3-531-15317-9

Erhältlich im Buchhandel oder beim Verlag.
Änderungen vorbehalten.
Stand: Juli 2009.

Welche Deutungsangebote macht die Soziologie für die Analyse gesellschaftlicher Gegenstandsbereiche? Um dieser Frage nachzugehen, bietet das „Handbuch Soziologie" einen einzigartigen Überblick über die in deutschen, angloamerikanischen und französischen Zeitschriften am intensivsten diskutierten Themenfelder der Soziologie: Alter – Arbeit – Ethnizität – Familie – Geschlecht – Globalisierung – Individualisierung – Institution – Klasse – Kommunikation – Körper – Kultur – Macht – Markt – Migration – Nation – Organisation – (Post)Moderne – Prozess – Raum – Religion – Sexualität – Technik – Wissen – Wohlfahrtsstaat.

Für jedes dieser Themenfelder wird erläutert, mit welchen theoretischen Konzepten zurzeit geforscht wird oder in der Vergangenheit gearbeitet wurde. Die Autoren stellen konkurrierende Ansätze ebenso dar wie international existierende Unterschiede.

Das „Handbuch Soziologie" will ein besseres Verständnis von Theorie am konkreten Beispiel ermöglichen. In der Zusammenschau der Artikel werden die Systematik, Fruchtbarkeit und Grenzen theoretischer Zugriffe auf verschiedene Gegenstandsbereiche für eine breite Scientific Community vergleichbar sowie die Spezifik soziologisch-theoretischer Perspektiven in angemessener Sprache öffentlich gemacht.

www.vs-verlag.de

Abraham-Lincoln-Straße 46
65189 Wiesbaden
Tel. 0611.7878-722
Fax 0611.7878-400